新編漢文選
思想・歴史シリーズ

—9—

晏子春秋

上

谷中信一

明治書院

銅犠尊

戦国時代

臨淄斉国故城博物館(山東省淄博市)蔵

晏 嬰 冢

晏 嬰 墓

晏 嬰 像

晏嬰の冢・像・墓はいずれも山東省淄博市にある。

銅犠尊の写真は、『山東省文物　孔子の原郷四千年展』((株)アサツーディ・ケイ)によった。

凡例

一、本書は、『晏子春秋』に校訂・訓読・語釈・口語訳を施すものである。本書上巻には全八巻のうち、第四巻までを収めてある。
二、本書の底本には、中華書局版『新編諸子集成』（第一輯）に収められる呉則虞撰『晏子春秋集釋』上・下を用いた。これに、上海書店版『諸子集成』に収められる張純一著『晏子春秋校注』等を参照して、更に校訂に努めた。詳しくは、本書解題四―4「本書の底本と参考書」を参照されたい。
三、本文の句読は、主として呉則虞本に従った。ただし、底本には段落分けがないので、読解の便宜のために複数の段落に分けた章もある。
四、校訂では、努めて底本を尊重することを旨としたが、誤りであることが明らかな場合、諸家の説を斟酌して改める方が適当と考えられた場合、また銀雀山漢墓竹簡『晏子春秋』に拠って改めるべきと考えられた場合などは、その理由を示した上で改めた。
五、語釈では、難解な語句のために説明を施すことが必要と考えられた場合、難解な一文のために諸家の説を参照して解釈に当たった場合、底本を改めるまでには至らなかったが本文のままでは解釈上問題があると指摘されていた場合など、できるだけ詳細に解説するように努めた。
六、口語訳では、平易を旨とし、かつ本文に忠実であることに努めた。そのために、補足の語句を（　）に入れて記し、

また本文をそのまま残して［　］内に語釈的な注記を加えた場合もある。

七、余説では、他の文献に同一箇所がある場合はその該当個所を原文（主として四部叢刊本に拠った）のまま引用し、これに訓読文を付けた。同様に、銀雀山漢墓竹簡『晏子春秋』中に同一箇所がある場合にも、その該当個所を原文（文物出版社本に拠った）のまま引用し、これに訓読文を付けた。また、本文の内容に対する著者の見解を示すようにした。これらはいずれも、今後の『晏子春秋』研究にささやかながらも寄与したいとの願いからである。

八、本書は、芝学園教諭　嶋崎一郎氏の協力を得て遺漏なきことを期したつもりであるが、なお、思わぬ過誤もあろう。読者諸賢の御教示が得られれば幸いである。

目次

解題

一　晏子とその時代…………一
二　『晏子春秋』の述作者とその成書年代…………一〇
三　晏子の思想とその思想史的位置…………二二
四　『晏子春秋』のテキスト…………二七
五　わが国における『晏子春秋』の受容…………三八

晏子春秋

劉向敍録…………四五

晏子春秋巻第一

内篇諫上第一…………五〇

荘公矜二勇力一不レ顧二行義一晏子諫　第一…………五〇
景公飲レ酒酣願二諸大夫無一レ爲レ禮晏子諫　第二…………五三

景公飲レ酒醒三日而後發晏子諫　第三……五六
景公飲レ酒七日不レ納二弦章之言一晏子諫　第四……五九
景公飲レ酒不レ恤二天災一致二能歌者一晏子諫　第五……六〇
景公夜聽二新樂一而不レ朝晏子諫　第六……六八
景公燕二賞無功一而罪二有司一晏子諫　第七……七〇
景公信二用讒佞一賞罰失レ中晏子諫　第八……七三
景公愛二嬖妾一隨二其所一レ欲晏子諫　第九……七六
景公敕二五子之傅一而失言晏子諫　第十……八二
景公欲下廢二適子陽生一而立上レ荼晏子諫　第十一……八四
景公病久不レ愈欲下誅二祝史一以謝上晏子諫　第十二……八八
景公怒二封人之祝不遜一晏子諫　第十三……九四
景公欲レ使下楚巫致二五帝一以明上レ德晏子諫　第十四……九八
景公欲下祠二靈山河伯一以禱上レ雨晏子諫　第十五……一〇三
景公貪二長有レ國之樂一晏子諫　第十六……一〇六
景公登二牛山一悲二去レ國而死一晏子諫　第十七……一〇九
景公遊二公阜一一日有二三過一レ言晏子諫　第十八……一一三
景公遊二寒塗一不レ恤二死胔一晏子諫　第十九……一一九
景公衣二狐白裘一不レ知二天寒一晏子諫　第二十……一二三
景公異二熒惑守一レ虛而不一レ去晏子諫　第二十一……一二四

景公將レ伐レ宋瞢二丈夫立而怒晏子諫　第二十二……一二八
景公從レ畋十八日不レ返レ國晏子諫　第二十三……一三三
景公欲レ誅ニ駭レ鳥野人一晏子諫　第二十四……一三七
景公所レ愛馬死欲レ誅ニ圉人一晏子諫　第二十五……一三九

晏子春秋卷第二

内篇諫下第二……一四三
景公藉重而獄多欲レ託ニ晏子一晏子諫　第一……一四三
景公欲レ殺下犯ニ所レ愛之槐一者上晏子諫　第二……一四七
景公逐ニ得斬レ竹者一囚レ之晏子諫　第三……一五五
景公以ニ摶治之兵未一レ成レ功將レ殺レ之晏子諫　第四……一五七
景公冬起ニ大臺之役一晏子諫　第五……一五八
景公爲ニ長庲一欲レ美レ之晏子諫　第六……一六二
景公爲ニ鄒之長塗一晏子諫　第七……一六三
景公春夏游獵興レ役晏子諫　第八……一六六
景公獵休坐レ地晏子席而諫　第九……一六八
景公獵逢ニ蛇虎一以爲ニ不祥一晏子諫　第十……一七〇
景公爲レ臺成又欲レ爲レ鐘晏子諫　第十一……一七二
景公爲ニ泰呂一成將ニ以燕饗一晏子諫　第十二……一七三

景公爲レ履而飾以二金玉一晏子諫　第十三……一七四
景公欲下以二聖王之居服一而致中諸侯上晏子諫　第十四……一七七
景公自矜二冠裳遊處之貴一晏子諫　第十五……一八二
景公爲二巨冠長衣一以聽レ朝晏子諫　第十六……一八五
景公朝居嚴下不レ言晏子諫　第十七……一八七
景公登二路寢臺一不レ終不レ悅晏子諫　第十八……一八九
景公登二路寢臺一望レ國而歎晏子諫　第十九……一九二
景公路寢臺成逢于何願二合葬一晏子諫而許　第二十……一九六
景公嬖妾死守レ之三日不レ斂晏子諫　第二十一……二〇一
景公欲三厚二葬梁丘據一晏子諫　第二十二……二〇六
景公欲下以二人禮一葬中走狗上晏子諫　第二十三……二一〇
景公養二勇士三人一無二君臣之義一晏子諫　第二十四……二一三
景公登射思下得二勇力士一與レ之圖上國晏子諫　第二十五……二一七

晏子春秋卷第三

內篇問上第三……二二〇
莊公問下威二當世一服二天下一時耶上晏子對以レ行也　第一……二二〇
莊公問レ伐レ晉晏子對以二不可若不レ濟國之福一　第二……二二三
景公問レ伐レ魯晏子對以レ不レ若三修レ政待二其亂一　第三……二二六

景公伐レ釐勝レ之問レ所レ當レ賞晏子對以二謀勝祿一レ臣　第四……二二九
景公問二聖王其行若何一晏子對以二衰世一而諷　第五……二三一
景公問レ欲下善二齊國之政一以干中霸王上晏子對以二官未一レ具　第六……二三五
景公問欲レ如下桓公用二管仲一以成中霸業上晏子對以レ不レ能　第七……二四一
景公問二莒魯孰先亡一晏子對以二魯後莒先一　第八……二四五
景公問二治レ國何患一晏子對以二社鼠猛狗一　第九……二四九
景公問レ欲レ令二祝史求一レ福晏子對以レ當二辭レ罪而無一レ求　第十……二五五
景公問二古之盛君其行如何一晏子對以二問レ道者更一レ心　第十一……二五九
景公問二謀必得事必成何術一晏子對以二度レ義因一レ民　第十二……二六三
景公問下善爲二國家一者何如上晏子對以二擧レ賢官一レ能　第十三……二六七
景公問二君臣身尊而榮難乎一晏子對以レ易　第十四……二七〇
景公問三天下之所二以存亡一晏子對以二六說一　第十五……二七三
景公問二君子常行曷若一晏子對以二三者一　第十六……二七五
景公問二賢君治レ國若何一晏子對以二任レ賢愛一レ民　第十七……二七七
景公問二明王之敎レ民何若一晏子對以二先行一レ義　第十八……二七九
景公問二忠臣之事レ君何若一晏子對以レ不三與レ君陷二于難一　第十九……二八三
景公問二忠臣之行何如一晏子對以レ不二與レ君行一レ邪　第二十……二八五
景公問二佞人之事レ君何如一晏子對以二愚君所一レ信也　第二十一……二八七
景公問二聖人之不レ得レ意何如一晏子對以レ不三與レ世陷二乎邪一　第二十二……二九一

景公問三古者君レ民用レ國不二危弱一晏子對以二文王一　第二十三……二九四
景公問二古之莅レ國者任レ人如何一晏子對以二人不一レ同レ能　第二十四……二九五
景公問下古者離二散其民一如何上晏子對以下今聞二公令一如中寇讎上　第二十五……二九七
景公問レ欲二和レ臣親一レ下晏子對以二信順儉節一　第二十六……二九九
景公問二得レ賢之道一晏子對以二擧レ之以レ語考レ之以一レ事　第二十七……三〇二
景公問二臣之報レ君何以一晏子對以二報以一レ德　第二十八……三〇三
景公問二臨レ國莅レ民所レ患何也一晏子對以二患者三一　第二十九……三〇四
景公問二爲レ政何患一晏子對以二善惡不一レ分　第三十……三〇六

晏子春秋卷第四

內篇問下第四……三〇八
景公問二何修則夫先王之遊一晏子對以レ省二耕實一　第一……三〇八
景公問二桓公何以致一レ霸晏子對以二下レ賢以一レ身　第二……三一四
景公問レ欲レ逮二桓公之後一晏子對以三任非二其人一　第三……三一六
景公問二廉政而長久一晏子對以二其行水一也　第四……三一八
景公問二爲レ臣之道一晏子對以二九節一　第五……三二〇
景公問二賢不肖可レ學乎一晏子對以二勉彊爲一レ上　第六……三二三
景公問二富レ民安一レ衆晏子對以二節レ欲中聽一　第七……三二四
景公問二國如何則謂一レ安晏子對以二內安レ政外歸一レ義　第八……三二五

景公問二諸侯孰危一晏子對以二莒其先亡一　第九……三二六
晏子使レ呉呉王問二可レ處可一レ去晏子對以レ視二國治亂一　第十……三二七
呉王問下保二威彊一不レ失之道上晏子對以二先レ民後一レ身　第十一……三三〇
晏子使レ魯魯君問三何事二回曲之君一晏子對以レ庇レ族　第十二……三三二
魯昭公問二魯一國迷何也一晏子對以三化爲二一心一　第十三……三三五
魯昭公問二安レ國衆一レ民晏子對以二事レ大養レ小謹レ聽節一レ斂　第十四……三四〇
晏子使レ晉晉平公問二先君得レ衆若何一晏子對以レ如二美淵澤一　第十五……三四一
晉平公問二齊君德行高下一晏子對以二小善一　第十六……三四六
晉叔向問二齊國若何一晏子對以三齊德衰民歸二田氏一　第十七……三四八
叔向問二齊德衰子若何一晏子對以二進不レ失レ忠退不一レ失レ行　第十八……三五六
叔向問二正士邪人之行如何一晏子對以レ使二下順逆一　第十九……三五八
叔向問二事君徒處之義奚如一晏子對以二大賢無一レ擇　第二十……三六二
叔向問下處二亂世一其行正曲上晏子對以二民爲一レ本　第二十一……三六七
叔向問二德孰爲レ高行孰爲一レ厚晏子對以二愛レ民樂一レ民　第二十二……三六八
叔向問二嗇吝愛之于レ行何如一晏子對以二嗇者君子之道一　第二十三……三七〇
叔向問二君子之大義何若一晏子對以下尊レ賢不上レ退二不肖一　第二十四……三七二
叔向問二傲レ世樂レ業能行一レ道乎晏子對以二狂惑一也　第二十五……三七四
叔向問二人何若則榮一晏子對以下事二君親一忠孝上　第二十六……三七七
叔向問二人何以則可一レ保レ身晏子對以レ不レ要レ幸　第二十七……三七九

曾子問下不レ諫レ上不レ顧レ民以成二行義一者上晏子對以二何以成也一　第二十八……………………三八〇
梁丘據問下子事二三君一不上レ同レ心晏子對以四一心可三以事二百君一　第二十九……………………三八二
柏常騫問二道無レ滅身無レ廢晏子對以二養世君子一　第三十……………………三八四

『晏子春秋』下卷目錄

晏子春秋卷第五

內篇雜上第五

莊公不レ說二晏子一晏子坐レ地訟レ公而歸　第一
莊公不レ用二晏子一晏子致レ邑而退後有二崔氏之禍一　第二
崔慶劫二齊將軍大夫一盟晏子不レ與　第三
晏子再治レ阿而見レ信景公任以二國政一　第四
景公惡二故人一晏子退國亂復召二晏子一　第五
齊饑晏子因二路寢之役一以振レ民　第六
景公欲レ墮二東門之堤一晏子謂レ不レ可レ變レ古　第七
景公憐二饑者一晏子稱二治レ國之本一以長二其意一　第八
景公探二雀鷇一鷇弱反レ之晏子稱レ長レ幼以賀　第九
景公睹二乞兒于塗一晏子諷レ公使レ養　第十
景公慙二刖跪之辱一不レ朝晏子稱レ直請レ賞レ之　第十一
景公夜從二晏子一飲晏子稱レ不二敢與一　第十二
景公使レ進二食與一レ裘晏子對以二社稷臣一　第十三
晏子飲二景公一止二家老斂一欲二與レ民共樂一　第十四
晏子飲二景公酒一公呼レ具レ火晏子稱レ詩以辭　第十五
晉欲レ攻レ齊使二人往觀一晏子以レ禮侍而折二其謀一　第十六
景公問二東門無擇年穀一而對以レ冰晏子請レ罷レ伐レ魯　第十七
景公使二晏子一予二魯地一而魯使不二盡受一　第十八
景公遊レ紀得二金壺中書一晏子因以諷レ之　第十九
景公賢二魯昭公去レ國而自悔一晏子謂二無レ及已一　第二十
晏子使レ魯有レ事已仲尼以爲レ知レ禮　第二十一
晏子之レ魯進レ食有レ豚亡二二肩一不レ求二其人一　第二十二
曾子將レ行晏子送レ之而贈以二善言一　第二十三

晏子之レ晉睹二齊纍越石父一解二左驂一贖レ之與歸　第二十四
晏子之御感二妻言一而自抑損晏子薦以爲二大夫一　第二十五
泯子午見二晏子一晏子恨レ不レ盡二其意一　第二十六
晏子遺二北郭騷米一以養レ母騷殺レ身以明二晏子之賢一　第二十七
景公欲レ見二高糾一晏子辭以二祿仕之臣一　第二十八
高糾治二晏子家一不レ得二其俗一廼逐レ之　第二十九
晏子居レ喪遜二畣家老一仲尼善レ之　第三十

晏子春秋卷第六

內篇雜下第六

靈公禁三婦人爲二丈夫飾一不レ止晏子請二先內勿一レ服　第一
齊人好二轂擊一晏子紿以二不祥一而禁レ之　第二
景公瞢二五丈夫稱一レ無レ辜晏子知二其冤一　第三
柏常騫禳レ梟死將下爲二景公一請上レ壽晏子識二其妄一　第四
景公成二柏寢一而師開言二室夕一晏子辨三其所二以然一　第五
景公病レ水瞢與レ日鬪晏子教二占瞢者一以對　第六
景公病レ瘍晏子撫而對レ之廼知二群臣之野一　第七
晏子使レ吳吳王命二儐者一稱二天子一晏子詳惑　第八
晏子使レ楚楚爲二小門一晏子稱下使二狗國一者入中狗門上　第九
楚王欲レ辱二晏子一指二盜者一爲二齊人一晏子對以レ橘　第十
楚王饗二晏子一進レ橘置レ削晏子不レ剖而食　第十一
晏子布衣棧車而朝陳桓子侍二景公一飲レ酒請レ浮レ之　第十二
田無宇請レ求二四方之學士一晏子謂二君子難一レ得　第十三
田無宇勝二欒氏高氏一欲レ分二其家一晏子使レ致二之公一　第十四
子尾疑二晏子不一レ受二慶氏之邑一晏子謂二足レ欲則亡一　第十五
景公祿三晏子平陰與二槀邑一晏子願レ行二三言一以辭　第十六
梁丘據言二晏子食レ肉不一レ足景公割レ地將レ封晏子辭　第十七
景公以二晏子食不一レ足致二千金一而晏子固不レ受　第十八
景公以二晏子衣食弊薄一使三田無宇致二封邑一晏子辭　第十九
田桓子疑二晏子何以辭一レ邑晏子答以二君子之事一也　第二十
景公欲レ更二晏子宅一晏子辭以二近レ市得一レ求諷レ公省レ刑　第二十一
景公毀二晏子隣一以益二其宅一晏子因二陳桓子一以辭　第二十二
景公欲下爲二晏子一築中室于宮內上晏子稱二是以遠一レ之而辭　第二十三
景公以二晏子妻老且惡一欲レ內二愛女一晏子再拜以辭　第二十四
景公以三晏子乘二弊車駑馬一使二梁丘據遺一レ之三返不レ受　第二十五
景公睹二晏子之食菲薄一而嗟二其貧一晏子稱二其參士之食一　第二十六
梁丘據自患レ不レ及二晏子一晏子勉レ據以二常爲常行一　第二十七
晏子老辭レ邑景公不レ許致二車一乘一而後止　第二十八
晏子病將レ死妻問レ所レ欲レ言云レ毋レ變二爾俗一　第二十九
晏子病將レ死鑿レ楹納レ書命二子壯示一レ之　第三十

晏子春秋卷第七

外篇第七

景公飲レ酒命二晏子一去レ禮晏子諫　第一
景公置二酒泰山一四望而泣晏子諫　第二
景公覩二彗星一使二人占一レ之晏子諫　第三
景公問二古而無レ死其樂若何一晏子諫　第四
景公謂二梁丘據與レ己和一晏子諫　第五
景公使三祝史禳二彗星一晏子諫　第六
景公有レ疾梁丘據裔款請レ誅二祝史一晏子諫　第七
景公見二道殣一自慙レ無レ德晏子諫　第八
景公欲レ誅下斷二所レ愛橚一者上晏子諫　第九
景公坐二路寢一曰二誰將一レ有レ此晏子諫　第十
景公臺成盆成适願三合二葬其母一晏子諫而許　第十一
景公築二長庲臺一晏子舞而諫　第十二
景公使二燭鄒主一レ鳥而亡レ之公怒將レ加レ誅晏子諫　第十三
景公問二治國之患一晏子對以三佞人讒夫在二君側一　第十四
景公問下後世孰將レ踐二有齊一者上晏子對以二田氏一　第十五
晏子使レ吳吳王問二君子之行一晏子對以レ不下與二亂國一倶滅上　第十六
吳王問二齊君僈暴吾子何容焉一晏子對以二豈能以レ道食一レ人　第十七
司馬子期問下有二不レ干レ君不レ恤レ民取レ名者一乎上晏子對以二不仁也一　第十八
高子問下子事二靈公莊公景公一皆敬上子晏子對以二一心一　第十九
晏子再治二東阿一上計景公迎賀晏子辭　第二十
太卜紿二景公能動一レ地晏子知二其佞一使二卜自曉一レ公　第二十一
有二獻レ書譖一晏子退耕而國不レ治復召二晏子一　第二十二
晏子使二高糾治一レ家三年而未二嘗弼一レ過逐レ之　第二十三
景公稱三桓公之封二管仲一益二晏子邑一辭不レ受　第二十四
景公使三梁丘據致二千金之裘晏子一固辭不レ受　第二十五
晏子衣二鹿裘一以朝景公嗟二其貧一晏子稱レ有レ飾　第二十六
仲尼稱下晏子行補二三君一而不レ有果君子也上　第二十七

晏子春秋卷第八

外篇第八

仲尼見二景公一景公欲レ封レ之晏子以爲二不可一　第一
景公上二路寢一聞二哭聲一問二梁丘據一晏子對　第二
仲尼見二景公一景公曰下先生奚不レ見二寡人宰一乎上　第三
仲尼之レ齊見二景公一而不レ見二晏子一子貢致レ問　第四
景公出田顧問下晏子若人之衆有二孔子一乎上　第五
仲尼相レ魯景公患レ之晏子對二以勿一レ憂　第六
景公問下有レ臣有二兄弟一而彊足レ恃乎上晏子對レ不レ足レ恃　第七
景公遊二牛山一少レ樂請二晏子一願一　第八

景公爲二大鐘一晏子與二仲尼柏常騫一知レ將レ毀　第九
田無宇非三晏子有二老妻一晏子對以三去レ老謂二之亂一　第十
工女欲レ入二身于晏子一晏子辭不レ受　第十一
景公欲レ誅二羽人一晏子以爲二法不一レ宜レ殺　第十二
景公謂二晏子東海之中有レ水而赤一晏子詳對　第十三
景公問三天下有二極大極細一晏子對　第十四
莊公圖レ莒國人擾紿以二晏子在一迺止　第十五
晏子死景公馳往哭哀畢而去　第十六
晏子死景公哭レ之稱レ莫三復陳二告吾過一　第十七
晏子沒左右諛弦章諫景公賜二之魚一　第十八

解題

はじめに

本書の主人公晏嬰とはどのような時代に生きたどのような人物だったのか、そして『晏子春秋』とはどのような内容の書物なのかということは本書を通じておよそ明らかになるはずであるが、ここであらましを解説しておくことにしたい。さらに『晏子春秋』が今日までどのように伝えられ、またどのように読まれ研究されてきているかということも本書の理解を深めるうえで欠かすことができない問題である。このことについても簡単に紹介しておこう。

一　晏子とその時代

1　晏子の生涯

晏子は、晏嬰、また晏平仲ともいう。劉向の「叙録」によると「名は嬰、諡《おくりな》は平仲」とある。『論語』公冶長篇には「晏平仲」の名で現れ、『左伝』でもしばしば「晏平仲」の名で登場するから、「平仲」を諡号とみてよいと思われる。ところが異伝もある。魏・何晏『論語集解』及び唐・司馬貞の『史記索隠』などがそれで、「名は嬰、平は諡、仲は字《あざな》である」とい

うのである。

晏子の出身は、『史記』晏子列伝によると、「萊《らい》の夷維《いい》の人」とある。萊とはいわゆる東夷の国である。その由来は晏子が生涯にわたって仕えた斉国よりもさらに古い。紀元前十一世紀、太公望呂尚が周の武王を補佐して殷の紂王を滅ぼした功績によって斉に封建されたとき、先住国家であった萊は、その都営丘（後の斉の都、臨淄）の領有をめぐって斉と戦い、敗れた。土着の勢力が新来の勢力によって敗退させられたわけである。以来、萊は斉に従属することを余儀なくされ、ついに前五六七年、晏子の父晏弱の率いる斉軍によって滅亡するに至った。夷維は、のち夷安ともいわれ、現在の山東省高密市に当たる。

萊といえば次のような話が伝わっている。前五〇〇年、斉の景公と魯の定公が夾谷において会合したとき、景公は萊人に武器を持たせて定公を脅かそうとした。ところがこの会合に補佐役として随行した孔子は、こうした斉の陰謀をみごとに打ち砕いてしまった。孔子は、斉や魯を「夏」「華」と位置づける一方で、萊を「裔」（辺境）・「夷」（野蛮人）といい、萊人を「裔夷の俘」（辺夷の俘虜）と蔑んで、華夏の会合に夷狄を同席させるなど非礼の極み、直ちに退去させよと斉君に迫ったのである（『左伝』定公十年参照）。これによれば、萊人は斉人や魯人とは異なる種族として劣位に置かれ、明らかに異質な文化と伝統をもつ人々と見なされていたようである。晏子がそうした萊の出身であったということは実に興味深いことである。夷狄文化をルーツに持つ晏子が華夏文化圏の中で最大級の評価を得るようになっていったことに示されるように、この異種の文化は斉地においてはじめは対立し、時とともにやがて融合していったことを証明している。

晏子の生年は不明。『左伝』によると襄公十七年（前五五六年）彼の父晏弱が死んだとき、彼は既に斉国の大夫であった。とすれば、この時彼は成人しており、二十歳以上になっていたことになるから、遅くとも前五七六年以前には生まれていたことになる。王更生はこの時三四歳であったろうと推定し、前五八九年に生まれたのであろうと結論する（『晏子春秋今註今訳』付録：晏子年表）が、確証はない。ただ、孔子は前五五一年に魯の国で生まれており、『史記』仲尼弟子列伝にも

「孔子の厳事する所は、…斉に於いては晏平仲」とあることから、孔子よりは年長の人であったことは確かである。

晏子がどのような幼少年時代を過ごしたのかも審らかではないが、劉向の「叙録」に「博聞強記、古今に通じていた」とあるのによれば、相当に学問好きな人物であったと考えられる。ところがその外見は、内篇雑上第二十五章に「晏子、長六尺に満たず…」(一尺＝二二・五cm)と、偉丈夫とはほど遠く相当に小柄であったらしい。孔子が九尺六寸もあり人々から「長人」と呼ばれていた(『史記』孔子世家)ことと実に対照的である。

彼が世人の注目を集めるようになったのは、父の喪に際して古来の礼法に従って極めて厳格に服喪したことに始まるようである。というのも、『左伝』襄公十七年に、
斉の晏桓子(晏弱)が亡くなった。〔その子〕晏嬰は粗布の斬衰《ざんさい》の喪服に、苴《あさ》の冠り物と帯を着け、竹の杖に菅《すげ》の草鞋《わらじ》を履き、粥をすすり、さしかけ小屋に苫《とま》の蓆《むしろ》、草を枕に寝起きした。その家老が、「大夫の喪の礼ではありません」といううと、晏嬰は〔謙遜して〕言った。

「卿なればこそ大夫の礼が行えるのです」

とあるのが、『左伝』における晏子に関する最初の記録だからである(小倉芳彦訳注『春秋左氏伝』による)。なおこの話は本書(下巻)雑上第三十章にも見える。

また彼の住まいについても『左伝』昭公三年は次のように伝えている。

以前、斉の景公は晏子の住宅を改築させようとして、

「子《あなた》の住宅は市場に近く、低湿、狭小、喧噪、塵埃で、住居に適さない。乾燥した台地に改築したらどうか」

と言うと、晏子はことわった。

「ここは君《わがきみ》先代の臣以来の住居。その後を嗣ぐにも不足な臣《わたくし》には、過分です。それに、市場に近く住む小人は、朝夕に求める物が手に入ります。小人に便利なのに、わざわざ里の役人を〔転居のために〕煩わすことはありません。」

（中略）

晏子が晋に赴いている間に、景公は住宅を改築し、もどって来ると、すでに完成していた。晏子は公に拝謝するや、さっそくこれをとりこわして、昔通りに隣家を皆建て直し、以前の住人を呼びもどして、

「諺に、『住宅〔の良否〕を卜《うらな》わず、隣人を卜う』とある。あなた方は以前に隣人として卜ったのに、卜いに背くのは不祥です。君子は非礼を犯さず、小人は不祥を犯さず、というのは古来の定め。吾《わたし》はそれに背きたくない」

と、けっきょく旧宅にもどった。公はこれを許さなかったが、陳桓子（陳無宇）を通じて請うと、許可された。（同右）

と、自らを「小人」と遜っていささかも贅沢を求めなかったようである。

このように小男で無欲な晏子であったが、『史記』晏子列伝に「三世名を諸侯に顕す」とあるように、斉の三代の君主霊公（前五八一～五五四年在位）・荘公（前五五三～五四八年在位）・景公（前五四七～四九〇年在位）に仕え、賢臣として名声を保った。『晏子春秋』が主に景公との問答が中心になっていることからもわかるように、霊公に仕えたのは父弱の死から数えるとわずか三年ほどに過ぎず、父の喪に服していたことを考えると極めて短期間であったことがわかる。次いで荘公に仕えるが、荘公には諫めても聞かれないことが多く、程なくして職を辞して東海のほとりに移り畑を耕している（内篇雑上第一章参照、しかしこれは史実ではあるまいと呉則虞は推理する）。荘公が崔杼に弑されたのはその数年の後のことであった。次いで景公に仕えるが、この期間が最も長く、君位にあった五八年間のうち、四〇年前後に及ぶと推定される。景公元年には早くも景公に伴って時の盟主晋国に赴いているし（『左伝』襄公二十六年）、同九年には単身で晋に外交使節として派遣されるまでに重用されている（同昭公三年・『史記』斉太公世家）。晏子と景公の間柄がどのようであったかは本書にみるとおりである。

晏子の卒年は、『史記』斉太公世家によると、景公四八年（前五〇〇年）で、斉・魯両国の国君の間で先述した夾谷の会合があった年に当たる。孔子が魯の定公から最もその信頼を得ていたときであり、斉の景公側からすれば晏子の死と前後し

た時期である。このために景公はこの会合に晏子の助言を得ることができず、後世に残る大失態を演じてしまったのであろうか。歴史に「もし」は許されないが、もしこの時斉の景公が晏子を従え、魯の定公が孔子を従えて、夾谷で会合していたら、その後の歴史はまた違うものとなっていたであろう。

ただ、晏子の卒年については異説もある。『晏子春秋』最終章、すなわち外篇巻第八第十八章に、晏子が没して十七年後、景公が諸大夫らと酒宴を設けたとの記事が見える。景公は在位五八年にして没したのだから、これによると晏子はいかに遅くとも景公四一年（前五〇七年）以前に、すなわち夾谷の会のあった前五〇〇年よりさらに七年前には、既に逝世していたことになる。『左伝』の晏子についての記事が昭公二六年（紀元前五一六年）までであることも参照すると、晏子の没年は『史記』のいう紀元前五〇〇年より前であった可能性もある。

晏子は、死後、景公によってむろん丁重に葬られたであろうが、それについて『史記』や『左伝』などに記録はない。『水経注』巻二六の淄水の項に、

（斉城臨淄の）北門外東北二百歩に、斉相晏嬰の冢宅有り、…（晏子）曰く、吾生きては則ち市に近し、死して豈に志を易へんや、と。乃ち故宅に葬る。後之に名づけて清節里と曰ふ。

とあるのによれば、彼の遺言通りそのまま旧宅に埋葬されたらしい。

現在、晏子の墳墓と伝えられる遺跡が三箇所ある。一つは臨淄の旧城域内のいわゆる「晏嬰冢」である（口絵写真参照）。その外に高密市と平原県（いずれも山東省）とにある。いずれも実際に晏子を葬った墳墓そのものであるとの証拠はなく、後世の人が晏子を記念して造営したのであろうといわれる。しかし、そうした遺跡の存在こそが、晏子の人柄や業績がいかに後世久しきにわたって評価されていたかを如実に示しているといえよう。

2　晏子の時代

晏子が父の死を迎えたのは前五五六年のことであった。先君桓公が管仲の補佐を得て中国に覇を唱えて強国の名をほしいままにした時代から、既に九十年近くが過ぎていた。斉の黄金時代は遠く去り、かわって晋が中原の盟主として諸侯に号令をかけていた頃である。時の景公は、在位年数は群を抜いて長かったものの、君主としては桓公とは比べようもなく凡庸そのものであった。斉にとって脅威となっていたのは晋だけではない。南方の楚や呉の力にも侮り難いものがあり、はるか西では秦が着々とその力を蓄えつつあったし、隣国魯も小国ながら巧みな外交戦略を駆使して大国斉に屈することなく堂々と対抗していた。それればかりではない、各国の諸侯の権威は大夫らに移り、実質的には君主権力は形骸化しつつあった。その典型的な例は、隣国魯に見ることができる。まさに「(周の)世衰へ道微にして、邪説暴行有た作《まおこ》る。臣にして其の君を弑する者之有り、子にして其の父を弑する者之有り」(『孟子』滕文公下篇)という下克上の時代だったのである。かの孔子が最も腐心したことが、結局は挫折してしまったけれども、大夫らから実権を君主の手に奪い返すことだったことはよく知られている。戦国の七雄が生き残りをかけて相争った戦国時代はもうすぐそこまで来ていたのである。春秋時代とはいえ実質的には戦国時代と何ら変わるところがなかったといってよい。

こうした厳しい国内・国際環境の中で、晏子は宰相として斉国のために心血を注いだのである。ただし、管仲のように斉を大国に仕立てて天下に覇を唱えさせようという野心からではなく、むしろそうした苛酷な時代に苦しめられる民衆への限りない同情がその支えとなっていたようである。

3　晏子の人となり

『史記』晏子列伝は次のように記す。

節倹力行をもって斉に重んぜられた。宰相となってからも、食事には肉は一種類しか食わず、妾には絹の衣を着せず、

朝廷においては君主が下問すると言葉を正しくしてこれに答え、下問がないときには行動を正しくした。国政に道義が実現しているときは、すなおに命に従い、道義が欠けているときには、その命を行うべきかどうかを計って行動した。無欲で控えめ、かつ質素で、しかも信念を貫いた一人の人物像がそこから見て取れよう。同じ巻に記される管仲とは全く正反対の宰相像がそこに描かれる。管仲は桓公の補佐としての有能さを疑うものは誰一人としていなかったが、またその地位をたのんでの贅沢も有名であった。例えば孔子は、

管仲は桓公を輔佐して諸侯の旗がしらにならせ、天下をととのえ正した。人民は今日までもそのおかげをこうむっている。管仲がいなければ、わたしたちは散ばら髪で襟を左まえにし〔た野蛮な風俗になっ〕ていたろう。(『論語』憲問篇、金谷治訳注による)

と、中華が夷狄から守られたことは彼の功績であるとして高く評価しながらも、また

先生がいわれた、「管仲の人物は小さいね。」ある人が「管仲は倹約だったのですか」というと、「管氏には三つの邸宅があり、家臣の事務もかけもちなしで〔それぞれ専任をおいて〕させていた。どうして倹約といえようか。」「それでは管仲は礼をわきまえていたのですか。」「…管氏でも礼をわきまえているなら、礼をわきまえないものなどだれもなかろう。」(同・八佾篇、金谷治訳注による)

と、管仲ほど礼をわきまえぬ者はないと非難の言葉を向けるほどであった。

さて管仲もそうであったが、晏子も途中失脚することなく、生涯宰相としての地位を全うした。晏子は大夫の家に生まれたとはいえ決して名門貴族であったわけではない。その晏子がなぜ宰相の地位に就くことができ、しかもその地位を追われることがなかったのであろうか。その答は『晏子春秋』を読む限り、君主の言行に横暴さや無軌道、短慮、あるいは民衆の苦しみを顧みない苛斂誅求や国庫の乱費があれば、わが身を捨てる覚悟で諫めたこと、そして媚びや諂いによって君主の寵愛を得、それを恃んで私服を肥やし、また自家の権勢を広げようとはしなかったことにある。これを一言で言えば、無私の

愛民主義ということができよう。そしてそれは、堯や舜の治世にその理想を求めて仁義王道をひたすら説いてまわった孟子や、周の文王や周公旦による周初の治世を復興しようとこれに生涯を捧げた孔子とも違っていた。現実の政治に携わる中で、礼にかなった振る舞いを実践し、奢侈に溺れない高潔清貧な態度を固く守り続け、ひたすら人民の福利を追求したといってよい。崔杼が荘公を弑して斉国の実権を手中にしたとき、服従しない者を次々と粛正したことがあった。当然、晏子に対しても白刃を突きつけて服従を迫るのだが、彼はいささかも怯まずつっぱねた。結局、崔杼は彼を己の意のままにできぬ人物であると思い知らされたばかりでなく、粛正してしまおうにも民の人望が最も厚かったために手が出せなかった。また、いかに有能でも時に同僚の妬みや怨みをかって讒言に遭い、あるいは君主の怒りに触れて疎んぜられ、志半ばにしてあえなく失脚することも少なくなかった時代に、彼こそはまさに希有な存在であったといえよう。

晏子は、遠い過去に理想を求めもしなかったが、現実の汚濁にも決して身を染めることも潔しとしなかった。国君を思いやり、家族を思いやり、何よりも民を思いやっていた。ここに理想に溺れず、常に現実を見据えた賢人宰相のイメージを結ぶことができるのである。

人格が高潔であればあるほど、信念を貫き通そうとすればするほど、現実から疎んじられればじき出されることが多いものである。このようなことから中国では自己の理想と現実とが折り合わないとき、潔く野に隠れるといういわゆる隠逸の伝統が古くからあった。ところが、晏子は隠者をいっさい評価しないし、その存在すら容認しないようである。これは晏子一人だけでなく斉の太公望以来、斉では賢者は尊重するが隠者は尊重しないという伝統と関係しているようである。（問上篇第十三章参照。他に隠者に否定的な話は問下篇第二十、二十五、二十八章などにも見える。）

彼の賢者としての名声は斉国内のみならず、他国にも鳴り響いていた。晋や越に赴いた折の当地の君主や宰相との問答からそれを具さに知ることができる。

こうした晏子の人柄と業績は、漢初の司馬遷の頃になると、管子の書と並んで『晏子春秋』として世に広く読まれるまで

になっていたのである。
ところでこの時代各国に優れた人材が輩出した。晏子同様宰相としてその偉名を後世に伝えた人物も少なくない。しかし、残念なことに彼らについての言説は断片的に伝わっているだけで管仲の『管子』、晏子の『晏子春秋』などのようにまとまった形で伝わっているものは少ない。試みに今、『漢書』藝文志の諸子略によって宰相の地位にあった者の名において書き残された書物について見てみると、以下の六種を挙げ得る。

儒家者流
晏子八篇（略）
李克七篇　子夏の弟子、魏の文公の相と為る。

道家者流
伊尹五十一篇　湯の相。
筦（＝管）子八十六篇（略）
力牧二十二篇　六国時の作る所、之を力牧に託す。力牧とは、黄帝の相。

法家者流
李子三十二篇　名は悝《かい》、魏の文公に相たり、富国強兵す。
商君二十九篇　名は鞅、姫姓、衛の後なり、秦の孝公に相たり。列伝有り。
申子六篇　名は不害、京の人、韓の昭侯に相たり、其の身を終ふるまで諸侯敢へて韓を侵さず。

しかも、この八書のうち、今日では李克七篇・伊尹五十一篇・力牧二十二篇・李子三十二篇は失われ、申子六篇も逸文が僅かに残るだけである。斉の二人の宰相の名が冠せられた書物が八種中二種を占め、しかも今日まで伝承され続けているということはまことに希有なことではなかろうか。これは斉という国柄とも大きく関係してこよう。更に付け加えるならば、

斉の建国者太公望呂尚にちなむ書、太公二百三十七篇も『漢書』藝文志には著録されている。このように斉では現実の政治に深く関与した人物の思想が後世にまで長く語り伝えられていたのである。ここに斉の現実を重視する傾向と賢者を尊ぶ伝統とを見てとることができる。

二　『晏子春秋』の述作者とその成書年代

本章では『晏子春秋』がいつ誰によって著作されたのかということについて、先学の説を紹介しながら考察していくことにしよう。

1　『晏子春秋』の成書時期をめぐる論争

『晏子春秋』の述作者とその成書年代については従来さまざまな説が出されており、それを整理すると大体四つに分けられる。もちろんこの問題は、誰が書いたのかということとも密接に関連しあっており、それと別にして考えるわけにはいかないが、それらすべてを一度に示すとあまりに複雑多岐にわたり、概観を捉えにくくするおそれがある。そこで各説の詳細は第三節以下にゆずり、本節ではそのあらましだけを紹介しておくことにする。

（1）晏嬰自著説

『史記』晏子伝の太史公賛では、『晏子春秋』の書名は見えているが、誰がそれを著述したかは明言していないし、『漢書』藝文志も「晏子八篇」とし、班固の自注には「名は嬰、謚は平仲、斉の景公に相たり。孔子善く人と交はると称す。列伝有り。」とあるのみで、一般的に「某某撰」という書き方はしていないので晏嬰の自著と認識していたかどうかはわからない。

ところが、『隋書』経籍志には「晏子春秋七巻、斉大夫晏嬰撰」、『旧唐書』経籍志にも「晏子春秋七巻、晏嬰撰」とある

ことから、隋唐以降は晏嬰の自著であるとみなすようになったことがわかる。しかし、『新唐書』藝文志では再び「晏子春秋七巻、晏嬰」と記すようになる。もっとも『新唐書』は、『漢書』同様に「某某撰」という表記法がどこにもとられていないので、『隋書』、『旧唐書』の晏子嬰自著説を否定した結果とはいえないだろう。

宋代の『崇文総目』は、目録のうえではひとまず形式的に「晏子春秋十二巻、晏嬰撰」としたうえで、「この書は蓋し後人が嬰の行事を集めて作ったのであり、晏嬰の撰とするのは非である」と晏嬰自著説を明白に否定している。以来今日まで晏嬰自撰説を主張する者はいない。

以下は後人述作説である。

（2）戦国時代成書説

孫星衍は、「晏子春秋序」において、現行本は劉向の校本であって偽作ではありえず、またその内容において『左伝』、『詩経』、『管子』、『列子』、『墨子』、『荀子』、『孟子』、『韓非子』、『呂氏春秋』、『淮南子』、『孔叢子』、『塩鉄論』、『韓詩外伝』、『説苑』、『新序』、『列女伝』、『風俗通』などの「周秦漢人の述ぶる所」の諸書と「文辞が互いに異なり、参訂に資する者甚だ多く、晏子の文が最も古質」であることから、その成書は戦国の世であろうと推定している。

蔣伯潜「諸子通考・諸子著述考」（駢宇騫『晏子春秋校釈』所引）は、「春秋」をもって個人の言行の書の名称としたのは戦国時代半ば以降であるはずであることなどを根拠に、その成書年代は戦国時代半ば頃、すなわち孟子と同じ時代に、「伝聞を綴集して成した」ものであろうとしている。

柳宗元『河東文集』巻四（呉則虞『晏子春秋集釈』所引、以下『集釈』と略称する）は、明言はしていないが、墨家が最も活躍したのが戦国時代であることからして戦国時代の述作とみていたようである。

董治安「説《晏子春秋》」も、ほぼ孫星衍と同様な考証の後、おおよそ晏子よりやや遅れる戦国時人によって編集されてできたのであろうから、その成書時期は戦国時代より遅れることはなかろうと推論する。

高亭「『晏子春秋』的写作年代」も、基本的にこの董説に同意している。

駢宇騫氏は、『晏子春秋校釈』序言で、竹簡本『晏子春秋』をもとにして、その成書年代はいかに遅くとも秦の六国統一より後ということは有り得ず、また「書中の内容及び書中の語言用字から看て、恐らくもう少し早いのではないか」と推測している。

この他、成書年代について具体的な言及はないものの、『四庫全書総目提要』は、後人が晏子の逸話を集めたもので、伝記の祖であるとして、子部から史部の伝記類筆頭に移動させたうえで、その述作時期はやはり戦国時代とみていたようであるし、孫星衍校訂『晏子春秋』をもとに『校勘』を著した黄以周も、斉の『春秋』や賓客らの集めた話から作られたものであろうとしている点、やはり戦国時代に既に述作されていたとみていたようである。

（3）秦漢時代成書説

『集釈』序言は、『晏子春秋』中に引用される『詩』に着目し、それらの解釈が『毛詩』と同じであることから、当然その成書年代は『毛詩』の成立以後、すなわち秦の六国統一以後、より具体的には始皇帝のもとで博士に任用された淳于越か、もしくはそうした類の斉人によって秦国内で完成されたものであろうと推定した。しかしこの説は、先の董治安「与呉則虞先生談『晏子春秋』的時代」の反論によって間もなく覆されてしまった。

梁啓超「漢書藝文志諸子略考釈」（『集釈』所引）は、柳宗元の説にほぼ同意しながらも、その述作者は「墨子を能く知る者には非ず、その依託年代は甚だ晩く、戦国ではなく漢初であったろう」と推定する。

蘇輿『晏子春秋』序（『集釈』所引）は、「史公（司馬遷）が見たのは決して今の伝本ではなく、この書の作られたのは誰であるかは特定できないものの、史公の後であることは知るべきであり、墨子の世を去ることすでに遠く、この意味で柳説は拠るに足りない」という。

（4）六朝偽作説

ところが、現行の『晏子春秋』は後世の偽作であるとする説が現れた。すなわち呉徳旋『初月楼文鈔』(『集釈』所引)である。彼は、劉向が編纂した『晏子』は既にいつの頃か亡佚してしまい、六朝の偽作好きな者が作ったのであろうというのである。これに賛同するのが管同『因寄軒文初集』(『集釈』所引)である。かれは、漢代の『晏子』は既になく、今世に伝わるのは、その文体が甚だしく浅薄であるところからみて、六朝以後の者が偽作したのだろうという。さらにこの管同説に賛同するのが黄雲眉『古今偽書考補証』である。彼は、現行本は古書から剽窃して作り上げたものであり、そのため随所に偽作者の誤りや拙さがみられるというのである。

この説は大胆な仮説であるものの、もともと根拠が薄弱かつ曖昧であることから批判を受けていたものであり、銀雀山漢墓から現行本『晏子春秋』と殆ど同一内容の竹簡が見つかったことから現在では論拠を全く失った。その点では(3)もほぼ同様に成り立たないといえる。従って現在最も有力なのは(2)戦国時代成書説である。

2 銀雀山漢墓竹簡『晏子』の発見

前節で述べたように、その成書年代を考証するうえで、大きな役割を果たしたのが、竹簡本『晏子春秋』であった。本節ではこの竹簡本『晏子春秋』について簡単な紹介をしておきたい。

一九七二年、山東省臨沂県(現在は市)銀雀山漢墓から大量の竹簡が見つかり、その中に孫武、孫臏の兵法書と共に『晏子』も含まれていることが明らかとなった。ただその分量は現行本には遥か及ばず、僅かに百二枚の竹簡、全十六章に留まるものであった。発掘時点でそれだけの竹簡しか残存していなかったというのではなく、埋葬時点の当初から全十六章本『晏子春秋』であったとされている。従ってこの点について駢宇騫氏は、劉向が整理して定著するまでにはさまざまな種類の『晏子春秋』があったことはその「叙録」から知ることができるわけであるが、まさにそれらのうちの「節選本」系統のテキストの一種ではなかったかというのである(駢氏前掲書参照)。この発見によって、前漢の比較的早い時期すなわち武

帝期には既に『晏子春秋』が、中央から離れた山東省東南部、現在の臨沂市辺りまで普及していたことが明らかになり、司馬遷の「其の書（＝『管子』・『晏子春秋』）に至りては、世多く之有り」（管晏列伝）との言葉を裏付けることとなった。しかし、この発見は『晏子春秋』が戦国時代に既に述作されていたことを直接立証するまでには至らなかった。なぜなら、この竹簡に記されていた文字の書体が早期隷書であったことから文景期から武帝初期、いずれにせよ漢初に書かれたものであろうとされたからである。（『銀雀山漢墓竹簡』〔壱〕「銀雀山漢墓竹簡情況簡介」、文物出版社　一九八五年）

なおこの竹簡の発見によって王念孫に代表される清代考証学者たちの本文校勘が極めて正確であったこと、またあるいは必ずしも的確でない場合のあることも明らかとなったのである。本書でも十分にこの竹簡本を活用した。

3　『晏子春秋』墨家著作説

『晏子春秋』が晏子の自著であれば問題ないのだが、後人が述作したのであればそれがどのような思想を持つ者によって書かれたのかということが問題となる。そして『晏子春秋』は古くから墨家の徒によって書かれたとされてきたのである。このことを初めて言い出したのは、唐宋八大家の一人柳宗元（七七三〜八一九年）である。彼はあらまし次のようなことをいう。

『晏子春秋』を述作したのは、晏子自身ではなく、また晏子の後継者でもなく、墨子の徒でかつ斉人である。なぜなら、墨家は節倹を好み、晏子も節倹であったこと、文中には、尚同、兼愛、非楽、節用、厚葬久喪の否定、すなわち薄葬などのことが見えるがこれらは皆墨子から出たもので、かつ孔子を批判したり鬼事を好んでいうこと、すなわち非儒、明鬼の思想も墨子から出たものである。従って墨子の徒でなければこのようなことは言わないはずであるし、また斉人でなければ、これほど具体的に記述することはできなかったであろう。また『漢書』藝文志等がこれを儒家に分類するのは甚だ誤りである。ただし、晏子が墨家であったというのではない、『晏子春秋』が墨家の書だというのである。云々。

（「弁晏子春秋」・『柳河東集』巻四所収）

この見解は説得力を持ち、以来『晏子春秋』の作者をめぐる論争が巻き起こることとなった。

宋・晁公武（生没年不詳、十二世紀頃）『郡斎読書志』は柳説を是としてこれを墨家類に分類配当している。元・馬端臨『文献通考』も然り。

宋・薛季宣『浪語集巻二十七』（『集釈』所引）も、柳宗元の「晏子を尊敬する墨者の斉人が著した」とする説を全くその通りであるとし、全面的に賛成している。

宋・項安世『項氏家説』巻九（『集釈』所引）も、晏子は、一身を以て百君に仕えることを恥とも思わないうえ、その行いはあまりにも「倹」に過ぎることから、墨子の学であることは甚だ明らかであると断言する。

宋・王応麟『漢書藝文志考証』巻五（『集釈』所引）も、柳説を引用してこれを是とした後、「晏子が墨家だったというのではなく、この書を作った者が墨家の道を説いているのだ」とする。

明・胡応麟「経籍会通」（『少室山房筆叢』巻二）も、「晏子は墨の宗なり。」といっている。

明・焦竑『国史経籍志』巻四下（『集釈』所引）も、「墨家の儒家との違いは倹のために礼を否定すること、兼愛のために親疎を分かたないことにあり、『晏子春秋』中の尚同、兼愛、非楽、節用、厚葬久喪の否定、非儒、明鬼などは皆一つとして墨家に由来しないものはない」という。

清・章学誠『校讐通義』（『集釈』所引）も、晏子自身が墨家であったというのではなく、『晏子春秋』が墨者の手になったという柳説に同意する。

清・凌揚藻『蠡勺編』巻二十も、晏子の言動は皆儒者のそれに背馳していると認め、柳説も根拠のないことではないと肯定する。

尹桐陽『諸子論略』（『集釈』所引）も、全面的に柳説に賛同して、晏子と墨子はその思想が一貫していることは明らかだ

と断定する。そうして、孫星衍の、柳宗元は「文人無学」だからそのような誤ったことを言い立てるのだという批判に対しては、孫氏のほうこそ「でたらめとこじつけ」の説ではないかと反論する。

張純一『晏子春秋校注』（以下『校注』と略称する。）叙は、柳宗元が墨家の書であるとして以来、『郡斎読書志』『文献通考』などがこれを承認してきたのは是であるとし、『法言』に「墨晏は倹にして礼を廃す」とあり、『列子』の張湛注に「晏子嬰は墨者なり」とあるのはその証拠であるとしながらも、自らは「儒に合する者十に三四、墨に合する者十に六七」といい、また「晏子は儒にして墨」といい、結局「其の学は蓋し墨儒に原《もと》づく」といって折衷的な見解を示している。ただ、校注を施していく過程で、彼は『晏子春秋』のどの部分が墨家の説を踏まえているかを詳細かつ具体的に論証することに努めている。従って、ひとまず墨家著作説の立場に立つ者とみることができる。

以上のように、唐代の柳宗元に始まって、現代の張純一に至るまで相当長期間に亘って、『晏子春秋』墨家著作説が広く定着していたとみることができる。確かに、『晏子春秋』墨家著作説は具体的な根拠を挙げて主張しているのでこれを全く否定することは難しい。例えば孫星衍が「善きかな劉向の言。其の書六篇、皆其の君を忠諫し、文章観るべく、義理法るべく、皆六経の義に合す、と。是を以て前代之を儒家に入る。柳宗元は文人無学なれば、墨子の徒之を為すと謂ひ、郡斎読書志・文献通考其の誤りを承く、無識と謂ふべし」と、柳宗元を罵りながら儒家に戻すべきと主張してはいるが、十全な反論とはなりえていない。さりとて『晏子春秋』が、張純一の指摘にもあるように墨家思想一色ではなく、そこに儒家思想も含まれていることは明らかである。すなわち、この点に着目して、『晏子春秋』墨家著作説に対する反論が述べられることになるのである。

4　『晏子春秋』墨家著作説に対する反論

早く、『孔叢子』詰墨篇に晏子を儒家とみることは全く差し支えないとの論があるものの、柳宗元以来長い間通説のよう

になってきた晏子墨家説を正面から反論して、これを儒家の側に取り戻そうとしたのは、先にも少し引いた孫星衍である。孫星衍（一七五三〜一八一八年）が『晏子春秋』を儒家の書とする根拠は、

晏子は倹を尚んだが、それは礼の所謂国奢れば則ち之に示すに倹を以てすということであり、父親の晏桓子の喪に際して礼を尽くしたこともまた墨とは異なる。『孔叢子』が、「伝記を察するに、晏子の行う所は、未だ以て儒に異なること有らず」というように、儒の道は甚だ大きく、…晏子尼谿の阻あるも（景公が孔子をこの尼谿の地に封じようとしたところ晏子が妨害したことを踏まえている）、儒家とするのに何の支障があろうか。

というもので、儒の範囲を広く取れば儒家と見なすことにいささかも差し支えないとしているのである。

劉師培（一八八四〜一九一九年）の『左菴集』巻七「晏子非墨家辨」（『集釈』所引）は、墨家は敬天明鬼を説くが『晏子春秋』には、むしろこれに批判的な記述が数箇所に見え、墨家の非楽説とは異なって、礼楽の重要性を説くところがあり、墨家のような短喪説とは異なる服喪の重要性を説くところもあるとしたうえで、『晏子春秋』には、墨家説とは異なる個所が少なくないことを論じる。墨家説と似ているようで実は異なり、むしろ儒家説とすべきであることを言うのである。

確かに墨家思想と符合する個所があると同時に、儒家思想と一致する個所も少なくないのであるから、この墨家か儒家かという論争はいつまでも決着をみることがないであろう。むしろ、儒家か墨家かという論争を離れて、『晏子春秋』の思想自体を何よりもまず詳細に分析研究するべきであろう。こうした立場から、『晏子春秋』はそれ自体独立して一家を為しているとみるべきであるとする説も現れた。

洪亮吉（一七四六〜一八〇九年）『暁読書斎初録』（『集釈』所引）は、晏子は墨子以前の人であるから、墨家ということはできないし、また『史記』孔子世家に晏子が儒家を批判している一節が見えるのだから儒家とすることもできない、思うに、管子と晏子はそれぞれ自ら一家をなしていたのであろうという。『晏子春秋』を、同じく斉に由来を持つ『管子』と対照させて考察すべきとする点が新鮮で、また説得的である。というのは『管子』も、『漢書』藝文志では道家に分類され、

その後は法家に改められるなど、やはり思想内容は一通りでなく、現在では斉の稷下において活躍した管仲学派の手になるものと考えられているからである。確かに墨家思想と共通するところがある反面、儒家思想とも共通するところがあるのだから、どちらか一方に決めなければならないという前提そのものに反省が加えられたところに新味がある。だが、どのような「一家」であったかについては言及がない。

そうしてこうした観点に一歩を進めて、羅焌『諸子学述』第一章（『集釈』所引）は、『晏子春秋』には儒家思想と墨家思想とがみられることを認めたうえで、なおかつこれを儒家とする説、墨家とする説、またこれを史部に編入する説などは全て適当ではないとし、内容からみて淳于髠《じゅんうこん》・優孟・優旃《ゆうせん》の流の、当時の天下の弁士の言であろうという。すなわち諸子十家の中では俳優小説家流に属させるべきであろう、と。とはいえ晏子が小説家だったというのではなく、この書の編者が小説家に数えるべきものだったと言うのである。これは、『四庫全書総目提要』が『晏子春秋』の内容は後人が晏子の逸話を集めて作った個人伝記集というべきものだとする解釈に近い。つまり、特定の思想を喧伝する目的はなく、宰相晏嬰の生前の言行を集めたに過ぎないという。もちろん言行録を集めることによって晏子の人柄や業績が明らかになるし、この企てをしたものが晏子を敬愛しかつその業績を後世に残そうとしていたことはもちろんである。

厳挺「晏子春秋弁証」（『光華大学半月刊』二巻二期、『集釈』所引）は、柳宗元の墨家説、そして後述する管同の六朝偽作説を極めて周到に批判して、晏嬰の死後儒者がこの書を作ったのであろうとし、その述作の後に墨者による加筆や削除があったかも知れないとしながらも、柳宗元が晏子を墨家とするのはちょうど耳を塞いで鈴を盗むようなものであると批判するのである。その根拠として孫星衍が挙げる揚雄『法言』に「墨、晏倹にして礼を廃す」とあるのや、『墨子』非儒篇や『孔叢子』詰墨篇で晏子が孔子を謗っている記述については、『墨子』非儒篇は実際に晏子が孔子を批判したのではなく、墨家の徒が儒家を批判するために創作したもので、『孔叢子』に至っては偽作であるからこれは証拠にならないとする。また『法言』が晏子と墨子を並称しているのは、漢代においては儒家と墨家を並称するのはごく普通のことであり、このことで

晏子が儒家と鋭く対立した墨家であることの証拠にはならないとする。そして次に具体的に『晏子春秋』の内容の吟味を行う。『晏子春秋』は儒者について言うことが多く、墨者を言うことは少ないとして、孔子が晏子の言行を伝え聞いて彼を誉め称えた個所が全部で八例、『詩』を引用して解釈した個所が九例、文王を引いた個所が二例、孔子の弟子である曽子のことを称えた個所が三例あることを挙げ、これによって『晏子春秋』の儒家とのかかわりの強さを示す例が少なくないことを立証する。一方墨子に言及する篇は二例にとどまることから、『晏子春秋』を墨家に入れるべきでないこと、墨者の徒が作ったのではないことが明らかである。しかも『晏子春秋』中に晏子が孔子を謗っているのは、もともと「経術に合わない」とされている外篇の数章に過ぎず、これを根拠に墨家の書とはいい難い。また、柳宗元は『晏子春秋』中に上同、兼愛、上賢、明鬼、節用の思想が間々みられることもその根拠としているが、これも公平な論ではなく、上同、兼愛、上賢、明鬼などの観念は韓愈が指摘しているように孔子にも少なからずあったはずである。反面墨家のいう非楽・節葬の観念はないのである。晏子が、景公が夜更けてまで音楽を聞いたために翌朝朝廷に出なかったことを諌めたり、飼い犬を手厚く葬ろうとしたことを諌めたりする記述がみられるが、それらは、墨家の言う非楽節葬の観念とは無関係である。柳宗元が、儒家の思想に比べ十分の一ほどしかない墨家思想をことさら取り上げて晏子墨家説を言い立てて、晏子儒家説を抹殺しようとしているのは誤りであるとしている。

このように柳宗元が墨家の思想とみたのはいずれも儒家の思想と見なすべきであるというものである。儒墨のいずれともいい難いとしながら、やや儒家説に傾いているようにも見受けられるのがこの厳挺説であるといえよう。それほどにこの『晏子春秋』の思想傾向は一律ではないのである。

董治安『先秦文献与先秦文学』所収「説『晏子春秋』」（初出は「山東大学学報・語言文学版」一九五九年四期）は、特定の学派に属さない一種の散文による文学作品と見なすべきであることをいう。すなわち、『晏子春秋』は晏子に対して敬愛の念を持っていた者が、民間や士大夫層の間で生まれたさまざまな伝説をまとめたもので、歴史小説に近づいた散文作品で

あり、当時の文学の発展水準からみて、相当に出来映えのよい芸術作品である。墨家の節用愛民の思想もまた儒家の「民為貴」や「法先王」の思想も共に含まれているのは、ちょうどその時代の政治思想として知られていたからである。『晏子春秋』の文章が簡明平易なこと、広く流伝していたことなどからみて、民間の創作に由来することも考えられる。いずれにせよ、『晏子春秋』は読者に晏子に対する十分な感銘と尊敬の念を与え得ることからも、小説としてその十分な評価を与える必要があるというのである。つまり、特定の思想を喧伝するためではなく、晏子という魅力的な人物を敬愛して止まぬ人が、彼を記念するために幾多の伝説を優れた文学的表現を用いて述作したというのが董氏の見解である。これは先の羅焌説とも近い。

『集釈』「序言」（一九六一年）は、儒家学説が孔子に始まったとすれば、晏嬰は孔子より前であるから彼が儒者であったはずはなく、従って『晏子春秋』を儒家に入れるのは適当ではない、また墨子も尚倹をいい、晏子も尚倹をいったが、共通しているのはその点だけで、このことから墨家に入れるのも事実に合わない。『晏子春秋』は間違いなく今日いうところの古典短編小説集である。従って、『晏子春秋』に描写される晏子は決して歴史上の真実の姿そのものではないから、これを史書の類と見なして史部に編入するべきでもない。晏子の思想はどの学派にも属しておらず、『晏子春秋』も政治思想に富んだ文学作品とみるべきであるから、これを何学派に配当すべきかという議論は全く意味をなさない、という。この点では先の董説と全く同様である。

こうした見解は、そのまま高亨「『晏子春秋』的写作年代」（駢宇騫前掲書所引）に引き継がれていく。すなわち、『晏子春秋』中の記事は、真実もあるが、誇張や虚構もあり、その性質は歴史小説に近い。そしてその作者は、斉国人かもしくは斉国に長年住み暮らした者であろう。斉国には自国の歴史書があり、また民間や士大夫の間では多くの晏嬰に関する伝説がたくさんあったので、作者はこれらを根拠にしてまとめたのであろう。斉には二人の著名な宰相管仲と晏嬰がいたが、何者かが彼らのために書物を著したのであろう。これは奇怪なことだが決して偶然ではない。斉の威王・宣王・襄王は皆稷下に

士を養い、その数は数千人であった。『管子』や『晏子春秋』の著作もそうした稷下の学者と関係があるのではないか。この歴史小説に近い『晏子春秋』は、儒家思想や墨家思想を反映しながら、斉国の腐敗した貴族らの醜悪さや政治の暗黒を明らかにしている。『晏子春秋』はまさに小説の萌芽であり、一定の文学的価値を有する作品である、というのである。

このように、儒家か墨家かという論争を抜け出て、晏子を主人公とする短編小説集と見るべきであるという説が次第に有力になりつつあるようである。しかしそうであっても、『晏子春秋』が多くの政治思想を含んでいることは否定できない。どうしてもその辺りを無視するわけにはいかないのである。とすれば墨家の立場からの儒家批判も儒家の立場からの墨家批判も共にみられないことからして、儒墨の混交が可能であった時代背景を第一に考慮すべきであろう。例えば、孟子は墨家思想の流行を嘆き、孔子の道を広めようとひたむきであったこと、荀子が墨家思想を厳しく非難していること、また墨家が『墨子』非儒篇などで儒家を排斥していることなどからして、儒墨の対立が厳しさを増していく戦国時代後期の作ではないことになる。

ところで孟子が、斉の国に来て公孫丑と政治について次のような会話を交わしている。

公孫丑がたずねた。「先生がもしも斉の国の政治の要職につかれたら、あの管仲や晏子のような立派な功績がまた期待できましょうか。」孟子はこたえられた。「君はなるほど斉に生まれた人だけあって、人物といえば管仲と晏子のことだけしか知らんのだね。（『孟子』公孫丑上篇、小林勝人訳注による）

孟子の時、斉は既に姜姓から田姓へと政権が移り、時の王は宣王であった。管子の死から三〇〇年、晏子の死から数えても二〇〇年近くが経過していたのであるが、かつて姜姓の君主に仕えた宰相管仲と晏子の名声はなお格別のものであったことがわかる。斉の国内ではふたりは既に理想化され伝説化されていたようである。斉の人々にとって理想の政治の実現のためには堯や舜を引き合いに出すまでもなく、管仲と晏子らのごとき治世を再現してみせる人物の現れることこそが待たれてい

たに違いない。とすれば、『管子』も『晏子春秋』もこうした流れの中で述作されていったに違いない。単にかつての偉人晏子を記念するために数々の伝承を集めてまとめたというものではなかろう。いわゆる「小説」の類とは異なるはずである。やはりそこには理想の政治のあり方、理想の宰相モデルが込められていたとみるべきであろう。政治思想と無縁であるはずがない。

それにしても荘公や景公との問答、そして越王との問答、晋の賢臣叔向との問答などが相当詳細に記述されていることに驚かざるを得ない。このことからすれば、『晏子春秋』の一部の章は晏子の側に仕えてその対話を具さに聞くことができた者による記録もしくは記憶が原型になっていたと考えられる。そうして後に晏子が伝説上の人物になるにつれさまざまに潤色されていくこともあったと思われる。しかし全くの架空ということはなかったのではあるまいか。こうして現在みるような『晏子春秋』のおよその骨格ができあがったのは、いかに早くとも斉が田氏の手に簒奪されてから後のことではないかと思われる。晏子が仕えた三人の姜姓の君主らの無道放埒、無能凡庸さに対する批判的眼差しは『晏子春秋』の随所ににじみでており、晏子への高い評価と好対照を示してぶざまなほどであり、あまつさえ斉がいずれ田氏に取って代わられるであろうことを予言するところまであるからである（問上篇第八章・同下篇第十七章）。この予言こそはこの書の述作が田斉になってからであることとの明白な根拠とみることができよう。いかに景公の信任が厚い晏子とて自らが仕える公室の滅亡を広言することが許されていたとはとても思えないからである。このように考えていくと、『管子』がいわゆる管仲学派と呼ばれる人々によって述作された時期とさして違わないのではなかろうか。すなわち斉が田斉になって威王（前三五六～三二〇年在位）・宣王（前三一九～三〇一年在位）・湣王（前三〇〇～二八四年在位）の時代に第二の黄金時代を築いたちょうどその頃、斉の都では各地から参集した思想家たちが互いに議論を戦わせながら、一方で学問思想の融合が促進されていったといわれる稷下の学が最盛期を迎えていたのである。儒家も墨家もその例外ではなかったであろう。『晏子春秋』はまさにそうした時代背景の中から生まれていったと考えるべきであろう。

三　晏子の思想とその思想史的位置

『晏子春秋』の面白さは、彼が最高権力を有する国君に対し、全く媚び諂うことなく、是は是とし非は非とする厳正中立、公平無私な態度で、常に接していたことにあるのは既に述べた。従って『淮南子』要略篇が

斉の景公は、内には声色に溺れ、外には狗馬を翫び、狩猟に出かけては帰ることを忘れ、女色を好んで限度を知らなかった。高々と路寝を築いた時、〔国中の銅を〕あつめて大鐘を鋳造させ、これを庭で撞かせたところ、〔その音は遠くとどろいて〕郊外の雉も一斉に和して鳴いた。〔よろこんだ景公は〕一度に〔米粟〕三千鍾もの賞賜を与えた。かくて梁丘據や子家噲が左右から諫めた。そこで「晏子の諫」が生じたのである。（楠山春樹著『淮南子』下による）

と述べているように、その特色は「諫」の一字にある。一般に「諫」とは、臣下が主君に対してその過ちを指摘して改めるように諭すことである。しかしそれは言うべくして行い難いもので、「良薬口に苦く、忠言耳に逆らう」とあるように、ひとたび主君の機嫌を損ねればかつての紂王を諫めた者たちのように無惨にも殺され、果ては塩辛にさえされかねない。それは命がけの行為であった。しかしまた、諫めて聞かれなければ君主のもとを辞して野に下ることも可能だった。現実に妥協せず、潔癖を守り通す固い意志ももちろん評価されなければならない。晏子が荘公を諫めて聞かれなかったときはまさにそうであった。晏子は俸禄の全てを返上して家にこもったのである。そのために、程なくして起きた崔杼による荘公殺害と景公擁立といったクーデターには全く巻き込まれずに済んだ。この時の記録は『左伝』に詳しい。しかし、そうした身を退くときの潔さが晏子の真骨頂なのではない。むしろ理のある所を的確に述べて君主の誤りを君主自身に自覚させたところにある。諫言は、従って批判ではない。己れの正当性を盾に相手の非を鳴らすだけの批判は、当然相手の反感や怒りを買うばかりであろう。諫言の意義は、君主に自らの愚かさや過ちを隠れもなく暴き出すところにあり、君主に自らの愚かさや過ちを

自覚させることにある。そのはたらきはちょうど磨き抜かれた鏡の如くである。いわば無欲無心、公平客観でなければならない。景公は晏子の諫言によって自ら恥じること度々であったろう。しかし、それも晏子という鏡に映し出された紛れもない己のありのままの姿なのであるから、その醜さの責任を他に転嫁させることはできない。ましてや鏡を責めたてることなどできないのだから、自分で受けとめる他はあるまい。ここに、晏子がいかなる諫言を発しても決して罪に問われることがなかった所以がある。ただしかし荘公は晏子というすぐれた鏡を持ちながら景公のようにそれを用いて自らを映し出そうとしなかった。

以上は晏子の思想といえるものではないが、しかし「諫」を主題とする宰相論を展開している『晏子春秋』を論じる際に忘れてはならない大切な点である。

次にはその鏡がどのような性質の鏡であったかを検討してみたい。すなわち晏子の思想である。前節で述べたように、それは晏子を諸子百家の何家に配するのが最も適切かなどということの検討ではない。むしろ、そうした旧来の分類意識を取り去って晏子の思想それ自体を分析考察するのである。

彼の思想で第一に挙げるべきは、愛民の思想である。

彼は常に民衆が政治の犠牲となって飢え凍えることがないよう幾度も君主に働きかけた。もちろん民の離反は国家の安定を脅かすからという理由もあろう。また、愛民の政策が君主の地位を安定させることにつながるという目的にもかなうであろう。それにしても君主の第一要件が民衆から父母のように慕われることだというのである。力づくで押さえつけるのではなく、温かく包み込むようにして民を治め、彼らの厚い信頼と支持を得ることが重要であると説く。これを諸子の学派のどれに当てはめればよいかと考えることはほとんど意味をなさない。ただ戦国時代後期に次第に優勢になってきた法家思想と結びつかないことだけは認めてよいが、儒家思想とするか墨家思想とするかということでいえば、いずれにも通じるであろう。

第二は節倹の思想である。晏子は自ら節倹に務めたことはもちろんであるが、君主の奢侈を諫めることが最も多かった。君主は自らそれを奢侈と気付かずにずるずると奢侈に耽ってしまう。何事も思うままにできるという特権的な環境がそうさせるのであろう。これに対し、晏子は常に民衆の苦しみを対置させながらわかりやすく君主の奢侈がいかに国費を浪費し民衆を苦しめるかを説いて戒めたのである。これを節用の思想として墨家思想だとみることもできようが、節用それ自体は為政者に対する当然の要求であろう。愛民思想を現実的に支える一つの行動が節倹主義という形をとって現れたといってよいであろう。

第三には礼の思想である。晏子は礼を人と禽獣を分かつ所以であるとし、君臣上下の秩序はこれによって守られるべきものであるから、礼が滅びればやがて国家も滅びるであろうとも言った（諫上篇第二、六章）。また景公が終日晏子から礼の教授を受けたこともあった（諫下篇第二十五章）。晏子は相当に礼に通じていたことが分かる。そして伝統的な礼の規範を最大限に尊重し遵守することで国家の秩序と人間関係の安定とを願い、非礼を秩序と安定を乱すものとして最も警戒したのである。ここに儒家思想との共通点を認めることは十分可能であろう。またこの礼の思想と関連して法思想にも言及しておこう。

晏子は「法」を時に「礼」と対置させてその重要性をいい、また時に「教」と対置させることもある。つまり賞罰を前提とした実定法ではなく、あくまでも国家の秩序を維持するためのいわば理念的規範という意味としての法である。「法は民に受け入れられるものでなければならない」（問上篇第十二章）とか、「民を愛することこそが法である」（問上篇第十八章）というようなことが言われるのは、その法の観念が法実証主義的な法制度として完備したものを前提としているのではないようである。いうならば、礼規範が君臣父子などの身分秩序の維持を目的とするものであるのに対し、法規範は国家の秩序を維持するためのものとして礼と相互補完的に位置づけられていたのである。こうした法と礼の関係は『管子』にもみることができることからして、斉が伝統的に礼と法を統治の重要手段として位置づけていたと考えられる。またこの礼・法の兼

備を思想的に体系化して論じたのは、戦国時代末期において斉の稷下学宮の祭酒を三度務めた荀子であった。

第四は合理思想である。反呪術的主知主義といってもよい。晏子は治世上に発生した困難を呪術によって解決しようとすることを否定する。そのような呪術は問題の解決には役に立たず、結局ただ臣下や民衆を苦しめる結果しかもたらさないとして、巫祝の予言を信じたり何らかの自然現象から吉凶を占うようなことを断固として拒否する。特に君主がおのれの智恵と悟性とによらずに、巫祝の占いによって何事かを決めようとしたとき、これに臣下が正面から反対することは容易なことではない。元来人間社会から呪術的な要素を排除することは困難であるばかりか、むしろ不可能というべきかもしれないからである。科学の発達した今日においてもそれは例外ではなく、まして当時とすればその影響力は計り知れないものがあったろう。にもかかわらず、晏子はそうした巫祝の呪術をほとんどいかがわしい行為としていささかのためらいもなく排除しようとした（諫上篇第十二、同第十四、同第二十二章、問上篇第十章）。この点では鬼神を敬遠した孔子と共通の精神構造を見て取ることができる。

第五は尊賢の思想である。もともと晏子自身、賢者の誉れが高かったこともあろうが、賢者を積極的に登用するべきことを説いていた。これは晏子特有の思想というよりは斉の長年来の伝統でもあったというべきであろう。この斉における賢者の登用の伝統は、もとは桓公に弓を引いた反逆者として断罪されるべきはずの管仲が、その有能さゆえに桓公の宰相として登用された例にも端的に表れている。隣国魯ではかの孟孫・仲孫・季孫のいわゆる三桓が政治を壟断し、賢人孔子が門閥に属していなかったがゆえに朝廷に登用される機会に恵まれず、弟子の教育に専念せざるを得なかったうえ、ようやく登用されるに至ってその類い稀れな能力を発揮することができるようになっても、結局彼らに阻まれてその志を全うできなかったことと対比的である。後に「尊賢上功」の斉と「親親尊尊」の魯（『漢書』地理志等）というように、しばしば対比的に扱われる所以である。

以上が『晏子春秋』に見られる主な思想的特色であるが、晏子はいかに富国強兵を実現して天下に覇を唱えるかというよ

うな、管子のごとき野望はもたなかった点に、『管子』との大きな違いをみることができる。確かに景公は桓公にならって自ら天下の覇者たろうとしたことがあったが、晏子はそれをぴしゃりとたしなめたのである（問上篇第七章、同下篇第三章）。景公がその器ではないことももちろんであろうが、もともと晏子にはそうした野心はなかったかのように描かれる。このように管仲とは全く対照的な人物として描かれているのは、あるいは後世の斉人の意図的な操作があったのかも知れない。斉がこのような有能でありながら性格が異なる二人の宰相像を両立させてみせるところに、斉に伝わる政治思想の双璧として後世に伝えようとしたのではないかとの意図が窺い見えるからである。従ってここでは孔子も墨子も主要な意味づけは与えられておらず、あくまでも晏子それ自身の政治思想の意義が強調されるのである。むしろ、孔子や墨子は晏子の政治思想を引き立てる役目を果たしているとみた方がよい。一歩進めて、儒家にも墨家にも批判の隙を与えない巧みな論述の仕方であるとみることもできよう。

四　『晏子春秋』のテキスト

1　劉向の編纂とその後の流伝

劉向（前七七〜六年）が、それまでさまざまに流布していた『晏子春秋』のテキスト、すなわち太史所蔵の書五篇、劉向所蔵の書一篇、杜参所蔵の書十三篇、中外書三十篇の計八百三十八章を整理編集して、重複している二十二篇六百三十八章を除いて、八篇二百十五章に確定したことが、「叙録」に記されている。この八篇二百十五章という構成は現行本と全く同じである。問題は、その劉向定著の『晏子』がそのまま現行本に受け継がれてきたのかという点にある。これについてはほとんど手がかりとするべきものがないために決定的なことはいえない。しかし、以下に引く「叙録」の一節から劉向定著本は現行本とほぼ同様な内容ではなかったかと推測することはできる。すなわち、

其の書六篇、皆其の君を忠諫す。文章観るべく、義理法るべく、皆六経の義に合ふ。又た復重有り、文辞頗る異なるも、敢へて遺失せず、復た刻して以て一篇と為す。又た頗る経術に合はざること有り、晏子の言に非ざるに似、疑ふらくは後世の弁士の為す所の者ならんも、故に亦た敢へて失はず、復た以て一篇と為す。

である。ここで劉向は、六経の義に合致しているはじめの六篇と、それらと重複した内容の一篇、そして経術に必ずしも合致しているとはいえない一篇の合計八篇に編集したというわけである。それはちょうど現行本の内篇六篇と外篇上下二篇の計八篇に対応している。

いま外篇上をみると、ほとんどの篇が内篇と重複している。盧文弨の指摘によると、元刻本の末注にほぼ全章にわたって、「大旨同じ、但し辞詳略有るのみ」とか、「旨同じくして、辞少しく異なるのみ」とか、「悉く旨同じ、但し述辞に首末の異有り」とか、「辞旨、略同小異なり」とか、「事異なりて、辞同じ、或いは旨同じくして辞異なる」とか、「旨同じくして叙事少しく異なる」とかと、全章にわたって指摘があるように、そのどれとして内篇に見えなかったものはない。また外篇下では、はじめの六つの章は孔子かまたはその弟子たちをどちらかといえば批判的に取り上げていること、それに続くいくつかの篇も特に儒学の教えに即した内容にはなっていないこと、また終わりの三つの章はどれも晏子の死後のことであることなどから、経術に合致しない内容ばかりであるとはいえないが、内篇に比べるとやはり異質である。この点でも劉向の言うところと少なくとも矛盾はないので、上述した推測が成り立つ余地があるといえるのである。

しかし全く問題がないわけではない。一つは書名である。二つは巻（篇）数である。初めに歴代の主要な目録から『晏子春秋』の項を引いてみよう。

『漢書』藝文志　晏子八篇（儒家）
『隋書』経籍志　晏子春秋七巻（儒家）
『旧唐書』経籍志　晏子春秋七巻（儒家）

『新唐書』藝文志　　　　　晏子春秋七巻（儒家）
（宋）『崇文総目』　　　　晏子春秋十二巻（儒家）
『宋史藝文志』　　　　　　晏子春秋十二巻（儒家）
『郡斎読書志』（晁公武）　晏子春秋十二巻（墨家類）
『直斎書録解題』（陳振孫）　晏子春秋十二巻（儒家類）
『遂初堂書目』（尤袤）　　晏子春秋・晏子内外篇（儒家）
＊巻数なし
『通志』校讐略（鄭樵）　　晏子春秋七巻（儒術）
『文献通考』経籍考（馬端臨）　晏子春秋十二巻（墨家類）
（清）『四庫全書総目提要』　晏子春秋八巻（伝記）

これらによって、『漢書』藝文志のみが『晏子』と称する他は、それ以後の目録は皆『晏子春秋』と称していることがわかる。この理由については従来いろいろな解釈があるが、結局はっきりしない。ただ、『史記』の管晏列伝には「晏子春秋」とあるので、これに倣って改めたに過ぎず、書名の違いは内容とは何の関係もないとみるのが妥当であろう。

また、巻（篇）数についていえば、『漢書』藝文志は劉向の叙録と同じ「八篇」と記してあるが、『隋書』経籍志から『新唐書』藝文志までは「七巻」となっており、『崇文総目』から『文献通考』経籍考までの五種は「十二巻」となっている。『四庫全書総目提要』になって再び八巻となり、現行本はほぼ皆八巻の構成となっている。八↓七↓十二↓八というように増減を繰り返しているのである。

「篇」はそのまま「巻」に読み替えてもよいからこれはさして問題になるまい。そこで問題になるのは、初め八篇（巻）であったものがなぜ七巻（篇）になったかということである。これについては、外篇第七と同第八を合わせて一篇（巻）と

したからではないかと説明されている。というのは、先にも引いたように劉向が、前の六篇は積極的に『晏子』本文を定著することに努めた結果でき上ったものとみられるのに対し、後の二篇は「敢へて遺失せず」としてあたかも付録のような扱いをしているように記されているとおり、外篇の二篇は内篇と性格が違うために、後世これを一つの巻にまとめてしまったと考えても不都合はないからである。つまり、本文一篇分が失われたとみる必要はなかろう。

同様に、七巻から十二巻へ、そして再び八巻へという巻数の増減も、内容の増減を反映するものとみるべきではないようである。例えば劉師培は、七巻のうち外篇を除く内篇の六巻を二分割したのであろうと推理する。しかしそれだと外篇を加えると全部で十三巻でなければならず計算が合わない。また、孫星衍のように七篇を全て二分割したのであろうから十二は十四の誤りであろうとするが、宋代の目録がそろって書き誤ったというのも考え難い。そこで私は、十二という巻数は、まとまりがありしかも字数の比較的多い内篇の諫篇上下と問篇上下を合わせて八巻構成とし、まとまりに欠け字数という点でもやや少ない雑篇上下と外篇上下とはそのまま四巻構成にしたからでないかと考えている。しかしいずれにせよ十二巻本は現存していないためにどれも推測の域を出ない。巻（篇）数の増減はあっても、本文そのものの増減はなかったであろうというのがこれまでの大方の見解である。

以上のことからして、孫星衍が「実に是れ劉向の校本、偽書に非ざるなり」という如く、現行本は劉向の定著した『晏子』を祖本とすると考えて差し支えないであろう。

但しそう考えることに全く問題がないわけではない。というのは、先にも引いた劉向の「叙録」には「中外書三十篇の計八百三十八章を整理編集して、重複している二十二篇六百三十八章を除いて、八篇二百十五章に確定した」と記されるわけだが、八三八章から六三八章を引けば当然二〇〇章になるわけだから、二一五章ではないはずである。また、孫星衍はその構成を諫上・下篇、問上・下篇、雑上・下篇、外篇の計七篇とするのであるが、『群書治要』では諫上・下、問上・下、雑上・下の六篇構成で、外篇の目は立てず、外篇相当の三ヶ章は雑下篇に配されていることからして、『群書治要』が依拠

した唐本では、劉向のいうような構成を取っていなかったことが考えられるのである。このようなことから、銭熙祚は、元刻本の章数が劉向の序と一致していても、それがそのまま劉向による校本であるとは限らないといっている（『集釈』所引銭熙祚著「指海本晏子春秋跋」）。つまり、劉向「叙録」に合致するように何者かが篇数や構成を操作したと言うのである。

やはり、現行本は劉向の校本と比較して、全体の構成も含めて、内容に若干の出入のあったことは認めねばならないだろう。

2　現存する最古の版本――元本をめぐって――

唐本・宋本『晏子春秋』は既に無く、今日最古の版本とされるのは元本である。その存在は、清代の多くの蔵書家が元刻『晏子春秋』について次のように記録していることから知られる。

陸心源が、

晏子春秋　元刊本　明徐㠘亭旧蔵　不著撰人姓氏（『皕宋楼蔵書志』巻二十六）

と記しているのを筆頭に、丁丙は、

晏子春秋八巻　元刊本　馬笏斎蔵書（『善本書室蔵書志』巻九）

と記して、「……此の八巻本、前に目録及び劉向校して晏子を上するの奏有り、篇毎に又小目を分かちて巻毎の首に列す。総て二百十五章。…盧氏群書拾補称す…元人刻本…此と符合す。…」と言っている。張金吾は、

晏子春秋八巻　元刊本　呉方山蔵書（『愛日精廬蔵書志』巻十三）

と記して、「凡て内篇六巻、外篇二巻、合して八巻。…」と言う。潘祖蔭は、

元刻晏子春秋八巻　一函四冊（『滂喜斎蔵書記』巻一）

と記して、「呉山尊刻本は影元鈔に出づ。行款（印刷の割り付け）は此れと同じ。当に是れ其の祖本なるべし。…」と言う。

なお、影元鈔本については瞿鏞『鐵琴銅剣楼蔵書目録』巻十に「晏子春秋八巻　影鈔元本」と見えている。

また陳徳寿は、

晏子春秋八巻　元刊本　不著撰人姓氏（『抱経楼蔵書志』巻二十一）

と記す。

このようにみていくと確かに清代には元刻本が存在したことは間違いないようである。

また陸心源は、『儀顧堂続跋』巻十に「元槧晏子跋」の項目を立てて、元刻本が「晏子八巻、前に総目有り、目の後に劉向の奏（いわゆる「叙録」を指す）有り、巻毎に目有り、篇目を連属す。……呉山尊の重摸影元抄本と同じ。……」であるとさらに具体的に記しているし、さらに盧文弨も、孫星衍の『晏子春秋音義』になお補うところありとして校勘を行った際、元刻本を人から見せてもらう機会を得たとして、『群書拾補』に「巻首毎に総目有り、又各々当篇に標す。今本目録を欠く。当に此を以て之に補うべし」と、その元刻本にしか見られなかった特色、すなわち各章毎の標題と、第七、八篇の「末注」を全てそのまま引き写して紹介しているのである。

このようなことからして、呉則虞は「晏子春秋版本及箋校書目」において現存する最古の版本として元刻本を挙げる。ところが、彼自身はその元刻本を「未見」としたうえで、「昭文張氏所蔵の元本は徐幔亭の故物なり、万暦戊戌獲る所、題記歴々、此れ蓋し活字本の祖本なり。明時但に元刻尚ほ存するのみならず、綿眇閣本の李茹更の記する所に拠れば、天水の旧槧に似、明人猶ほ之を見ることを得たり」として、明代には元刻本が存在し、それを祖本とするテキスト、例えば明活字本などが出版されたのであろうと言う。曖昧な言い回しに終始しているのは、結局元刻本の存在を確認できなかったからなのであろう。

また王更生も『晏子春秋今註今訳』「晏子春秋現存版本知見録」のなかで、「昭文張氏所蔵元刻本」と「呉方山蔵元刊本」の二本を挙げるが、いずれも「未見」であるという。

このように、清代の蔵書家はこぞって元刊本に言及するにもかかわらず、同じ清代の『晏子春秋』の校訂者が元刻本そのものを用いた様子がないというのは甚だ奇妙なことと言わざるを得ない。

例えば孫星衍は『晏子春秋』の校訂において大きな功績を残したにもかかわらず、「世俗の伝える所の本はすなわち皆明人の刊する所」と述べて、「元刻本」の存在について全く言及していない。これは彼が元刻本を見ていなかったということのはっきりした証拠である。

ところが、先にも記したように盧文弨は、孫星衍すら見ることのなかった元刻本を偶然見る機会に恵まれたとして、『群書拾補』にその特徴を詳細を記しているのであるから、それが相当に画期的であったことが窺われる。さてその特徴とは、はじめに八篇二一五章の目録と劉向叙録を載せ、次いで各篇の冒頭に当該篇に収められる全章の標題一覧を掲げて本文が始まる。そして第七、八篇では各章の末尾に「此章……、故著於此篇」という評語が付されていることである。盧文弨はこの評語を前節で言及したように「元刻本の末注」という。ところが盧文弨の見たという元刻本は、実は明刊本である可能性もある。というのは、先に引用した陸心源著『皕宋楼蔵書志』巻二六中の「晏子春秋　元刊本　明徐幔亭旧蔵　不著撰人姓氏」は現在はわが国の静嘉堂文庫所蔵となっており、その『漢籍分類目録』は「晏子春秋八巻　撰者未詳　明刊　四册　皕宋楼旧蔵」としているのである。この事実は、一九二九年日本に赴いてこれを実見した傅増湘が、「実は明刊本である。……孫星衍が蔵していた呉懐保本である。」(『蔵園群書経眼録』巻四)といっていることからも確かなことである。

以上の考察によれば、『晏子春秋』の現存する最古の版本が元刊本である可能性を否定することはできないものの、その存在を確認し得るのは明刊本までであると結論する他はない。

このように考えていくと、二—3で述べたように竹簡本『晏子春秋』はそれから一千年以上も遡ることになるわけで、発見の意義の極めて大きいことが改めて実感される。

3　版本の流れ

既に見たように元刊本から明刊本が出ていることは間違いないことである。そして清代の蔵書家が記す元刊本は皆八巻本であった。ところが、明刊本には八巻本のほか四巻本、六巻本なども存在する。明の沈啓南本によったという孫星衍の校本は七巻本である。また、指海本も七巻本であった。このように、『晏子春秋』の版本はいくつかの系統に別れて伝承されてきた。そこで本節では、元刊本から現行本までの版本の流れを系統づけてみる。

現存する明刊本には、八巻本・四巻本・六巻本・二巻本の四種がある。

八巻本には、明活字本・影元鈔本・緜眇閣本・沈啓南本があり、四巻本には、呉懐保本・呉勉学本・黄之寀本があり、六巻本には楊慎本・凌澄初本があり、二巻本には周子義本（呉則虞は「子彙本」と称している）がある。

八巻本は全二一五章（内篇一七〇章、外篇四五章）からなるが、四巻本・六巻本は全二〇三章（内篇一七〇章、外篇三三章）であるところに両者の系統の大きな違いを認めることができる。

八巻本は、明活字本（おそらくは影元鈔本も）のように各章毎に標題の記されているテキストと、緜眇閣本・沈啓南本のように標題を持たないテキストとに大きく分けられる。四巻本・六巻本・二巻本はいずれも標題を持たない。

四巻本は、巻一から三まで諫・問・雑の各上下篇を配し、巻四に外篇三三章を配している。六巻本は、巻一、二に諫上・下篇、巻三、四に問上・下篇、巻五、六に雑上・下篇を配し、外篇は独立させず、外篇下に相当する一〇ヶ章を雑篇下の後に、外篇として細字双行で刻している。また外篇上に相当する二三ヶ章は内篇中の類似する内容の章の末尾に分散させてやはりこれも細字双行で挿入している。このように四巻本と違って、外篇は内篇の付録として従属的地位に置かれている。二巻本は、全体の構成は六巻本の凌澄初本と変わらない。

次は清刊本である。

孫星衍校本（一七八八年）は、沈啓南本を底本としており、七巻構成で、標題を持たない。但しこれは二一五章本である。

呉鼒校本（一八一六年）は、影元鈔本を底本としているという（全椒呉氏刻本叙）。八巻本である。未見。

銭熙祚校本（一八四三年）は、七巻本である。孫星衍の校本を底本として、孫星衍の『音義』、盧文弨の『群書拾補』、王念孫の『読書雑志』の説を参照している。呉則虞は、これを『指海』十七集中に収められていることをもって「指海本」と称している。未見。

顧広圻校本（一八七五年）は、やはり影元鈔本を底本としている。湖北崇文書局から刊行された。張純一が、『校注』において「湖北局元刻本」と称して底本としているテキストである。八巻本。

蘇輿校本（一八九二年）は、孫星衍校本を底本としているため、七巻本であるが、孫星衍校本にはなかった標題が付されている。

なお、わが国では一七三六（元文元）年に黄之寀校本を底本として、和刻本が刊行された。当然四巻本である。これは一八四四（天保一五）年にも再び印刷された。その十年ほど前の天保三年（一八三二年）頃に、孫星衍『晏子春秋音義』二巻（大関惟孝校）が出ている。

以上のことを踏まえて、この版本の流れを図にしてみた。

版本の流れ

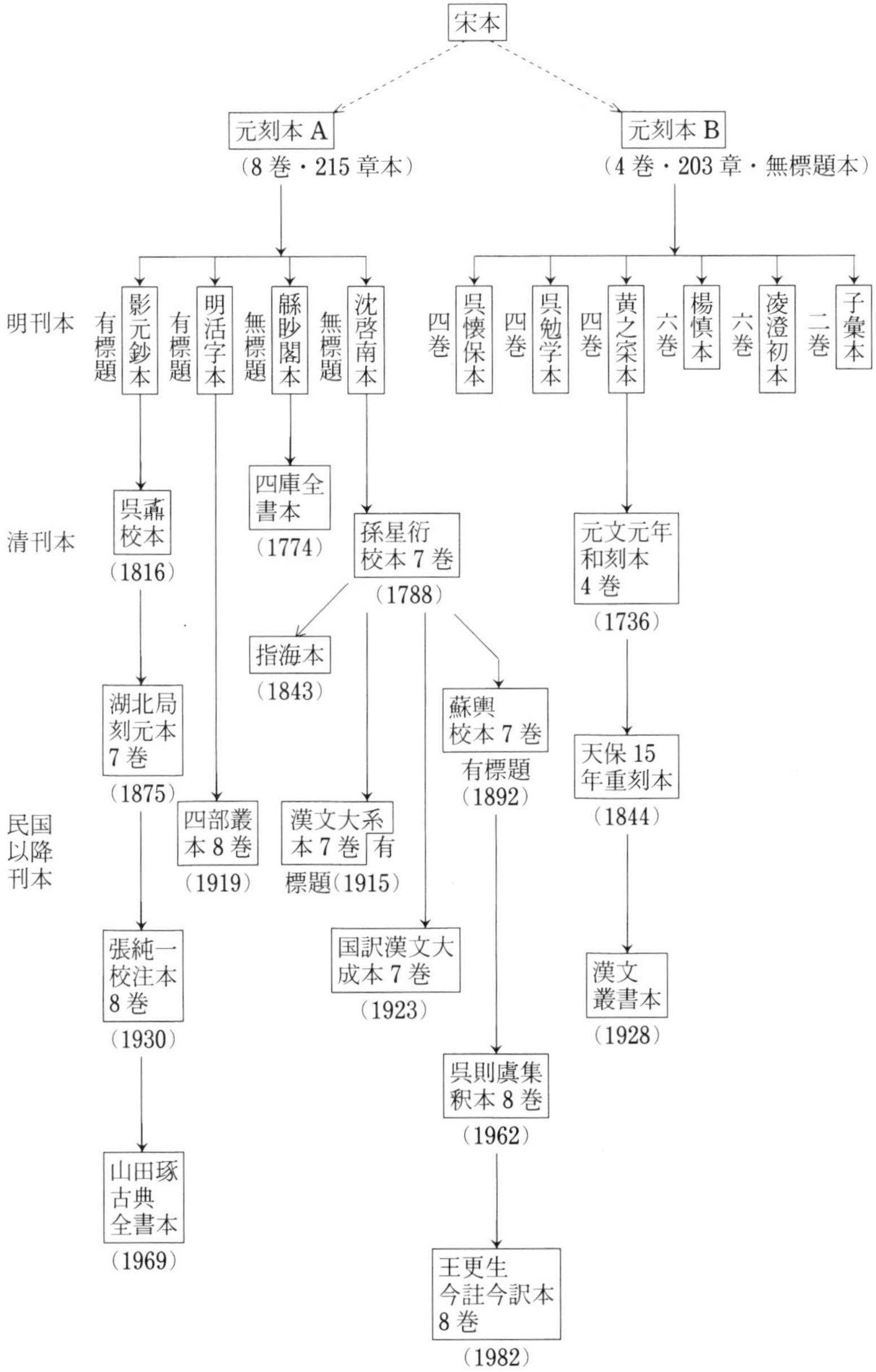
宋本
元刻本 A
（8 巻・215 章本）
元刻本 B
（4 巻・203 章・無標題本）
明刊本
有標題
影元鈔本
有標題
明活字本
無標題
緜眇閣本
無標題
沈啓南本
四巻
呉懐保本
四巻
呉勉学本
四巻
黄之寀本
六巻
楊慎本
六巻
凌澄初本
二巻
子彙本
清刊本
呉鼒校本
（1816）
四庫全書本
（1774）
孫星衍校本 7 巻
（1788）
元文元年和刻本 4 巻
（1736）
指海本
（1843）
湖北局刻元本 7 巻
（1875）
蘇輿校本 7 巻
有標題
（1892）
天保 15 年重刻本
（1844）
民国以降刊本
四部叢本 8 巻
（1919）
漢文大系本 7 巻
有標題（1915）
張純一校注本 8 巻
（1930）
国訳漢文大成本 7 巻
（1923）
漢文叢書本
（1928）
呉則虞集釈本 8 巻
（1962）
山田琢古典全書本
（1969）
王更生今註今訳本 8 巻
（1982）

注1　呉則虞は緜眇閣本を挙げて、これに付された李茹更の跋文に「今宋本に仍《よ》りて之を刻す」とあるのに着目して、これが宋本に出自をもつのであろうとしているが、確認できない。またこれを明活字本と校勘してみると互いに「勝劣」があるというから、宋本といわゆる元刻本とでは内容に少しく異同があったもののようである。

注2　漢文大系本は、「盧氏ノ得タル元版晏子春秋ニ本ヅキ、各篇各章ノ初ニ標題を加フ」といって、孫星衍の校本を底本としつつ、標題だけを元刻本から採用したものである。

注3　明活字本、沈啓南本、湖北局刻元刻本は、諫上第七章・同二十五章、問上第九章、雑下第十五章・同二十二章、の各章に、共通して「○……○」のように注が挿入されていることから、これらは同一系統のテキストであろうと思われる。例えば、諫上第七章には、「而職計莫之従」と「公怒、令免職計」の間に「○一作職計筭之并下士師亦同○」とある。

4　本書の底本と参考書

本書は、底本として呉則虞著『晏子春秋集釈』（『集釈』）を用い、張純一著『晏子春秋校注』（『校注』）と対校した。

この両書は、過去の主な校本と版本をほぼ全て視野にいれて校訂に意を尽くしているという点で、『晏子春秋』の注釈書としては現在のところ双璧をなすといってよい。

『集釈』は、湖南思賢書局の蘇輿の校本を底本とし、元刻本、明活字本・緜眇閣本・淥碧居鈔本・呉勉学本・黄之宷本・楊慎本・凌澄初本・子彙本・帰有光評本・呉鼒本など可能な限りのテキストを参照している。

『校注』は、底本に「湖北局刻の元刻本」（盧文弨所見の元刻本を顧広圻が校訂したテキスト）を主として、孫星衍校本を補助とし、四部叢刊所収の明活字本などを参照している。

このように両書は、ほぼ全ての版本を網羅してテキストの確定に努めているばかりでなく、『校注』は、校訂に孫星衍の『音義』、盧文弨の『群書拾補』、王念孫の『読書雑誌』、洪頤煊の『読書叢録』、兪樾の『諸子平義』、黄以周の『校勘』、孫

詒讓の『札迻』、劉師培の『補釈』、蘇輿の校本中の校語を参照し、『集釈』は、上記の外、更に主なものだけでも蘇時学の『爻山筆話』、于鬯の『香草校書』、陶鴻慶の『読諸子札記』、于省吾の『晏子春秋新証』、長孫元齢の『晏子春秋考』など多数を参照している。

そこで本書においては、『集釈』と『校注』に引かれる諸説の他に、小柳司気太『晏子春秋』（漢文大系本）、藤田豊八訳註『晏子春秋』（国訳漢文大成本）、山田琢著『晏子春秋』（中国古典新書本）の他、王叔岷『晏子春秋斠証』（世界書局、一九六四）、王更生『晏子春秋今註今訳』（台湾商務印書館、一九八七）、駢宇騫『晏子春秋校釈』（書目文献出版社、一九八八）、劉如瑛『諸子箋校商補』（山東教育出版社、一九九五）、徐復『後読書雑志』（上海古籍出版社、一九九六）なども新たに参照することにした。なお、小柳『晏子春秋』は、中国の主な注釈書の他、わが国の伊藤馨『晏子春秋証注』及び大関惟孝『晏子春秋集解』を参照している。

五　わが国における『晏子春秋』の受容

既に、藤原佐世（八九八年没）の『日本国見在書目録』に「晏子春秋七　冷然院」と見えている。これによって早く日本に伝来したのは七巻本であったことがわかる。これは『隋書』経籍志と同じで、外篇を一巻にまとめたのである。しかしこの書が今日まで残っているかどうかは不明である。

江戸時代に、いわゆる黄之寀本が元文元年（一七三六年）に京都の植村藤右衛門、江戸の植村藤三郎らの手によって訓点を施されて翻刻され、さらに天保十五年（一八四四年）に江戸の田中屋長蔵によって再び印刷刊行されている。

また、内閣文庫には筆写年不明ながら江戸時代の手抄本として二部が所蔵されている。これは八篇構成をとっていること、各章には標題が付されていること、外篇第八最終章が「公曰章」まで中断していることなどからみて、その源を元刻本と

する版本からの筆写である可能性が強い。それは、孫星衍『音義』が「公曰章」以下の部分について「今本（沈啓南本を指すか）注に云ふ、（元刻本は）下缺く」と記していること、盧文弨『群書拾補』が、「公曰章以下、元刻缺く」と記していること、などによる。なお筆写者が朱で行間に「新本」と書き加えて旧本（恐らくはその当時一般に流通していた黄之寀本の和刻本であろう）との相違個所を逐一指摘していることなどからみて、新たに舶載された元刻本を源とするテキストを筆写したのであろうか。

そうしてこの間、『国書総目録』によれば、

伊藤　馨『晏子春秋証注』
大関惟孝『晏子春秋集解』
猪飼敬所『晏子春秋管窺』
岡本保孝『晏子春秋考』
〃『晏子春秋音義補正附校譌』
〃『晏子春秋筆録』
〃『晏子俗本删略』
『晏子拾補』
『晏子春秋義』
西島蘭渓『晏子春秋考』
『近世漢学者著述目録大成』等によれば
赤井東海『晏子略解』
猪飼敬所『晏子補正』

荻生徂徠『晏子考』
片山兼山『晏子一適』
鈴木文台『晏子誤正』
冢田大峯『晏子箋注』
蒲坂青荘『晏子孫音補正』
宮本篁村『晏子春秋特達』
諸葛帰春『晏子春秋校注』
雨森精斎『晏子春秋采考』
谷　斗南『晏子春秋全書注』
呉則虞「晏子春秋版本及箋校書目」によれば、
平野金華『晏子春秋校』
関嘉『晏子春秋纂注』

などが次々と執筆されたのである。このことからも、『晏子春秋』がわが国では古くから関心を集めて広く読まれていたことが分かる。

さらに、一九一六年に小柳司気太校訂『晏子春秋』（冨山房、漢文大系）が出版された。これは孫星衍の校訂本を底本に用いている。そしてその注釈には孫星衍・黄以周・盧文弨・王念孫・兪樾・蘇輿・孫詒譲・劉師培・伊藤馨・大関惟孝等の説を適宜引用している。また巻末には劉向の叙録、孫星衍の序文、及び顧広圻の序文が付されているなど、校訂に当たっては万全が期されており、今もその価値を失わない。

また一九二四年に藤田豊八訳註『晏子春秋』（国民文庫刊行会、国訳漢文大成）が出版された。これも、やはり孫星衍の

校本を底本として用い、黄之寀校本をも用いている。本書中の訓読文作成に当り参照した。

一九二八年に、小柳司気太訳注『晏子春秋』（有朋堂、漢文叢書）が出版された。これは和刻本（黄之寀本）を底本にして読み下したもので、大関惟考『晏子春秋集解』を参考している。

先に漢文大系本を校訂した小柳司気太は、一九二八年には、『晏氏春秋　新序』（有朋堂、漢文叢書）を著している。例言によると、これは和刻の流布版本を底本とし、『晏子春秋集解』（大関惟孝）などを参考して訓読・略注を施したものである。

一九六九年（昭和四四年）には山田琢著『晏子春秋』（明徳出版社、中国古典新書）が出版された。これは、張純一の『晏子春秋校注』を底本としている。全訳ではなく、抄訳である。

戦後になって、新釈漢文大系・中国古典文学大系・全釈漢文大系などの出版が相次いだが、『晏子春秋』は収載されることがなかった。次第に関心が失われていったからであろう。

ところが近年、宮城谷昌光氏による長編歴史小説『晏子』上・中・下三册（新潮社、一九九四年）が刊行された。氏の春秋戦国時代に対する造詣の深さと小説家ならではの構想力に支えられて、晏子の人柄やその斉国における業績がその時代背景とともに活写された結果、広汎な読者の関心を引くこととなった。但し、晏嬰とその父晏弱の親子をともに晏子と称しており、どちらかといえば父晏弱の方に重心が置かれている。

六　『晏子春秋』研究の現状

1　日本

近代以降、管見では晏子の思想についての専論はない。僅かに、宇野精一著「晏嬰」（『中国の思想家』上巻、一九六三年）があるのみである。また、田中逸平著「晏子の古里と其墳墓」（『斯文』4―5、一九二二年）があるが、これとても晏

子の思想について論じたものではない。

事情はほぼ同様で、管見では、僅かに汪淳著『管晏思想析議』（台湾・学海出版社、一九七六年）、王更生著『晏子春秋研究』（台湾・文史哲出版社、一九七六年）、陳瑞庚『晏子春秋考弁』（台北長安出版社、一九八〇）、徐樹梓主編『晏子研究』（社会科学文献出版社、一九九二年）王振民主編『晏子研究文集』（一九九八年、斉魯書社）の五種を挙げ得るのみである。

2　中国

近年、原文に現代語訳と簡単な語釈のついたいわゆる訳注本の出版が相次いでいる。管見に入ったものだけでも、

郗政民注釈『晏子春秋選注』
　陝西人民出版社、一九八六年
　底本：明示せず

王連生・薛安勤編著『晏子春秋訳注』
　遼寧教育出版社、一九八九年
　底本：蘇輿校本　主要参考：『集釈』

李万寿訳注『晏子春秋全訳』（中国歴代名著全訳叢書）
　貴州人民出版社、一九九三年
　底本：『集釈』

藍錫麟選注『晏子春秋選』
　巴蜀書社、一九九四年
　底本：『集釈』

江灝訳『白話晏子春秋』（古典名著今訳読本）
岳麓書社、一九九四年
底本：『校注』　参考：『集釈』
殷義祥訳注『晏子春秋訳注』（中国古代名著今訳叢書）
吉林文史出版社、一九九六年
底本：明示せず。『校注』・『集釈』に拠ったと思われる。
趙蔚芝注解『晏子春秋注解』（斉文化叢書3）
斉魯書社、一九九六年
底本：湖南思賢書局版蘇輿校本　参考：『校注』『集釈』『校釈』
白林鵬注訳『白話晏子春秋』（中国伝統文化叢書）
三秦出版社、一九九七年
底本：『集釈』　参考：『校注』
などがある。

晏子春秋

劉向叙錄

護左都水使者光祿大夫臣向言、所レ校中書晏子十一篇、臣向謹與二長社尉臣參一校讐、太史書五篇、臣向書一篇、參書十三篇、凡中外書三十篇、爲二八百三十八章一。除二復重二十二篇六百三十八章一、定二著八篇二百一十五章一。外書無レ有二三十六章一、中書無レ有二七十一章一、中外皆有以相定。中書以レ夭爲レ芳、又爲レ備、先爲レ牛、章爲レ長、如レ此類者多、謹頗略椾。皆已定以殺青、書可二繕寫一。

晏子名嬰、謚平仲、萊人。萊者、今

護左都水使者光祿大夫《ごさとすゐししやこうろくたいふ》臣向言《しんきやうい》ふ、校《かう》する所《ところ》の中書晏子《ちゆうしよあんし》十一篇《へん》、臣向《しんきやう》謹《つつし》みて長社尉《ちやうしやゐ》の臣參《しんさん》と校讐《かうしう》し、太史《たいし》の書《しよ》五篇《へん》、臣向《しんきやう》の書《しよ》一篇《へん》、參《さん》の書《しよ》十三篇《へん》、凡《すべ》て中外書《ちゆうぐわいしよ》の三十篇《へん》、八百三十八章《しやう》を爲《な》す。復重《ふくちよう》せる二十二篇《へん》六百三十八章《しやう》を除《のぞ》き、八篇《へん》二百一十五章《しやう》を定著《ていちよ》す。外書《ぐわいしよ》は三十六章有《しやうあ》る無《な》く、中書《ちゆうしよ》は七十一章有《しやうあ》る無《な》きも、中外皆有《ちゆうぐわいみなあ》りて以《もつ》て相定《あひさだ》む。中書《ちゆうしよ》は夭《えう》を以《もつ》て芳《はう》と爲《な》し、又《いう》を備《び》と爲《な》し、先《せん》を牛《ぎう》と爲《な》し、章《しやう》を長《ちやう》と爲《な》す、此《か》くのごとき類《たぐひ》の者多《ものおほ》く、謹《つつし》みて頗《すこぶ》る略椾《ほぼせん》す。皆已《みなすで》に定《さだ》まりて以《もつ》て殺青《さつせい》し、書《しよ》して繕寫《ぜんしや》すべし。

晏子《あんし》名《な》は嬰《えい》、謚《おくりな》は平仲《へいちゆう》、萊《らい》の人。萊《らい》は、今《いま》の東萊《とうらい》の地《ち》なり。

晏子《あんし》は博聞彊記《はくぶんきやうき》、古今《ここん》に通《つう》じ、齊《せい》の靈公《れいこう》、莊公《さうこう》、景公《けいこう》に事《つか》へて、

東萊地也。晏子博聞彊記、通二於古今一、事二齊靈公・莊公・景公一、以二節儉力行一、盡レ忠極レ諫道レ齊。國君得以正行、百姓得以附親。不レ用則退耕二于野一、用則必不レ詘レ義。不レ可レ脅以レ邪、白刃雖レ交レ胸、終不レ受二崔杼之劫一。諫二齊君一懸而至、順而刻。及レ使二諸侯一、莫レ能レ詘二其辭一。其博通如レ此、蓋次二管仲一。内能親レ親、外能厚レ賢、居二相國之位一、受二萬鍾之祿一。故親戚待二其祿一而衣食五百餘家、處士待而擧レ火者亦甚衆。晏子衣二苴布之衣、麋鹿之裘一、駕二敝車疲馬一、盡以レ祿給二親戚朋友一。齊人以レ此重レ之。晏子蓋短……。

其書六篇、皆忠二諫其君一。文章可レ觀、義理可レ法、皆合二六經之義一。又有二復重一、文辭頗異、不二敢遺失一、復列以爲二一篇一。又有二頗不レ合二經術一、似レ非二晏子言一、疑後世辯士所レ爲者、故亦不二敢失一、復以爲二一篇一。凡八篇、其六篇可二常置一レ旁御觀一。謹第錄。臣向昧死上。

節倹力行《せつけんりきかう》を以《もつ》て、忠《ちゆう》を盡《つく》し諫《かん》を極《きは》めて齊《せい》を道《みちび》く。國君《こくくん》得《え》て以《もつ》て正行《せいかう》し、百姓《ひやくせい》得《え》て以《もつ》て附親《ふしん》す。用《もち》ひられざれば則《すなは》ち退《しりぞ》きて野《の》に耕《たがや》し、用《もち》ひらるれば則《すなは》ち必《かなら》ず義《ぎ》を詘《くつ》せず。脅《おびや》かすに邪《じや》を以《もつ》てすべからず、白刃胸《はくじんむね》に交《まじ》はると雖《いへど》も、終《つひ》に崔杼《さいちよ》の劫《けふ》を受《う》けず。齊《せい》君《くん》を諫《いさ》むるには懸《けん》にして至《いた》り、順《じゆん》にして刻《こく》なり。諸侯《しよこう》に使《つかひ》するに及《およ》んでは、能《よ》く其《そ》の辭《じ》を詘《くつ》すること莫《な》し。其《そ》の博通《はくつう》此《か》くのごときは、蓋《けだ》し管仲《かんちゆう》に次《つ》ぐ。内《うち》に能《よ》く親《しん》に親《した》しみ、外《そと》に能《よ》く賢《けん》を厚《あつ》くし、相國《さうこく》の位《くらゐ》に居《を》りて、萬鍾《ばんしよう》の祿《ろく》を受《う》く。故《ゆゑ》に親戚《しんせき》の其《そ》の祿《ろく》を待《ま》ちて衣食《いしよく》すること五百餘家《よか》、處士《しよし》の待《ま》ちて火《ひ》を擧《あ》ぐる者《もの》も亦甚《またはなは》だ衆《おほ》し。晏子苴布《あんししよふ》の衣《ころも》、麋鹿《びろく》の裘《かはごろも》を衣《き》、敝車疲馬《へいしやひば》を駕《が》し、盡《ことごと》く祿《ろく》を以《もつ》て親戚朋友《しんせきはういう》に給《きふ》す。齊人此《せいひとこれ》を以《もつ》て之《これ》を重《おも》んず。晏子《あんし》蓋《けだ》し短《たん》なり……。

其《そ》の書《しよ》六篇《へん》、皆《みな》其《そ》の君《きみ》を忠諫《ちゆうかん》す。文章《ぶんしやう》觀《み》るべく、義理《ぎり》法《のつと》るべく、皆六經《みなりくけい》の義《ぎ》に合《あ》ふ。又復重《またふくちよう》有《あ》り、文辭《ぶんじ》頗《すこぶ》る異《こと》なるも、敢《あ》へて遺失《いしつ》せず、復《ま》た列《れつ》して以《もつ》て一篇《へん》と爲《な》す。又頗《またすこぶ》る經術《けいじゆつ》に合《あ》はざること有《あ》り、晏子《あんし》の言《げん》に非《あら》ざるに似《に》、疑《うたが》ふらくは後世《こうせい》の辯士《べんし》の爲《な》す所《ところ》の者《もの》ならんも、故《ことさら》に亦敢《またあ》へて失《うしな》はず、復《ま》た以《もつ》て一篇《へん》と爲《な》す。凡《すべ》て八篇《へん》、其《そ》の六篇《へん》は常《つね》に旁《かたは》らに置《お》きて御觀《ぎよかん》すべし。謹《つつし》みて第錄《だいろく》す。臣向昧死《しんきやうまいし》して上《たてまつ》る。

語釈 ○護左都水使者光禄大夫臣向　『漢書』劉向伝によれば、成帝即位（紀元前三三年）の後、劉向は名を本の更生から向に改めて、中郎となって三輔（都長安とその周囲）の都水（灌漑用の水路）を司る官につき、その後遷されて光禄大夫となったとある。「護左都水使者」とはそのことを指していうものである。「光禄大夫」とは、宮中において論議を掌る官で、当時大夫のなかで最も地位が高く、劉向の生きた前漢末期には、多く王族重臣に与えられた。　○長社尉臣参　「長社」は地名、当時は穎川郡に属した。現在の河南省鄭州市の南約六〇キロのところ。「尉」は官名。蘇時学によれば、「参」は杜参のこと、『漢書』藝文志・詩賦略に「博士弟子杜参賦二篇」があり、その顔師古注に、「劉向別録は、臣謹んで長社の尉杜参と中秘書を校すと云い、また劉歆は、参は杜陵の人、陽朔元年（前二四年）を以て病死す、死せしとき年二十余と云っている」とあると指摘する。　○校讐　二人で向き合って書物を対照してその誤りを校正すること。そのさまが仇敵に対するように厳しく行うので「讐」の語を用いるという。　○太史　天文暦算、歴史記録の編纂を掌る官。○以夭為芳、又為備、先為牛、章為長　孫星衍『晏子春秋音義』によれば、「夭」と「芳」、「先」と「牛」とは字形が、「又」と「備」、「章」と「長」とは音がそれぞれ相似しているという。　○頗略揃　意味不詳。「頗」を少しくの意に、「略」をあらましの意に、「揃」を「戩」の古字、「箋」と同じで、書き付けの意にそれぞれ解して一応の訳を試みた。黄之宷本は「揃」を「揃」（書き留めるの意）に作っているが、意味のうえで大差はない。　○殺青　青竹を火で炙り水分や油脂を抜き、青い表皮をはいで作った竹簡。こうすると書写が容易となり虫が食わないという。　○萊　山東省の山東半島一帯を東萊といい、東夷の名で総称される先住部族による土着国家であった。太公望呂尚が斉に封建されたとき、その都と定めた営丘の地（後の臨淄付近）をめぐって斉と萊は争った（『史記』斉太公世家参照）。その後、萊は東遷を余儀なくされ、しばらく対立を続けたが、ついに斉に併合されてしまった。　○道斉　呉則虞は、「道」は「治」と同じで、「斉を治める」の意に読むべきという。「道」を「導」の意味に読んで、「斉を導く」と解しておく。　○詘　「屈」と同じ、まげること。　○崔杼之劫　崔杼が荘公を弑したとき、晏子も崔杼側に立つように脅迫されたことを指す。諫上篇第一章余説参照。　○懸而至　孫星衍の、「言は遠くして切に至る」（言葉遣いは遠回しだが、いわんとすることは切実）の意であるとの解釈に従い訳す。　○順而刻　呉則虞の、「言は婉にして達す」（言葉遣いは婉曲だが道理を得ている）の意であるとの解釈に従い訳す。　○万鍾　「鍾」はかさを量る単位。一鍾はおよそ五〇リットル。　○親戚待其禄而衣食五百余家…　問下篇第十二章に「嬰の族又嬰に若かず。嬰を待ちて先（せん）を祀る者五百家。」とあるのを参照。　○挙火　火を燃やす。転じて生計を立てるの意。　○晏子蓋短……　呉則虞は、元刻本、明活字本、黄之宷本が、この句に「疑うらくは缺あり」との注を付しているのに注目して、この句はもと雑下篇第八章の晏子が楚に使いした際の逸話の冒頭部分に当たり、それに続く文が脱落したのであろうという。　○其書六篇　呉則虞は『晏子春秋』内篇六篇を指すという。　○六経　易・書・詩・礼・楽・春秋の六種の儒教の経典を指す。　○経術　儒学の理念・道理。劉向

の子、劉歆のまとめた書籍分類目録『七略』を節録した『漢書』藝文志では、『晏子』は儒家に分類されている。〇御観　「御」は天子「観」という行為をあがめていうときの語で、御覧になるという意であろう。〇昧死　「昧」は蒙昧、「死」は死罪。畏れ謹んでの意。上奏文中に自分をへりくだっていう常套語。

口語訳　護左都水使者光禄大夫、臣劉向が申し上げます、「既に校正をすませた宮中保管の『晏子』十一篇を、臣向謹んで長社尉の臣、杜参とともに校讐し、太史所蔵の書が五篇、臣劉向所蔵の書が一篇、杜参所蔵の書が十三篇、全てで宮中の書と宮外の書合わせて三十篇で、八百三十八章となりました。（この中から）重複している二十二篇六百三十八章を取り除き、八篇二百十五章を定本としてまとめました。宮外の書は三十六章分がなく、宮中のは七十一章分がなかったのですが、宮中宮外の両方をつき合わせて確定致しました。ところが宮中のでは「夭」を「芳」と書き、「又」を「備」と書き、「先」を「牛」と書き、「章」を「長」と書くといったような例が多かったので、私は謹んで少しく簡単な書き付けを加えました。既に全文が定まりましたので、殺青した竹簡の上に清書することができました。

晏子は名を嬰といい、謚《おくりな》は平仲、萊の出身。萊は、今の東萊の地であります。晏子は見聞が広く物知りで、古今の歴史に明るく、斉の霊公、荘公、景公の三代に仕えて倹約を旨として実践躬行に務め、真心を尽くして王を諫め斉を（正しい方向へと）導きました。（そのために）国君は正しく行動することができ、人々は懐いたのです。登用されなければ身を退いて野に耕し、登用されれば必ず信義を曲げませんでした。不正なやり方で脅かすことはできず、たとえ白刃が胸先に突きつけられようとも、ついに崔杼の脅しを受け入れませんでした。斉君を諫めるときには遠回しにみえて本質を突き、従順にみえて手厳しかったのです。他国に使者として赴けば、言い分を引っ込めることはなく、何事にも広く通じている様子は、思うに管仲に次ぐものでありましょう。内にあってはよく親族に親しみ、外にあってはよく賢者を手厚くもてなし、宰相の位にあって、万鍾の禄を受けました。こうして親戚中では彼の禄を当てにして衣食する者が五百余家もあり、仕官せぬ身で彼を当てにして生計を立てる者もまたとても多かったのです。晏子は麻の衣、鹿皮の衣を着て、おんぼろ馬車に乗り、俸禄はことごとく親戚朋友に与えてしまいました。斉の人々はこのために彼を尊敬しました。晏子は思うに背が低く……。

晏子の書は六篇、すべて主君を真心から諫めたものであり、その文章は見るに足り、その（説くところの）義理は拠り所とするに足り、すべて六経の説く道義にかなっております。また内容が重複していたり、文辞が極めて異なっているのもありましたが、これも失われることがないようにと、やはり連ねて一篇としました。またやや経術に合致しないものもあって、晏子の言葉ではないらしく、おそらくは後世の弁士が述作したもののようではありましたが、これも失われないようにと、やはり一篇としました。すべてで八篇ですが、そのうちの六篇は常に座右においてお読みになるべきと存じます。（以上）謹んでこの次第を記録致しました。臣劉向畏れ謹んで奉ります。

余説　『集釈』、『校注』ともに「劉向序」を冒頭に置いているので、それらにならうこととした。劉向によって現行本『晏子春秋』の原形ができあがったことを考えれば、劉向のこの序文は極めて重要な意味を持つことになる。現行本の体裁も劉向の記すところと一致している。恐らくは、劉向の編纂にかかるテキストが祖本となって今日に至っているのであろう。

劉向は、前七七～前六在世、子の劉歆と並んで前漢末期を代表する儒者。彼は今文の『穀梁春秋』を治めたが、子の劉歆は古文の『春秋左氏伝』を治め、度々親子で論争し、劉向は息子の批判に反論できなかったという。その人となりは、「簡易［穏やか］にして威儀無く、廉靖［清らか］にして道を楽しみ、世俗と交接せず、専ら思いを経術に積み、昼は書伝を読誦し、夜は星宿を観察し、ある時は夜明けまで眠らなかった」（『漢書』劉向伝）といわれるように、権勢からは遠く、学問一筋に生きた人である。王莽が帝位を簒奪したのは劉向の死後十三年目のことであった。その著書には、『洪範五行伝』『列女伝』『新序』『説苑』などがある。また上古から三代秦漢に至るまでの歴代仙人の伝記『列仙伝』も、彼の撰といわれる。

なお彼は、『晏子』の他に『戦国策』・『管子』・『孫卿（荀子）』・『韓非子』・『列子』・『鄧析子』・『関尹子』・『子華子』・『説苑』なども校訂し、序文を残している（厳可均『全漢文』参照）。

晏子春秋巻第一

内篇諫上第一

莊公矜二勇力一不レ顧二行義一晏子諫　第一

莊公奮二乎勇力一、不レ顧二于行義一、勇力之士、無レ忌二于國一、貴戚不レ薦レ善、逼邇不レ引レ過。故晏子見レ公。公曰、「古者亦有下徒以二勇力一立二于世一者上乎。」晏子對曰、「嬰聞レ之、輕レ死以行レ禮謂二之勇一、誅レ暴不レ避レ彊謂二之力一。故勇力之立也、以行二其禮義一也。湯・武用レ兵而不レ爲レ逆、并レ國而不レ爲レ貪、仁義之理也。誅レ暴不レ避レ彊、替レ罪不レ避レ衆、勇力之行也。古之爲二勇力一者、行二禮義一也。今上

莊公《さうこう》勇力《ゆうりよく》を矜《ほこ》りて行義《かうぎ》を顧《かへり》みずして晏子《あんし》諫《いさ》む　第一

莊公《さうこう》は勇力《ゆうりよく》を奮《ふる》ひ、行義《かうぎ》を顧《かへり》みず、勇力《ゆうりよく》の士《し》は、國《くに》に忌《い》むこと無《な》く、貴戚《きせき》は善《ぜん》を薦《すす》めず、逼邇《ひよくじ》は過《あやま》ちを引《ひ》かず。故《ゆゑ》に晏子《あんし》公《こう》に見《まみ》ゆ。公曰《こうい》はく、「古者《いにしへ》も亦《また》徒《た》だ勇力《ゆうりよく》のみを以《もつ》て世《よ》に立《た》つ者《もの》有《あ》るか」と。晏子《あんし》對《こた》へて曰《い》はく、「嬰之《えいこれ》を聞《き》く、死《し》を輕《かろ》んじて以《もつ》て禮《れい》を行《おこな》ふは之《これ》を勇《ゆう》と謂《い》ひ、暴《ばう》を誅《ちゆう》して彊《きやう》を避《さ》けざるは之《これ》を力《りよく》と謂《い》ふ、と。故《ゆゑ》に勇力《ゆうりよく》の立《た》つや、以《もつ》て其《そ》の禮義《れいぎ》を行《おこな》ふなり。湯《たう》・武《ぶ》は兵《へい》を用《もち》ふれども逆《ぎやく》と爲《な》らず、國《くに》を并《あは》すれども貪《たん》と爲《な》らざるは、仁義《じんぎ》の理《り》なればなり。暴《ばう》を誅《ちゆう》して彊《きやう》を避《さ》けず、罪《つみ》を替《のぞ》きて衆《しゆう》を避《さ》けざるは、勇力《ゆうりよく》の行《おこな》ひなり。古《いにしへ》の勇力《ゆうりよく》を爲《な》す者《もの》は、

無二仁義之理一、下無二替レ罪誅レ暴之行一、而徒以二勇力一立二于世一、則諸侯行レ之以國危、匹夫行レ之以家殘。昔夏之衰也、有二推侈・大戲一、殷之衰也、有二費仲・惡來一。足走二千里一、手裂二兕虎一、任レ之以レ力、凌二轢天下一、威二戮無罪一、崇二尚勇力一、不レ顧二義理一。是以桀・紂以滅、殷・夏以衰。今公自奮二乎勇力一、不レ顧二乎行義一、勇力之士、無レ忌二于國一、身立二威強一、行本二淫暴一、貴戚不レ薦レ善、逼邇不レ引レ過、反二聖王之德一、而循二滅君之行一。用レ此存者、嬰未レ聞レ有也。」

禮義《れいぎ》を行《おこな》ふなり。今上《いまかみ》は仁義《じんぎ》の理《り》無《な》く、下《しも》は罪《つみ》を替《のぞ》き暴《ばう》を誅《ちゆう》するの行《おこな》ひ無《な》く、而《しか》して徒《た》だ勇力《ゆうりよく》のみを以《もつ》て世《よ》に立《た》つならば、則《すなは》ち諸侯之《しよこうこれ》を行《おこな》ひて以《もつ》て國危《くにあやふ》く、匹夫之《ひつぷこれ》を行《おこな》ひて以《もつ》て家殘《いへそこな》はれん。昔夏《むかしか》の衰《おとろ》ふるや、推侈《すゐし》・大戲《たいぎ》有《あ》り、殷《いん》の衰《おとろ》ふるや、費仲《ひちゆう》・惡《あく》來《らい》有《あ》り。足《あし》は千里《せんり》を走《はし》り、手《て》は兕虎《じこ》を裂《さ》き、之《これ》に任《にん》ずるに力《ちから》を以《もつ》てし、天下《てんか》を凌轢《りようれき》し、無罪《むざい》を威戮《ゐりく》し、勇力《ゆうりよく》を崇尚《すうしやう》し、義理《ぎり》を顧《かへり》みず。是《ここ》を以《もつ》て桀《けつ》・紂《ちう》は以《もつ》て滅《ほろ》び、殷《いん》・夏《か》は以《もつ》て衰《おとろ》ふ。今公《いまこう》は自《みづか》ら勇力《ゆうりよく》を奮《ふる》ひ、行義《かうぎ》を顧《かへり》みず、勇力《ゆうりよく》の士《し》は、國《くに》に忌《い》むこと無《な》く、身《み》威強《ゐきやう》を立《た》て、行《おこな》ひ淫暴《いんばう》を本《もと》とし、貴戚《きせき》は善《ぜん》を薦《すす》めず、逼邇《ひよくじ》は過《あやま》ちを引《ひ》かず。聖王《せいわう》の德《とく》に反《そむ》きて、滅君《めつくん》の行《おこな》ひに循《したが》ふ。此《これ》を用《もつ》て存《そん》する者《もの》は、嬰《えい》未《いま》だ有《あ》ることを聞《き》かざるなり」と。

語釈　○奮　誇ること。　○勇力　勇気があって力が強いこと。　○行義　孫星衍は、一本は「仁義」に作ると指摘する。　○貴戚　ここでは荘公と同姓の公族たちを指す。　○逼邇　「逼」も「邇」も近づくの意、転じて近臣。張純一は、貴戚が同姓の卿であるのに対し、こちらは異姓の卿のことと解する。　○不引過　過失を見ても諫めようとしないこと。「引」は「尹」（いん）に通じ、正すの意がある。　○并　『校注』は、「並」に作る。　○替罪　「替」は除く、取り去る。　○匹夫　于鬯『香草校書』は「大夫」に改めるべきことをいう。諸侯の国と、大夫の家とは対応する概念であると。なお「匹夫」は身分の低い男。原文のままでもひとまず意味が通じるので改めない。　○推侈・大戲　ともに怪力をもって桀に仕えた人物。『墨子』明鬼篇下に、「昔夏桀貴きこと天子たり、富天下を有ち、勇力の人推哆・大戲有り、生きながら兕虎を列（さ）き、指画して人を殺す。人民の衆きこと兆億、侯（こ）れ厥（そ）の沢陵に盈つ。然れども此を以て鬼神の誅を圉（ふせ）ぐこと能はざりき」と見える。そこで、劉師培『晏子春秋補釈』は、ここの一節は墨子の説に基づくのであろうという。が、主題が異なることもあり確証はない。　○費仲・悪来　ともに紂の臣下。『史記』秦本紀に、「蜚廉（ひれん）悪来を生む。悪来力有り、蜚廉善く走る。父子倶に材力を以て殷紂に事ふ」とあるのによれば、本章の「費仲」と秦本紀の「蜚廉」

とは同一人物なのであろうか。なお、『韓非子』喩老篇では「費仲は…無道」とある。伝承に些かの混乱があるらしい。○兕　水牛に似た皮膚の硬い猛獣　○凌轢　「凌」はしのぐ、犯すの意。「轢」は争うの意。○威戮　「威」は脅すの意。「戮」は殺すの意。

口語訳　第一章　荘公が勇力を誇って正義を顧みないので晏子が諫めたこと

荘公は勇力を誇って、正義を行おうとはせず、勇力のある士人は、（斉の）国にあってだれはばかることなく（ふるまい）、公族は善行を勧めもせず、近臣は過ちを見ても諫めようとしなかった。そこで晏子は公にお目見えした。公が言う、「昔もやはりただ勇力だけで世に立った者がいたであろうか」と。晏子がお答えして言う、「嬰はこのように聞いております、『死を軽んじて礼を行うことを勇敢であるといい、乱暴者をこらしめて強い者を恐れないのを腕力があるという』と。ですから勇力が通用するのは、それによって礼義を行えばこそであります。（殷の）湯王や（周の）武王は（時の夏の桀王や殷の紂王に敵対して）軍隊を指揮しましたが反乱とみなされず、他国を併合し（て自国の領土とし）ましたが貪欲とみなされなかったのは、仁義の道理にかなっていたからであります。乱暴者をこらしめて強い者を恐れず、罪人を処罰して多勢を恐れないことこそ、勇力ある行動なのです。昔の勇力ある者は、礼義にかなう行動をとっておりました。ところが今では、上においては仁義の理念もなく、下においては罪人を処罰し乱暴者をこらしめようとの行動もなく、ただ勇力だけで世に立とうとすれば、諸侯なら国を危うくするでしょうし、匹夫なら家を滅ぼすことでしょう。昔、夏が衰えたのは、推侈・大戯がいたからであり、殷が衰えたのは、費仲・悪来がいたからでありました。（彼らは）千里を走る脚力、兕虎を八つ裂きにする腕力を持ち、（人並みはずれた）力にまかせて、天下を犯し争い、罪の無い者を脅して殺すかたわら、勇力を尊び、義理を顧みなかったのです。こうして桀・紂は滅び、殷・夏は衰えました。今、公はご自分から勇力にはやり、正義を行おうともなさらず、勇力の士は、国にあっては何はばかるものとてなく、身は居丈高に構えて、行いは淫らで乱暴をよしとし、公族は善行を勧めることもせず、近臣は過ちを諫めることも致しません。聖王の徳に背き、亡国の君の行いに従っておられます。このようにしてなお君主でいられるとは、この嬰聞いたことがございません」と。

余説　荘公は霊公の子、名は光。紀元前五五三年～五四八年在位。霊公は初め光を太子にしたが、霊公の寵愛を受けた側室の戎姫が、もう一人の側室仲姫の産んだ子、牙の養育を託されると、彼を太子にするよう霊公に求めた。仲姫はこれに反対したが、霊公は結局光に代

えて牙を太子にしてしまった。やがて霊公が病に倒れると、斉の実権を握る大臣の崔杼はもとの太子光を立てて荘公とした。荘公は即位後、腹違いの弟牙を殺し、崔杼は牙の守役であった高厚を殺した。が数年の後には、荘公自身も崔杼によって殺されることになる。(『史記』斉太公世家参照)

事態はまさしく晏子の「聖王の徳に反きて滅君の行に循ふ、此を用て存する者は、嬰未だ有ることを聞かざるなり。」という言葉の通りになるわけで、晏子は見事に荘公の無惨な死を予言したことになる。

なお本書に収められた晏子と斉の君主との問答は、霊公との問答が内篇雑下第六章に一話のみ、荘公との問答は、本章の他に問上篇冒頭の二話、雑上篇冒頭の二話、及び外第八第十五章の、計六話しかなく、景公とのものが圧倒的に多い。

景公飲レ酒酣願三諸大夫無二爲一レ禮晏子諫　第二

景公飲レ酒酣曰、「今日願與二諸大夫一爲二樂飲一、請無レ爲レ禮。」晏子蹴然改レ容曰、「君之言過矣。群臣固欲二君之無一レ禮也。力多足三以勝二其長一、勇多足二以弑一レ君。而禮不レ使也。禽獸以レ力爲レ政、彊者犯レ弱、故日易レ主。今君去レ禮、則是禽獸也。群臣以レ力爲レ政、彊者犯レ弱、而日易レ主。君將安立矣。凡人之所三以貴二於禽獸一者、以レ有レ禮也。故詩曰、人而無レ禮、胡不二遄死一。禮不レ可レ無也。」公湎而不レ聽。少間、公出、晏子不レ起、公入、不レ起、交擧則先飮。公怒、色變、

景公《けいこう》酒《さけ》を飲《の》み酣《たけな》はにして諸大夫《しょたいふ》に禮《れい》を爲《な》すこと無《な》からんことを願《ねが》ひ晏子《あんし》諫《いさ》む　第二

景公《けいこう》酒《さけ》を飲《の》み酣《たけな》はにして曰《いは》く、「今日《けふ》願《ねが》はくは諸大夫《しょたいふ》と與《とも》に樂飲《らくいん》を爲《な》さん、請《こ》ふ禮《れい》を爲《な》すこと無《な》からん」と。晏子《あんし》蹴然《しうぜん》として容《かたち》を改《あらた》めて曰《いは》く、「君《きみ》の言過《げんあやま》てり。群臣固《ぐんしんもと》より君《きみ》の禮無《れいな》きを欲《ほっ》するなり。力多《ちからおほ》ければ以《もっ》て其《そ》の長《ちやう》に勝《か》つに足《た》り、勇多《ゆうおほ》ければ以《もっ》て君《きみ》を弑《しい》するに足《た》る。而《しか》れども禮《れい》せしめざるなり。禽獸力《きんじうちから》を以《もっ》て政《せい》を爲《な》し、彊者弱《きやうしやじやく》を犯《をか》す、故《ゆゑ》に日《ひ》に主《しゅ》を易《か》ふ。今君禮《いまきみれい》を去《さ》れば、則《すなは》ち是《こ》れ禽獸《きんじう》なり。群臣力《ぐんしんちから》を以《もっ》て政《せい》を爲《な》せば、彊者《きやうしや》は弱《じやく》を犯《をか》し、而《しか》して日《ひ》に主《しゅ》を易《か》ふ。君將《きみは》た安《いづく》にか立《た》たん。凡《およ》そ人《ひと》の禽獸《きんじう》より貴《たっと》き所以《ゆゑん》の者《もの》は、禮有《れいあ》るを以《もっ》てなり。故《ゆゑ》に詩《し》に曰《いは》く、人《ひと》にして禮無《れいな》くんば、胡《な》んぞ遄《すみ》やかに死《し》せざる、と。禮《れい》は無《な》かるべからざるなり」と。公湎《こうおぼ》れて聽《き》かず。少間《しばらく》して、公出《こうい》

抑手疾視曰、「嚮者夫子之教二寡人無レ禮之不可一也。寡人出入不レ起、交擧則先飲、禮也。」晏子避レ席再拜稽首而請曰、「嬰敢與レ君言而忘レ之乎。臣以致二無禮之實一也。君若欲レ無レ禮、此是已。」公曰、「若レ是、孤之罪也。夫子就レ席、寡人聞レ命矣。」觴三行、遂罷レ酒。蓋是後也、飭レ法修レ禮以治二國政一、而百姓肅也。

づるも、晏子《あんし》起《た》たず、公入《こうい》るも、起《た》たず、交擧《かうきよ》すれば則《すなは》ち先《ま》づ飲《の》む。公怒《こういか》り、色變《いろへん》じ、抑手疾視《よくしゆしつし》して曰《いは》く、「嚮者《さき》には夫子《ふうし》の寡人《くわじん》に禮無《れいな》きの不可《ふか》なることを教《をし》ふるなり。寡人出入《くわじんしゆつにふ》するにも起《た》たず、交擧《かうきよ》すれば則《すなは》ち先《ま》づ飲《の》むは、禮《れい》か」と。晏子《あんし》席《せき》を避《さ》け再拜稽首《さいはいけいしゆ》して請《こ》ひて曰《いは》く、「嬰敢《えいあ》へて君《きみ》と言《い》ひて之《これ》を忘《わす》れんや。臣以《しんもつ》て無禮《ぶれい》の實《じつ》を致《いた》すなり。君若《きみも》し禮無《れいな》からんことを欲《ほつ》すれば、此《こ》れ是《こ》れのみ」と。公曰《こういは》く、「是《か》くの若《ごと》きは、孤《こ》の罪《つみ》なり。夫《ふう》子《し》席《せき》に就《つ》け、寡人命《くわじんめい》を聞《き》かん」と。觴《しやう》三行《かう》して、遂《つひ》に酒《さけ》を罷《や》む。蓋《けだ》し是《こ》の後《のち》より、法《はふ》を飭《ただ》し禮《れい》を修《をさ》めて以《もつ》て國政《こくせい》を治《をさ》めて、百姓《ひやくせい》肅《つつ》しめり。

語釈　○蹴然　畏れ慎むさま。　○勝其長、…弑君　張純一は「勝其長、…弑其君」に改めるべきといい、呉則虞は「勝長、…弑君」に改めるべきという。今、原文のままとする。　○弑　臣や子が主君や親を殺してその地位を奪うこと。　○而礼不使也。禽獣以…　于鬯は「而」は「如」に読んで、「如し礼使はざれば、禽獣なり」と読むべきであるといい、劉師培は、「使」は「便」の誤りで、「礼は役に立たない…」という意味に解すべきという。なお、于鬯の使用したテキストは「以」を「矣」に作っており、そこで断句しやすい。　○詩曰、人而無礼、胡不遄死　『詩経』鄘風・相鼠（ようふう・そうそ）の詩。呉則虞は、『毛詩』ではこれを「無礼を刺（そし）る」と解するのに、『魯詩』では「妻が夫を諫める」と解しているところから、『晏子春秋』の『詩経』解釈の立場は『毛詩』と同じであるという。なお「遄」は「速」、「疾」に同じで速やかの意。　○湎　酒に溺れること。なお兪樾『諸子平議』は、晏子の発言に不愉快になった景公が背中を向けて知らぬ顔をしようとしたと解して、これを「偭」（顔を背ける）の誤りだろうという。　○交挙　ともに杯をあげる。乾杯する。　○抑手疾視　「抑」は「按」に同じ、さすること。「疾視」は睨みつけること。怒りのさま。　○寡人　王侯が謙遜して用いる自称。　○礼也　兪樾の、「也」は「邪」に作るべきで、詰問の詞であり、古くは「也」と「邪」は通用したという説に従い読んだ。　○再拝稽首　二度拝礼したうえ頭を地につけて敬礼する。臣下が君主に行う、最も重い礼。　○請　呉則虞の、『爾雅』釈詁

に「請は告なり」とあるとの説に従い、告げるの意に解する。　○若是、孤之罪也　王念孫は、「若」は「善」の誤りで、「善し。是れ孤の罪なり。」と訓むべきであるというが、原文のままでも意味は取れる。なお、「孤」は王侯の自称、「寡人」に同じ。　○觴三行　「觴」は酒を勧めるの意。呉則虞は、ここに描写される礼の規定が、『礼記』玉藻篇・『左伝』宣公二年にみえる礼の規定、即ち君主と近臣の小宴では酒は三杯までとされているという記事と一致すること、そしてこの礼が秦漢以来久しく廃れていたことから見ても、『晏子春秋』が後世の偽託では有り得ないという。　○飭　正す、整えるの意。

口語訳　第二章　景公が酒を飲み宴たけなわの頃諸大夫に無礼講にしようと提案したので晏子が諌めたこと

景公が酒を飲み宴たけなわの頃に言うには、「今日は大夫ら一同と楽しく酒が飲みたいものだ。無礼講でやることにしよう」と。晏子はこれを聞いて畏れ慎み居ずまいを正して言う、「ご主君のお言葉は間違っております。群臣どもはもとより主君に礼がないことを望んでいるものです。（と申しますのも）腕力が勝っていれば上の者を打ち負かすことができ、勇気が勝っていれば主君を弑することができます。けれども礼がそれを許しません。禽獣は力ずくで政治をおこない、強者が弱者を犯すために、日々に君主が入れ替わります。今、ご主君が礼を捨て去れば、禽獣そのものになってしまいます。群臣どもが力ずくで政治をおこなえば、強者は弱者を犯し、そうして日々に君主を取り替えることでしょう。そうなれば君主はいったいどうして（安心して）位にいられましょう。およそ人が禽獣より貴いわけは、礼が有るからであります。故に『詩』に、『人にして礼が無ければ、どうして速やかに死なないことがあろうか』と言っております。礼はなくてはならないものなのでございます」と。公は（酒に）溺れていて耳を貸そうとしなかった。しばらくしてから、公が席を立ったが、晏子は（座ったまま）立ち上がって送らず、公が戻ってきたときも、起立し（て迎え）ようとせず、杯を交わしたときにも先に飲んでしまう。公は怒り、顔色を変え、手をさすり睨みつけて言う、「さきほど、先生は寡人に無礼はならぬとお教えになりましたな。寡人が出入するとき立ち上がらず、杯を交わしたとき先に飲むというのは、礼（にかなっているの）であろうか」と。晏子は席を離れて再拝稽首して告げて言うには、「この嬰どうして主君に申し上げたことを忘れましょうか。私は無礼を実際に行ってみせたのでございます。ご主君がもし無礼をお望みならば、このようになるだけでございます」と。公が言う、「これは、余が悪かった。先生、席にお着き下さい、私は（先生の）仰せに従いましょ

う」と。酒を勧めることが三度に及んだあと、そのまま宴席を終えた。さてこれより後、（景公は）法を整え礼を修めて国の政治を取るようになったので、人々も畏れ慎んだのである。

余説　本章とほぼ同一趣旨の文が、外篇上第一章に見える。劉向の叙録によれば、内容的には重複しているが文辞が異なるものを集めたのが外篇だという。確かにその通りである。

本章は、「礼」が上下の身分秩序を保障する不可欠の規範であることを主題とするのであるが、章末に「法を飭し礼を修めて以て国政を治む」と、「礼」とともに「法」のことが言われるのはあまりに突然で、そのためこの一句がやや奇異に感じられる。しかしこうした記述から、かえって「礼」と「法」が対立的概念としてではなく、相補的役割を担っていたことがわかる。

景公飲酒酲三日而後發晏子諫　第三

景公飲酒、酲、三日而後發。晏子見曰、「君病酒乎。」公曰、「然。」晏子曰、「古之飲酒也、足以通氣合好而已矣。故男不群樂以妨事、女不群樂以妨功。男女群樂者、周觴五獻、過之者誅。君身服之、故外無怨治、內無亂行。今一日飲酒、而三日寢之、國治怨乎外、左右亂乎內。以刑罰自防者、勸乎爲非、以賞譽自勸者、惰乎爲善。上離德行、民輕賞罰、失所以爲國矣。願君節之也。」

景公酒《けいこうさけ》を飲《の》み醒《わるゑひ》し三日《か》にして而《しか》る後《のち》に發《お》き晏子《あんし》諫《いさ》む　第三

景公酒《けいこうさけ》を飲《の》み、醒《わるゑひ》し、三日《か》にして而《しか》る後《のち》に發《お》く。晏子《あんし》見《まみ》えて曰《いは》く、「君酒《きみさけ》を病《や》むか」と。公曰《こういは》く、「然《しか》り」と。晏子《あんし》曰《いは》く、「古《いにしへ》の酒《さけ》を飲《の》むや、以《もつ》て氣《き》を通《つう》じ好《よし》みを合《あ》はするに足《た》るのみ。故《ゆゑ》に男《をとこ》は群樂《ぐんらく》して以《もつ》て事《こと》を妨《さまた》げず、女《をんな》は群樂《ぐんらく》して以《もつ》て功《こう》を妨《さまた》げず。男女群樂《だんぢよぐんらく》するときは、周觴《しうしやう》すること五獻《ごこん》、之《これ》を過《す》ぐる者《もの》は誅《ちゆう》す。君身《きみみづか》ら之《これ》を服《おこな》へば、故《もと》より外《そと》に怨治《ゑんち》無《な》く、內《うち》に亂行《らんかう》無《な》からん。今《いま》一日飲酒《にちいんしゆ》して、三日《か》之《これ》に寢《い》ぬれば、國治《こくち》外《そと》に怨《うら》まれ、左右內《さいうち》に亂《みだ》れん。刑罰《けいばつ》を以《もつ》て自《みづか》ら防《ふせ》ぐ者《もの》は、非《ひ》を爲《な》すに勸《つと》め、賞譽《しやうよ》を以《もつ》て自《みづか》ら勸《つと》むる者《もの》は、善《ぜん》を爲《な》すに惰《おこた》る。上德行《かみとくかう》を離《はな》れ、民賞罰《たみしやうばつ》を輕《かろ》んじ、國《くに》を爲《をさ》むる所以《ゆゑん》を失《うしな》ふ。願《ねが》はくは君之《きみこれ》を節《せつ》せよ」と。

語釈 ○酲　ふつかよい、わるよい。『説文』に「酲とは、酒を病む」とある。○発　蘇輿は、「発」は発起のことであるとし、「酒に酔って三日寝込んだ後ようやく起きあがった」の意に解する。張純一は、蘇説も通じるとしながら、「発」と「廃」は通音であるから、廃止の意で、「三日の間酒を飲み続けてようやく止めた」の意に解すべきではないかという。今、蘇説に従い訳す。○通気　竹簡本には「道□」とある。「道」は「通」に通じる。『校注』は、血脈の流行を助けること、すなわち酒が体内の血行を良くすることだと解し、王更正『晏子春秋今註今訳』は、気脈を通じること、すなわち酒が人と人との関係を良好なものにすることだと解する。『周易説卦伝』に、「山沢通気」とあるのを参照すれば、例えば山や沢といったような別個に存在するものが相互に気を通わす、すなわち他人どうしが酒を飲むことによって親しく交わることと解することができる。そしてこの「通気」は次の「合好」とひと連なりの表現である。なお、「合好」も親しく交わることの意である。後にこの「通気」は、道教で特殊な呼吸法についていわれるようになったこと（『玉清無極総真文昌大洞仙経』巻十）などから、『校注』のような解釈もあらわれたものと推測される。今、王説に従い訳す。○事…功…　ともに仕事、職務の意。○周觴五献　兪樾は、「周」をめぐるの意に解し、孫詒譲は、「周」は「酬」（酒を勧めること）の仮字で、前章の「觴三行、遂罷酒。」を参照すれば「五」は「三」の誤りであろうという。呉則虞は、孫説を非として、この場合は前章の例と異なり、今は逸亡した古の礼が群飲して五献を過ぎないよう定めたことに基づくという。今、兪説に従い訳す。○誅　孫星衍は、責めるの意であるという。竹簡本には「死」とある。竹簡本を参照すれば、文字どおり誅殺する意に取るべきであろう。○服　蘇輿、劉師培の行うの意であるとする説に従い訳す。○外無怨治　王念孫は「怨」はしばしば「薀」（積む）の意に用いられているという。劉師培はこの王説を承けて、「怨」が「薀」の仮字であることを詳細に論証したうえ、「薀治」を煩雑でとりとめもない政治と解する。ところが竹簡本は、「上無怨治」と作っていて、これを「薀治」に解するのは適切ではないことが判明した。そこで「怨治」を文字どおり民に怨まれる政治と解することとした。○勧乎為非　蘇輿は、下の「惰乎為善」と対句であることを考慮すれば「勧」は「勤」に作るべきであろうといい、劉師培もこれに従う。呉則虞は、「勧」には力（つとめる）の意味もありしかも「惰」とは対の意味を持つからこのままでよいという。今、呉説に従う。このあとに見える「勧」もつとめるの意で解すべきことになる。

口語訳　第三章　景公が酒を飲んで悪酔いし三日後にようやく起きたので晏子が諫めたこと

景公が酒を飲んで、悪酔いし、三日後にようやく起きあがった。晏子がお目見えして言う、「ご主君は酒を過ごされて苦しんでおいでだったのでしょうか」と。公が言う、「その通りだ」と。晏子が言う、「古来飲酒というものは、気持ちが通じ親しく交わるほどでよいのです。この故に男は集い楽しんでも職務の妨げにはならず、女は集い楽しんでも仕事の妨

げにはなりません。男女がともに集い楽しむときは、杯のやりとりは五回、これを過ごせば誅殺致します。主君がみずからこの通りにすれば、もとより朝廷の外に政治を怨むものは無く、朝廷の内で乱れた行為をするものは無くなることでしょう。今、（ご主君が）一日酒を召し上がって、そのあと三日も寝たままでおられれば、国の政治は外からは怨まれ、近臣どもは内にあって乱れることでしょう。刑罰で（悪事を）防ごうとすれば、かえって（刑罰さえ受けなければよいと考える者は法に触れない）悪事に努め、賞誉のために（善事に）励もうとする者は、（まことの）善事を怠るもの。お上が徳行を行わなくなれば、民は賞罰を軽視し、国を治める根拠を失いましょう。どうかご主君はこのけじめをおつけくださいますよう」と。

余説　賞誉刑罰のみを本にした政治を行うと、人々は賞を得て罰を避けようと功利的に振る舞うだけとなり、善悪という道徳的分別心が失われてしまうと説くこの章は、『論語』為政篇の「子曰く、之を道びくに政を以てし、之を斉（ととの）うるに刑を以てすれば、民免かれて恥無し、之を道びくに徳を以てし、之を斉するに礼を以てすれば。恥有りて且つ格（ただ）し」という、法治を批判し徳治を是とする孔子の思想に共通するものが感じられる。

銀雀山漢墓竹簡『晏子』の該当箇所を以下に引いておく。テキストは、『銀雀山漢墓竹簡〔壱〕』（文物出版社、一九八五年）による。なお、竹簡文中の「・」は、竹簡にもともと書き込まれている、章の始まりを示す符号。□の部分は判読が困難な文字。「……」は五字以上にわたって欠字の部分。（　）は、正字。

・景公酒飲、〔□〕三日而后發。晏子見曰、「君病酒乎。」公曰、「然。□三日而后發。」晏子合（答）曰、「古之飲酒也、足以道□合好而已矣。故男不羣樂以□事、女不羣樂□……觴五獻、過者死。君身服之、故上无怨治、下〔□□□□〕一日飲酒、三日帚（寝）之、國治怨□外、左右亂乎内。以刑罰自妨（防）者、勸乎爲非、以賞譽自勸者、隋（惰）乎爲善。上離徳……。」

（・景公酒を飲み、〔□〕三日にして而る后に發く。晏子見えて曰く、「君酒を病むか」と。公曰く、「然り。□三日にして而る后に發く」と。晏子答へて曰く、「古の酒を飲むや、以て□を道びき好を合はするに足るのみ。故に男羣樂して以て事を□せず、女は羣樂して□せず……觴すること五獻、過ぐる者は死《ころ》さる。君身《みづか》ら之を服《おこな》へば、故《もと》より上に怨治无く、下に〔□□□□〕一日飲酒して、三日之に寝ぬれば、國治外に怨まれ、左右内に亂れん。刑罰を以て自ら防ぐ者は、非を爲すに勸め、賞譽を以て自ら勸むる者は、善を爲すに惰る。上徳を離れ……。」

竹簡本は、「妨功。男女群楽者、周」の箇所と「行、民軽賞罰、失所以為国矣。願君節之也。」の箇所を失っているほかは、ほぼ現行本と変わらない。

景公飲レ酒七日不レ納二弦章之言一晏子諫　第四

景公飲レ酒、七日七夜不レ止。弦章諫曰、「君欲二飲レ酒七日七夜一、章願君廢レ酒也。不レ然、章賜レ死。」晏子入見、公曰、「章諫レ吾曰、願君之廢レ酒也、不レ然、章賜レ死。如レ是而聽レ之、則臣爲レ制也。不レ聽、又愛二其死一。」晏子曰、「幸矣章遇レ君也。令三章遇二桀・紂者一、章死久矣。」於レ是公遂廢レ酒。

景公《けいこう》酒《さけ》を飲《の》むこと七日《か》弦章《げんしやう》の言《げん》を納《い》れず晏子《あんし》諫《いさ》む　第四

景公《けいこう》酒《さけ》を飲《の》み、七日七夜《しちじつしちや》止《や》まず。弦章《げんしやう》諫《いさ》めて曰《いは》く、「君酒《きみさけ》を飲《の》みて七日七夜《しちじつしちや》ならんと欲《ほつ》す。章《しやう》、願《ねが》はくは君酒《きみさけ》を廢《はい》せよ。然《しか》らずんば、章死《しやうし》を賜《たま》はらん」と。晏子《あんし》入《い》りて見《まみ》ゆ、公曰《こういは》く、「章《しやう》、吾《われ》を諫《いさ》めて曰《いは》く、願《ねが》はくは君酒《きみさけ》を廢《はい》せよ、然《しか》らずんば、章死《しやうし》を賜《たま》はらん、と。是《か》くのごとくにして之《これ》を聽《き》かば、則《すなは》ち臣制《しんせい》を爲《な》すなり。聽《き》かざれば、又其《またそ》の死《し》を愛《をし》む。」と。晏子曰《あんしいは》く、「幸《さひはひ》なり章《しやう》が君《きみ》に遇《あ》ふや。章《しやう》をして桀《けつ》・紂《ちう》なる者《もの》に遇《あ》はしめば、章死《しやうし》して久《ひさ》しからん」と。是《ここ》に於《お》いて公遂《こうつひ》に酒《さけ》を廢《はい》せり。

語釈　○弦章　余説参照。　○欲飲酒　王念孫は上文「景公飲酒、七日七夜不止」に「欲」の字がないことからこれを「飲」の衍字として削除すべきという。兪樾もこの説に従う。梁履縄は、「欲」は「今」の誤りとして改めるべきという。文廷式は、「欲」のうえに本「従」字があったはずであるとして「従欲飲酒」（欲をほしいままにして酒を飲む）に改めるべきという。『校注』は王説に従い「欲」字を削除している。しかし、「欲」を「〜しようとしている」の意に解すれば、底本のままでも問題ないので、原文のままとする。　○章賜死　張純一は、「賜章死」（章に死を賜らん）に改めるべきというが、原文のまま訳しておく。　○臣為制　蘇輿は、制于臣（臣に制せらる）の意味であるという。　○令章遇桀・紂者　張純一は、「者」は衍字であろうという。王叔岷『晏子春秋斠證』は、「者」は「則」に作るべきとし、古籍中ではしばしば「者」と「則」通用したという。今、原文のままとする。

口語訳　第四章　景公が酒を飲むこと七日弦章の言を聞き入れないので晏子が諫めたこと

景公が酒を飲み、七日七晩続いた。弦章が諫めて言う、「ご主君はお酒を飲み続けられて七日七晩になろうとしていま

す。章《わたくし》、どうかご主君がお酒をおやめになりますようお願いいたします。さもなければ、章は死を賜わりとうございます」と。晏子が入っていってお目見えすると、公は言う、「章が余を諫めて、『どうかご主君酒をおやめ下さい。さもなければ章は死を賜わりとうございます』などと言っている。このようなときにあの者の言うことを聞き入れれば臣下の言いなりになってしまう。（そうかといって）聴き入れなければ、こんどは彼の死が惜しまれる」と。晏子が言う、「幸福なことでございます、章が主君にお遇いできたのは。もし章が桀紂（のような暴君）に遇っていたら、章はとうの昔に死んでおりましたろう」と。これを聞いた公はそのまま酒をやめた。

余説　弦章なる人物は外篇下第十八章にも見えているのだが、彼の生存年代にはいささかの混乱があるようである。すなわち、『呂氏春秋』審分覧勿躬篇では桓公の臣下として弦章の名が見えているが、『韓非子』外儲説左下篇では桓公の臣下として弦商が現れている。これについて孫星衍は、「章」と「商」は音が近いために字が違っただけで弦章と弦商は実は同一人物であるという。しかし本章に見える弦章が凡そ百年を隔てる桓公の時代にも生存していることは有り得ない。『新序』雑事篇第四では『呂氏春秋』とほぼ同じ説話を載せて、弦章ではなく弦甯としている。同様に本書内篇問上第六章でもやはり同様の説話の中で弦甯としている。そこで、盧文弨は、弦章は景公に仕えた人物であると見るのが正しいという。そして蘇輿は、盧説を承けて、弦章と弦甯はもともと別人であり、桓公に仕えたのは弦寧、景公に仕えたのは弦章であったと結論するのである。張純一は、さらに弦章は弦甯の後裔であったろうという。なお、桓公と密接に関係する『管子』には「弦甯」の名も「弦章」の名も見えない。

景公飲レ酒不レ恤二天災一致二能歌者一晏子諫　第五

景公之時、霖雨十有七日。公飲レ酒、日夜相繼。晏子請レ發二粟于民一、三請、不レ見レ許。公命二柏遽巡一レ國、致二能歌者一。晏子聞レ之、不レ説、遂分二家粟于氓一、致二任器于

景公酒《けいこうさけ》を飲《の》み天災《てんさい》を恤《うれ》へずして能《よ》く歌《うた》ふ者《もの》を致《いた》し晏子《あんし》諫《いさ》む　第五

景公《けいこう》の時《とき》、霖雨《りんう》十有七日《じふいうしちにち》。公酒《こうさけ》を飲《の》み、日夜相繼《にちやあひつ》ぐ。晏子《あんし》粟《ぞく》を民《たみ》に發《はっ》せんことを請ひ、三《み》たび請《こ》へども、許《ゆる》されず。公《こう》、柏《はく》に命《めい》じて遽《すみや》かに國《くに》を巡《めぐ》り、能《よ》く歌《うた》ふ者《もの》を致《いた》さしむ。晏子之《あんしこれ》を聞《き》き、説《よろこ》ばず、遂《つひ》に家粟《かぞく》を氓《たみ》に分《わか》ち、任器《じんき》を陌《はく》に致《いた》す。徒行《とかう》して

陌一。徒行見レ公曰、「霖*雨十有七日矣。壞室鄕有二數十一、飢氓里有二數家一、百姓老弱、凍寒不レ得二短褐一、飢餓不レ得二糟糠一、敝撤無レ走、四顧無レ告。而君不レ卹、日夜飮レ酒、令レ國致レ樂不レ已、馬食二府粟一、狗饜二芻豢一、三*室之妾、俱足二粱肉一。狗馬室妾、不二已厚一乎。民氓百姓、不二亦薄一乎。故里窮而無レ告、無レ樂レ有レ上矣。飢餓而無レ告、無レ樂レ有レ君矣。嬰*數奉レ筴、以隨二百官之吏一、民飢餓窮約而無レ告、使二上淫湎失レ本而不一レ卹、嬰之罪大矣。」再拜稽首、請レ身而去、遂走而出。公從レ之、兼二于塗一而不レ能レ逮。令三趣レ駕追二晏子其家一、不レ及。粟米盡二于氓一、任器存二于陌一。公驅及二之康內一。公下レ車從二晏子一曰、「寡人有レ罪、夫子倍棄不レ援、寡人不レ足二以有一レ約也。夫子不レ顧二社稷百姓一乎。願夫子之幸二存寡人一。寡人請、奉二齊國之粟米財貨一、委二之百姓一、多寡輕重、惟夫子之令。」遂拜二于途一。

晏子乃返、命レ稟巡レ氓、家有二布縷之本一

公《こう》に見《まみ》えて曰《いは》く、「霖雨十有七日《りんうじふいうしちにち》なり。壞室《くわいしつ》は鄕《きやう》に數十《すうじふ》有《あ》り、飢《き》氓《ばう》は里《り》に數家《すうか》有《あ》り、百姓老弱《ひやくせいらうじやく》は、凍寒《とうかん》にも短褐《たんくわつ》すら得《え》ず、飢《き》餓《が》にも糟糠《さうかう》すら得《え》ず、敝撤《べつてつ》して走《はし》る無《な》く、四顧《しこ》するも告《つ》ぐる無《な》し。而《しか》るに君卹《きみうれ》へず、日夜《にちや》酒《さけ》を飮《の》み、國《くに》に令《れい》して樂《たの》しみを致《いた》さしめて已《や》まず、馬《うま》は府粟《ふぞく》を食《く》らひ、狗《いぬ》は芻豢《すうくわん》に饜《あ》き、三室《さんしつ》の妾《せふ》は、俱《とも》に粱肉《りやうにく》に足《た》る。狗馬室妾《くばしつせふ》は、已《はなは》だ厚《あつ》からずや。民氓百姓《みんばうひやくせい》は、亦薄《またうす》からずや。故《ゆゑ》に里窮《さときゆう》して告《つ》ぐること無《な》ければ、上有《かみあ》るを樂《たの》しむこと無《な》し。飢餓《きが》して告《つ》ぐること無《な》ければ、君有《きみあ》るを樂《たの》しむこと無《な》し。嬰《えい》、數〻《しばしば》筴《さく》を奉《ほう》じ、以《もつ》て百官《ひやくくわん》の吏《り》を隨《したが》ふるも、民飢《たみき》餓窮約《がきゆうやく》して告《つ》ぐること無《な》く、上《かみ》をして淫湎《いんめん》本《もと》を失《うしな》ひ卹《うれ》へざらしむるは、嬰《えい》の罪大《つみだい》なり」と。再拜稽首《さいはいけいしゆ》して、身《み》を請《こ》ふて去《さ》らんとし、遂《つひ》に走《はし》りて出《い》づ。公之《こうこれ》に從《したが》ふも、塗《みち》に兼《なつ》みて逮《およ》ぶこと能《あた》はず。駕《が》を趣《うなが》して晏子《あんし》を其《そ》の家《いへ》に追《お》はしむるも、及《およ》ばず。粟米《ぞくまい》は氓《たみ》に盡《つ》き、任器《じんき》は陌《はく》に存《そん》す。公驅《こうか》つて之《これ》に康內《かうない》に及《およ》ぶ。公車《こうくるま》を下《お》り晏子《あんし》に從《したが》ひて曰《いは》く、「寡人罪有《くわじんつみあ》り、夫子《ふうし》倍《そむ》き棄《す》てて援《たす》けざるも、寡人以《くわじんもつ》て約《やく》すること有《あ》るに足《た》らざるなり。夫子《ふうし》、社稷百《しやしよくひやく》姓《せい》を顧《かへり》みざるか。願《ねが》はくは夫子《ふうし》の寡人《くわじん》を幸《さひは》ひに存《そん》せんことを。寡人請《くわじんこ》ふ、齊國《せいこく》の粟米財貨《ぞくまいざいくわ》を奉《はう》じて、之《これ》を百姓《ひやくせい》に委《ゆだ》ね、多寡輕《たくわけい》重《ちゆう》は、惟《た》だ夫子《ふうし》の令《れい》のままにせん」と。遂《つひ》に途《みち》に拜《はい》す。

晏子《あんし》乃《すなは》ち返《かへ》り、稟《りん》に命《めい》じて氓《たみ》を巡《めぐ》らしめ、家《いへ》に布縷《ふる》の本有《もとあ》り

而絶レ食者、使レ有二終月之委一、絶レ本之家、使レ有二期年之食一、無二委積一之氓、與二之薪橑一、使レ足三以畢二霖雨一。令レ柏巡レ氓、家室不レ能レ禦者、予二之金一、巡二求氓寡レ用財乏者一、*三日而畢。後者若二不レ用レ令之罪一。公出舍、損レ肉撤レ酒、馬不レ食二府粟一、狗不レ食二飦肉一、辟拂嗛レ齊、酒徒減レ賜。三日、吏告二畢上一、貧氓萬七千家、用二粟九十七萬鍾、薪橑萬三千乘一、壞室二千七百家、用二金三千一。公然後就レ內退食、琴瑟不レ張、鐘鼓不レ陳。晏子請乙左右與下可レ令四歌舞足三以留二思慮一者上退甲之。辟拂三千、謝二于下陳一、人待三、士待四、出二之關外一也。

て食《しよく》を絶《た》つ者《もの》は、終月《しうげつ》の委《ゐ》有《あ》らしめ、本《もと》を絶《た》つの家《いへ》は、期年《きねん》の食《しよく》有《あ》らしめ、委積《ゐし》無《な》きの氓《たみ》は、之《これ》に薪橑《しんれう》を與《あた》へて、以《もつ》て霖雨《りんう》を畢《を》ふるに足《た》らしむ。柏《はく》に令《れい》して氓《たみ》を巡《めぐ》らしめ、家室《かしつ》の禦《ふせ》ぐこと能《あた》はざる者《もの》は、之《これ》に金《かね》を予《あた》へ、氓《たみ》の用寡《ようすく》なく財乏《ざいとぼ》しき者《もの》を巡求《じゆんきう》し、三日《か》にして畢《をは》る。後《おく》れたる者《もの》は令《れい》を用《もち》ひざるの罪《つみ》のごとくす。公出《こうい》でて舍《しや》すれば、肉《にく》を損《へ》らし酒《さけ》を撤《や》め、馬《うま》は府粟《ふぞく》を食《く》らはず、狗《いぬ》は飦肉《けんにく》を食《く》らはず、辟拂《へきふつ》は齊《せい》を嗛《へ》らし、酒徒《しゆと》は賜《し》を減《へ》らす。三日《か》にして、吏《り》畢《をは》ることを上《かみ》に告《つ》ぐ、貧氓《ひんばう》は萬七千家《まんしちせんか》にして、粟《ぞく》九十七萬鍾《まんしよう》、薪橑萬《しんれうまん》三千乘《ぜんじよう》を用《もち》ひ、壞室《くわいしつ》は二千《せん》七百家《ひやくか》にして、金《きん》三千《ぜん》を用《もち》ふ、と。公然《こうしか》る後《のち》内《うち》に就《つ》きて退食《たいしよく》し、琴瑟《きんしつ》張《は》らず、鐘鼓《しようこ》陳《つら》ねず。晏子《あんし》、左右《さいう》と歌舞《かぶ》して以《もつ》て思慮《しぐ》を留《とど》むるに足《た》らしむべき者《もの》とは之《これ》を退《しりぞ》けんことを請《こ》ふ。辟拂《へきふつ》三千《ぜん》、下陳《かちん》に謝《しや》し、人《ひと》は待《ま》つこと三、士《し》は待《ま》つこと四、之《これ》を關外《くわんぐわい》に出《い》だす。

校訂　*霖雨十有七日矣　底本は「十有七日矣」。王念孫説に従い「霖雨」の二字を補った。『校注』も改めている。

*壞室郷有数十……壞室二千七百家　底本は「懐宝郷有数十……懐宝二千七百家」。孫星衍は富家のことと注するが、それでは文意が通らない。王念孫の、「飢氓」と対をなす「懐室」に改めるべきとするに説に従い、「宝」を「室」に改めた。

*三室之妾…室妾　底本は「三保之妾…保妾」。本章では「室」を多く「宝」に譌(あやま)ることがあり、しかも「宝」が同音の「保」に譌ったために意味が通じなくなっているから、このふたつの「保」はともに「室」に改めるべきとする孫詒譲の説に従い改めた。

*嬰数奉筴　底本は「嬰奉数之筴」。張純一の、「奉数」は「数奉」に作るべきであり、「之」は衍字であろうという説に従い改めた。原文のままだと解釈に困難が生じる。

*三日而畢　底本は「死三日而畢」。王念孫の、「死」字は前後の文脈にそぐわないので衍字であろうとする説に従い改めた。但しこれに

は次に示すように諸説があって甚だ判断に苦しむ。兪樾は、「死」は「終」に作るべきであるという。なぜなら、古文では「死」と「終」は字体が似ているため誤ったからであると。兪樾説によれば「終（つひ）に三日にして畢はる」と読むことになる。また黄以周『晏子春秋校勘記』は「巡りて氓を求むること寡なく財を用ふること乏しき者は、死（ころ）す。三日にして畢はる。…」と、晏子の命を忠実に実行しなかった役人は死罪としたとの意に解すべきだというのである。于省吾『晏子春秋新証』は「死」は「尸」に通じるから、「職」の意があるとし、「景公の命を受けた仕事が三日で完了した」の意に解すべきという。呉則虞は、「死」は「比」の訛であろうとし、「比」には「皆」の意があるから、「皆すべて三日を限度として完了させた」の意に解すべきという。

語釈　○霖雨　三日以上降り続く雨。『左伝』隠公九年に「凡そ雨ふること三日以往を霖と為す」とある。　○発粟于民　「発」は開くの意。倉を開いて穀物を民に与えること。　○柏遽　孫星衍は「柏」は姓、「遽」は名であるという。これに対し于鬯は「柏」は後文の「柏」と同じく、いずれも「伯」に通じ左右の近臣の意、「遽」は急遽の意であるという。今、丁説に従い訳す。　○氓　一般には他国から逃げてきた民を指して言い、「民」と区別して用いるが、ここでは「民」とほぼ同じ意味である。　○致任器于陌　「任」は担う、載せるの意。「任器」は穀物を入れて持ち帰るための容器。「陌」は道。「致」は置くの意。穀物を晏子の屋敷で受け取った民が家に持ち帰れるように、容器を道端に用意したとの意。　○徒行　呉則虞は、車馬の類まですべて穀物を運搬するために提供してしまったので徒歩で向かったのだろうと解釈し、張純一は、民の苦しみをよそに馬車に乗ることは義に悖ると考えたので徒歩で向かったのだと解釈する。　○郷…里　『国語』斉語に「五家を軌と為し、…十軌を里と為し、…四里を連と為し、…十連を郷と為し、…」とあるのによれば、斉の国では五十家を「里」、二千家で「郷」と称していたようである。　○糟糠　「糟」は酒の搾りかす、「糠」は穀物の皮でぬかのこと、転じて粗末な食べ物。　○敝撤無走　呉則虞は、「敝」は「斃」の仮字であしなえのこと、「撤」は「蹴」に通じ通るの意で、飢えと寒さのために歩こうにも足が動かないことと解する。王更正は、この四字句を、壁が倒れ屋根が壊れて、帰るべき家がない意に解する。今、呉説に従い訳す。　○饜芻豢　「饜」は「厭」に同じ、飽食すること。「芻」は牛や羊の肉、「豢」は豚や犬の肉。景公の飼っている猟犬は人もありつけないような贅沢に飽食していたのである。　○三室之妾　三人の側室。孫詒譲によれば、天子は九室、諸侯は三室であったという。　○粱肉　質の良い穀物と肉。前出の「糟糠」の対で、贅沢な食物のこと。　○里窮而無告　兪樾は、原文のままでは意味が通ぜず、まず下文の「民飢餓窮約而無告」はこの句を承けているから「窮約而無告」に作るべきであり、また「里」は上文では「郷」と対応しているので、ここでも「里」の上に「郷」字があるべきだとして、「郷里窮約而無告」に改めるべきという。しかし、原文のままでも意味が通じるので、改めない。　○筴　「策」に同じ、対策を記した書き付けのこと。　○以随百官之吏、民飢餓窮約而無告、使上淫湎失本而不卹　「百官之吏」は、宰相晏子の下にある全ての斉の役人のこと。「窮約」は貧しさに苦しむこと。

「淫湎」は酒色に耽り溺れること。劉師培は、「之」を衍字とし「吏」を「使」の訛りとして「以随百官。使民飢餓窮約而無告…」（以て百官を随ふ。民をして飢餓窮約して告ぐることなからしめ、…）に改めるべきという。これに対し呉則虞は、劉説を非として「上」の上の「使」を「民」の上に移して「使民飢餓窮約而無告、上淫湎失本而不卹、」（民をして飢餓窮約して告ぐるなく、上をして淫湎して本を失ひて卹へざらしめ、…）に改めるべきという。いずれの説をとっても文意のうえでは大差がないので、あえて改めずに原文のまま訳す。

○請身　乞身（きっしん）、乞骸（きつがい）と同じで、職を辞すること。「骸骨を請う」ともいう。　○従　「逐」と同じ、追いかけること。

○兼于塗不能逮　「塗」は、「途」と同じ、道のこと。「逮」は「及」と同じ、追いつくこと。「道を兼ぬ」については、孫星衍は、普段の倍の速力で追いかける意に解し、于鬯は、「兼」を「歉」の意に読み換えて、「塗に歉（あきたり）ない」と読んで道のりが長かったので歩いては追いつけなかったと解する。呉則虞は、そのいずれも非として、「兼」を「溓」の仮字とみて、「塗に溓（なづ）む」と読んで道がぬかるんでいたために足を取られたので追いつけなかったのだと解する。また「同じ道を後から追いかけたが、追いつかなかった」と解することもできるが、今、呉説に従って訳しておく。つまり、晏子の後を景公も走って追いかけたのだが、うち続く長雨のために道がぬかるんでいたために徒歩で行くことをあきらめて、馬車で追いかけることにしたというのである。といっても、晏子はこの時徒歩で往復しているのであるから、いかに景公がこの時深酒のあまりのていたらくぶりをさらけ出していたかを示して余りある。　○趣　孫星衍は「趨」（はしる）の意に、盧文弨は「促」（うながす）の意に、呉則虞は「取」（とる）の意にそれぞれ解する。いずれの説も意味は通るが、ひとまず盧説に従って訳しておく。　○康内　『爾雅』に「五達（五辻）之を康と謂ふ」とあるように、都大路の中心街を指すのであろう。そこは人通りの多い繁華街であるが、景公はどうしても晏子を引き戻したかったのでそのようなことにかまっていられなかったのである。　○倍　「背」と同じ、そむくこと。　○約　縛ること。晏子を景公のもとから去らないように縛りつけておくことを指す。なお文廷式は「為」の譌りであるとし、呉則虞は「屈」（かがむ、くっする）の意であるとする。いずれも従い難い。　○社稷　「社」は土地神を祭ること、「稷」は穀物神を祭ること。転じて国家の意味を持つ。　○幸存　「幸」は憐れみ恵むこと、「存」にも憐れむの意がある。ここでは、景公が晏子にいつまでも自分の側にいて助けてほしいと必死に懇願しているのである。　○稟　兪樾は、『周礼』地官に見える、穀物の出納を掌る稟人のことと解しているが、蘇輿は、兪説を非として人名に解すべきという。今、兪説に従い官名に解しておく。　○有布縷之本而絶食　「縷」はより糸。「布縷之本」とは衣料の本となる養蚕や機織り。「食」は食料。つまり養蚕や機織りという生活の元手はまだあるが食べる物がないということ。　○終月之委　「委」は蓄えの意。一ヶ月分の食料の備蓄のこと。

○委積　「委」も「積」も蓄えの意。ここでは下文とのつながりから薪など燃料の備蓄をさすと解しておく。　○薪橑　「橑」も「薪」と同じでたきぎのこと。孫星衍は、雨をしのぐための具と解しているが、従い難い。　○不能禦者　呉則虞は、もと「不能禦風雨者」

とあって後に「風雨」の二字が抜け落ちたのではないかという。確かにその方が意味は取りやすいが、今は原文のままとする。〇舎　休息のための仮の家。　〇飦肉　「飦」は粥のこと。王更正は、肉を入れてかき混ぜて作った粥のことだという。上文の「粥粲」が「飦肉」に置き換えられたものであるが、贅沢な食べ物を指していうことに変わりはない。　〇辟拂嗛斉　解釈には諸説あって極めて難解であるが、大きく二つの説に分かれる。ひとつは、孫星衍・王念孫・蘇輿らのうまい食べ物を減らして食べないようにしたとの解釈。この解釈に従えば、「嗛斉を辟拂す」と読むことになる。もうひとつは、これに反論する蘇時学・黄以周・長孫元齢・于省吾らの、「辟拂」とは君主の傍らに侍るお気に入りの臣下や舞姫歌姫の類で、彼らに与える禄を減らしたとの解釈である。「嗛」は少なくすること。ここでは下句の「減」とほぼ同義に解する。「斉」は「資」の仮字で、主君から給与される禄の意であるという。「辟拂は斉を嗛（へら）し」と読むことによって下句「酒徒は賜を減らす」との対句関係もはっきりするので、後者の解釈に従い訳す。　〇酒徒　酒飲み仲間、食客の類。　〇鍾　およそ五〇リットルに相当する。　〇乗　車を数える量詞。　〇退食　朝廷から私邸に戻って食事をすること。この場合は景公が政治を行う宮殿から生活の場である後宮に戻って食事をすること。　〇琴瑟不張…鐘鼓不陳　弦楽器と打楽器。「瑟」は「琴」に形は似るがさらに大型の弦楽器。「張」は弦を張ること。「鐘」は釣り鐘、さまざまな音階の鐘を吊り下げて演奏した。編鐘の名で知られる。「鼓」はつづみ。「陳」は並べて置くこと。　〇可令歌舞足以留思虞者　「虞」は「娯」に通じ楽しみの意。歌や踊りで快楽に未練を残させるような者の意に解しておく。なお蘇時学は、「思慮」に改めるべきといい、呉則虞はこれを是とし、さらに「留」は「流」の仮字で移す意であるとし、すなわち歌舞によって贅沢をやめようという景公の固い決意を移ろわしむるに足る者と解する。〇辟拂三千、謝于下陳　「辟拂」は上文にも見えているように側女や近臣の意。「謝」は辞去すること。「下陳」は宮殿の敷地内の後列の位置。後宮など天子諸侯が私生活を送る場。つまり宮中の景公お気に入りの者たち三千人は、宮殿から立ち去ったのである。　〇人待三、士待四　難解である。盧文弨・兪樾は、「三」「四」を日数と解し、黄以周は人数に解する。今、日数の意に解して訳しておく。それぞれ「人」（この場合は側女を指す）には三日、「士」（この場合は近臣の男性を指す）には四日の猶予をそれぞれ与えて出国させたのであろう。「人」と「士」は、性別によって区別したのである。なお黄説によれば、「人待」「士待」はそれぞれ元刻本に従って「人侍」「士侍」とあるべきで、嬖御人（＝愛妾）、嬖御士（＝愛臣）の意であるという。　〇出之関外　「関」は関所のことであるが、「関外」といえば国外の意にもなる。つまり彼らを国外追放にしたのである。

口語訳　第五章　景公が酒を飲み天災を悲しまずに歌の上手な者を集めたので晏子が諫めたこと

景公の時、長雨が十七日間降り続いた。公は酒を飲み、昼も夜も続いた。晏子は穀物を民に施すことを願い出て、三度

願ったが、許されなかった。公は近臣に急遽国中を探し回って、歌の上手なものを連れてくるようにと命じた。晏子はこのことを聞き知って快しとせず、かくて禄米を民に分け与え、（それを持ち帰るための）容器まで道端に用意したうえで、徒歩で出向いて公にお目見えして言う、「長雨が降り続いて十七日間、既に家族離散した家は一郷ごとに数十もあり、飢餓に陥った民は一里ごとに数家もあり、人々のうちの老弱な者たちは、凍えるような寒さにも丈の短い粗末な服すらなく、ひどい飢えにもまずい食べ物すらなく、（この苦境から逃れようにも）足は萎えて歩くことさえできず、（この苦境を訴えようと）周囲を見渡しても告げる相手すらおりません。それなのにご主君は少しもお憐れみにならず、昼も夜も酒を飲み続け、国中から快楽をかき集めてとどまることなく、（ご主君の）馬は（国家備蓄の）倉の穀物を腹一杯食らい、（ご主君の）犬は肉を飽食し、三人の側室たちは、みな贅沢な食事に満腹しております。犬馬や側室たちには、何と手厚いことでございましょう。（それに反し）民には何と薄情なことでしょう。このように村里が困窮しても訴えるすべがないので、お上のあることを楽しむはずもなく、飢餓に苦しんでも訴えるすべがないので、君主のあることを楽しむはずもありません。この嬰《わたくし》がたびたび（救済のための）対策書を奉り、すべての役人を統率して参りましたが、民は飢えに苦しみながら訴える術もなく、ご主君は酒色に溺れ政治の根本を失って彼らを憐れむようにしむけなかったのですから、嬰の罪は大なるものでございます」と。再拝稽首して、職を辞して公のもとを立ち去ろうとし、そのまま小走りに出ていってしまった。公は彼を追いかけたが、道のぬかるみに足を取られて追いつくことができなかった。（そこで改めて）馬車を急がせて晏子の家まで追いかけたが、（やはり）追い付かなかった。（晏子の家では）穀物は民に与え尽くして（すでになく、人々が穀物を入れて運ぶための）容器だけが道端に残っていた。公は（さらに馬車を）走らせて（ようやく）都大路の中心で追いついたのである。公は車を下り晏子の後に追いすがって言う、「寡人が悪かった。先生は余に背を向け見捨てて助けてはくれまいが、寡人は（これまで勝手放題をしてきたのだから、いまさら先生を余の許に）縛りつけておくこともできない。けれども、先生はまさか国や民まで見捨ててしまうのではありますまい。どうか先生、何とか寡人の側にいて頂きたい。私は斉国の穀物も財貨も差し出すし、その多寡軽重もすべて先生のお指図に従おう」と。こうして景公は路上で晏子を拝礼したのである。

そこで晏子は引き返し、稟官に命じて民の間を巡回させ、養蚕や機織りなどの元手はあるが食べる物がない者には、一ヶ月分の（食糧の）貯えを与え、その元手すらも尽きてしまった家には、一年分の食糧を与え、燃料の備蓄の無い民には、たきぎを与えて長雨を乗り切れるようにさせた。近臣に命じて民の間を巡回させ、家屋が風雨をしのぐことができないものには（修理のための）金を与え、仕事が少なく財産の乏しい民を巡回して探しだし、（それも）三日間で完了することとした。もし（その調査に手間取って処置を）遅らせた者は、命令を実行しなかった罪と同様に扱った。景公が外出して休息したおりには、料理の肉を減らし酒を飲むことはやめ、馬には倉の穀物を食わせず、犬には肉入りの粥を食わせず、近臣への禄の支給を減らし、酒飲み仲間への褒美を減らした。三日後に、役人は景公に完了したことを報告した。すなわち、貧民は一万七千家族あって、穀物を九十七万鍾、たきぎを一万三千台分配給し、離散家族は二千七百軒あって、金三千を配給した、と。公はそれ以後私生活では（宴を張ることは控えて）後宮に戻って食事をし、琴瑟も奏でず、鍾鼓も打ち鳴らさなくなった。晏子は左右の佞臣と、歌や踊りで（主君に）快楽に未練を残させてしまいそうな者とを宮中から追い出すよう願い出た。三千人の側女や近臣らは、宮殿から立ち退き、女たちには三日の猶予を、男たちには四日の猶予を与えて、国外追放したのである。

余説　晏子は実に毅然とした態度で景公を諫め、それが受け入れられないと知るや宰相の職を捨てて直ちにその場を立ち去ったのである。かつて荘公に仕えていたときも、公を諫めて聞き入れられず、職を辞して野に下ったことがある。果たしてその後、荘公は崔杼によって弑されてしまったのであるが、晏子はその人望ゆえに身の安全を保つことができ、やがて景公が即位してから再び宰相として仕えることとなった。

本章の一つの特色は、数詞が多用されてそれが史実であることを思わせることである。特に、「三日にして、吏上に告げ畢る、…」以降、具体的な数字をあげながら晏子の救恤政策を詳しく述べているところなどからは、斉国の史官の記録そのもののようにみえる。このようなところにも『晏子春秋』といわれた所以があったのであろうか。

景公夜聽㆓新樂㆒而不㆑朝晏子諫　第六

晏子朝、杜扃望羊待㆓于朝㆒。晏子曰、「君奚故不㆑朝。」對曰、「君夜發不㆑可㆓以朝㆒。」晏子曰、「何故。」對曰、「*梁丘據入㆓歌人虞㆒、變㆓齊音㆒。」晏子退㆑朝、命㆓宗祝㆒修㆑禮而拘㆑虞。公聞㆑之而怒曰、「何故而拘㆑虞。」晏子曰、「以㆓新樂㆒淫㆑君。」公曰、「諸侯之事、百官之政、寡人願以請㆑子。酒醴之味、金石之聲、願夫子無㆑與焉。夫樂、何必夫故哉。」對曰、「夫樂亡而禮從㆑之、禮亡而政從㆑之、政亡而國從㆑之。國衰、臣懼君之逆政之行、有㆑歌㆓紂作北里・幽厲之聲㆒。顧夫淫以鄙而偕亡。君奚輕㆑變㆓夫故㆒哉。」公曰、「不㆑幸有㆓社稷之業㆒、不㆑擇㆑言而出㆑之。請受㆑命矣。」

景公《けいこう》夜《よ》新樂《しんがく》を聽《き》きて朝《てう》せず晏子《あんし》諫《いさ》む　第六

晏子《あんし》朝《てう》するに、杜扃《とけい》望羊《ばうやう》として朝《てう》に待《ま》つ。晏子《あんし》曰《いは》く、「君奚《きみなに》の故《ゆゑ》に朝《てう》せざる」と。對《こた》へて曰《いは》く、「君夜《きみや》發《はつ》して以《もつ》て朝《てう》すべからず」と。晏子《あんし》曰《いは》く、「何《なに》の故《ゆゑ》ぞ」と。對《こた》へて曰《いは》く、「梁丘據《りやうきうきよ》、歌人《かじん》の虞《ぐ》を入《い》れ、齊《せい》の音《おん》を變《へん》ぜり」と。晏子《あんし》朝《てう》を退《しりぞ》き、宗祝《そうしゆく》に命《めい》じて禮《れい》を修《をさ》めて虞《ぐ》を拘《とら》へしむ。公之《こうこれ》を聞《き》きて怒《いか》りて曰《いは》く、「何《なに》の故《ゆゑ》に虞《ぐ》を拘《とら》へたる」と。晏子《あんし》曰《いは》く、「新樂《しんがく》を以《もつ》て君《きみ》を淫《いん》すればなり」と。公曰《こういは》く、「諸侯《しよこう》の事《こと》、百官《くわん》の政《せい》は、寡人願《くわじんねが》はくは以《もつ》て子《し》に請《こ》はん。酒醴《しゆれい》の味《あぢ》、金石《きんせき》の聲《こゑ》は、願《ねが》はくは夫子與《ふうしあづ》かること無《な》かれ。夫《そ》れ樂《がく》は、何《なん》ぞ必《かなら》ずしも夫《そ》れ故《こ》ならんや」と。對《こた》へて曰《いは》く、「夫《そ》れ樂亡《がくほろ》ぶれば而《すなは》ち禮之《れいこれ》に從《したが》ひ、禮亡《れいほろ》ぶれば而《すなは》ち政之《せいこれ》に從《したが》ひ、政亡《せいほろ》ぶれば而《すなは》ち國之《くにこれ》に從《したが》ふ。國衰《くにおとろ》へて、臣懼《しんおそ》るるは君《きみ》の逆政《ぎやくせい》の行《おこな》はれて、紂《ちう》の作《つく》りし北里《ほくり》・幽厲《いうれい》の聲《こゑ》を歌《うた》ふこと有《あ》らんことなり。顧《おも》ふに夫《そ》れ淫《いん》にして以《もつ》て鄙《ひ》なれば而《すなは》ち偕《とも》に亡《ほろ》べり。君奚《きみなん》ぞ夫《そ》の故《こ》を變《か》ふるを輕《かろ》んずるや」と。公曰《こういは》く、「社稷《しやしよく》の業有《げふあ》るを幸《さいは》ひとせず、言《げん》を擇《えら》ばずして之《これ》を出《いだ》せり。請《こ》ふ命《めい》を受《う》けん」と。

校訂　＊梁丘據入　底本は「梁丘據扃入」。盧文弨・蘇輿により「扃」を衍字として削除した。

語釈　○杜扃　人名。孫星衍の、「杜」を姓、「扃」を名とする説に従う。　○望羊　遠くを見ること、また遠くを見るような目でぼん

やりとしていること。「望洋」、「望佯」とも書く。畳韻の語。　〇夜発　盧文弨の、一晩中寝ずにいたことと解する説に従う。　〇梁丘據　景公の近臣の名。　〇虞　蘇時学は、歌手の名と解する。呉則虞は、歌の上手な者を一般に虞公と呼んでいたという。「歌人虞」とあることから蘇説が適当であろう。　〇宗祝　官名。祭祀を掌る。『礼記』楽記篇に「宗祝は宗廟の礼を弁ず（通じている）」とあり、孔穎達の疏は、「宗」を宗人（礼儀・祭祀を掌る）、「祝」を大祝（鬼神の祭祀を掌る）と解する。　〇酒醴之味、金石之声　「醴」は甘酒。「金」は鐘、「石」は磬、ともに楽器を指していう。酒の味や音楽のこと。　〇国従之。国衰　劉師培は「国従之衰」（国之に従ひて衰ふる）と読んで「国」を衍字とするが、今、原文のまま訳す。　〇北里　『史記』殷本紀には、紂が師涓（しけん）に北里の舞という淫らな音楽を作らせたとある。　〇幽厲　周の幽王と厲王。いずれも徳のない王。厲王は紀元前九世紀国人の反乱によって国外に亡命して、以後しばらく王が不在のまま共和制が続いた。それからほぼ七〇年の後、幽王は諸侯の不信を買っていたため異民族犬戎の攻撃を受け驪山（りざん）で殺された。以来周は都を東の洛邑に移し、これを東周時代（春秋時代）と称している。　〇不幸　「幸」は、思いがけない幸せ、僥倖の意。　〇社稷　「社」は土地の神、「稷」は五穀の神、これらの神を祭るのが君主であったことから転じて国家の意味になった。

口語訳　第六章　景公が夜通し新しい音楽を聴いて朝廷に出なかったので晏子が諫めたこと

晏子が参朝したとき、杜扃がぼんやりと朝廷で待ちうけていた。晏子が言う、「主君はなぜ朝廷にお出ましにならないのか」と。答えて言うには、「主君は徹夜なさったために朝廷にお出ましになれないのです」と。晏子が言う、「どういうわけだ」と。答えて言う、「梁丘據が歌手の虞を宮中に入れて、斉《わがくに》の音楽を一変させてしまったのです」と。晏子は朝廷を退出すると、宗祝に命じて礼にかなったやり方で虞を拘えさせた。公はこのことを聞いて怒って言う、「なぜ虞を拘えたのか」と。晏子が言う、「新奇な音楽でご主君を惑わしたからでございます」と。公が言う、「諸侯との外交事、百官の政事については、寡人もあなたに教えをいただきたいと思っている。しかし酒の味や音楽のことについては、どうか先生は口出しをしないでいただきたい。そもそも音楽は、どうして古くさいままである必要があるだろうか」と。答えて言うには、「そもそも音楽が滅べば礼もその後を追い、礼が滅べば政治もその後を追い、政治が滅べば国家もその後を追うものでございます。国が衰えて、私が懸念するのは、主君が道理に悖る政治をなさり、紂王が作った北里の舞や幽王厲王の作った楽曲が歌われるようになることです。思えばそれらが淫らなうえに低俗だったので彼らは皆滅んでしまったのです。

ご主君、どうして軽がるしくわが国の伝統を変えようとなさるのでしょう」と。公が言う、「うかつにも社稷を治める幸せを顧みず、言葉も選ばずにあのようなことを口に出してしまった。お教えを賜りたい」と。

余説　楽と礼と政が相即不離の関係で捉えられている。すなわち、正しい政治は正しい礼によって維持され、正しい礼は正しい音楽によって維持されるというもの。政治の安定性を確保するためには、音楽は伝統を重んじたものでなければならず、新奇なものは排除される。これは中国思想特有の尚古主義である。そうした傾向は当然ながら儒家において最も顕著にみられる。また、音楽が人心に深く影響を与え得るという認識が確立していたこともここに明確に示されている。なお『論語』にも、孔子が鄭の音楽は淫らであるから退けよといっている一節があることが注意される（衛霊公篇参照）。

景公燕二賞無功一而罪二有司一晏子諫　第七

景公燕二賞于國内一、萬鍾者三、千鍾者五。令三出、而職計莫二之從一。公怒、令レ免二職計一。令三出、而士師莫二之從一。公不レ說。晏子見。公謂二晏子一曰、「寡人聞、君レ國者、愛レ人則能利レ之、惡レ人則能疏レ之。今寡人愛レ人不レ能レ利、惡レ人不レ能レ疏、失二君道一矣。」晏子曰、「嬰聞レ之、君正臣從謂二之順一、君僻臣從謂二之逆一。今君賞二讒諛之民一、而令二吏必從一、則是使下君失二其道一、臣失上其守上也。先王之立レ愛、以勸レ善也、其立レ惡、以禁レ暴也。昔者三代之興也、利二于國一者

景公《けいこう》無功《むこう》を燕賞《えんしやう》して有司《いうし》を罪《つみ》せんとし晏子《あんし》諫《いさ》む　第七

景公國内《けいこうこくない》に燕賞《えんしやう》し、萬鍾《ばんしよう》の者《もの》三、千鍾《せんしよう》の者《もの》五なり。令三《れいみ》たび出《い》でて、職計之《しよくけいこれ》に從《したが》ふ莫《な》し。公怒《こういか》り、職計《しよくけい》を免《めん》ぜしむ。令三《れいみ》たび出《い》でて、士師之《ししこれ》に從《したが》ふ莫《な》し。公說《こうよろこ》ばず。晏子見《あんしまみ》ゆ。公《こう》、晏子《あんし》に謂《い》ひて曰《いは》く、「寡人聞《くわじんき》く、國《くに》に君《きみ》たる者《もの》は、人《ひと》を愛《あい》すれば則《すなは》ち能《よ》く之《これ》を利《り》し、人《ひと》を惡《にく》めば則《すなは》ち能《よ》く之《これ》を疏《うと》んず、と。今《いま》、寡《くわ》人人《じんひと》を愛《あい》するも利《り》すること能《あた》はず、人《ひと》を惡《にく》むも疏《うと》んずること能《あた》はざるは、君道《くんだう》を失《うしな》へり」と。晏子曰《あんしいは》く、「嬰之《えいこれ》を聞《き》く、君正《きみただ》しくして臣從《しんしたが》ふ之《これ》を順《じゆん》と謂《い》ひ、君僻《きみよこし》まにして臣從《しんしたが》ふ之《これ》を逆《ぎやく》と謂《い》ふ、と。今君讒諛《いまきみざんゆ》の民《たみ》を賞《しやう》して、吏《り》をして必《かなら》ず從《したが》はしめば、則《すなは》ち是《こ》れ君《きみ》をして其《そ》の道《みち》を失《うしな》ひ、臣《しん》をして其《そ》の守《まも》りを失《うしな》はしむるなり。先王《せんわう》の愛《あい》を立《た》つるは、以《もつ》て善《ぜん》を勸《すす》むるなり、其《そ》の惡《あく》を立《た》

愛レ之、害二于國一者惡レ之。故明レ所レ愛而賢良衆、明レ所レ惡而邪僻滅。是以天下治平、百姓和集。及二其衰一也、行安二簡易一、身安二逸樂一、順二于己一者愛レ之、逆二于己一者惡レ之。故明レ所レ愛而邪僻繁、明レ所レ惡而賢良滅、離二散百姓一、危二覆社稷一。君上不レ度二聖王之興一、而下不レ觀二惰君之衰一。臣懼下君之逆政之行、有司不二敢爭一、以覆二社稷一、危中宗廟上。公曰、「寡人不レ知也。請從二士師之策一。」國內之祿、所レ收者三也。

つるは、以《もつ》て暴《ばう》を禁《きん》ずるなり。昔者三代《むかしさんだい》の興《おこ》るや、國《くに》に利《り》ある者《もの》は之《これ》を愛《あい》し、國《くに》に害《がい》ある者《もの》は之《これ》を惡《にく》む。故《ゆゑ》に愛《あい》する所《ところ》を明《あき》らかにして賢良衆《けんりやうおほ》く、惡《にく》む所《ところ》を明《あき》らかにして邪僻滅《じやへきめつ》す。是《ここ》を以《もつ》て天下治平《てんかちへい》し、百姓和集《ひやくせいわしふ》せり。其《そ》の衰《おとろ》ふるに及《およ》ぶや、行《おこな》ひは簡易《かんい》に安《やす》んじ、身《み》は逸樂《いつらく》に安《やす》んじ、己《おのれ》に順《したが》ふ者《もの》は之《これ》を愛《あい》し、己《おのれ》に逆《さから》ふ者《もの》は之《これ》を惡《にく》む。故《ゆゑ》に愛《あい》する所《ところ》を明《あき》らかにして邪僻繁《じやへきしげ》く、惡《にく》む所《ところ》を明《あき》らかにして賢良滅《けんりやうめつ》し、百姓《ひやくせい》を離散《りさん》し、社稷《しやしよく》を危覆《きふく》す。君《きみ》、上《かみ》は聖王《せいわう》の興《おこ》れるを度《はか》らずして、下《しも》は惰君《だくん》の衰《おとろ》へたるを觀《み》ず。臣《しん》、君《きみ》の逆政《ぎやくせい》の行《おこな》はれ、有司《いうし》敢《あ》へて爭《あらそ》はずして、以《もつ》て社稷《しやしよく》を覆《くつが》へし、宗廟《そうべう》を危《あや》ふくせんことを懼《おそ》る」と。公曰《こういは》く、「寡人《くわじん》知《し》らざりしなり。請《こ》ふ士師《しし》の策《さく》に從《したが》はん」と。國內《こくない》の祿《ろく》、收《をさ》むる所《ところ》の者《もの》三《みつ》なり。

語釈　〇燕賞　「燕」は「宴」に通じ、宴席において賞与を与えること。　〇国内　王更生は国中の嬖倖（＝お気に入りの家臣）の人の意に解する。今、王説に従い訳す。　〇職計　「職」はつかさどること、「計」は会計の意。会計を司る役人。　〇士師　士人らを管理する司法官。　〇嬰聞之、君正臣従謂之順、君僻臣従謂之逆　内篇諫下第二十一章に同文が見える。　〇讒諛之民　「讒」は他人の悪口をいうこと。「諛」は人にへつらうこと。王念孫は『群書治要』（以下『治要』と略称する）が「讒諛之士」に作っていること、また「讒諛」ということが君臣間にあるべきことを理由に、「讒諛之士」に改めるべきことをいう。蘇輿は民は士の意味も兼ねているから改める必要はないという。呉氏は『治要』が「士」に作っているのは太宗の名を諱んだからであるとして、蘇説に同調する。『校注』は王説に従い改めているが、今、原文のままとする。　〇立愛…立悪　王念孫は「立悪」では文義が反対になるうえ、『治要』は正しく「去悪」に作っていることを理由に「去悪」に改めるべきという。しかし兪樾はこれを批判してここの「悪」は善悪の悪ではなく好悪の「悪」であるから改める必要はないといい、陶鴻慶は兪説に同調して、「立賞」、「立罰」と同じ意味で好む所を立てて賞し、憎む所を

立てて罰するの意味であるという。今、原文のままとする。　○簡易　「簡」はおごる、またおこたるの意がある。「易」はあなどるの意がある。驕り侮ること。　○臣懼君之逆政之行　前章にも同一句が見える。　○宗廟　祖先を祭る施設、君主は社稷と宗廟を一対として祭った。　○国内之禄、所収者三也　意味不詳。張純一は衍文かと疑い、呉則虞も残欠のようだという。今、試訳を示しておく。

口語訳　第七章　景公が宴会の席で功績のない者に褒美を与え役人を処罰しようとしたので晏子が諫めたこと

景公が宴席でお気に入りの臣下らに褒美を与えることにし、万鍾を与える者三人、千鍾を与える者五人とした。命令が三度出されたが、会計官はこれに従わなかった。公は怒って、会計官を免職するよう命じた。命令が三度出されたが、司法官はこれに従わなかった。公は不快であった。晏子がお目見えした。公は晏子に向かって言う、「寡人は、『国を治める者は、愛する者を利してやることができ、憎む者を疎んじることができるものだ』と聞いている。ところが今、寡人は人を愛しても利してやることができず、人を憎んでも疎んじることができないのだから、君主としての道を失ってしまったのだ」と。晏子は言う、「嬰はこう聞いております、『主君が正しく臣下が従うのを順といい、主君が過っているのに臣下が従うのを逆という』と。今、ご主君が他人を謗り人に諂う者を賞そうとして、役人を無理に従わせるならば、ご主君は正しい政治の道を失い、臣下にはその守るべき道を失わせることになりましょう。先王が愛する所を明らかにしたのは、それによって善を勧めたのであり、憎む所を明らかにしたのは、それによって悪を禁じたのです。昔、夏殷周三代の王朝が興ったとき、国を利する者はこれを愛し、国を害する者はこれを憎みました。それゆえに愛する所を明らかにすることで賢良な者たちが多く集まり、憎む所を明らかにすることで邪悪な者たちは滅んだのです。こうして天下は平和に治まり、人々は安心して集い寄ったのです。ところが（国が）衰退するようになると、行いは驕り侮ることに流れ、身は怠惰と快楽に耽って、自分に従順な者だけを愛し、逆らう者を憎むようになりました。それゆえ愛する所を明らかにすることで邪悪な者がはびこり、憎む所を明らかにすることで賢良な者はいなくなってしまい、（挙げ句は）人々を離散させ、国家を滅亡させてしまいました。ご主君は上は聖王がどのようにして興起したのかを考えず、下は惰君がどのようにして滅んでいったかをお考えになりません。臣《わたくし》は、ご主君が道理にもとる政治を行っても役人がこれをあえて諫めようとせぬまま、（やがて）国家を転覆させ、祖先の宗廟《みたまや》（の存続）を危うくすることになりはすまいかと懸念しております」と。公は言

う、「寡人は気がつかなかった。（今後は）司法官の考えに従うことにしよう」と。（この結果）国中の俸禄は（その十のうち）三を回収することとなった。

余説 専制君主といえども公平無私であるべきこと、すなわち専制政治は公平無私によってかろうじて維持されることをいうのであるが、この場合に必ず強調されるはずの「公」の観念はなお具体的に説かれるに至っていないことが、例えば同じ斉地において生まれた『管子』と比べてはるかに用例が少ないことによって分かる。

今、『晏子春秋』中にあらわれた「公」の観念をあげてみよう。「私志を以て公法を害さず」（諌下第二章）・「其の行ひは公正にして邪ま無し」（問上第五章）・「身の行ひは順にして、治事は公なり」（同第十六章）・「面には正公を示して以て廉を偽る」（同第二十一章）・「廉之を公正と謂ふ」（雑下第十四章）の僅か五例を数えるに過ぎない。さらによく注意してみれば、「公正」の語が成語として確立していると見られる他は、なお「公」の観念が十分に成熟していることを示す用例はないといってよかろう。

これを『管子』中に見える「公」の観念（例えば、公法、公道、公理、公正、公平、公事、廃私立公、任公不任私、行私離公、至公無私、公平無私、公国一民など）と比較すれば一目瞭然である。

そもそも、『晏子春秋』中の「公」の語の出現例は『管子』のそれと比較にならないほどの少なさなのである。このことは、『晏子春秋』の成書年代を考察する手がかりとなるはずである。少なくとも『管子』より遅れることはあるまい。

景公信用讒佞賞罰失中晏子諌　第八

景公信用讒佞、賞無功、罰不辜。晏子諌曰、「臣聞明君望聖人而信其教、不聞聽讒佞以誅賞。今與左右相說頌也、曰、比死者勉爲樂乎、吾安能爲仁而愈黥民耳矣。故內寵之妾、迫奪于國、外寵之臣、矯奪于鄙、執法之吏、竝荷百

景公讒佞《けいこうざんねい》を信用《しんよう》し賞罰中《しやうばつちゆう》を失《しつ》し晏子《あんし》諌《いさ》む　第八

景公讒佞《けいこうざんねい》を信用《しんよう》し、無功《むこう》を賞《しやう》し、不辜《ふこ》を罰《ばつ》す。晏子《あんし》諌《いさ》めて曰《いは》く、「臣《しん》、明君《めいくん》は聖人《せいじん》を望《のぞ》みて其《そ》の教《をし》へを信《しん》ずるを聞《き》くも、讒《ざん》佞《ねい》に聴《き》きて以《もつ》て誅賞《ちゆうしやう》するを聞《き》かず。今《いまさ》左右《いう》と相説頌《あひえつしよう》するや、曰《いは》く、死《し》する比《ころ》まで勉《つと》めて樂《たの》しみを爲《な》さんか、吾《わ》れ安《いづ》くんぞ能《よ》く仁《じん》を爲《な》して黥民《げいみん》に愈《まさ》るのみならんや、と。故《ゆゑ》に內寵《ないちよう》の妾《せふ》は、國《くに》に迫奪《はくだつ》し、外寵《がいちよう》の臣《しん》は、鄙《ひ》に矯奪《けうだつ》し、執法《しつはふ》の吏《り》は、竝百姓《みなひやくせい》に荷《むご》し。

姓一。民愁苦約病、而姦驅尤佚、隱レ情奄レ惡、蔽二諂其上一。故雖レ有二至聖大賢一、豈能勝二若讒一哉。是以忠臣之常有二災傷一也。臣聞、古者之士、可二與得一レ之、不レ可二與失一レ之、可二與進一レ之、不レ可二與退一レ之。臣請逃レ之矣。」遂鞭レ馬而出。公使二韓子休追一レ之曰、「孤不仁。不レ能レ順レ教、以至二此極一。夫子休レ國焉而往、寡人將從二而後一。」晏子遂鞭レ馬而返。其僕曰、「嚮之去何速。今之返又何速。」晏子曰、「非二子之所一レ知也、公之言至矣。」

民《たみ》は愁苦約病《しうくやくへい》して姦驅《かんく》は尤佚《いういつ》し、情《じやう》を隱《かく》し惡《あく》を奄《おほ》ひ、其《そ》の上《かみ》を蔽諂《へいたう》す。故《ゆゑ》に至聖大賢《しせいだいけん》有《あ》りと雖《いへど》も、豈《あ》に能《よ》く若《か》くのごとき讒《ざん》に勝《か》たんや。是《ここ》を以《もつ》て忠臣《ちゆうしん》の常《つね》に災傷《さいしやう》有《あ》るなり。臣聞《しんき》く、古者《いにしへ》の士《し》は、與《とも》に之《これ》を得《う》べく、與《とも》に之《これ》を失《うし》なふべからず、與《とも》に之《これ》を進《すす》むべく、與《とも》に之《これ》を退《しりぞ》くべからず、と。臣請《しんこ》ふ之《こ》を逃《のが》れん」と。遂《つひ》に馬《うま》に鞭《むち》うちて出《い》づ。公《こう》、韓子休《かんしきう》をして之《これ》を追《お》はしめて曰《いは》く、「孤不仁《こふじん》なり。教《をし》へに順《したが》ふこと能《あた》はずして、以《もつ》て此《こ》の極《きは》みに至《いた》る。夫子《ふうし》國《くに》を休《す》てて往《ゆ》かば、寡人將《くわじんまさ》に而《なんぢ》の後《あと》に從《したが》はんとす」と。晏子《あんし》遂《つひ》に馬《うま》に鞭《むち》うちて返《かへ》る。其《そ》の僕曰《しもべいは》く、「嚮《さき》の去《さ》ること何《なん》ぞ速《すみ》やかなる。今《いま》の返《かへ》ること又《ま》た何《なん》ぞ速《すみ》やかなる」と。晏子曰《あんしいは》く、「子《し》の知《し》る所《ところ》に非《あら》ざるなり、公《こう》の言至《げんいた》れり」と。

語釈　○讒佞　「佞」はおもねる、へつらうの意。前章の「讒諛」とほぼ同じ意味。　○不辜　「辜」は罪の意。無辜と同じ、罪のない人。　○誅賞　誅したり賞したりする、賞罰に同じ。　○説頌　「説」はよろこばすこと、「頌」はほめそやすこと、互いにほめそやしあいながらいい気持ちになることをいう。孫星衍が指摘するとおり本書では「悦」の意味で「説」の字が使われることが多い。　○比死者　孫星衍は、「将に死に及ばんとする（死に行くとき）」の意に解する。『孟子』梁恵王上篇に、「願比死者壱洒之」（願わくば死するころまでに壱たび之を洒（す）がん）と見えるのと同じ用法。死ぬまでの一生の間、すなわち生きている間の意。　○吾安能為仁而愈黥民耳矣　孫星衍・呉則虞は、「愈」はまさるの意、「黥民」は入れ墨をされた刑余の人で、「罪人よりはましである」の意に解する。ところが蘇輿は、孫説を非として、「愈」を安養の意に解し、かつ「黥民」を「黔民」（＝人民）に改めて、「自分はただ務めて楽しみをなすだけである。仁を為して民を安んじようなどとは望まない」と解すべきことをいう。今、孫・呉説に従う。　○内寵…外寵　天子諸侯の生活空間を基準にして「内」・「外」をいう。なお、王更正は、『左伝』昭公二十年に「内寵之妾、肆奪於市、外寵之臣、僭令於鄙、…。民人苦病…」と見えてここでの関連を指摘する。同じく晏子の言葉には違いないが、前後の文脈からみて、本章とは全くかかわりが

ない。　○迫奪　迫って奪い取ること。愛妾たちは景公の寵愛をいいことに無理やり国庫の富を手に入れるのである。　○矯奪　いつわって奪い取ること。愛臣たちは景公の寵愛をかさにきてさまざまな名目の税を課して民の富を奪い取るのである。　○苛　「苛」に同じ、むごくすること。　○約　貧しいこと。　○姦駆　原文のままでは意味をなさないとして、王念孫は「姦匿」の誤りであろうといい、呉則虞は「姦区」（区は蔵に同じ）の誤りであろうという。「匿」も「区」も隠れ潜むことの意であるから、いずれにせよ、邪悪な者が隠れ潜んでいることと解してよい。また、文字どおり悪が疾駆すると読んで、悪人どもが国中を我が物顔に走り回ることと解することもできよう。　○尤佚　王念孫は、問下第十七章に見える「溢尤」とあるのと同じで、ますます甚だしいことと解する。今、王説に従い訳す。　○蔽諂　王念孫は、「蔽」（おおう）と「諂」（へつらう）はそれぞれ意味が異なり熟語になりにくい、そこで「諂」は「謟」（＝惑）のあやまりではないかとして、「蔽謟」に改めるべきという。君主から真実を隠して正しい判断ができないようにすることの意。今、王説に従う。　○忠臣之常有災傷　『校注』は、王念孫の「之」を衍字とする説に従い、「忠臣常有災傷」に改めている。　○得之…失之…進之…退之…逃之　これらの「之」は特定の語を指さず、語調を整えるはたらきをする。　○韓子休　景公の御者の名。孫詒譲は、『韓非子』外儲説左上篇に騶子韓枢として見える人物であろうという。　○休国焉而往　「休」はやめる、またはなれるの意。孫星衍は、「国を棄てて去る」の意に解する。また蘇時学は、「休国而焉往」（国を休（す）てて焉（づい）くに往かん）と作るべきという。　○寡人将従而後　蘇輿は、「而」は汝の意であると。劉如瑛『諸子箋校商補』は、「而」字を『論語』微子篇の「子路従而後」（子路がお供をして遅れた）と同じ用法の接続詞とみて、蘇輿説を非とする。蘇輿説に従い訳しておく。

口語訳

第八章　景公が他人の悪口を言って諂う者を信用し賞罰が中正を欠いたので晏子が諫めたこと

景公は、他人の悪口を言って諂う者を信用し、功績のない者を賞し、罪のない者を罰した。晏子が諫めて言う、「臣は、明君は聖人を想い慕ってその教えを信じるとは聞いていますが、他人の悪口を言って諂う者の言うことに耳を傾けて賞罰するとは聞いていません。（ところが、ご主君は）今、左右の近臣とほめそやしあっていい気持ちになり、『死ぬまでの間なんとか楽しく生きたいものだ。自分が仁政を施したところでどうしてその罪人よりましな生き方ができようか』などと言っておいでです。それをいいことに寵愛を受けた後宮の側室は、国庫の富を無理矢理奪おうとし、寵愛を受けた臣下は、地方の富をだまし取り、法を執り行う役人は皆、人々に厳しく当りましたから、民は悲しみ苦しみ貧困と病気に冒されているというのに、（彼らはといえば）悪企みをひた隠すことますますひどく、実情を隠蔽し悪行が露見しないように

し、お上を真相がわからないように惑わせております。これではたとえ至聖大賢の人物がいたとしても、どうしてこのような悪企みにうち勝つことができましょうか。このようなわけで忠臣はいつも災難に遭って痛めつけられるのです。臣《わたくし》は、『古の（立派な）士人とは、共に（善政を）得ることはできるが、共に失なうことはできない、共に（善に）進むことはできるが、共に（悪に）退くことはできない』と聞いております。どうか臣に暇を下さい」と。そのまま馬に鞭打って出ていった。公は韓子休に命じ、後を追って伝えさせた、「孤《わし》は不仁であった。教えに順がうこともできずに、こんなひどいことになってしまった。先生が国政を退いて立ち去るというのなら、寡人もその後に付き従っていこう」と。かくて晏子は馬に鞭打って引き返した。彼の下僕が言う、「先ほどはなぜあんなにも急いだのですか。今引き返すといってはまたなぜこんなにも急ぐのでしょうか」と。晏子が言う、「お前の知ったことではない。公の言葉が素晴らしかったからだ」と。

余説　晏子は景公の「不仁」という言葉を聞いて戻ったのであろう。とすれば、「仁」の語は本章におけるキーワードと見てよい。が、『論語』に見られる「仁」とは意味が少し異なるようである。というのは、孔子は内心の「仁」が行動に表れることを求め、かつ治者であるとないとを問わず君子たらんとする者は誰しも例外なく「仁」の主体者たることを求め続けたのであり、それ故孔子においては内面の「仁」とその表現としての「礼」が一体的に価値づけられたのであるが、ここではあくまでも君主のふるまいが「仁」を基準にして論じられている。このことから『論語』における「仁」が個人の内面に求められる徳であるのに対し、本章における「仁」が君臣ないしは君民関係の中で上位者に求められる実践的徳として強調されていることが読み取れる。ただこうした「仁」の観念が孔子の「仁」の思想と本質的に相違しているわけではなく、思うに孔子の「仁」の思想の原型のごときものが示されていると見るべきであろう。

景公愛二嬖妾一随二其所一レ欲晏子諫　第九

翟王子羨臣二于景公一、以二重駕一。公観レ之而不レ説也。嬖人嬰子欲レ観レ之。公曰、「及二晏子寝レ病也。」居二囿中臺上一以観レ之。嬰子

景公《けいこう》嬖妾《へいせふ》を愛《あい》し其《そ》の欲《ほつ》する所《ところ》に随《したが》ひ晏子《あんし》諫《いさ》む　第九

翟王《てきわう》の子《こ》羨《せん》、景公《けいこう》に臣《しん》たるに、重駕《ちようが》を以《もつ》てす。公之《こうこれ》を観《み》て説《よろこ》ばず。嬖人嬰子《へいじんえいし》之《これ》を観《み》んと欲《ほつ》す。公曰《こういは》く、「晏子《あんし》病《やまひ》に寝《い》ぬるに及《およ》ばん」と。囿中《いうちゆう》の臺上《だいじやう》に居《を》りて以《もつ》て之《これ》を観《み》る。嬰子《えいし》之《これ》を説《よろこ》び、

説レ之、因爲レ之請曰、「厚祿レ之。」公許諾。晏子起レ病而見レ公。公曰、「翟王子羨之駕、寡人甚説レ之、請使二之示一乎。」晏子曰、「駕御之事、臣無レ職焉。」公曰、「寡人一樂レ之。是欲三祿レ之以二萬鍾一、其足乎。」對曰、「昔衞士東野之駕也、公説レ之、嬰子不レ説、公曰レ不レ説、遂不レ觀。今翟王子羨之駕也、公不レ説、嬰子説、公因説レ之、爲請、公許レ之、則是婦人爲レ制也。且不レ樂レ治レ人、而樂レ治レ馬、不三厚祿二賢人一、而厚祿二御夫一。昔者先君桓公之地狹二于今一、修二法治一、廣二政教一、以覇二諸侯一。今君、一諸侯無二能親一也、歳凶年饑、道途死者相望也。君不二此憂恥一、而惟圖二耳目之樂一、不レ修二先君之功烈一、而惟飾二駕御之伎一、則公不レ顧レ民而忘レ國甚矣。且詩曰、載驂載駟、君*子所レ屆。夫駕レ八、固非レ制也、今又重レ此、其爲レ非レ制也、不二滋甚一乎。且君苟美二樂之一、國必衆爲レ之。田獵則不レ便、道行致レ遠則不レ可。然而用レ馬數倍、此非二御レ下之道一也。

因《よ》りて之《これ》が爲《た》めに請《こ》ひて曰《いは》く、「厚《あつ》く之《これ》を祿《ろく》せよ」と。公許諾《こうきよだく》す。晏子《あんし》病《やまひ》より起《た》ちて公《こう》に見《まみ》ゆ。公曰《こういは》く、「翟王《てきわう》の子羨《こせん》の駕《が》、寡人甚《くわじんはなは》だ之《これ》を説《よろこ》ぶ、請《こ》ふ之《これ》をして示《しめ》さしめんか」と。晏子曰《あんしいは》く、「駕御《がぎよ》の事《こと》は、臣職無《しんしよくな》し」と。公曰《こういは》く、「寡人一《くわじんもつぱ》ら之《これ》を樂《たの》しむ。是《こ》れ之《これ》を祿《ろく》するに萬鍾《ばんしよう》を以《もつ》てせんと欲《ほつ》す、其《そ》れ足《た》るか」と。對《こた》へて曰《いは》く、「昔衞《むかしゑい》の士《し》東野《とうや》の駕《が》するや、公之《こうこれ》を説《よろこ》べども、嬰子《えいし》説《よろこ》ばざれば、公説《こうよろこ》ばずと曰《い》ひ、遂《つひ》に觀《み》ず。今《いま》、翟王《てきわう》の子羨《こせん》の駕《が》するや、公説《こうよろこ》ばざるも、嬰子説《えいしよろこ》べば、公因《こうよ》りて之《これ》を説《よろこ》び、爲《た》めに請《こ》へば、公之《こうこれ》を許《ゆる》すは、則《すなは》ち是《こ》れ婦人《ふじん》制《せい》を爲《な》すなり。且《か》つ人《ひと》を治《をさ》むることを樂《たの》しまずして、馬《うま》を治《をさ》むることを樂《たの》しみ、厚《あつ》く賢人《けんじん》を祿《ろく》せずして、厚《あつ》く御夫《ぎよふ》を祿《ろく》す。昔者先君桓公《むかしせんくんくわんこう》の地《ち》は今《いま》より狹《せま》かりしも、法治《はふち》を修《をさ》め、政教《せいけう》を廣《ひろ》め、以《もつ》て諸侯《しよこう》に覇《は》たり。今君《いまきみ》、一諸侯《いちしよこう》も能《よ》く親《した》しむこと無《な》く、歳凶《としきよう》に年饑《としう》ゑて、道途《だうと》に死《し》する者相望《ものあひのぞ》むなり。君此《きみこ》れを憂恥《いうち》せずして、惟《た》だ耳目《じもく》の樂《たの》しみを圖《はか》り、先君《せんくん》の功烈《こうれつ》を修《をさ》めずして、惟《た》だ駕御《がぎよ》の伎《ぎ》を飾《かざ》るは、則《すなは》ち公《こう》、民《たみ》を顧《かへり》みずして國《くに》を忘《わす》るること甚《はなは》だし。且《か》つ詩《し》に曰《いは》く、載《すなは》ち驂《さん》し載《すなは》ち駟《し》す、君子《くんし》の屆《いた》る所《ところ》、と。夫《そ》れ八《はち》を駕《が》するは、固《もと》より制《せい》に非《あら》ざるなり。今又此《いままたこれ》を重《かさ》ぬるは、其《そ》の非制《ひせい》爲《た》ること、滋ゝ甚《ますますはなはだ》しからずや。且《か》つ君苟《きみいやし》くも之《これ》を美樂《びらく》せば、國必《くにかなら》ず衆《おほ》く之《これ》を爲《な》さん。田獵《でんれう》には則《すなは》ち便《べん》ならず、道行遠《だうかうとほ》きに致《いた》るには則《すなは》ち

淫于耳目、不當民務、此聖王之所禁也。君苟美樂之、諸侯必或效我。君無厚徳善政以被諸侯、而易之以僻。此非所以子民、彰名、致遠、親隣國之道也。且賢良廢滅、孤寡不振、而聽嬖妾以祿御夫以蓄怨、與民爲讐之道也。詩曰、哲夫成城、哲婦傾城。今君不*思成城之求、而惟傾城之務。國之亡日至矣。君其圖之。」公曰、「善。」遂不復觀。乃罷歸翟王子羨、而疎嬖人嬰子。

可《か》ならず。然《しか》り而《しかう》して馬《うま》を用《もち》ひること數倍《すうばい》するは、此《こ》れ下《しも》を御《ぎょ》するの道《みち》に非《あら》ざるなり。耳目《じもく》に淫《いん》して、民《たみ》の務《つと》めに當《あた》らざるは、此《こ》れ聖王《せいわう》の禁《きん》ずる所《ところ》なり。君苟《きみいやし》くも之《これ》を美樂《びらく》せば、諸侯必《しょこうかなら》ず我《われ》に效《なら》ふもの或《あ》らん。君厚徳善政《きみこうとくぜんせい》の以《もつ》て諸侯《しょこう》に被《かうむ》らすこと無《な》くして、之《これ》に易《か》ふるに僻《へき》を以《もつ》てす。此《こ》れ民《たみ》を子《こ》とし、名《な》を彰《あら》はし、遠《とほ》きを致《いた》し、隣國《りんこく》を親《した》しむ所以《ゆゑん》の道《みち》に非《あら》ざるなり。且《か》つ賢良廢《けんりようはい》滅《めつ》し、孤《こ》寡《くわ》振《すく》はれず、而《しかう》して嬖妾《へいせふ》に聽《き》き以《もつ》て御夫《ぎよふ》を祿《ろく》し以《もつ》て怨《うら》みを蓄《たくは》ふるは、民《たみ》と讐《あだ》を爲《な》すの道《みち》なり。詩《し》に曰《いは》く、哲夫《てつふ》城《しろ》を成《な》し、哲婦《てつふ》城《しろ》を傾《かたむ》く、と。今君成城《いまきみせいじやう》を之《こ》れ求《もと》むることを思《おも》はずして、惟《た》だ傾城《けいじやう》を之《こ》れ務《つと》む。國《くに》の亡《ほろ》ぶること日《ひ》に至《いた》らん。君其《きみそ》れ之《こ》れを圖《はか》れ」と。公曰《こういは》く、「善《よ》し」と。遂《つひ》に復《ま》た觀《み》ず。乃《すなは》ち翟《てき》王《わう》の子《こ》羨《せん》を罷《や》め歸《かへ》して、嬖人嬰子《へいじんえいし》を疎《うと》んず。

校訂　*君子所屆　底本は「君子所誡」。王念孫により改めた。同一詩句が、『詩』小雅・采薇に見える。王念孫言う、「君子」は諸侯、「屆」は至る、「所」は語詞で、諸侯が王に会うために至るの意、これを「君子の誡（いま）しむる所」とすると、三頭立ての馬車四頭立ての馬車いずれも礼にそむくので御してはならないという意味になり、本文中の趣旨にそぐわなくなる、と。また竹簡本ではこの部分は僅かに文字の右半分の「十」だけが存しており、駢宇騫『晏子春秋校釈』はこれを「計」の残字ではないかと推測し、「計」と「屆」は古音が近く、通じたという。

*不思成城之求　底本は「不免成城之求」。「免」では意味が通らない。兪樾・黄以周はこれを「勉」に改めるべきという。呉則虞は、元刻本、活字本、嘉靖本、呉刻本が「免」に作っているのに対し、呉勉学本、子彙本、楊本、凌本、帰評本などは「思」に作っている云々、という。そこで、「免」を「勉」に改めることをせず、「思」に作っている版本も少なくないことにより「思」に改めることとした。なお『校注』も「思」に改めている。

語釈 ○嬖妾 「嬖」は寵愛すること、寵愛されている側室。 ○翟 「狄」に通じ、北方の異民族をいう。いわゆる北狄のこと。馬の扱いに慣れていたのであろう。 ○羨 人名。竹簡本は「羊」に作る。 ○臣于景公 盧文弨はこの後に「干景公」（景公に干（もと）む）の三字がさらに続いたのではないかという。蘇輿はもと「干景公」が誤って「臣于景公」になったのではないかという。竹簡本は、底本とほぼ同じで「臣於景公」に作っている。 ○以重駕 「重」は重ねること、「駕」は馬車、またそれを操ること。ここでは馬車に繋ぐ馬の数を通常の二倍にするとの意味、すなわち八頭立てということになる。ところが于鬯は、この一句は後文に「夫駕八、固非制也、今又重此、其為非制也、不滋甚乎。」とあるのと呼応しているはずであるから、もと「以重駕八」とあったのが、すぐこれに続く「公」の字の「八」の部分と重なってしまい、伝写の過程で「八」字が脱落したのではないかという。そうすると八頭立てを重ねると解することができ、すなわち後文にもいうように十六頭立ての馬車を操ることとなる。従うべきかとも思えるが、竹簡本は底本と同じく「重駕」に作っているので、原文のままとする。なお、八頭立ての馬車はそれ自体壮観であるばかりでなく、それを御する技術も見ものであったろう。 ○嬖人嬰子 「嬖人」はさきの「嬖妾」に同じ。「嬰子」は景公の寵愛した側室の名。 ○及晏子寝病 晏子が病気で臥せっている間に見てしまおうとの意。このようなことをすれば晏子が必ず自分を諫めるであろうことは景公にも予想がついたのである。にもかかわらずそうしたのは、寵愛する嬰子の求めを断れなかったからである。景公の凡庸さがよく表れている言葉である。 ○囿中台上 「囿」は鳥獣や魚を放し飼いにしておく庭園、そこにはそれらを観賞するための楼台が設けてありこれを「囿台」と称した。 ○職 職務として司ること。 ○一楽之 「一」は専らの意。陶鴻慶は下文に「美楽之」の語例が二度見えることを理由に、「一」は「美」の形が壊れて横の一画だけが残ったもので、もと「美楽」とあったのではないかという。 ○衛士東野 「衛士」は衛国（春秋時代、斉の西方にあり、現在の河北省の南の部分と河南省の北の部分を占めていた）の士。「東野」は姓。『荀子』哀公篇では魯の哀公（前四九四～四六七在位）と顔回との対話の中に東野畢という名御者が登場する。なお、『韓詩外伝』巻二・『孔子家語』顔回篇では魯の定公（前五〇九～四九四在位）と顔回との対話になっている。また『荘子』達生篇・『呂氏春秋』離俗覧適威篇では、衛の荘公（前七五七～七三四在位）もしくは魯の荘公（前六九三～六六一在位）と顔闔との対話の中に東野稷という名御者が登場する。しかしこれらが皆同一人物であるかどうかは審らかではない。 ○公曰不説 『校注』は「公因不説」に作る。盧文弨は「曰」は譌りであろうという。黄以周は、後文に「公因説之」とあるのによって「因」に改めるべきであるという。しかし呉則虞は、諸本が皆「曰」に作っていること、また文気からしても順当であること、下文の「公因説之」とは意味も異なることなどを理由に原文のままでよいとする。 ○伎 「技」に同じ。 ○詩曰、載驂載駟、君子所届 『詩』小雅・采菽に見える。校訂参照。「載」はすなわちと読む発語の辞。韻文の口調を整えるのに用いられ具体的な意味はもたない。この句は諸侯が地方から来朝するさまを詠った段の一句で、大きく二つの解釈に分かれる。一つは、「驂」

を三頭立て、「駟」を四頭立ての馬車とし、諸侯が馬車に乗って続々と来朝するありさまを言うとする説。諸侯が三頭立てに乗る礼の定めはないが、多くの馬車を表す詩的な文飾表現と考える。もう一つは、「驂」の方を諸侯を護衛するための陪乗者（そえのり）と解する説で、ここではこの説を採った。○淫于耳目、不当民務、此聖王之所禁也　張純一は、『墨子』非命中篇の「昔者三代の暴王、其の耳目の淫を繆（だた）さず、…其の国家百姓の政を顧みず」とあるのと同義であると指摘して、両者の間に思想的影響関係があったことを示唆する一例と考えるようである。○諸侯必或效我　「或」は「有」に通じ、有るの意、「效」は習う学ぶの意、「我」は斉を指す。諸侯の中で必ずわが国をまねるものが現れるであろうとの意。○易之以僻　「僻」は、側（かたより）、誤（あやまち）、邪（よこしま）などの意がある。上文の「厚徳善政」を否定した語。○詩曰、哲夫成城、哲婦傾城　『詩』大雅・瞻卬の詩。呉則虞は、「哲」に作るのは『毛詩』で、他は「哲」を「悊」に作っていると指摘して、本書の成書年代が『毛詩』の成書以降であることを裏付ける根拠としている。

口語訳　第九章　景公が側室を寵愛しその言いなりになっていたので晏子が諫めたこと

翟王の子羨が、景公の臣下として、八頭立ての馬車を御した。公はそれを見ても喜ばなかった。愛妾の嬰子がそれを見たいと願った。公は言う、「晏子が病気でふせっている間にやってしまおう」と。庭園の楼台に登って見物した。嬰子は（これを見て）喜び、王子羨のために願い出て、「その者には手厚く俸禄をお与え下さいませ」と言った。公は聞き入れた。晏子が病気が回復して公にお目見えした。公は言う、「翟の王子羨の馬車の御しぶりだが、寡人はたいそう気に入った、（先生にも、）ご披露させましょうか」と。晏子が言う、「馬車や御者のことは、私の職務ではございません」と。公が言う、「寡人はこれが本当に気に入ってしまったので、あの者に万鍾の俸禄を与えたいと思うが、それで十分だろうか」と。（晏子が）お答えして、「かつて衛国の士東野が馬車を御してみせたとき、公はこれを喜ばれましたが、嬰子は喜ばなかったので、公は気に入らないと言われて、そのままご覧にならなくなりました。今翟の王子羨が馬車を御してみせると、公は喜んでおられないのに、嬰子が喜んだために、（ご自身も）これを気に入ったと言われ、あの者のために（嬰子が禄を与えていただきたいと）願い出れば、それを許してしまわれるのでは、（公は）婦人に抑えこまれてしまわれたことになります。そのうえ人を治めることをお楽しみにならず、馬を治めることを楽しまれ、賢人を手厚く待遇なさらずに、御者を手厚く待遇しようとしておいでです。昔、先君桓公の領地は今よりも狭かったものですが、法治を整備し、政教を広め

て、そうして諸侯に覇者として君臨なされたのです。今、ご主君は一人の諸侯とさえ親しむことができず、年来の凶作で民は飢え、道端で野垂れ死にする者をいくらも見ることができます。ご主君はこの事に悩み恥じることをなさらず、ただ耳目の快楽を図るばかり、先君の輝かしい功績にならおうともなさらず、馬車を御する腕前を誉めそやすばかりでは、公が民を顧みることなく国をお忘れになること甚しいこととなりましょう。そうして『詩』にも、『陪乗者《そえのり》を従え四頭立ての馬車に乗って、諸侯がやってくる』とあります。そもそも八頭立ての馬車を御するのは、元来礼の定めにないこと。それなのに今また二重にするというのでは、非礼を行うことますますもって甚だしいではございませんか。そのうえご主君がもしこのようなことをよしとして楽しめば、国中の多くの者がきっと真似をするでしょう。（けれども実際には）狩に使うには不便ですし、遠出をするにも向きません、それなのに使う馬の数だけは数倍なのですから（民は何と思うでしょう）、これでは下々の者を御する正しいやり方とは申せません。耳目の快楽をみだりに求め、民の務めにふさわしからぬ（行為に及ぶ）のは、聖王の禁ずる所であります。ご主君がもしもこのようなことをよしとして楽しめば、諸侯は必ずわが国を真似るでしょう。ご主君が厚徳善政で諸侯を感化なさらず、代わりに誤ったことをして見せることになります。これでは民を子とし（て慈しみ）、名声を高らかに広めて、遠方（の諸侯）を引き寄せ、隣国と親しく交わるための道とは申せません。そのうえ賢良たちはすっかりいなくなり、孤児寡婦は救われず、その一方で愛妾の言いなりになって御者風情を手厚く待遇して、彼らの怨みをためこむのは、民と仇同士の関係になる道です。『詩』に、『知恵有る男は国を興し、知恵有る女は国を滅ぼす』と言います。今ご主君は国を興そうという責務を考えられず、ただひたすら国を滅ぼそうと努めておられるのです。わが国の滅亡が日一日と近づいております。ご主君はよくよくこのことをお考え下さい」と言った。公は「わかった」と言うと、それから二度と見ようとしなかった。そこで翟の王子羨には暇を与えて帰国させ、愛妾の嬰子は遠ざけたのである。

余説　本章に相当する部分が、銀雀山漢墓竹簡中に見える。今それを引いておく。

・翟王子羊（羨）臣於景公、以重駕。公弗説（悦）。嬰子欲觀之。公曰、「及晏子寝（寢）病也。」居図（囿）中臺上以觀之。嬰子説（悦）之、因爲請、公許之。晏子見。公曰、「翟王子羊之駕也、寡人甚説（悦）之、吾欲祿之以萬、其足乎。」晏子進合（答）曰、「公

言過矣。昔衞士東圭（野）之駕也、……□□羊之駕也、公弗説（悦）、嬰子説（悦）之、公因説（悦）……□□□君子所□。今夫駕六駕八、固非先王之制也、今有（又）重之、此其……城之務、……善遂……。

（・翟王の羨、景公に臣たるに、重駕を以てす。公悦ばず。嬰子之を觀んと欲す。公曰く、「嬰子病に寝ぬるに及ばん」と。囿中の臺上に居りて以て之を觀る。嬰子之を悦び、因りて爲に請ひ、公之を許す。晏子見ゆ。公曰く、「翟の王子羊の駕するや、寡人甚だ之を悦ぶ、吾之を祿するに萬を以てせんと欲す、其れ足るか」と。晏子進み答へて曰く、「公の言過てり。昔衞の士東野の駕するや、……□□羊の駕するや、公悦ばず、嬰子之を悦び、公因りて悦ぶ……□□□君子の□所。今夫れ六を駕し八を駕するは、固より先王の制に非ざるなり、今又之を重ぬるは、此れ其の……城之務、……善遂……。）

到底全文ではないが、残っているところだけを見ても竹簡本が現行本とさして違わなかったことがここでも十分推測される。

第七章で景公が気に入りの臣下に褒美を与えようとして晏子に諫められたこと、第八章で讒佞を信用し賞罰が公平を失したことを晏子に諫められたこと、この二つの章を承けて、本章はその具体例ともいうべき説話を具体的に描き出している。

景公敕二五子之傅一而失言晏子諫　第十

景公有二男子五人一。所レ使レ傅レ之者、皆有二車百乘一者也。晏子爲レ一焉。公召二其傅一曰、「勉レ之。將下以二而所一レ傅爲上レ子。」及二晏子一、晏子辭曰、「君命二其臣一、據二其肩一以盡二其力一。臣敢不レ勉乎。*今有二車百乘一之家、此一國之權臣也。人人以二君命一命レ之曰、將下以二而所一レ傅爲上レ子。此離レ樹別レ黨、傾レ國之道也。嬰不二敢受一レ命。願君圖レ之。」

景公《けいこう》五子《ごし》の傅《ふ》に敕《ちょく》して失言《しつげん》し晏子《あんし》諫《いさ》む　第十

景公《けいこう》男子《だんし》五人《ごにん》有《あ》り。之《これ》に傅《ふ》たらしむる所《ところ》の者《もの》、皆《みな》車《くるま》百乘《じょう》を有《いう》する者《もの》なり。晏子《あんし》も一爲《いつた》り。公其《こうそ》の傅《ふ》を召《め》して曰《いは》く、「之《これ》を勉《つと》めよ。將《まさ》に而《なんぢ》が傅《ふ》たる所《ところ》を以《もつ》て子《し》と爲《な》さんとす」と。晏子《あんし》に及《およ》ぶに、晏子《あんし》辭《じ》して曰《いは》く、「君其《きみそ》の臣《しん》に命《めい》じ、其《そ》の肩《かた》に據《よ》りて以《もつ》て其《そ》の力《ちから》を盡《つ》くさしむ。臣敢《しんあ》へて勉《つと》めざらんや。今車《いまくるま》百乘《じょう》を有《いう》するの家《いへ》は、此《こ》れ一國《いつこく》の權臣《けんしん》なり。人人君命《ひとびとくんめい》を以《もつ》て之《これ》に命《めい》じて曰《いは》く、將《まさ》に而《なんぢ》が傅《ふ》たる所《ところ》を以《もつ》て子《し》と爲《な》さんとす、と。此《こ》れ樹《じゅ》を離《はな》し黨《たう》を別《わか》ち、國《くに》を傾《かたむ》くるの道《みち》なり。嬰敢《えいあ》へて命《めい》を受《う》けず。願《ねが》はくは君之《きみこれ》を圖《はか》れ」と。

校訂　＊今有車百乗之家　底本は「今有之家」。兪樾の、上文の「…皆有車百乗者」によれば、「車百乗」の三字が落ちたのであろう、とする説に従い改めた。このほうが文義は明らかになる。ところが、于省吾はこの兪説を非として、「之」は「是」と同じはたらきをし、上文の「車百乗を有する者」を指していうのであるから原文のままでよいという。『校注』は兪説に従い改めている。

語釈　○敕　告げる、語るの意。　○傅　養育責任者のこと。守り役。　○五子　景公の五人の公子、『史記』斉太公世家によれば、寿・駒・黔・駔・陽生（後の悼公）の五人を指す。　○乗　四頭の馬で引かせる車を数えるときの数詞で、馬四頭を一乗ということもある。なお、兵車の場合は、一乗に一両の戦車、それを引く四頭の馬、三人の甲士、七二人の歩兵を一組として一乗と数える。　○子　ここでは世継ぎの太子を指していう。　○據其肩　「肩」には「任」の意味がある。肩に担った責任に基づいて、の意。　○離樹別党　「離樹」は、幹が枝分かれしていくように、ひとつのものをバラバラにすること、ここでは斉の五人の公子を後継争いによって離間させること。「別党」は五人の公子のそれぞれの傅となった権臣を中心に各々派閥をつくること。

口語訳　第十章　景公が五人の守り役に対して失言したので晏子が諫めたこと

景公には男子が五人いた。彼らの守り役を命じられた者たちは、皆車百乗を所有するほどの者であった。晏子もその内の一人であった。公は彼ら守り役を（一人一人）召し出して言った、「守り役として励むように。そなたが教育した子を世継ぎにしようと思う」と。晏子までできたとき、晏子は辞退して言った、「主君が自分の臣下に命じるときには、その責任の限りにおいて全力を尽くさせるもの。この私どうして励まないなどということがありましょうか。しかし今、車百乗を所有している家は、これまさしく一国の権臣であります。彼らは（やがて口々に）わが君のご命令は『お前が教育した子を世継ぎにしよう』ということであったといいつのることになりましょう。これこそ公子らを離間させ権臣らに派閥をつくらせて、国家を滅ぼすやりかたです。嬰《わたくし》はとてもご命令を承るわけには参りません。ご主君はどうかよくよくこのことをお考え下さい」と。

余説　このとき、五人も公子がいながら、太子は決まっていなかったのであろうか。『史記』斉太公世家では、景公の太子のことについては、晩年に寵妾芮姫（ぜいき）に生ませた茶（と）を太子に立てたと記すまで何の言及もないからである。

しかし次の章は、陽生を廃嫡して茶を太子にしたことによって起きた紛糾を主題としており、『史記』の記載と一致しない。

景公欲下廢二適子陽生一而立上荼晏子諫　第十一

淳于人納二女于景公一、生二孺子荼一。景公愛レ之。諸臣謀欲下廢二公子陽生一而立上レ荼。公以告二晏子一、晏子曰、「不可。夫以レ賤*匹レ貴、國之害也。置レ大立レ少、亂之本也。夫陽生長而國人戴レ之、君其勿レ易。夫服位有レ等、故賤不レ陵レ貴。立レ子有レ禮、故孽不レ亂レ宗。願君教レ荼以レ禮而勿レ陷二于邪一、導レ之以レ義而勿レ湛二于利一。長少行二其道一、宗孽得二其倫一。夫陽生敢毋レ使下荼饜二粱肉之味一、玩中金石之聲上、而有レ患乎。廢レ長立レ少、不レ可二以教一レ下、尊レ孽卑レ宗、不レ可二以利一レ所レ愛。長少無レ等、宗孽無レ別、是設レ賊樹レ姦之本也。君其圖レ之。古之明君、非レ不レ知レ繁レ樂也、以爲樂淫則哀。非レ不レ知レ立レ愛也、以爲義失則憂。是故制レ樂以レ節、立レ子以レ道。若下夫恃二讒諛一以事レ君者上、不レ足二以責一レ信。今君用二讒人之謀一、聽二亂夫之言一也、廢レ長立レ少、臣恐後人之有下因二君之過一以資二其邪一、廢レ少

景公《けいこう》適子《てきし》陽生《やうせい》を廢《はい》して荼《と》を立《た》てんと欲《ほっ》し晏子《あんし》諫《いさ》む　第十一

淳于《じゆんう》の人女《ひとむすめ》を景公《けいこう》に納《い》れ、孺子《じゆし》荼《と》を生《う》む。景公之《けいこうこれ》を愛《あい》す。諸《しよ》臣謀《しんはか》りて公子《こうし》陽生《やうせい》を廢《はい》して荼《と》を立《た》てんと欲《ほっ》す。公以《こうもっ》て晏子《あんし》に告《つ》げ、晏子《あんし》曰《いは》く、「不可《ふか》なり。夫《そ》れ賤《せん》を以《もっ》て貴《き》に匹《ひっ》するは、國《くに》の害《がい》なり。大《だい》を置《お》きて少《せう》を立《た》つるは、亂《らん》の本《もと》なり。夫《そ》れ陽生《やうせい》は長《ちやう》にして國人之《こくじんこれ》を戴《いただ》く、君其《きみそ》れ易《か》ふること勿《な》かれ。夫《そ》れ服位《ふくゐ》に等《とう》有《あ》り、故《ゆゑ》に賤《せん》は貴《き》を陵《しの》がず。子《こ》を立《た》つるに禮有《れいあ》り、故《ゆゑ》に孽《げつ》は宗《そう》を亂《みだ》さず。願《ねが》はくは君《きみ》、荼《と》に教《をし》ふるに禮《れい》を以《もっ》てして邪《じや》に陷《おちい》ること勿《な》からしめ、之《これ》を導《みちび》くに義《ぎ》を以《もっ》てして利《り》に湛《しづ》むこと勿《な》からしめよ。長少《ちやうせう》其《そ》の道《みち》を行《おこな》ひ、宗孽《そうげつ》其《そ》の倫《りん》を得《え》ん。夫《か》の陽生《やうせい》は敢《あ》へて荼《と》をして粱肉《りやうにく》の味《あぢ》に饜《あ》き、金石《きんせき》の聲《こゑ》を玩《もてあそ》ばしむること毋《な》く、而《しか》して患有《うれひあ》らんや。長《ちやう》を廢《はい》して少《せう》を立《た》つるは、以《もっ》て下《しも》を教《をし》ふべからず、孽《げつ》を尊《たっと》び宗《そう》を卑《いやし》くするは、以《もっ》て愛《あい》する所《ところ》を利《り》すべからず。長少等無《ちやうせうとうな》く、宗孽別無《そうげつべつな》きは、是《こ》れ賊《ぞく》を設《まう》け姦《かん》を樹《た》つるの本《もと》なり。君其《きみそ》れ之《これ》を圖《はか》れ。古《いにしへ》の明君《めいくん》は、樂《たの》しみを繁《しげ》くするを知《し》らざるに非《あら》ず、以爲《おも》へらく樂《たの》しみ淫《いん》すれば則《すなは》ち哀《かな》しむと。愛《あい》を立《た》つるを知《し》らざるに非《あら》ず、以爲《おも》へらく義失《ぎうしな》はるれば則《すなは》ち憂《うれ》ふと。是《こ》の故《ゆゑ》に樂《たの》しみを制《せい》するに節《せつ》を以《もっ》てし、子《こ》を立《た》つるに道《みち》を以《もっ》てす。夫《か》の讒諛《ざんゆ》を恃《たの》みて以《もっ》て君《きみ》に事《つか》ふる者《もの》の若《ごと》きは、以《もっ》て信《しん》を責《せ》

而立レ長以成二其利一者上。君其圖レ之。」公不レ聽。
景公沒、田氏殺二君茶一立二陽生一、殺二陽生一
立二簡公一、殺二簡公一而取二齊國一。

むるに足《た》らず。今君讒人《いまきみざんじん》の謀《はかりごと》を用《もち》ひ、亂夫《らんぷ》の言《げん》を聽《き》き、長《ちやう》を廢《はい》して少《せう》を立《た》つれば、臣恐《しんおそ》らくは後人《こうじん》の君《きみ》の過《あやま》ちに因《よ》りて以《もつ》て其《そ》の邪《じや》を資《たす》け、少《せう》を廢《はい》して長《ちやう》を立《た》てて以《もつ》て其《そ》の利《り》を成《な》す者有《ものあ》らんことを。君其《きみそ》れ之《これ》を圖《はか》れ」と。公聽《こうき》かず。

景公沒《けいこうぼつ》し、田氏《でんし》、君荼《きみと》を殺《ころ》して陽生《やうせい》を立《た》て、陽生《やうせい》を殺《ころ》して簡《かん》公《こう》を立《た》て、簡公《かんこう》を殺《ころ》して齊國《せいこく》を取《と》る。

校訂 ＊夫陽生長而国人戴之　底本は「夫陽生生而長、国人戴之」。これは孫星衍が校訂して「生」字を加えたものであるが、王念孫はこの孫校を非としたうえで、陽生が茶よりも年長であったので国人が推戴したことの意に解すべきであるとして、「而長」を「長而」に改めるべきという。この王説に従い改めた。蘇時学も王説を是とする。

語釈 ○適子陽生　「適子」は「嫡子（ちゃくし）」に同じ。世継ぎの子のこと。「陽生」は五人の公子の中では最年長だった。『史記』斉太公世家によれば、景公の最晩年に夫人燕姫（えんき）の産んだ嫡子が死亡したので、太子を決める必要が生じ、このとき陽生が太子としてふさわしいと考える諸大夫の意向に反して、景公は寵愛していた側室の産んだ幼い茶を跡継ぎに指名したのである。この記事によれば、陽生は公子中最年長とはいえ、まだ正式に太子に指名されていたわけではなかったことになる。　○茶　同世家によれば、景公が晩年寵愛した芮姫（ぜいき）の産んだ子で、母の芮姫は身分が低く、素行が悪かったとある。　○淳于　春秋時代の国名、斉の都臨淄の東方約一五〇キロの所にあった。　○生孺子茶　呉則虞は、景公の死後、茶が即位してはじめて「晏孺子」と称したのであるから、「孺子茶」というのはふさわしくなく、「孺」は後人の付加と考えられるので、「生子茶」に改めるべきであるという。「孺子」にはおさなご、童子の意味がある。今、原文のままとする。なお景公がこの茶をいかに溺愛していたかは、『左伝』哀公六年に景公が自ら牛になって茶を背中に乗せて遊んでいたとき誤って自分の前歯を折ったと記されていることからも十分窺える。　○匹　匹敵するの意。　○置大立少「置」は廃するの意がある。年長者を廃して、年少者を立てること。王念孫は、「子」には太子の意味があり、太子を廃して少子を立てるの意味に解すべきであるから、「置子立少」に改めるべきであるという。兪樾はこれに反論して、「廃長立少」の句に見られるように、「長」と「少」が対になって用いられていることからして、「大」と「小」が対であるべきであるから、もと「置大立小」とあったのが、「小」と「少」は音・義ともに近いために誤って「置大立少」になったのであろうという。今、原文のままとする。　○服位有等　着

用する衣服と、立つにふさわしい地位とは、それぞれ礼の規定に基づいて等級が定められていること。　〇立子　「子」はここでは太子の意で、太子を立てること。　〇孽…宗　「孽」は庶子、嫡子でない子。「宗」は嫡子、世継ぎとなるべき子。　〇湛　沈む、また耽るの意。　〇夫陽生敢毋……乎　「敢へて……なからんや」（どうして……であろうか。）と訓読する反語表現。晏子は、陽生が君主となっても、異母弟の荼を冷遇したりはせず、それなりの贅沢をさせるであろうから、不自由なく過ごすことができるに違いないといって、寵愛する芮姫とその子の荼の行く末を案じる景公を安心させようとしているのである。　〇粱肉　良質な穀物と肉のことで、贅沢な食べ物の意。既出。本篇第五章語釈参照。　〇金石　「金」も「石」も楽器を指し、音楽の意。既出。本篇第六章語釈参照。　〇責信　「責」は求める。信義を求める意。　〇廃少而立長　本章の主意からすれば、このことは否定されるべきではない。思うに「尊孽卑宗」とあるべきではなかろうか。しかし、ひとまず原文のままとしておく。　〇田氏　余説参照。

口語訳　第十一章　景公が嫡子陽生を廃して荼を立てようとしたので晏子が諫めたこと

淳于の国人が娘を景公に献上した、（その娘は）子の荼を生んだ。景公はその子を（溺）愛した。（そこで）臣下は相談して公子陽生を廃嫡して荼を（太子に）立てようと考えた。公がそのことを晏子に告げると、晏子は言った、「なりません。そもそも賤しい者を貴い者と同列にするのは、国の害です。年長者をさしおいて年少者を立てるのは、乱の本です。そもそも陽生様は、年長であり国人たちも皆支持しております。ご主君よ、あの方を代えてはいけません。そもそも衣服と地位には（礼によって定められた然るべき）等級があり、それ故賤しい者が貴い者を凌ぐことはありません。世継ぎを立てるにも礼の定めがあり、それ故庶子が嫡子（が継ぐべき家系）を乱すことはありません。どうかご主君、荼様のご教育には礼の定めに従い過ちに陥らぬように、ご指導には正義に従い利に惑わされることのないようにさせなければなりません。（そうすれば）年長者と年少者はそれぞれ正しい道を踏み、嫡子と庶子とはそれぞれ秩序を得ることでしょう。あの陽生様なら（お世継ぎになられても）きっと荼様にご馳走を飽きるほど召し上がっていただき、妙なる音楽を好きなだけ楽しんでいただくでしょうから、案じられることがありましょうか。年長者をさしおいて年少者を立てるならば、下を教訓することができなくなりますし、庶子を尊び嫡子を卑しむならば、愛する者に利益をもたらすことができなくなります。年長者と年少者に等級がなく、嫡子と庶子とに区別がなければ、それこそ賊害を育て姦害を産むもとです。ご主君は

このことをよくよくお考え下さい。古の明君は、あれこれと楽しむことを知らなかったわけではありません、楽しみに耽りすぎるとかえって悲しみを招くものと考えていたのです。愛する者を世継ぎに立てることを知らなかったわけではありません、正しさが失われれば憂いが深まると考えていたのです。このために楽しみを程々にするには節度により、世継ぎを立てるには道理によったのです。あの悪口や諂いを頼みとして主君に仕えるような者は信頼するに足りません。今、ご主君がよこしまな者の計画を取り入れ、国を乱すような輩の言うことを聞き入れられて、年長（の陽生様）を廃して年少（の荼様）を立てようものなら、後々、ご主君の過ちに乗じて邪な考えをふくらませ、年少者をさしおいて年長者を立てて利益を得ようとする者が現れはすまいかと心配するのです。ご主君このことをよくよくお考え下さい」と。公は聴き入れなかった。

景公が没すると、田氏は君主となった荼を殺して陽生を立て、（そののちまた）陽生を殺して簡公を立て、その簡公も殺して斉国を乗っ取ってしまったのである。

余説　この荼をめぐって後継問題が起きたのは景公五十八年のこと、晏子はその十年前には既に没していたはずであるからから、こうした問答は実際にはありえなかった。この物語は明らかに後世の仮託であるといってよかろう。

『史記』によれば、田乞は魯に亡命していた陽生を呼び戻しておいて諸大夫の同意をとりつけた後、これを悼公（前四八八～四八五在位）とし、荼を殺した。しかし、即位から四年の後、悼公と対立していた鮑牧は悼公を殺してしまう。斉の国人は次いで悼公の子、壬を立てた。簡公（前四八四～四八一在位）である。その簡公も即位四年後に、田乞の子田常（田成子）によって殺されてしまう。従って、陽生を殺したのは田氏ではないわけで、この点本章と一致しない。ただ、姜氏の斉から田子の斉へという大きな流れの中で起こったことであることは疑いない。

いずれにせよ、景公が晏子の諫言を聞かなかったからかどうかはともかく、この一件を発端として、やがて太公望以来続いた姜氏の斉は田氏に簒奪されてしまったことは史書が示すとおりである。ただしこうした経過をたどるのはすべて晏子の死後のことである。してみれば、この説話が形成されたのは晏子の時代よりもはるか後のことであったことは間違いない。

なお、呉則虞は、『公羊伝』哀公六年にもこの間の経緯が詳しく記録されているのは、両文献がともに斉人の手になるからであろうという。

景公病久不レ愈欲下誅二祝史一以謝上晏子諫　第十二

景公疥且瘧、期年不レ已。召二會譴・梁丘據・晏子一而問焉曰、「寡人之病病矣。使下史固與二祝佗一巡中山川宗廟上、犧牲珪璧莫レ不二備具一、*其數常多二先君桓公一。桓公一則寡人再。病不レ已、滋甚。予欲下殺二二子者一以說中于上帝上、其可乎。」會譴・梁丘據曰、「可。」晏子不レ對。公曰、「晏子如何。」晏子曰、「君以レ祝爲レ有レ益乎。」公曰、「然。」*晏子免レ冠曰、「若以爲レ有レ益、則詛亦有レ損也。君疏レ輔而遠レ拂、忠臣擁塞、諫言不レ出。臣聞レ之、近臣嘿、遠臣瘖、衆口鑠レ金。今自二聊攝一以東、姑尤以西者、此其人民衆矣、百姓之咎怨誹謗、詛二君于上帝一者多矣。一國詛、兩人祝、雖二善祝者一不レ能レ勝也。且夫祝直二言情一、則謗二吾君一也、隱二匿過一、則欺二上帝一也。上帝神、則不レ可レ欺、上帝不レ神、祝亦無レ益。願君察レ之也。不レ然、

景公《けいこう》病《や》み久《ひさ》しく愈《い》えざれば祝史《しゆくし》を誅《ちゆう》して以《もつ》て謝《しや》せんと欲《ほつ》し晏子《あんし》諫《いさ》む　第十二

景公《けいこう》疥《かい》して且《か》つ瘧《ぎやく》し、期年《きねん》にして已《い》えず。會譴《くわいけん》・梁丘據《りやうきうきよ》・晏《あん》子《し》を召《め》して問《と》ひて曰《いは》く、「寡人《くわじん》の病《やまひ》病《おも》し。史固《しこ》と祝佗《しゆくた》とをして山川宗廟《さんせんそうべう》を巡《めぐ》らしめ、犧牲珪璧《ぎせいけいへき》備《び》具《ぐ》せざること莫《な》く、其《そ》の數《すう》は常《つね》に先君桓公《せんくんくわんこう》より多《おほ》し。桓公《くわんこう》一《ひと》たびすれば則《すなは》ち寡人《くわじん》は再《ふた》たびす。病《やまひ》已《い》えずして、滋〻甚《ますますはなは》だし。予《われ》二子《にし》の者《もの》を殺《ころ》して以《もつ》て上帝《じやうてい》に說《と》かんことを欲《ほつ》す、其《そ》れ可《か》ならんか」と。會譴《くわいけん》・梁丘據《りやうきうきよ》曰《いは》く、「可《か》なり」と。晏子《あんし》對《こた》へず。公曰《こういは》く、「晏子《あんし》は如何《いかん》」と。晏子《あんし》曰《いは》く、「君《きみ》祝《しゆく》を以《もつ》て益有《えきあ》りと爲《な》すか」と。公曰《こういは》く、「然《しか》り」と。晏《あん》子《し》冠《かんむり》を免《ぬ》ぎて曰《いは》く、「若《も》し以《もつ》て益有《えきあ》りと爲《な》さば、則《すなは》ち詛《そ》も亦《また》損有《そんあ》らん。君《きみ》、輔《ほ》を疏《うと》んじ拂《ひつ》を遠《とほ》ざくれば、忠臣擁塞《ちゆうしんようそく》して、諫《かん》言出《げんい》でず。臣之《しんこれ》を聞《き》く、近臣嘿《きんしんもく》し、遠臣瘖《ゑんしんいん》し、衆口金《しゆうこうきん》を鑠《と》かす、と。今聊攝《いまれうせつ》より以東《いとう》、姑尤《こいう》より以西《いせい》は、此《こ》れ其《そ》の人民衆《じんみんおほ》く、百《ひやく》姓《せい》の咎怨誹謗《きうゑんひばう》し、君《きみ》を上帝《じやうてい》に詛《そ》する者多《ものおほ》し。一國詛《いつこくそ》して、兩人《りやうじん》祝《しゆく》す、善《よ》く祝《しゆく》する者《もの》と雖《いへど》も勝《か》つ能《あた》はざるなり。且《か》つ夫《そ》れ祝《しゆく》、情《じやう》を直言《ちよくげん》すれば、則《すなは》ち吾君《わがきみ》を謗《そし》るなり、過《あやま》ちを隱匿《いんとく》すれば、則《すなは》ち上帝《じやうてい》を欺《あざむ》くなり。上帝神《じやうていしん》ならば、則《すなは》ち欺《あざむ》くべからず、上帝神《じやうていしん》ならずんば、祝《しゆく》も亦益無《またえきな》からん。願《ねが》はくは君之《きみこれ》を察《さつ》せよ。然《しか》ら

刑無罪、夏商所以滅也。」公曰、「善解余惑、加冠。」命會譴毋治齊國之政、梁丘據毋治賓客之事、兼屬之乎晏子。晏子辭、不得命、受、相退、把政。

改月而君病悛。公曰、「昔吾先君桓公、以管子爲有力、邑狐與穀、以共宗廟之鮮、賜其忠臣、則是多忠臣者。子今忠臣也。寡人請賜子州款。」辭曰、「管子有一美、嬰不如也。有一惡、嬰不忍爲也其宗廟之養鮮也。」終辭而不受。

ずして、無罪《むざい》を刑《けい》するは、夏商《かしやう》の滅《ほろ》びし所以《ゆゑん》なり」と。公曰《こういは》く、「善《よ》く余《よ》の惑《まど》ひを解《と》きたり、冠《くわん》を加《くは》へよ」と。會譴《くわいけん》をして齊國《せいこく》の政《せい》を治《をさ》むること毋《な》からしめ、梁丘據《りやうきうきよ》をして賓客《ひんかく》の事《こと》を治《をさ》むること毋《な》からしめ、兼《か》ねて之《これ》を晏子《あんし》に屬《しよく》す。晏子《あんし》辭《じ》するも、命《めい》を得《え》ざれば、受《う》け、相《あ》ひ退《しりぞ》き、政《せい》を把《と》る。

改月《かいげつ》にして君《きみ》の病《やまひ》悛《い》ゆ。公曰《こういは》く、「昔吾《むかしわ》が先君桓公《せんくんくわんこう》、管子《くわんし》を以《もつ》て力《ちから》有《あ》りと爲《な》し、孤《こ》と穀《こく》とを邑《いふ》にし、以《もつ》て宗廟《そうべう》の鮮《せん》に共《きよう》せり。其《そ》の忠臣《ちゆうしん》に賜《たま》ふは、則《すなは》ち是《こ》れ忠臣《ちゆうしん》を多《た》とする者《もの》なり。子《し》は今《いま》の忠臣《ちゆうしん》なり。寡人《くわじん》請《こ》ふ子《し》に州款《しうくわん》を賜《たま》はん」と。辭《じ》して曰《いは》く、「管《くわん》子《し》は一《いつ》の美《び》有《あ》り、嬰《えい》如《し》かざるなり。一《いつ》の惡《あく》有《あ》り、嬰《えい》其《そ》の宗廟《そうべう》に之鮮《これせん》を養《そな》ふることは爲《な》すに忍《しの》びざるなり」と。終《つひ》に辭《じ》して受《う》けず。

校訂　＊其数常多先君桓公　底本は「数其常多先君桓公」。蘇輿は原文のままでよいというが、原文のままでは意味を成さないとする王念孫・陶鴻慶説に従い改めた。王念孫は「多」の後に「於」を補うべきだというが、陶鴻慶、呉則虞は古文はもと簡直であったのだからその必要はないという。なお、『校注』は王説に従い「于」字を補っている。

＊晏子免冠曰　底本はこの五字なし。孫星衍の「晏子曰」の三字を補うべきという説と、さらに黄以周の下文の「加冠」に対応すべく「免冠」の二字も補うべきであるという説に従い改めた。『校注』はこの五字を補っている。

語釈　〇疥・瘧　「疥」は痒みを伴う皮膚病、「瘧」は一定の時間をおいて発熱する間歇熱、おこり。本章と同様の説話が、外篇上第七章と『左伝』昭公二〇年に見えるが、どちらも「瘧」を「痁」（おこり）に作る。　〇已　『広雅』釈詁に「已は癒ゆるなり」とある。病気が治ること。『左伝』は「瘳」（いえる）に作る。　〇会譴・梁丘據　外篇上第七章と『左伝』には、「梁丘據・裔款」とある。会譴と裔款とは同一人物の異伝と見なしてよいのであろうか。　〇病病　病気がいっそう重くなること。王更正いう、上の「病」は名詞で、

下の「病」は動詞（困しむ）であると。外篇・『左伝』は「疾病」に作る。　○史固・祝佗　史官の固、祝官の佗のこと。「史」には人君の言行を記録する官、天文を司る官、また筮人すなわち占い師などの意味がある。ここでは占い師か。「祝」は、巫祝すなわち神に祈りを捧げて、主人のために福を祈る者。外篇・『左伝』は「祝固」と「史嚚」に作る。　○山川宗廟　山や川に住む神と宗廟に祭る祖先の霊魂。　○珪璧　圭璧に同じ、祭祀の時に用いる玉。「圭」は柄形の玉、「璧」は環状の平板な玉。　○免冠・加冠　「冠を免（ぬ）ぐ」は、「冠を解く」「冠を投ず」などと同じく、職を辞すること。ここでは晏子が辞職覚悟の諫言であることを態度で示したことを意味する。後文の「加冠」は、「免冠」の対をなす語で、景公が辞職に及ばないから、引き続きその職に留まるようにと晏子に命じたことを意味する。　○詛　災いを加えよという呪いをかけること。呪詛。　○輔・払　『広雅』釈詁に「払とは輔なり」とある。「輔」も「払」もともに助けることで、ここでは政治の補佐をするいわゆる輔弼の家臣をいう。　○擁塞　「擁」も「塞」もともにふさぐこと。　○嘿・瘖　「嘿」は「默」に同じ、黙ること。「瘖」はおしの意。ともに、臣下が無言であること。　○衆口鑠金　世論の影響力の大きいことをいう、当時の諺。『国語』周語下に「諺に曰く、衆心城を成し、衆口金を鑠かす」と見える。　○聊摂　ともに当時の斉国の西部にあった地名。「聊」は現在の山東省西部、「摂」は同じく南部に位置する。斉の西の国境をいうのだろう。　○姑尤　ともに当時の斉国の東部を流れていた川の名。合流して大沽河と名を変えて現在の膠州湾に注いでいた。斉の東の国境をいうのだろう。

○善解余惑　『校注』は元刻に従い「善解予惑」に作る。本章前文にも「予」の字が見える。「余」も「予」も一人称の語で、意味は同じ。

○不得命　「命」は景公の許諾を意味する。晏子が辞退したことを景公が許諾しなかったのである。　○受　景公の命令を受け入れたことを指す。つまり、国政のすべてを担当するようにとの景公の命令を晏子は受け入れたのである。　○相退　晏子ら三人が景公のもとを退出したこと。　○把政　斉国の政務をすべて担当すること。　○改月　翌月。　○悛　孫星衍は『説文』に「悛とは止なり」とあるという。呉則虞は、今の「痊」に同じで癒えるの意であると言う。今、呉説に従い訳す。　○孤・穀　ともに地名。「孤」は山東省西部、「穀」は山東省南部に位置する。　○共宗廟之鮮　「共」は「供」に同じで、供えること、「鮮」は宗廟に供える新鮮な鳥獣の肉。　○州款　地名であろう。未詳。　○其宗廟之養鮮也　狩でしとめた鳥獣の新鮮な肉を宗廟に供えること。孫星衍は、『左伝』隠公五年の「鳥獣の肉、俎に登せず」を根拠に、こうした礼は常礼ではないので、晏子はこれを管子の一悪と見なし、管子のようにすることを辞退したのであると解する。ややうがった解釈であるが、一応この説を採って訳出しておく。晏子が常礼でないだけで悪と決めつけるのは些か厳格に過ぎるようであるが、先例にのっとって賞を与えようとする景公の言を角が立たぬよう辞退したのであろう。なお于省吾は、「養鮮」では意味をなさないので、「養」を古文では形が近いため譌りやすかった「羞」（進めるの意）に改めるべきだという。ただ、「養」にも供える、奉るの意があるので原文のままでも、于説のように解せる。また呉則虞は、「其宗廟之羞鮮也」の七字は

上文の「邑孤与穀、以共宗廟之鮮」に対する後人の注文が紛れ込んだために意味をなさないのだろうとする。

口語訳　第十二章　景公は病気が久しく治らないために祝史を誅して鬼神に謝罪しようとしたので晏子が諫めたこと

景公は皮膚が痒くなる病になり、しかも瘧《おこり》にかかって、一年経っても良くならなかった。会譴・梁丘據・晏子らを召し出して言った、「寡人の病が重いので、史官の固と祝官の佗の二人に山川宗廟を巡らせて、供える犠牲や圭璧がすべて整うようにし、その数も常に先君桓公より多くしてきた。桓公が一度なさったことであれば寡人は二度した。（ところが）病気は一向癒えないどころか、ますますひどくなるばかり。余はあの二人を殺して上帝に申し開きしたいと思うが、よかろうか」と。会譴・梁丘據は、「よろしいでしょう」と言ったが、晏子は答えなかった。公が言った、「晏子はどうか」と。晏子が、「主君は祈ることは益が有ると思われますか」と言うと、公は、「そう思う」と言った。晏子は冠を脱いで言った、「もし（祈りに）益する力があるのならば、呪いにもまた損する力があるはずでしょう。ご主君が輔弼の臣を疏んじ遠ざけられるならば、忠臣たちは口が塞がれて、諫言も出なくなりましょう。臣《わたくし》はこのように聞いております、近臣が黙して語らず、遠臣も沈黙したら、衆人のさがない口は金（かね）をも溶かすほど、と。いま聊・摂より以東、姑・尤以西の地では、そこに住む民が多く、人々は（ご主君の政治を）咎め怨み悪口を言って、ご主君のことを上帝に向かって呪う者も多いのです。国中が呪っているのに、（たった）あの二人が祈っているだけでは、どんなにうまく祈ったとしても（呪いに）勝つことはできないでしょう。そのうえそもそも祈りの時、本当のことを直言すれば、わが君を誹ることになり、過ちを隠せば、上帝を欺くことになります。上帝に人知を超えた力があるならば欺くことなどできませんし、上帝にそうした力がなければ、祈ったところで益はないでしょう。どうかご主君このことをよくよくお考え下さい。そうせぬままに、罪無き者を処刑したのが、夏・商の滅亡した原因なのですから」と。公は言う、「よくぞ余の惑いを解いてくれた。冠をつけよ」と。（こうして）会譴には斉国の政事を治めさせず、梁丘據には賓客の事を治めさせず、（これらの職務を）すべて晏子に委ねようとした。晏子は辞退したが、許されなかったので、引き受け、一同（景公の前を）退き、（晏子は）政務（のすべて）を取りしきることとなった。

翌月には主君の病が癒えた。公は言った、「昔わが先君の桓公は、管子の功績を認めて、孤と穀の地を領地として与え、それによって（国が豊かになり）宗廟に新鮮な肉が供えられるようにした。先君が忠臣（管仲）に下賜したのは、彼の忠臣ぶりを多としたからである。そなたは今の（余の）忠臣である。寡人は汝に州款の地を下賜しようと思う」と。（晏子は）辞退して言った、「管子にはひとつの美点がありましたが、嬰《わたくし》は（それに）及びません。（管子には）ひとつの悪行がありましたが、つまりその宗廟で（非礼をも顧みず）鳥獣の新鮮な肉を進めたことでございますが、嬰は（管仲のように）このようなことを為すには忍びません」と。とうとう最後まで辞退して受けなかった。

余説　景公は、晏子と自分との関係を管子と桓公との関係になぞらえている。しかし晏子の管子に対する評価はあくまでも客観的で冷静であって、自らを管子にあやかろうとする意図はないようにみえる。

本章を通してわかることが二点ある。ひとつは、病を鬼神の怒りによるものとし、これに祈りを捧げることで病が癒えると考えたこと。ふたつは、そうした祈りが効果を示さない場合、それを司る史官や祝官が責任を問われ処刑されることがあったこと。こうした観念は景公に特有だったわけではなく、むしろ当時一般的な通念であったろう。ところが晏子はこうした通念を真っ向からしかも極めて合理的に批判する。本章はそうした合理精神に溢れる晏子の魅力を十分に引き出しているといえよう。

本章と類似の説話が、外篇上第七章及び『左伝』昭公二十年にも見える。以下に、『左伝』の該当部分を引いておこう（四部叢刊本による）。

斉侯疥、遂痁。期而不瘳。諸侯之賓問疾者多在。梁丘據与裔款言於公曰、「吾事鬼神豊、於先君有加矣。今君疾病為諸侯憂、是祝史之罪也。諸侯不知、其謂我不敬。君盍誅於祝固・史嚚以辞賓。」公説、告晏子。晏子曰、「日宋之盟、屈建問范会之徳於趙武、趙武曰、夫子之家事治。言於晋国、竭情無私、其祝史祭祀、陳信不愧、其家事無猜、其祝史不祈。建以語康王。康王曰、神人無怨。宜夫子之光輔五君、以為諸侯主也。」公曰、「據与款謂寡人能事鬼神。故欲誅於祝史。子称是語何故。」対曰、「若有徳之君、外内不廃、上下無怨、動無違事、其祝史薦信、無愧心矣。是以鬼神用饗、国受其福、祝史与焉。其所以蕃祉老寿者、為信君使也、其言忠信於鬼神。其適遇淫君、外内頗邪、上下怨疾、動作辟違、従欲厭私、高台深池、撞鐘舞女、斬刈民力、輸掠其聚、以成其違、不恤後人、暴虐淫従、肆行非度、無所還忌、不思謗讟、不憚鬼神、神怒民痛、無悛於心。其祝史薦信、是言罪也。其蓋失数美、是矯誣也。進退無辞、則虚以求媚。是以鬼神不饗、其国以禍之、祝史与焉。所以夭昏孤疾者、為暴君使也、其言僭嫚於鬼神。」公曰、「然則若之何。」対曰、「不可為也。山林之木、衡鹿守之、沢之萑蒲、舟鮫守之、藪之新蒸、虞侯守之、海之鹽蜃、祈望守之。県鄙之人、入従其政、偪介之関、

暴征其私、承嗣大夫、強易其賄、布常無藝、徵斂無度、宮室日更、淫楽不違、内寵之妾、肆奪於市、外寵之臣、僭令於鄙、私欲養求、不給則応。民人苦病、夫婦皆詛。祝有益也、詛亦有損。聊摂以東、姑尤以西、其為人也多矣。雖其善祝、豈能勝億兆人之詛。君若欲誅於祝史、修徳而後可。」公説。使有司寛政、毀関去禁、薄斂已責。

（斉侯疥（かい）し、遂に痁（せん）す。期にして瘳（い）えず。諸侯の賓（ひん）疾（やまひ）を問ふ者多く在り。梁丘據と裔款と公に言ひて曰く、「吾れ鬼神に事（つか）ふること豊かに、先君よりも加ふること有り。今君疾（やまひ）病（へい）にして諸侯の憂（うれ）ひと為るは、是れ祝史の罪なり。諸侯知らずして、其れ我を不敬なりと謂はん。君盍（なん）ぞ祝固・史嚚（しぎん）を誅して以て賓に辞せざる」と。公説びて、晏子に告ぐ。晏子曰く、「日（さき）に宋の盟（ちかひ）に、屈建、范会の徳を趙武に問ふに、趙武曰く、夫子の家事治まる。晋国に言ふや、情を竭（つ）くして私無く、其の祝史の祭祀するや、信を陳（の）べて愧（は）ぢず、其の家事猜（うたが）ひ無く、其の祝史祈らず、と。建以て康王に語ぐ。康王曰く、神人怨（うらみ）無し。宜（むべ）なり夫子の五君を光輔して、以て諸侯の主と為すや、と」と。公曰く、「據と款と、寡人を能く鬼神に事ふと謂ふ。故に祝史を誅せんと欲す。子（し）是の語を称するは何の故ぞ」と。対へて曰く、「有徳の君のごときは、外内廃せず、上下怨無く、動きて事に違ふこと無く、其の祝史信を薦（の）べて、愧心（きしん）無し。是を以て鬼神用（も）つて饗（う）け、国其の福を受け、祝史焉（これ）に与（あづか）る。其の蕃祉老寿（ばんしろうじゆ＝多福長寿）なる所以の者は、信君の使ひと為るや、其れ忠信を鬼神に言へばなり。其の適々（たまたま）淫君に遇へば、外内頗邪（はじや）に、上下怨疾（あんしつ）し、動作辟違（へきゐ＝道理に外れる）し、欲を従（ほしいまま）にして私に厭き、台を高くし池を深くし、鐘を撞（つ）き女を舞はせ、民力を斬刈（ざんかい＝そぎとる）し、其の聚（しゆう＝蓄え）を輸掠（ゆりやく＝奪い取る）して、以て其の違（たが）へることを成し、後人を恤（うれ）へず、暴虐淫従にして、肆（ほしひまま）に非度を行ひ、還忌（くわんき＝遠慮する）する所無く、謗讟（ばうとく＝謗り）を思はず、鬼神を憚からず、神怒り民痛めども、心に悛（あらた）むること無し。其の祝史信を薦（の）ぶれば、是れ罪を言ふなり。其の失を蓋ひ美を数ふれば、是れ矯（いつは）り誣（し）ふるなり。進退辞無ければ、則ち虚にして以て媚（こび）を求むるなり。是を以て鬼神饗けず、其の国以て之に禍（わざはひ）せられ、祝史焉に与（あづか）る。夭昏（えうこん＝早死に）孤疾（こしつ＝身寄りがなくなったり病気になる）する所以の者は、暴君の使ひと為るや、其れ僭嫚（せんまん＝不遜でたらめ）を鬼神に言へばなり」と。公曰く、「然らば則ち之を若何せん」と。対へて曰く、「為すべからざるなり。山林の木は、衡鹿（かうろく＝山林の役人）之を守り、沢の萑蒲（くわんぽ＝ちがや）は、舟鮫（しうかう＝船舶の役人）之を守り、藪（そう）の新蒸（しんじよう＝たきぎ）は、虞候（ぐこう＝藪や狩場の番人）之を守り、海の鹽蜃（えんしん＝塩と貝）は、祈望（きばう＝海を監視する役人）之を守る。県鄙（けんぴ＝地方）の人、入りて其の政に従ひ、偪介（ひよくかい＝国都に近い）の関（くわん）は、其の私を暴征（ばうせい＝重税を課す）し、承嗣大夫（しようしたいふ＝世襲の大夫）は、強ひて其の賄（くわい）を易（か）へ、常（つね＝法令）を布（し）くこと藝（のり）無く、徴斂（ちようれん＝取り立て）度無く、

宮室日に更（あらた）め、淫楽（いんらく）違（さ）らず、内寵の妾は、肆に市（し）に奪ひ、外寵の臣は、僭（いつは）りて鄙に令し、私欲を養ひ求め、給せざれば則ち応ず。民人苦病（くへい）し、夫婦皆詛（のろ）ふ。祝すること益有れば、詛ふも亦損有り。聊・摂より以東、姑・尤より以西、其の人為ること多し。其れ善く祝すると雖も、豈に能く億兆人の詛ひに勝たんや。君若し祝史を誅せんと欲すれば、徳を修めて而る後に可ならん。」と。公説ぶ。有司をして政を寛（ゆる）くし、関を毀（こぼ）ち禁を去り、斂を薄くし責（さい）を已（や）めしむ。）

景公怒二封人之祝不遜一晏子諫　第十三

景公游二于麥丘一、問二其封人一曰、「年幾何矣。」對曰、「鄙人之年八十五矣。」公曰、「壽哉。子其祝レ我。」封人曰、「使下君之年長二于胡一、宜中國家上。」公曰、「善哉。子其復レ之。」*曰、「使二君之嗣、壽皆若二鄙人之年一。」公曰、「善哉。子其復レ之。」封人曰、「使三君無レ得二罪于民一。」公曰、「誠有三鄙民得二罪于君一則可、安有下君得二罪于民一者上乎。」晏子諫曰、「君過矣。彼疏者有レ罪、戚者治レ之、賤者有レ罪、貴者治レ之。君得二罪于民一、誰將治レ之。敢問、桀紂、君誅乎、民誅乎。」公曰、「寡人固也。」於レ是賜二封人麥丘一以爲レ邑。

景公《けいこう》封人《ほうじん》の祝《しゅく》の不遜《ふそん》なるを怒《いか》り晏子《あんし》諫《いさ》む　第十三

景公麥丘《けいこうばくきう》に游《あそ》び、其《そ》の封人《ほうじん》に問《と》ひて曰《いは》く、「年幾何《としいくばく》ぞ」と。對《こた》へて曰《いは》く、「鄙人《ひじん》の年《とし》八十五なり」と。公曰《こういは》く、「壽《じゆ》なるかな。子其《しそ》れ我《われ》を祝《しゆく》せよ」と。封人曰《ほうじんいは》く、「君《きみ》の年《とし》をして胡《こ》より長《なが》く、國家《こつか》に宜《よろ》しからしめよ」と。公曰《こういは》く、「善《よ》いかな。子其《しそ》れ之《これ》を復《ま》たせよ」と。曰《いは》く、「君《きみ》の嗣《し》をして、壽《じゆ》なること皆鄙《みなひ》人《じん》の年《とし》のごとくならしめよ」と。公曰《こういは》く、「善《よ》いかな。子其《しそ》れ之《これ》を復《ま》たせよ」と。封人曰《ほうじんいは》く、「君《きみ》をして罪《つみ》を民《たみ》に得《う》ること無《な》からしめよ」と。公曰《こういは》く、「誠《まこと》に鄙《ひ》民《みん》の罪《つみ》を君《きみ》に得《う》ること有《あ》るは則《すなは》ち可《か》ならんも、安《いづ》くんぞ君《きみ》の罪《つみ》を民《たみ》に得《う》る者有《ものあ》らんや」と。晏子《あんし》諫《いさ》めて曰《いは》く、「君過《きみあやま》てり。彼《か》の疏《そ》なる者罪有《ものつみあ》れば、戚《せき》なる者之《ものこれ》を治《をさ》め、賤《せん》なる者罪有《ものつみあ》れば、貴《き》なる者之《ものこれ》を治《をさ》む。君罪《きみつみ》を民《たみ》に得《え》ば、誰《たれ》か將《は》た之《これ》を治《をさ》めん。敢《あ》へて問《と》ふ、桀紂《けつちう》は、君誅《きみちゆう》するか、民誅《たみちゆう》するか」と。公曰《こういは》く、「寡人固《くわじんこ》なり」と。是《ここ》に於《お》いて封人《ほうじん》に麥丘《ばくきう》を賜《たま》ひて以《もつ》て邑《いふ》と爲《な》さしむ。

校訂　＊曰、…寿皆若鄙人之年　底本は「曰、…寿皆若鄙臣之年」。王念孫の、前後の文中に「封人」・「鄙人」などの語が見えていることからして「鄙臣」は「鄙人」の誤りであろうとする説に従い改めた。またさらに王念孫は、「曰」の上に「封人」の二字を補うべきこともいう。『校注』は王説に従い「封人」を補っているが、今は底本のままとする。

語釈　○封人　国境を守る役人。劉師培は、『韓詩外伝』巻十所載の類似説話では「邦人」、『新序』雑事第四篇では「邑人」となっていること（余説参照）を指摘し、「封」は「邦」の誤りであり、「封人」とは即ち「邑人」（＝村人）のことであるという。呉則虞は劉説に賛成した上で、「邦」が「封」に改められたのは、『荘子』天地篇の華の封人が堯を言祝いだ説話に拠っているからだという。今、「封人」として国境役人の意に解しておく。　○麦丘　今の山東省西北部の商河県のあたり。　○胡　孫星衍は、「胡」とは長生きの意であるという。兪樾は、周の懿王・孝王・夷王の三代にわたって斉を治めた胡公であろうと言う。今、兪説に従っておく。　○誠有鄙民　陶鴻慶は「誠に鄙なること有り」（本当にお前は道理もわからぬ田舎者だ）と読むべきことを言う。呉則虞は、これに反対して、「鄙」字は衍字として削り、さらに『韓詩外伝』にならって「封人曰、使君無得罪于民。」の後に「使民無得罪于君」の一句を補って景公の言葉と対応させるべきであると言う。『校注』は「鄙」字を削るが、今は底本のままにしておく。　○疏者・戚者　「疏」は遠縁の親族のこと、「戚」は近縁の親族のことで、「疏」と「戚」は「親」・「疎」と同様の一対の語。　○固　固陋、頑固で見識が狭いこと。『群書治要』は「過」に作る。

口語訳　第十三章　景公が国境役人の祈り方が不遜だと怒ったので晏子が諌めたこと

景公が麦丘に遊んだとき、その地の国境役人に尋ねて言った、「年はいくつか」と。お答えして「やつがれは八十五になります」と言った。公が、「長寿なことだ。そなたひとつ余を言祝《ことほ》いでくれまいか」と言った。国境役人は、「ご主君がかの胡公よりも長生きされて、国家に幸あらんことを」と言った。公は、「めでたいことだ。もう一度言祝いではくれまいか」と言った。（役人は）「ご主君のお世継ぎが皆このやつがれほどに長生きなさいますように」と言った。公は、「めでたいことだ。そなたもう一度言祝いでくれまいか」と言った。そこで国境役人は、「ご主君が民に罪を犯すことがありませんように」と言った。公が、「実際民が君主に対して罪を犯すことはあるにしても、どうして君主が民に罪を犯すなどということがあろうか（それではあべこべではないか）」と言った。晏子が諌めて、「ご主君は間違っておられます。かの遠い親戚が罪を犯せば（こちらの）近い親戚がそれを正し、卑賤な者が罪を犯せば尊貴な者が正すことでしょう、（け

れども）ご主君が民に対して罪を犯されたら、いったい誰がこれを正してさしあげるのでしょうか。恐れながらうかがいますが、桀紂は、主君が誅殺したのでしょうか、民が誅殺したのでしょうか」と言った。公は、「寡人は見識が狭かった」と言った。こうしてかの国境役人に麦丘の地を下賜して領地とさせた。

余説　これと類似の説話が『韓詩外伝』巻十及び『新序』雑事第四篇に見える。そこでは斉の桓公と邦人（＝封人）との対話になっている、また本章では晏子の言葉に相当する部分も一貫して村人が語ったことになっている。以下に引用しておく（いずれも四部叢刊本による）。

斉桓公逐白鹿至麦丘之邦、遇人曰、「何謂者也。」対曰、「臣麦丘之邦人。」桓公曰、「叟年幾何。」対曰、「臣年八十有三矣。」桓公曰、「美哉。」与之飲曰、「叟盍為寡人寿也。」対曰、「野人不知為君王之寿。」桓公曰、「盍以叟之寿祝寡人矣。」邦人奉觴再拝曰、「使吾君固寿、金玉之賤、人民是宝。」桓公曰、「善哉、祝乎。寡人聞之矣、至徳不孤、善言必再。叟盍優之。」邦人奉觴再拝曰、「使吾君好学士而不悪問、賢者在側、諫者得入。」桓公曰、「善哉、祝乎。寡人聞之、至徳不孤、善言必三。叟盍優之。」邦人奉觴再拝曰、「無使群臣百姓得罪於吾君、無使吾君得罪於群臣百姓。」桓公不説曰、「此言者非夫前二言之祝。叟其革之矣。」邦人潸然而涕下曰、「願君熟思之。此一言者、夫前二言之上也。臣聞、子得罪於父、可因姑姉妹謝也。父乃赦之。臣得罪於君、可使左右謝也。君乃赦之。昔者桀得罪於臣也、至今未有為謝也。」桓公曰、「善哉。寡人頼宗廟之福・社稷之霊。使寡人遇叟。」於此扶而載之、自御以帰、薦之於廟而断政焉。桓公之所以九合諸侯一匡天下不以兵車者、非独管仲也。亦遇之。於是詩曰、「済済多士、文王以寧。」

（斉の桓公白鹿を逐ひ麦丘の邦に至り、人に遇ひて曰く、「何を謂ふ者なるや」と。対へて曰く、「臣は麦丘の邦人なり」と。桓公曰く、「叟（おきな）の年幾何ぞ」と。対へて曰く、「臣の年八十有三なり」と。桓公曰く、「美なるかな」と。之と飲みて曰く、「叟盍（なん）ぞ寡人の為めに寿せざる」と。対へて曰く、「野人、君王の寿を為すを知らず」と。桓公曰く、「盍ぞ叟の寿を以て寡人を祝せざるや」と。邦人觴（さかづき）奉（たてまつ）り再拝して曰く、「吾が君をして寿（いのち）を固くし、金玉を之賤しめ、人民を是れ宝とせしめよ」と。桓公曰く、「善いかな、祝するや。寡人之を聞く、至徳は孤ならず、善言は必ず再びす、と。叟盍ぞ之を優（ほお）くせざる」と。邦人觴を奉り再拝して曰く、「吾が君をして学士を好みて問ふを悪まざらしめ、賢者をして側らに在り、諫者をして入るを得しめよ」と。桓公曰く、「善いかな、祝するや。寡人之を聞く、至徳は孤ならず、善言は必ず三たびす、と。叟盍ぞ之を優くせざる」と。邦人觴を奉り再拝して曰く、「群臣百姓をして罪を吾が君に得しむる無かれ、吾が君をして罪を群臣百姓に得しむる無かれ」と。桓公説ばずして曰く、「此の言は夫の前の二言の祝に非ず。叟其れ之を革（あらた）めよ」と。邦人潸然（さんぜん＝さめざめと泣く）として涕下りて

曰く、「願はくは君之を熟思せよ。此の一言は、夫の前の二言の上なり。臣聞く、子罪を父に得ば、姑姉妹に因りて謝すべきなり。父乃ち之を赦さん。臣罪を君に得ば、左右をして謝すべきなり。君乃ち之を赦さん。昔者桀罪を臣に得、今に至るまで未だ謝を為すこと有らざるなり」と。桓公曰く、「善いかな。寡人宗廟の福・社稷の霊を頼らん。寡人をして叟に遇はしめたり」と。此に於いて扶（たす）けて之を載（の）せ、自ら御して以て帰り、之を廟に薦めて政を断ぜしむ。桓公の諸侯を九合し天下を一匡するに兵車を以てせざる所以の者は、独り管仲に非ざるなり。亦た之に遇へばなり。是に於いて詩に曰く、「済済たる多士、文王以て寧し」と。）（『韓詩外伝』巻十）

斉桓公田至於麦丘、見麦丘邑人、問之、「子何為者也。」対曰、「麦丘邑人也。」公曰、「年幾何。」対曰、「八十有三矣。」公曰、「美哉、寿乎。子其以子寿祝寡人。」麦丘邑人曰、「祝主君。使主君甚寿金玉是賤人為宝。」桓公曰、「善哉。至徳不孤、善言必再。吾子其復之。」麦丘邑人曰、「祝主君。使主君無羞学無悪下問、賢者在傍、諫者得入。」桓公曰、「善哉。至徳不孤、善言必三。吾子一復之。」麦丘邑人曰、「祝主君。使主君無得罪於群臣百姓。」桓公怫然作色曰、「吾聞之、子得罪於父、臣得罪於君。未嘗聞君得罪於臣者也。此一言者非夫二言者之匹也。子更之。」麦丘邑人坐拝而起曰、「此一言者、夫二言之長也。子得罪於父、可以因姑姉叔父而解之。父能赦之。臣得罪於君、可以因便辟左右而謝之。君能赦之。昔桀得罪於湯、紂得罪於武王。此則君之得罪於其臣者也。莫為謝至今、不赦。」公曰、「善。頼国家之福・社稷之霊、使寡人得吾子。」於此扶而載之、自御以帰、礼之於朝、封之以麦丘、而断政焉。

（斉桓公田（かり）して麦丘に至り、麦丘の邑人を見、之に問ふ、「子（し）は何為る者ぞ」と。対へて曰く、「麦丘の邑人なり」と。公曰く、「年幾何ぞ」。対へて曰く、「八十有三なり」。公曰く、「美なるかな、寿なるかな。子其れ子の寿を以て寡人を祝せよ」と。麦丘の邑人曰く、「主君を祝さん。主君をして甚だ寿（いのちなが）く金玉を是れ賤しみ人を宝と為さしめよ」と。桓公曰く、「善いかな。至徳は孤ならず、善言は必ず再びす。吾子（ごし＝あなた）其れ之を復たせよ」と。麦丘の邑人曰く、「主君を祝さん。主君をして学ぶを羞づること無く下問するを悪むこと無からしめ、賢者をして傍らに在り、諫者をして入るを得しめよ」と。桓公曰く、「善いかな。至徳は孤ならず、善言は必ず三たびす。吾子一たび之を復せよ」と。麦丘の邑人曰く、「主君を祝さん。主君をして罪を群臣百姓に得ること無からしめよ」と。桓公怫然として色を作して曰く、「吾れ之を聞く、子は罪を父に得、臣は罪を君に得ると。未だ嘗て君罪を臣に得る者を聞かざるなり。此の一言は夫の二言の者の匹に非ざるなり。子之を更めよ」と。麦丘の邑人坐して拝し起ちて曰く、「此の一言は、夫の二言の長なり。子罪を父に得ば、以て姑姉叔父に因りて之を解くべし。父能く之を赦す。臣罪を君に得ば、以て便辟左右に因りて之を謝すべし。君能く之を赦す。昔桀罪を湯に得、紂罪を武王に得たり。此れ則ち君の罪を其の臣に得たる者なり。

謝を為す莫くして、今に至るまで赦されず」と。公曰く、「善し。頼《さひは》ひに国家の福・社稷の霊、寡人をして吾子を得しめたり」と。此に於て扶けて之を載せ、自ら御して以て帰り、之を朝に礼し、之を封ずるに麦丘を以てして、政を断ぜしむ。）

（『新序』雑事第四篇）

ここで問題になるのは、『晏子春秋』のこの説話と『韓詩外伝』・『新序』の同類説話との先後関係であろう。文章が簡潔かつ素朴にまとめられている点では晏子春秋の方である。『韓詩外伝』と『新序』では、ほとんど同工異曲、どちらかと言えば、説話としては『韓詩外伝』の方が整っている。いずれも説話としての完成度で優っている『韓詩外伝』・『新序』では老人が三度言祝いだうちの三度全てが桓公への政治上の訓戒になっているのに対し、『晏子春秋』では始めの二度は最後と全く内容が異なり、単なる景公への世辞に過ぎず、最後の言葉だけが戒めになっていて、しかも村人の言葉の真意を、晏子が村人に代わって解説しているあたりは、晏子が引き立つように意図的に演出されているようにみえる。とすれば、『晏子春秋』の作者が、桓公時の説話をつくりかえて晏子に仮託したのではないかとも思われる。しかし、この説話が本章成立より以前に存在していたことの証拠はない。他の二つの文献はともに漢代の編纂にかかるからである。

景公欲㆑使㆘楚巫致㆓五帝㆒以明㆖徳晏子諫　第十四

楚巫微道*㆓裔款㆒以見㆓景公㆒。侍坐三日、景公說㆑之。楚巫曰、「公、明神之主、帝王之君也。公卽位十有七年矣、事未㆓大濟㆒者、明神未㆑至也。請致㆓五帝㆒、以明㆓君德㆒。」景公再拜稽首。楚巫曰、「請巡㆓國郊㆒以觀㆓帝位㆒。」至㆓于牛山㆒而不㆓敢登㆒曰、「五帝之位、在㆓于國南㆒。請齋而後登㆑之。」公命㆓

景公《けいこう》楚《そ》の巫《ふ》をして五帝《ごてい》を致《いた》し以《もつ》て徳《とく》を明《あき》らかにせしめんと欲《ほつ》し晏子《あんし》諫《いさ》む　第十四

楚巫《そふ》の微《び》、裔款《えいくわん》に道《よ》りて以《もつ》て景公《けいこう》に見《まみ》ゆ。侍坐《じざ》すること三日《みつか》、景公之《けいこうこれ》を説《よろこ》ぶ。楚巫曰《そふいは》く、「公《こう》は、明神《めいしん》の主《しゆ》、帝王《ていわう》の君《きみ》なり。公卽位《こうそくい》して十有七年《じふいうしちねん》、事未《ことい》ま だ大《おほ》いに濟《な》らざるは、明神未《めいしんいま》だ至《いた》らざればなり。請《こ》ふ、五帝《ごてい》を致《いた》して以《もつ》て君《きみ》の徳《とく》を明《あき》らかにせん」と。景公再拜稽首《けいこうさいはいけいしゆ》す。楚巫曰《そふいは》く、「請《こ》ふ、國郊《こくかう》を巡《めぐ》りて以《もつ》て帝《てい》位《い》を觀《み》んと。」と。牛山《ぎうざん》に至《いた》りて敢《あ》へて登《のぼ》らずして曰《いは》く、「五帝《ごてい》の位《くらゐ》は、國《くに》の南《みなみ》に在《あ》り。請《こ》ふ、齋《さい》して後《のち》に之《これ》に登《のぼ》らん」と。公《こう》、

百官供二齋具于楚巫之所一、裔款視レ事。晏子聞レ之而見二于公一曰、「公令三楚巫齋二牛山一乎。」公曰、「然。致二五帝一以明二寡人之德一、神將レ降二福于寡人一。其有レ所レ濟乎。」晏子曰、「君之言過矣。古之王者、德厚足二以安一レ世、行廣足二以容一レ衆、諸侯戴レ之以爲二君長一、百姓歸レ之以爲二父母一。是故天地四時和而不レ失、星辰日月順而不レ亂、德厚行廣、配レ天象レ時、然後爲二帝王之君、明神之主一。古者不二慢レ行而繁一レ祭、不二輕レ身而恃一レ巫。今政亂而行僻、而求二五帝之明德一也、棄レ賢而用レ巫、而求二帝王之在一レ身也。夫民不二苟德一、福不二苟降一。君之帝王、不二亦難一乎。惜乎、君位之高、所レ論之卑也。」公曰、「裔款以二楚巫一命二寡人一曰、試嘗見而觀焉。寡人見而說レ之、信二其道一、行二其言一。今夫子譏レ之。請逐三楚巫而拘二裔款一。」晏子曰、「楚巫不レ可レ出。」公曰、「何故。」對曰、「楚巫出、諸侯必或レ受レ之。公信レ之以過二于內一、不レ知、出以易二諸侯于外一、不仁。請東二楚

百官《ひやくくわん》に命《めい》じて齋具《さいぐ》を楚巫《そふ》の所《ところ》に供《きよう》せしめ、裔款《えいくわん》事《こと》を視《み》る。晏子《あんし》之《これ》を聞《き》きて公《こう》に見《まみ》えて曰《いは》く、「公《こう》、楚巫《そふ》をして牛山《ぎうざん》に齋《さい》せしむるか」と。公曰《こういは》く、「然《しか》り。五帝《ごてい》を致《いた》して以《もつ》て寡人《くわじん》の德《とく》を明《あき》らかにせば、神《しん》、將《まさ》に福《ふく》を寡人《くわじん》に降《くだ》さんとす。其《そ》れ濟《な》る所《ところ》有《あ》らんか」と。晏子曰《あんしいは》く、「君《きみ》の言過《げんあやま》てり。古《いにしへ》の王者《わうは》、德厚《とくあつ》くして以《もつ》て世《よ》を安《やす》んずるに足《た》り、行《おこな》ひ廣《ひろ》くして以《もつ》て衆《しゆう》を容《い》るるに足《た》れば、諸侯之《しよこうこれ》を戴《いただ》きて以《もつ》て君長《くんちやう》と爲《な》し、百姓之《ひやくせいこれ》に歸《き》して以《もつ》て父母《ふぼ》と爲《な》す。是《こ》の故《ゆゑ》に天地四時《てんちしいじ》和《わ》して失《しつ》せず、星辰日月《せいしんじつげつ》順《じゆん》にして亂《みだ》れず、德厚《とくあつ》く行《おこな》ひ廣《ひろ》く、天《てん》に配《たぐ》ひ時《とき》に象《かた》どる、然《しか》る後《のち》に帝《てい》王《わう》の君《きみ》、明神《めいしん》の主《しゆ》と爲《な》る。古者《いにしへは》行《おこな》ひを慢《おろそ》かにして祭《まつり》を繁《しげ》くせず、身《み》を輕《かろ》んじて巫《ふ》を恃《たの》まず。今政《いませい》は亂《みだ》れ行《おこな》ひは僻《へき》し、而《しか》して五帝《ごてい》の明德《めいとく》を求《もと》め、賢《けん》を棄《す》て巫《ふ》を用《もち》ひ、而《しか》して帝王《ていわう》の身《み》に在《あ》るを求《もと》む。夫《そ》れ民《たみ》は苟《かりそ》めに德《とく》とせず、福《ふく》は苟《かりそ》めに降《くだ》らず。君《きみ》の帝《てい》王《わう》たらんこと、亦《ま》た難《かた》からずや。惜《を》しいかな、君《きみ》の位《くらゐ》の高《たか》くして、論《ろん》ずる所《ところ》の卑《ひく》きや」と。公曰《こういは》く、「裔款《えいくわん》、楚巫《そふ》を以《もつ》て寡人《くわじん》に命《めい》じて曰《いは》く、試嘗《こころみ》に見《み》て觀《かん》ぜよ、と。寡人見《くわじんみ》て之《これ》を說《よろこ》び、其《そ》の道《みち》を信《しん》じ、其《そ》の言《げん》を行《おこな》ふ。今夫子《いまふうし》之《これ》を譏《そし》る。請《こ》ふ、楚巫《そふ》を逐《お》いて裔款《えいくわん》を拘《とら》へん」と。晏子曰《あんしいは》く、「楚巫《そふ》は出《いだ》すべからず」と。公曰《こういは》く、「何《なに》の故《ゆゑ》ぞ」と。對《こた》へて曰《いは》く、「楚巫《そふ》出《い》でば、諸侯必《しよこうかなら》ず之《これ》を受《う》くるもの或《あ》らん。公之《こうこれ》を信《しん》じて以《もつ》て內《うち》に過《あやま》つは、不知《ふち》な

巫而拘裔款。」公曰、「諾。」故*送楚巫于東、而拘裔款于國也。

るも、出《いだ》して以《もっ》て諸侯《しょこう》を外《そと》に易《あなど》るは、不仁《ふじん》なり。請《こ》ふ、楚巫《そふ》を東《ひがし》せしめて裔款《えいくわん》を拘《とら》へん」と。公曰《こういは》く、「諾《だく》」と。故《ゆゑ》に楚巫《そふ》を東《ひがし》に送《おく》り而《しかう》して裔款《えいくわん》を國《くに》に拘《とら》ふ。

校訂　＊道裔款　底本は「導裔款」。孫星衍は、「導」は引くの意であるとしているが、王念孫の、孫説を非として、もと「道」（＝由る）に作ったとする説に従い改めた。『校注』は、王説に従い改めている。

十有七年　底本は「有七年」。王念孫説に従い「十」字を加えた。

＊故送楚巫于東　底本は「故曰送楚巫于東」。盧文弨は「曰」字は衍字であるといい、陶鴻慶・劉師培は「曰」を「因」字の誤りであるといい、張純一はもと「即」に作っていたのではないかといい、呉則虞は「因」字が訛ったという。今、盧説に従い削除した。

語釈　○楚巫微　孫星衍・王念孫は「微」を巫の名とするが、呉則虞は、「媺」の譌りであったろうという。「媺」は美人の意。景公が気に入ったのは巫が美人だったからだというのである。　○裔款　景公に仕えていた佞臣。第十二章余説に引く『左伝』昭公二十年に見える。　○明神之主　「明神」とは明らかな神、すなわち霊験あらたかな神のこと。『周礼』の鄭玄注に「明神とは神の明察なる者、日月山川を謂ふ」とある。「主」とはその祭祀を主宰する立場にあることをいう。楚の巫が景公に最大級の世辞を言っているのである。次の「帝王の君」も同じ。　○済　成る、成し遂げるの意。　○五帝　東・西・南・北・中央の五方の帝をいう。　○再拝稽首　「再拝」は二度おじぎをすること。「稽首」は座って頭を地面にしばらくすりつける礼。最も重い敬礼のひとつ。　○国郊以観帝位　「国郊」とは国都の郊外で、そこには祭祀を行う場所があった。「帝位」は帝を祭る場所、祭壇。　○牛山　斉の国都臨淄の南にある低山。　○斎　神事を行う前の斎戒。　○視　司る、処理するの意。　○配天象時　「配」は並ぶ、「配天」とはその徳が広大無辺な天と並ぶほど偉大であること。「象」はかたどる、たぐえるで、意味は「配」に似る。「時」は四時、四季の意。「象時」とはその徳が永遠不滅の四時のように偉大であること。　○惜乎　『校注』は「惜夫」に作る。意味は変わらない。　○試嘗　劉師培は、「嘗」は即ち「試」であり、意味は全く同じであるから「試」字を削除すべきという。これに対し劉如瑛は「試嘗」の二字が熟語として使われていたことを『管子』『荘子』『史記』などから例文をあげて実証して反論する。王叔岷も同じく劉師培説を非としている。今、原文のままとする。　○不仁　景公が追放した結果、他国の諸侯が楚巫に惑わされる結果になれば、間接的に景公が加担したこととなる。これが諸侯を侮辱する（「易《あなど》る」）という意味であり、これこそが諸侯への思いやりを欠いた振る舞い、すなわち「不仁」ということになる

のである。

口語訳　第十四章　景公が楚の巫に五帝を呼び出して自分の徳を明らかにさせようとしたので晏子が諫めたこと

楚の巫の微が裔款を介して景公にお目見えした。（公の）傍らに侍ること三日、景公は彼女を気に入ってしまった。楚の巫が言った、「公は、明神の主、帝王の君であられます。ところが即位されて十七年になるのに、いまだに大事業が成し遂げられずにいるのは、神々が（主君のもとに）おいでにならないからであります。五帝を呼び出されて、君主としての徳を明らかになさいますよう」と。景公は（これを聞いてすっかり有頂天になり丁重に）再拝稽首した。楚の巫が言った、「どうか国都の郊外を巡行して帝を祭るべき祭壇をご覧になりますよう」と。（そして巫は、郊外に出向き、まず都の南郊外にある）牛山に着いたがすぐには登ろうとはせずに、「五帝の祭壇の位置は、国都の南にありますので、どうか斎戒の後に登らせてくださいますよう」と言った。公は百官に命じて斎戒のための支度を楚の巫の所に準備させ、裔款がその事をとりしきった。

晏子がこのことを聞きつけて公にお目見えして言った、「公は楚の巫を牛山で斎戒させるおつもりですか」と。公が言う、「その通りだ。五帝を呼び出して、寡人の徳を明らかにすれば、神々が寡人に幸いを授けてくれるだろうということだ。そうすれば（わが大事業も）成し遂げられよう」と。晏子が言う、「ご主君のお言葉は間違っておいでです。古の王者は、徳が厚くそれで十分世を安定させることができ、行いが包容力があってそれで人々を包み込むことができたからこそ、諸侯は推し戴いて（自分たちの）指導者とし、人々も彼に帰順して父母とみなしたのです。このように天地（の変化）や四季（の循環）は調和して狂わず、星座や日月（の運行）は順序正しく乱れず、徳は厚く行いは包容力があり、天（の広大無辺な偉大さ）に並び時（の永遠不滅の偉大さ）とひとつになってこそ、帝王の君とも明神の主ともなるのです。昔は、行いをおろそかにしておいて祭りは度々するというようなことがなく、自身は軽率にふるまっておいて巫を当てにするというようなこともなかったのです。今、政治は乱れ、行いは公正さを欠いているのに、五帝の明徳を求め、賢者を棄てて巫を登用しながら、帝王の栄光がわが身に宿ることを求めておいでです。（このようなことではいけません。）そもそも民

は（ご主君の恩徳を）いい加減なことでは有り難いと感じませんし、幸いはいい加減なことでは授かりません。（そのような）ご主君が帝王になろうなどとは、何と難しいことでしょう。残念なことです。ご主君は高い地位にありながら、おっしゃることは程度が低いのですから」と。公が言う、「裔款が楚の巫を連れてきて寡人に、試しにお会いになって（占いぶりを）ご覧になってはいかがか、と言ったのだ。寡人はあの者に会うや気に入ってしまい、あの者の言うやり方を信用し、その言うとおりに実行したのだ。ところが今、先生はこれを批判なされた。楚の巫を追い払って裔款を捕らえてもらいたい」と。晏子が言う、「楚の巫は国外に出してはなりません」と。公が、「なぜだ」と言うと、（晏子は）お答えして、「楚の巫が（国外に）出ていけば、諸侯で受け入れる者が必ずいることでしょう。公があの者を信用して国内で誤っただけなら、知らなかったで済みますが、（国外に）出して他国の諸侯を（惑わし）侮辱する結果になったのでは、仁に欠けたふるまいとなりましょう。どうか楚の巫を東に追放して裔款をお捕らえになりますよう」と言った。公は、「承知した」と言った。こうして楚の巫を東（の僻地に）に流して、裔款を国都で拘束した。

余説　第十二章にも見られたように景公は鬼神信仰に傾倒していた。本章では楚巫が登場する。景公にとって楚の巫は珍しくもあり興味深い存在でもあったのだろう。すっかりその言いなりになってしまうのである。楚が鬼神信仰（シャーマニズム）の伝統が根強い地域であることを思えば、本章は楚文化の反映としてみることができる。一般に、女性のシャーマンが巫《ふ》といわれ、男性のシャーマンが覡《げき》といわれることからしても、本章に登場する巫が女性であったと思われる。特に呉則虞は、「楚巫」が美人であったために景公はすっかり気に入り（「之を説ぶ」）その言いなりになってしまったために本章にみられるような事態が起きたのだと解釈する。

ところで一般に、巫は祝（神を祭る）・卜（うらない）・医・占夢（夢占い）・舞雩（雨乞いの舞）の五種類の職種を兼ねていたと言われる。ここではそのうちの祝を行おうとしたのであろう。それに対して注目されるのが、晏子の合理主義である。シャーマニズムと合理主義という異質な文化が当時拮抗しあいながらも共存していたことがわかる。そしてそれぞれを代表する二人が出会い、せめぎあったところで生まれたのが、この説話であったろう。その間に立たされて右往左往している景公は、神秘と非合理の世界観の間で揺れる当時の人々の意識形態をそのまま反映している典型例とも見ることができよう。

景公欲㆘祠㆓靈山河伯㆒以禱㆖雨晏子諫　第十五

齊大旱逾レ時。景公召㆓群臣㆒問曰、「天不レ雨久矣。民且レ有㆓饑色㆒。吾使㆓人卜㆒云、祟在㆓高山廣水㆒。寡人欲㆔少賦斂以祠㆓靈山㆒、可乎。」群臣莫レ對。晏子進曰、「不可。祠レ此無レ益也。夫靈山固以レ石爲レ身、以㆓草木㆒爲レ髮。天久不レ雨、髮將レ焦、身將レ熱。彼獨不レ欲レ雨乎。祠レ之無レ益。」公曰、「不レ然、吾欲レ祠㆓河伯㆒、可乎。」晏子曰、「不可。河伯以レ水爲レ國、以㆓魚鼈㆒爲レ民。天久不レ雨、*水泉將レ下、百川將レ竭、國將レ亡、民將レ滅矣。彼獨不レ欲レ雨乎。祠レ之何益。」景公曰、「今爲レ之奈何。」晏子曰、「君誠避㆓宮殿㆒暴露、與㆓靈山河伯㆒共レ憂、其幸而雨乎。」于レ是景公出レ野、居暴露三日、天果大雨、民盡得㆓種時㆒。景公曰、「善哉。晏子之言、可レ無レ用乎。其維有レ德。」

景公《けいこう》靈山河伯《れいざんかはく》を祠《まつ》りて以《もつ》て雨《あめ》を禱《いの》らんと欲《ほつ》し晏子《あんし》諫《いさ》む　第十五

齊《せい》大《おほ》いに旱《かん》して時《とき》を逾《こ》ゆ。景公《けいこう》群臣《ぐんしん》を召《め》し問《と》ひて曰《いは》く、「天《てん》雨《あめ》ふらざること久《ひさ》し。民《たみ》且《まさ》に饑色《きしよく》有《あ》らんとす。吾《われ》、人《ひと》をして卜《ぼく》せしむれば云《い》ふ、祟《たた》りは高山廣水《かうざんくわうすゐ》に在《あ》り、と。寡人《くわじん》少《すこ》しく賦斂《ふれん》し以《もつ》て靈山《れいざん》を祠《まつ》らんと欲《ほつ》す、可《か》ならんか」と。群臣《ぐんしん》對《こた》ふる莫《な》し。晏子《あんし》進《すす》みて曰《いは》く、「不可《ふか》なり。此《これ》を祠《まつ》るとも益無《えきな》からん。夫《そ》れ靈山《れいざん》は固《もと》より石《いし》を以《もつ》て身《み》と爲《な》し、草木《さうもく》を以《もつ》て髮《かみ》と爲《な》す。天久《てんひさ》しく雨《あめ》ふらざれば、髮將《かみまさ》に焦《こ》げんとし、身將《みまさ》に熱《ねつ》せんとす。彼獨《かれひと》り雨《あめ》を欲《ほつ》せざらんや。之《これ》を祠《まつ》るとも益無《えきな》からん」と。公曰《こういは》く、「然《しか》らざれば、吾《わ》れ河伯《かはく》を祠《まつ》らんと欲《ほつ》す、可《か》ならんか」と。晏子《あんし》曰《いは》く、「不可《ふか》なり。河伯《かはく》は水《みづ》を以《もつ》て國《くに》と爲《な》し、魚鼈《ぎよべつ》を以《もつ》て民《たみ》と爲《な》す。天久《てんひさ》しく雨《あめ》ふらざれば、水泉將《すゐせんまさ》に下《くだ》らんとし、百川將《ひやくせんまさ》に竭《つ》きんとし、國將《くにまさ》に亡《ほろ》びんとし、民將《たみまさ》に滅《ほろ》びんとす。彼獨《かれひと》り雨《あめ》を欲《ほつ》せざらんや。之《これ》を祠《まつ》るも何《なん》ぞ益《えき》あらん」と。景公曰《けいこういは》く、「今之《いまこれ》を爲《な》すこと奈何《いかん》」と。晏子曰《あんしいは》く、「君誠《きみまこと》に宮殿《きゆうでん》を避《さ》けて暴露《ばくろ》し、靈山河伯《れいざんかはく》と憂《うれ》ひを共《とも》にせば、其《そ》れ幸《さいは》ひにして雨《あめ》ふらんか」と。是《ここ》に于《お》いて景公野《けいこうや》に出《い》で、居《を》りて暴露《ばくろ》すること三日《みつか》、天果《てんはた》して大《おほ》いに雨《あめ》ふり、民盡《たみことごと》く種時《しゆじ》を得《え》たり。景公曰《けいこういは》く、

「善《よ》いかな。晏子《あんし》の言《げん》、用《もち》ふること無《な》かるべけんや。其《そ》れ維《こ》れ徳有《とくあ》り」と。

校訂　＊水泉将下、百川将竭　底本は「泉将下、百川竭」。盧文弨、張純一、呉則虞らの説に従い改めた。『御覧』巻八七九は「泉」の上に「水」、「川」の下に「将」があり、『説苑』弁物篇も「水泉将下、百川将竭」に作っているという。

語釈　○逾時　「逾」は過ぎるの意、雨が降らぬまま季節が移ってしまったことをいう。「時」は四時のうちの一時で三ヶ月に相当するから、日照りが少なくとも三ヶ月以上続いたことを意味する。　○饑色　『校注』は「飢色」に作る。張純一は、元刻本が「飢」に作っていることなどに基づき「飢」に作るべきという。厳密には「饑」は穀物が実らないこと、「飢」は食物が不足することであるが、多く通用しているので、今、原文のままとする。　○卜云　王念孫は、もと「卜之」に作っていたが、草書の誤りで「卜云」になったとし、『説苑』弁物篇などは正しく「卜之」に作っているから改めるべきであるというが、今、原文のままとする。　○賦斂　「賦」は税を取り立てること、「斂」は取り上げることで、民に税を割り当てて取り立てること。賦税。　○霊山　神霊の住む山で、具体的にどの山を指していたかは不明。上文「高山広水」の「高山」に対応する。　○祠之無益　王念孫はもと「何益」に作っていたのだろうという。そこで『校注』は「祠之何益」に改めている。反語表現になるだけで意味は変わらない。　○河伯　「河」は黄河、その黄河に住むという神をいう。上文「高山広水」の「広水」に対応する。なお『荘子』秋水篇にも「河伯」のことが見え、その河伯と北海若とのスケールの大きな問答はよく知られる。内篇諫下第二の第二十四章にも見える。　○魚鼈　「鼈」は「鼈」の俗字。淡水産の亀の一種。　○誠　仮設の辞、もしの意味がある。　○出野居暴露　王念孫は、「出野暴露」で一つの句と見なすべきこと、また『説苑』弁物篇・『初学記』巻二・『太平御覧』巻八七九などには皆「居」字がないことによって、「居」字を削除すべきことをいう。そこで『校注』は「出野暴露」に改めているが、今、原文のままとする。なお「暴露」は、ここでは日差しに身を曝すことと解しておく。君主自身が苦しみを味わうことでより強く天に訴えかけることができるというのであろう。ちなみに、中国には雨乞いの際に術者を裸にして縛り、日に曝すという風習もあったという。　○種時　孫星衍はこの「時」は「蒔」に同じで、種蒔きの意であるという。今、孫説に従い訳す。

口語訳　第十五章　景公が霊山・河伯を祠って雨請いをしようとしたので晏子が諫めたこと

斉が大干魃《かんばつ》になったまま（三ヶ月が過ぎ）季節が移ってしまった。景公が群臣を召し出して尋ねた、「雨が降らなくなって久しい。民はまもなく飢餓に苦しむことになろう。余がある者にこれを占わせてみたところ、祟りが高山大河にある

という。寡人は（民に）少しばかり税を課して霊山を祠ろうと思うが、よかろうか」と。群臣たちは誰も答えなかった。晏子が進み出て言った、「なりません。かようなものを祠《まつ》っても益はございません。いったい霊山はもともと（人にたとえれば）石が体であり、草木が髪の毛です。久しく雨がふらなければ、髪の毛は焦げ、体は熱くなることでしょう。かの霊山とて雨を望んでいないはずはありません。それを祠っても益はございません」と。公が、「それがだめなら、余は河伯を祠ろうと思うが、よかろうか」と言うと、晏子は言う、「なりません。河伯の神は河の水を国土とし、魚や亀を民としています。久しく雨がふらなければ、地下水は（水位が）下がり、（そそぎ込む）幾多の川も枯れてしまうでしょう、（さながら）国が亡び、民が滅びようとしているわけです。かの河伯とて雨を望んでいないはずはありません。（ですから）それを祠ったとしても何の益がありましょう」と。景公が、「（それなら）今どうしたらよいのだ」と言うと、晏子は言う、「主君がもし宮殿を立ち退かれて（野外で厳しい日差しに）身を曝しながら、霊山・河伯と共に干魃を憂うるならば、幸いに雨が降るかもしれません」と。そこで景公は野外に出かけて行き、日差しに身を曝して三日間過ごした、（すると）果して大雨が降り、民は皆種を蒔くことができた。景公は言った、「見事なものだ。晏子の言葉は、役に立たないことがあるだろうか。彼は誠に徳のある人物だ」と。

余説　日照りに悩む景公に示した晏子の対策は現代からすれば合理主義に徹しているとはいい難いが、やはり前章に引き続いて晏子なりの合理主義が強調されていて興味深い。

なお『説苑』弁物篇にこれとほぼ同文があるので以下に引いておこう。

斉大旱之時。景公召群臣問曰、「天不雨久矣。民且有饑色。吾使人卜之、祟在高山広水。寡人欲少賦斂以祠霊山、可乎。」群臣莫対。晏子進曰、「不可。祠此無益也。夫霊山固以石為身、以草木為髪。天久不雨、髪将焦、身将熱。彼独不欲雨乎。祠之無益。」景公曰、「不然、吾欲祠河伯、可乎。」晏子曰、「不可。祠此無益也。夫河伯以水為国、以魚鼈為民。天久不雨、水泉将下、百川将竭、国将亡、民将滅矣、彼独不用雨乎。祠之何益。」景公曰、「今為之奈何。」晏子曰、「君誠避宮殿暴露、与霊山河伯共憂、其幸而雨乎。」於是景公出野暴露三日、天果大雨、民尽得種樹。景公曰、「善哉。晏子之言、可無用乎。其維有徳也。」

（斉大いに旱するの時あり。景公群臣を召し問ひて曰く、「天雨ふらざること久し。民且に饑色有らんとす。吾、人をして之を卜せしむれば、祟りは高山広水に在り、と。寡人少しく賦斂し以て霊山を祠らんと欲す、可ならんか」と。群臣対ふる莫し。晏子進みて曰

く、「不可なり。此を祠（つま）るとも益無からん。夫れ霊山は固より石を以て身と為し、草木を以て髪と為す。天久しく雨ふらざれば、髪将に焦げんとし、身将に熱せんとす。彼独り雨を欲せざらんや。之を祠るとも益無からん」と。景公曰く、「然らざれば、吾れ河伯を祠らんと欲す、可ならんか」と。晏子曰く、「不可なり。此を祠るとも益無きなり。夫れ河伯は水を以て国と為し、魚鼈を以て民と為す。天久しく雨ふらざれば、水泉将に下らんとし、百川将に竭きんとし、国将に亡びんとし、民将に滅びんとす、彼独り雨を用ひざらんや。之を祠るも何ぞ益あらん」と。景公曰く、「今之を為すこと奈何」と。晏子曰く、「君誠に宮殿を避けて暴露し、霊山河伯と憂ひを共にせば、其れ幸ひにして雨ふらんか。」と。是に於て景公野に出で、居りて暴露すること三日、天果して大いに雨ふり、民尽く種樹を得たり。景公曰く、「善いかな。晏子の言、用ふること無かるべけんや。其れ維（こ）れ徳有り」と。）

景公貪二長有レ國之樂一晏子諫　第十六

*景公觀二于淄上一、與二晏子一閒立。公喟然歎曰、「嗚呼、使四國可三長保而傳二于子孫一、豈不レ樂哉。」晏子對曰、「嬰聞、明王不二徒立一、百姓不二虛至一。今君以レ政亂レ國、以レ行棄レ民久矣。而聲レ欲レ保レ之、不二亦難一乎。嬰聞レ之、能長保レ國者、能終レ善者也。諸侯竝立、能終レ善者爲レ長、列士竝學、能終レ善者爲レ師。昔先君桓公、其方任レ賢而贊レ德之時、亡國恃以存、危國仰以安。是以民樂二其政一、而世高二其德一。行レ遠征レ暴、勞者不レ疾、驅二海内一使レ朝二天子一、而諸侯不レ怨。當二是時一、盛君之行不レ能レ進焉。及二其卒一而衰、怠二于

景公《けいこう》長《なが》く國《くに》を有《たも》つの樂《たの》しみを貪《むさ》ぼり晏子《あんし》諫《いさ》む　第十六

景公淄上《けいこうしじやう》に觀《あそ》び、晏子《あんし》と閒《しばら》く立《た》つ。公喟然《こうきぜん》として歎《たん》じて曰《いは》く、「嗚呼《ああ》、國《くに》をして長《なが》く保《たも》ちて子孫《しそん》に傳《つた》ふべからしめば、豈《あ》に樂《たの》しからずや」と。晏子《あんし》對《こた》へて曰《いは》く、「嬰聞《えいき》く、明王《めいわう》は徒《いたづ》らに立《た》たず、百姓《ひやくせい》は虛《むな》しく至《いた》らず、と。今君《いまきみ》、政《せい》を以《もつ》て國《くに》を亂《みだ》し、行《おこな》ひを以《もつ》て民《たみ》を棄《す》つること久《ひさ》し。而《しか》るに之《これ》を保《たも》たんと欲《ほつ》すと聲《い》ふ、亦難《またかた》からずや。嬰之《えいこれ》を聞《き》く、能《よ》く長《なが》く國《くに》を保《たも》つ者《もの》は、能《よ》く善《ぜん》を終《をふ》る者《もの》なり、と。諸侯竝《しよこうなら》び立《た》ちて、能《よ》く善《ぜん》を終《をふ》る者《もの》は長《ちやう》と爲《な》り、列士《れつし》竝《なら》び學《まな》びて、能《よ》く善《ぜん》を終《をふ》る者《もの》は師《し》と爲《な》る。昔先君桓公《むかしせんくんくわんこう》、其《そ》の方《まさ》に賢《けん》に任《にん》じて德《とく》を贊《たす》くるの時《とき》、亡國《ばうこく》は恃《たの》みて以《もつ》て存《そん》し、危國《きこく》は仰《あふ》ぎて以《もつ》て安《やす》し。是《ここ》を以《もつ》て民《たみ》は其《そ》の政《せい》を樂《たの》しみて、世《よ》は其《そ》の德《とく》を高《たか》しとす。遠《とほ》きに行《ゆ》きて暴《ばう》を征《せい》し、勞《らう》する者疾《ものや》まず、海内《かいだい》を驅《か》りて天子《てんし》に朝《てう》せしめて、諸侯怨《しよこううら》みず。是《こ》の時《とき》に當《あた》りて、

徳而幷二于樂一、身溺二于婦侍一、而謀因二豎刁一。是以民苦二其政一、而世非二其行一。故身死二乎胡宮一而不レ擧、蟲出而不レ收。當二是時一也、桀紂之卒不レ能レ惡焉。詩曰、靡レ不レ有レ初、鮮二克有一レ終。不レ能レ終善者、不レ遂二其君一。今君臨レ民若二寇讐一、見レ善若レ避レ熱。亂レ政而危レ賢、必逆二于衆一。肆二欲于民一、而誅二虐于下一、恐及二于身一。嬰之年老、不レ能レ待二于君使一矣。行不レ能レ革、則持レ節以沒レ世耳。」

盛君《せいくん》の行《おこな》ひも焉《これ》より進《すす》むること能《あた》はず。其《そ》の卒《をは》りに及《およ》びて衰《おとろ》へ、徳《とく》を怠《おこた》りて樂《たの》しみに幷《あ》ひ、身《み》は婦侍《ふじ》に溺《おぼ》れて、謀《はかりごと》は豎刁《じゆてう》に因《よ》る。是《ここ》を以《もつ》て民《たみ》は其《そ》の政《せい》に苦《くる》しみて、世《よ》は其《そ》の行《おこな》ひを非《そし》る。故《ゆゑ》に身《み》は胡宮《こきゆう》に死《し》して擧《きよ》せず、蟲《むし》出でて收《をさ》められず。是《こ》の時《とき》に當《あた》りて、桀紂《けつちう》の卒《をは》りも焉《これ》より惡《あ》しきこと能《あた》はず。詩《し》に曰《いは》く、初《はじ》め有《あ》らざること靡《な》し、克《よ》く終《をは》り有《あ》ること鮮《すく》なし、と。善《ぜん》を終《をは》る能《あた》はざる者《もの》は、其《そ》の君《きみ》を遂《と》げず。今君《いまきみ》は民《たみ》に臨《のぞ》むこと寇讐《こうしふ》のごとく、善《ぜん》を見《み》ること熱《あつ》きを避《さ》くるがごとく、政《せい》を亂《みだ》して賢《けん》を危《あや》ふくすれば、必《かなら》ず衆《しゆう》に逆《さか》らはれん。欲《よく》を民《たみ》に肆《ほしいまま》にして、下《しも》を誅《ちゆう》虐《ぎやく》すれば、恐《おそ》らくは身《み》に及《およ》ばん。嬰《えい》の年老《としお》うるや、君《きみ》の使《つかひ》を待《ま》つこと能《あた》はず。行《おこな》ひ革《あらた》むること能《あた》はざれば、則《すなは》ち節《せつ》を持《ぢ》して以《もつ》て世《よ》を沒《をは》らんのみ」と。

校訂　＊景公観于淄上　底本は「景公將観于淄上」。王念孫の、下文の「間立」は淄上のことであるから、「将」字が不要であることは明らかであるとの説に従い改めた。

語釈　○観于淄上　「観」は「遊」に同じ、遊ぶの意。「淄」は斉の都臨淄の東を流れていた河の名。臨淄はこの河に面していたことからこう名づけられたのである。　○間　しばらくの意。　○喟然　「喟」はため息。ため息をつくさまをいう。　○声欲保之　王念孫は「声」は衍字であろうという。于省吾はこれに反論して「声」には言うの意味があることを指摘する。なお『校注』は王説に従い「声」字を削除している。今、于説に従う。　○終善　善行を最後まで全うすること。　○列士　多くの士、並みいる士。　○其方任賢而賛徳之時　『校注』は、蘇輿説に従い『群書治要』に拠って「其」字を削除している。　○賛徳　「賛」は助けるの意。有徳者を援助して引き立てること。　○当是時　『校注』は下文にも「当是時也」とあることに基づき「也」字を補っている。　○盛君之行不能進焉　「盛君」とは天下に盛名を馳せた名君。同篇第二十二章に、盛君として殷の湯王などの名が見える。桓公の覇者としての業

績はこうした過去の盛君をすら淩いでいることをいう。　○并于楽　「并」は合する、ひとつになるの意。ここでは快楽に溺れること。　○謀因豎刁　王念孫は『群書治要』によって「謀因于豎刁」に作るべきという。顧広圻は「因」を「困」に改めて、「謀は豎刁に困しむ」と読むべきことをいう。「豎刁」は桓公の寵愛を受けた宦官。彼は桓公の寵愛を得るために自ら進んで去勢したと言われる（『管子』小称篇・『呂氏春秋』知接篇等参照）。「豎刀」とも書く。『校注』は「謀因于豎刀」に作る。　○胡宮　宮殿の名、不詳。『呂氏春秋』知接篇は「寿宮」という。　○挙　葬礼を挙行すること。　○詩曰、靡不有初、鮮克有終　『詩』大雅・蕩之什の首の詩。　○誅虐　『校注』は、上文の「肆欲」と「誅虐」とは対であるはずであるから、意味が明らかになるようにするには「虐誅」に改めるべきであるとの王念孫説に従い改めている。原文のままでも意味が通じるので改めない。　○君使　于省吾は、原文のままでは意味をなさないこと、金文では「使」と「事」は同字であることを理由に「君事」に改めべきという。今、原文のまま訳す。

口語訳　第十六章　景公が長く国を有つことの楽しみを貪ったので晏子が諌めたこと

景公は淄水のほとりに遊び、晏子とならんでしばらく佇んでいた。公がため息をつきながら嘆いて、「ああ、国を長く保って子々孫々に伝えさせることができるならば、何と楽しいだろうに」と言った。晏子がお答えして、「嬰《わたくし》は、『明王（の誉れ）はただいたずらに立つものではない、人々は君主のもとに訳もなくただ慕い寄って来ることはない』と聞いております。ご主君は、長い間、（自分の好きなように）政治をしては国を乱し、（自分の楽しみを満たすためだけの）振る舞いをしては民（の生活）を顧みずにきました。それでいてこの国を（長く）保ちたいなどと口ではおっしゃいます、何と難しいことでしょう。嬰はこのように聞いております、『国を長く保つことのできる者は、善政を全うできる者である』と。諸侯が並び立ったとき、善政を全うできる者こそが（その中の）統率者となり、並みいる士が共に学んだとき、善行を学び通すことができた者こそが（その中の）師となるのです。昔、先君の桓公が、賢者に政治を任せ有徳者を援助していたとき、亡びかかった国は（桓公を）頼みとして存続し、危機に瀕した国は（桓公を）仰ぎ見て安定しました。このために民は桓公の政治を楽しみ、世間ではその徳を尊びました。遠征しては暴乱を鎮めましたが、（そのために）働いた者が憎むこともなく、天下至るところを駆け回って（諸侯を周の）天子の朝廷に集めましたが、諸侯はこれを怨みに思うこともありませんでした。この頃は、（かつて）盛名を馳せた名君すらも桓公を淩ぐことができないほどでありました。（と

ころが）桓公も亡くなる頃には（威勢も）衰え、徳を積むことを怠り快楽をほしいままにし、自身は女官や宦官に溺れ、（国家の）計も豎刁の言いなりでした。こうして民は桓公の政治に苦しむこととなり、世間では桓公の行状を非難するようになったのです。それですから桓公ご自身は胡宮の中で亡くなったにもかかわらず葬礼が営まれることもなく、（腐敗して）蛆が（亡骸から）這い出してきても棺に収められないままでした。この時のさまは、桀紂の死んだ時でもこれほどひどいものではなかったでしょう。『詩』に、『初めがないということはないが、終わりを全うすることは少ない』といっております。善政を全うできない者は、その君主としての地位を遂げられないものです。今、ご主君は民に対してあたかも仇や敵のように酷く当たり、善を見ることはまるで熱い物でも避けるように冷淡に振る舞われ、政治を乱し賢者の身を危うくしていれば、必ずや衆人たちから反逆されることでしょう。民に向かって欲望をほしいままにし、下の者らを（気ままに）虐待すれば、恐らく（その咎は）ご主君自身に及ぶことでしょう。嬰はすでに年老いて、ご主君のご指図を待ってお仕えすることもできません。（ご主君の）お振る舞いを改めることができなければ、（もはや長生きしても無用なこと、）節操を保ったまま（早々に）この世を去ることにいたしましょう」と言った。

余説 桓公死後の悲惨な様子は、『管子』小称篇をはじめ、『史記』斉太公世家、『呂氏春秋』知接篇など諸書に詳しく描かれる。

景公登二牛山一悲二去レ國而死一晏子諫　第十七

景公遊二于牛山一、北臨二其國城一而流レ涕曰、「若*何去二此旁旁一而死乎。」艾孔・梁丘據皆從而泣。晏子獨笑二于旁一。公刷レ涕而顧二晏子一曰、「寡人今日游悲、孔與レ據皆從二寡人一而涕泣。子之獨笑、何也。」晏子對曰、「使二

景公牛山《けいこうぎうざん》に登《のぼ》り國《くに》を去《さ》りて死《し》せんことを悲《かな》しみて晏子《あんし》諫《いさ》む　第十七

景公牛山《けいこうぎうざん》に遊《あそ》び、北《きた》のかた其《そ》の國城《こくじやう》に臨《のぞ》みて涕《なみだ》を流《なが》して曰《いは》く、「若何《いか》んぞ此《こ》の旁旁《ばうばう》たるを去《さ》りて死《し》せんか」と。艾孔《がいこう》・梁丘據《りやうきうきよ》皆從《みなしたが》ひて泣《な》く。晏子《あんし》獨《ひと》り旁《かたは》らに笑《わら》ふ。公涕《こうなみだ》を刷《ぬぐ》ひて晏子《あんし》を顧《かへり》みて曰《いは》く、「寡人《くわじん》今日《けふ》の游悲《いうかな》し、孔《こう》と據《きよ》と皆寡人《みなくわじん》に從《したが》ひて涕泣《ていきふ》す。子《し》が獨《ひと》り笑《わら》ふは、何《なん》ぞや」と。晏子《あんし》對《こた》へて曰《いは》く、「賢者《けんじや》をして

賢者常守一レ之、則太公・桓公將二常守一レ之矣。使二勇者常守一レ之、則莊公・靈公將二常守一レ之矣。數君者將レ守レ之、則吾君安得二此位一而立焉。以二其迭處レ之、迭去一レ之、至二于君一也。而獨爲レ之流涕、是不仁也。不仁之君見レ一、諂諛之臣見レ二。此臣之所二以獨竊笑一也」。

常《つね》に之《これ》を守《まも》らしめば、則《すなは》ち太公《たいこう》・桓公《くわんこう》將《まさ》に常《つね》に之《これ》を守《まも》らんとす。勇者《ゆうしや》をして常《つね》に之《これ》を守《まも》らしめば、則《すなは》ち莊公《さうこう》・靈公《れいこう》將《まさ》に常《つね》に之《これ》を守《まも》らんとす。數君《すうくん》の者《もの》將《まさ》に之《これ》を守《まも》らんとすれば、則《すなは》ち吾《わ》が君《きみ》安《いづく》んぞ此《こ》の位《くらゐ》を得《え》て立《た》たん。其《そ》の迭《たが》ひに之《これ》に處《を》り、迭《たが》ひに之《これ》を去《さ》るを以《もつ》て、君《きみ》に至《いた》るなり。而《しか》るに獨《ひと》り之《これ》が爲《た》めに流涕《りうてい》するは、是《こ》れ不仁《ふじん》なり。不仁《ふじん》の君《きみ》一《ひと》りを見《み》、諂諛《てんゆ》の臣《しん》二《ふた》りを見《み》る。此《こ》れ臣《しん》が獨《ひと》り竊《ひそ》かに笑《わら》ひし所以《ゆゑん》なり」と。

校訂　＊若何去此旁旁而死乎　底本は「若何滂滂去此而死乎」。『文選』「劇秦美新」の注に「晏子春秋に曰く、将に此の堂堂たる国を去りて死なんとするか」とあり、同じく「秋興賦」の注に「晏子春秋に曰く、…奈何ぞ、此の堂堂の国を去りて死せんか」とあるのによれば、この句はもと「若何去此旁旁而死乎」とあったはずであり、それが後に、「旁旁」が「滂滂」（涙が大いに流れるさま）に誤ったうえ、「去此」の前にきてしまったために、底本のようになったのであろうという呉則虞の説に従い改めた。この方が文意がよく通る。なお、「旁旁」は、大きい、また盛んなこと。「堂堂」はその仮借字である。

語釈　○牛山　斉の都臨淄の南郊外の山。本篇第十四章に既出。　○北臨　牛山から臨淄の都城を臨むとちょうど北方に当たる。○涕　なみだの意。　○艾孔　人名。孫星衍は、姓は「艾」、孔は「名」で、『列子』力命篇は「史孔」に作るといい、蘇輿は、「艾」は斉の地名であろうといい、劉師培は、『左伝』に見える「裔款」のことであろうといい、さらに呉則虞は本篇第十二章に見える「会譴」のことであろうという。なお「裔款」の名は本篇第十四章にも見える。　○従而泣　呉則虞は、『列子』ではこの後に続いて「曰、臣頼君之賜、疏食悪肉可得而食、駑馬稜車可得而乗也、且猶不欲死。而況吾君乎」（余説参照）とあるのに、『晏子春秋』では見えないのはこの部分がそっくり脱落したからではないかという。　○刷　ぬぐうの意。　○今日游　『校注』は、『列子』によって「今日之游」に改めている。　○太公　太公望呂尚のこと、斉の太祖に当たる。周王朝の創建に大功があり、武王によって斉国に封じられた。『史記』斉太公世家参照。　○荘公・霊公　荘公は景公の前に在位した公、景公の父に当たり、霊公は荘公の父に当たる。従って在位の順でいえば霊公・荘公となるはずである。『校注』はこの在位順に改めている。今、原文のままとする。　○不仁　ここではあまりに自

己中心的にしか物事を考えようとしない景公を指してこう称したのである。本篇第八章、同第十四章に既出。

口語訳　第十七章　景公が牛山に登り国と別れて死にゆくことを悲しんだので晏子が諫めたこと

景公が牛山に遊んだとき、北を向いて斉の国都を望み見て涙を流しながら言った、「どうしたらよかろう、この盛大なる斉国を去って（やがては）死なねばならぬとは」と。艾孔・梁丘據はともに公について泣いた。晏子だけ独り旁らで笑っていた。公は涙を拭って晏子の方を見て、「寡人は今日の遊覧は悲しく、孔と據はふたりとも寡人について涙を流して泣いてくれている。なのにそなた独り笑っているのは、どういうことか」と言った。晏子がお答えして、「賢者に常にこの斉国を守らせようというのならば、太公望や桓公が常に守っていて下さることでしょう。勇者に常にこの斉国を守らせようというのならば、荘公や霊公が常に守っていて下さることでしょう。これら数君がこの斉国を守るということになれば、わが君はどうして今の位を得て立つことができたでありましょうか。互いに（順番を待って）その地位につき、互いに（順番を譲って）その地位を去ったからこそ、主君まで（順番が）回ってきたのです。それなのにご自分一人その地位のために涙するのは不仁というものです。不仁の君一人を見、諂う臣下二人を見たものですから、この通り私ひとり笑ってしまったのです。」と言った。

余説　晏子は常に理性的である。彼の些かの感傷も含まない条理の通った「死」についての理解は実に的確である。この説話は外篇上第二章にも同工異曲で見える。そして、晏子が景公に対して常に冷静であり、情に流されず、また小事にとらわれず、いつも大事を見ながら判断して直言するさまが、諂諛の臣との見事な対照のなかで活写される。

『列子』力命篇にほぼ同文が見えるので、以下に引用しておく。なお、この文は次の第十八章とも似た表現が散見する。語釈でもふれたように『列子』のこの個所は、現行の『晏子春秋』よりも古いもののようである。次に引く『韓詩外伝』のがこれを節録しているように見えることから、これよりも更に古いものとみて差し支えあるまい。

斉景公游於牛山、北臨其国城而流涕曰、「美哉国乎、欝欝芊芊。若何滴滴去此国而死乎。使古無死者、寡人将去斯而之何。」史孔・梁丘據皆従而泣曰、「臣頼君之賜、疏食悪肉可得而食、駑馬稜車可得而乗也、且猶不欲死、而況吾君乎。」晏子独笑於旁。公雪涕而顧晏子曰、「寡人今日之游悲。孔与據皆従寡人而泣。子之独笑、何也。」晏子対曰、「使賢者常守之、則太公・桓公将常守之矣。使有勇者常守之、則荘公・霊公将常守之矣。数君者将守之、吾君方将被蓑笠而立乎畎畝之中、唯事之恤、行仮念死乎。則吾君又安得此位而立

焉。以其迭処之迭去之、至於君也。而独為之流涕、是不仁也。見不仁之君、見諂諛之臣。臣見此二者、臣之所為独窃笑也。」景公慙焉、挙觴自罰、罰二臣者各二觴焉。

（斉の景公牛山に遊び、北のかた其の国城を臨みて涕を流して曰く、「美なるかな国や、鬱鬱芊芊（うつうつせんせん）たり。若何ぞ滴滴として此の国を去りて死せんか。古（いにしへ）より死なる者無からしめば、寡人将（は）た斯（ここ）を去りて何くに之かん」と。史孔・梁丘據皆従ひて泣きて曰く、「臣は君の賜（たまもの）に頼（よ）り、疏食悪肉（そしあくにく）得て食ふべく、駑馬稜車（どばりょうしゃ）得て乗るべきすら、且つ猶ほ死するを欲せず、而るを況んや吾が君をや」と。晏子独り旁らに笑ふ。公涕（なみだ）を雪（ぬぐ）ひて晏子を顧みて曰く、「寡人今日の游悲し。孔と據と皆寡人に従ひて泣く。子の独り笑ふは、何ぞや」と。晏子対へて曰く、「賢者をして常に之を守らしめば、則ち太公・桓公将に常に之を守らんとす。勇有る者をして常に之を守らしめば、則ち荘公・霊公将に常に之を守らんとす。数君の者将に之を守らんとせば、吾が君は方将（まさ）に蓑笠（みのかさ）を被（かぶ）りて畎畝（けんぽ）の中に立ち、唯だ事をのみ之恤（れう）へ、行（なん）の仮（いとま）ありてか死を念（おも）はんや。則ち吾が君又た安（いづく）んぞ此の位を得て立たん。其の迭（たが）ひに之に処り迭ひに之を去るを以て、君に至りしなり。而るを独り之が為めに涕を流すは、是れ不仁なり。不仁の君を見、諂諛の臣を見る。臣此の二者を見るは、臣の独り窃（ひそ）かに笑ふ所為（ゆゑん）なり」と。景公慙（は）ぢ、觴（さかづき）を挙げて自ら罰し、二臣を罰すること各々二觴（しょう）なり。）

また『韓詩外伝』巻十にも、内容は少し異なるがやはり同一趣旨の説話があるので、以下に引用しておく。

斉景公游于牛山之上、而北望斉曰、「美哉、国乎。鬱鬱泰山。使古而無死者、則寡人将去此而何之。」俯而泣沾襟。国子・高子曰、「然。臣頼君之賜、疏食悪肉可得而食也、駑馬柴車可得而乗也、且猶不欲死、況君乎。」俯泣。晏子曰、「楽哉、今日嬰之游也。見怯君一而諛臣二。使古而無死者、則太公至今猶存、吾君方今将被蓑笠而立乎畎畝之中、惟事之恤。何暇念死乎。」景公慙而挙觴自罰、因罰二臣。

（斉の景公牛山の上に游びて、北のかた斉を望みて曰く、「美なるかな、国や。鬱鬱（うつうつ）たり泰山。古より死する者無からしめば、則ち寡人将（は）た此れを去りて何（いづ）くに之（ゆ）かん」と。俯（ふ）して泣（なみだ）襟（えり）を沾（うる）ほす。国子・高子曰く、「然り。臣、君の賜（し）に頼（よ）り、疏食悪肉得て食ふべく、駑馬柴車（どばさいしゃ）得て乗るべくすら、且つ猶ほ死するを欲せず、況んや君をや」と。俯して泣く。晏子曰く、「楽しきかな、今日嬰の游や。怯君（けふくん）一（ひと）り諛臣（ゆしん）二（ふた）りを見る。古より死する者無からしめば、則ち太公今に至るまで猶ほ存し、吾が君は方今（いま）将に蓑笠を被りて畎畝の中に立ち、惟だ事をのみ之恤へんとす。何（なん）の暇（いとま）ありてか死を念はんや」と。景公慙ぢて觴（さかづき）を挙げて自ら罰し、因りて二臣を罰す。）

景公遊二公阜一一日有二三過一レ言晏子諫　第十八

景公出遊二于公阜一、北面望二睹齊國一曰、「嗚呼、使二古而無一レ死如何。」晏子曰、「昔者上帝以二人之沒一爲レ善。仁者息焉、不仁者伏焉。若使二古而無一レ死、丁公・太公將レ有二齊國一、桓・襄・文・武將二皆相一レ之、君將下戴レ笠衣レ褐、執二銚耨一以蹲中行畎畝之中上。孰暇レ患レ死。」公忿然作レ色不レ說。

無二幾何一而梁丘據御二六馬一而來。公曰、「是誰也。」晏子曰、「據也。」公曰、「何*以知レ之。」曰、「大暑而疾馳。甚者馬死、薄者馬傷。非レ據孰敢爲レ之。」公曰、「據與レ我和者夫。」晏子曰、「此所謂同也。所謂和者、君甘則臣酸、君淡則臣鹹。今*據也君甘亦甘。所謂同也。安得レ爲レ和。」公忿然作レ色不レ說。

無二幾何一日暮。公西面望二睹彗星一、召二伯常騫一、使三禳二去之一。晏子曰、「不可。此天

景公《けいこう》公阜《こうふ》に遊《あそ》び一日《いちにち》に三《み》たび言《げん》を過《あやま》つこと有《あ》り晏子《あんし》諫《いさ》む

第十八

景公《けいこう》出でて公阜《こうふ》に遊《あそ》び、北面《ほくめん》して齊國《せいこく》を望《のぞ》み睹《み》て曰《いは》く、「嗚《あ》呼《あ》、古《いにしへ》よりして死《し》無《な》からしめば如何《いかん》」と。晏子《あんし》曰《いは》く、「昔者《むかし》上帝《じやうてい》人《ひと》の沒《ぼつ》するを以《もつ》て善《よ》しと爲《な》す。仁者《じんしや》は息《いこ》ひ、不仁者《ふじんしや》は伏《ふ》せばなり。若《も》し古《いにしへ》より死《し》無《な》からしめば、丁公《ていこう》・太公《たいこう》將《まさ》に齊國《せいこく》を有《いう》せんとし、桓《くわん》・襄《じやう》・文《ぶん》・武《ぶ》將《まさ》に皆《みな》之《これ》に相《しやう》たらんとし、君《きみ》將《まさ》に笠《かさ》を戴《いただ》き褐《かつ》を衣《き》て、銚耨《えうだう》を執《と》りて以《もつ》て畎畝《けんぽう》の中《なか》に蹲行《そんかう》せんとす。孰《なん》ぞ死《し》を患《うれ》ふるに暇《いとま》あらん」と。公忿然《こうふんぜん》として色《いろ》を作《な》して說《よろこ》ばず。

幾何《いくばく》も無《な》くして梁丘據《りやうきうきよ》、六馬《りくば》を御《ぎよ》して來《きた》る。公曰《こういは》く、「是《こ》れ誰《だれ》ぞや」と。晏子《あんし》曰《いは》く、「據《きよ》なり」と。公曰《こういは》く、「何《なに》を以《もつ》て之《これ》を知《し》るや」と。曰《いは》く、「大暑《たいしよ》にして疾《と》く馳《は》すればなり。甚《はなは》だしければ馬死《うまし》し、薄《うす》ければ馬傷《うまきず》つかん。據《きよ》に非《あら》ずんば孰《たれ》か敢《あ》へて之《これ》を爲《な》さん」と。公曰《こういは》く、「據《きよ》は我《われ》と和《わ》する者《もの》か」と。晏子《あんし》曰《いは》く、「此《こ》れ所謂《いはゆる》同《どう》なり。所謂《いはゆる》和《わ》なる者《もの》は、君甘《きみかん》なれば則《すなは》ち臣酸《しんさん》に、君淡《きみたん》なれば則《すなは》ち臣鹹《しんかん》なり。今據《いまきよ》や君甘《きみあま》しとすれば亦《ま》た甘《あま》しとす。所謂同《いはゆるどう》なり。安《いづ》くんぞ和《わ》と爲《な》すことを得《え》ん」と。公忿然《こうふんぜん》として色《いろ》を作《な》して說《よろこ》ばず。

幾何《いくばく》も無《な》くして日《ひ》暮《く》る。公西面《こうせいめん》して彗星《すゐせい》を望《のぞ》み睹《み》、伯常騫《はくじやうけん》を

教也。日月之氣、風雨不レ時、彗星之出、天爲二民之亂一見レ之。故詔二之妖祥一、以戒二不敬一。今君若設レ文而受レ諫、謁二聖賢人一、雖レ不レ去、彗星將二自亡一。今君嗜レ酒而并二于樂一、*政不レ飭而寛二于小人一、近レ讒好レ優、惡レ文而疏二聖賢人一。*何暇去レ彗。茀又將レ見矣。」公忿然作レ色不レ說。

及二晏子卒一、公出、背而泣曰、「嗚呼、昔者從二夫子一而游二公阜一、夫子一日而三責レ我、今誰責二寡人一哉。」

召《め》して、之《これ》を禳《はら》ひ去《さ》らしむ。晏子《あんし》曰《いは》く、「不可《ふか》なり。此《こ》れ天《てん》の教《けう》なり。日月《じつげつ》の氣《き》、風雨《ふうう》時《とき》ならず、彗星《すゐせい》出づるは、天《てん》、民《たみ》の亂《みだ》るるが爲《ため》に之《これ》を見《あら》はす。故《ゆゑ》に之《これ》に妖祥《えうしやう》を詔《つ》げて、以《もつ》て不敬《ふけい》を戒《いまし》む。今君《いまきみ》若《も》し文《ぶん》を設《おほひ》にして諫《かん》を受《う》け、聖賢人《せいけんじん》に謁《えつ》すれば、去《さ》らずと雖《いへど》も、彗星《すゐせい》將《まさ》に自《おのづか》ら亡《ほろ》びんとす。今君《いまきみ》酒《さけ》を嗜《たしな》みて樂《たの》しみに并《あ》ひ、政《せい》は飭《ただ》さずして小人《せうじん》に寛《くわん》にし、讒《ざん》を近《ちか》づけ優《いう》を好《この》み、文《ぶん》を惡《にく》みて聖賢人《せいけんじん》を疏《うと》んず。何《なん》の暇《いとま》ありてか彗《すゐ》を去《さ》らん。茀《はい》又《また》將《まさ》に見《あら》はれんとす」と。公忿然《こうふんぜん》として色《いろ》を作《な》して說《よろこ》ばず。

晏子《あんし》卒《しゆつ》するに及《およ》び、公《こう》出《い》でて、背《そむ》き泣《な》きて曰《いは》く、「嗚呼《ああ》、昔者《むかし》夫子《ふうし》に從《したが》ひて公阜《こうふ》に游《あそ》ぶに、夫子《ふうし》一日《いちにち》にして三《み》たび我《われ》を責《せ》む、今誰《いまたれ》か寡人《くわじん》を責《せ》めんや」と。

校訂　*何以知之　底本は「如何」。原文のままでは文脈にそぐわず、「知」が誤って「如」となり、また「以之」の二字を脱落したのであろうとする王念孫の説に従い改めた。『校注』も改めている。

*今據也君甘亦甘　底本は「今據也甘君亦甘」。原文のままでは據が甘いとすれば君もそれに同調して甘いとすることとなり、文意に反するので改めるべきとする王念孫の説に従い改めた。

*政不飭　底本は「政不飾」。「飾」では意味をなさないこと、「飾」と「飭」がしばしば混乱して使われることがあることにより、「飾」を「飭」に改めるべきとする于鬯の説に従い改めた。なお、「飭」には正す、治めるの意がある。

*何暇去彗　底本は「何暇在彗」。呉則虞は、『群書治要』巻三十三に引く本章の頭注に「在は去なるを疑ふ」とあるのを指摘する。その方が意味が明らかになる。『校注』も改めている。なお、于鬯は「何暇」は「豈但」と同様な意味であるという。

語釈　○公阜　不詳。『左伝』昭公二十六年には「遄台《せんだい》」とある。このことから呉則虞は、臨淄の西南にある高台の遄台のことではないかと推定する。ここならば臨淄の西南に位置しているので「北望」ということができる、と。　○如何　陶鴻慶は、『左伝』昭公二十

年によって「其楽如何」に改めた方が意味ははっきりするという。　○人之没　孫星衍は「人之死」に作る版本に従って改めているが、王念孫は「没」にも「死」の意味があるから改める必要はないという。なお『校注』は、『列子』天瑞篇に「晏子曰、善哉、古之有死也…」とあるのによって「人之死」に改めている。余説参照。　○伏　「服」に同じ。死に服するとは、死を一種の罰とみたのである。

○丁公・太公　太公は、斉国の祖太公望呂尚、丁公はその子、名は伋。『史記』斉太公世家に「太公卒して百有余年、子の丁公呂伋立つ」とある。呉則虞は、「太公」と「丁公」とが親子であること、また『左伝』昭公三年では「太公丁公」に作っていることにより、両者を入れ換えるべきとするが、後文の、やはり斉の君主であった桓・襄・文・武らも在位順に列挙されていないこともあり、今、原文のままとする。『校注』は改めている。　○桓・襄・文・武　皆、斉の君主。桓公は紀元前六八五～六四三年在位。襄公は同六九七～六八六年在位、文公は同八一五～八〇四年在位、武公は同八三一～八二五年在位。　○銚耨　「ちょうどう」とも読む。農具。「銚」は大きな鋤。いわゆる「鋤」よりも大きい。「耨」は、こくわ。畑をすいたり除草に用いる。　○蹲行　「蹲」はうずくまること、「行」はすすむこと。うずくまったり、すすんだりして、農作業をすること。　○畎畝　「畎」は畑のみぞとうね。「畎畝之中」とは、畑の中の意。

○忿然　「忿」は怒るの意、怒ったさまを言う。　○御六馬　王念孫はもと「乗六馬」に作っていたはずだというが、陶鴻慶は、梁丘據があくまでも景公の乗る馬車を御していたと解すべきとして、「御六馬」でよいという。なお『校注』は「乗六馬」に改めている。

○甚者…薄者　「甚」には「重」の意が、「薄」には「軽」の意がそれぞれある。ここでは馬を取り扱う程度の軽重を言う。　○此所謂同也　呉則虞は、この後に「非和也」の三字を補うと下句とのつながりがよくなるという。　○伯常騫　人名。孫星衍は、「伯常」が字で、「騫」が名であるという。　○妖祥　「妖」は不吉なこと、「祥」はここでは兆しの意。不吉な兆候をいう。　○設文　「設」には「大」（大きくする）の意があるので、「彗星の出現を重大事とみて」と解しておく。こう解すると後文の「悪文」との対比もはっきりする。なお兪樾は「説文」（文をよろこぶ）に改めるべきことをいい、陶鴻慶はこの兪説を批判しつつ、「設」を「仮」の意に解し、「文」は天象、すなわち天意がこめられた現象の意すなわちここでは彗星を指すとして、彗星の出現に借りて自らを戒めるの意に解すべきという。于省吾も、兪説を批判して、「設」は「翕」と古字では多く通用したこと、そして「翕」は合うの意味があること、「合」は「受」と意味が近いことなどによって、「設文」は「受文」（彗星の出現を受け入れる）の意に解すべきだという。　○并于楽　既出。本篇第十六章語釈参照。悦楽に溺れること。なお、『校注』は「並」に作る。　○好優　「優」は歌舞をする人、役者の意。　○茀　孛星（はいせい）と同じく彗星のこと。呉則虞は、「孛」はほうき星であるが、「茀」はそれとはやや形状が異なり、光芒が四方に広がる彗星であるという。　○及晏子卒…　以下は後日談である。　○公出、背而泣曰　景公が晏嬰の遺体を安置した部屋から出て、群臣らに気付かれぬよう背を向けて涙しながら晏子に語りかけるように独りごちた、の意に解しておく。王念孫は、原文のままでは意味が通じないので、

ここでは景公が朝廷に出て群臣を見る度に諫めてくれた晏子を思って涙したことをいうのであるから、「出背」を「出屛」に改めるべきとする。なお「屛」は朝廷において君主と群臣とを隔てる屛風のこと。『校注』も改めているが、「泣」を「立」に作っている。但し、「立」を「泣」の意味に解すべきとしている。

口語訳　第十八章　景公が公阜に遊んだとき一日に三度失言があったので晏子が諫めたこと

景公が公阜の地に遊び、北に向いて自国斉を望み見て言った、「ああ、昔から死などというものが無ければどうだったろうか」と。晏子が言った、「昔、上帝は人が死ぬことを善しとみなしました。仁者は死を得て憩い、不仁者は死を得て罪に服するからです。もし昔から死がなければ、太公・丁公が今もこの斉国を保ち、桓公・襄公・文公・武公らがこぞってその宰相となり、（そうなれば）主君は笠をかぶり粗末な服を着て、鋤や鍬を手に畑の中で野良仕事に精を出すことになりましょう。誰が死を患い悩む余裕などありましょう」と。公はむっとして顔色を変え不機嫌になった。

それからまもなくして梁丘據が六頭立ての馬車を御してやってきた。公が言った、「あれは誰だ」と。晏子が言った、「據でございます」と。公が言った「どうしてわかったのか」と。（晏子が）言う、「この大暑のさなかに馬を全速力で走らせているからです。ひどい場合は馬は死んでしまいましょうし、軽くても馬は傷つくことでしょう。據でなくて誰がこんな（むごい）ことをいたしましょう」と。公が言う、「據は余と（気持ちが）調和する者であろう。」と。晏子が言った、「（いいえ）これはいわゆる同化でございます。いわゆる調和とは、君が甘味ならば臣は酸味、君が淡泊な味ならば臣は塩辛い味（というように異質の味が互いに釣り合うこと）をいいます。ところがいま據はといえば主君が甘いとすれば自分もまた甘いとしています。これはいわゆる同化にすぎません。どうして調和とみなすことができましょう」と。公はむっとして顔色を変え不機嫌になった。

それからまたまもなくして、日が暮れた。公が西を眺めると遥かに彗星が見えたので、（不吉に思い）伯常騫を召し出し、この彗星を払い除かせようとした。晏子が言った、「いけません。これは天の教戒なのです。日月の気の運行で、風雨が時季にかなっていなかったり、彗星が出現したりするのは、天が民が乱れてきたために（戒めとして）出現させたのです。こうして（天は）凶兆を示して、（主君の）天を敬わぬことを戒めたのです。今、主君が天象を（天の下した警告

として）重大事と見て諫めを聞き入れ、聖賢人にお会いになるようになされば、彗星を払い去ろうとしなくとも、彗星の方から自然となくなってしまうでしょう。今、主君は酒を好み快楽に溺れ、政治を正さずにおきながら小人には寛容、へつらう者を近づけ役者を好み、天象を嫌うばかりで聖賢人を遠ざけておられます。（このようなことをしておいて）どうして彗星を払えるでしょう。（それどころか）このうえさらに茀星も現れることでしょう」と。公はむっとして顔色を変え不機嫌になった。

晏子が亡くなると、公は部屋を出て（皆に）背を向けて涙しながら言った、「ああ、昔、先生について公阜に遊んだとき、先生は一日のうちに余を三度叱ったものだったが、今誰が寡人を叱ってくれるだろうか」と。

余説 この「和」と「同」をめぐる議論は『論語』子路篇の「子曰く、君子は和して同ぜず、小人は同じて和せず」を想起させるものである。そしてこれによれば、景公とても「小人」とみなし得るということになろう。

なお孫星衍は、『列子』天瑞篇に「晏子曰、善哉、古之有死也、仁者息焉、不仁者伏焉」とあるのは本篇中の一節を引用したものであろうという。

『左伝』昭公二十年（紀元前五二二年）伝にも、梁丘據と景公との関係が和ではなく同に過ぎないこと、そして古来死が無ければいいのにという景公の虫の良い考えを晏子が批判したことが見える。以下にそれを引いておく。

斉侯至自田。晏子侍于遄台。子猶馳而造焉。公曰、「唯據与我和夫。」晏子対曰、「據亦同也。焉得為和。」公曰、「和与同異乎。」対曰、「異。和如羹焉。水火醯醢鹽梅以烹魚肉、燀之以薪、宰夫和之、斉之以味、済其不及、以洩其過。君子食之、以平其心。君臣亦然。君所謂可而有否焉、臣献其否、以成其可、君所謂否而有可焉、臣献其可、以去其否。是以政平而不干、民無争心。故詩曰、亦有和羹、既戒既平。鬷嘏無言、時靡有争。先王之済五味、和五声也、以平其心、成其政也。声亦如味。一気・二体・三類・四物・五声・六律・七音・八風・九歌、以相成也。清濁・小大・短長・疾徐・哀楽・剛柔・遅速・高下・出入・周疏以相済也、君子聴之、以平其心、心平徳和。故詩曰、徳音不瑕。今據不然。君所謂可、據亦曰可、君所謂否、據亦曰否、若以水済水、誰能食之。若琴瑟之専壱、誰能聴之。同之不可也如是。」飲酒楽。公曰、「古而無死、其楽若何。」晏子対曰、「古而無死、則古之楽也。君何得焉。昔爽鳩氏始居此地、季萴因之、有逢伯陵因之、蒲姑氏因之、而後大公因之。古若無死、爽鳩氏之楽、非君所願也。」

（斉侯田より至る。晏子遄台に侍る。子猶（しゅう＝梁丘據）馳せて造（たい）る。公曰く、「唯だ據のみ我と和するかな」と。晏子対へて曰

く、「據も亦た同ずるなり。焉（いづく）んぞ和すると為すを得ん」と。公曰く、「和と同と異なるか。」と、対へて曰く、「異なれり。和するは羹（あつもの）のごとし。水火醯（＝酢）醢（＝しおから）鹽梅以て魚肉を烹（に）、之を燀（た）くに薪を以てし、宰夫（＝調理人）之を和し、之を斉（ととの）ふるに味を以てし、其の及ばざるを済（ま）して、以て其の過ぎたるを洩（へ）らす。君子之を食ひ、以て其の心を平らかにす。君臣も亦た然り。君の可と謂ふ所にして否有れば、臣其の否を献じて、以て其の可を成し、君否と謂ふ所にして可有れば、臣其の可を献じて、以て其の否を去る。是を以て政平らかにして干（をか）さず、民争心無し。故に詩に曰く、亦た和羹有り、既に戒め既に平らかなり。瑕（か）を醙（うそ）して（＝音楽を演奏して）言（ことば）無く、時（こ）れ争ふこと有ること靡（な）し、と。先王の五味を済へ、五声を和するや、以て其の心を平らかにし、其の政を成すなり。声も亦た味のごとし。一気・二体・三類・四物・五声・六律・七音・八風・九歌、以て相（あひ）成（な）るなり。清濁・小大・短長・疾徐・哀楽・剛柔・遅速・高下・出入・周疏、以て相ひ済（な）すなり、君子之を聴きて、以て其の心を平らかにし、心平らかにして徳和す。故に詩に曰く、徳音瑕（か）けず、と。今據然らず。君可と謂ふ所は、據も亦た可と曰ひ、君の否と謂ふ所は、據も亦た否と曰ふ、若し水を以て水を済ふれば、誰か能く之を食はん。若し琴瑟の専壱なれば、誰か能く之を聴かん。同の不可なること是くのごとし」と。酒を飲み楽しむ。公曰く、「古（いにしへ）よりして死無くんば、其の楽しみ若何」と。晏子対へて曰く、「古よりして死無ければ、則ち古之楽しむなり。君何ぞ焉を得ん。昔爽鳩氏（さうきうし）始めて此の地に居り、季萴（きそく）之に因り、有逢伯陵（いうはうはくりよう）之に因り、蒲姑氏之に因り、而る後に大公之に因る。古若し死無くんば、爽鳩氏の楽しみは、君の願ふ所に非ざるなり」と。）

但し、彗星が現れたことを内容とする説話は昭公二十六年（紀元前五一六年）に見える。以下に引いておく。

斉有彗星。斉侯使禳之。晏子曰、「無益也。祇取誣焉。天道不諂、不貳其命。若之何禳之。且天之有彗也、以除穢也。君無穢徳、又何禳焉。若徳之穢、禳之何損。詩曰、惟此文王、小心翼翼。昭事上帝、聿懐多福。厥徳不回、以受方国。君無違徳、方国将至。何患於彗。詩曰、我無所監。夏后及商、用乱之故、民卒流亡。若徳回乱、民将流亡。祝史之為、無能補也。」公説、乃止。

（斉に彗星有り。斉侯之を禳（はら）はしむ。晏子曰く、「無益なり。祇（た）だ誣（ふ＝ごまかし）を取るのみ。天道は諂（へつら）はず、其の命を貳（たが）はず。之を若何にして之を禳はん。且つ天の彗有るや、以て穢（わい）を除くなり。君穢徳（わいとく）無ければ、又た何ぞ禳はん。若し徳の穢（わい）あらば、之を禳ひて何ぞ損せん。詩に曰く、惟だ此れ文王、小心翼翼たり。昭（あきら）かに上帝に事（つか）へ、聿（ここ）に多福を懐（おも）ふ。厥（そ）の徳回（たが）はず、以て方国を受く、と。君徳に違ふこと無ければ、方国将に至らんとす。何ぞ彗を患へん。詩に曰く、我監（かんがみ）る所無からんや。夏后と商と、乱を用（もつ）ての故に、民卒（つひ）に流亡す、と。若し徳回乱せば、民将に流亡せんとす。祝史の為（しわざ）も、能く補ふこと無からん」と。公説び、乃ち止む。）

こうしてみると、『左伝』においては一日のうちに三度晏子が景公を諫めたという事実はないことになろう。

さらに『史記』斉太公世家にも、景公三十二年（紀元前五一六年）のこととして晏子が彗星をめぐって景公を諫めた話が見える。以下に引用しておく。


三十二年、彗星見。景公坐柏寝嘆曰、「堂堂誰有此乎。」群臣皆泣、晏子笑。公怒。晏子曰、「臣笑群臣諛甚。」景公曰、「彗星出東北、当斉分野。寡人以為憂。」晏子曰、「君高台深池、賦斂如弗得、刑罰恐弗勝。茀星将出、彗星何懼乎。」公曰、「可禳否。」晏子曰、「使神可祝而来、亦可禳而去也。百姓苦怨以万数、而君令一人禳之。安能勝衆口乎。」是時景公好治宮室、聚狗馬、奢侈、厚賦重刑。故晏子以此諫之。

（三十二年、彗星見はる。景公柏寝に坐して嘆じて曰く、「堂堂たること誰か此れ有（たも）たんか」と。群臣皆泣き、晏子笑ふ。公怒る。晏子曰く、「臣群臣諛（へつら）ふことの甚しきを笑ふ」と。景公曰く、「彗星東北に出づるは、斉の分野に当る。寡人以て憂ひと為す」と。晏子曰く、「君台を高くし池を深くして、賦斂得ざるが如くし、刑罰勝へざるを恐る。茀星将に出でんとして、彗星何をか懼れんや」と。公曰く、「禳ふ可きや否や」と。晏子曰く、「神をして祝して来るべからしむれば、亦た禳ひて去るべきなり。百姓の苦怨は万を以て数へ、而るに君一人に令して之を禳はしむ。安くんぞ能く衆口に勝たんや」と。是の時景公好みて宮室を治め、狗馬を聚め、奢侈にして、賦を厚くして刑を重くす。故に晏子此れを以て之を諫む。）


いずれも同じ出来事をもとに語られているはずであるのに、三つの説話の間には相当の隔たりがあることに気付く。

こうした彗星の出現と治世のありようとを結び付けて考えるのは、いわゆる天人相関思想である。同じ天人相関思想でも、晏子と景公とでは彗星の出現に対する対処法に随分の隔たりがある。景公は、彗星の出現を単に不吉なことと見て、「お祓い」をすればことは解決すると考えたのに対し、晏子は、彗星の出現は君主の治世のあり方に対する天の譴責に他ならないから、君主はそのことを自覚し反省して善政に務めれば、やがて彗星は姿を消すであろうというもの。漢代に流行した天人相関思想はまさに晏子のそれに近いものであった。

景公遊二寒塗一不レ恤二死胔一晏子諫　第十九

景公《けいこう》寒塗《かんと》に遊《あそ》び死胔《しし》を恤《あは》れまず晏子《あんし》諫《いさ》む　第十九

景公出二遊于寒塗一、睹二死胔一、默然不レ問。晏子諫曰、「昔吾先君桓公出游、睹二饑者一

景公《けいこう》寒塗《かんと》に出遊《しゆつゆう》し、死胔《しし》を睹《み》、默然《もくぜん》として問《と》はず。晏子《あんし》諫《いさ》めて曰《いは》く、「昔吾《むかしわ》が先君桓公《せんくんくわんこう》出游《しゆつゆう》し、饑《う》うる者《もの》を睹《み》れば之《これ》に食《しよく》を

與二之食一、睹二疾者一與二之財一、使令不レ勞レ力、籍斂不レ費レ民。先君將レ游、百姓皆說曰、君當三幸游二吾鄉一乎。今君游二于寒塗一、據二四十里一之氓、殫レ財不レ足二以奉一レ斂、*盡レ力不レ能二以周一レ役。民氓饑寒凍餒、死胔相望。而君不レ問、失二君道一矣。財屈力竭、下無二以親一レ上、驕泰奢侈、上無二以親一レ下、上下交離、君臣無レ親、此三代之所二以衰一也。今君行レ之、嬰懼三公族之危、以爲二異姓之福一也。」公曰、「然。爲レ上而忘レ下、厚二藉斂一而忘レ民、吾罪大矣。」於レ是斂二死胔一、發二粟于民一、據二四十里一之氓、不レ服レ政其年、公三月不二出游一。

與《あた》へ、疾《や》める者《もの》を睹《み》れば之《これ》に財《ざい》を與《あた》へ、使令《しれい》するに力《ちから》を勞《らう》せしめず、籍斂《せきれん》するに民《たみ》を費《つひや》さしめず。先君將《せんくんまさ》に游《あそ》ばんとすれば、百姓皆說《ひやくせいみなよろこ》びて曰《いは》く、君當《きみまさ》に幸《さいは》ひに吾《わ》が鄉《きやう》に游《あそ》ぶべきか、と。今君寒塗《いまきみかんと》に游《あそ》べば、四十里《しじふり》に據《よ》るの氓《たみ》、財《ざい》を殫《つ》くすも以《もつ》て斂《れん》に奉《ほう》ずるに足《た》らず、力《ちから》を盡《つ》くすも以《もつ》て役《やく》に周《あま》ねきこと能《あた》はず。民氓《みんばう》は饑寒凍餒《きかんとうたい》し、死胔相望《ししあひのぞ》む。而《しか》るに君問《きみと》はざるは、君道《くんだう》を失《うしな》へり。財屈《ざいくつ》き力竭《ちからつ》き、下以《しももつ》て上《かみ》に親《した》しむこと無《な》く、上以《かみもつ》て下《しも》に親《した》しむこと無《な》く、驕泰奢侈《けうたいしやし》、上以《かみもつ》て下《しも》に親《した》しむこと無《な》く、上下交《しやうかこもごも》〻離《はな》れ、君臣親《くんしんした》しむこと無《な》きは、此《こ》れ三代《さんだい》の衰《おとろ》ふる所以《ゆゑん》なり。今君之《いまきみこれ》を行《おこな》へば、嬰《えい》、公族《こうぞく》の危《あや》ふくして、以《もつ》て異姓《いせい》の福《ふく》と爲《な》らんことを懼《おそ》るるなり」と。公曰《こういは》く、「然《しか》り。上《かみ》と爲《な》りて下《しも》を忘《わす》れ、藉斂《せきれん》を厚《あつ》くして民《たみ》を忘《わす》るるは、吾《わ》が罪大《つみだい》なり」と。是《ここ》に於《お》いて死胔《しし》を斂《をさ》めて、粟《ぞく》を民《たみ》に發《はつ》し、四十里《しじふり》に據《よ》るの氓《たみ》、政《せい》に服《ふく》せざること其年《きねん》、公三月《こうみつき》出游《しゆつゆう》せず。

校訂　＊尽力不能以周役　底本は「尽力不能周役」。上句の「殫財不足以奉斂」と対句であるとみて「以」字を補うべきであるとする張純一の説に従い改めた。

語釈　○寒塗　王更正は、地名で、今の山東省中部の寒亭ではないかという。『校注』は元刻に従うとして「寒途」に作る。　○死胔　腐乱した死体。　○饑者…饑寒　『校注』は、「饑」に作るのは非であるとし、元刻に従うとして「飢」に作る。「饑」と「飢」の違いについては本篇第十五章の語釈参照。　○使令　指図して使うこと、使役すること。　○籍斂　税を取り立てること。　○拠四十里之氓　「寒塗」の地に暮らす人民、寒塗の地が四十里四方であったことからこういう。　○殫…屈…竭　『漢書』杜欽伝の師古注に「殫とは尽なり」とあり、『管子』心術篇の注に「屈とは尽なり」とあり、『国語』晋語の注に「竭とは尽なり」とあるように、みな尽き

るの意。　○公族之危、以為異姓之福　後世の歴史をみれば、公族とは当時斉の公室であった姜氏のことであり、異姓とは景公の死後約百年程して姜氏に取って代わって斉侯となった田氏のことを指していることになる。　○服政　税の取り立てを受けること。「政」は賦税、すなわち政府による取り立てのことで、征（税の意）に通じる。　○其年　期年に同じ、満一年の意。

口語訳　第十九章　景公が寒塗に遊んだとき腐乱した死体に情けをかけなかったので晏子が諫めたこと

景公が寒塗に遊びに出かけたとき、腐乱した死体を見たが、押し黙ったまま何も問わなかった。晏子が諫めて言った、「昔、吾が先君の桓公が遊びに出かけられたときは、飢えた者を見たら食べ物を与え、病人を見たら財貨を与え、使役する際にも力を（過度に）労させることなく、税を取り立てる際にも人民（の蓄え）を（過度に）費させることはなさいませんでした。（ですから）先君が遊びに出かけようとすると、人々は皆喜んで、『主君はぜひ私達の村里にお運び下さるべきです』と言ったものでした。ところが今ご主君は寒塗に遊んで、四十里四方の（土地に暮らす）民は、全財産を使い果たしてもまだ納め足りず、全力を尽くしてもまだ夫役に十分ではありません。（挙げ句の果ては）民は衣食にこと欠きひどく飢え凍え、（野垂れ死にして）腐乱した死体があちこちに見られるありさま。それなのにご主君は何も尋ねようとなさらないのは、君主としての道を失っておられるからです。財産が尽き力も尽きて、下の者が上の者に心を寄せず、贅沢に奢って、上の者が下の者に近づこうとせず、（やがて）上下の心が互いに離れて、君臣が親しまないことこそ、かの（夏・殷・周）三代が衰退した理由なのです。今、ご主君がこのようなことを行えば、この嬰《わたくし》、斉の公族（の地位）が危うくなって、いつか他の一族の益となるのではないかと心配でございます」と。公は言った、「その通りだ。上にいて下を忘れ、税の取り立てを多くして民（の苦労）を忘れたわが罪は大きい」と。そこで腐った死体を埋葬し、穀物を民に分け与え、その四十里四方の（寒塗に暮らす）民は一年間税の取り立てを受けることなく、公は三ヶ月間遊びに出なかったのである。

余説　雑上篇第八章に類似の説話がみられる。

ここにも、斉が姜氏の手から異姓田氏のものになることが暗示されている。このことをもってしても本書の成書年代は田斉以後とみるべきであろう。

景公衣二狐白裘一不レ知二天寒一晏子諫　第二十

景公之時、雨レ雪三日而不レ霽。公被二狐白之裘一、坐二堂側陛一。晏子入見、立有レ閒。公曰、「怪哉。雨レ雪三日而天不レ寒。」晏子對曰、「天不レ寒乎。」公笑。晏子曰、「嬰聞、古之賢君、飽而知二人之飢一、温而知二人之寒一、逸而知二人之勞一。今君不レ知也。」公曰、「善。寡人聞レ命矣。」乃令出レ裘發レ粟、與二飢寒一。令下所レ睹二于塗一者、無レ問二其郷一、所レ睹二于里一者、無レ問二其家一、循レ國計數、無レ言二其名一、士既事者兼レ月、疾者兼上歳。

孔子聞レ之曰、「晏子能明二其所一レ欲、景公能行二其所一レ善也。」

景公《けいこう》狐《こ》白裘《はくきう》を衣《き》て天《てん》の寒《さむ》きを知《し》らず晏子《あんし》諫《いさ》む　第二十

景公《けいこう》の時《とき》、雪雨《ゆきふ》ること三日《みつか》にして霽《は》れず。公《こう》、狐白《こはく》の裘《かはごろも》を被《き》て、堂《だう》の側陛《そくへい》に坐《ざ》す。晏子《あんし》入《い》りて見《まみ》え、立《た》つこと閒《しばらく》有《あ》り。公曰《こういは》く、「怪《あや》しきかな。雪雨《ゆきふ》ること三日《みつか》にして天寒《てんさむ》からず」と。晏子《あんし》對《こた》へて曰《いは》く、「天寒《てんさむ》からざるか」と。公笑《こうわら》ふ。晏子《あんし》曰《いは》く、「嬰聞《えいき》く、古《いにしへ》の賢君《けんくん》は、飽《はう》にして人《ひと》の飢《う》ゑを知《し》り、溫《あたた》かくして人《ひと》の寒《さむ》きを知《し》り、逸《いつ》にして人《ひと》の勞《つか》るるを知《し》る、と。今君知《いまきみし》らざるなり」と。公曰《こういは》く、「善《よ》し。寡人命《くわじんめい》を聞《き》かん」と。乃《すなは》ち令《れい》して裘《かはごろも》を出《いだ》し粟《ぞく》を發《はっ》して、飢寒《きかん》に與《あた》へしむ。塗《みち》に睹《み》る所《ところ》の者《もの》は、其《そ》の郷《きやう》を問《と》ふこと無《な》く、里《さと》に睹《み》る所《ところ》の者《もの》は、其《そ》の家《いへ》を問《と》ふこと無《な》く、國《くに》を循《めぐ》りて計數《けいすう》し、其《そ》の名《な》を言《い》ふこと無《な》く、士《し》の既《すで》に事《つか》ふる者《もの》は月《つき》を兼《か》ね、疾《や》める者《もの》は歳《とし》を兼《か》ねしむ。

孔子《こうし》之《これ》を聞《き》きて曰《いは》く、「晏子《あんし》は能《よ》く其《そ》の欲《ほっ》する所《ところ》を明《あき》らかにし、景公《けいこう》は能《よ》く其《そ》の善《よ》しとする所《ところ》を行《おこな》ふなり」と。

語釈　○雨　降るの意の動詞。　○霽　雨や雪がやむこと。　○狐白之裘　狐の腋の下の柔らかく白い毛皮だけで作った外套で、極めて貴重であった。　○坐堂側陛　「陛」は「階」と同じく、階段のこと。「側陛」は北側の階段。なお王念孫は、「側陛」という用例は他になく、『尚書』顧命篇など皆「側階」とあることからここも「側階」の誤りであること、また経伝中に「某所に坐す」という場合は必ず「于」字を省いてはならないことによりここでも「坐」の下に「于」字を補うべきとする。『校注』は王説に従い改めている。原文のままでも意味が通るので改めない。　○怪哉　奇怪であること。竹簡本は「異哉」に作るが、意味は変わらない。　○令出裘発粟、与飢寒　兪樾は「出裘」を国人皆に与えることは不可能であるから、これは左右の近臣に脱ぐように命じたと解して「去裘」に作る

べきであるとし、『意林』が「乃令去裘」と作っているのを是とする。また、「発粟与飢寒」はもと「発粟与飢人」と作っていたのであるが、「去裘」を誤って「出裘」としたために、「飢人」を「飢寒」に改めたのであろうし、そのうえ「飢寒」の二字では落ち着かないので、その下に「者」字を加えたのであろうが、このために『晏子』の原文から離れてしまったのだと、興味深い推理を述べている。蘇輿は兪説を是としながら、「出」には「去」の意味があるからこれを改めるのは行き過ぎであるという。王念孫、劉師培、呉則虞、張純一らは皆「以与飢寒者」に改めるべきであるという。諸説どれも傾聴に値するが、原文のままでも意味は通じるので改めない。『校注』は、「令出裘発粟、以与飢寒者」に改めている。　○士既事者　竹簡本は「出気事者」。駢宇騫『晏子春秋校釈』は、竹簡本の「出」は「士」の訛りであり、「気」は「既」に読むべきとして、伝本を是とする。「事」は仕事の意。呉則虞引く長孫元齢説は、冠婚葬祭などの用度の多いことを指すとしている。普段よりも出費がかさむために禄を倍にして与えたと解するのである。　○兼月…兼歳　「兼」は倍にするの意がある。「兼月」は二ヶ月、「兼歳」は二年の意。　○疾者　病気の者の意。竹簡本は「脊（＝瘠）者」に作る。駢宇騫は『公羊伝』何休注の「瘠とは病なり、斉人の語なり」を引いて、「疾」と「脊」（＝瘠）は意味が近いという。

口語訳　第二十章　景公が狐白裘を着て寒さに気づかなかったので晏子が諫めたこと

景公の時、雪が三日間降り続き、なお止まなかった。公は狐白裘を着て、堂の北側の階段で腰掛けていた。晏子が目通りして、その場にしばらく立っていた。公が言った、「不思議なことだ。雪が三日間も降っているのに寒くないとは」と。晏子がお答えして言う、「本当に寒くございませんか」と。公は笑った。晏子が言う、「嬰《わたくし》は、『昔の賢君は、（自身は）腹いっぱい食べていても人々が飢えに苦しんでいることを知り、暖かい暮らしをしていても人々が寒さに震えていることを知り、安楽に暮らしていても人々が苦労していることを知っていた』と聞いております。ところが今、ご主君は（このようなことは何も）ご存じありません」と。公は言った、「よかろう。寡人は（先生の）教えを聞くことにしよう」と。そこで皮衣や穀物を（政府の倉から）出して、飢えや寒さに苦しむ者たちに与えるように命じた。道端で見かけた者は、どこの村に住んでいるのかと問い質すこともせず、また村里で見かけた者は、どこの家に住んでいるのかと問い質すこともせず、国中を捜しまわって総数を数え上げただけで、名前を言わせることもせず、士で既に仕事がある者には二ヶ月分の穀物を与え、病気にかかっている者には二ヶ年分の穀物を与えさせた。

孔子がこのことを聞いて言った、「晏子は自分が望んでいる事を明らかに伝えることができ、景公は自分が善いと考え

たことを実行することができた（立派なことだ）」と。

余説　銀雀山簡墓竹簡本の本章該当部分を以下に引いておく。

•景公之□……□公曰、「異戈（哉）□□……令所堵（睹）於□……毋言其名、出氣（既）事者兼月、脊（瘠）者□歳。子曰、「晏子能明其所欲、景公能行其所善。」

（•景公之□……□公曰く、「異なるかな□□……令□に睹る所……其の名を言ふこと毋く、出でて既に事ふる者は月を兼ね、瘠める者は歳を□。子曰く、「晏子は能く其の欲する所を明らかにし、景公は能く其の善しとする所を行ふなり」と。）

ここでは、「孔子」となっていないが、本章を参照することによって「子」が孔子を指していることが分かる。だとすると、竹簡本の成書時点で、「子曰」＝「孔子曰」という了解が既に存在していたのであろうか。

景公異二熒惑守レ虚而不一レ去晏子諫　第二十一

景公之時、熒惑守二于虚一、朞年不レ去。公異レ之、召二晏子一而問曰、「吾聞レ之、人行レ善者天賞レ之、行二不善一者天殃レ之。熒惑、天罰也、今留レ虚。其孰當レ之。」晏子曰、「齊當レ之。」公不レ説曰、「天下大國十二、皆曰二諸侯一。齊*獨何以當レ之。」晏子曰、「虚齊野也。且天之下レ殃、固于二富彊一。爲レ善不レ用、出レ政不レ行、賢人使レ遠、讒人反昌、百姓疾怨、自爲祈レ祥、錄錄彊食、進レ死何傷。是以列舍無レ次、變星有レ芒、熒惑回逆、孽星在レ旁。有レ賢不レ用、安得レ不レ亡。」

景公《けいこう》熒惑虚《けいわくきょ》を守《まも》りて去《さ》らざるを異《あや》しみ晏子《あんし》諫《いさ》む　第二十一

景公《けいこう》の時《とき》、熒惑虚《けいわくきょ》に守《まも》り、朞年去《きねんさ》らず。公之《こうこれ》を異《あや》しみ、晏子《あんし》を召《め》して問《と》ひて曰《いは》く、「吾《わ》れ之《これ》を聞《き》く、人善《ひとぜん》を行《おこな》ふ者《もの》は天之《てんこれ》を賞《しやう》し、不善《ふぜん》を行《おこな》ふ者《もの》は天之《てんこれ》に殃《わざはひ》す、と。熒惑《けいわく》は、天罰《てんばつ》なり、今《いま》虚《きよ》に留《とど》まる。其《そ》れ孰《いづ》れか之《これ》に當《あた》らん」と。晏子《あんし》曰《いは》く、「齊之《せいこれ》に當《あた》らん」と。公説《こうよろこ》ばずして曰《いは》く、「天下《てんか》の大國十二《たいこくじふに》、皆諸侯《みなしよこう》と曰《い》ふ。齊獨《せいひと》り何《なに》を以《もつ》て之《これ》に當《あた》るか」と。晏子《あんし》曰《いは》く、「虚《きよ》は齊《せい》の野《や》なり。且《か》つ天《てん》の殃《わざはひ》を下《くだ》すこと、固《もと》より富彊《ふきやう》に于《お》てす。善《ぜん》を爲《な》すも用《もち》ひられず、政《せい》を出《いだ》すも行《おこな》はれず、賢人《けんじん》は遠《とほ》きに使《つか》はれ、讒人《ざんじん》は反《かへ》りて昌《さか》んに、百姓《ひやくせい》は疾怨《しつゑん》し、自《みづか》ら爲《ため》に祥《しやう》を祈《いの》り、錄錄《ろくろく》として彊食《きやうしよく》せば、死《し》に進《すす》むも何《なん》ぞ傷《いた》まん。是《ここ》を以《もつ》て列舍次《れつしやじ》無《な》く、變星芒有《へんせいばうあ》り、熒惑回逆《けいわくくわいぎやく》して、孽星《げつせい》旁《かたはら》に在《あ》り。賢有《けんあ》りて用《もち》ひ

公曰、「可レ去乎。」對曰、「可レ致者可レ去、不レ可レ致者不レ可レ去。」公曰、「寡人爲レ之若何。」對曰、「盍下去二冤聚之獄一、使レ反レ田矣、散二百官之財一、施二之民一矣、振二孤寡一而敬上老人矣。夫若レ是者、百惡可レ去。何獨是孽乎。」公曰、「善。」行レ之三月、而熒惑遷。

ずんば、安《いづく》んぞ亡《ほろ》びざるを得《え》んや」と。公曰《こういは》く、「去《さ》るべきか」と。對《こた》へて曰《いは》く、「致《いた》すべき者《もの》は去《さ》るべく、致《いた》すべからざる者《もの》は去《さ》るべからず」と。公曰《こういは》く、「寡人之《くわじんこれ》を爲《な》すこと若何《いかん》せん」と。對《こた》へて曰《いは》く、「盍《な》んぞ冤聚《あんしゆう》の獄《ごく》を去《さ》りて、田《でん》に反《かへ》らしめ、百官《ひやくくわん》の財《ざい》を散《さん》じて、之《これ》を民《たみ》に施《ほどこ》し、孤寡《こくわ》を振《すく》ひ老人《らうじん》を敬《けい》せざる。夫《そ》れ是《か》くのごとくせば、百惡《ひやくあく》も去《さ》るべし。何《なん》ぞ獨《ひと》り是《こ》の孽《げつ》のみならんや」と。公曰《こういは》く、「善《よ》し」と。之《これ》を行《おこな》ふこと三月《みつき》にして、熒惑遷《けいわくうつ》る。

校訂　＊斉独何以当之　底本は「斉独何以当」。「之」字が脱落したのであろうとする王念孫、劉師培、呉則虞らの説に従い補った。校注も改めている。

語釈　○熒惑　火星の異名、これが現れると戦争が起こり、これが消えると戦争も止むと考えられていた。『史記』天官書参照。　○虚　古代中国では、天球上の天体の位置を示すため、天の赤道周辺に二十八の星座（星宿）を設定した。天上と地上は対応していると考えられ、二十八宿は十二の領域（分野）に分割され、中国全域はそのどれかに配当され、天上のある分野に星変が有れば、対応する地上の国で異変があると考えられた。「虚」とは、その二十八宿の一、虚宿のことで、斉地は虚宿と危宿の二分野に属するとされていたのである。『漢書』地理志参照。水瓶座のβ星付近に当たるといわれる。　○朞年　「朞」は「期」と同字。丸一年のこと。　○大国十二　十二の諸侯とは、魯・斉・晋・秦・楚・宋・衛・陳・蔡・鄭・燕・呉を指す。但し、『史記』十二諸侯年表によれば、曹が滅んだのは紀元前四八七年で景公の没後であるから、このときはまだ曹を加えて十三諸侯を数えていたはずである。とすれば、本章の述作はこの前四八七年より後ということになるであろう。　○野　天の分野。「虚」の語釈参照。　○為善不用　善をなしても採用されないの意。于鬯は、原文のままでは意味を為さないから、「用」は「勇」の意に読むべきであるという。この于説に従えば、善を為そうにも勇気がないの意になる。　○政　政令、法令の意。『論語』為政篇の「道之以政、斉之以刑、民免而無恥」（之を道（みち）びくに政を以てし、之を斉（ととの）ふるに刑を以てすれば、民免かれて恥づる無し）を参照。　○昌　「盛」に同じ、さかんなこと。　○録録彊食　無理して見栄え良く偽りを飾りたてようとすること。「録録」は「碌碌」に同じ、役に立たないさま、于鬯は、「彊」は強いての意、「食」は

「飾」と同じで、偽りを飾りたてるの意、そして「録録」は「歴録」のことだという。「歴録」とは見栄え良く飾りたてているさま。于鬯説に従い訳した。　○列舎無次　「舎」は星座が宿るところ、「宿」に同じ。「列舎」は二十八宿それぞれに位置する星辰の運行の次第順序のこと。　○変星有芒　彗星が妖しく光芒を放つさま。彗星は他の恒星や惑星と異なり動きや輝きが不規則で一定しないことからこのように不吉なものとされたのであろう。　○回逆　張純一は、「回」は返るの意、「逆」は迎えるの意で、熒惑が異変に反応して、再び戻ってきて、不吉な前兆を示すことであるという。　○孽星在旁　「孽星」は災いをもたらす不吉な星の意で、彗星を指す。上文の「変星」と同じ。張純一は、妖星がその分野に居続けて去らないことであるという。　○冤聚之獄　「冤獄」は無実の罪で牢獄にあること。「聚」は「衆」に同じ、多いこと。無実の者が多く牢獄に囚われの身になっていることをいう。　○反田　牢獄から解放して家に帰し、農作業に従事させること。こうすれば、生産力も上がり、民の生活も安定する。　○振孤寡　「振」は救うの意。「孤」は孤児、「寡」は夫を亡くした婦人で、老人病人とともに保護を必要とする社会的弱者をいう。

口語訳　第二十一章　景公が火星が虚宿に居続けて去らないのを怪しんだので晏子が諫めたこと

景公の時、火星が（二十八宿の一つの）虚宿に入ったまま、丸一年しても去らなかった。公はこのことを怪しみ、晏子を召し出して尋ねて言う、「余はこのように聞いている、『人が善を行えば天はそれを賞するし、不善を行なえば天は災いを下す』と。火星は、天の罰のしるしである。今、虚宿に留まっているが、その（不吉な前兆の）火星はいったいどの国に当たっているのであろうか」と。晏子が言う、「わが斉に当たっております」と。公は不愉快に思って言った、「天下の大国は十二もあって、皆諸侯と称している。（それなのになによって）どうして斉だけがそれに当たっているのか」と。晏子が言う、「虚宿は（紛れもなく）斉の分野でございます。そのうえ天が災いを下すのは、元来、富強な大国に対してであります。（わが国では）善を行なっても採用されず、法令は出しても実行されず、賢人は疎遠にされ、よこしまな連中がかえってのさばり、人々は（ご主君を）憎み怨んでいるというのに、ご自身は吉祥を神頼みし、むりやり見栄え良く飾りたてるばかりですから、死に向かっているとしても何を悲しむことがありましょう。（当然の報いではありませんか。）このようなわけですから星の運行に順序が無くなり、（やがて）彗星が（時ならぬ妖しい）光芒を放ち、火星は再び（この分野に）戻って来て、妖星までもが傍らに現れて立ち去らないことになりましょう。賢者がいても登用しなければ、どうして滅びずにいられましょうか」と。公が言う、「去らせることができるだろうか」と。（晏子は）お答えして言う、

「来させることができたものは去らせることができますが、来させることができないものを去らせることはできません」と。公が言う、「寡人はこれをどうしたらよかろう」と。（晏子は）お答えして、「どうして多くの無実の者を獄から解放して、彼らを農作業に戻してやらないのですか、百官たちの（不正に貯めた）貨財を分けて、人民らに与えないのですか。孤児や寡婦を救い老人を敬わないのですか。いったいこのようにすれば、どんな悪事悪運も払うことができましょう。どうしてあの妖星だけということがありましょうか」と言った。公は、「善かろう」と言った。晏子の言うように実行してから三ヶ月すると、火星は移って行った。

余説 景公は天体の観察を怠ることなく、その時どきの星座の位置を正確に把握して政治に反映させていたと同時に、これに一喜一憂していたことが窺われる。これはおそらく当時の諸侯に共通する態度であったろう。こうした迷信におびえる景公に対し、晏子はどこまでも理性的現実的に君主自らが善政を敷くべきことの重要性を説く。これは本篇第十五章の趣旨と共通する点である。

「人行善者天賞之、行不善者天殃之」の語は、いわゆる天人の応報観念として中国思想において伝統的にみられるもののひとつである。また、「熒惑、天罰也」の語にみられるいわば迷信的な観念は、合理的な説明を与えられていわゆる災異思想として特に漢代になって流行した。つまり、為政者が不徳を繰り返すと天がこれを譴責するために初めに異変を示し、それでも改まらないときは災禍を下すと考えられていた。その逆が祥瑞の観念である。良いことが起きる前兆としても天は何らかの祥瑞を人に示したというのである。董仲舒にそうした災異や祥瑞の思想の典型がみられる。このようないわゆる天人相関思想は戦国時代から既に存在し、それ以降も広く長く人々に受け入れられてきており、中国思想史上の大きな特色をなしている。今日もなおこうした観念は根強いものがある。

晏子の「可致者可去、不可致者不可去」の語は、晏子の思想を考えるうえで極めて注目すべき内容を持っている。ここで「可致者」とは、斉国の政治の不安定とそれによる滅亡であり、「不可致者」とは火星や彗星の出現である。晏子は、妖星が現れても、景公のようにおびえたりはしない。なぜならそのようなかたちでの天人の相関思想には信を置いていなかったからであろう。なぜなら政治の不安定は為政者自らが招いたもの、斉国の滅亡は斉国自らに原因があるのだから、これらを防ごうと思うのならば自らの努力によってこそそれが可能であり、天文現象とは切り離して対処すべきであるというのである。政治を改善すれば妖星は去るであろうとも言っているのであるから、全く天人相関思想を否定していることにはなるまいが、こうした晏子の発想は、『荀子』天論篇の「天行有常、不為堯存、不為桀滅、応之以治則吉、応之以乱則凶。」（天行常有り、堯の為に存せず、桀の為に滅びず、之に応ずるに治を以てすれば則ち吉、之に応ずるに乱を以てすれば則ち凶）で始まる「天人の分」論に近いものがあるといえよう。

景公將レ伐レ宋曹二丈夫立而怒晏子諫　第二十二

景公擧レ兵將レ伐レ宋。師過二泰山一、公曹見二二丈夫立而怒一。其怒甚盛。公恐、覺、辟レ門召二占曹者一。至。公曰、「今夕吾曹二二丈夫立而怒一。不レ知二其所一レ言、其怒甚盛。吾猶識二其狀一、識二其聲一。」占曹者曰、「師過二泰山一而不レ用レ事、故泰山之神怒也。請趣召二祝史一祠二乎泰山一、則可。」公曰、「諾。」

明日、晏子朝見。公告レ之如二占曹之言一。公曰、「占曹者之言曰、師過二泰山一而不レ用レ事、故泰山之神怒也。今使下人召二祝史一祠上レ之。」晏子俯有レ間、對曰、「占曹者不レ識也。此非二泰山之神一、是宋之先、湯與二伊尹一也。」公疑、以爲二泰山神一。晏子曰、「公疑レ之、則嬰請、言二湯・伊尹之狀一也。湯質皙而長、顏以髯、兌上豐下、倨身而揚聲。」公曰、「然、是已。」「伊尹黑而短、蓬而髯、豐上兌下、僂身而下聲。」公曰、

景公《けいこうまさ》將に宋《そう》を伐《う》たんとして曹《ゆめ》に二《に》丈夫《ぢやうぶ》立《た》ちて怒《いか》り晏子《あんし》諫《いさ》む

第二十二

景公《けいこう》兵《へい》を擧《あ》げて將《まさ》に宋《そう》を伐《う》たんとす。師《し》、泰山《たいざん》を過《す》ぎ、公《こう》曹《ゆめ》に二《に》丈夫《ぢやうぶ》の立《た》ちて怒《いか》るを見《み》る。其《そ》の怒《いか》り甚《はなは》だ盛《さか》んなり。公《こう》恐《おそ》れて、覺《さ》め、門《もん》を辟《ひら》き占曹者《せんむしや》を召《め》す。至《いた》る。公《こう》曰《いは》く、「今夕《こんせき》吾《わ》れ二《に》丈夫《ぢやうぶ》の立《た》ちて怒《いか》るを曹《ゆめ》む。其《そ》の言《い》ふ所《ところ》を知《し》らざるも、其《そ》の怒《いか》り甚《はなは》だ盛《さか》んなり。吾《わ》れ猶《な》ほ其《そ》の狀《じやう》を識《し》り、其《そ》の聲《こゑ》を識《し》る」と。占曹者《せんむしや》曰《いは》く、「師《し》、泰山《たいざん》を過《す》ぎて事《こと》を用《もち》ひず、故《ゆゑ》に泰山《たいざん》の神《かみ》怒《いか》れるなり。請《こ》ふ趣《すみや》かに祝史《しゆくし》を召《め》して泰山《たいざん》を祠《まつ》れ、則《すなは》ち可《か》ならん」と。公《こう》曰《いは》く、「諾《だく》」と。

明日《めいじつ》、晏子《あんし》朝見《てうけん》す。公《こう》之《これ》に告《つ》ぐるに占曹《せんむ》の言《げん》のごとくせり。公《こう》曰《いは》く、「占曹者《せんむしや》の言《げん》に曰《いは》く、師《し》、泰山《たいざん》を過《す》ぎて事《こと》を用《もち》ひず、故《ゆゑ》に泰山《たいざん》の神《かみ》怒《いか》れるなり、と。今《いま》、人《ひと》をして祝史《しゆくし》を召《め》して之《これ》を祠《まつ》らしめん」と。晏子《あんし》俯《ふ》すること間《しばら》く有《あ》り、對《こた》へて曰《いは》く、「占《せん》曹《む》者《しや》識《し》らざるなり。此《こ》れ泰山《たいざん》の神《かみ》に非《あら》ず、是《こ》れ宋《そう》の先《せん》、湯《たう》と伊《い》尹《ゐん》となり」と。公《こう》疑《うたが》ひて、以《もつ》て泰山《たいざん》の神《かみ》と爲《な》す。晏子《あんし》曰《いは》く、「公《こう》之《これ》を疑《うたが》はば、則《すなは》ち嬰《えいこ》請ふ、湯《たう》・伊尹《いゐん》の狀《じやう》を言《い》はん。湯《たう》は質《しつ》皙《せき》にして長《ちやう》、顏《かほ》は以《もつ》て髯《ひげ》あり、兌上豐下《えいじやうほうか》、倨身《きよしん》にして揚聲《やうせい》なり」と。公《こう》曰《いは》く、「然《しか》り、是《こ》れのみ」と。「伊《い》尹《ゐん》は黑《くろ》くして短《たん》、

「然、是已。今若何。」晏子曰、「夫湯・太甲・武丁・祖乙、天下之盛君也、不レ宜レ無レ後。今惟宋耳。而公伐レ之。故湯・伊尹怒。請散レ師以平レ宋。」

景公不レ用、終伐レ宋。晏子曰、「公*伐ニ無罪之國一、以怒ニ明神一、不ニ易レ行以續一レ蓄、進レ師以近レ過、非ニ嬰所一レ知也。師若果進、軍必有レ殃。」軍進再舍、鼓毀將殪。公乃辭ニ乎晏子一、散レ師、不レ果レ伐レ宋。

蓬《ほう》にして髯《ひげ》あり、豐上兌下《ほうじやうえいか》、僂身《るしん》にして下《ひく》き聲《こゑ》なり」と。公曰《こういは》く、「然《しか》り、是《こ》れのみ。今若何《いまいかん》せん」と。晏子曰《あんしいは》く、「夫《そ》れ湯《たう》・太甲《たいかふ》・武丁《ぶてい》・祖乙《そいつ》は、天下《てんか》の盛君《せいくん》なり、宜《よろ》しく後《あと》無かるべからず。今惟《いま》だ宋《そう》あるのみ。而《しか》るに公之《こうこれ》を伐《う》つ。故《ゆゑ》に湯《たう》・伊尹《いゐん》怒《いか》る。請《こ》ふ師《し》を散《さん》じて以《もつ》て宋《そう》と平《たひ》らげよ」と。

景公用《けいこうもち》ひず、終《つひ》に宋《そう》を伐《う》つ。晏子曰《あんしいは》く、「公無罪《こうむざい》の國《くに》を伐《う》ちて、以《もつ》て明神《めいしん》を怒《いか》らし、行《かう》を易《か》へて以《もつ》て蓄《よしみ》を續《つな》がず、師《し》を進《すす》めて以《もつ》て過《あやま》ちに近《ちか》づくは、嬰《えい》が知《し》る所《ところ》に非《あら》ざるなり。師若《しも》し果《は》たして進《すす》まば、軍必《ぐんかなら》ず殃《わざはひ》有《あ》らん」と。軍進《ぐんすす》みて再舍《さいしや》し、鼓《こ》毀《やぶ》れて將殪《しやうたふ》る。公乃《こうすなは》ち晏子《あんし》に辭《じ》し、師《し》を散《さん》じて、宋《そう》を伐《う》つを果《は》たさず。

校訂 ＊公伐無罪之国　底本は「伐無罪之国」。元刻によって「公」字を補うべきとする黄以周の説、及び竹簡本に「公伐無罪之国」とあるのによって改めた。『校注』も「公」字を補っている。

語釈 ○宋　殷の旧都（現在の河南省商丘市）を中心とする国の名。魯の南に位置した。周の武王が殷の紂王を滅ぼしたとき、初め紂の子武庚を封じて殷の祖先の祭祀を続けさせることにしたが、後に反乱を起こしたのでこれを殺し、改めて紂王の庶兄の微子を封じ宋とした。以来、宋の国人は被征服民族として周人から蔑視され続けた。『韓非子』五蠹篇に見える「宋人株を守る」の故事は宋人の愚かしさを笑いものにした説話として最もよく知られる。　○瞢　孫星衍言う、『説文』に「瞢は、目明らかならざるなり」とあり、古くは借りて「夢」の字とした、と。夢と同じ意。　○辟　「闢」と同じ、開くの意。　○用事　祈ること、ここでは泰山の神に祈ることを指す。　○泰山　山東省にある山、標高一五四五メートル。五岳の一、当時の斉地と魯地を隔てる山地の中の最高峰。古来信仰の山として崇拝され、歴代の帝王がこの地で封禅の儀式を行ったという伝説は有名。　○趣　速やかにの意。　○請趣召祝史祠乎泰山、則可　竹簡本は「今吾欲使人誅祝史」（今吾人をして祝史を誅さしめんと欲す）とある。ここでも竹簡本の方が残酷である。「祝史」は本篇

第十二章に既出。　〇湯質晳而長、顔以髯　「質」は「形体」（体つき）、「晳」は色白、「髯」は頬髭の意。盧文弨は、『論衡』死偽篇に「湯晳以長頤以質髯」とあるのによって、この通りに改めるべきことをいう。于鬯は、「長」の下にさらに「長」字を補うべきとしたうえで、「湯質晳而長」と下文の「伊尹黒而短」、「長顔以髯」と「蓬頭而髯」（『御覧』鬚髯覧の所引に依って「頭」字を補う）とを対句として、「湯質晳而長、長顔以髯」に作るべきことをいう。呉則虞は、于説を是としつつ、「顔」を「頭」に改めるべきことをいう。張純一は、『論衡』に拠って「質」字を削除し、「顔」を「頤」に改めて「湯晳而長、頤以髯」に改めるべきことをいう。今、原文のままとする。

〇兌上豊下　孫星衍は、「兌」は鋭と同じだと言う。頭の上部すなわち頭頂部が尖っていて下部すなわち頬のあたりがふっくらしている、下ぶくれの顔の意。『論衡』は「鋭上而豊下」に作る。　〇倨身　やや前屈みの姿勢。「倨」は僅かに曲がっていること。一説に、「倨」には驕るの意があることから、傲然と胸を張るさまに解する。　〇揚声　声を張り上げること、またそのような高い声。　〇豊上兌下　「兌上豊下」の反対で、顔の上部すなわち額が広く豊かで、下部すなわちあごが細く尖っているような顔。　〇湯・太甲・武丁・祖乙　「湯」は天乙ともいい殷の初代の王。「太甲」は四代目、「武丁」は二十二代目、「祖乙」は十三代目。古く帝王は十干を以て称された。　〇請散師以平宋　竹簡本は「請散師和平」に作る。「散」はいなくなること。「散師」は軍隊を（宋の地から）引き上げること。

〇明神　既出。本篇第十四章語釈参照。　〇不易行以続蓄　孫星衍は「続蓄」を不詳とする。于鬯は、孫星衍をうかつであるとして、「蓄」の意味について『孟子』梁恵王下篇の「畜君者、好君也」（君を畜（よろこ）ぶ者は、君を好（よ）みするなり）を引いて、ここの「畜」と同じ意味で、「畜」「蓄」はともに「㜅」（媚びる、又好むの意）の仮字で、宋とのよしみを続けるの意であるという。そして「易行」については行いを改めること、すなわちこの場合は宋を伐つのをやめることにしたと解する。張純一は、「蓄」を「菑」の誤りであるとして、「既に千神怒るに、仍（な）ほ行ひを改めざれば、適（もっぱ）ら以て菑（わざはひ）を続くるのみ」の意に解すべきという。今、于説に従い訳した。　〇進師以近過、非嬰所知也　竹簡本は「進師以戦、禍非嬰之所知也」（師を進めて以て戦ふも、禍は嬰の知る所に非ざるなり）に作る。　〇再舎　軍が三十里進むことを一舎という。すなわち二日分の行程のこと。　〇鼓毀将殪　竹簡本は「將壹（＝殪）軍鼓毀」に作る。「殪」は、死ぬこと。　〇辞　「謝」と同じ、わびること。

口語訳　第二十二章　景公が宋を伐とうとしたとき夢に二人の丈夫が仁王立ちとなって怒っているのを見たので晏子が諫めたこと

景公が挙兵して宋を伐とうとした。軍隊が泰山を通りかかったころ、公は夢で二人の偉丈夫が仁王立ちとなって怒っているのを見た。その怒りかたはなみなみならぬものであった。公は恐ろしくなって、目が覚め、門を開けて夢占いを召し

出した。(夢占いの者が)来ると、公は言った、「今宵、余は夢で二人の男が仁王立ちになって怒っているのを見た。彼らが何と言っていたのかはわからないが、その怒りようはすさまじかった。余はまだその時の彼らの様子を覚えているし、声も覚えている」と。夢占いが言う、「軍隊が泰山を通過したとき祭祀をとり行わなかったために、泰山の神が怒ったのです。どうか急いで祝史を召し出し泰山をお祀り下さい、そうすればよろしいでしょう」と。公は、「承知した」と言った。

次の日、晏子がお目通りした。公が彼に夢占いから聞いたままの話をした。公は、「夢占いが言うには、軍隊が泰山を通過したとき祭祀をとり行わなかったために、泰山の神が怒ったのだそうだ。そこで今、人をやって祝史を召し出して(泰山の神を)祠らせようと思う」と言った。晏子は俯いてしばらく考え込んでから、お答えして、「夢占いにはわからないのです。それは泰山の神ではなく、宋の先祖の湯王と伊尹でございます」と言った。公は(晏子の話が)信じられず、(やはりまだ)泰山の神だと思っていた。晏子が言う、「公がお疑いならば、どうか嬰《わたくし》に湯王と伊尹の様子を言わせて下さい。湯王の容貌は色白で長身、顔には頰髭があり、頭が尖っていて下ぶくれの顔つき、前かがみで高い声で話します」と。公は、「そう、その通りだ、間違いない。」と言った。(晏子が言う、)「伊尹は色黒で背が低く、ぼさぼさ頭で頰髭があり、額が広く豊かであごが尖っていて、背が丸く低い声で話します」と。公は、「そう、その通りだ、間違いない。さて今どうしたものだろうか」と言った。晏子が言う、「そもそも(殷の)湯・太甲・武丁・祖乙は天下に盛名を馳せた名君でしたから、その子孫を絶やしてはなりません。今は、かろうじて宋国が残るだけとなっております。それなのに公はその宋を伐とうとなされた。ですから湯と伊尹が怒ったのです。どうか軍隊を撤退させて宋と和平なさいますよう」と。

しかし景公は(晏子の忠告を)聞き入れずとうとう宋を伐った。晏子が言う、「公は罪の無い国を伐って神々を怒らせ、行いを改めて(宋との)友好を続けようとなさらずに、軍隊を進めて(ご自分から)過ちに近づかれたのですから、嬰の関知する所ではありません。もしこのまま軍を進めれば、必ず災いがあることでしょう」と。軍が二日分の行程を前進したとき、軍鼓が壊れ将軍が死んだ。公はそこで晏子に詫びを言い、軍隊を撤退させて、宋の討伐を取りやめた。

余説　前章の星占いに続いて、ここでは夢占いという、もう一つの非合理の世界が批判される。本章での重点が、晏子も夢判断をして、占夢者より正確だったことにあるとみるべきではなかろう。晏子はどこまでも合理の世界で議論を推し進めようとしているからである。なぜならば、晏子の主意はあくまでも宋とは戦う理由がないのだから攻撃を仕掛けてはならないと景公を説得することにあり、その方便として夢の一件を利用したに過ぎないとみるべきだからである。

それにしても、晏子が景公の夢の中の現れた人物を、湯と伊尹であると正確に言い当てることができたのはなぜだろうか。晏子が予め湯と伊尹の風貌についての知識を持っていたからだというだけでは説明がつかない。非合理の世界をそっくり否定してしまうのではなく、そこからいわば地続きで合理の世界に景公ひいては読者をいざなうところにこの説話の構成の妙があると言うべきなのだろうか、それとも合理を主張しながらも非合理の尻尾をついに断ち切ることのできない時代的限界を意味するものと見るべきであろうか。

『論衡』死偽篇に本章を簡潔にして引用していると見られる箇所があるので、以下に引いておく。

斉景公将伐宋、師過太山。公夢二丈人立而怒甚盛。公告晏子。晏子曰、「是宋之先、湯与伊尹也。」公疑以為泰山神。晏子曰、「公疑之、則嬰請、言湯・伊尹之状。湯晳以長、頤以髯、鋭上而豊下、据身而揚声。」公曰、「然、是已。」「伊尹黒而短、蓬而髯、豊上而鋭下、僂身而下声。」公曰、「然、是已。今奈何。」晏子曰、「夫湯・太甲・武丁・祖乙、天下之盛君也、不宜無後。今唯宋耳。而公伐之。故湯・伊尹怒。請散師和於宋。」公不用、終伐宋、軍果敗。夫湯・伊尹有知、悪景公之伐宋。故見夢盛怒以禁止之。景公不止、軍果不吉。

（斉の景公将に宋を伐たんとし、師太山を過ぐ。公二丈人立ちて怒り甚だ盛んなるを夢む。公晏子に告ぐ。晏子曰く、「是れ宋の先、湯と伊尹となり」と。公疑ひて以て泰山の神と為す。晏子曰く、「公之を疑はば、則ち嬰請ふ、湯・伊尹の状を言はん。湯は晳にして以て長、頤（おとがひ）に髯（ほほひげ）を以てし、鋭上にして豊下、据（＝倨）身にして揚声なり」と。公曰く、「然り、是れのみ」と。「伊尹は黒くして短、蓬にして髯あり、豊上にして鋭下、僂身にして下（ひく）き声なり」と。公曰く、「然り、是れのみ。今奈何せん」と。晏子曰く、「夫れ湯・太甲・武丁・祖乙は、天下の盛君なり、宜しく後無かるべからず。今唯だ宋あるのみ。而るに公之を伐つ。故に湯・伊尹怒る。請ふ師を散じて宋に和せんことを」と。公用ひず、終に宋を伐ち、軍果して敗る。夫れ湯・伊尹知有り、景公の宋を伐つを悪む。故に夢に見はれて怒りを盛んにして以て之を禁止す。景公止めず、軍果して吉ならざりき。）

なお、本章に該当する部分が竹簡本に見えるので、以下に引いておこう。

・景公將伐宋、師過大（泰）山。公吾甍（夢）有二丈夫立而怒。……□志其聲。公恐、學（覺）、痛磒、辟（闢）門召占甍（夢）者曰、「今昔（夕）吾甍（夢）二丈夫立而怒、其怒甚盛、吾猶者（睹）其状、志其聲。」占甍（夢）者曰、「師過大（泰）山不用事、故

大（泰）山之神怒、趣……者之言曰、『師過大（泰）山而不用事、故大（泰）山之神怒。』今吾欲使人誅祝史。」晏子付（俯）有間、印（仰）而合（答）曰、「占甍（夢）者弗識也、是非大（泰）山之神也、是宋之先也、湯與伊尹也。」公疑、猶以爲大（泰）山。晏子曰、「公疑之、則嬰請門（問）湯……逢（豊）下、居（倨）身而陽（揚）聲。」公曰、「〔□□〕□伊尹黒以短□□以逢、逢（豊）上而兑（鋭）〔□□□〕而下聲。」公……唯宋耳、而公伐之、故湯・伊尹怒、請散師和平。……子曰、「公伐无罪之國、以怒明神、不易行□□□進師以戰、禍非嬰之所智（知）也。師若果進、軍必有戈（災）。」軍進再舍、將壹（殪）軍鼓毀。公恐、辭〔□□□□□〕、不果伐宋。

（・景公將に宋を伐たんとし、師泰山を過ぐ。公吾が夢に二丈夫立ちて怒る有り。……□其の聲を志（し）る。公恐れて、覺め、痛碩し、門を闢き占夢者を召して曰く、「今夕吾が夢に二丈夫立ちて怒り、其の怒り甚だ盛んなり、吾猶ほ其の状を睹、其の聲を志る」と。占夢者曰く、「師泰山を過ぎて事を用ひず、故に泰山の神怒れるなり、趣かに……者の言に曰く、『師泰山を過ぎて事を用ひず、故に泰山の神怒れるなり』と。今吾、人をして祝史を誅せしめんと欲す」と。晏子俯すること間有り、仰ぎて答へて曰く、「占夢者識らざるなり、是れ泰山の神に非ず、是れ宋の先、湯と伊尹となり」と。公疑ひて、猶ほ以て泰山と爲す。晏子曰く、「公之を疑はば、則ち嬰請ひ問はん湯……豊下、倨身にして揚聲なり」と。公曰く、「〔□□〕□伊尹黒くして以て短□□以て逢なり、豊上にして鋭〔□□□〕而して下き聲なり」と。公……唯だ宋あるのみ、而るに公之を伐つ、故に湯・伊尹怒る、請ふ師を散じて和平せよ。……子曰く、「公无罪の國を伐ちて、以て明神を怒らし、不行を易へて□□□師を進めて以て戰ひ、禍ひあるも嬰が知る所に非ざるなり。師若し果して進まば、軍必ず災ひ有らん」と。軍進みて再舍し、將殪れ軍鼓毀る。公恐れ、辭し〔□□□□□〕、宋を伐つを果たさず。）

景公從㆑畋十八日不㆑返㆑國晏子諫　第二十三

景公畋㆓于署梁㆒、十有八日而不㆑返。晏子自㆑國往見㆑公。比㆑至、衣冠不㆑正、不㆑革㆓衣冠㆒、望㆑游而馳。公望㆔見晏子下而急㆑帶曰、「夫子何爲遽。*國家得㆑無㆑有㆑故乎。」晏

景公《けいこう》畋《かり》に従《したが》ふこと十八日《じふはちにち》國《くに》に返《かへ》らず晏子《あんし》諫《いさ》む　第二十三

景公《けいこう》署梁《しよりやう》に畋《かり》し、十有八日《じふいうはちにち》にして返《かへ》らず。晏子《あんし》國《くに》より往《ゆ》きて公《こう》に見《まみ》ゆ。至《いた》る比《ころ》、衣冠《いくわん》正《ただ》しからざるも、衣冠《いくわん》を革《あらた》めず、游《いう》を望《のぞ》みて馳《は》す。公《こう》、晏子《あんし》下《お》りて帶《おび》を急《ひきし》むるを望見《ばうけん》して曰《いは》く、「夫子《ふうし》何爲《なんす》れぞ遽《には》かなる。國家《こつか》故有《ことあ》ること無《な》きを得《え》んや」と。晏子《あんし》

子對曰、「不二亦急一也。雖レ然、嬰願有レ復也。國人皆以レ君爲二安レ野而不レ安レ國、好レ獸而惡一レ民、毋二乃不可一乎。」公曰、「何哉。吾爲二夫婦獄訟之不一レ正乎、則泰士子牛存矣。爲二社稷宗廟之不一レ享乎、則泰祝子游存矣。爲三諸侯賓客莫二之應一乎、則行人子羽存矣。爲二田野之不レ僻、倉庫之不一レ實、則申田存焉。爲*二國家之有餘不足一乎、則吾子存矣。寡人之有二五子一、猶三心之有二四支一。心有二四支一、故心得レ佚焉。今寡人有二五子一、故寡人得レ佚焉。豈不可哉。」晏子對曰、「嬰聞レ之、與二君言一異。若乃心之有二四支一、而心得レ佚焉、可。得レ令二四支無一レ心、十有八日、不二亦久一乎。」公于レ是罷レ畋而歸。

對《こた》へて曰《いは》く、「亦急《またいそ》がざらんや。然《しか》りと雖《いへど》も、嬰願《えいねが》はくは復《まを》すこと有《あ》らん。國人皆《こくじんみな》、君《きみ》を以《もつ》て野《や》に安《やす》んじて國《くに》に安《やす》んぜず、獣《じう》を好みて民《たみ》を悪《にく》むと爲《な》さば、乃《すなは》ち不可《ふか》なること毋《な》からんや」と。公曰《こういは》く、「何《なん》ぞや。吾《わ》れ夫婦《ふうふ》獄訟《ごくしよう》を之正《これただ》さずと爲《な》すか、則《すなは》ち泰《たい》士《し》の子牛《しぎうそん》存す。社稷宗廟《しやしよくそうべう》を之享《これきやう》せずと爲《な》すか、則《すなは》ち泰祝《たいしゆく》の子游《しいう》存《そん》す。諸侯賓客《しよこうひんかく》に之應《これおう》ずること莫《な》しと爲《な》すか、則《すなは》ち行人《かうじん》の子羽《しう》存《そん》す。田野之僻《でんやこれひら》けず、倉庫之實《さうここれみた》ずと爲《な》すか、則《すなは》ち申田存《しんでんそん》す。國《こつ》家《か》の有餘不足《いうよふそく》ありと爲《な》すか、則《すなは》ち吾子存《ごしそん》せり。寡人《くわじん》の五子有《ごしあ》るは、猶《な》ほ心《こころ》の四支有《ししあ》るがごとし。心《こころ》に四支有《ししあ》り、故《ゆゑ》に心佚《こころいつ》することを得《う》。今寡人五子《いまくわじんごし》有《あ》り、故《ゆゑ》に寡人佚《くわじんいつ》することを得《う》。豈《あ》に不《ふ》可《か》ならんや」と。晏子對《あんしこた》へて曰《いは》く、「嬰之《えいこれ》を聞《き》くも、君《きみ》の言《げん》と異《こと》なり。若《も》し乃《すなは》ち心《こころ》の四支有《ししあ》りて、心佚《こころいつ》することを得《う》るは、可《か》なり。四支《しし》をして心無《こころな》からしむることを得《え》て、十有八日《じふいうはちにち》なるは、亦久《またひさ》しからずや」と。公是《こうここ》に于《お》いて畋《かり》を罷《や》めて歸《かへ》る。

校訂　＊国家得無有故乎　底本は「国家無有故乎」。孫星衍、王念孫に従い改めた。王念孫は、内篇雑上に「諸侯得微有故乎、国家得微有事乎（諸侯故有ること微（な）きを得んか、国家事有る微きを得んか）」とあるのと文義が同じであること、また『韓詩外伝』巻十、『藝文類聚』巻二十四・六十八、『太平御覧』巻三百七十・四百五十六など皆「得」字が入っていることを理由にあげる。

＊為国家之有余不足乎　底本は「為国家之有余不足聘乎」。「聘」字を衍字とする盧文弨、呉則虞の説に従い削除した。『韓詩外伝』は「為国家有余不足邪」に作っており、「聘」字がない。なお張純一は、譌脱があるために語意不明であるとして、原文のままにしている。

語釈　○畋　「田」と同じ、狩りのこと。畋猟また田猟ともいう。　○署梁　地名と思われるが不詳。　○比至　「比」は頃、時期の

意。　○衣冠不正、不革衣冠、望游而馳　これらは皆晏子についての描写である。「望游而馳」の解釈には二通りある。孫星衍は、「游」は『説文』に「游とは、旌旗の流なり」とあるのに基づき、景公の狩猟の際の旗印として解する。于鬯は、「望游」は「望羊」に通じ、さらにこの「望羊」は「仿佯」（ぶらぶらとさまようさま）と同じ意味だという。『韓詩外伝』にはこの句がない。今、孫説に従い訳す。　○下而急帯　孫星衍は、もともと「帯」と「労」が形が似て誤りやすいことを理由に「下而逆労」（下りて逆（むか）へ労（ねぎら）ふ）に改めるべきという。張純一も、原文のままでは意味をなさないとして孫説に従って改めるべきという。しかし、長孫元齢は、「急帯」は「緩帯」と対をなす語で、威儀を整え厳かにする意に解し、これを「逆労」に改めるのは牽強の恐れありとする。長孫説に従い原文のまま訳す。なお『集釈』の句読からみると、呉則虞はこの句の主語を景公としているようである。　○有故　面倒な出来事が起こるの意。　○不亦急也。　反語の句法。とても急いでいることをいう。『韓詩外伝』はここを「然、有急」（然り、急ぐこと有り）と作っている。　○復　問いかけに対し答を返す意。「白」「告」と同じ。「もうす」の意も併せもつ。　○安野而不安国　『校注』は「安于野而不安于国」に改めている。その方が文法的には明確になるが、原文のままでも意味が通じるので改めない。　○吾為夫婦獄訟之不正乎　王念孫は「吾」を衍字とし、陶鴻慶、劉師培、張純一らは「若」の誤りとするが、原文のままでも意味は通る。　○泰士子牛「泰士」は裁判を司る官。「子牛」は人名。『韓詩外伝』は「大理子幾」に作る。　○享　「祭」に同じ。　○泰祝子游　「泰祝」は祭祀を司る官。「子游」は人名。『韓詩外伝』は「祝人太宰」に作る。　○行人子羽　「行人」は外交を司る官。「子羽」は人名。『韓詩外伝』は「行人子牛」に作る。　○辟　「闢」と同じ、開く、開墾するの意。　○倉庫之不実　『校注』は、上文の語法に揃えるべきであるとの蘇輿の説に従い「乎」字を補って「倉庫之不実乎」に改めている。また呉則虞は、「庫」を『御覧』巻三百七十六が「廩」（りん、倉の意）に作るのに拠って、形が似て譌ったのであろうから「廩」に改めるべきという。　○申田存焉　「申田」を、孫星衍は人名とするが、兪樾は「申」と「司」は古く通用していたので、「申田」は「司田」すなわち農業を司る官であるという。なお、『校注』は上文の語法に揃えて「申田存矣」に改めている。『韓詩外伝』には農業関係を述べたこの一句に該当する記述がない。　○有余不足乎　呉則虞は原文にあった「聘」を削除しているが、『校注』は原本のまま、文意不明としている。国庫の財政に余ったところと不足したところとの不均衡があるとの意に解しておく。　○吾子　あなたの意、相手を親しんで呼ぶときに用いる。　○四支　四肢に同じ、両手両足のこと。　○嬰聞之、与君言異　張純一は「嬰所聞与君言異」に作るべきではないかという。確かに意味はこの通りであろうが、今、原文のままとする。　○若乃心之有四支、而心得佚焉、可、得令四支無心　王念孫は、「…、而心得佚焉則可。令四支無心、…」（…、心佚することを得れば則ち可なり。四支をして無心ならしめ、…）に改めるべきという。于鬯はこの王説を改書であってもはや校書ではないと批判して、「…而心得佚、焉可得令、四支無心…」（…心佚することを得れば、焉んぞ令を得べけんや。四支心無ければ…）

のように句読を切って読むべきことをいう。呉則虞は、この于説を迂曲として批判し、「…而心得佚焉可。得令四支無心…」（…心佚することを得るは、可なり。四支をして心無からしむることを得て…）のように句読を切って読むべきであるという。どの説を取っても、意味は大きく変わらない。今、呉説に従っておく。なお『校注』は王説に従って改めている。

口語訳　第二十三章　景公が狩りに行ったまま十八日間国都に帰らないので晏子が諫めたこと

景公が署梁の地で狩りをしたとき、十八日たっても帰ってこなかった。晏子が国都から会いに出かけていった。着く頃には（晏子の）衣冠はすっかり乱れてしまっていたのに、それを改めようともせず、（景公の）旗印を目指して駆けつけた。公は晏子が馬車を下りて急いで帯を締めなおしているところを遠くから見やって言った、「先生はなぜ急いでおられるのですか。国家に何か大事が起きたのでしょうか」と。晏子がお答えして、「どうして急がずにおれましょう。急いではおりますものの、嬰《わたくし》は（この場でどうしても）申し上げたいことがございます。国人が皆ご主君が野原（での狩り）を楽しみ国（の政治）を楽しまず、獣を好んで民を嫌っていると考えているとしたら、どうして（そのようなふるまいが）許されましょうか」と言った。公は、「どういうことだ。余が夫婦間の裁きで不公正をなしているというのか、それなら泰士の子牛がいるぞ。社稷・宗廟の祭りをしていないというのか、それなら泰祝の子游がいるぞ。諸侯賓客をもてなしていないというのか、それなら行人の子羽がいるぞ。田野が開墾されず、倉庫が一杯になっていないというのか、それなら申田がいるぞ。国庫に余ったところと足りないところ（の不均衡）を生じさせているというのか、それならそなたがいるではないか。寡人にこの五人がいること、ちょうど心が両手両足を備えているようなものだ。心に両手両足が備わっているから、心が安逸になれる。今、寡人に五人（の部下）がいるからこそ、寡人はのんびりしていられるのだ、これがどうしていけないことがあろう」と言った。晏子がお答えして、「嬰が聞いておりますことは、主君のお言葉とは違っております。すなわちもし心が両手両足を備えていて、心が安逸になれることはよいとしても、両手両足が心（の指図を）を失って十八日間というのは、何とも長すぎはしないでしょうか」と言った。公はそこで狩りをやめて帰った。

余説　『孟子』公孫丑上篇に「惻隠の心は、仁の端なり。羞悪の心は義の端なり。辞譲の心は礼の端なり。是非の心は、智の端なり。人の是の四端有るや、猶ほ其の四体有るがごときなり」とある「四体」は、本章の「四支」と同じ。また、『荀子』天論篇に「耳目鼻口形

態は各々接すること有りて相能くせざるなり。夫れ是れを天官と謂う。心、中虚に居りて以て五官を治む。夫れ是れを天君と謂う。」とあるのは、心と五官の関係を君主と臣下の関係に比定している点において本章と同じ発想である。

同様の説話が『韓詩外伝』巻十にも見えるので、以下にそれを引いておく。

斉景公出田、十有七日而不反。晏子乗而往、比至、衣冠不正。景公見而怪之曰、「夫子何遽乎。得無有急乎。」晏子対曰、「然、有急。国人皆以君為悪民好禽。臣聞之、魚鼈厭深淵而就乾浅故得於釣網、禽獣厭深山而下於都沢故得於田猟。今君出田、十有七日而不反。不亦過乎。」景公曰、「不然。為賓客莫応待邪、則行人子牛在。為宗廟而不血食邪、則祝人太宰在。為獄不中邪、則大理子幾在。為国家有余不足邪、則巫賢在。寡人有四子、猶有四肢也而得代焉。令四肢無心十有七日、不死乎。」晏子曰、「然。人心有四肢而得代焉、則善矣。令四肢無心十有七日、不死乎。」景公曰、「善哉。」言遂援晏子之手、与驂乗而帰。若晏子者、可謂善諫者矣。

（斉の景公田に出で、十有七日にして反（かへ）らず。晏子乗りて往き、至る比（ころ）、衣冠正しからず。景公見て之を怪しみて曰く、「夫子何ぞ遽かなるか。急ぐこと有る無きを得んか」と。晏子対へて曰く、「然り、急ぐこと有り。国人皆君を以て民を悪み禽を好むと為す。臣之を聞く、魚鼈は深淵を厭ひて乾浅に就くが故に釣網に得られ、禽獣は深山を厭ひて都沢に下るが故に田猟に得らる、と。今君田に出で、十有七日にして反らず、亦た過ぎざるか」と。景公曰く、「然らず。賓客の為に応待すること莫きか、則ち行人子牛在り。宗廟の為にして血食せざるか、則ち祝人太宰在り。獄の為に中らざるか、則ち大理子幾在り。国家の為に有余不足するか、則ち巫賢在り。寡人の四子有ること、猶ほ四肢有るがごとくして、代はるを得たり。患（うれ）ふべからず」と。晏子曰く、「然り。人心四肢有りて代はるを得れば、則ち善し。四肢をして心無からしむること十有七日なれば、死せざらんや」と。景公曰く、「善きかな」と。言ひて遂に晏子の手を援（ひ）き、与に驂乗して帰る。晏子のごとき者は、善く諫むる者と謂ふべし。）

全体の趣旨はいささかも変わりないが、行文に相当の異同があることが注意されよう。

景公欲㆑誅㆓駭㆑鳥野人㆒晏子諫　第二十四

景公射㆑鳥。野人駭㆑之。公怒、令㆓吏誅㆑之。晏子曰、「野人不㆑知也。臣聞、賞㆑無㆑功、謂㆓之亂㆒、罪㆑不㆑知、謂㆓之虐㆒。兩者、

景公鳥《けいこうとり》を駭《おどろ》かせし野人《やじん》を誅《ちゆう》さんと欲《ほっ》し晏子《あんし》諫《いさ》む　第二十四

景公鳥《けいこうとり》を射《い》る。野人之《やじんこれ》を駭《おどろ》かす。公怒《こういか》り、吏《り》をして之《これ》を誅《ちゆう》せしむ。晏子曰《あんしいは》く、「野人知《やじんし》らざるなり。臣聞《しんき》く、功無《こうな》きを賞《しやう》する、之《これ》を亂《らん》と謂《い》ひ、知《し》らざるを罪《つみ》する、之《これ》を虐《ぎやく》と謂《い》ふ、と。兩《りやう》

先王之禁也。以二飛鳥一犯二先王之禁一、不可。今君不レ明二先王之制一、而無二仁義之心一。是以從レ欲而輕レ誅。夫鳥獸、固人之養也。野人駭レ之、不二亦宜一乎。」公曰、「善。自レ今已後、弛二鳥獸之禁一、無二以苛一レ民也。」

者《しや》は、先王《せんわう》の禁《きん》なり。飛鳥《ひてう》を以《もつ》て先王《せんわう》の禁《きん》を犯《をか》すは、不可《ふか》なり。今《いま》、君《きみ》、先王《せんわう》の制《せい》に明《あき》らかならずして、仁義《じんぎ》の心《こころ》無《な》し。是《ここ》を以《もつ》て欲《よく》を從《ほしいまま》にして誅《ちゆう》を輕《かろ》んず。夫《そ》れ鳥獸《てうじう》は、固《もと》より人《ひと》の養《やう》なり。野人之《やじんこれ》を駭《おどろ》かすは、亦《ま》た宜《むべ》ならずや」と。公曰《こういは》く、「善《よ》し。今《いま》より已後《いご》、鳥獸《てうじう》の禁《きん》を弛《ゆる》め、以《もつ》て民《たみ》を苛《か》すること無《な》からん」と。

語釈　〇野人　田舎者。　〇駭　驚かすの意。『説文』に「駭とは驚なり」とある。　〇従欲　「従」は「縦」と同じ、欲しいままにすること。　〇固人之養也　もともと人が飼育しているの意。「養」は飼育すること。なお『御覧』巻九十四の所引は「故非人所養」（もともと人が飼育しているのではない）に作っており、その方がわかりやすい。なぜなら、ここで狩りの獲物となったのは当然野生の鳥のはずだからである。今、原文のままで意味が通るように訳しておく。　〇自今已後　王念孫は「自今已来」とするのが正しいという。『校注』は王説に従って改めている。

口語訳　第二十四章　景公が鳥を驚かして逃がした田舎者を処刑しようとしたので晏子が諫めたこと

景公が鳥を射止めようとしていたとき、ある田舎者がその鳥を驚かし（て逃がしてしまっ）た。公は怒り、役人に命じて彼を処刑させようとした。晏子が、「その者は（ご主君が狙っている獲物とは）知らずにしてしまったのです。臣《わたくし》は、『功績のない者を賞するのを「乱」といい、知らずにした者を処罰するのを「虐」という』と聞いています。このふたつは、先王の（定めた）戒めです。空を飛ぶ鳥（ごとき）で先王の戒めを破るのはいけません。今、ご主君は先王の定めをよく知らないばかりか、そのうえ仁義の心さえ持ち合わせておられません。このためにご自分の好き勝手をなさり軽々しく（民を）処罰しようとしておられるのです。そもそも鳥や獣は、もともと人々が飼育しているのですから、かの田舎者が驚かし（て取り逃がさせ）たのも、もっともなことではありませんか」と言った。公が、「よろしい。今より以後、鳥獣捕獲の禁令を緩和して、民をいじめることがないようにしよう」と言った。

余説　『管子』法禁篇に「聖王之禁」として二十数ヶ条が見えているが、本章にある「賞無功、謂之乱、罪不知、謂之虐」に当たる条文

はない。このいわゆる「先王之禁」とは、古来斉国で伝わる禁令なのか、それとも『管子』法禁篇にみえる「聖王之禁」と同じで漠然と古代の王が定めた禁令というほどの意味なのか。

景公所レ愛馬死欲レ誅二圉人一晏子諫　第二十五

景公使三圉人養二所レ愛馬一、暴死。公怒、令三人操レ刀解二養レ馬者一。是時晏子侍レ前。左右執レ刀而進。*晏子止レ之而問二于公一曰、「堯舜支二解人一、從二何軀一始。」公瞿然曰、「從二寡人一始。」遂不二支解一。公曰、「以屬レ獄。」晏子曰、「此不レ知二其罪一而死。*臣請爲レ君數レ之、使レ知二其罪一、然後致二之獄一。」公曰、「可。」晏子數レ之曰、「爾罪有レ三。公使二汝養レ馬而殺レ之、當レ死罪一也。又殺下公之所二最善一馬上、當レ死罪二也。使下公以二一馬之故一而殺上レ人。百姓聞レ之、必怨二吾君一、諸侯聞レ之、必輕二吾國一。汝殺二公馬一、使下怨積二于百姓一、兵弱中于隣國上。汝當レ死罪三也。今以屬レ獄。」公喟然歎曰、「夫子釋レ之。夫子釋レ之。勿レ傷二吾仁一也。」

景公《けいこう》愛《あい》する所《ところ》の馬《うま》死《し》して圉人《ぎょじん》を誅《ちゅう》さんと欲《ほっ》し晏子《あんし》諫《いさ》む　第二十五

景公《けいこう》圉人《ぎょじん》をして愛《あい》する所《ところ》の馬《うま》を養《やしな》はしめしに、暴《には》かに死《し》す。公《こう》怒《いか》り、人《ひと》をして刀《かたな》を操《と》りて馬《うま》を養《やしな》ふ者《もの》を解《と》かしむ。是《こ》の時《とき》晏《あん》子《し》前《まへ》に侍《じ》す。左右《さいう》刀《かたな》を執《と》りて進《すす》む。晏子《あんし》之《これ》を止《とど》めて公《こう》に問《と》ふて曰《いは》く、「堯舜《げうしゅん》、人《ひと》を支解《しかい》するとき、何《いづ》れの軀《く》より始《はじ》めたるか」と。公《こう》瞿然《くわくぜん》として曰《いは》く、「寡人《くわじん》より始《はじ》む」と。遂《つひ》に支解《しかい》せず。公《こう》曰《いは》く、「以《もつ》て獄《ごく》に屬《しょく》せよ」と。晏子《あんし》曰《いは》く、「此《こ》れ其《そ》の罪《つみ》を知《し》らずして死《し》するなり。臣《しん》請《こ》ふ、君《きみ》の爲《ため》に之《これ》を數《せ》めて、其《そ》の罪《つみ》を知《し》らしめ、然《しか》る後《のち》に之《これ》を獄《ごく》に致《いた》さん」と。公《こう》曰《いは》く、「可《か》なり」と。晏子《あんし》之《これ》を數《せ》めて曰《いは》く、「爾《なんぢ》が罪《つみ》三《さん》有《あ》り。公《こう》汝《なんぢ》をして馬《うま》を養《やしな》はしめしに之《これ》を殺《ころ》すは、死《し》に當《あた》る罪《つみ》の一なり。又《また》公《こう》の最《もつと》も善《よ》みする所《ところ》の馬《うま》を殺《ころ》すは、死《し》に當《あた》る罪《つみ》の二なり。公《こう》をして一馬《ば》の故《ゆゑ》を以《もつ》て人《ひと》を殺《ころ》さしむ。百姓《ひやくせい》之《これ》を聞《き》けば、必《かなら》ず吾《わ》が君《きみ》を怨《うら》み、諸侯《しよこう》之《これ》を聞《き》けば、必《かなら》ず吾《わ》が國《くに》を輕《かろ》んぜん。汝《なんぢ》、公《こう》の馬《うま》を殺《ころ》して、怨《うら》みを百姓《ひやくせい》に積《つ》ましめ、兵《へい》を隣國《りんこく》より弱《よわ》からしむるは、汝《なんぢ》が死《し》に當《あた》る罪《つみ》の三なり。今以《いまもつ》て獄《ごく》に屬《しょく》す」と。公《こう》喟《き》然《ぜん》として歎《たん》じて曰《いは》く、

「夫子《ふうし》之《これ》を釋《ゆる》せ。夫子《ふうし》之《これ》を釋《ゆる》せ。吾《わ》が仁《じん》を傷《そこな》ふこと勿《な》かれ」と。

校訂　＊晏子止之　底本は「晏子止」。原文のままでは語意が不完全だとする王念孫説に従い改めた。
＊臣請為君数之　底本は「臣為君数之」。『説苑』正諫篇が「臣請為君数之」に作っていること、また『群書治要』巻三十三、『藝文類聚』巻二十四・九十三、『太平御覧』巻四百五十六・八百九十六等の所引が皆「請数之」に作っていることから、「請」字を補って「臣請為君数之」に改めるべきとする王念孫の説に従い改めた。『校注』は王説に従い改めている。

語釈　○圉人　宮中で動物の飼育を管理する役人、また馬飼い。『説文』に「馬を掌る者」とある。王念孫は本文にはもと「圉」字はなく「人」とだけあったのを、後人が『説苑』に依って加えたのであろうとし、標題もと「景公所愛馬死欲誅養馬者」と作っていたはずであると推理する。今、原文のままとする。　○暴死　「暴」は「にわかに」の意。王念孫は「暴死」の二字では文義不明であること、『群書治要』『藝文類聚』『太平御覧』等の所引に「暴病死」もしくは「馬病死」とあるのは義においてすぐれているとして、「暴病死」に改めるべきことをいう。『校注』は王説に従い改めているが、今、原文のままとする。　○解　下文の「支解」と同じで、手足をばらばらに切り離して死に至らしめるという、古代中国で最も残酷な処刑法の一つ。　○堯舜支解人　王念孫は、語意が唐突であるから、『群書治要』のように「敢問古時」の四字が「堯舜支解人」の前に置かれるべきであるという。張純一は、上文に「問」字があるから「敢問」の二字は省いてもよく、「古時」の二字だけを加えるべきという。　○公矍然　きょろきょろとあたりを見回すさま。王念孫は、「公懼然（くぜん）」に改めるべきであるという。「懼然」とは「瞿然」に同じで、驚くさまをいう。景公が晏子の言葉に思わずうろたえたさまをいうのであるから、どちらでも通じるので、原文のままとする。『校注』は王説に従い改めている。　○公曰、以属獄　「属」は、繋ぐの意。蘇輿は「公曰」二字を衍字とする。呉則虞は、蘇説を非として、記述者の言である「遂不支解」と公の言である「以属獄」は当然区別されるためにも「公曰」の二字は衍字であるはずがないという。　○数　責める、また罪を一つ一つ数え上げるの意。　○使知其罪　『校注』は、蘇輿説に従い『群書治要』に拠って「自」字を補い、「使自知其罪」に改めている。　○致之獄　『校注』は、孫星衍説に従い『太平御覧』巻四百五十六に拠って「属之獄」に改めている。　○汝殺公馬　『校注』は、孫星衍説に従い『太平御覧』に拠って「一」字を補い「汝一殺公馬」に改めている。　○使怨積于百姓　『校注』は、『太平御覧』巻四百五十六に拠って「公」字を補い「使公怨積于百姓」に改めている。　○汝当死罪三也　『校注』は、蘇輿説に従い「汝」字を衍字として削除し「当死罪三也」に改めている。陶鴻慶は、この「汝」はもと「今以」の下にあったものが伝写の過程で脱落し、後の校者が誤って「当死罪」の上に補って

しまったのであろうという。諸説あるが、今、原文のままとする。

口語訳　第二十五章　景公が大切にしていた馬が死に馬飼いを処刑しようとしたので晏子が諫めたこと

景公が馬飼いに愛馬の世話をさせていたところ、（その愛馬が）突然死んでしまった。公は怒り、人に命じて刀でもってその馬の世話をしていた者の手足を切り離させようとした。この時、晏子が（公の）前に控えていた。左右の近臣が刀を手に持って進み出た。晏子は彼らを止めて公に尋ねて、「かの堯・舜が罪人を支解の刑に処するとき、体のどの部分から始めたかご存知でしょうか」と言った。公は（うろたえて）あたりをきょろきょろしながら「（これは）寡人が始めたことだ」と言って、そのまま支解はとりやめた。公が、「（その者を）獄に繋いでおけ」と言った。晏子は言う、「この者は自分の罪状も知らずに死ぬこととなりましょう。どうか臣《わたくし》にご主君の代わりにこの者の罪を数え上げ、自分の罪のほどをわからせたうえで、獄に放り込むことにいたしましょう」と。公は、「よかろう」と言った。晏子は罪を責めたてながら、「お前の罪状は三つあるぞ。公がお前に馬のお世話をさせたのにこれを殺してしまったこと、死に値する罪のその一である。さらに公が最も大切にされていた馬を殺してしまったこと、死に値する罪のその二である。公に一匹の馬ごときのために人を殺そうとさせたこと。人々がこのことを聞けば、必ずやわが君を怨み、諸侯がこのことを聞けば、必ずわが国を軽んずることになろう。お前は公の馬を殺したうえ、怨みを人々（の胸中）に募らせ、軍隊を隣国よりも弱くしてしまうこと、お前が死に値する罪のその三である。よって今、獄に繋ぐのだぞ」と言った。公が深くため息をついて、「先生、彼を釈放してください。先生、彼を釈放してください。私の（主君としての）仁徳を傷つけないでほしい。」と言った。

余説　晏子の弁論は思わず喝采を叫びたいほどに見事である。晏子に堯舜が人を支解するとき体のどの部分から始めたのかと問われたとき、景公は堯舜が人を支解したなどという話をかつて聞いたことがなかったことに思い当たった。そして次の瞬間、かねてから堯舜に少しでもあやかりたいと念願する景公は、自分がこれからしようとしていることが確かに堯舜の道に外れる行為であることに思い至った。こうして晏子の巧みな誘導によって景公は怒りが鎮まり、反省の思いが兆してきたのである。この結果、「寡人より始む」というまさに晏子の問の真意を悟ったからに違いない返答が景公の口をついて出たのである。

『韓非子』の説難篇にもあるように、正論がいつも人を説得できるわけではない。まして専制権力を欲しいままにする君主を正論で諫めることなど不可能に近い。従って、問題はその正論を如何に相手が受け入れるように説得するかである。弁論の難しさはまさにそこにある。景公が「夫子釈之。夫子釈之。勿傷吾仁也。」というとき、彼が見事に晏子に説得されたことが手に取るようにわかるではないか。景公は、自分の考えに正面から反対されたのではなく、自分の考えやしようとしていることが、客観的にどのような結果をもたらすかを自分で考えるように仕向けられたのだ。晏子は景公を反論できないまでに説得したのではない。もちろん景公の君主としての体面を傷つけるなどということは微塵もない。君主とは如何に振る舞うべきかを深く反省させたのだ。晏子は、このときも勝ち誇ったように意気揚々と景公の前に立っていたのではあるまい。しばらくは景公がどのように考えるかじっと見守り、やがてほっと安堵したに違いない。

『説苑』正諫篇に同様な説話があるので以下に引いておく。

　景公有馬、其圉人殺之。公怒、援戈将自撃之。晏子曰、「此不知其罪而死。臣請、為君数之、令知其罪而殺之。」公曰、「諾。」晏子挙戈而臨之曰、「汝為吾君養馬而殺之、而罪当死。汝使吾君以馬之故殺圉人、而罪又当死。汝使吾君以馬故殺人、聞於四隣諸侯、汝罪又当死。」公曰、「夫子釈之、夫子釈之、勿傷吾仁也。」

（景公馬有り、其の圉人之を殺す。公怒り、戈（か）を援（ひ）きて将に自ら之を撃たんとす。晏子曰く、「此れ其の罪を知らずして死す。臣請ふ、君の為に之を数（せ）め、其の罪を知らしめて之を殺さん」と。公曰く、「諾」と。晏子戈を挙げて之に臨みて曰く、「汝吾が君の為に馬を養ひて之を殺す、而（なんぢ）の罪死に当る。汝吾が君をして馬の故を以て圉人を殺さしむ、而の罪又死に当る。汝吾が君をして馬の故を以て人を殺し、四隣諸侯に聞こえしむ、汝の罪又死に当る」と。公曰く、「夫子之を釈せ、夫子之を釈せ、吾が仁を傷ふ勿かれ」と。

また、関連する説話が『韓詩外伝』巻八にも見えるので、以下に引いておく。

斉有得罪於景公者。景公大怒、縛置之殿下、召左右肢解之。敢諫者誅。晏子左手持頭、右手磨刀、仰而問曰、「古者明王聖王其肢解人、不審従何肢解始也。」景公離席曰、「縦之。罪在寡人。」詩曰、好是正直。

（斉に罪を景公に得る者有り。景公大いに怒り、縛りて之を殿下に置き、左右を召して之を肢解せしむ。敢へて諫むる者は誅す。晏子左手に頭を持ち、右手に刀を磨し、仰ぎて問ひて曰く、「古者明王聖王其の人を肢解するに、何れの肢解より始めたるかを審かにせざるなり」と。景公席を離れて曰く、「之を縦（ゆる）せ。罪は寡人に在り」と。詩に曰く、「好ましきは是れ正直なり、と。）

本章の説話は、ちょうどこの二つの説話を合わせた内容になっていることに気付く。

内篇諫上第一　終わり

晏子春秋卷第二

內篇諫下第二

景公藉重而獄多欲レ託二晏子一晏子諫　第一

景公藉重而獄多、拘者滿レ圄、怨者滿レ朝。晏子諫、公不レ聽。公謂二晏子一曰、「夫獄、國之重官也。願託二之夫子一。」晏子對曰、「君將レ使三嬰勑二其功一乎。則嬰有二壹*妾能一レ書、足二以治一レ之矣。君將レ使三嬰勑二其意一乎。夫民無乙欲下殘二其家室之生一、以奉中暴上之僻上者甲、則君使二吏比而焚一レ之而已矣。」景公不レ說曰、「勑二其功一則使二壹妾一、勑二其意一則*比而焚。如レ是、夫子無二所謂能治一レ國乎。」晏子

景公藉重《けいこうせきおも》く獄多《ごくおほ》くして晏子《あんし》に託《たく》さんと欲《ほっ》し晏子《あんし》諫《いさ》む　第一

景公藉重《けいこうせきおも》くして獄多《ごくおほ》く、拘者《こうしゃ》は圄《ぎょ》に滿《み》ち、怨者《あんしゃ》は朝《てう》に滿《み》つ。晏子《あんし》諫《いさ》むれども、公聽《こうき》かず。公晏子《こうあんし》に謂《い》ひて曰《いは》く、「夫《そ》れ獄《ごく》は、國《くに》の重官《ちゆうくわん》なり。願《ねが》はくは之《これ》を夫子《ふうし》に託《たく》せん」と。晏子《あんし》對《こた》へて曰《いは》く、「君將《きみまさ》に嬰《えい》をして其《そ》の功《こう》を勑《ただ》さしめんとするか。則《すなは》ち嬰《えい》に壹妾《いっせふ》の書《しよ》を能《よ》くするもの有《あ》らば、以《もっ》て之《これ》を治《をさ》むるに足《た》らん。君《きみ》將《まさ》に嬰《えい》をして其《そ》の意《い》を勑《ただ》さしめんとするか。夫《そ》れ民《たみ》は其《そ》の家室《かしつ》の生《せい》を殘《そこな》ひて、以《もっ》て暴上《ばうじやう》の僻《へき》に奉《ほう》ぜんと欲《ほっ》する者無《ものな》ければ、則《すなは》ち君《きみ》、吏《り》をして比《つら》ねて之《これ》を焚《や》かしめんのみ」と。景公說《けいこうよろこ》ばずして曰《いは》く、「其《そ》の功《こう》を勑《ただ》すには則《すなは》ち壹妾《いっせふ》を使《つか》ひ、其《そ》の意《い》を勑《ただ》すに

曰、「嬰聞與君異。今夫胡狢戎狄之蓄狗也、多者十有餘、寡者五六、然不相害傷。今束鷄豚妄投之、其折骨決皮、*可立見也。且夫上正其治、下審其論、則貴賤不相踰越。今君擧千鍾爵祿、而妄投之于左右、左右爭之、甚于胡狗。而公不知也。寸之管無當、天下不能足之以粟。今齊國丈夫畊、女子織、夜以接日、不足以奉上。而君側皆雕文刻鏤之觀、此無當之管也。而君終不知。五尺童子、*操寸之熛、天下不能足以薪。今君之左右、皆操熛之徒。而君終不知。鐘鼓成肆、干戚成舞、雖禹不能禁民之觀。且夫飾民之欲、而嚴其聽、禁其心、聖人所難也。而況奪其財而飢之、勞其力而疲之、常致其苦、而嚴聽其獄、痛誅其罪。非嬰所知也。」

は則《すなは》ち比《つら》ねて焚《や》く。是《か》くのごとくんば、夫子《ふうし》は所謂《いはゆる》能《よ》く國《くに》を治《をさ》むること無《な》きか」と。晏子《あんし》曰《いは》く、「嬰《えい》が聞《き》くこと君《きみ》と異《こと》なれり。今夫《いまか》の胡狢戎狄《こばくじうてき》の狗《いぬ》を蓄《やしな》ふや、多《おほ》き者《もの》は十有餘《じふいうよ》、寡《すくな》き者《もの》は五六、然《しか》れども相害傷《あひがいしやう》せず。今鷄豚《いまけいとん》を束《つか》ねて妄《みだ》りに之《これ》に投《とう》ぜば、其《そ》の骨《ほね》を折《を》り皮《かは》を決《けつ》せんこと、立《た》ちどころに見《み》るべきなり。且《か》つ夫《そ》れ上《かみ》其《そ》の治《ち》を正《ただ》し、下《しも》其《そ》の論《りん》を審《つまび》らかにせば、則《すなは》ち貴賤《きせん》相踰《あひゆ》越《あつ》せざらん。今君千鍾《いまきみせんしよう》の爵祿《しやくろく》を擧《あ》げて、妄《みだ》りに之《これ》を左右《さいう》に投《とう》じ、左右《さいう》の之《これ》を爭《あらそ》ふこと、胡狗《こく》よりも甚《はなは》だし。而《しか》るに公《こう》は知《し》らざるなり。寸《すん》の管《くだ》も當無《そこな》ければ、天下《てんか》之《これ》に足《た》らしむるに粟《ぞく》を以《もつ》てすること能《あた》はず。今齊國《いませいこく》は丈夫畊《ぢやうふたがや》し、女子《ぢよし》織《はたお》り、夜《よ》以《もつ》て日《ひ》に接《つ》げども、以《もつ》て上《かみ》に奉《ほう》ずるに足《た》らず。而《しか》して君《きみ》の側《かたはら》に皆雕文刻鏤《みなてうぶんこくろう》の觀《くわん》あるは、此《こ》れ當無《そこな》しの管《くだ》なり。而《しか》るに君終《きみつひ》に知《し》らず。五尺《ごしやく》の童子《どうじ》、寸《すん》の熛《へう》を操《と》らば、天下《てんか》足《た》らしむるに薪《まき》を以《もつ》てすること能《あた》はず。今君《いまきみ》の左右《さいう》は、皆熛《みなへう》を操《と》るの徒《と》なり。而《しか》るに君終《きみつひ》に知《し》らず。鐘鼓肆《しようこし》を成《な》し、干戚舞《かんせきまひ》を成《な》せば、禹《う》と雖《いへど》も民《たみ》の觀《み》るを禁《きん》ずること能《あた》はず。且《か》つ夫《そ》れ民《たみ》の欲《よく》を飾《かざ》りて、其《そ》の聽《てう》を嚴《げん》にし、其《そ》の心《こころ》を禁《きん》ずるは、聖人《せいじん》の難《かた》しとする所《ところ》なり。而《しか》るを況《いは》んや其《そ》の財《ざい》を奪《うば》ひて之《これ》を飢《う》ゑしめ、其《そ》の力《ちから》を勞《らう》して之《これ》を疲《つか》らし、常《つね》に其《そ》の苦《く》を致《いた》して、嚴《げん》に其《そ》の獄《ごく》を聽《き》き、痛《いた》く其《そ》の罪《つみ》を誅《せ》むるをや。嬰《えい》の知《し》る所《ところ》に非《あら》ざるなり」と。

校訂　＊壱妄能書…使壱妄　底本は「壱妄能書…使壱妄」。「妄」は「妾」の誤りであろうという兪樾の説に従い改めた。劉師培は、黄校本も「妾」に作るという。なお、「壱妾能書」とは読み書きできる婦人の意。『校注』も改めている。

＊則比而焚　底本は「則比焚」。「比」の下に「而」字があるべきであるとする蘇輿の説に従い改めた。なお、陶鴻慶は「比焚如」では意味不明とし、「焚如」は「如焚」が転倒したもので、しかもこの「如」は「而」の意味であるという。蘇輿説に近い。『校注』も改めている。なお、王念孫は「得」は「待」の誤りであろうという。

＊可立見也　底本は「可立得也」。原文のままでは字義が通じないうえ、「見」と「得」の二字は往々混同して使われたので、ここも「見」字の誤りであろうという兪樾の説に従い改めた。『校注』も改めている。

＊操寸之熛…皆操熛之徒　底本は「煙」。意味の上からして「煙」ではありえず、「熛（へう）」の誤りであろうという王引之の説に従い改めた。「熛」は火種の意。『校注』も改めている。

語釈　○藉　「藉」は「籍」と同じ。本来の意味は借りることだが、ここでは民からの賦税の取り立てをいう。「籍斂」ともいう。　○圄　牢獄。「圉」（ぎょ）と同じ。囹圄（れいぎょ）ということが多い。そこで、王更正はここを「囹圄」に改めている。　○朝　朝廷の意。于鬯は「怨者」とは民を指していうのであるから「外朝」とは言い得ても「朝」とはいうべきではないという。王更生はやはり同様の観点から「朝野」に改めて、上句と字数を揃えている。　○勑其功　孫星衍、于省吾は、「勑」を「飭」（ととのえる、ただす）の意味に、「功」を「事」の意味にそれぞれ解して、裁判に関する事柄を整えるの意であるとしている。呉則虞は「勑」を「求」の意味に解して、裁判を取りしきるという功績を求めることの意であるという。裁判に関するこまごまとした事務手続きの適正な処理を私（晏子）に任せようとなさるのか、ということ。　○僻　よこしまで偏っていること、過ちの意。　○比而焚之　「比」はならぶ、つらねるの意。呉則虞は「比戸」、すなわち並び立つ家の意味に解する。「焚」については孫星衍は、裁判記録を焼却してしまうことと解する。諸家ほぼ孫説に従っている。盧文弨はこれに対し、主君に従わない民を焼き殺してしまうこと、と解する。呉則虞は、「焚」は「僨」（たおれる）の仮借であるという。このように諸説あって難解であるが、ひとまず「比ねて之を焚する」と読み、晏子が家毎にある裁判記録をことごとく焼却処分して民を裁判の苦しみから解放しようと考えたという意味に解しておく。　○胡狢戎狄　「胡」、「狢」（「貉」に同じ）、「狄」はみな北方の異民族、「戎」は西方の異民族。西北方の遊牧民族を指してこう称したのである。　○論　蘇輿は、「倫」つまり貴賤の差等のことだという。　○当　底の意。　○畊　「耕」と同じ。　○君側皆雕文刻鏤之観　「雕」、「文」、「刻」、「鏤」の四字はいずれも木や金属を彫刻して飾りたてること。景公の周辺を飾る調度の数々が贅を凝らしたものばかりの様子をいう。　○五尺童子　幼少の子供。「五尺」は十二歳から十四歳ぐらいの子供を指していう。この場合「一尺」は二歳半の意。　○天下不能足以薪　子供が

火種を弄んであちこち火を着けてまわったら天下の薪を全て持ってきても間に合わないことをいう。底無しの管と同じく、果てしの無い欲望を比喩した表現。なお王念孫は「天下不能足之以薪」（天下之を足らしむるに薪を以てする能はず）に改めるべきという。『校注』は王説に従い改めている。　〇鍾鼓成肆　「肆」は、つらなること、陳列の意。鍾や太鼓などの楽器がずらりと並んで、盛大に音楽が奏でられること。　〇干戚成舞　「干」は盾、「戚」はまさかり。武器を手に持って舞うこと。　〇厳其聴　「聴」は裁くこと。裁判を厳格に行う意。　〇痛　甚だの意。

口語訳　第一章　景公は賦税が重く裁判が多いことから晏子にこれらを任せようとしたので晏子が諫めたこと

景公は賦税の取り立てが重くまた（民を）裁判にかけることが多かった。捕らえられた者で監獄は満ち溢れ、怨嗟の声は朝廷に満ち満ちていた。晏子が諫めても、公は聴き入れなかった。公が晏子に、「そもそも裁判官というのは、国の重要な官職である。どうかこれを先生にお任せしたい」と言った。晏子がお答えして、「ご主君はこの嬰《わたくし》に裁判事務を整えさせようとなさるのでしょうか。それならば嬰に有能な女書記の一人もいれば十分でしょう。ご主君はこの嬰に裁判にかけられた者の心意を改めさせようとなさるのでしょうか。そもそも民には自分の家族の生活を損なってまで暴君の過ちに奉仕しようとする者などおりませんから、（民意を改めようなどとしても無駄なこと、いっそ）ご主君が役人どもに（彼らの裁判の記録を）ひとまとめにして焼却させてしまえばそれですみましょう」と言った。景公は不愉快そうに言った、「裁判の事務を整えるには女一人を使えとか、裁判で民心を正すには彼らの裁判記録をまとめて焼却してしまえとか言うのは、先生にはいわゆる国を治めるということがお出来にならないということなのであろう」と。晏子は、「嬰が聞いておりますのはご主君のそれとは違います。さてそもそも（塞外の）遊牧民達が犬を飼うとき、多い者では十余頭、少ない者でも五六頭です。しかし犬どもが互いに傷つけあうことはございません。ところがもし鶏肉や豚肉の束をむやみにその中に放り込んだら、犬どもの骨を噛み砕き皮を食い破っての争いが、たちどころに目撃できましょう。そもそも君主が政治を正し、下々が貴賤の差があることを理解すれば、高貴な者と卑賤な者とが侵しあうことはないのです。ところが今、ご主君は千鍾もの爵禄を見せつけては、むやみに左右の近臣に投げ与えたりなさるものですから、彼らがそれを争うさまは、あの遊牧民の犬よりもひどいものです。ところが公はこのことにお気付きになりません。直径一寸ほどの細い管でも

底がなければ、天下の穀物をいくら注ぎ込んでも足りません。今、わが斉国では男が田畑を耕し、女が布を織り、夜昼働き通しても、お上に差し出すにはまだ足りません。それなのにご主君のまわりは皆贅を凝らした品々ばかり、これこそ底無しの管でございます。それでもご主君はまだお気付きになりません。子供が小さな火種を弄べば、天下の薪に火を着けてもまだ足りないほどでしょう。今、ご主君の近臣は、皆火種を弄ぶ（子のように際限を知らない）連中です。それでもご主君はまだお気付きになりません。鍾鼓がずらりと並び、干戚の舞いが披露されれば、たとえ（質素倹約を説いた）禹でさえ民が（それを）観るのを禁じることはできません。そもそも民の欲望を刺激しておいて、しかも裁判を厳しくして、欲望の心を禁じるのは、聖人でも難しいことです。それなのにまして彼らの財を奪い取っては飢えさせ、労働を強いては疲弊させて、いつも苦痛を味あわせておきながら裁判は厳しくして徹底的に罪を罰するというのは、嬰のあずかり知らぬことでございます」と言った。

余説 張純一は、「鍾鼓肆を成し、干戚舞を成せば、禹と雖も民の観るを禁ずること能はず。」の一節が、音楽を贅沢で非生産的であるとして否定した『墨子』非楽篇の一節「与君子聴之、廃君子之聴治、与賤人聴之、廃賤人之従事。」（君子と之（＝音楽）を聴けば、君子の治を聴くを廃し、賤人と之を聴けば、賤人の事に従ふを廃す）に通じるという。しかし、本章の主題は、晏子が景公を諫めたように初めから守れそうもない法令や命令を出しておいて、それに違反した者を片っ端から厳罰に処するのは君主としてすまじきことであるということ、及び景公の気ままさがいかに多くの民に犠牲を強いているかを浮き彫りにしてみせるところにあるのであるから、墨子の非楽の説とは直接関係しないと見るべきであろう。

景公欲レ殺下犯二所レ愛之槐一者上晏子諫　第二

景公《けいこう》愛《あい》する所《ところ》の槐《くわい》を犯《をか》せし者《もの》を殺《ころ》さんと欲《ほっ》し晏子《あんし》諫《いさ》む　第二

景公有二所レ愛槐一、令二吏謹守一レ之。植レ木縣レ之、下レ令曰、「犯レ槐者刑、傷レ之者死。」有下不レ聞レ令、酔而犯レ之者上。公聞レ之曰、「是先

景公《けいこう》愛《あい》する所《ところ》の槐《くわい》有《あ》り、吏《り》をして謹《つつし》みて之《これ》を守《まも》らしむ。木《き》を植《た》て之《これ》に縣《か》け、令《れい》を下《くだ》して曰《いは》く、「槐《くわい》を犯《をか》す者《もの》は刑《けい》し、之《これ》を傷《きず》つくる者《もの》は死《ころ》さん」と。令《れい》を聞《き》かず、酔《ゑ》ひて之《これ》を犯《をか》したる者《もの》

犯我令」。使吏拘之、且加罪焉。其女子往辭晏子之家、託曰、「負廓之民賤妾、請有道于相國。不勝其欲、願得充數乎下陳。」晏子聞之、笑曰、「嬰其淫于色乎。何爲老而見犇。雖然、是必有故。」令內之。女子入門。晏子望見之曰、「怪哉。有深憂。」進而問焉曰、「所憂何也。」對曰、「君樹槐縣令、犯之者刑、傷之者死。妾父不仁、不聞令、醉而犯之、吏將加罪焉。妾聞之、明君莅國立政、不損祿、不益刑、又不以私恚害公法、不爲禽獸傷人民、不爲草木傷禽獸、不爲野草傷禾苗。吾君欲以樹木之故殺妾父、孤妾身。此令行于民而法于國矣。雖然、妾聞之、勇士不以衆彊凌孤獨、明惠之君不拂是以行其所欲。此譬之猶自治魚鼈者也、去其腥臊者而已。*昧墨而與人比居、庾肆而教人危坐。今君出令于民、苟可法于國、而善益于後世、則父死亦當矣。妾爲之收亦宜矣。甚乎、今之令

有《あ》り。公之《こうこれ》を聞《き》きて曰《いは》く、「是《こ》れ先《ま》づ我《わ》が令《れい》を犯《をか》せり」と。吏《り》をして之《これ》を拘《とら》へしめ、且《まさ》に罪《つみ》を加《くは》へんとす。其《そ》の女子《ぢよし》、晏子《あんし》の家《いへ》に往《ゆ》きて辭《うつた》へ、託《たの》みて曰《いは》く、「負廓《ふくわく》の民《たみ》の賤妾《せんせふ》、請《こ》ふ相國《しやうこく》に道《い》ふこと有《あ》らん。其《そ》の欲《よく》に勝《た》へず、願《ねが》はくは下陳《かちん》に充數《じゆうすう》することを得《え》ん」と。晏子《あんし》之《これ》を聞《き》き、笑《わら》ひて曰《いは》く、「嬰其《えいそ》れ色《いろ》に淫《いん》せんや。何爲《なんす》れぞ老《お》いて犇《はし》らるる。然《しか》りと雖《いへど》も、是《こ》れ必《かなら》ず故有《ゆゑあ》らん」と。之《これ》を內《い》れしむ。女子《ぢよし》門《もん》に入《い》る。晏子之《あんしこれ》を望見《ばうけん》して曰《いは》く、「怪《あや》しいかな。深《ふか》き憂《うれ》ひ有《あ》り」と。進《すす》みて焉《これ》に問《と》ひて曰《いは》く、「憂《うれ》ふる所《ところ》は何《なん》ぞや」と。對《こた》へて曰《いは》く、「君槐《きみくわい》を樹《う》ゑて令《れい》を縣《か》け、之《これ》を犯《をか》す者《もの》は刑《けい》し、之《これ》を傷《きず》つくる者《もの》は死《ころ》さん、と。妾《せふ》が父不《ちちふ》仁《じん》なれば、令《れい》を聞《き》かず、醉《ゑ》ひて之《これ》を犯《をか》し、吏將《りまさ》に罪《つみ》を加《くは》へんとす。妾之《せふこれ》を聞《き》く、明君《めいくん》の國《くに》に莅《のぞ》み政《せい》を立《た》つるや、祿《ろく》を損《へ》らさず、刑《けい》を益《ま》さず、又《また》私恚《しい》を以《もつ》て公法《こうはふ》を害《がい》せず、禽獸《きんじう》の爲《ため》に人民《じんみん》を傷《そこな》はず、草木《さうもく》の爲《ため》に禽獸《きんじう》を傷《そこな》はず、野草《やさう》の爲《ため》に禾苗《くわべう》を傷《そこな》はず、と。吾君《わがきみ》樹木《じゆもく》の故《ゆゑ》を以《もつ》て妾《せふ》の父《ちち》を殺《ころ》し、妾《せふ》の身《み》を孤《こ》にせんと欲《ほつ》す。此《こ》の令民《れいたみ》に行《おこな》はれて國《くに》に法《はふ》たり。然《しか》りと雖《いへど》も、妾之《せふこれ》を聞《き》く、勇《ゆう》士《し》は衆彊《しゆうきやう》を以《もつ》て孤獨《こどく》を凌《しの》がず、明惠《めいけい》の君《きみ》は是《ぜ》に拂《もと》りて以《もつ》て其《そ》の欲《ほつ》する所《ところ》を行《おこな》はず、と。此《こ》れ之《これ》を譬《たと》ふるに猶自《なほみづか》ら魚鼈《ぎよべつ》を治《をさ》むる者《もの》のごとく、其《そ》の腥臊《せいさう》なる者《もの》を去《さ》るのみ。昧墨《まいぼく》して人《ひと》と比居《ひきよ》し、庾肆《ゆし》して人《ひと》をして危坐《きざ》せしむ。今君令《いまきみれい》を民《たみ》に出《い》だし、苟《いやし》くも國《くに》

不レ然。以二樹木之故一、罪二法妾父一。妾恐其傷二察吏之法一、而害二明君之義一也。隣國聞レ之、皆謂二吾君愛レ樹而賤一レ人。其可乎。願相國察二妾言一以裁二犯レ禁者一。」晏子曰、「甚矣。吾將三爲レ子言二之于君一。」使二人送レ之歸一。

明日、早朝、而復二于公一曰、「嬰聞レ之、窮二民財力一以供二嗜欲一、謂二之暴一、崇二玩好一威嚴擬二乎君一、謂二之逆一、刑*殺不レ稱、謂二之賊一。此三者、守レ國之大殃。今君窮二民財力一、以羨*二飲食之具一、繁二鍾鼓之樂一、極二宮室之觀一、行レ暴之大者。崇二玩好一、縣二愛槐之令一、載過者馳、歩過者趨、威嚴擬二乎君一、逆*レ民之明者也。犯レ槐者刑、傷レ槐者死、刑殺不レ稱、賊レ民之深者。君享レ國、德行未レ見二于衆一、而三辟著二于國一。嬰恐其不レ可三以莅レ國子一レ民也。」公曰、「微二大夫教二寡人一、幾有二大罪一以累二社稷一。今子大夫教レ之、社稷之福。寡人受レ命矣。」晏子出、公令下趣罷二守レ槐之役一、拔二置レ縣之木一、廢二傷レ槐之法一、出中犯レ槐之囚上。

に法《はふ》とすべくして、善《よ》く後世《こうせい》に益《えき》せば、則《すなは》ち父《ちち》の死《し》も亦當《またあ》たらん。妾之《せふこれ》が爲《ため》に收《をさ》むるも亦宜《またむべ》なり。甚《はなはだ》しきかな、今《いま》の令《れい》は然《しか》らず。樹木《じゆもく》の故《ゆゑ》を以《もつ》て、妾《せふ》が父《ちち》を罪法《ざいはふ》す。妾恐《せふおそ》らくは其《そ》の察吏《さつり》の法《はふ》を傷《そこな》ひて、明君《めいくん》の義《ぎ》を害《がい》せんことを。隣國之《りんこくこれ》を聞《き》かば、皆吾《みなわが》君《きみ》の樹《じゆ》を愛《あい》して人《ひと》を賤《いや》しむと謂《い》はん。其《そ》れ可《か》ならんや。願《ねが》はくは相國《しやうこく》、妾《せふ》の言《げん》を察《さつ》して以《もつ》て禁《きん》を犯《をか》せし者《もの》を裁《さば》かんことを」と。晏子《あんし》曰《いは》く、「甚《はなはだ》しきかな。吾將《われまさ》に子《し》が爲《ため》に之《これ》を君《きみ》に言《い》はんとす」と。人《ひと》をして之《これ》を送《おく》りて歸《かへ》らしむ。

明日《めいじつ》、早《つと》に朝《てう》して、公《こう》に復《まを》して曰《いは》く、「嬰之《えいこれ》を聞《き》く、民《たみ》の財《ざい》力《りよく》を窮《きは》めて以《もつ》て嗜欲《しよく》に供《きよう》する、之《これ》を暴《ばう》と謂《い》ひ、玩好《ぐわんかう》を崇《たつと》びて威《ゐ》嚴君《げんきみ》に擬《ぎ》する、之《これ》を逆《ぎやく》と謂《い》ひ、刑殺《けいさつ》の稱《あた》らざる、之《これ》を賊《ぞく》と謂《い》ふ、と。此《こ》の三者《さんしや》は、國《くに》を守《まも》るの大殃《だいあう》なり。今君民《いまきみたみ》の財力《ざいりよく》を窮《きは》めて、以《もつ》て飲食《いんしよく》の具《ぐ》を羨《あま》し、鍾鼓《しようこ》の樂《がく》を繁《しげ》くし、宮室《きうしつ》の觀《くわん》を極《きは》むるは、暴《ばう》を行《おこな》ふの大《おほ》いなる者《もの》なり。玩好《ぐわんかう》を崇《たつと》び、愛槐《あいくわい》の令《れい》を縣《か》け、載《の》せ過《す》ぐる者《もの》は馳《は》せしめ、歩《ほ》し過《す》ぐる者《もの》は趨《はし》らしめて、威嚴君《ゐげんきみ》に擬《ぎ》するは、民《たみ》に逆《ぎやく》するの明《あき》らかなる者《もの》なり。槐《くわい》を犯《をか》す者《もの》は刑《けい》し、槐《くわい》を傷《きず》つくる者《もの》は死《ころ》して、刑殺稱《けいさつかな》はざるは、民《たみ》を賊《ぞく》するの深《ふか》き者《もの》なり。君國《きみくに》を享《う》け、德行未《とくかういま》だ衆《しゆう》に見《あら》はれずして、三辟國《さんへきくに》に著《あら》はるれば、嬰恐《えいおそ》らくは其《そ》れ以《もつ》て國《くに》に莅《のぞ》みて民《たみ》を子《こ》とすべからざらん」と。公曰《こういは》く、「大夫寡人《たいふくわじん》に教《をし》ふること微《な》かりせば、幾《ほと》ん

ど大罪《たいざい》有《あ》りて以《もつ》て社稷《しやしよく》を累《わづら》はさん。今《いま》子《し》大夫《たいふ》之《これ》を教《をし》ふるは、社《しや》稷《しよく》の福《ふく》なり。寡人命《くわじんめい》を受《う》けん」と。晏子《あんし》出《い》づるや、公趣《こうすみ》やかに槐《くわい》を守《まも》るの役《やく》を罷《や》め、縣《けん》を置《お》くの木《き》を抜《ぬ》き、槐《くわい》を傷《きず》つくるの法《はふ》を廢《はい》し、槐《くわい》を犯《をか》すの囚《しう》を出《い》ださしむ。

校訂　＊昧墨而与人比居　底本は「昧墨与人比居」。「而」字を加えることで「昧墨而与人比居」と「庚肆而教人危坐」との対句関係が整い、意味がいっそう明確になるという于鬯の説に従い改めた。『校注』も改めている。

＊刑殺不称　底本は「刑殺不辜」。下文にも「刑殺不称」とあること、また『列女伝』弁通伝の同一の説話中には「刑殺不正」とあり、この「不正」も「不称」と同じく「不当」の意味であるという王念孫の説に従い改めた。『校注』も改めている。刑罰が犯した罪と釣り合わず不当であることをいう。

＊羨飲食之具　底本は「羨餒食之具」。「餒食」の二字では意味が通じないこと（「餒」は飢えるの意）、また下文の「鍾鼓」「宮室」とは対応しているはずだから、「飲食」の誤りであることは明らかである、との王念孫の説に従い改めた。于鬯・黄以周は、「餒」を「妥」（＝安）に改めるべきであるという。『校注』は、盧文弨説に従い『列女伝』に拠って、「美飲食之具」に改めているが、王念孫は「羨」も「美」も意味の上ではどちらも通じるとしている。

＊逆民之明者也　底本は「逆之明者也」。『列女伝』に拠って改めるべきであるとする呉則虞の説に従い改めた。『校注』も、『列女伝』に拠って改めている。

語釈　○槐　えんじゅ。豆科の落葉高木、初夏に黄白色の房状の花をたわわに咲かせる。周代には朝廷の庭に三本のえんじゅを植え、三公の位にある者の席を示したとされる。　○植木　「植」は立てるの意。槐の前に布令を記した板を掲げておくための木を立てたのである。　○傷之者　『校注』は『列女伝』等により「傷槐者」に改めている。　○其女子往辞晏子之家、託曰　「辞」は訴えるの意。「託」は頼む、請託するの意。洪頤煊は、「其女子」について「子」は男女の通称であり、「子」の上にさらに「女」字を重ねるのは正しくないから「其子」に改めるべきという。『校注』は黄校本によって「女」字と「辞」字とを削除し「託」を「説」に改めて、「其子往晏子之家、説曰」（其の子晏子の家に往き、説きて曰く…）としている。また呉則虞も「託」は「説」の字の形が譌ったのだろうという。この方が表現は明快になるが、意味の上ではさして変わらないので、ひとまず原文のままにして訳しておく。　○負廓之民　町を巡る

城壁のすぐ外側に住む者の意。　○不勝其欲　『校注』は「欲」とは「願」のことという。我慢できずに願い出たの意。　○願得充数乎下陳　「充数」は員数に入れること、「下陳」は後ろの並びの列、転じて後室・宮女の意。ここでは、晏子の側室の一人に加えてほしいという意味。　○見犇　「見」は受け身を表す、「犇」は「奔」の古字で、はしるの意。娘が媒酌人もなしに一人で側室にしてくれるよう願い出たことをさす。　○不仁　于鬯は、「仁」は「佞」の仮借、「佞」は「才」の意であるから、「不仁」とは「不才」のことだと言う。すなわち愚か者の意。　○私恚　「恚」は怒り、私的な怒りの意。私忿。　○払是　「払」はもとるの意。　○自治魚鼈者也、去其腥臊者而已　「治魚」とは魚を料理すること。呉則虞は、『説文』に魚を料理することを楚人は魚を治めるといったとあるという。「腥」も「臊」も、ともに生臭いこと。蘇輿は、生臭さは魚やすっぽんの味を損なうものであるから、これらを料理する者はその生臭ささえ取り除けばよく、全部を捨てることはしないことを喩えに、国を治める者は国に有害な者だけを取り除けばよく、些細な理由で皆まで取り除くべきではないことをいうものである、と解釈している。　○昧墨而与人比居、庾肆而教人危坐　孫星衍は「昧墨」を「貪墨」（欲が深く心が汚れていること）の意に解し、これを受けて于鬯は、「昧墨而与人比庾、居肆而教人危坐」（昧墨にして人と庾を比べ、居肆（うづくま）りて人をして危坐せしむ）と本文を改めた上で、「自分が欲張りなものだから、人と倉を比べ合おうとすれば、人が（盗むのではないかと）疑ってかかるし、自分はしゃがんでいながら人には正座させようとするのでは、人は従わない」の意に解釈して、要するにこの二句は景公が自分の所行を反省することなくいたずらに罪人を作っていることを明らかにするための古語であろうという。呉則虞は、「此譬…」以下、この二句を含む四句には錯簡があるから、無理に解釈しようとすればつじつまが合わなくなる、そもそも『列女伝』の類似説話（余説参照）ではこの部分が別の宋の景公の故事に改められているのは、劉向が『列女伝』を編纂する時点で既にこの四句の意味が分からなくなっていたからではないかと言う。『校注』は、暗闇（昧墨）で人と並んでいることと、屋根無しの穀物倉（庾）の前に正座させることに解し、前者は動けば危害が加えられないかと恐れるし、後者はいつ穀物が崩れてくるかと不安である、との意が含まれていると言い、この二句を、法令の苛酷さゆえに、人々は手足を置くところさえなくなってしまったことを喩えたものとし、同時に脱文があろうとしている。甚だ難解である。今、『校注』の解釈に従い訳出しておく。　○善益于後世　『校注』は「益善于後世」に作る。　○守国之大殃　『校注』は「守国之大殃也」に作る。　○享国　国を保つこと。つまり国君としての地位にあることをいう。　○公令趣罷守槐之役　『校注』は「公令吏罷守槐之役」（公吏をして槐を守るの役を罷めしむ）に作る。

口語訳　第二章　景公が大切にしていた槐《えんじゅ》を犯した者を殺そうとしたので晏子が諫めたこと

景公には大切にしている槐があり、役人にこれを厳しく見張らせていた。高札を立てて（禁令を）下げ、「槐を犯した

者は処罰し、傷つけた者は死罪とする」と布令を出した。この布令（が出たこと）を聞かずに、酔って犯した者がいた。公はこれを聞いて、「そやつが真っ先に余の布令を犯したのか」と言った。役人にその者を捕らえさせて、処罰しようとした。その者の娘が晏子の家に行って訴え、このように頼んだ、「私は城外に住む卑しい身分の女でございますが、どうしても相国様に申し上げたいことがございます。自分の思いを抑えきれないのでございます、どうか側室の一人に加えて下さいませ」と。晏子はこれを聞いて、笑って言った、「わしが色欲に淫したりするものか。どうしてこんな老いぼれが（若い娘に）迫られるのだろう。口ではそう言っているが、きっとわけがあるのであろう」と。その娘を中に入れさせた。娘が門を入って来ると、晏子はこれを遠くから見て言った、「おかしいぞ。深く悩んでいる様子だ」と。（娘の前まで）進み出て尋ねて、「何を悩んでいるのか」と言った。答えて言うには、「君主が槐をお植えになり、これを犯した者は処罰し、これを傷つけた者は死罪とする、とお布令を掛けられました。私の父は愚か者ゆえ、お布令（の出たこと）も聞かないうちに、酔ってこれを犯してしまったので、役人が処罰しようとしております。私はこのように聞いております、『明君が国に臨んで政治を執るとき、（臣下の）禄を（むやみに）減らすことなく、（民への）刑罰を（むやみに）増やさず、また私忿のために公法を曲げず、禽獣のために民を損なわず、草木のために禽獣を損なわず、野草のために穀物の苗を損なわない』と。（それなのに）わが君は樹木（を犯したこと）を理由に私の父を殺し、私を孤児になさろうとしています。このようなお布令が民に出されて一国の法となっているのです。けれども、私はこのように聞いております、『勇士は己の強さを振りかざして孤児や独り者（などの弱者）を押しのけたりせず、聡明で恵み深い君は正義に背いてまで己の欲望のままにはふるわないもの』と。これは譬えてみれば、ちょうど自分で魚やすっぽんを料理するときのように、その生臭いところを取り去りさえすればよいようなものです。（今の厳しい法令の下では）暗闇で人と並んで居たり、屋根なしの穀物倉の前に正座させられるようなもの（何かされるのではないか、荷が崩れてくるのではないかと気が気ではないように）、いつもびくびくしていなければなりません）。今、君主が布令を人民に出して、それがかりにも一国の法にふさわしく、よろしく後世に益するならば、父の死罪もまたふさわしいことでありましょう。私が父（の遺体）を引き取るのもまたもっともなことです。（しかし、実情は）ひどいもので、このたびのお布令はそうではありません。（たかが）樹木のために、

私の父を断罪しようとするのです。私はこのことですぐれたお役人が（本来の）法を損なったうえ、明君の義に傷がつくことを恐れるのでございます。隣国がこのことを知れば、皆わが君は樹を大切にして人をおろそかにしていると言いたてることでしょう。そのようなことでよいのでしょうか。どうか相国様、私の言い分をご察しのうえ、禁令を犯した者をお裁き下さいますように」と。晏子が言う、「（なんという）ひどいことだ、わしはそなたのためにこのことを主君に申し上げよう」と。人に彼女を家まで送り届けさせた。

　次の日早々に朝廷に出仕して、公に申し上げて、「嬰《わたくし》はこのように聞いております、民の財力を搾《しぼ》り上げておのれの嗜欲に当てるのを暴政といい、ただお気に入りの物を大事にするだけなのに、国君ぶって威厳をかさに着るのを逆政といい、刑罰や死刑が（犯した罪に対して）釣り合わず不当なのを賊政という、と。この三者は、国を守るうえでの大きな災いです。今、ご主君が民の財力を搾り上げておいて、（ご自分の）お召し上がり物を有り余らせ、鍾鼓の音楽を頻繁に奏で、宮殿の外観を飾り立てておいでなのは、暴政の大いなるものでございます。お気に入りの物を大事になさり、槐を愛せよとの布令を掲げ、（そのそばを）荷車を引いて過ぎる者は駆け足で行かせ、徒歩で過ぎる者は小走りに行かせて、その威厳をさも国君らしく見せかけておられるのは、民に対する逆政の明らかなものでございます。槐を犯す者を処罰し、槐を傷つけた者を死罪にするなど、（犯した罪に対して）刑罰が釣り合わないのは、賊政の著しいものでございます。ご主君が国を保ち、徳行がまだ衆目の前に示されないうちに、このような三つの罪が国中に明らかになってしまうのでは、この嬰、ご主君が国政に臨んで民をわが子と思うことがおできにならないのではないかと心配でございます」と言った。公は言った、「もし大夫《そなた》が寡人に教えてくれなければ、あやうく大罪を犯して国に災いを及ぼすところであった。今、そなたがこのことを教えてくれたのは、国にとっての幸せというもの。寡人はお言葉に従うことにしよう」と。晏子が退出すると、公は速やかに槐の見張りの役目を廃止し、布令を掲げた木を抜き、槐を傷つける（ことを禁じる）法を撤廃し、槐を犯した囚人を釈放させた。

余説　本章は、景公がしきりに民を裁判にかけていたと述べる前章を承けて、その具体的な例をあげる内容になっている。なお、『列女伝』弁通伝に「斉傷槐女」として類似の説話が以下のように見えているので紹介しておく。

斉傷槐女者、傷槐衍之女也。名婧。景公有所愛槐、使人守之。植木懸之、下令曰、「犯槐者刑、傷槐者死。」于是衍酔而傷槐。景公聞之曰、「是先犯我令。」使吏拘之、且加罪焉。婧懼、乃造于相晏子之門曰、「賤妾不勝其欲、願得備数于下。」晏子聞之笑曰、「嬰有淫色乎。何為老而見奔。殆有説。内之至哉。」既入門。晏子望見之曰、「怪哉、有深憂。」進而問焉。対曰、「妾父衍幸得充城郭為公民、見陰陽不調、風雨不時、五穀不滋之故、禱祠于名山神女、不勝麴糵之味、先犯君令酔至于此罪。固当死。妾聞、明君之莅国也、不損禄而加刑、又不以私恚害公法、不為六畜傷民人、不為野草傷禾苗。昔者宋景公之時、大旱三年不雨。召太上而卜之曰、当以人祀。景公乃降堂、北面稽首曰、吾所以請雨者、乃為吾民也。今必当以人祀、寡人請自当之。言未卒、天大雨方千里。所以然者何也。以能順天慈民也。今吾君樹槐、令犯者死。欲槐之故、殺婧之父、孤妾之身。妾恐傷執政之法、而害明君之義也。隣国聞之、皆謂君愛樹而賊人。其可乎。」晏子惕然而悟。

明日朝、謂景公曰、「嬰聞之、窮民財力謂之暴、崇玩好厳威令謂之逆、刑殺不正謂之賊。夫三者、守国之大殃也。今君窮民財力、以美飲食之具、繁鐘鼓之楽、極宮室之観、行暴之大者也。崇玩好、厳威令、是逆民之明者也。犯槐者刑、傷槐者死、刑殺不正、是賊民之深者也。」公曰、「寡人敬受命。」晏子出、景公即時命罷守槐之役、抜植懸之木、廃傷槐之法、出犯槐之囚。

君子曰、「傷槐女能以辞免。詩云、是究是図、亶其然乎。此之謂也。」

頌曰、景公愛槐、民酔折傷。景公将殺、其女悼惶、奔告晏子、称説先王、晏子為言、遂免父殃。

（斉の傷槐の女とは、槐を傷つけし衍の女（むすめ）なり。名は婧（せい）。景公愛する所の槐有り、人をして之を守らしむ。木を植（た）てて之に懸け、令を下して曰く、「槐を犯す者は刑し、槐を傷つくる者は死（ころ）さん」と。是に于いて衍酔ひて槐を傷つく。景公之を聞きて曰く、「是れ先づ我が令を犯せり」と。吏をして之を拘へしめ、且に罪を加へんとす。婧懼れ、乃ち相晏子の門に造りて曰く、「賤妾其の欲に勝へず、願はくは数を下に備ふるを得ん」と。晏子之を聞き笑ひて曰く、「嬰淫色有るか。何為れぞ老ひて奔らるる。殆ど説有らん。之を内れ至らしめよ」と。既に門に入る。晏子之を望見して曰く、「怪しきかな、深き憂ひ有り」と。進みて焉（これ）に問ふ。対へて曰く、「妾の父衍、幸ひにして城郭に充てられて公の民為るを得るも、陰陽調はず、風雨時ならず、五穀滋（しげ）らざるを見ての故に、名山神女に禱祠（たうし）し、麴糵（きくげつ＝こうじ）の味に勝へずして、先づ君令を犯し酔ひて此の罪に至る。固より当に死すべし。妾聞く、明君の国に莅（のぞ）むや、禄を損なひて刑を加へず、又私恚を以て公法を害はず、六畜の為に民人を傷はず、野草の為に禾苗を傷はず、と。昔者宋の景公の時、大旱して三年雨ふらず。太上を召して之を卜せしむるに曰く、当に人を以て祀るべし、と。景公乃ち堂を降り、北面稽首して曰く、吾雨を請ふ所以の者は、乃ち吾民の為なり。今必ず当に人を以て祀るべくんば、寡人請ふ自ら之に当らん、と。言未だ卒はらざるに、天大いに雨ふること方千里なり。然る所以の者は何ぞや。能く天に順ひ民を慈

しむを以てなり。今吾君槐を樹ゑ、犯す者は死（ろこ）さんと令す。槐を欲するの故に、婧の父を殺し、妾の身を孤にせんとす。妾執政の法を傷ひて明君の義を害せんことを恐る。隣国之を聞けば、皆君樹を愛して人を賊すと謂はん。其れ可ならんや」と。晏子惕然（てきぜん＝おどろきおそれて）として悟る。

明日朝し、景公に謂ひて曰く、「嬰之を聞く、民の財力を窮むる、之を暴と謂ひ、玩好を崇びて威令を厳にする、之を逆と謂ひ、刑殺正しからざる、之を賊と謂ふ、と。夫の三者は、国を守るの大殃なり。今君民の財力を窮めて、以て飲食の具を美にし、鐘鼓の楽を繁くし、宮室の観を極むるは、暴を行ふの大なる者なり。玩好を崇び、威令を厳にするは、是れ民に逆ふの明なる者なり。槐を犯す者は刑し、槐を傷つくる者は死（ろこ）して、刑殺正しからざるは、是れ民を賊するの深き者なり」と。公曰く、「寡人敬みて命を受けん」と。晏子出づるや、景公即時に命じて守槐の役を罷め、植懸の木を抜き、傷槐の法を廃し、犯槐の囚を出だしむ。

君子曰く、「傷槐の女は能く辞を以て免かれしむ。詩に云ふ、是れ究め是れ図る、亶（まこと）に其れ然るか、と。此の謂なり」と。

頌に曰く、景公槐を愛し、民酔ひて折傷す。景公将に殺さんとし、其の女悼惶（たうくわう＝おそれる）し、奔りて晏子に告げて、先王を称説す。晏子為に言ひて、遂に父の殃（わざわひ）を免れしむ、と。）

景公逐㆓得斬㆑竹者㆒囚㆑之晏子諫　第三

景公樹㆑竹、令㆓吏謹守㆒㆑之。公出、過㆑之、有㆓斬㆑竹者㆒焉。公以㆑車逐、得而拘㆑之、將㆑加㆑罪焉。晏子入見曰、「君亦聞㆓吾先君丁公㆒乎。」公曰、「何如。」晏子曰、「丁公伐㆓曲*城㆒、勝㆑之、止㆓其財㆒、出㆓其民㆒。公日自莅㆑之。有㆘輿㆓死人㆒以出者㆖。公怪㆑之、令㆓吏視㆒㆑之、則其中金與玉焉。吏請㆘殺㆓其人㆒、收㆗其金玉㆖。公曰、以㆑兵降㆑城、以㆑衆圖㆑財、

景公竹《けいこうたけ》を斬《き》る者《もの》を逐《お》ひ得《え》て之《これ》を囚《とら》へ晏子《あんし》諫《いさ》む　第三

景公竹《けいこうたけ》を樹《う》ゑ、吏《り》をして謹《つつし》みて之《これ》を守《まも》らしむ。公出《こうい》でて、之《これ》を過《す》ぐるに、竹《たけ》を斬《き》る者有《ものあ》り。公車《こうくるま》を以《もつ》て逐《お》ひ、得《え》て之《これ》を拘《とら》へ、將《まさ》に罪《つみ》を加《くは》へんとす。晏子入《あんしい》り見《まみ》えて曰《いは》く、「君《きみ》も亦吾先君丁《またわがせんくんてい》公《こう》を聞《き》きしや」と。公曰《こういは》く、「何如《いかん》」と。晏子曰《あんしいは》く、「丁公曲《ていこうきよく》城《じやう》を伐《う》ち、之《これ》に勝《か》ち、其《そ》の財《ざい》を止《とど》めて、其《そ》の民《たみ》を出《い》だす。公日《こうひ》に自《みづか》ら之《これ》に莅《のぞ》む。死人《しにん》を輿《かつ》ぎて以《もつ》て出《い》づる者有《ものあ》り。公之《こうこれ》を怪《あや》しみ、吏《り》をして之《これ》を視《み》しむれば、則《すなは》ち其《そ》の中金《なかきん》と玉《ぎよく》となり。吏其《りそ》の人《ひと》を殺《ころ》して、其《そ》の金玉《きんぎよく》を収《をさ》めんことを請《こ》ふ。公曰《こういは》く、兵《へい》を以《もつ》

不仁、且吾聞レ之、人君者、寛恵慈レ衆、不二身傳一レ誅。令レ捨レ之。」公曰、「善。」晏子退、公令レ出二斬レ竹之囚一。

て城《しろ》を降《くだ》し、衆《しゅう》を以《もっ》て財《ざい》を圖《はか》るは、不仁《ふじん》なり、且《か》つ吾之《われこれ》を聞《き》く、人君《じんくん》たる者《もの》は、寛恵《くわんけい》にして衆《しゅう》を慈《いつく》しみ、身《みづか》らは誅《ちゅう》を傳《つた》へず、と。之《これ》を捨《す》てしむ」と。公曰《こういは》く、「善《よ》し」と。晏子《あんし》退《しりぞ》き、公竹《こうたけ》を斬《き》るの囚《しう》を出《い》ださしむ。

校訂　＊曲城　底本は「曲沃」。王念孫・蘇時学により改めた。王念孫は、曲城は一名「曲成」といい、『漢書』地理志の「東萊郡に曲成県有り」という記事を、また『史記』斉世家に太公望が斉に封ぜられたとき、都の営丘をめぐって萊と争ったという記事、同じく斉世家に営丘は萊に近かったという記事を引いて、斉と萊は隣接していたので、丁公が曲城を伐ったことは有り得るという。一方、「曲沃」は山西省内の斉の都を離れること二千余里の所（晋の領地）にあり、本章にいうような史実はありえないという。また蘇時学は、『竹書紀年』に「成王十四年、斉師曲城を圍（かこ）み、之に克つ」とあるのがそれに該当するという。なお、「曲城」は現在の山東省萊州市付近に位置する。

語釈　○丁公　斉の太公の子。諫上篇第十八章に既出。　○輿　普通には貴人の乗る乗り物の意味であるが、ここでは動詞として、輿のようにものを担ぐ意に用いられている。　○其中金与玉焉　『校注』は、原文のままでは文義不明として王念孫説に従い「其中有金与玉焉」に改めている。　○人君者　『校注』は『藝文類従』や『初学記』に拠って「君人者」（人に君たる者）に改めている。　○伝誅　孫星衍は「伝」を「専」（もっぱらにす）の意味に読むべきとするが、呉則虞は、孫説は誤りで、人君自らは刑戮を指図せず役人に任せるものと解すべきであるという。今、呉説に従い訳す。

口語訳　第三章　景公が竹を切った者を追いかけて捕らえたので晏子が諫めたこと

景公は竹を植えて、役人に厳しく見張らせた。公が外出して、その側を通りかかったとき、竹を切っている者がいた。公は車で追いかけ、その者を捕らえて、処罰しようとしていた。晏子は（朝廷に）入り目通りして言った、「ご主君もまたわれらが先君丁公のことをお聞きになったことがありましょう」と。公が言う、「どういうことだ」と。晏子が言う、「丁公が曲城を攻め破ったとき、城内の財産は（押収せず）留めおき、民だけを（城外に）出すことにしました。丁公は毎日ご自身で事に当たっておられました。（ある日、）死者（の棺）を担いで出ていこうとした者がおりました。丁公はこ

れをいぶかしみ、役人に検査させたところ、（その）中は金や玉でありました。役人はその者どもを殺して金玉を没収しようと申し出たのでした。が、丁公は言われました、『軍隊でもって城市《まち》を攻め落とした上に、多勢を恃んで彼らの財産まで分捕ろうと企むのは、不仁なことである。それにわしはこのように聞いている、『人君たる者は、寛容で恵み深く民を慈しんで、みずからは誅殺の命令を下したりしないものだ』と。こうしてかの者どもを釈放させたのでございます」と。公は言った、「よろしい」と。晏子が退出すると、公は竹を切った囚人を釈放させた。

余説 前章と同工異曲。景公が安易に民を裁こうとするのを晏子が諫めて止めさせた説話である。民衆をおもんぱかることは「仁」なのであって、この点を強調する晏子に一貫して民衆重視の姿勢が窺える。

太公望呂尚が周武王によって斉に封建されたとき、この地は主として萊の勢力圏内であった。決して無人の地にやって来たわけではない。太公望が都と決めた営丘をめぐって萊と戦闘が繰り広げられたことは知られている。斉はこの戦闘に勝利した後、そこを中心として、山東半島全域に向けて版図を広げていく。萊は斉との争いに敗れやがて斉の版図に組み込まれていくわけであるが、その過程で幾度かの熾烈な戦闘があった。ここに丁公の時のこととして語られるのもその一例であろう。なお晏子自身も萊人である。

景公以㆓摶治之兵未㆒㆑成㆑功將㆑殺㆑之晏子諫　第四

景公令㆓兵摶治㆒。當㆓臈冰月之間㆒而寒。民多㆓凍餒㆒、而功不㆑成。公怒曰、「爲㆑我殺㆓兵二人㆒。」晏子曰、「諾。」少間、晏子曰、「昔者先君莊公之伐㆓于晉㆒也、其役殺㆓兵四人㆒。今令而殺㆓兵二人㆒、是師殺之半也。」公曰、「諾。是寡人之過也。」令㆑止㆑之。

景公《けいこう》摶治《たんち》の兵《へい》の未《いま》だ功《こう》を成《な》さざるを以《もつ》て将《まさ》に之《これ》を殺《ころ》さんとし晏子《あんし》諫《いさ》む　第四

景公《けいこう》兵《へい》をして摶治《たんち》せしむ。臈冰月《らふひようげつ》の間《あひだ》に當《あた》りて寒《さむ》し。民凍餒《たみとうだい》するもの多《おほ》くして、功成《こうな》らず。公怒《こういか》りて曰《いは》く、「我《わ》が爲《ため》に兵《へい》二人《ふたり》を殺《ころ》せ」と。晏子《あんし》曰《いは》く、「諾《だく》」と。少《しばら》くの間《あひだ》ありて、晏子《あんし》曰《いは》く、「昔者先君荘公《むかしせんくんさうこう》の晉《しん》を伐《う》つや、其《そ》の役《えき》に兵四人《へいよにん》を殺《ころ》せり。今令《いまれい》して兵二人《へいふたり》を殺《ころ》さんとするは、是《こ》れ師《し》の殺《ころ》すの半《なか》ばなり」と。公曰《こういは》く、「諾《だく》。是《こ》れ寡人《くわじん》の過《あやま》ちなり」と。之《これ》を止《や》めしむ。

語釈　〇摶治　「摶」は丸めるの意、「治」は瓴（かわら）の意で、「摶治」とは土を丸めて瓦を作ることをいう。　〇臈氷月　「臈」は「臘」のことで、陰暦十二月をいう。「氷月」は陰暦十一月を言う。真冬の厳寒期である。　〇凍餒　「凍」は凍えること、「餒」は飢えること。　〇功　仕事・事業の意、瓦作りの成果をさす。　〇少間　『校注』は「少為間」に作ったうえ、張純一は「為」は衍字であろうという。しばらくの間の意。　〇先君荘公之伐于晋也　このことは問篇上の第二章にも見える。『史記』によると荘公四年（紀元前五五〇年）のことであった。　〇師殺之半　「師」は軍隊の単位、二五〇〇人の編成。一師二五〇〇人に対する見せしめとして殺した数の半分の意であろう。『校注』は「殺師之半」（師に殺すの半ば）に作る。この場合でも、意味は変わらない。

口語訳　第四章　景公が瓦を作っていた兵士が成果を上げなかったために彼らを殺そうとしたので晏子が諫めたこと

景公が兵士に命じて粘土をこねて瓦を作らせた。十二、十一月の頃に当たっており寒かった。民は多く飢え凍えていたために、成果が上がらなかった。公は怒って、「余のために（見せしめとして）兵士二人を殺せ」と言った。晏子は、「かしこまりました」と言った。しばらくしてから晏子は、「昔、先君荘公が晋を伐った時には、その戦役に際して兵士四人を殺しました。今、兵士二人を殺せとのご命令ですと、全軍（への見せしめ）のために殺したときの（ちょうど）半数に相当致します」と言った。公は、「わかった。これは寡人の間違いであった」と言って、殺すのをやめさせた。

余説　斉荘公が晋を攻めたときの記録は、『左伝』襄公二十三年、『史記』斉世家に見える。ここでは、『史記』の該当箇所を紹介しておく。

荘公三年、晋大夫欒盈奔斉、荘公厚客待之。晏嬰・田文子諫、公弗聴。四年、斉荘公使欒盈間入晋曲沃、為内応、以兵随之、上太行入孟門。欒盈敗、斉兵還、取朝歌。

（荘公三年、晋の大夫欒盈（らんえい）斉に奔り、荘公厚く之を客待す。晏嬰・田文子諫むるも、公聴かず。四年、斉の荘公、欒盈をして間（ひそ）かに晋の曲沃に入りて、内応を為さしめ、兵を以て之に随へ、太行に上り孟門に入る。欒盈敗るるや、斉兵還（かへ）り、朝歌を取る。）

景公冬起二大臺之役一晏子諫　第五

景公冬《けいこうふゆ》に大臺《たいだい》の役《えき》を起《おこ》し晏子《あんし》諫《いさ》む　第五

晏子使二于魯一、比二其返一也、景公使三國人起二大臺之役一、歲寒不レ已。凍餒之者鄉有焉、國人望二晏子一。晏子至、已復レ事。公延坐、飮レ酒樂。晏子曰、「君若賜レ臣、臣請歌レ之。」歌曰、「庶民之言曰、凍水洗レ我、若レ之何。太上靡二散我一、若レ之何。」歌終、喟然歎而流レ涕。公就止レ之曰、「夫子曷爲至レ此。殆爲二大臺之役一夫。寡人將二速罷一レ之。」晏子再拜、出而不レ言、遂如二大臺一、執レ朴鞭二其不レ務者一曰、「吾細人也、皆有二蓋廬一、以避二燥溼一。君爲二壹臺一而不二速成一、何爲。」國人皆曰、「晏子助レ天爲レ虐。」晏子歸、未レ至、而君出レ令趣罷レ役。車馳而人趨。仲尼聞レ之、喟然歎曰、「古之善爲二人臣一者、聲名歸二之君一、禍災歸二之身一。入則切二磋其君之不善一、出則高二譽其君之德義一。是以雖レ事二惰君一、能使下垂二衣裳一、朝中諸侯上、不三敢伐二其功一。當二此道一者、其晏子是耶。」

晏子《あんし》魯《ろ》に使《つかひ》し、其《そ》の返《かへ》る比《ころ》、景公國人《けいこうこくじん》をして大臺《たいだい》の役《えき》を起《おこ》さしめ、歲寒《としさむ》くしても已《や》めず。凍餒《とうだい》の者鄉《ものきやう》ごとに有《あ》り、國人晏子《こくじんあんし》を望《のぞ》む。晏子《あんし》至《いた》り、已《すで》に事《こと》を復《まを》す。公延《こうひ》きて坐《ざ》せしめ、酒《さけ》を飮《の》み樂《たの》しむ。晏子《あんし》曰《いは》く、「君若《きみも》し臣《しん》に賜《たま》はば、臣請《しんこ》ふ之《これ》を歌《うた》はん」と。歌《うた》ひて曰《いは》く、「庶民《しよみん》の言《げん》に曰《いは》く、凍水我《とうすいわれ》を洗《あら》ふ、之《これ》を若何《いかん》せん。太上我《たいじやうわれ》を靡《び》散《さん》す、之《これ》を若何《いかん》せん」と。歌終《うたをは》り、喟《き》然《ぜん》として歎《たん》じて涕《なみだ》を流《なが》す。公就《こうつ》きて之《これ》を止《とど》めて曰《いは》く、「夫子《ふうし》曷爲《なんす》れぞ此《ここ》に至《いた》る。殆《ほと》んど大臺《たいだい》の役《えき》の爲《ため》か。寡人將《くわじんまさ》に速《すみ》やかに之《これ》を罷《や》めんとす」と。晏子再拜《あんしさいはい》し、出《い》でて言《ものい》はず、遂《つひ》に大臺《たいだい》に如《ゆ》き、朴《ぼく》を執《と》り其《そ》の務《つと》めざる者《もの》を鞭《むち》うちて曰《いは》く、「吾《われ》は細人《さいじん》なり、皆蓋《みなかふ》廬《ろ》有《あ》り、以《もつ》て燥溼《さうしふ》を避《さ》く。君壹《きみいつ》の臺《だい》を爲《つく》りて速《すみ》やかに成《な》らず、何《なん》の爲《ため》ぞ」と。國人皆曰《こくじんみないは》く、「晏子《あんし》天《てん》を助《たす》けて虐《ぎやく》を爲《な》す」と。晏子《あんし》歸《かへ》り、未《いま》だ至《いた》らずして、君令《きみれい》を出《いだ》して趣《すみや》かに役《えき》を罷《や》めしむ。車《くるまは》馳せて人趨《ひとはし》る。

仲尼之《ちゆうぢこれ》を聞《き》き、喟《き》然《ぜん》として歎《たん》じて曰《いは》く、「古《いにしへ》の善《よ》く人臣《じんしん》たる者《もの》は、聲名《せいめい》は之《これ》を君《きみ》に歸《き》し、禍災《くわさい》は之《これ》を身《み》に歸《き》す。入《い》りては則《すなは》ち其《そ》の君《きみ》の不善《ふぜん》を切磋《せつさ》し、出《い》でては則《すなは》ち其《そ》の君《きみ》の德義《とくぎ》を高譽《かうよ》す。是《ここ》を以《もつ》て惰君《だくん》に事《つか》ふと雖《いへど》も、能《よ》く衣裳《いしやう》を垂《た》れ、諸侯《しよこう》を朝《てう》せしめて、敢《あへ》て其《そ》の功《こう》を伐《ほこ》らず。此《こ》の道《みち》に當《あ》たる者《もの》は、其《そ》れ晏子《あんし》是《こ》れなるか」と。

語釈 ○比其返也　『校注』はこの四字は衍文であろうという。下文に「国人望晏子。晏子至」とあり、ここで晏子が国に帰ったことになるのだから、この時点ではまだ帰国していないはずだと。晏子が魯での所用を終えてそろそろ帰国の途に着く頃と解しておく。　○大台之役　「大台」とは景公が遊興に使用するために作らせようとした大きな楼台。「役」とは労役。農民をかり出して建設に当たらせたのである。　○歳寒　一年のうちの寒い季節という意味で、冬のこと。　○凍餒之者　『校注』は盧文弨に従い「凍餒者」に改めている。王念孫は、上文の「役之」の二字をここへ移して、「役之凍餒者」（役の凍餒する者）に改めるべきであろうという。その方が意味はすっきりするが、今は原文のままにしておく。　○復事　「復」は告げること。復命するの意、ここでは魯国での事を報告することを指す。　○延　ここでは導く、引き入れるなどの意。　○君若賜臣　文字どおりに解釈しようとすると、景公が晏子に具体的に何を賜うのか明らかでないことになるが、思うに、晏子が褒美として自分の望みをひとつかなえて欲しいという意味でこう言ったのであろう。　○太上靡散我　「太上」とは景公をいう。「靡散」とはちりぢりにする、また消滅させること。景公がこの労役で民衆を滅ぼそうとしていることをいう。ところで、蘇時学は、「靡散」は「靡敝」の誤りであり、次章に見える「靡弊」と同じ意味であるという。呉則虞はこれを是とするが、今は原文のままとする。なお文廷式は、前句の「洗」と「散」が韻の上から対応するとみて「靡」を衍字として削り、「太上散我」に改めるべきであるというが、従い難い。　○就　近づくの意。　○朴　「樸」に通じ、加工されていない樹皮のついたままの木をいう。　○細人　つまらぬ人、小人（しょうじん）に同じ。晏子自ら謙遜してこう言ったのである。　○蓋廬　兪樾は、「蓋」は「盇」の字の誤りで、「闔」のことだという。「闔廬」とは人々が居住する普通の住まいのこと。呉則虞は兪説を是とする。
○君為壹台　『校注』は、『左伝』に従い「今君為一台」に改めている（余説参照）。　○何為　『校注』は蘇輿説に従い『左伝』に拠って「何以為役」と改めている。この方が文義がはっきりするという。　○天　景公をさす。　○車馳而人趨　工事の中止を伝える伝令の乗った車や労役から解放されて家路を急ぐ人々で、造営現場がごった返していたことをいう。　○垂衣裳、朝諸侯　「黄帝堯舜、垂衣裳而天下治」（『易』繋辞下伝）とあるように、君主はことさらなことをせずとも諸侯が慕い寄るように朝貢してくることをいう。理想的な君主のあり方としての常套句であった。

口語訳　第五章　景公が冬に大台の造営を始めたので晏子が諫めたこと

晏子が魯に使者として行き、そろそろ帰国しようという頃、（斉では）景公が国民に労役を命じて大台の造営を始め、寒い冬になっても止めなかった。飢え凍える者が村里ごとに出て、国中の民は晏子（の帰りを）を待ち望んでいた。晏子が戻り、復命を終えると、公は（彼の労をねぎらおうと）招き入れて座らせて、酒を飲み楽しんだ。晏子は「主君がもし

私にご褒美を下さるのならば、私にどうか歌を歌わせて下さい」と言い、歌うことには、「民が言う、氷のように冷たい水が私の身に降り注ぐ、何としよう。貴いお方が私（の命）を消し去ってしまう、何としよう、と」と。歌い終わると、深いため息をついて涙をぼろぼろ流すのであった。公はそこで（晏子の側に）寄ってなだめて言った、「先生はどうしてそんなにまで悲しまれるのか。おそらくはあの大台の労役のせいであろう。（ならば）寡人はすぐにもやめることにしよう」と。晏子は再拝して、退出すると一言も発せずに、そのまま大台に行き、木切れを手に取って作業に励まない者を打ちすえて言った、「わしらはつまらぬ小人物であるが、それでも皆家が有り、それで乾燥や湿気を防いでいる。（それなのに）ご主君が楼台ひとつ建てようとなさっても、さっさと完成しないのは、どうしたことだ」と。人々は口を揃えて、「晏子は主君を助けてわれわれにむごいことをなさる」と言った。晏子は帰っていったが、（晏子が）帰り着く前に、主君はすぐに労役を止めさせるよう布令を出した。（大台の造営現場では）中止を伝える伝令の車とその伝令を聞いて帰郷を急ぐ人々とが駆け回っていた。

仲尼（孔子）はこのことを伝え聞き、深くため息をついて言った、「昔のすぐれた人臣とは、名声は主君に帰して、禍いはわが身に背負い込んだものである。朝廷に入ってはわが君の不善を（善へと）磨き上げ、（朝廷を）出ては主君の徳義を高らかに誉め称える。こうして（たとえ）愚かな主君に仕えたとしても、衣裳を垂れたままで（ことさらなことをせずに）徳によって国は治まり、（天下の）諸侯が朝貢してくるようしむけることができるのだが、（それでも）敢えてその手柄を誇ろうともしない。こうした（臣下たるべきの）道を実践している者は、かの晏子であることよ」と。

余説　『左伝』襄公十七年に、次のような段落がある。

宋皇国父為大宰、為平公築台、妨於農収。子罕請俟農功之事畢。公弗許。築者謳曰、「沢門之晳、実興我役、邑中之黔、実慰我心。」子罕聞之、親執扑、以行築者、而抶其不勉者曰、「吾儕小人、皆有闔廬、以辟燥湿寒暑。今君為一台而不速成、何以為役。」謳者乃止。或問其故。子罕曰、「宋国区区、而有詛有祝、禍之本也。」

（宋の皇国父大宰と為り、平公の為に台を築き、農収に妨げあり。子罕農功の事畢はるを俟（ま）たんことを請ふ。公許さず。築く者謳ひて曰く、「沢門の晳（きせ、＝色白の皇国父）、実に我が役を興し、邑中の黔（けん、＝色黒の子罕）、実に我が心を慰む」と。子罕之を

聞き、親（みづか）ら扑（むち）を執り、以て築者（＝工事人夫）を行（めぐ）りて、其の勉めざる者を抶（むちう）ちて曰く、「吾儕は小人なるも、皆闔廬有りて、以て燥湿寒暑を辟く。今君一台を為して而も速やかに成らず、何を以て役と為さん」と。謳ふ者乃ち止む。或るもの其の故を問ふ。子罕曰く、「宋国は区区たり、而るに詛（のろ）ふもの有り祝するもの有るは、禍ひの本なり」と。）

この史話と本章説話にはかなりの類似性が見られる。特に右の傍線部分は、本章と文字の異同が僅かにあるのみでほぼ同一文と言ってよい。これほどまでに類似性があるのはなぜか、全く謎である。ちなみに襄公十七年（紀元前五五六年）は、斉の霊公二六年（景公の二代前）に相当し、この年晏子の父晏弱が死去したことが『左伝』に記されており、また孔子について言えばその出生前のことである。

そうして孔子の晏子に対する評言が、絶賛というほかはないことを考慮すると、どうやら後世の晏子の伝記作者が右の子罕の史話をもとに創作したうえに、孔子の賛辞をやはり創作して付したのではなかろうか。その逆は極めて考え難い。

景公爲二長庲一欲レ美レ之晏子諫　第六

景公爲二長庲一、將レ欲レ美レ之、有二風雨作一。公與二晏子一入坐飲酒、致二堂上之樂一。酒酣、晏子作レ歌曰、*「穗乎穗乎不レ得レ穫、秋風至兮殫零落。風雨之拂殺也、太上之靡弊也。」歌終、顧而流レ涕、張レ躬而舞。公就二晏子一而止レ之曰、「今日夫子爲レ賜而誡二于寡人一。是寡人之罪。」遂廢レ酒、罷レ役、不三果成二長庲一。

景公《けいこう》長庲《ちやうらい》を爲《つく》り之《これ》を美《うつく》しくせんと欲《ほっ》し晏子《あんし》諫《いさ》む　第六

景公《けいこう》長庲《ちやうらい》を爲《つく》り、將《まさ》に之《これ》を美《うつく》しくせんと欲《ほっ》して、風雨《ふうう》作《おこ》る有《あ》り。公《こう》、晏子《あんし》と入《い》り坐《ざ》して飲酒《いんしゅ》し、堂上《だうじやう》の樂《がく》を致《いた》す。酒《さけ》酣《たけなは》にして、晏子《あんし》歌《うた》を作《つく》りて曰《いは》く、「穗《すゐ》や穗《すゐ》や穫《くわく》するを得《え》ず、秋風《しうふう》至《いた》りて殫《ことごと》く零落《れいらく》す。風雨《ふうう》の拂殺《ふつさつ》するなり、太上《たいじやう》の靡弊《びへい》するなり」と。歌《うた》終《をは》り、顧《かへり》みて涕《なみだ》を流《なが》し、躬《ひぢ》を張《は》りて舞《ま》ふ。公《こう》、晏子《あんし》に就《つ》きて之《これ》を止《とど》めて曰《いは》く、「今日《けふ》夫子《ふうし》賜《たまもの》を爲《な》して寡人《くわじん》を誡《いまし》む。是《こ》れ寡人《くわじん》の罪《つみ》なり」と。遂《つひ》に酒《さけ》を廢《はい》し、役《えき》を罷《や》め、果《はた》して長庲《ちやうらい》を成《な》さず。

校訂　＊穂乎穂乎　底本は「穂乎」。于鬯の、ここは全て七字句であるから「穂乎」を二度重ねるべきであるという説に従い改めた。呉則虞は、「禾有」の二字を加えて七字句にするべきであるという。『校注』は、王念孫説に従い『太平御覧』人事部九十七所引に拠って「穂兮」に改めている。

語釈 ○長庲　「庲」は「舎」、つまり住まいのことであるが、『集韻』に特に「長庲とは斉の台なり」とあるのによれば、古く斉にあった楼台のこととして知られていたのであろう。　○致堂上之楽　「堂上之楽」とは広い宮殿で演奏されるような音楽、「致」は尽くすの意。景公が酒宴の席で楽団に音楽を演奏させたのである。それは明らかに贅沢な行為であった。　○太上之靡弊也　「太上」は前章に既出、景公を指す。「靡」は滅ぼすの意、「弊」は破れるの意。景公が賦役のために人々の農作業を台無しにしてしまったことを指していうのであろう。　○張躬　「躬」を文字どおり「からだ」と解したのでは意味が通らないので、王念孫の、「躬」は古くは「肱」と通用したという説に従い、「ひじ」と読んだ。　○為賜　「為」は、『広雅』に「施すなり」とあり、「賜」とは恩恵の意であることから、恩恵を施すこと。晏子が景公に反省するきっかけを与えたことを指してこう言ったものであろう。

口語訳 第六章　景公が長庲の楼台を建てて飾り立てようとしたので晏子が諫めたこと

景公が長庲の楼台を建てたうえに、さらに飾り立てようとしていたその矢先、風が吹き雨が降り始めた。公は晏子とともに宮室に入って座り酒を飲みながら、殿上の音楽をたっぷりと演奏させた。酒宴もたけなわの頃、晏子が歌を作って言った、「稲穂よ稲穂よお前を収穫できない、秋風が来たら残らず落ちてしまった。風雨がふるい落としてしまったよ、ご主君が台無しにしてしまったよ」と。歌い終り、（景公の方を）振り向いて涙を流し、肱を大きく広げて舞った。公は晏子の側に寄ってなだめて言った、「今日、先生は有り難いことに寡人を戒めて下さった。これは寡人の罪である」と。かくして（景公は）酒宴を取りやめて、労役を中止し、結局長庲の楼台を完成させなかった。

余説 前章と同工異曲。晏子が酒宴の席で涙ながらに歌に寄せて景公を諫めるこの構成は、前節と全く同じである。似たような構成の説話をいくつかまとめて配置していることからして、明らかに『晏子春秋』に編集意識が存在することを見て取ることができる。

景公爲二鄒之長塗一晏子諫　第七

景公築二路寢之臺一、三年未レ息。又爲二長庲之役一、二年未レ息。又爲二鄒之長塗一。晏子諫曰、「百姓之力勤矣。公不レ息乎。」公

景公《けいこう》鄒《すう》の長塗《ちやうと》を爲《つく》り晏子《あんし》諫《いさ》む　第七

景公路寢《けいこうろしん》の臺《だい》を築《きづ》き、三年《さんねん》にして未《いま》だ息《や》めず。又長庲《またちやうらい》の役《えき》を爲《な》し、二年《にねん》にして未《いま》だ息《や》めず。又鄒《またすう》の長塗《ちやうと》を爲《つく》る。晏子《あんし》諫《いさ》めて曰《いは》く、「百姓《ひやくせい》の力《ちから》勤《つと》めたり。公息《こうや》めざるか」と。公曰《こういは》く、「塗《みち》

曰、「塗將成矣。請成而息之。」對曰、「明君不屈民財者、不得其利、不窮民力者、不得其樂。昔者楚靈王作頃宮、三年未息也。又爲章華之臺、五年又不息也。乾溪之役、八年、百姓之力不足而自息也。靈王死于乾溪、而民不與君歸。今君不遵明君之義、而循靈王之跡。嬰懼君有暴民之行、而不睹長庲之樂也。不若息之。」公曰、「善。非夫子者、寡人不知得罪于百姓深也。」于是令勿*委壤、餘財勿收、斬板而去之。

將《まさ》に成《な》らんとす。請《こ》ふ成《な》りて之《これ》を息《や》めん」と。對《こた》へて曰《いは》く、「明君《めいくん》の民《たみ》の財《ざい》を屈《つ》くさざるは、其《そ》の利《り》を得《え》ざればなり、民《たみ》の力《ちから》を窮《きは》めざるは、其《そ》の樂《たの》しみを得《え》ざればなり。昔者《むかしそ》楚の靈王《れいわう》、頃宮《けいきう》を作《つく》り、三年《さんねん》にして未《いま》だ息《や》めざるなり。又章華《またしやうくわ》の臺《だい》を爲《つく》り、五年《ごねん》にして又息《またや》めず。乾溪《かんけい》の役《えき》あり、八年《はちねん》、百姓《ひやくせい》の力《ちから》足《た》らずして自《おのづか》ら息《や》む。靈王《れいわう》、乾溪《かんけい》に死《し》して、民《たみ》、君《きみ》と與《とも》に歸《かへ》らず。今《いま》、君《きみ》、明君《めいくん》の義《ぎ》に遵《したが》はずして、靈王《れいわう》の跡《あと》に循《したが》ふ。嬰《えい》、君《きみ》に民《たみ》を暴《そこな》ふの行《おこな》ひ有《あ》りて、長庲《ちやうらい》の樂《たの》しみを睹《み》ざらんことを懼《おそ》るるなり。之《これ》を息《や》むるに若《し》かず」と。公曰《こういは》く、「善《よ》し。夫子《ふうし》に非《あら》ざれば、寡人罪《くわじんつみ》を百姓《ひやくせい》に得《う》ることの深《ふか》きを知《し》らざりしなり」と。是《ここ》に于《お》いて令《れい》して壤《じよう》を委《つ》むこと勿《な》く、餘財《よざい》は收《をさ》むること勿《な》く、板《いた》を斬《き》りて之《これ》を去《さ》らしむ。

校訂　＊委壤　底本は「委壞」。孫詒讓説に従い改めた。「委」は積む、「壤」は土の意。土を積み上げながら道路を修築していったのであろう。

語釈　○路寝　天子や諸侯たちが政治をとる正殿。　○長庲之役　前章語釈参照。　○郯　魯と隣接していた小国、現在の山東省郯県。　○明君不屈民財者、不得其利、不窮民力者、不得其楽　王念孫は「君屈民財者、不得其利、窮民力者、不得其楽」に改めるべきと言い、『校注』は王説に従い改めている。これに対し劉師培は、後文に「明君之義」とあるのはここの「明君」を承けているはずであるから、王説のように「明君」の「明」を衍字として削るのは適切ではないとして、「明君不屈民財、不窮民力、君屈民財者不得其利、窮民力者不得其楽」に改めるべきであると言う。原文のままでも意味は通じるので改めない。なお「屈」は、尽くすの意。　○楚霊王　前五四〇～五二九年在位。斉の景公の在位期間は前五四七～四九〇年であったから、晏子は楚の霊王の非業の死を昔のこととしているが、景公にとってはむしろ在位中に起った記憶に新しい事件のはずで、「昔者～」という言い方はおかしい。後世に創作された説話であるた

めに、このような表現が不用意に使われてしまったのであろうか。　〇頃宮　一頃（一八二〇〇㎡）の面積に満ちる広大な宮殿。

〇又為章華之台、五年又不息也。而又為乾渓之役、八年、百姓之力不足而自息也　王念孫は脱誤があるとみて、『群書治要』に「又為章華之台、五年未息也。而又為乾渓之役、八年、百姓之力不足而自息也」とある方が、文義において順適であろうと言う。なお、『校注』は王説に従っているが、「…自息也」の「自」字を削除している。章華の楼台のことは、『左伝』昭公七年に、楚の霊王が昭公二年（前五四〇年）に即位の後造営にとりかかり、この年（前五四五年）に完成したことが見える。杜預の注には、華容（湖北省南の監利県）の城内にあったとする。楚の霊王は傲慢かつ強引な性格であったといわれ、昭公四年から同六年まで毎年呉に出兵している。そして同八年に陳を、同十一年に蔡を滅ぼし、同十二年には再び徐を包囲して呉を脅かしたときに、乾渓に宿営していたのである。「乾渓之役」とはこの戦役を指すのであろう。最初の出兵からこの年までちょうど八年である。「乾渓」は、安徽省北西部の亳県にあった。于鬯はこの「百姓之力不足而自息」とは人々が反乱を起こしたことを言い繕った言い回しであろうと見る。上が休息させるのでなく、人々が自ら率先して休息するというのは反逆以外のなにものでもありえないこと、さらに次章でここと同じことを述べて「民叛之」と明言していることなどを理由に挙げる。『左伝』昭公十二年に、霊王が乾渓にいる間に、王に怨みをもつ臣下が、公子やかつて王が滅ぼした陳・蔡などの人々を巻き込んで反乱を起こし、知らせを聞いた霊王は縊死したとあることからも、恐らくそうであろう。　〇民不与君帰　『校注』は『群書治要』に拠って「民不与帰」に改め、「民不許帰」（民帰るを許さず）と解している。『左伝』昭公十三年に、反乱軍の中心人物の一人が、乾渓駐留の霊王の軍に使者としてやって来て、国都制圧を伝えたうえ、軍内に「先に帰ればもとの地位に戻すが、後れて帰れば鼻そぎの刑に処す」と告げたので軍は帰途に離散してしまったと記す。　〇明君之義　『校注』は「明王之義」に作る。　〇非夫子者　『校注』には「非夫子」とある。　〇収　召し上げること。　〇斬板而去之　『礼記』壇弓上篇に「今一日にして三たび板を斬りて、封を已めん」（今は、一日のうちに板を三べん切って重ね、その高さで土を盛るのをやめにしよう）とあるのによると、道路の修築は、道路の両側の路肩の部分に縄で縛って板を固定したあと、その内側に土を積み上げて突き固めていくという方法をとっていたと見られる。「板を斬る」とは、その板を固定させるための縄を切ることで、それはすなわち道路の修築をそこで中止することを意味するとみてよい。「之を去る」とは、その取り外した板を現場から撤去するのである。

口語訳　第七章　景公が鄒に至る長い道路を築いたので晏子が諫めたこと

景公が正殿の楼台を築き、三年経ってもまだ止めなかった。さらに長庲の楼台の労役を命じて、これも二年経ってまだ止めなかった。そのうえに鄒と結ぶ長い道路を造ろうとしていた。晏子が諫めて、「人々は懸命に働いております。公は

まだやめようとなはさらないのですか」と言った。公が言った、「道路はまもなくできあがろうとしている。完成したら止めることにしよう」と。お答えして言った、「明君が民の財を奪い尽くさないのは、（そうしても結局）利益を得られないからであり、民の力を絞り尽くさないのは、（そうしても結局）楽しみを得られないからです。昔、楚の霊王が広さが一頃もある大宮殿を造り、三年経ってもまだ止めませんでした。さらにまた章華の楼台を造り、五年経ってもまだ止めなかったのです。（そのうえさらに）乾渓の兵役があり、（兵役は、ほとんどとぎれることなく）八年間も続いたのですから、（結局）人々の力は及ばず自然に止めることになってしまったのです。霊王は（人々を苛酷に使役したために反乱を招いて）乾渓で死に、（従軍した）民は（四散して）主君とともに帰ろうとはしませんでした。今、主君は明君の道義に従わずに、霊王の（滅んでいった）跡を辿ろうとしておられます。この嬰、ご主君が民を乱暴に扱われたために、（反乱を招いて）長under楽しみを見ずに終わられてしまうことを恐れております。止めるに越したことはございません」と。公が言った、「よろしい。先生がおられなければ、寡人は人々に対して犯した罪の深さに気付かなかったであろう」と。こうして布令を出して（道路工事のための）土は積むことなく、未徴収の資材は（これ以上）召し上げず、（工事のために使った版築用の）板（を固定していた縄）を切って撤去させた。

余説　第四章から本章まで一貫して景公がほしいままに民衆を過酷な労役に駆り立てることを反省させる説話になっている。好きなように民を使役し、そのことがますます民の反感を買っていることにすら気付かずにいる景公に対して、晏子は実に思慮深くまた民衆を気遣う精神から景公を諫めるのであるが、ここに見ることができるのは晏子の愛民主義とでもいうべきものである。

景公春夏游獵興レ役晏子諫　第八

景公春夏游獵、又起二大臺之役一。晏子諫曰、「春夏起レ役、且游獵、奪二民農時一、國家空虛、不可。」景公曰、「吾聞、相賢

景公《けいこう》春夏《しゆんか》に游獵《いうれふ》して役《えき》を興《おこ》し晏子《あんし》諫《いさ》む　第八

景公春夏《けいこうしゆんか》に游獵《いうれう》し、又大臺《またたいだい》の役《えき》を起《おこ》す。晏子《あんし》諫《いさ》めて曰《いは》く、「春夏役《しゆんかえき》を起《おこ》し、且《か》つ游獵《いうれう》して、民《たみ》の農時《のうじ》を奪《うば》ひ、國家空虛《こつかくうきよ》なるは、不可《ふか》なり」と。景公曰《けいこういは》く、「吾聞《われき》く、相《しやう》の賢《けん》なる者《もの》は國《くに》

者國治、臣忠者主逸。吾年無レ幾矣。欲下遂二吾所一レ樂、卒中吾所上レ好。子其息矣。」晏子曰、「昔文王不三敢盤二于游田一、故國昌而民安。楚靈王不レ廢二乾溪之役一、起二章華之臺一、而民叛レ之。今君不レ革、將下危二社稷一、而爲中諸侯笑上。臣聞、＊忠不レ避レ死、諫不レ違レ罪。君不レ聽レ臣、臣將レ逝矣。」景公曰、「唯唯、將三弛二罷之一。」未レ幾、朝二韋冏一、解レ役而歸。

治《をさ》まり、臣《しん》の忠《ちゆう》なる者《もの》は主逸《しゆいつ》す、と。吾年幾《われとしいくば》くも無《な》し。吾《わ》が樂《たの》しむ所《ところ》を遂《と》げ、吾《わ》が好《この》む所《ところ》を卒《を》へんと欲《ほつ》す。子其《しそ》れ息《や》めよ」と。晏子曰《あんしいは》く、「昔文王《むかしぶんわう》敢《あ》へて游田《いうでん》に盤《たの》しまず、故《ゆゑ》に國昌《くにさか》んにして民安《たみやす》し。楚《そ》の靈王乾溪《れいわうかんけい》の役《えき》を廢《や》めず、章華《しやうくわ》の臺《だい》を起《おこ》して、民之《たみこれ》に叛《そむ》く。今君革《いまきみあらた》めざれば、將《まさ》に社稷《しやしよく》を危《あやふ》くして、諸侯《しよこう》の笑《わら》ひと爲《な》らんとす。臣聞《しんき》く、忠《ちゆう》は死《し》を避《さ》けず、諫《かん》は罪《つみ》を違《さ》けず、と。君《きみ》、臣《しん》に聽《き》かずんば、臣將《しんまさ》に逝《ゆ》かんとす」と。景公曰《けいこういは》く、「唯《ゐ》唯《ゐ》、將《まさ》に之《これ》を弛罷《しひ》せんとす」と。未《いま》だ幾《いくば》くならざるに、韋冏《ゐけい》を朝《め》し、役《えき》を解《と》きて歸《かへ》る。

校訂　＊忠不避死　底本は「忠臣不避死」。孫星衍校本、『校注』などに従い改めた。その方が、「諫不違罪」との対が整う。

語釈　○盤于游田　「盤」は楽しむ、「田」は狩りの意。『校注』は「盤游于田」に作る。　○乾渓之役…章華之台　既出。前章の語釈参照。　○唯唯　「はい」の意。丁寧に返事するときの言葉。　○弛罷　「弛」「罷」ともにやめるの意。　○朝韋冏　孫星衍は三字で人名と解するが、兪樾は、「韋冏」を人名とし、「朝」は召すの意の動詞であると解する。今、兪説に従い訳す。

口語訳　第八章　景公が春夏続けて狩りに出かけ労役も始めたので晏子が諫めたこと

景公は春夏続けて狩りに出かけ、さらにまた広大な楼台を造営するための労役も始めた。晏子が諫めて、「春夏に労役を始めたうえに狩猟に出かけられて、民の農作業の時季を奪い、国家（の府庫）を空にするのは、いけません」と言った。

景公は言った、「余は『宰相が賢明ならば国は治まり、臣下が忠実ならば君主は安逸である』と聞いている。余は余生いくばくもない、自分が楽しみたいことを思いきり楽しみ、好きなことを思いきりやりおおせたいと思うのだ。そなたは何も言わないで欲しい」と。晏子が言った、「昔、文王は狩り遊びを楽しもうとはしませんでした。ですから国は栄え民は安心できたのです。楚の霊王は乾渓の兵役を止めずに、章華の楼台の造営も始めたので、民は王に反乱を起こしたのです。

今、ご主君が（行いを）改めなければ、やがて国家を危うくして諸侯らのもの笑いとなることでしょう。私は、『忠義は死を避けず、諫言は罪を避けず』と聞いております。ご主君が私に耳を貸して下さらないのなら、わたしは（ご主君のもとを）去りましょう」と。景公が言った、「よくわかった、やめることにしよう」と。それからまもなくして、韋罔を召し出し、労役を止めさせて（都に）帰った。

余説　第七節と同工異曲。ただここでは愛民がひいては君主の地位をも安泰にすることが強調される。

臣下に政治を全面的に依頼してしまおうとする君主と、その信頼に十分応えることができる臣下という君臣関係は、『韓非子』によって君臣間の権力争奪が発生するもとであるとして全く否定される（同二柄篇参照）。とすれば、「相賢者国治、臣忠者主逸」という、君主が有能な臣下を得れば安楽をむさぼることができるという考え方は、明らかに『韓非子』以前のものと見ることができる。そうしてまた、君主自身は無為にして臣下に有為を尽くさせるというようないわゆる黄老思想にやや近づいた思想とみることができようか。

景公獵休坐レ地晏子席而諫　第九

景公獵休、坐レ地而食。晏子後至、滅レ*葭而席。公不レ説曰、「寡人不レ席而坐レ地、二三子莫レ席。而子獨搴レ草而坐レ之、何也。」晏子對曰、「臣聞、介冑坐レ陳不レ席、獄訟不レ席、尸*在二堂上一不レ席。三者皆憂也。故不三敢以レ憂侍坐二。」公曰、「諾。」令二人下一レ席曰、「大夫皆席、寡人亦席矣。」

景公獵《けいこうれふ》して休《いこ》ひ地《ち》に坐《ざ》し晏子《あんし》席《せき》して諫《いさ》む　第九

景公獵《けいこうれふ》して休《いこ》ひ、地《ち》に坐《ざ》して食《しよく》す。晏子《あんし》後《のち》に至《いた》り、葭《あし》を滅《ひきぬ》きて席《せき》す。公説《こうよろこ》ばずして曰《いは》く、「寡人席《くわじんせき》せずして地《ち》に坐《ざ》し、二三《にさん》子《し》も席《せき》すること莫《な》し。而《しか》るに子《し》獨《ひと》り草《くさ》を搴《ぬ》きて之《これ》に坐《ざ》するは、何《なん》ぞや」と。晏子《あんし》對《こた》へて曰《いは》く、「臣聞《しんき》く、介冑《かいちう》して陳《ちん》に坐《ざ》するには席《せき》せず、獄訟《ごくしよう》には席《せき》せず、尸《し》、堂上《だうじやう》に在《あ》れば席《せき》せず、と。三者皆憂《さんしやみなうれ》ひあればなり。故《ゆゑ》に敢《あ》へて憂《うれ》ひを以《もつ》て侍坐《じざ》せず」と。公曰《こういは》く、「諾《だく》」と。人《ひと》をして席《せき》を下《くだ》さしめて曰《いは》く、「大夫《たいふ》皆席《みなせき》せよ、寡人《くわじん》も亦席《またせき》せん」と。

校訂　＊滅葭而席　底本は「左右滅葭而席」。晏子が主語でなければ文意が通らないとする呉則虞の説に従い改めた。

＊尸在堂上不席　底本は「尸坐堂上不席」。「尸」は死人のことであるからこれが「堂上に坐す」ことはありえないので、「坐」は「在」が誤ったものであろうとする王念孫の説に従い改めた。また王説では「上」は後人の付加ではないかとして削除するべきというが、原文のままでも支障なかろう。

語釈　○滅　孫星衍は、「搣」と同じで引き抜くの意であるという。　○葭　『説文』に、葦の未だ穂が出ていないもののこととある。○二三子　ここでは景公に付き添っている諸大夫らを指していう。　○搴　取る、抜くの意。　○介冑坐陳不席　「介」はよろい、「冑」はかぶと、「陳」は「陣」に同じ。　○不敢以憂侍坐　何の憂いもないにもかかわらず、席を設けず直接地面に座り込むのは、非礼に当たるからとてもできないというのである。　○諾　王念孫は、ここでは晏子が景公に何か願い出たのではないから「諾」と言うのはおかしい、もともと「善」と「若」の字体が似ていたために、後人が「若」を改めて「諾」にしてしまったのだろうとして、「善」に改めるべきだという。しかし、晏子は景公に席を設けるようにと諫めたのであるから、景公がこれに「諾」と返答することに不自然さはないであろう。今、原文のままにしておく。『校注』は王説に従い改めている。　○下席　むしろ状の物を地面に敷いて席としたので、席をしつらえることを「席を下す」といったものと解しておく。

口語訳　第九章　景公が狩りに出たとき地面に座り込んで休憩していたので晏子が席を設けて諫めたこと

景公が狩猟中に休息したとき、地面にそのまま座り込んで食事をした。晏子が後から来て、葦を引き抜いて席をこしらえた。公は不機嫌そうに言った、「寡人は席を設けずにそのまま地面に座っているし、大夫らも席を設けていない。それなのにそなただけが草を抜き取ってそこに座るというのはどういうことだ」と。晏子はお答えして、「私は、『鎧甲に身を固めて陣中で座るときには席を設けない、裁判の時には席を設けない、遺体が堂内にあるときには席を設けない』と聞いております。これら三つの場合はみな憂いがあるからなのです。ですから私は、憂いがあるかのようにして（席を設けずに）お側に座り込むことなどとてもできません」と言った。公は、「わかった」と言うと、人に命じて席をしつらえさせて、「大夫らよ席につけ。寡人もまた席につこう」と言った。

余説　晏子は景公に狩猟という遊興の時にあっても礼の作法は厳格に遵守されねばならないことを言ったのである。諫上篇の第二章に似る。なお次章も、狩猟に出かけたときの説話である。

『説苑』雑言篇に類似の説話が次のように見える。

斉景公問晏子曰、「寡人自以坐地、二三子皆坐地。吾子独搴草而坐之、何也。」晏子対曰、「嬰聞之、唯喪与獄坐於地。今不敢以喪獄之事侍於君矣。」

（斉景公晏子に問ひて曰く、「寡人自ら以て地に坐し、二三子皆地に坐す。吾子独り草を搴きて之に坐するは、何ぞや」と。晏子対へて曰く、「嬰之を聞く、唯だ喪と獄とのみ地に坐す、と。今敢へて喪獄の事を以て君に侍らず」と。）

景公獵逢二蛇虎一以爲二不祥一晏子諫　第十

景公出獵、上レ山見レ虎、下レ澤見レ蛇。歸召二晏子一、而問レ之曰、「今日寡人出獵、上レ山則見レ虎、下レ澤則見レ蛇、殆所謂不祥也。」晏子對曰、「國有二三不祥一、是不レ與焉。夫有レ賢而不レ知、一不祥、知而不レ用、二不祥、用而不レ任、三不祥也。所謂不祥、乃若レ此者。今上レ山見レ虎、虎之室也、下レ澤見レ蛇、蛇之穴也。如二虎之室一、如二蛇之穴一而見レ之、曷爲不祥也。」

景公《けいこう》獵《れふ》して蛇《だ》虎《こ》に逢《あ》ひて以《もつ》て不祥《ふしやう》と爲《な》し晏子《あんし》諫《いさ》む　第十

景公《けいこう》出《い》でて獵《れふ》し、山《やま》に上《のぼ》りて虎《とら》を見《み》、澤《さは》に下《くだ》りて蛇《へび》を見《み》る。歸《かへ》りて晏子《あんし》を召《め》して、之《これ》に問《と》ひて曰《いは》く、「今日《けふ》寡人《くわじん》出《い》でて獵《れふ》し、山《やま》に上《のぼ》れば則《すなは》ち虎《とら》を見《み》、澤《さは》に下《くだ》れば則《すなは》ち蛇《へび》を見《み》るは、殆《ほと》んど所謂《いはゆる》不祥《ふしやう》ならん」と。晏子《あんし》對《こた》へて曰《いは》く、「國《くに》に三《みつ》つの不祥《ふしやう》有《あ》るも、是《こ》れ與《あづ》からず。夫《そ》れ賢《けん》有《あ》りて知《し》らず、一《いつ》の不祥《ふしやう》なり、知《し》りて用《もち》ひず、二《に》の不祥《ふしやう》なり、用《もち》ひて任《にん》ぜず、三《さん》の不祥《ふしやう》なり。所謂《いはゆる》不祥《ふしやう》とは、乃《すなは》ち此《か》くのごとき者《もの》なり。今《いま》山《やま》に上《のぼ》りて虎《とら》を見《み》るは、虎《とら》の室《しつ》なればなり、澤《さは》に下《くだ》りて蛇《へび》を見《み》るは、蛇《へび》の穴《あな》なればなり。虎《とら》の室《しつ》に如《ゆ》き、蛇《へび》の穴《あな》に如《ゆ》きて之《これ》を見《み》る、曷爲《なんす》れぞ不祥《ふしやう》ならん」と。

語釈　○如虎之室、如蛇之穴　蘇輿は、「如」は「于」に同じとして、「おいて」と読むべきと言うのに対し、文廷式は「往く」の意味であるという。今、文説に従い読んでおく。

口語訳　第十章　景公が狩猟に行って蛇と虎に出会いこれを不祥なことと考えたので晏子が諫めたこと

景公が狩猟に出かけ、山に登ったおりに虎を目撃し、沢に下りたおりには蛇を目撃した。帰ってから晏子を召し出して、

尋ねて、「今日、寡人は狩猟に出かけて、山に登ったときには虎を見、沢に下りたときには蛇を見たのだが、これこそ『不祥』というのではなかろうか。」と言った。晏子はお答えして、「国に三つの不祥がありますが、これとは関係ありません。そもそも賢者がいてもわからないのが、一つめの不祥です、わかっていても登用しないのが、二つめの不祥です、登用しても信任しないのが、三つめの不祥です。所謂不祥とは、つまりこのようなことをいうのです。今、山に登って虎を見たのは、（近くに）虎の住処があったからでしょうし、沢に下りて蛇を見たのも、（近くに）蛇の巣穴があったからでございましょう。虎の住処に行き、蛇の巣穴に行って、それらを見たからといって、どうして不祥だといえましょうか」と言った。

余説 虎や蛇を目撃したことを不吉な前兆と見なす景公に対して、晏子は極めて合理主義的な立場から、君主にとっての不吉とは、賢者を登用信任しないことであると諫める。この合理主義と政治に対するあくなき情熱とはまさしく孔子にも通じるものがある。ほぼ同時代に生きた魯の孔子と斉の晏子との見事な共通点を見る思いがする。

なお『説苑』君道篇にほぼ同文が次のように見える。

斉景公出猟、上山見虎、下沢見蛇。帰召晏子、而問之曰、「今日寡人出猟、上山則見虎、下沢則見蛇、殆所謂之不祥也。」晏子曰、「国有三不祥、是不与焉。夫有賢而不知、一不祥、知而不用、二不祥、用而不任、三不祥也。所謂不祥、乃若此者也。今上山見虎、虎之室也、下沢見蛇、蛇之穴也。如虎之室、如蛇之穴而見之、曷為不祥也。」

（斉の景公出でて猟し、山に上りて虎を見、沢に下りて蛇を見る。帰りて晏子を召して、之に問ひて曰く、「今日寡人出でて猟し、山に上れば則ち虎を見、沢に下れば則ち蛇を見るは、殆ど所謂不祥ならん」と。晏子曰く、「国に三つの不祥有り、是れ与からず。夫れ賢有りて知らず、一の不祥なり、知りて用ひず、二の不祥なり、用ひて任ぜず、三の不祥なり。所謂不祥とは、乃ち此くのごとき者なり。今山に上りて虎を見るは、虎の室なればなり、沢に下りて蛇を見るは、蛇の穴なればなり。虎の室に如き、蛇の穴に如きて之を見る、曷為れぞ不祥ならん」と。）

景公爲レ臺成又欲レ爲レ鐘晏子諫　第十一

景公爲レ臺。臺成、又欲レ爲レ鐘。晏子諫曰、「君レ國者不レ樂二民之哀一。君不レ勝レ欲、既築レ臺矣、今復爲レ鐘。是重斂二于民一。民必哀矣。夫斂二民之哀一而以爲レ樂、不祥、非下所二以君一レ國者上」公乃止。

景公《けいこう》臺《だい》を爲《つく》りて成《な》り又鐘《またかね》を爲《つく》らんと欲《ほっ》し晏子《あんし》諫《いさ》む　第十一

景公《けいこう》臺《だい》を爲《つく》る。臺成《だいな》り、又鐘《またかね》を爲《つく》らんと欲《ほっ》す。晏子《あんし》諫《いさ》めて曰《いは》く、「國《くに》に君《きみ》たる者《もの》は民《たみ》の哀《かな》しみを樂《たの》しまず。君欲《きみよく》に勝《た》へずして、既《すで》に臺《だい》を築《きづ》き、今復《いまま》た鐘《かね》を爲《つく》る。是《こ》れ重《かさ》ねて民《たみ》より斂《をさ》むるなり。民必《たみかなら》ず哀《かな》しまん。夫《そ》れ民《たみ》の哀《かな》しみを斂《をさ》めて以《もつ》て樂《たの》しみと爲《な》すは、不祥《ふしやう》にして、國《くに》に君《きみ》たる所以《ゆゑん》の者《もの》に非《あら》ず」と。公乃《こうすなは》ち止《や》む。

語釈 ○鐘　『説文』に楽鐘のこととある。音階の違う鐘を一揃い鋳造し、音楽の演奏に使う、編鐘といわれる楽器。呉則虞は、古制では天子の鐘には特鐘・大編鐘鎛・小編鐘の三等があったが、諸侯は二等で特鐘がなかった。ところが景公はこの特鐘すなわち泰呂を造ろうとしたので、晏子はこれを礼に違反することとして諫めたのであると解する。なお、泰呂鋳造のことは次章参照。

口語訳 第十一章　景公が楼台を造営してできあがるとさらに鐘を鋳造しようとしたので晏子が諫めたこと

景公は楼台を造営した。楼台ができあがると、さらにまた鐘を鋳造しようとした。晏子が諫めて、「一国の君主たる者は民の哀しみを楽しむものではありません。主君は欲をこらえきれず、楼台を造営されたうえに、今また鐘を鋳造なさいます。これは二度までも民から取り立てることです。民は必ずや哀しむことでありましょう。そもそも民の哀しみを集め取ってそれを楽しみとするのは、不祥なことで、一国の君主たる者がとるべき道ではございません」と言った。公はそこで（鋳造を）やめた。

余説 前章の「不祥」の語を承けての説話であろう。そしてここでも「不祥」の意味が合理的に語られる。すなわち自らの贅沢を満たすための苛斂誅求こそが実は君主にとって「不祥」なことに当たるというのである。ここにも晏子の思想の特色をなす愛民主義が基調となっているのが見て取れる。張純一は、音楽の演奏に用いる鐘を鋳造するために民衆を苦しめるべきではないとする晏子の主張は、墨家の

非楽の論そのものであると指摘する。が、台を造りその後さらに鐘を造ろうとしたから晏子が諫めたのであって、墨家のいわゆる非楽に当たるとは言えまい（本篇第一章余説参照）。

なお、『説苑』正諫篇にほぼ同文が次のように見える。

景公為台。台成、又欲為鐘。晏子諫曰、「君不勝欲為台。今復欲為鐘、是重斂於民。民之哀矣。夫斂民之哀而以為楽、不祥。」公乃止。（景公台を為る。台成り、又鐘を為らんと欲す。晏子諫めて曰く、「君欲に勝へずして台を為る。今復た鐘を為らんと欲するは、是れ重ねて民より斂むるなり。民之哀しまん。夫れ民の哀しみを斂めて以て楽しみと為すは、不祥なり」と。公乃ち止む。）

景公爲二泰呂一成將二以燕饗一晏子諫　第十二

景公爲二泰呂一成、謂二晏子一曰、「吾欲下與二夫子一燕上。」對曰、「未レ祀二先君一而以燕、非禮也。」公曰、「何以禮爲。」對曰、「夫禮者、民之紀。紀亂則民失。亂レ紀失レ民、危道也。」公曰、「善。」乃以祀焉。

景公《けいこう》泰呂《たいりよ》を爲《つく》りて成《な》り將《まさ》に以《もつ》て燕饗《えんきやう》せんとし晏子《あんし》諫《いさ》む　第十二

景公《けいこう》泰呂《たいりよ》を爲《つく》りて成《な》り、晏子《あんし》に謂《い》ひて曰《いは》く、「吾《われ》夫子《ふうし》と燕《えん》せんと欲《ほつ》す」と。對《こた》へて曰《いは》く、「未《いま》だ先君《せんくん》を祀《まつ》らずして以《もつ》て燕《えん》するは、非禮《ひれい》なり」と。公曰《こういは》く、「何《なに》を以《もつ》て禮《れい》と爲《な》さん」と。對《こた》へて曰《いは》く、「夫《そ》れ禮《れい》なる者《もの》は、民《たみ》の紀《き》なり。紀《き》亂《みだ》るれば則《すなは》ち民《たみ》失《いつ》す。紀《き》を亂《みだ》し民《たみ》を失《いつ》するは、危道《きだう》なり」と。公曰《こういは》く、「善《よ》し」と。乃《すなは》ち以《もつ》て祀《まつ》れり。

語釈　○泰呂　「大呂」とも書く。中国の古代音楽において十二の音階を示すいわゆる十二律の一つの大呂の音を奏でる大きな鐘。『呂氏春秋』侈楽篇に「斉の衰ふるや、大呂を作為すればなり」とか、同じく貴直篇に「斉の大呂をして之を廷に陳ねしむる無し」とか、『史記』楽毅伝に「大呂を元英に陳ぬ」などと見えるのは全てこの泰呂のことであろうといわれる。それは相当に巨大であったようである。○燕　「宴」の仮借字、宴会の意。　○紀　民を治める道、すなわち綱紀。特に人倫に関していう。　○失　「佚」に同じ。放逸、安逸の意。

口語訳　第十二章　景公が泰呂の鐘を鋳造しその完成を機に宴を開こうとしたので晏子が諫めたこと

景公が泰呂（の大鐘）を鋳造し完成したときに、晏子に向かって、「余は先生と（泰呂の完成を祝って）宴会を催したいと思う」と言った。（晏子は）お答えして、「まだ先君をお祀りしていないのに宴会を催すのは、非礼です」と言った。公は、「一体何を礼というのか」と言った。（そこで晏子は）お答えして、「そもそも礼というのは、民を治めるための綱紀でございます。綱紀が乱れれば民は放埒に流れます。綱紀を乱し民を放埒にさせるのは、国を危うくする道です」と言った。公は、「よろしい」と言って、そこで先公を祀った。

余説　本章も前章に引き続き鐘の鋳造をめぐる説話である。前章では景公は鋳造を断念したのだが、本章を見ると、どうやら諦めきれずについに造ってしまったらしい。前章と本章が同一の鐘の鋳造をめぐる説話であるかどうか確証がないので断定的なことは言いかねるが、もしそうだとすれば、本章は前章の異伝ということになろう。とにかく徹底して愚かな君主と聡明な宰相という構図のもとに各章の説話が構想されていることがわかる。

さて本章の諫言の中心にあるのは、礼の遵守ということである。その礼が民を治める綱紀に他ならないことをいっている点に注意したい。もちろん礼が直接民を治める規範であるというわけではなく、治者みずからが遵守しなければならない規範として存在しているのである。

景公爲レ履而飾以二金玉一晏子諫　第十三

景公爲レ履。黄金之綦、飾以レ銀、連以レ珠、良玉之絇、其長尺。冰月服レ之以聽レ朝。晏子朝。公迎レ之、履重、僅能擧レ足。問曰、「天寒乎。」晏子曰、「君奚問二天之寒一也。古聖人製二衣服一也、冬輕而暖、*夏輕而清。今君之履、冰月服レ之、是重寒也。履重不レ節、是過レ任也、失二生之情一矣。故

景公履《けいこうくつ》を爲《つく》りて飾《かざ》るに金玉《きんぎょく》を以《もっ》てし晏子《あんし》諫《いさ》む　第十三

景公履《けいこうくつ》を爲《つく》る。黄金《わうごん》の綦《くつひも》、飾《かざ》るに銀《ぎん》を以《もっ》てし、連《つら》ぬるに珠《たま》を以《もっ》てし、良玉《りやうぎよく》の絇《く》、其《そ》の長《なが》さ尺《しやく》なり。冰月《ひようげつ》に之《これ》を服《ふく》して以《もっ》て朝《てう》を聴《き》く。晏子《あんし》朝《てう》す。公之《こうこれ》を迎《むか》ふるに、履重《くつおも》くして、僅《わづ》かに能《よ》く足《あし》を擧《あ》ぐ。問《と》ひて曰《いは》く、「天寒《てんさむ》きか」と。晏子《あんし》曰《いは》く、「君奚《きみなん》ぞ天《てん》の寒《さむ》きを問《と》ふや。古《いにしへ》の聖人《せいじん》の衣服《いふく》を製《せい》するや、冬《ふゆ》は輕《かろ》くして暖《あたた》かく、夏《なつ》は輕《かろ》くして清《すず》し。今君《いまきみ》の履《くつ》は、冰月《ひようげつ》に之《これ》を服《ふく》して、是《これ》れ重《おも》く寒《さむ》し。履《くつ》の重《おも》きこと節《せつ》ならざれば、是《こ》れ任《にん》に過《す》ぎて、生《せい》

魯工不レ知二寒溫之節、輕重之量一、以害二正生一、其罪一也。作レ服不レ常、以笑二諸侯一、其罪二也。用レ財無レ功、以怨二百姓一、其罪三也。請拘而使二吏度一レ之。」公苦、請レ釋レ之。晏子曰、「不可。嬰聞レ之、苦レ身爲レ善者、其賞厚、苦レ身爲レ非者、其罪重。」公不レ對。晏子出、令三吏拘二魯工一、令三人送二之境一、使レ不レ得レ入。公撤レ履、不二復服一也。

の情《じやう》を失《うしな》ふ。故《ゆゑ》に魯《ろ》工《こう》の寒溫《かんをん》の節《せつ》、輕重《けいぢゆう》の量《りやう》を知《し》らずして、以《もつ》て正生《せいせい》を害《がい》するは、其《そ》の罪《つみ》の一《いつ》なり。服《ふく》を作《つく》りて常《つね》ならず、以《もつ》て諸侯《しよこう》に笑《わら》はるるは、其《そ》の罪《つみ》の二《に》なり。財《ざい》を用《もち》ひて功無《こうな》く、以《もつ》て百姓《ひやくせい》に怨《うら》まるるは、其《そ》の罪《つみ》の三《さん》なり。請《こ》ふ拘《とら》へて吏《り》をして之《これ》を度《はか》らしめん」と。公苦《こうくる》しみ、之《これ》を釋《ゆる》さんことを請《こ》ふ。晏子《あんし》曰《いは》く、「不可《ふか》なり。嬰之《えいこれ》を聞《き》く、身《み》を苦《くる》しめて善《ぜん》を爲《な》す者《もの》は、其《そ》の賞厚《しやうあつ》く、身《み》を苦《くる》しめて非《ひ》を爲《な》す者《もの》は、其《そ》の罪重《つみおも》し、と」と。公對《こうこた》へず。晏子《あんし》出《い》で、吏《り》をして魯《ろ》工《こう》を拘《とら》へしめ、人《ひと》をして之《これ》を境《さかひ》に送《おく》らしめて、入《い》るを得《え》ざらしむ。公履《こうくつ》を撤《てつ》し、復《ま》た服《ふく》せざるなり。

校訂 ＊夏軽而清　原文は「夏軽而清」。孫星衍は、今本が「清」に作るのは非であり、『説文』に「清とは寒きなり」とあるのによって「清」を「清」に改めたのであるが、これに対し黄以周は、元刻は「清」に作り、盧文弨校本も同じとして孫説に異を唱えており、また劉師培は『藝文類聚』八十四、『太平御覧』四百九十三・六百九十七の所引が皆「清」に作っていることをもって孫説こそ非であるとしている。今、黄説・劉説に従い改めた。

語釈 ○為履而飾以金玉　『校注』は「為履飾以金玉」。底本は呉則虞が「而」字を補ったもの。　○景公為履　孫詒讓は下文との関連からみて、「景公使魯工為履」（景公魯工をして履を為らしむ）に改めるべきというが、呉則虞はその必要はないと反論する。今、原文のままにしておく。　○綦　靴を足に固定するための紐で、本来は絹製であった。　○約　靴先の飾り。　○冰月　陰暦十一月。既出、本篇第四章の語釈参照。　○僅能挙足　呉則虞は、「足」と「之」は草書で書くと字体が似ているので、「之」が「足」に誤ったのであろうとして「僅能挙之」に改めるべきという。今、原文のままにしておく。　○清　「清」に通じ、ひんやりとしていること、また涼しいこと。　○今君之履　王念孫は「金玉之履」に改めるべきという。于省吾は王説を非として、「君之履」がここで上文の「金玉之履」を指していることは明白であるから、改めなくても文意は通じると反論する。『校注』は王説に従い改めているが、今、原文の

ままにしておく。　○節　于省吾は「適」に同じという。靴の重さが適切でないこと。　○過任　難解だが、靴本来のはたらきを越えて脚に負担がかかることと解しておく。　○生之情　「生」は人の性、「情」は本来のすがた、実情。すなわち、人本来のもちまえの意。「性命之情」という語もある。ここでは後文の「正生」と同じく健康の意味に近い。　○度　罪をはかること。　○公苦　王念孫は「公曰、魯工苦」（公曰く、魯工苦しむ。）に改めるべきといい、文廷式は、「苦」は「曰」の誤ったものだといい、于省吾は王説を非として「苦」は固が譌ったもので、「必」の意であるという。なお、『校注』は王説に従い改めているが、今、原文のままにしておく。
○撤　除く、取り去るの意。孫星衍・呉則虞は「徹」に改めるべきというが、どちらにしても意味は変わらない。

口語訳　第十三章　景公が靴を作って金や玉の飾りを付けたので晏子が諌めた

景公が靴を作った。それは黄金のくつひもがつき、銀で装飾してあり、珠玉がずらりとつながっていて、上等の玉でできた靴先の飾りは、長さが一尺もあった。十一月にこれを履いて朝廷で政治をとった。晏子が参内した。公は彼を迎え入れようとしたが、靴が重くて、ようやく足を挙げることができただけであった。（公は）尋ねて、「（今日は）寒いのか」と言った。晏子が言う、「ご主君はどうして寒いのかなどとお尋ねになるのですか。昔の聖人が衣服を作るときには、冬は軽くて暖かく、夏は軽くて涼しいものでした。今、ご主君の靴は、十一月に履くには、重くしかも寒いものです。靴の重さが適切でなければ、（脚にかかる）負担が過重となり、人本来の健康が失われてしまいましょう。この故に、魯の靴職人が寒さ温かさの程よさや、軽さ重さの加減をわきまえずに（靴を作って、主君の）健康を害するのは、その罪の一つめでございます。尋常さを欠く衣服を作って（ご主君が）諸侯に笑われるのは、その罪の二つめでございます。財貨を消費して功がなく（ご主君が）人々に怨まれるは、その罪の三つめでございます。どうか（その靴職人を）捕らえて役人に（罪状を）調べさせて下さいますよう」と。公は悩みながら、彼を許してやってほしいと頼んだ。晏子は言った、「なりません。嬰はこのように聞いております。『わが身を苦しめて善行をなす者には、その褒美を厚くし、わが身を苦しめて非道をなす者には、その罪を重くする』と」と。公は答えなかった。晏子は退出して、役人に魯の靴職人を捕らえさせ、人に命じて彼を国境まで送らせて、（再び斉国に）入ることができないようにさせた。公は靴を片付けて、二度と履かなかった。

余説　景公の奢侈ぶりとそれを戒める晏子の謹厳で率直なさまが見事に描かれている。それにしても魯の靴職人が作ったという金銀や玉をふんだんに散りばめた靴とはどのようなものであったのか興味深い。ここでも、景公は贅の限りを尽くして、晏子に諫められてもなお、その自らの愚かしさになかなか気付かない。またしても晏子の聡明さ偉大さと景公の愚昧さ矮小さが際立つ構図になっている。そのうえ、景公の振る舞いには滑稽ささえ漂う。

景公欲下以二聖王之居服一而致中諸侯上晏子諫　第十四

景公問二晏子一曰、「吾欲下服二聖王之服一、居中聖王之室上。如レ此、則諸侯其至乎。」晏子對曰、「法二其節儉一則可。法二其服一、居二其室一、無レ益也。三王不レ同レ服而王。非三以レ服致二諸侯一也。誠二于愛一レ民、果二于行一レ善、天下懷二其德一而歸二其義一、若二其衣服節儉一而衆說也。夫冠足三以修一レ敬、不レ務二其飾一。衣足三以掩一レ形禦一レ寒、不レ務二其美一。衣不レ務二于隅*眦之削一、冠無二觚羸之理一、身服不二雜彩一、首服不二鏤刻一。且古者嘗有下紩衣攣領而王二天下一者上。其*政好レ生而惡レ殺、節レ上而羨レ下。天下不レ朝二其服一、而共歸二其義一。古者嘗有下處二檜巢窟穴一而不レ惡。予而不レ取。天下不レ朝二其室一、

四　景公聖王《けいこうせいわう》の居服《きよふく》を以《もつ》て諸侯《しよこう》を致《いた》さんと欲《ほつ》し晏子《あんし》諫《いさ》む　第十四

景公晏子《けいこうあんし》に問《と》ひて曰《いは》く、「吾《われ》聖王《せいわう》の服《ふく》を服《ふく》し、聖王《せいわう》の室《しつ》に居《を》らんと欲《ほつ》す。此《か》くのごとくすれば、則《すなは》ち諸侯《しよこう》其《そ》れ至《いた》らんか」と。晏子《あんし》對《こた》へて曰《いは》く、「其《そ》の節倹《せつけん》に法《のつと》れば則《すなは》ち可《か》なり。其《そ》の服《ふく》に法《のつと》り、其《そ》の室《しつ》に居《を》るは、益無《えきな》きなり。三王《さんわう》は服《ふく》を同《おな》じくせずして王《わう》たり。服《ふく》を以《もつ》て諸侯《しよこう》を致《いた》すに非《あら》ざるなり。民《たみ》を愛《あい》するに誠《まこと》に、善《ぜん》を行《おこな》ふに果《くわ》なれば、天下《てんか》其《そ》の徳《とく》に懐《なつ》きて其《そ》の義《ぎ》に歸《き》し、其《その》衣服《いふく》の節倹《せつけん》なるを若《よ》しとして衆説《しゆうよろこ》ぶなり。夫《そ》れ冠《かんむり》は以《もつ》て敬《けい》を修《をさ》むるに足《た》り、其《そ》の飾《かざり》を務《つと》めず。衣《ころも》は以《もつ》て形《かたち》を掩《おほ》ひ寒《さむ》さを禦《ふせ》ぐに足《た》り、其《そ》の美《び》を務《つと》めず。衣《ころも》は隅眦《ぐうし》の削《さく》を務《つと》めず、冠《かんむり》は觚羸《こるゐ》の理《り》無《な》く、身服《しんぷく》は雜彩《ざつさい》せず、首服《しゆふく》は鏤刻《ろうこく》せず。且《か》つ古者《いにしへ》嘗《かつ》て紩衣攣《ちついれん》領《りやう》して天下《てんか》に王《わう》たりし者有《ものあ》り。其《そ》の政《せい》は生《い》かすことを好《この》みて殺《ころ》すことを惡《にく》み、上《かみ》を節《せつ》して下《しも》を羨《あま》す。天下《てんか》其《そ》の服《ふく》に朝《てう》せずして、共《とも》に其《そ》の義《ぎ》に歸《き》す。古者《いにしへ》嘗《かつ》て檜巣窟穴《そうさうくつけつ》に處《を》りて而《しか》も惡《にく》まざる有《あ》

而共歸二其仁一。及二三代一作レ服、爲レ益レ敬也。首服足二以修一レ敬而不レ重也、身服足二以行一レ潔而不レ害二于動作一。服之輕重便二于身一、用財之費順二于民一。其不レ爲二檜巢一者、以避レ風也。其不レ爲二窟穴一者、以避レ溼也。是故明堂之制、下之潤溼不レ能レ及也、上之寒暑不レ能レ入也、土事不レ文、木事不レ鏤、示三民知二節一也。及二其衰一也、衣服之侈過レ足二以敬一、宮室之美過レ避二潤溼一、用レ力甚多、用レ財甚費、與レ民爲レ讎。今君欲レ法二聖王之服一、不レ法二其制一。法二其節儉一也、則雖レ未レ成レ治、庶其有レ益也。今君窮二臺榭之高一、極二汙池之深一而不レ止、務二于刻鏤之巧、文章之觀一而不レ厭、則亦與*レ民爲レ讎矣。若二臣之慮一、恐國之危、而公不レ平也。公乃願レ致二諸侯一、不二亦難一乎。公之言過矣。」

り。予《あた》へて取《と》らず。天下《てんか》其《そ》の室《しつ》に朝《てう》せずして、共《とも》に其《そ》の仁《じん》に歸《き》す。三代《さんだい》に及《およ》び服《ふく》を作《つく》るは、敬《つつ》しみを益《な》す爲《ため》なり。首服《しゆふく》は以《もつ》て敬《つつ》しみを修《をさ》むるに足《た》りて重《おも》からず、身服《しんぷく》は以《もつ》て潔《いさぎよ》さを行《おこな》ふに足《た》りて動作《どうさ》に害《がい》せず。服《ふく》の輕重《けいぢゆう》は身《み》に便《べん》にして、用財《ようざい》の費《つひえ》は民《たみ》に順《じゆん》にす。其《そ》の檜巢《そうさう》を爲《つく》らざるは、以《もつ》て風《かぜ》を避《さ》くるなり。其《そ》の窟《くつ》穴《けつ》を爲《つく》らざるは、以《もつ》て溼《しつ》を避《さ》くるなり。是《こ》の故《ゆゑ》に明堂《めいだう》の制《せい》は、下《しも》の潤溼《じゆんしふ》及《およ》ぶこと能《あた》はず、上《かみ》の寒暑《かんしよ》入《い》ること能《あた》はず、土事《どじ》文《かざ》らず、木事《ぼくじ》鏤《かざ》らずして、民《たみ》に節《せつ》を知《し》るを示《しめ》すなり。其《そ》の衰《おとろ》ふるに及《およ》びてや、衣服《いふく》の侈《し》は以《もつ》て敬《つつ》しみを足《た》らすに過《す》ぎ、宮室《きゆうしつ》の美《び》は潤溼《じゆんしふ》を避《さ》くるに過《す》ぎ、力《ちから》を用《もち》ひること甚《はなは》だ多《おほ》く、財《ざい》を用《もち》ひること甚《はなは》だ費《つひ》え、民《たみ》と讎《あだ》を爲《な》す。今君《いまきみ》聖王《せいわう》の服《ふく》に法《のつと》らんと欲《ほつ》し、其《そ》の制《せい》に法《のつと》らず。其《そ》の節儉《せつけん》に法《のつと》れば、則《すなは》ち未《いま》だ治《ち》を成《な》さずと雖《いへど》も、庶《ほと》んど其《そ》れ益《えき》有《あ》らん。今君《いまきみ》臺榭《だいしや》の高《たか》きを窮《きは》め、汙池《をち》の深《ふか》きを極《きは》めて止《や》まず、刻鏤《こくろう》の巧《こう》、文章《ぶんしやう》の觀《くわん》に務《つと》めて厭《あ》かざれば、則《すなは》ち亦《また》民《たみ》と讎《しふ》を爲《な》さん。臣《しん》の慮《りよ》のごとければ、恐《おそ》らくは國《くに》の危《あやふ》くして公《こう》は平《たひ》らかならざらん。公乃《こうすなは》ち諸侯《しよこう》を致《いた》さんと願《ねが》ふも、亦《また》難《かた》からずや。公《こう》の言《げん》過《あやま》てり」と。

校訂 ＊隅眦之削　底本は「隅肶之削」。原文のままでは文意が通りにくいので、王念孫説に従い改めた。王念孫は、「隅眦」は「隅差」のことで、「隅」とは角（衣服のかど、もしくはすみの部分）、「差」とは邪（衣服が礼にかなっていないこと）の意であり、また「玼」と「瑳」、「姕」と「傞」、「觜」と「髊」など、「此」と「差」を成分にもつ字は音が近く通用したという。

＊其政　底本は「其義」。これに続く「好生而悪殺、節上而羨下」の句は政治の実を述べたものであること、また『荀子』哀公篇に「古之王者、有務而拘領者矣。其政好生而悪殺焉」とあることによって改めるべきとする蘇輿の説に従った。

＊与民為讐矣　底本は「与民而讐矣」。上文に「与民為讐」とあること、さらにここでは「亦」の語が用いられていることによって改めるべきであるとする王念孫の説に従った。

語釈　○法其服、居其室　王念孫は上句の「法其節倹」と対句になるはずだから、「法其服室」に改めるべきという。これに対し于省吾はそのような理由だけで古書を改めるべきではないと王説を批判する。『校注』は、王説に従い改めている。今、原文のままとする。

○若其衣服節倹　王念孫は、「若」を「善」の誤りであろうという。劉師培は、『爾雅』に「若とは善なり」とあるのによれば、「若」のままで「善」の意味に読めるという。今、劉説に従う。　○修敬　「修」は行う、「敬」は謹みの意。ここでは冠によって身分に応じた謹みや敬意を表すこと。　○隅眦之削　『淮南子』斉俗訓に「隅眥之削」、また本経訓に「隅差之削」とあるのと同じ。衣の隅々を斜めに切り落として縫い、体裁をよくすること。衣服の贅沢なことをいう。なお呉則虞は、「衣無隅眦之削」に改めるべきと言う。その方が下句の「冠無觚羸之理」との対が整うとみたからである。『校注』は、「衣無隅差之削」に改めている。　○觚羸之理　難解である。孫星衍は、「觚」は方形の模様、「羸」は円形の模様であるという。劉師培は、「觚羸」は『荀子』儒效篇に見える「解果其冠」の「解果」の異文で、中央が高く周囲が狭い形をいうのであると解している。なお、『淮南子』本経訓に「冠無觚羸之理」の句が見え、高誘はこれに注して、模様の平直なことと解している。このように諸説あって一致しない。要は、さまざまな趣向を凝らした模様のことをいうのであろう。『校注』は「羸」を『淮南子』本経訓に従い「蠃」に改めている。なお、『淮南子』には「嬴」(えい)を用いたテキストもあるらしく、「羸」(るゐ)「蠃」(ら)と合わせての三種の字が使われていることになり、ここにも混乱が見える。　○身服　身にまとう衣服。

○雑彩　さまざまな彩り。　○首服　頭に乗せる飾りもの。帽子などをいう。　○鏤刻　「鏤」は金属に彫ること、「刻」は木に彫ること。彫刻することをいう。　○鉄衣攣領　「鉄衣」は粗く縫った衣、「攣領」は繋ぎ止めただけの襟。粗末な服を着ることをいう。

○有処橧巣窟穴而不悪　「橧」(そう)は「櫓」に通じ、やぐらの意味がある。「橧巣」とは木をやぐらのように組んで束ねただけの粗末な住まい。「窟穴」とは穴蔵。孫星衍は、上文との関係から「有処橧巣窟穴而王天下者、好而不悪」に改めるべきことをいう。呉則虞は、「橧巣」の二字を『淮南子』原道訓に「木処榛巣、水居窟穴」（木処するものは榛巣し、水居するものは窟穴す）とあるのによって「榛巣」（草木の生い茂ったところを住まいとすること）の誤りであるとして、「有処榛巣窟穴而王天下者、其政而不悪」に改めている。陶鴻慶は、上文が「其義…」とあるのでこれとの対を整えるために、「義」と対の意味をもつ「其徳愛」の三字を補って「古者嘗有橧巣窟穴而王天下者、其徳愛而不悪」に改めるのがよいという。張純一は「古者嘗有処橧巣窟穴而王天下者、其政愛而不悪」に改めるべきことをいう。

どれも推測の域を出ないので、原文のまま訳しておく。　○明堂　天子が政治的宗教的儀礼を行った建物。太廟・霊台・辟雍などの名で呼ばれることもある。　○法聖王之服　呉則虞はこの後に「居聖王之室」の五字があるべきであるという。確かに冒頭に「吾欲服聖王之服、居聖王之室」とあるのが参照されるが、これも推測に過ぎないので原文のままとする。　○臺榭　土を高く盛り上げ更にその上に建てられた高層の建物、高く聳える物見台。　○汙池　水の流れが無い池。孫星衍は、『説文』に「小池を汙と為す」とあるという。　○不平　平安ではいられないこと。于鬯は、「平」と「便」は音が近くかつては通用したうえ、「便」にはもともと「安」の意味があるという。孫星衍は「体不平安」（体平安ならず）の意味だという。

口語訳　第十四章　景公が聖王の居室や服装で諸侯を参集させようとしたので晏子が諫めたこと

景公が晏子に尋ねて、「余は聖王の服装を着て、聖王の居室に居ようと思う。このようにすれば、諸侯は参集してくるだろうか」と言った。晏子がお答えして、「聖王の節約質素を範となさればよろしいでしょう。聖王の服装を範としたり、聖王の居室に居るだけでは、無益です。（夏殷周）三代の王は服装は同じではありませんでしたが王でした。服装でもって諸侯を参集させたわけではございません。民を愛することに誠実で、善を行なうことに果敢であれば、天下は皆その人徳を慕いその道義に従い、その衣服が節約質素であることを善しとして、人々は喜ぶものです。そもそも冠はつつしみの心が表現できれば十分であり、飾りたてることを目的とはしていません、衣は身体を被って寒さがしのげれば十分であり、美しさを目的とはしていません。衣は体裁を美しく見せることを目的とせず、冠は趣向を凝らした形や模様がなく、身にまとう衣服はさまざまな彩りがなく、被りものには彫刻を施さないのです。そのうえ昔は縫いは粗く襟も繋ぎ止めただけの（粗末な）服を着て天下に王者となった者がおりました。その政治は生かすことを好んで殺すことを嫌い、上には節倹を求め下には余りあるように致しました。天下は王者の服装に来朝したのではなくて、皆その道義に帰順したのです。昔は粗末なやぐらを組んだり穴蔵を掘って暮らして、それを厭わなかった者がおりました。（その治め方は）与える一方で奪い取ることをしませんでした。天下は王者の居室に来朝したのではなく、皆その仁徳に帰順したのです。三代の世になり（王者の）衣服を作ったのは、更に敬意を表すためだったのです。被りものはつつしみの心が表現できれば十分で重々しくなく、衣服は廉潔さを保てれば十分で動作を妨げることはありませんでした。衣服の重さは身体に具合がよく、財の

使い方は民（の気持ち）にかなっていました。彼らがやぐらを組んだだけの粗末な住まいを作らないようになったのは風を避けるためでしたし、穴蔵を掘らなくなったのは湿気を避けるためでした。このために（天子が政治をとる）明堂の制度は、下は（大地の）湿り気が及び得ず、上は（大気の）寒さ暑さが入り得ず、（壁などの）土の部分は文様をつけず、（柱などの）木の部分は彫刻をせず、民に節倹をわきまえるべきことを示したのです。三代の世が衰えてからは、衣服の贅沢がつつしみの表現を越え、宮室の華美が湿気を避ける目的を越えて、（民の）労力を甚だしく使い、資財を甚だしく費したために、民と敵対してしまったのです。今、主君は聖王の服を範としようと望まれても、聖王の制度を範となさいません。（これではいいはずがありません。）その倹約ぶりを範となされば、（天下を）治めおおせることはできないとしましても、きっと成果が上がることでしょう。（ところが）今、ご主君は高殿を（こしらえては）どこまでも高くしようとされ、池を（掘っては）どこまでも深くしようとなさってやまず、彫刻の技巧や、装飾の美観に熱中してやまないならば、これまた民と敵対することになりましょう。もし私の考える通りだとしますと、恐らく国家は危うくなり、公は安泰ではいられなくなりましょう。（このようなありさまでいて）それでも公が諸侯を来朝させようと願われても、何と難しいことでしょう。公のお言葉は間違っています」と言った。

余説 これまでの各章と違って、内容が極めて抽象的論説的になっていることに注意したい。そのことと関連して『淮南子』本経訓に次のようにあるのが参照される。

古者明堂之制、下之潤湿弗能及、上之霧露弗能入、四方之風弗能襲。土事不文、木工不斲、金器不鏤。衣無隅差之削、冠無觚贏之理、……

（古者は明堂の制、下の潤湿及ぶこと能はず、上の霧露入ること能はず、四方の風襲ふこと能はず。土事は文《かざ》らず、木工は斲《き》らず、金器は鏤《ちりば》めず。衣は隅差の削無く、冠は觚贏の理無く、……）

太古の昔聖王が政治をとった明堂は雨風がしのげればよいだけの極めて粗末な造りであったことをいう一節である。

ところで、「明堂」の語は『詩』・『書』・金文などに用例はなく『孟子』に始めて見えるといわれる。そのため本章でいうような明堂の制が三代以前からあったものかどうかは極めて疑わしいし、また晏子自身がこの明堂の制についてこのように語ったかどうかも疑問である。後世の仮託ということが十分考えられる。

景公自矜㆓冠裳遊處之貴㆒晏子諫　第十五

景公爲㆓西曲潢㆒。其深滅㆑軌、高三仞、横木龍蛇、立木鳥獸。公衣㆓黼黻之衣、素繡之裳㆒、一衣而五綵具焉。帶*㆓球玉㆒而亂首被髮、南面而立、傲然。晏子見、公曰、「昔仲父之霸何如。」晏子抑首而不㆑對。公又曰、「昔管*仲父之霸何如。」晏子對曰、「臣聞㆑之、維翟人與㆓龍蛇㆒比。今君横木龍蛇、立木鳥獸、亦室一就矣、何暇在㆑霸哉。且公伐㆓宮室之美㆒、矜㆓衣服之麗㆒、一衣而五綵具焉、帶㆓球玉㆒而亂首被髮、亦室一容矣。萬乘之君、而壹㆓心于邪㆒、君之魂魄亡矣。以㆑誰與圖㆑霸哉。」

公下㆑堂就㆓晏子㆒曰、「梁丘據・裔款以㆓室之成㆒告㆓寡人㆒、是以竊襲㆓此服㆒、與*㆓據・款㆒爲㆑笑。又使㆓夫子及㆒。寡人請㆓改㆑室易㆑服而敬聽㆒㆑命、其可乎。」晏子曰、「夫二子營㆑君以㆑邪、公安得㆑知㆑道哉。且伐㆑木不㆑自㆓其根㆒、則蘖又生也。公何不㆑去㆓二子者㆒。毋㆑使㆓耳目淫㆒焉。」

景公《けいこう》自《みづか》ら冠裳《くわんしやう》遊處《いうしよ》の貴《き》を矜《ほこ》り晏子《あんし》諫《いさ》む　第十五

景公《けいこう》西《にし》の曲潢《きよくくわう》を爲《つく》る。其《そ》の深《ふか》さ軌《き》を滅《おほ》ひ、高《たか》さ三仞《さんじん》、横木《わうぼく》は龍蛇《りようだ》、立木《りふぼく》は鳥獸《てうじう》なり。公《こう》は黼黻《ふふつ》の衣《ころも》、素繡《そしう》の裳《も》を衣《き》、一衣《いちい》にして五綵具《ごさいそな》はる。球玉《きうぎよく》を帶《お》びて亂首被髮《らんしゆひはつ》し、南面《なんめん》して立《た》つこと、傲然《がうぜん》たり。晏子《あんし》見《まみ》え、公曰《こういは》く、「昔《むかし》、仲父《ちゆうほ》の霸《は》は何如《いかん》」と。晏子《あんし》抑首《よくしゆ》して對《こた》へず。公又曰《こうまたいは》く、「昔《むかし》、管仲父《くわんちゆうほ》の霸《は》は何如《いかん》」と。晏子《あんし》對《こた》へて曰《いは》く、「臣之《しんこれ》を聞《き》く、維《た》だ翟人龍蛇《てきじんりようだ》と比《した》しむ、と。今《いま》、君横木《きみわうぼく》の龍蛇《りようだ》、立木《りふぼく》の鳥獸《てうじう》も、亦室《またしつ》に一《もつぱ》ら就《な》すのみ、何《なん》の暇《いとま》ありて霸《は》に在《あ》らんや。且《か》つ公《こう》、宮室《きうしつ》の美《び》を伐《ほこ》り、衣服《いふく》の麗《れい》を矜《ほこ》り、一衣《いちい》にして五綵具《ごさいそな》はり、球玉《きうぎよく》を帶《お》びて亂首被髮《らんしゆひはつ》するも、亦室《またしつ》に一《もつぱ》ら容《ゆる》さるるのみ。萬乘《ばんじよう》の君《きみ》にして、心《こころ》を邪《よこしま》に壹《いつ》にすれば、君《きみ》の魂魄亡《こんばくほろ》びん。誰《たれ》を以《もつ》て與《とも》に霸《は》を圖《はか》らんや」と。

公堂《こうだう》を下《くだ》り晏子《あんし》に就《つ》きて曰《いは》く、「梁丘據《りやうきうきよ》・裔款《えいくわん》室《しつ》の成《な》るを以《もつ》て寡人《くわじん》に告《つ》ぐ。是《ここ》を以《もつ》て竊《ひそ》かに此《こ》の服《ふく》を襲《かさ》ね、據《きよ》・款《くわん》と與《とも》に笑《わら》ひを爲《な》す。又夫子《またふうし》をして及《およ》ばしむ。寡人室《くわじんしつ》を改《あらた》め服《ふく》を易《か》へて敬《つつし》みて命《めい》を聽《き》かんことを請《こ》ふ、其《そ》れ可《か》ならんか」と。晏子曰《あんしいは》く、「夫《か》の二子《にし》は君《きみ》を營《まど》はすに邪《よこしま》を以《もつ》てすれば、公安《こういづ》くんぞ道《みち》を知《し》るを得《え》んや。且《か》つ木《き》を伐《き》るに其《そ》の根《ね》よりせざれば、則《すなは》ち蘖又《ひこばえまた》生《しやう》ずるなり。公何《こうなん》ぞ二子《にし》の者《もの》を去《さ》らざる。耳目《じもく》をして淫《いん》せしむ

「ること毋《な》かれ」と。

校訂　＊帯球玉而乱首被髪　底本は「帯球玉而冠、且被髪乱首」。呉則虞の説に従い、下文と同様の表現にそろえた。呉則虞は、冠は髪にかんざしで止めるので、「被髪」であるならば冠は被れないはずだと言う。なお、張純一は呉説とは反対に、下文の「帯球玉而乱首被髪」の方を「帯球玉而冠、且被髪乱首」に改めるべきであると言う。

＊管仲父之覇　底本は「管文仲之覇」。管仲のことを「管文仲」とは言う例はみられず、楊本が「管仲父之覇」としているという呉則虞の指摘に従い改めた。孫星衍は、管仲の謚が敬であることから、「管敬仲」の誤りではないかと言うが、張純一は、孫説を非として、もと「仲父之覇」とあったものを誤ったのであろうとして改めている。

＊與據款為笑　底本は「與據為笑」。梁丘據と裔款の二人のこととしなければ前後の文脈と合わないとする張純一の説に従い「款」を補った。

語釈　○西曲潢　「潢」は、『説文』に「積水の池なり」とある。景公は宮殿の西の所に贅を凝らして周囲が湾曲した池を造営し、そのほとりに豪奢な建物を建てたのである。　○滅軌　孫星衍は、池の深さが「軌」すなわち馬車が没してしまうほどに深かったと解する。異論もあるが、今孫説に従い訳す。　○高三仭　「仭」は長さの単位。一仭は約一五七cm。これは明らかに池の説明ではない。下文にみられるように建物についての記述である。于鬯はこの前に欠文があるはずだと言う。　○黼黻之衣　「黼」は斧の模様の縫いとり、「黻」は二つの弓の字が背き合う形の縫いとりで、「黼黻之衣」とは、そうした縫いとりのある衣で、天子が着用する礼服であった。　○素繡之裳　「素」は白絹、「繡」は縫いとりで、「素繡之裳」とは白絹に五色の縫いとりの施されたもすそのこと。　○綵　いろどりのある模様。「彩」「采」と同じ。孫星衍説に従い、『校注』は「采」に改めている。　○乱首被髪　「乱首」は髪の乱れた頭。「被髪」は頭髪を結ばずに自然のままにしておくこと。「被」は「披」と同じ、ばらばらにする意。　○仲父　管仲をさす。桓公から敬意をこめて「仲父」と呼ばれていた。　○抑首　うつむくこと。　○翟　既出。諫上篇第九章の語釈参照。彼らは水中で身を守るために体に龍や蛇の入れ墨をしていたといわれる。　○亦室一就矣…亦室一容矣　倒置的表現で、「亦就一室矣…亦容一室矣」というのと同じだという于鬯の説に従い訳した。　○魂魄　「魂」は精神を、「魄」は肉体をそれぞれ司っている気。人は死ぬと、軽い魂は天上に帰し、重い魄は地下に帰すると考えられた。　○襲　着る、まとうの意。　○又使夫子及　「及」は至るの意。景公は梁丘據と裔款と戯れているだけでは気が済まず、さらに、晏子にも天子になりすました自分の様子を見てもらいたくて、呼び寄せたとの意である。

口語訳　第十五章　景公が自ら冠を戴き裳をまとって遊興の場所の尊貴さを誇ったので晏子が諫めたこと

景公が（宮殿の）西に周囲が入りくんだ池を造った。その深さは一台の車が水没してしまうほどであった。（そのほとりに建てた宮殿の）高さは三仞（四・七m）もあり、その横組みの木には龍蛇の装飾が施され、縦組みの木には鳥獣の装飾が施されていた。公は縫いとりのある天子の礼服を身にまとい、白絹に豊かな色彩を施したもすそを付け、それらは一着ですでに五色の彩りが備わっていた。そして球形の玉飾りを腰に下げて髪はばらばらのまま結うこともせずに、南面して立ち、威張っていた。晏子がお目見えすると、公が言った、「昔、かの仲父（管仲）の覇業はどのようであったか」と。晏子はうつむいたままで答えなかった。公がさらに、「昔、管仲父の覇業はどうであったか」と言うと、晏子はお答えして、「臣はこのように聞いております、『翟の人だけが龍蛇と親しむ』と。今、ご主君は横組みの木に龍蛇の装飾、縦組みの木に鳥獣の装飾もなさいましたが、それもただ一室に施したに過ぎません。（そんなことをしていて）いったいどうして覇者になれるでしょうか。そのうえ公は宮殿の華美を誇り、衣服の華麗を誇り、一着の衣で五色の彩りを備えておられます。球形の玉飾りを腰に下げて髪をばらばらのまま結わずにおられますが、それもただ宮殿内で許されるに過ぎません。たとえ万乗の君でも、ひたすら邪な心のままでいれば、その魂魄は滅びてしまうでしょう。（そんなことをしていて）いったい誰とともに覇業を図ろうというのでしょうか」と言った。

公は堂を下りて晏子の側らに近寄って言った、「梁丘據と裔款（のふたり）が宮殿が完成したので寡人に（そうせよと）言ったのだ。だから（寡人は）こっそりこんな服を（上下に）着て、據や款と一緒に戯れてみたのだ。そして先生にもおいでいただいたのだ（が、どうやら逆に先生を怒らせてしまったようだ）。寡人は宮殿の装飾を改め服を着替えてから、敬んで仰せをお聞きしたいが、それならよろしいか」と。晏子は、「かの両人が主君をよこしまなことで惑わしていて、公はどうして正しい道を知ることができましょうか。それに木を伐るには根こそぎでなければ、ひこばえがまた生えてくるものです。公はどうしてあの両人を遠ざけてしまわないのですか。耳目を惑わすようなことをなさってはなりません」と言った。

余説　前章と主題は変わらない。景公が王者になりたい野心を満足させようとして、天子らしい格好をする。しかし見かけをどれほど天子に近づけても、それで天子になれるはずはなく、単に宮殿の中だけ、外見だけのことに過ぎないと晏子はいう。つまり、景公の「天子ごっこ」を強い口調で諫めているのである。まさに稚戯である。しかも国君の地位にあって贅の限りを尽くして戯れるのだから手に負えない。困った君主である。

景公は前章同様にことの本質を全く理解せず、外見ばかりを天子に近づければ事足りると、はき違えたことばかりしている。そんな景公を晏子はあきらめることもせず諄々（じゅんじゅん）と諭すのである。諭される景公は既に道化に近い。のみならず、いたずらに虚栄心に引きずられてふるまう景公は、暗愚そのものの印象さえ与える。

が、そうとばかりは言えない面もある。晏子の理の通った諫言を素直に聞き入れるからである。まさにその落差の大きさが本書の面白さなのだろう。してみると、本書は、単なる晏子の賢者ぶりを後世に伝えるための伝記ではない。さらに少なくとも二つの機能を併せ持つ。ひとつは、君主として心掛けるべきことを説く。これは君主を読者とした場合の戒めである。さらには広く人の上に立つ者への戒めにも通じるであろう。二つは、君主に仕える臣下の心構えを説く。臣下たる者の座右の書。諂いやおもねりを排して忠実に仕えよというのである。こうした特色は、『管子』の一部の篇において管仲が桓公を諭しているのと酷似する。

なお、本章では晏子は景公を「君」と呼んで、その内容も実に具体的でそのやりとりも生々しい。おそらくは実録であろう。前章では晏子が景公を「公」と呼んでいたことと合わせて、説話としての性格が大きく異なることに注意したい。

景公爲二巨冠長衣一以聽レ朝晏子諫　第十六

景公爲二巨冠長衣一以聽レ朝、疾視矜立、日晏不レ罷。晏子進曰、「聖人之服、中倪而不レ駔、可二以導一衆。其動作、倪順而不レ逆、可二以奉一生。是以下皆法二其服一、而民爭學二其容一。今君之服駔華、不レ可三以導二衆民一、疾視矜立、不レ可二以奉一生。日晏矣。

景公巨冠長衣《けいこうきよくわんちやうい》を爲《つく》りて以《もつ》て朝《てう》を聽《き》き晏子《あんし》諫《いさ》む　第十六

景公巨冠長衣《けいこうきよくわんちやうい》を爲《つく》りて以《もつ》て朝《てう》を聽《き》き、疾視《しつし》矜立《きようりふ》し、日晏《ひく》るるも罷《や》めず。晏子《あんし》進《すす》みて曰《いは》く、「聖人《せいじん》の服《ふく》は、中倪《ちゆうたつ》にして駔《そ》ならず、以《もつ》て衆《しゆう》を導《みちび》くべし。其《そ》の動作《どうさ》は、倪順《たつじゆん》にして逆《さか》らはず、以《もつ》て生《せい》を奉《ほう》ずべし。是《ここ》を以《もつ》て下皆其《しもみなそ》の服《ふく》に法《のつと》り、而《しか》して民爭《たみあらそ》ひて其《そ》の容《よう》を學《まな》ぶ。今君《いまきみ》の服《ふく》の駔華《そくわ》なるは、以《もつ》て衆民《しゆうみん》を導《みちび》くべからず、疾視矜立《しつしきようりふ》するは、以《もつ》て生《せい》を奉《ほう》ずべからず。日晏《ひく》れたり。

君不レ若二脱レ服就一レ燕。」公曰、「寡人受レ命。」退レ朝、遂去二衣冠一、不二復服一。

君服《きみふく》を脱《ぬ》ぎて燕《えん》に就《つ》くにしかず」と。公曰《こういは》く、「寡人命《くわじんめい》を受《う》けん」と。朝《てう》を退《しりぞ》き、遂《つひ》に衣冠《いくわん》を去《さ》り、復《ま》た服《ふく》せざりき。

語釈　○景公為巨冠長衣以聴朝晏子諫　『校注』は「為」字なし。呉則虞は元刻本によって補っている。　○疾視矜立　「疾視」は目を怒らせて睨みつけること、「矜立」は誇らしげに立つこと。　○晏　「晩」に同じ。日が遅い、あるいは暗いこと。　○中侻而不駔　孫星衍は、『淮南子』本経訓の高誘注「侻とは簡易なり」を踏まえて、「中侻」を「中適軽脱」の意に解している。要するに、「中侻」とは衣裳が大きすぎず重すぎず簡素な作りの服をいうのであろう。「駔」は一般によい馬のこととされるが、ここでは孫詒讓の「五采の鮮色を合すること」と解する。つまり、簡素でしかも色も抑えているので地味であること。　○侻順而不逆　衣裳が軽くて身体の動きを妨げることがないこと。なお、呉則虞は、この前後の文は、四字句で揃えられており、しかも対句構成をとっているはずであるから、下の「侻」を衍字として削除して「聖人之服中、侻而不駔、可以導衆。其動作、順而不逆、可以奉生」のように句読を切って読むべきであるという。このように読み改めることも可能であろうが、意味上さして変わらないので原文のままとした。　○奉生　生命を養うこと。ここでは健康を保つほどの意。　○駔華　飾り立てて派手であること。　○衆民　『校注』は盧文弨説に従い「民」を衍字として削除している。　○就燕　「燕」はくつろぐの意。休息すること。

口語訳　第十六章　景公が巨大な冠と長大な衣裳を誂《あつら》えて朝廷で政務をとったので晏子が諫めたこと

景公が巨大な冠と長大な衣裳を誂えて朝廷で政務をとり、あたりを睥睨《へいげい》し尊大に構えて、日が暮れてもやめようとしなかった。晏子が進み出て、「聖人の着る服は、ほどほどに簡素で派手でないからこそ、民衆を導くことができましょうし、その動作は、軽やかで妨げられることがないからこそ、健康を保つことができるものです。このようであってはじめて下々の者は皆その服装を範として、民は競ってその姿を真似ようとするものです。ところが今、ご主君の服装が派手に飾りたてられていては、人々を（正しく）導くことができませんし、（いつまでも）あたりを睥睨し尊大に構えておられては、健康を保つことができません。もう日が暮れました。ご主君はその服装を脱がれてくつろがれるにこしたことはございません」と言った。公は、「寡人は仰せの通りにしよう」と言って、朝廷を退き、そのまま衣冠を脱いで、二度と着ることがなかった。

余説 景公は君主としての威厳を精一杯示そうとしたのであろうが、晏子によってそのようなことをすれば自身の健康にも民の堅実な生活ぶりにも、等しく悪影響を与えるであろうとたしなめられてしまう。前章と同工異曲。

晏子の諫言には、君主の贅沢を戒めることと、民への配慮を求めることとに基づくものが多いが、多くの場合その両方が同時に含まれている。

景公朝居嚴下不レ言晏子諫　第十七

晏子朝、復二于景公一曰、「朝居嚴乎。」公曰、「嚴居レ朝、則曷害二于治國家一哉。」晏子對曰、「朝居嚴則下無レ言、下無レ言則上無レ聞矣。下無レ言則吾謂二之瘖一、上無レ聞則吾謂二之聾一。聾瘖、非レ害二國家一而如何也。且合二升斗之微一以滿二倉廩一、合二疏縷之絺一以成二幃幕一。大山之高、非二一石一也、累レ卑然後高。夫*治二天下一者、非レ用二一士之言一也。固有二受而不一レ用、惡有二拒而不一レ受者一哉。」

景公《けいこう》朝居《てうきよ》すること嚴《げん》なれば下《しも》言《ものい》はず晏子《あんし》諫《いさ》む　第十七

晏子《あんし》朝《てう》し、景公《けいこう》に復《まを》して曰《いは》く、「朝居《てうきよ》すること嚴《げん》なるか」と。公曰《こういは》く、「嚴《げん》に朝《てう》に居《を》れば、則《すなは》ち曷《なん》ぞ國家《こくか》を治《をさ》むるに害《がい》あらんや」と。晏子《あんし》對《こた》へて曰《いは》く、「朝居《てうきよ》すること嚴《げん》なれば則《すなは》ち下《しも》言《ものい》ふこと無《な》く、下《しも》言《ものい》ふこと無《な》ければ則《すなは》ち上《かみ》聞《き》くこと無《な》し。下《しも》言《ものい》ふこと無《な》ければ則《すなは》ち吾《われ》之《これ》を瘖《いん》と謂《い》ひ、上《かみ》聞《き》くこと無《な》ければ則《すなは》ち吾《われ》之《これ》を聾《ろう》と謂《い》ふ。聾瘖《ろういん》は、國家《こくか》を害《がい》するに非《あら》ずして如何《いかん》ぞや。且《か》つ升斗《しようとう》の微《び》を合《あ》はせて以《もつ》て倉廩《さうりん》を滿《み》たし、疏縷《そる》の絺《てい》を合《あ》はせて以《もつ》て幃幕《ゐばく》を成《な》す。大山《たいざん》の高《たか》きは、一石《いつせき》に非《あら》ず、卑《ひく》きを累《かさ》ねて然《しか》る後《のち》に高《たか》し。夫《か》の天下《てんか》を治《をさ》むる者《もの》は、一士《いつし》の言《げん》を用《もち》ふるに非《あら》ざるなり。固《もと》より受《う》けて用《もち》ひざること有《あ》るも、惡《いづく》んぞ拒《こば》みて受《う》けざる者有《ことあ》らんや」と。

校訂 ＊夫治天下者　底本は「天下者」。『説苑』正諫篇は「夫治天下者」に作っていることにより「夫治」の二字を補うべきであるとする盧文弨の説に従い改めた。蘇輿・呉則虞も盧説を是としている。『校注』も盧説に従い「夫治天下者」に改めている。

語釈 ○厳居朝　王念孫は、上下の文がともに「朝居厳」としていること、また『説苑』正諫篇も「朝居厳」と作っていることから、ここもそのように改めるべきだという。『校注』は王説に従い改めている。　○瘖　おしのこと。『説文』に「瘖とは、言ふこと能はざる

なり」とある。　〇聾　つんぼのこと。『説文』に「聾とは、聞くこと無きなり」とある。　〇非害国家而如何也　兪樾は、『説苑』正諫篇のように「非害治国家如何也」に改めるべきと言う。『校注』は兪説に従い改めている。なお、文末の「也」は「邪」（疑問の終助詞）の意味に読むべきであるという呉則虞説に従い読んだ。　〇升㪷之微　「㪷」は「斗」の俗字。一斗は十升である。一升ますや一斗ますに入るほどの僅かな穀物の意。なお、『校注』は「升鼓之微」に改めている。十斗を「鼓」という。　〇疏縷之綈　「疏縷」は粗末な糸、「綈」はあつぎぬ、太い粗末な糸を織り上げてできた厚い絹布のこと。『校注』は孫星衍説に従い「疏縷之緯」に改めている。「緯」は横糸の意味。　〇幃幕　「幃」はとばり、「幕」はまく。　〇大山　『校注』は「太山」に作る。山東省にある泰山のこと。

口語訳　第十七章　景公の朝廷での立ち居振る舞いが厳粛だったために下々が発言できなかったので晏子が諫めたこと

晏子が朝廷に出仕したおり、景公に申し上げて、「朝廷にお出ましになって（かくも）厳粛に振る舞われるものですね」と言った。公は、「朝廷で厳粛にしていると、国家を治めるのに何か害があるのか」と言った。晏子がお答えして、「朝廷にお出ましになって厳粛になされると臣下らは（畏れ入って）何も言わなくなります、下が何も言わなければ、上は（国家の実情が）耳に入って参りません。下が何も言わないのを私は『おし』といい、上が何も聞かないのを私は『つんぼ』といっております。『つんぼ』と『おし』が、国家を害するものでなくて何でしょうか。そもそも一升・一斗の僅かな穀物を積み重ねてこそ倉庫を満たすもの、粗末な糸で織り上げた厚絹を縫い合わせてこそ幃幕《とばり》ができるものでございます。泰山の高いのも、石一つで高いわけではありません。低い層が積み重なってそれで高くなっているのです。かの天下を治める者も、たった一人の者の言い分だけを用いるものではございません。もちろん聞き置くだけで採用しないことはありましょうが、どうして（初めから）拒絶して受け付けないというようなことがありましょう」と言った。

余説　『説苑』正諫篇に、ほぼ同文が見えるので以下に引用しておこう。

晏子復於景公曰、「朝居厳乎。」公曰、「朝居厳、則曷害於治国家哉。」晏子対曰、「朝居厳則下無言、下無言則上無聞矣。下無言則謂之瘖、上無聞則謂之聾。聾瘖則非害治国家如何也。且合菽粟之微以満倉廩、合疏縷之緯以成幃幕。太山之高、非一石也、累卑然後高也。夫治天下者、非一士之言也、固有受而不用、悪有拒而不入者哉。」

（晏子景公に復して曰く、「朝居すること厳なるか」と。公曰く、「朝居すること厳なれば、則ち曷ぞ国家を治むるに害あらんや」と。晏子対へて曰く、「朝居すること厳なれば則ち下言ふこと無く、下言ふこと無ければ則ち上聞くこと無し。下言ふこと無ければ則ち

之を暗と謂ひ、上聞くこと無ければ則ち之を聾と謂ふ。聾暗なれば則ち国家を治むるに害あるに非ずして如何ぞや。且つ菽粟の微を合はせて以て倉廩を満たし、疏縷の緯を合はせて以て幃幕を成す。太山の高きは、一石に非ざるなり、卑きを累ねて然る後に高きなり。夫の天下を治むる者は、一士の言に非ざるなり。固より受けて用ひざること有るも、悪んぞ拒みて入れざる者有らんや」と。

前章に引き続き、景公が朝廷において精一杯威厳を示そうとしている様子が描かれる。景公の形式に拘り、自分を偉大な存在として印象づけようとする作為が結局は逆効果になってしまうことを晏子が諫めるのである。その意味で景公の心理は普遍性があるといえようか。言い換えれば、だれしもが陥りやすい過ちがここには描かれているのである。これこそが、単に晏子の伝記であることを超えて、教訓に満ちた書として広く長く読み継がれていくこととなった所以であろう。

景公登㆓路寢臺㆒不㆑終不㆑悅晏子諫　第十八

景公登㆓路寢之臺㆒、不㆑能㆑終、而息㆓乎陛㆒。忿然而作㆑色、不㆑說曰、「孰爲㆓高臺㆒、病㆑人之甚也。」晏子曰、「君欲㆑節㆓于身㆒而勿㆑高。使㆓人高㆒㆑之而勿㆑罪也。今高、從㆑之以罪、卑亦從以罪。敢問、使㆑人如㆑此可乎。古者之爲㆓宮室㆒也、足㆓以便㆒㆑生、不㆔以爲㆓奢侈㆒也。故節㆓于身㆒、調*㆓于民㆒。及㆓夏之衰㆒也、其王桀背㆓棄德行㆒、作*㆓爲璿室玉門㆒。殷之衰也、其王紂作㆓爲頃宮靈臺㆒、卑狹者有㆑罪、高大者有㆑賞。是以身及㆑焉。今君高有㆑罪、卑亦有㆑罪、甚㆓于夏殷之王㆒。民

景公路寢《けいこうろしん》の臺《だい》に登《のぼ》り終《を》はらずして悅《よろこ》ばず晏子《あんし》諫《いさ》む　第十八

景公路寢《けいこうろしん》の臺《だい》に登《のぼ》り、終《を》はること能《あた》はずして、陛《へい》に息《やす》む。忿《ふん》然《ぜん》として色《いろ》を作《な》し、說《よろこ》ばずして曰《いは》く、「孰《たれ》か高臺《かうだい》を爲《つく》り、人《ひと》を病《や》ましむることの甚《はなはだ》しきや」と。晏子《あんし》曰《いは》く、「君《きみ》身《み》に節《せつ》せんと欲《ほっ》せば而《すなは》ち高《たか》くすること勿《な》かれ。人《ひと》をして之《これ》を高《たか》くせしめしならば而《すなは》ち罪《つみ》すること勿《な》かれ。今高《いまたか》ければ、之《これ》に從《したが》ひて以《もっ》て罪《つみ》し、卑《ひく》ければ亦從《またしたが》ひて以《もっ》て罪《つみ》す。敢《あ》へて問《と》ふ、人《ひと》を使《つか》ふこと此《か》くのごとくにするは可《か》ならんか。古《いにしへ》者の宮室《きゆうしつ》を爲《つく》るや、以《もっ》て生《せい》に便《べん》するに足《た》り、以《もっ》て奢侈《しやし》を爲《な》さざるなり。故《ゆゑ》に身《み》に節《せつ》して、民《たみ》に調《かな》ふ。夏《か》の衰《おとろ》ふるに及《およ》びてや、其《そ》の王桀德行《わうけつとくかう》を背棄《はいき》し、璿室玉《せんしつぎよく》門《もん》を作爲《さくい》す。殷《いん》の衰《おとろ》ふるや、其《そ》の王紂頃宮靈臺《わうちうけいきゆうれいだい》を作爲《さくゐ》し、卑《ひ》狹《けふ》にせる者《もの》は罪有《つみあ》り、高大《かうだい》にせる者《もの》は賞有《しやうあ》り。是《ここ》を以《もっ》て身《み》焉《これ》に

力殫乏矣、而不免于罪。嬰恐國之流失、而公不得享也。」公曰、「善。寡人自知、誠費財勞民、以爲無功、又從而怨之、是寡人之罪也。非夫子之教、豈得守社稷哉。」遂下再拜、不果登臺。

及《およ》べり。今君高《いまきみたか》きも亦罪有《またつみあ》り、卑《ひく》きも亦罪有《またつみあ》り、夏殷《かいん》の王《わう》より甚《はなはだ》し。民力殫乏《みんりよくたんばふ》して、罪《つみ》を免《まぬか》れず。嬰《えい》、國《くに》の流失《りうしつ》して、公《こう》の享《う》くるを得《え》ざらんことを恐《おそ》るるなり」と。公曰《こういは》く、「善《よ》し。寡《くわ》人自《じんみづか》ら知《し》る、誠《まこと》に財《ざい》を費《つひや》し民《たみ》を勞《らう》して、以《もつ》て功無《こうな》しと爲《な》し、又《また》從《したが》ひて之《これ》を怨《うら》むは、是《こ》れ寡人《くわじん》の罪《つみ》なることを。夫子《ふうし》の教《をしへ》に非《あら》ざれば、豈《あ》に社稷《しやしよく》を守《まも》ることを得《え》んや」と。遂《つひ》に下《くだ》りて再拜《さいはい》し、臺《だい》に登《のぼ》るを果《はた》さず。

校訂　＊調于民　底本は「謂于民」。王念孫の、「謂」と「調」は形が近いために誤ったのであろうとの説に従い改めた。確かに、竹簡本は「調于民」に作っている。孫星衍が「謂」の字には誤りがあろうと指摘したことに始まり、洪頤煊・黄以周は「謂」のままで「勤」の意味に解すればよいといい、劉師培は初めは『補釈』では「為」（「化」に通じ、教化の意）の誤りとしたが、後『校補』では「誨」（教えるの意）に改めるべきといい、呉則虞はこの劉説に同調している。また、于省吾は「恵」に改めるべきという。なお、『校注』は、劉説に同調するが、「誨」と「謂」は意義が近いので「謂」のままで「誨」の意味に解することができるとして、改めていない。

＊作為璿室玉門　底本は「為璿室玉門」。王念孫の、下文の「作為頃宮霊台」と対をなしているから「作」字があるべきという説に従い改めた。確かに、竹簡本は「作為頃宮霊台…作為琁室玉門」に作っている。

語釈　○不悦　『校注』は「不説」に作る。　○節于身　「節」は節約してよろしきにかなうこと。　○今高、従之以罪　陶鴻慶は、本句の「之」は上句の「高之」と同じく「路寝之台」を指しているはずであるから、「今高之従以罪」に改めるべきではないかというが、原文のままでもひとまず意味は通じる。　○卑亦従以罪　『校注』は上句に合わせて「之」字を補い「卑亦従之以罪」に改めている。

○足以便生　『校注』は、「乎」を補って「足以便乎生」に改めている。　○璿室玉門　竹簡本は「琁室玉門」に作っている。「璿」も「琁」もともに美しい玉をいう。　○頃宮霊台　「頃宮」は既出。本篇第七章の語釈参照。極めて広大な宮殿。「霊台」は玉で装飾された美しい楼台。　○殫乏　「殫」は尽きること。張純一は、「乏」は衍字ではないかと疑う。確かに、「殫」一字で意味は明らかである。

○流失　兪樾は、意味が通らないとして「危失」の誤りだと言う、劉師培は、「放失」が誤ったもので「民が散ずる」ことと解する。于

省吾は、「疏失」の誤りであると言う。諸説一致しないが、原文のままとして、民が国を捨てて流亡することと解しておく。○享既出。本篇第二章の語釈「享国」を参照。国君の地位を保つこと。○寡人自知、誠費財労民「誠」は「費財労民」を修飾することになるが、それではやや解し難い。むしろ「誠」を「知」の前に置いて、「寡人自誠知、費財労民」（寡人自ら誠に知る、財を費やし民を労するを）と読む方が、意味はより明確になろう。

口語訳　第十八章　景公が正殿の楼台に登りきれず不愉快になったので晏子が諌めたこと

景公が正殿の楼台に登ったが、登りきれずに、（途中の）階で休んだ。むっとして顔色を変え、不機嫌そうに、「誰がこんな高い楼台を作ったのか。ひどく人を疲れさせるではないか。」と言った。晏子は、「ご主君がお体にちょうどよくしようとお望みならば（初めからこのように）高くしてはなりません。人に高く造るようお命じになったのですから、（高く造ったからといって）罰してはなりません。今、高いからといって、そのために罰し、低ければ低いで同じようにまた罰するのでしょうか。敢えてお尋ねしますが、人をこのように（わがままに）使役してよいものでしょうか。昔、宮殿を造るときには、生活に便利であればそれで十分、贅沢などは致しませんでした。ですから（君主の）体にほどよく、（これを造る）民（の労力）にかなっておりました。ところが夏が衰えてくると、王の桀は徳行をかなぐり捨て、（贅沢を極めた）美玉で飾りたてた宮殿や門を造りました。殷が衰えると、王の紂は（玉の飾りをふんだんに用いた贅沢極まる）大宮殿や玉で飾った楼台を造り、こせこせと小さく作った者は処罰し、高々と雄大に作った者には褒美を与えました。このために自身はあのように（悲惨な最期と）なったのです。今、ご主君は高くても処罰し、低くてもまた処罰なさろうとしますが、これでは夏や殷の王よりも苛酷です。民は力を使い果たして働いても、罪を免れないのです。嬰は、国の民が（国外に）流亡し、公が国を保てなくなることを恐れます」と言った。公は、「よろしい。寡人は我ながら悟ったぞ、たしかに財貨を費し民を働かせておいて、そのできばえは認めないうえ、（苦労した）民を怨むのは、寡人の罪だということが。先生の教えがなければ、どうして社稷を守ることができようか」と言って、そのまま（階を）下りて（晏子に）再拝し、結局正殿の楼台に登らなかった。

余説　銀雀山漢墓竹簡に本章に相当する部分があるので、以下に引用しておこう。

・景公登洛（路）寐（寢）之臺、不能冬（終）上而息於陛。公曰、「孰爲高臺、其病人之甚也。」晏子……使民如〔□□□□□〕罪也。夫古之爲宮室臺榭者、節於身而調於民、不以爲奢侈。及夏〔□□〕也、其王桀伓（背）行棄義、作爲頃宮壘（靈）臺。殷之□也、其王紂作爲環（琁）室玉門。廣大者有賞、埤（卑）小者有罪、是以身及焉。今君埤（卑）亦有罪、高亦有罪、吏悆（審）從事、不免於罪、臣主倶困而无所辟患……。

（・景公路寢の臺に登り、上るを終ふること能はずして陛に息む。公曰く、「孰か高臺を爲り、其れ人を病ましむることの甚しきや」と。晏子……使民如〔□□□□□〕罪也。夫れ古の宮室臺榭を爲るや、身に節して民に調ひ、以て奢侈を爲さず。夏の〔□□〕に及びてや、其の王桀行ひに背き義を棄て、頃宮靈臺を作爲す。殷の□や、其の王紂琁室玉門を作爲す。廣大なる者は賞有り、卑小なる者は罪有り、是を以て身焉に及ぶ。今君卑きも亦罪有り、高きも亦罪有れば、吏審かに事に從ふも、罪を免かれず、臣主倶に困しみて患ひを辟くる所无し……。）

ところで古典を熱心に考証して本文の誤りを発見しそれを正そうと力を尽くしている幾人もの考証学者がいることはよく知られている。それは本書についても例外ではない。その中で、ひときわ周到な考証で説得力のある校訂を行っているのが王念孫（一七四四―一八三二）であろう。本書でも、たびたび王念孫説（『讀書雜誌』晏子春秋雜志）に基づいて本文の校訂を行ってきた。本章の校訂にも見るように、複数の学者がそれぞれの立場から本文の誤りを正そうとしていても、結果として、必ずしも一致した見解が示されるわけではない。各人各様ということもある。それが校訂の難しさであろう。それゆえ、校訂には慎重にも慎重を期さねばならないのである。

さて本章での校訂についていえば、その当否が図らずも漢墓から出土した竹簡本『晏子』によって検証されることになってしまった。もちろん竹簡本が一切の誤りを含んでいないということにはならないが、それでも最も古い体裁を残しているという点では貴重このうえないテキストであることに変わりはない。そうしてその竹簡本の発見によって、王念孫の校訂の確かさが見事に立証されたわけである。改めて、王念孫の炯眼に敬服せざるを得ない。

景公登㆓路寢臺㆒望㆑國而歎晏子諫　第十九

景公與㆓晏子㆒登㆑寢而望㆑國。公愀然而歎曰、「使㆓後嗣世世有㆒㆑此、豈不可哉。」晏子

景公《けいこう》路寢《ろしん》の臺《だい》に登《のぼ》り國《くに》を望《のぞ》みて歎《たん》じ晏子《あんし》諫《いさ》む　第十九

景公《けいこう》、晏子《あんし》と寢《しん》に登《のぼ》りて國《くに》を望《のぞ》む。公愀然《こうしょうぜん》として歎《たん》じて曰《いは》く、「後嗣《こうし》をして世世《よよ》此《こ》れを有《たも》たしむるは、豈《あ》に不可《ふか》ならんや」と。

曰、「臣聞、明君必務正二其治一、以事レ利レ民、然後子孫享レ之。詩云、武王豈不レ事、貽二厥孫謀一、以燕二翼子一。今君處二佚怠一、逆政害レ民有レ日矣、而猶出二若言一、不二亦甚一乎。」公曰、「然則後世孰將レ把二齊國一。」對曰、「服牛死、夫婦哭、非二骨肉之親一也、爲二其利之大一也。欲レ知下把二齊國一者上、則其利レ之者邪。」公曰、「然、何以易。」對曰、「移レ之以二善政一。今公之牛馬老二于欄牢一、不レ勝レ服也。車蠹二于巨戶一、不レ勝レ乘也。衣裘襦袴朽二弊于藏一、不レ勝レ衣也。醯醢腐、不レ勝レ沽也。酒醴酸、不レ勝レ飮也。府粟鬱而不レ勝レ食、又厚藉二斂于百姓一、而不三以分二餒民一。夫藏レ財而不レ用、凶也。財苟失レ守、下其報環至。其次昧二財之失一レ守、委而不三以分二レ人者、百姓必進自分也。故君レ人者與三其請二於人一、不レ如レ請二於己一也。」

晏子《あんし》曰《いは》く、「臣聞《しんき》く、明君《めいくん》は必《かなら》ず務《つと》めて其《そ》の治《ち》を正《ただ》し、以《もっ》て民《たみ》を利《り》するを事《こと》とし、然《しか》る後《のち》に子孫之《しそんこれ》を享《う》く。詩《し》に云《い》ふ、武王豈《ぶわうあ》に事《こと》とせざらんや、厥《そ》の孫謀《そんぼう》を貽《のこ》して、以《もっ》て子《こ》を燕翼《えんよく》す、と。今君《いまきみ》佚怠《いったい》に處《を》り、逆政《ぎやくせい》民《たみ》を害《がい》すること日《ひ》有《あ》りて、而《しか》も猶《な》ほ若《かくのごと》き言《げん》を出《い》だすは、亦甚《またはなはだ》しからずや」と。公曰《こういは》く、「然《しか》らば則《すなは》ち後世《こうせい》孰《たれ》か將《まさ》に齊國《せいこく》を把《と》らんとする」と。對《こた》へて曰《いは》く、「服牛《ふくぎう》死《し》して、夫婦《ふうふ》哭《こく》するは、骨肉《こつにく》の親《しん》に非《あら》ざるなり、其《そ》の利《り》の大《だい》なるが爲《た》めなり。齊國《せいこく》を把《と》る者《もの》を知《し》らんと欲《ほっ》せば、則《すなは》ち其《そ》れ之《これ》を利《り》する者《もの》か」と。公曰《こういは》く、「然《しか》らば、何《なに》を以《もっ》て易《か》へん」と。對《こた》へて曰《いは》く、「之《これ》を移《うつ》すに善政《ぜんせい》を以《もっ》てせよ。今公《いまこう》の牛馬《ぎうば》は欄牢《らんろう》に老《お》いて、服《ふく》するに勝《た》へざるなり。車《くるま》は巨戶《きよこ》に蠹《むしく》ひて、乘《の》るに勝《た》へざるなり。衣裘襦袴《いきうじゆこ》は藏《くら》に朽弊《きうへい》して、衣《き》るに勝《た》へざるなり。醯醢《けいかい》は腐《くさ》りて、沽《う》るに勝《た》へざるなり。酒醴《しゆれい》は酸《さん》して、飮《の》むに勝《た》へざるなり。府粟《ふぞく》は鬱《うつ》して食《くら》ふに勝《た》へず、又厚《またあつ》く百姓《ひやくせい》に藉斂《せきれん》して、以《もっ》て餒民《たいみん》に分《わ》かたず。夫《そ》れ財《ざい》を藏《ざう》して用《もち》ひざるは、凶《きよう》なり。財苟《ざいいやし》くも守《しゆ》を失《うしな》はば、下《しも》の其《そ》の報環《むくひめぐ》り至《いた》らん。其《そ》の次《つぎ》は財《ざい》の守《しゆ》を失《うしな》ふに昧《くら》くして、委《つ》みて以《もっ》て人《ひと》に分《わ》かたざる者《もの》は、百姓必《ひやくせいかなら》ず進《すす》みて自《みづか》ら分《わか》たん。故《ゆゑ》に人《ひと》に君《きみ》たる者《もの》は其《そ》の人《ひと》に請《こ》はんよりは、己《おのれ》に請《こ》ふに如《し》かざるなり」と。

語釈　○登寝　兪樾は、「登路寝之台」に改めるべきと言うが、于省吾は兪樾説を非として、これは「登路寝」の簡語だからその必要は

ないと言う。　○愀然　「愀」は「愁」に同じ、愁えるさま。　○詩云、武王豈不事、貽厥孫謀、以燕翼子　『詩経』大雅・文王之什の文王有声の詩に見える。「貽」は「遺」に同じ、のこすの意。「厥」は「其」と同じ、そのと読む。「孫謀」は子孫のためのはかりごと。「燕」は「宴」に同じで、「安」に通じる。「翼」は守ること。周の武王が、子孫の世代のことまでもよく考えて自らなすべきことを知り尽くしていたことを称えたもの。晏子はその武王にならうべきだと景公を諫めているのである。　○何以易　王念孫は、下文に「移之」とあることから、「之」字を補って「何以易之」に改めるべきことをいう。『校注』は、王説に従い改めている。　○移之以善政　于鬯は、「移」と「施」は古く通用したからとして、「之を施すに善政を以てす」の意味に読むべきことをいうが、原文のままでも意味は通じる。　○欄牢　馬屋・牛小屋のこと。　○巨戸　大きな家。孫詒讓は「巨」はもと「庌」ではなかったかという。「庌」はひさしの意。　○酒醴酸　『校注』は、蘇輿の「酸」下に「酢」字があったはずだという説に従い「酒醴酸酢」改めている。　○府粟鬱而不勝食　『校注』は、盧文弨の「府」は「菽」の誤り、「而」は「積」の誤りであろうとの説に従い、「菽粟鬱積不勝食」（菽粟鬱積して食ふに勝へず）に改めている。原文のままで意味が通じるので改めない。　○財苟失守、下其報環至　『校注』は「失」は「矢」の誤りであろうという。「矢守」は「誓守」、すなわち固く守ることとなり、この句の意味は「かりにも富を独り占めすれば、（それは国を治めるやり方としては）下策で、その報いが（やがて自分に）巡ってくるだろう」の意に解せる。原文のまま「其」を「之」と同意と解し、「下其報」を下々の者の報いととる。　○昧　暗いの意。　○委　積むの意。　○於人…於己　『校注』は「于人…于己」に作る。

口語訳　第十九章　景公が正殿の楼台に登って国を望み見ながら嘆いたので晏子が諫めたこと

景公が晏子と正殿の楼台に登って国を望み見た。公は憂い顔をして嘆いて、「後継ぎの者に代々この国を治めさせることが、どうしてできないことがあろうか」と言った。晏子は、「私は、明君とは必ず政治を正すことにひたすら務めて、民を利することを専らとし、そうして後、子孫がその国を継ぐものであると聞いております。『詩』に、『武王がどうして（功業に）務めなかったことがあろう。子孫のためのはかりごとを（後世に）遺して、子を安らかに守ったのだ』とございます。今、ご主君は安逸怠惰に過ごし、道義に背く政治を行って日々民を害しておられるのに、（何の反省もなく）なおもこのようなことを口にされるとは、また何とひどいことでしょう」と言った。公は、「それなら後世誰が斉国を支配するようになるであろう」と言った。お答えして、「よく働く牛が死んで、夫婦が哭するのは、（その牛が）骨肉を分けた近親者だからでは（もちろん）なく、（牛のもたらす）利益が大きかったからであります。斉国を支配する者を知ろうと

おっしゃるのならば、それは斉国に利益をもたらす者でしょう」と言った。公は、「それならばどのように改めたらよかろう」と言った。お答えして、「（今までのやり方をすっかり）善政に改めるべきでしょう。今、公の牛馬は（引かせないうちに）家畜小屋の中で老い果てて、とても車を引かせることができません。お車は（乗らないうちに）大きな車庫の中で木食い虫に食われて、とても乗ることができません。衣《ころも》・裘《かわごろも》・襦《はだぎ》・袴《はかま》は（着ないうちに）蔵の中で朽ち破れて、とても着ることができません。塩辛は（売らないうちに）腐って、とても売ることができません。酒や甘酒は（飲まないうちに）酸っぱくなって、とても飲めません。倉庫の穀物は（食べきれずに）蒸れて、とても食べられないうえに、さらに人々からたっぷり取り立て、それを飢えに苦しむ民に分け与えようともなさいません。そもそも財貨をしまい込んで活用しないのは、凶事です。かりにも財貨を大切にすることを怠れば、下々の報いが（やがて公のもとに）めぐりめぐって来ることでしょう。さらには財貨を大切せずにいるという自覚をもたずに、（むやみに）貯め込んで人々に分け与えなければ、人々はきっと自ら進んで（公から奪い取って）分けあうでしょう。ですから人の上に立つ者は他人にあれこれと請い求めるよりは、自分自身に（何が必要かを）求めるべきなのです」と言った。

余説 本章では、景公の乱費を顧みない奢侈ぶりが極めて具体的に描かれている。注目すべきは、景公が、自分の後、この斉国はどうなってしまうのかと心配している点である。あたかも景公は、己の一族の滅亡を予知していたかのようである。確かに、斉国は後に田氏によって簒奪されたのであるから景公の不安は的中したとも言える。しかし、本当に景公は田氏の簒奪を予期し得たのだろうか。むしろこの説話は田斉の世になってから創作されたと考える方が自然ではないか。この説話は、田氏が姜氏の斉を簒奪したことを巧妙に正当化するために利用されたとも考えられる。このようにみていくと、本章は『晏子春秋』の述作時期を考えるうえで重要な意味をもってくるであろう。なお、田氏による斉国の簒奪のことは、本章の他、内篇諫上第十一章、問上第八章、問下第十七章、外上第十章、同第十五章などに繰り返し見える。

景公路寝臺成逢于何願二合葬一晏子諫而許　第二十

景公成二路寝之臺一、逢于何遭レ喪。遇二晏子于途一、再二拜乎馬前一。晏子下レ車挹レ之曰、「子何以命レ嬰也。」對曰、「于何之母死。兆在二路寝之臺*墉下一。*願請レ合レ骨。」晏子曰、「嘻、難哉。雖レ然、嬰將二爲レ子復一レ之。適爲不レ得、子將二若何一。」對曰、「夫君子則有レ以。*如二我儕一小人者、如レ之何。吾將下左手擁レ格、右手梱レ心、立餓枯槁而死、以告中四方之士上曰、于何不レ能レ葬二其母一者也。」晏子曰、「諾。」

遂入見レ公曰、「有二逢于何者一、母死、兆在二路寝一、*當二墉下一、願請レ合レ骨。」公作レ色不レ説曰、「*自レ古之及レ今、子亦嘗聞下請レ葬二人主之宮一者上乎。」晏子對曰、「古之人君、其宮室節、不レ侵二生民之居一、臺榭儉、不レ殘二死人之墓一。故未下嘗聞中諸請レ葬二人主之宮一者上也。今君侈爲二宮室一、奪二人之居一、廣爲二臺榭一、

十　景公路寝《けいこうろしん》の臺成《だいな》り逢于何《ほううか》合葬《がふさう》を願《ねが》ひ晏子《あんし》諫《いさ》めて許《ゆる》す　第二

景公路寝《けいこうろしん》の臺《だい》を成《な》し、逢于何《ほううかも》喪に遭《あ》ふ。晏子《あんし》に途《みち》に遇《あ》ひ、馬《ば》前《ぜん》に再拜《さいはい》す。晏子《あんし》車《くるま》を下《お》りて之《これ》を挹《いふ》して曰《いは》く、「子《し》何《なに》を以《もっ》て嬰《えい》に命《めい》ずるや」と。對《こた》へて曰《いは》く、「于《う》何《か》の母死《ははし》す。兆《てう》は路寝《ろしん》の臺《だい》の墉下《いうか》に在《あ》り。願《ねが》はくは骨《ほね》を合《あ》はさんことを請《こ》ふ」と。晏子《あんし》曰《いは》く、「嘻《ああ》、難《かた》きかな。然《しか》りと雖《いへど》も、嬰將《えいまさ》に子《し》の爲《ため》に之《これ》を復《まを》さんとす。適《た》だ爲《も》し得《え》ざれば、子《し》將《まさ》に若何《いかん》せんとする」と。對《こた》へて曰《いは》く、「夫《か》の君子《くんし》は則《すなは》ち以《な》す有《あ》らん。我儕《がさい》のごとき小人《せうじん》なる者《もの》は、之《これ》を如何《いかん》せん。吾將《われまさ》に左手《ひだりて》にて格《ろ》を擁《よう》し、右手《みぎて》にて心《むね》を梱《たた》き、立餓枯槁《りふがこかう》して死《し》し、以《もっ》て四方《しはう》の士《し》に告《つ》げて曰《い》はんとす、于《う》何《か》は其《そ》の母《はは》を葬《はう》むること能《あた》はざる者《もの》なり、と」と。晏子《あんし》曰《いは》く、「諾《だく》」と。

遂《つひ》に入《い》りて公《こう》に見《まみ》えて曰《いは》く、「逢于何《ほううか》なる者有《ものあ》り、母死《ははし》し、兆《てう》は路寝《ろしん》に在《あ》りて、墉下《いうか》に當《あた》り、願《ねが》ひて骨《ほね》を合《あ》はさんことを請《こ》ふ」と。公色《こういろ》を作《な》し説《よろこ》ばずして曰《いは》く、「古《いにしへ》より之《もっ》て今《いま》に及《およ》ぶまで、子《し》も亦嘗《またかっ》て人主《じんしゅ》の宮《きゆう》に葬《はうむ》らんと請《こ》ふ者《もの》を聞《き》けるか」と。晏《あん》子《し》對《こた》へて曰《いは》く、「古《いにしへ》の人君《じんくん》は、其《そ》の宮室《きゆうしつ》は節《せつ》にして、生民《せいみん》の居《きよ》を侵《をか》さず、臺榭《たいしや》は儉《けん》にして、死人《しにん》の墓《はか》を殘《そこな》はず。故《ゆゑ》に未《いま》だ嘗《かっ》て

殘人之墓。是生者愁憂、不得安處、死者離易、不得合骨。豐樂侈遊、兼傲生死、非人君之行也。遂欲滿求、不顧細民、非存之道。且嬰聞之、生者不得安、命之曰蓄憂、死者不得葬、命之曰蓄哀。蓄憂者怨、蓄哀者危。君不如許之。」公曰、「諾。」

晏子出、梁丘據曰、「自昔及今、未嘗聞求葬公宮者也。若何許之。」公曰、「削人之居、殘人之墓、凌人之喪、而禁其葬、是于生者無施、于死者無禮。詩云、穀則異室、死則同穴。吾敢不許乎。」

逢于何遂*葬其母于路寢之臺墉下。解衰去經、布衣縢履、元冠茈武、踊而不哭、躃而不拜、已乃涕洟而去。

諸《これ》を人主《じんしゆ》の宮《きゆう》に葬《はうむ》ることを請《こ》ふ者《もの》を聞《き》かざるなり。今君《いまきみ》侈《おご》りて宮室《きゆうしつ》を爲《つく》り、人《ひと》の居《きよ》を奪《うば》ひ、廣《ひろ》く臺榭《たいしや》を爲《つく》りて、人《ひと》の墓《はか》を殘《そこ》なふ。是《こ》れ生者《せいじや》は愁憂《しういう》して、安處《あんしよ》することを得《え》ず、死者《しや》は離易《りえき》して、骨《ほね》を合《あ》はすることを得《え》ず。豐樂侈遊《ほうらくしいう》して、生死《せいし》に兼傲《けんがう》するは、人君《じんくん》の行《おこな》ひに非《あら》ざるなり。欲《よく》を遂《と》げ求《もと》めを滿《み》たして、細民《さいみん》を顧《かへり》みざるは、存《そん》するの道《みち》に非《あら》ざるなり。且《か》つ嬰之《えいこれ》を聞《き》く、生者《せいしや》安《やす》きを得《え》ず、之《これ》を命《な》づけて憂《うれひ》を蓄《たくは》ふと曰《い》ひ、死者《しや》葬《はうむ》るを得《え》ず、之《これ》を命《な》づけて哀《かなしみ》を蓄《たくは》ふと曰《い》ふ、と。憂《うれひ》を蓄《たくは》ふる者《もの》は怨《うら》み、哀《かなしみ》を蓄《たくは》ふる者《もの》は危《あやふ》し。君之《きみこれ》を許《ゆる》すに如《し》かず」と。公曰《こういは》く、「諾《だく》」と。

晏子《あんし》出《い》で、梁丘據《りやうきうきよ》曰《いは》く、「昔《むかし》より今《いま》に及《およ》ぶまで、未《いま》だ嘗《かつ》て公《こう》宮《きゆう》に葬《はうむ》ることを求《もと》むる者《もの》を聞《き》かざるなり。若何《いかん》ぞ之《これ》を許《ゆる》せる」と。公曰《こういは》く、「人《ひと》の居《きよ》を削《けづ》り、人《ひと》の墓《はか》を殘《そこな》ひ、人《ひと》の喪《そう》を淩《しの》ぎ、而《しか》して其《そ》の葬《さう》を禁《きん》ずるは、是《こ》れ生者《せいしや》に于《お》いて施《ほどこ》すこと無《な》く、死者《しや》に于《お》いては禮無《れいな》きなり。詩《し》に云《い》ふ、穀《い》きては則《すなは》ち室《しつ》を異《こと》にし、死《し》しては則《すなは》ち穴《あな》を同《おな》じくす、と。吾敢《われあへ》て許《ゆる》さざらんや」と。

逢于何《ほううかつひ》に其《そ》の母《はは》を路寢《ろしん》の臺《だい》の墉下《いうか》に葬《はうむ》る。衰《さい》を解《と》き經《てつ》を去《さ》り、布衣縢履《ふいとうり》して、元冠茈武《げんくわんしぶ》、踊《よう》して哭《こく》せず、躃《へき》して拜《はい》せず、已《すで》にして乃《すなは》ち涕洟《ていい》して去《さ》る。

校訂　＊墉下　底本は「牖下」。「牖」（まど）と「墉」（かべ）は字形が近いために譌ったのだろうという蘇輿・呉則虞説に従い改めた。

＊願請合骨　底本は「願請命合骨」。『群書治要』・『太平御覧』巻五百五十五などを参照し、蘇輿・呉則虞説に従い、「命」字を衍字として削除した。

＊如我儕小人者、如之何　底本は「如我者儕小人」。張純一の、「者」字は「人」字の下にあるべきであり、かつ上文の「適為不得、子將若何。」と対応させるためにも、次の校訂箇所の「如之何」はここに移すべきであるという説に従い改めた。その方が、この後の文とも続き具合がよい。

＊当墉下　底本は「当如之何」。王念孫の、原文のままでは全く意味をなさないという説に従い改めた。なお陶鴻慶は、『群書治要』によって王説を是としつつも、「何」字まで削除するべきではなく「逢于何」の「何」の意味に解して下文に続けて読むべきであるというが、「逢于何」の名を「何」とする確証もないので、従い難い。

＊自古之及今　底本は「古之及今」。王念孫は、後の梁丘據の言「自昔及今」に従って「自古及今」に改めるべきことをいうが、于省吾はこの王説を非として、「之」は「以」と同じであり、『墨子』兼愛下篇に「自古之及今」とあり、非命中篇に「自古以及今」とあるのによって句頭に「自」字を加えればよいとの説に従い改めた。

＊葬其母于路寝之台墉下　底本は「葬其母于路寝之牖下」。「母」の下に「于」字を、「之」の下に「台」字を補い、かつ「牖」を「墉」に改めるべきであるとする盧文弨・張純一の説に従い改めた。上文によればその方がよい。

語釈　○路寝之台　呉則虞は、路寝の楼台の基礎工事の時にこの問題が持ち上がったのであって、楼台そのものがまだ完成する前であろうから、「路寝之基」に改めるべきであるという。　○逢于何　未詳。　○挹　「揖」に通じ、揖礼のこと。両手を胸の前で重ね合わせて、相手に敬意を示す礼のこと。　○命　告げるの意。　○兆　墓地をいう。　○嘻　感嘆の声。ここではうらみ悲しむ声となって発声された。　○適為不得　于省吾の「適と啻は古字では通じ、啻は但しの意である。為は、ちょうど如（もし）と同じである」という説に従い読んだ。　○擁格　「擁」は、だきかかえること。「格」は、王念孫説によると、「輅」の仮字で、柩を乗せる車の轅（ながえ）の上の横木のこととある。これを抱きかかえるようにして車を牽くのであるが、ここではこれにすがって体を支えようというのであろう。
○梱心　「梱」は、盧文弨によると、「捆」であるべきという。「捆」は叩くの意。「心」は胸。胸を叩くこと。　○請葬人主之宮者　『校注』は「葬」の上に「合」の字が抜けているのではないかという蘇輿の説に従い、改めている。　○生民　『校注』はここは下文の「死人」と対になっているのだから、「生人」というべきであるという王念孫の説に従い、改めている。　○臺榭倹　蘇輿に従い、『校注』は「其」字を補って「其臺榭倹」に改めている。　○未嘗聞諸請葬人主之宮者也　張純一は「諸」字を『北堂書鈔』『群書治要』『太平御覧』にないことによって削除すべきとしている。呉則虞は「諸」字は語気を表す語であるから衍字ではないという。今、原文の

ままとする。　○離易　「易」は、「析」に通じ、別れるの意がある。「離易」は離ればなれになること。　○人君　『校注』は、蘇輿に従い「仁君」に改めている。　○非存之道　于鬯・蘇輿・呉則虞は「也」字を補って「非存之道也」に改めるべきことをいう。『校注』は改めているが、今、原文のままとする。　○自昔及今　『校注』は、蘇輿説に従い「自古及今」に改めている。　○詩云、穀則異室、死則同穴　『詩経』王風・大車の詩の一節である。「穀」は「生」と同じ。詩全体からすれば、恋人に「生きては家を別にしていても、やがて夫婦となり、死んで後は同じ墓に葬られよう」と歌いかけていると取るべきであろうが、ここでは文脈から夫婦の詩として、生きているときはたとえ家を別々にすることがあっても、死んで後は同じ墓に埋葬されよう、というほどの意味で引用している。　○解衰去絰　「衰」は喪服のこと。「絰」は喪に用いる麻の帯で、首と腰とに着用する。服喪の服装を脱ぎ去ること。　○布衣縢履　「布衣」は官位の無い庶民の服、「縢履」は縄で編んだ履き物。　○元冠茈武　『校注』は「元」を「玄」に改めている。「元」は「玄」に通じ黒の意、「茈」は「紫」に通じ、「武」は冠の下部にぐるりと巻きつけるもの（冠巻）をいう。黒い冠に紫の冠巻きをつけること。　○躃　「躄」に同じ、いざっていくこと。　○涕洟　目から流れる涙を「涕」といい、鼻から流れる涙を「洟」という。張純一はこれを「擗」（胸を叩く）の誤りではないかという。

口語訳　第二十章　景公が正殿の楼台を完成させたとき逢于何が合葬を願い出たので晏子が諫めて許したこと

景公が正殿の楼台を完成させたとき、逢于何はちょうど（母親の）喪に遭遇した。晏子に路上で出会ったとき、馬の前に出て再拝した。晏子は車から降りて彼に揖礼で答えながら、「あなたは一体何をこの嬰におっしゃりたいのですか」と言った。（逢于何は）お答えして、「于何《わたくし》の母が死にました。墓地は正殿の楼台の土壁の下にあるのです。どうか（そこに既に葬られている父と、このたび亡くなった母とを）合葬させてくださいますよう」と言った。晏子は、「ああ、難しいことだ。けれども、この嬰、あなたのためにこのことを申し上げてみよう。ただもしもあなたの力になれなかったら、あなたはどうするお積もりか」と言った。（逢于何は）お答えして、「かのご立派なご主君様ですから（きっと）お許し下さいましょう。私ごときつまらぬ者に、何が出来るというのでしょう。（もしもお許しがなければ、いっそ）私は左手で（母を乗せた車の）ながえの横木をかかえこみ、右手で胸を叩きながら、立ったまま餓えさらばえて死んでしまいましょう、そして周囲の方々にこう告げましょう、于何は自分の母を葬ることさえできませんでした、と」と言った。晏子は、「承知した」と言った。

（晏子は）かくて（朝廷に）入り公にお目見えして、「逢于何という者がおりまして、（その）母が死んだのですが、（あいにく）墓地が正殿（の敷地内に）にあり、ちょうど土壁の下に当たっておりまして、（そこに）合葬させてほしいと願い出ております」と言った。公は顔色を変えて不愉快そうに、「古から今に至るまで、君主の宮殿に葬りたいと願い出た者をあなたはだってかつて聞いたことがあるか（聞いたことなどあるまい）」と言った。晏子はお答えして、「昔の君主は、宮殿はひかえめで、生活している民の住まいを侵すことはなく、楼台はつつましく、死者の墓を損なうことはございませんでした。ですから今だかつて君主の宮殿に葬りたいなどと願い出た者を聞いたことがないのです。ところが今、ご主君は贅沢な宮殿を造って、人の住まいを奪い、広大な楼台を造って、人の墓を損なっておいでです。これでは生きている者は悲しみ憂えて、安住の地を得られず、死んだ者は離ればなれになって、合葬してもらうこともできません。（自分ばかり）豊かに楽しみ贅沢に遊興して、生者・死者の両方に傲るのは、君主のなすべき行いではございません。欲望を遂げ要求を満たそうとして、貧しい民を顧みないのは、（君主として）長らえる道ではございません。そのうえこの嬰はこう聞いております、『生者を安心させることができないのを、名づけて憂いを貯め込むといい、死者を葬ることができないのを、名づけて悲しみを貯め込むという』と。憂いを貯め込んだ者は怨念を抱きますし、悲しみを貯め込んだ者は危険です。ご主君は（逢于何の申し出を）お許しなさるに越したことはございません」と言った。公は、「承知した。」と言った。

晏子が退出すると、梁丘據が言った、「昔から今に至るまで、宮殿に埋葬したいなどと要求してきた者は聞いたこともございません。どうしてお許しになったのですか」と。公は、「人の住まいを削り、人の墓を損ない、人の喪を侵したうえ、その埋葬を禁じるのは、生者に対しては何も施さず、死者に対しては無礼なことである。『詩』にも、『生きているときは家を別々にしていても、死ぬときは同じところに葬られよう』と言っている。余も許さずにおれようか」と言った。

かくして逢于何は母親を路寝の楼台の土壁の下に埋葬した。（彼は）喪服を脱ぎ帯を取り去って、普段着に着替え縄靴に履き替えて、黒い冠を被り紫の冠巻をつけ、（墓前で）踊ったが泣き声をあげず、いざるだけで拝礼せず、（ひと通り）なし終えるとそこで涙を流しながら去って行った。

余説 晏子が逢于何の申し出を聞き入れたのは彼の孝行を全うしたいという一途な思いに打たれたからであろうが、逢于何の願いを景公に取り次いだとき、結果として愛民の立場から君主が横暴に振る舞うことを諫めることになってしまったのである。こうしたところにも本書編纂の意図が一貫して見て取れよう。景公がその諫めを素直に聞き入れたのは、彼自身も古の名君のように仁愛に溢れ、自制心に富んだ名君として歴史に名を為したいとひそかに思っていたからであろうか。

景公嬖妾死守レ之三日不レ斂晏子諫　第二十一

景公之嬖妾嬰子死。公守レ之、三日不レ食、膚著二于席一不レ去。左右以復、而君無レ聽焉。晏子入、復曰、「有二術客一、與レ醫俱言曰、聞二嬰子病死一、願請レ治レ之。」公喜、遽起曰、「病猶可レ爲乎。」晏子曰、「客之道也、以爲二良醫一也。請嘗二試之一。君請屏潔、沐浴飲食、閒二病者之宮一。彼亦將レ有二鬼神之事一焉。」公曰、「諾。」屏而沐浴。

晏子令三棺人入二斂一。已斂而復曰、「醫不レ能レ治レ病、已斂矣。不三敢不二以聞一。」公作レ色不レ說曰、「夫子以レ醫命二寡人一而不レ使レ視、將レ斂而不二以聞一。吾之爲レ君、名而已矣。」晏子曰、「君獨不レ知二死者之不一レ可二以生一邪。嬰

景公《けいこう》の嬖妾《へいせふ》死《し》し之《これ》を守《まも》ること三日《みつか》にして斂《をさ》めず晏子《あんし》諫《いさ》む　第二十一

景公《けいこう》の嬖妾嬰子《へいせふえいし》死《し》す。公之《こうこれ》を守《まも》り、三日《みつか》食《くら》はず、膚席《はだへせき》に著《つ》きて去《さ》らず。左右《さいう》以《もつ》て復《まを》すも、君聴《きみき》くこと無《な》し。晏子《あんし》入《い》り、復《まを》して曰《いは》く、「術客《じゆつかく》有《あ》り、醫《い》と倶《とも》に言《い》ひて曰《いは》く、嬰子《えいし》病死《びやうし》すと聞《き》く、願《ねが》はくは之《これ》を治《ち》せんことを請《こ》ふ、と」と。公喜《こうよろこ》び、遽《には》かに起《た》ちて曰《いは》く、「病猶《やまひな》ほ爲《をさ》むべきか」と。晏子《あんし》曰《いは》く、「客《かく》の道《い》ふや、以《もつ》て良醫《りやうい》と爲《な》すなり。請《こ》ふ之《これ》を嘗試《こころ》みよ。君請《きみこ》ふ屏潔《へいけつ》し、沐浴飲《もくよくいん》食《しよく》し、病者《びやうしや》の宮《きゆう》を閒《かん》にせよ。彼《かれ》も亦將《またまさ》に鬼神《きしん》の事有《ことあ》らんとす」と。公曰《こういは》く、「諾《だく》」と。屏《しりぞ》きて沐浴《もくよく》す。

晏子《あんし》棺人《くわんじん》をして入《い》りて斂《をさ》めしむ。已《すで》に斂《をさ》めて復《まを》して曰《いは》く、「醫《い》病《やまひ》を治《ち》すること能《あた》はずして、已《すで》に斂《をさ》む。敢《あ》へて以聞《いぶん》せずんばあらず」と。公色《こういろ》を作《な》して説《よろこ》ばずして曰《いは》く、「夫子《ふうし》醫《い》を以《もつ》て寡人《くわじん》に命《めい》じて視《み》しめず、將《まさ》に斂《をさ》めんとして以聞《いぶん》せず。吾《われ》の君《きみ》たること、名《な》のみ」と。晏子《あんし》曰《いは》く、「君獨《きみひと》り死者《ししや》の以《もつ》て生《い》かすべ

聞之、君正臣從、謂之順、君僻臣從、謂之逆。今君不道順而行僻、從邪者邇、導害者遠、讒諛萌通、而賢良廢滅。是以諂諛繁于閒、邪行交于國也。昔吾先君桓公、用管仲而霸、嬖乎豎刁而滅。今君薄于賢人之禮、而厚嬖妾之哀。且古聖王畜私不傷行、斂死不失愛、送死不失哀。行傷則溺己、愛失則傷生、哀失則害性。是故聖王節之也。*死即畢斂、不留生事、棺槨衣衾、不以害生養、哭泣處哀、不以害生道。今朽尸以留生、廣愛以傷行、修哀以害性、君之失矣。故諸侯之賓客慙入吾國、本朝之臣慙守其職、崇君之行、不可以導民、從君之欲、不可以持國。且嬰聞之、朽而不斂、謂之僇尸、臭而不收、謂之陳胔。反*明王之制、行百姓之誹、而內嬖妾于僇胔、此之爲不可。」公曰、「寡人不識。請因夫子而爲之。」晏子復曰、「國之士大夫、諸侯四隣賓客、皆在外。君其哭而節之。」

からざるを知《し》らざるか。嬰之《えいこれ》を聞《き》く、君正《きみただ》して臣從《しんしたが》ふ、之《これ》を順《じゆん》と謂《い》ひ、君僻《きみへき》して臣從《しんしたが》ふ、之《これ》を逆《ぎやく》と謂《い》ふ、と。今《いま》、君順《きみじゆん》に道《よ》らずして僻《へき》を行《おこな》ひ、邪《じや》に從《したが》ふ者《もの》は邇《ちか》づけられ、害《がい》を導《みちび》く者《もの》は遠《とほ》ざけられ、讒諛《ざんゆ》萌通《はうつう》して、賢良廢滅《けんりやうはいめつ》す。是《ここ》を以《もつ》て諂諛《てんゆ》閒《かん》に繁《しげ》く、邪行國《じやかうくに》に交《まじ》はるなり。昔《むかし》、吾先君桓公《わがせんくんくわんこう》、管仲《くわんちゆう》を用《もち》ひて霸《は》たるも、豎刁《じゆてう》を嬖《へい》して滅《ほろ》ぶ。今君賢人《いまきみけんじん》の禮《れい》に薄《うす》くして、嬖妾《へいせふ》の哀《あい》に厚《あつ》くす。且《か》つ古《いにしへ》の聖王《せいわう》は私《し》を蓄《たくは》へて行《おこな》ひを傷《そこな》はず、死《し》を斂《をさ》めて愛《あい》を失《うしな》はず、死《し》を送《おく》りて哀《あい》を失《うしな》はず。行《おこな》ひ傷《そこな》はるれば則《すなは》ち己《おのれ》を溺《おぼ》らし、愛失《あいしつ》すれば則《すなは》ち生《せい》を傷《そこ》なひ、哀失《あいしつ》すれば則《すなは》ち性《せい》を害《がい》す。是《こ》の故《ゆゑ》に聖王之《せいわうこれ》を節《せつ》するなり。死《し》せば即《すなは》ち斂《れん》を畢《を》へて、生事《せいじ》を留《とど》めず、棺槨衣衾《くわんくわくいきん》は、以《もつ》て生養《せいやう》を害《がい》せず、哭泣哀《こくきうあい》に處《しよ》して、以《もつ》て生道《せいだう》を害《がい》せず。今尸《いまし》を朽《く》ちしめて以《もつ》て生《せい》を留《とど》め、愛《あい》を廣《ひろ》くして以《もつ》て行《おこな》ひを傷《そこな》ひ、哀《あい》を修《をさ》めて以《もつ》て性《せい》を害《がい》するは、君《きみ》の失《しつ》なり。故《ゆゑ》に諸侯《しよこう》の賓客《ひんかく》は吾國《わがくに》に入《い》るを慙《は》ぢ、本朝《ほんてう》の臣《しん》は其《そ》の職《しよく》を守《まも》るを慙《は》づ。君《きみ》の行《おこな》ひを崇《たうと》べば、以《もつ》て民《たみ》を導《みちび》くべからず、君《きみ》の欲《よく》を從《ほしいまま》にせば、以《もつ》て國《くに》を持《ぢ》すべからず。且《か》つ嬰之《えいこれ》を聞《き》く、朽《く》ちて而《しか》も斂《をさ》めざる、之《これ》を僇尸《りくし》と謂《い》ひ、臭《しう》して而《しか》も收《をさ》めざる、之《これ》を陳胔《ちんし》と謂《い》ふ、と。明王《めいわう》の制《せい》に反《そむ》き、百姓《ひやくせい》の誹《そし》りを行《おこな》ひ、而《しか》して嬖妾《へいせふ》を僇胔《りくし》に內《い》るるは、此《こ》れを之《こ》れ不可《ふか》と爲《な》すなり」と。公《こう》曰《いは》く、「寡人識《くわじんし》らず。請《こ》ふ夫子《ふうし》に因《よ》りて之《これ》を爲《な》さん」と。晏子《あんし》

仲尼聞之曰、「星之昭昭、不若月之曀曀。小事之成、不若大事之廢。君子之非、賢于小人之是也、其晏子之謂歟。」

復《まを》して曰《いは》く、「國《くに》の士《し》大夫《たいふ》、諸侯四《しょこうし》隣《りん》の賓客《ひんかく》、皆外《みなそと》に在《あ》り。君《きみ》其《そ》れ哭《こく》して之《これ》を節《せつ》せよ」と。

仲尼之《ちゆうぢこれ》を聞《き》きて曰《いは》く、「星《ほし》の昭昭《せうせう》たるは、月《つき》の曀曀《あいあい》たるに若《し》かず。小事《せうじ》の成《な》るは、大事《だいじ》の廢《すた》るに若《し》かず。君子《くんし》の非《ひ》は、小人《せうじん》の是《ぜ》に賢《まさ》れるとは、其《そ》れ晏子《あんし》の謂《い》ひか」と。

校訂　＊死即畢斂　底本は「即畢斂」。王念孫の、原文三字は不完全な表現であるから「即」の上に「死」字を補うべきであるとの説に従い改めた。『校注』も改めている。

＊明王之制　底本は「明王之性」。呉則虞の引く長孫元齢の説により改めた。

語釈　○嬖妾嬰子　既出、諫上篇第九章の語釈参照。　○公守之、三日不食、膚著于席不去　「膚著于席不去」は難解。「膚」は死んだ嬰子の肌を指す。「著」は止め置くこと。「席」は景公の席を指す。嬰子の亡骸を生存時と同様に公の席に置いたまま運び出さなかったこと解しておく。陶鴻慶は、「膚著于席不去」の六字は意味不明であるとして、「食」は「斂」の譌りであること、「不去」の二字は「公守之」の下にあるべきことをいって、「公守之不去、三日不斂、膚著于席」（公之を守りて去らず、三日斂めず、膚席に著く）に改めるべきではないかという。なお『校注』は、『意林』に拠って「不去」の上に「而」字を補っている。今、原文のまま訳す。　○術客　呪術に巧みな食客のこと。　○君請屏潔、沐浴飲食　「屏」は退く、「潔」は清めること、「屏潔」で別室に退いて潔斎することで、ここには宗教的性格も窺われるが、沐浴飲食を進めたのは三日間食事もせずに病死した死体の側につきっきりであったことによって景公に不測の事態が起きるのを恐れて、消毒と体力の回復を求めたという合理的な理由によるものではなかったかと思われる。嬰子の死因は伝染病であったかは明らかではないが、このように考えられる。なお、呉則虞は「君請屏、潔沐浴飲食」と句読を切って読むべきとしているが、意味はさほど違わない。　○間病者之宮　呉則虞は「間」は隔離の意であるという。この呉説に従い、景公に嬰子の亡骸が三日間置かれていた部屋から離れるように申し出たと解しておく。　○以聞　報告すること。臣下が君主に報告するときに用いる語。　○従邪者邇　『校注』は「従逆者邇」に作っている。　○導害　王念孫は、原文のままでは意味が通じないので「害」は「善」の誤りであろうという。劉師培は、「害」を「善」に改める必要はなく、「導害」とは「君の失を匡（ただ）す」の意味であるという。今、劉説に従い訳す。　○萌通　生じる、現れること。　○諂諛繁于間　王念孫は、「間」では意味が通じないので「閭」（宮門）の誤りであろう

という。ところが、兪樾・劉師培・陶鴻慶らは王説に反対して、原文のままでよく、下文の「国」字と対をなすという。なお劉説によれば、「間」は宮中の意。今、原文のまま劉説に従い訳す。　○豎刁　桓公に使えた宦官。既出。諫上篇第十六章の語釈参照。『校注』は「豎刀」に作る。　○且古聖王畜私不傷行　呉則虞は、『墨子』辞過篇に「雖上世至聖、必蓄私不以傷行」（上世の至聖と雖も、必ず私を蓄ひて以て行を傷（そこな）はず）とあるのに一致するという。　○失愛……失哀　「失」は行き過ぎること、度を過ごすこと。　○聖王節之　呉則虞はここにいう「聖王」とは『墨子』節葬篇の「古聖王制為埋葬之法」の「聖王」を指しているのではないかという。○不留生事　『校注』は下の句に合わせて「不」字の下に「以」字を補ったうえ、「留」は「害」の誤りではないかという。死者を棺に収めなければ生者のことを妨害することになると、解すべきだというのである。呉則虞は後文にも「留生」の語が見えることをもって張説を非とする。今、原文のままにしておく。　○棺椁衣衾　「棺」は内棺、「椁」は外棺。「衣」は着物、「衾」は夜着であるが、死体をくるむのにも用いる。　○修哀　哀しみを十分に行うこと。王念孫は「修」は「循」の誤りで、「循」の意味は「遂」に同じだから、つまりは「遂哀」（哀をつくす）ことであり、『墨子』非儒篇に「循哀」の用例があるのがその証拠だという。『校注』は、王説に従い「循哀」に改めている。今、原文のままにしておく。　○崇君之行　君主の行動をいたずらに崇め奉ること。　○僇尸　「僇」は刑罰を与えることから転じてここでは辱めること。「尸」は死体。「僇尸」とは死体を辱めること。　○陳胔　「陳」は古いの意、また並べるの意。「胔」は既出、肉の腐ったもの。「陳胔」とは、古くなって腐った死体、またそれをさらしておくこと。　○内嬖妾于僇胔　蘇輿は「内」は「納」（いれる）に同じという。呉則虞は「僇胔」は「僇尸陳胔」が誤ったものだろうという。愛妾を辱め腐らせてしまうような状態にしてしまうこと。　○曀曀　本来は太陽が陰って暗いさま。ここでは、月の輝きが雲などで曇らされた状態を指して言っている。　○君子之非、賢于小人之是　ここで、「君子之非」とは晏子が景公を偽ったことを、「小人之是」とは、側近の者が景公に従順であったことを、それぞれ指す。

口語訳　第二十一章　景公は愛妾が死んだときこれを見守って三日しても棺に納めなかったので晏子が諫めたこと

景公の愛妾の嬰子が死んだ。公はこれを見守って、三日間食事もとらず、嬰子の骸《むくろ》は公の席に（存命中と同様に）置かれ運び出すこともしなかった。側近の者が（嬰子は既に亡くなっていることを）申し上げるのだが、君は聴き入れようとしなかった。晏子が入室し、申し上げて、「呪術に巧みな食客がおりまして、医者と口を揃えて、『嬰子が病死なさったと伺いましたが、どうか治療させて頂きたい』と申し出ております」と言った。公は喜び、素早く立ち上がって、「この病はまだ治せるのか」と言った。晏子は、「食客の言い分ですと、良医だと思われます。どうか試しにやらせてみて下さい。

ご主君はこの場を退いて潔斎し、沐浴し食事をとられ、病人の部屋から離れていて下さい。かの医者の方でもやはり鬼神に祈禱するようなことをするでしょうから」と言った。公は、「承知した」と言って、その場を退いて沐浴した。（その間に）晏子は棺人に命じて遺体を棺に収めさせた。収め終わった後、報告して、「医者は病気を治すことができなかったので、既に棺に収めました。どうしても（このことは）報告しておかねばなりません」と言った。公は顔色を変えて不愉快そうに、「先生は医者にかこつけて寡人に（治療の様子を）見させず、棺に収めようというときにも報告すらしない。余が君主だというのは、名目だけだ」と言った。晏子は、「まさかご主君も死者が生き返ることがないのはご存知でしょう。嬰はこのように聞いております、『君主が正しいことをして臣下が従うこと、これを順といい、君主が過ちを犯しても臣下が従うこと、これを逆という』と。今、ご主君は順を拠り所とせずに過ったことを行うものですから、（ご主君の）邪《よこしま》に従う者が近づけられ、（ご主君の）過ちを（正しく）導く者は遠ざけられて、他人を謗《そし》り諂《へつら》う者が現れ出て、賢良なる者はすっかり姿を消してしまうのです。こうしてへつらいが宮中にはびこり、悪事が国中に行き交うのです。昔、わが先君桓公が、管仲を登用して（天下に）覇者となりましたが、豎刁を寵愛したために滅びました。今、ご主君は賢者に対する礼をおろそかにして、愛妾に対する哀しみを深くしておられます。そもそも昔の聖王にも愛妾がいましたが（決してそのために）行いを損なうことはしませんでしたし、死者を棺に収めて（死者への）愛惜の情に度を過ごすことはありませんでしたし、死者を送り出して哀悼の情に度を過ごすこともありませんでした。行いが損なわれますと（感情に）溺れて己を見失い、愛惜の情が過ぎると健康を損ない、哀悼の情が過ぎると人としての持ち前を損ないます。そのために聖王は（こうした感情に）けじめをつけたのです。人が亡くなれば直ちに棺に収め終えて、生者の仕事を滞らせず、（死者を）棺槨にいれ死装束を着せても、そのために生者の生活を損なうことはせず、声をあげて泣いて哀悼しても、そのために生者の道理を損なうことはしませんでした。今、遺体を朽ちさせてもなお生前のままに扱い、愛情をどこまでも持ち続けて（正しい）行いを損ない、哀しみの気持ちを持ち続けるあまり人の本性を傷つけるのは、君主としての過ちでございます。これでは諸侯が派遣する賓客はわが国に来ることを恥じ、わが朝廷の臣下は職分を守ることを恥じてしまいましょう。君主の行いを（何もかも）崇め奉ってしまえば民を（正しく）導くこともできませんし、君主の欲することの言い

なりになってしまえば、国を保つことができません。それに嬰はこのようにも聞いております、『（遺体が）朽ちても（棺に）収めないのを、遺体を辱めるといい、腐臭がしてもなお（棺に）収めないのを腐った遺体をさらしものにするという』と。（古の）明王の定めに背き、人々の非難を買うようなことをして、しかも愛妾の遺体を辱めたうえ腐らせるままにしておくようなこと、これだけは決してなさってはなりません」と言った。公は、「寡人は（うかつにも）知らなかった、どうか先生のおっしゃる通りにしたい」と言った。晏子は申し上げて、「国の士大夫や諸侯、四方の隣国からの賓客が皆外におります。ご主君は哭泣するにしても節度をお持ち下さい」と言った。

仲尼がこのことを聞いて、「星が明るくまたたいても、陰った月に及ばない。小事が成し遂げられても、未完成の大事に及ばない。君子の行う非は小人が行う是に優るとは、まさしく晏子のことを言うのだ」と言った。

余説　いくらかわいがっていたとはいえ、既に息を引き取った愛妾を三日にわたり側から手放さなかったというのは異様である。生き返るかも知れないという愚かな期待を持っていたことに加えて、あまりに常軌を逸した行動だ。これが大国斉の国君の素顔なのだろうか。毅然とした態度で景公を諫める晏子との間に見事なコントラストをもって描かれている。

語釈でも触れたが、晏子は、いもしない医者にみせて愛妾を生き返らせることができるかもしれないと景公をたばかり、景公から遺体を引き離し、その隙に棺に収めてしまった。これを「君子の非」という。臣が君を偽ったのである。「小人の是」とは、君主の意向に従って逆らわないことである。ここで晏子は敢えて「小人の是」を捨て「君子の非」を行った。「星のまたたき」とはこの「小人の是」のことをさす。「月の陰り」とは、従って「君子の非」のことである。

なお、呉則虞は本章が墨子の節葬の思想と関連があることを指摘している。興味深い指摘であるが、『墨子』の節葬の趣旨はいわゆる「厚葬久喪」によって社会の生産活動が低下し民の利を損なうことになることを戒めるもので、ここにみるような死者に対する過度の愛惜や追悼はかえって自らを損なうことになるから控えるべきであるという論とは、いささか異なると思われる。従って、墨子思想との関連についてはなお慎重な考察を必要とするであろう。

景公欲㆔厚㆓葬梁丘據㆒晏子諫　第二十二

景公《けいこう》梁丘據《りやうきうきよ》を厚葬《こうさう》せんと欲《ほつ》し晏子《あんし》諫《いさ》む　第二十二

梁丘據死。景公召二晏子一而告レ之曰、「據忠且愛レ我。我欲下豐二厚其葬一、高中大其壟上。」晏子曰、「敢問下據之忠與中愛二于君一者上、可二得聞一乎。」公曰、「吾有レ喜二于玩好一。有司未レ能二我具一也、則據以二其所一レ有共レ我。是以知二其忠一也。毎レ有二風雨一、暮夜求必存。吾是以知二其愛一也。」晏子曰、「嬰對則爲レ罪、不レ對則無二以事一レ君。敢不レ對乎。嬰聞レ之、臣專二其君一、謂二之不忠一、子專二其父一、謂二之不孝一、妻專二其夫一、謂二之嫉一。事レ君之道、導親二于父兄一、有レ禮二于群臣一、有レ惠二于百姓一、有レ信二于諸侯一、謂二之忠一。爲レ子之道、以鍾二愛其兄弟一、施二行于諸父一、慈二惠于衆子一、誠二信于朋友一、謂二之孝一。爲レ妻之道、使三其衆妾皆得二歡忻于其夫一、謂二之不嫉一。今四封之民、皆君之臣也。而維據盡レ力以愛レ君、何愛者之少邪。四封之貨、皆君之有也。而維據也以二其私財一忠二于君一、何忠者之寡邪。據之妨二塞群臣一、擁二蔽君一、無二乃甚一乎。」公曰、「善哉。微レ子、寡人不レ知二據之至一於

梁丘據《りやうきうきよ》死《し》す。景公晏子《けいこうあんし》を召《め》して之《これ》に告《つ》げて曰《いは》く、「據《きよ》は忠《ちゆう》にして且《か》つ我《われ》を愛《あい》せり。我其《われそ》の葬《さう》を豐厚《ほうこう》にし、其《そ》の壟《つか》を高大《かうだい》にせんと欲《ほつ》す」と。晏子《あんし》曰《いは》く、「敢《あ》へて據《きよ》の忠《ちゆう》なると君《きみ》を愛《あい》する者《もの》とを問《と》はん、得《え》て聞《き》くべきか」と。公曰《こういは》く、「吾玩好《われぐわんかう》を喜《この》むこと有《あ》り。有司《いうし》未《いま》だ我《われ》に具《そな》ふること能《あた》はざれば、則《すなは》ち據其《きよそ》の有《いう》する所《ところ》を以《もつ》て我《われ》に共《そな》ふ。是《ここ》を以《もつ》て其《そ》の忠《ちゆう》なるを知《し》るなり。風雨《ふうう》有《あ》る毎《ごと》に、暮夜《ぼや》に求《もと》むれば必《かなら》ず存《そん》す。吾是《われここ》を以《もつ》て其《そ》の愛《あい》するを知《し》るなり」と。晏子《あんし》曰《いは》く、「嬰對《えいこた》ふれば則《すなは》ち罪《つみ》と爲《な》るも、對《こた》へざれば則《すなは》ち以《もつ》て君《きみ》に事《つか》ふる無《な》し。敢《あ》へて對《こた》へざらんや。嬰之《えいこれ》を聞《き》く、臣其《しんそ》の君《きみ》を專《もつぱ》らにする、之《これ》を不忠《ふちゆう》と謂《い》ひ、子其《しそ》の父《ちち》を專《もつぱ》らにする、之《これ》を不孝《ふかう》と謂《い》ひ、妻其《つまそ》の夫《をつと》を專《もつぱ》らにする、之《これ》を嫉《しつ》と謂《い》ふ、と。君《きみ》に事《つか》ふるの道《みち》は、導《みちび》くに父兄《ふけい》に親《した》しみ、群臣《ぐんしん》に禮有《れいあ》り、百姓《ひやくせい》に惠有《けいあ》り、諸侯《しよこう》に信有《しんあ》らしむ、之《これ》を忠《ちゆう》と謂《い》ふ。子《こ》たるの道《みち》は、以《もつ》て其《そ》の兄弟《けいてい》を鍾愛《しようあい》し、諸父《しよほ》に施行《しかう》し、衆子《しゆうし》に慈惠《じけい》あり、朋友《ほういう》に誠信《せいしん》ある、之《これ》を孝《かう》と謂《い》ふ。妻《つま》たるの道《みち》は、其《そ》の衆妾《しゆうせふ》をして皆歡忻《みなくわんきん》を其《そ》の夫《をつと》に得《え》しむ、之《これ》を不嫉《ふしつ》と謂《い》ふ。今四封《いましほう》の民《たみ》は、皆君《みなきみ》の臣《しん》なり。而《しか》るに維《た》だ據《きよ》のみ力《ちから》を盡《つ》くして以《もつ》て君《きみ》を愛《あい》するとは、何《なん》ぞ愛《あい》する者《もの》の少《すく》なきや。四封《しほう》の貨《くわ》は、皆君《みなきみ》の有《いう》なり。而《しか》るに維《た》だ據《きよ》のみ其《そ》の私財《しざい》を以《もつ》て君《きみ》に忠《ちゆう》なるとは、何《なん》ぞ忠《ちゆう》なる者《もの》の寡《すく》なきや。據《きよ》の群臣《ぐんしん》を妨塞《ばうさい》し、君《きみ》を擁蔽《ようへい》すること、乃《すなは》

是也。」遂罷二爲レ壟之役一、廢二厚葬之令一、令二有司據レ法而責、群臣陳レ過而諫一。故官無二廢法一、臣無二隱忠一、而百姓大說。

ち甚《はなは》だしきこと無《な》からんや」と。公曰《こういは》く、「善《よ》きかな。子微《しな》かりせば、寡人據《くわじんきよ》の是《ここ》に至《いた》るを知《し》らざるなり」と。遂《つひ》に壟《つか》を爲《つく》るの役《えき》を罷《や》め、厚葬《こうさう》の令《れい》を廢《はい》し、有司《いうし》をして法《はふ》に據《よ》りて責《せき》し、群臣《ぐんしん》をして過《あやま》ちを陳《の》べて諫《いさ》めしむ。故《ゆゑ》に官《くわん》に廢法無《はいはふな》く、臣《しん》に隱忠《いんちゆう》無《な》く、而《しか》して百姓大《ひやくせいおほ》いに說《よろこ》ぶ。

語釈　〇梁丘據　景公の寵臣。諫上篇第六・十二・十七・十八章及び諫下篇第十五・二十章などに見えている。　〇壟　塚(つか)、墓(かは)の意。　〇喜　好むの意。　〇有司未能我具也　『校注』は、「具」を元刻本及び『群書治要』に拠って「共」(そなえる＝供)に改めている。　〇是以　『校注』は、王念孫説に従い『群書治要』に拠って「吾」字を補い「吾是以」に改めている。　〇暮夜求必存　『校注』は、蘇輿説に従い『群書治要』に拠って「之」字を補って「暮夜求之必存」(暮夜にも之を求むれば必ず存す)に改めている。　〇謂之嫉　『校注』は蘇輿説に従い「妬」字を補って「謂之嫉妬」に改めている。呉則虞も賛成しているが、原文のままとする。　〇導親于父兄　『校注』は、語意が不完全であるとして「君以」二字を補って「導君以親于父兄」(君を導びくに父兄に親しむを以てし)に改めており、呉則虞は、「君有」二字を補って「導君有親於父兄」(君を導くに父兄に親しむこと有り)に改めるべきことをいうが、文意に違いはないので、原文のままとする。　〇以鍾愛其兄弟　「鍾」はあつめるの意で、「鍾愛」は、十分に愛するの意。『校注』は『群書治要』に拠って「導父」二字を補い「導父以鍾愛其兄弟」(父を導びくに其の兄弟を鍾愛するを以てし)に改めている。今、原文のままとする。　〇施行于諸父　「諸父」は父の兄弟、「施行」は施し行うこと。父の兄弟にも実の父と同様にあれこれを施してやること。これも子として父に仕えるべき孝道のひとつ。　〇衆子　嫡子以外の庶子らを指す。　〇歡忻　「歡」も「忻」もともに喜ぶの意。「歡欣」とも書く。　〇四封　東西南北四方の国境のこと。ここではその内側、国内を指す。　〇何愛者之少邪。…　各本はもともとこれ以下終わりまでの九十九字が無かった。王念孫が『群書治要』により補ったのだという。底本も王説に従い補っている。　〇無乃甚乎　「無乃」は二字で、むしろの意になる。　〇責　正すこと。　〇隱忠　「隱」は私すること。忠義を私するとは、すなわち梁丘據のように寵愛を得ようとしてことさらに忠義ぶることをいう。

口語訳　第二十二章　景公が梁丘據を手厚く葬ろうとしたので晏子が諫めたこと

梁丘據が死んだ。景公は晏子を召し出して告げて、「據は忠実でしかも余を愛してくれていた。余は彼の葬儀を盛大に行い、塚を高く大きく造ってやりたいのだ」と言った。晏子が、「あえてお尋ねいたしますが、據が忠実でしかも主君を愛していたということについて、（具体的に）うかがえましょうか」と言った。公は、「余がある珍しい品物を好んだことがあった。（それを）役人がまだ余のもとに届けられずにいる時、據は自分の持っているのを余にくれたものだった。こうして彼が忠実であることを知ったのだ。雨風のひどい時にはいつも、夜分に（側に居てくれと）頼むと必ず居てくれたものだった。余はこうして彼が愛してくれていることを知ったのだ」と言った。晏子は、「この嬰、お言葉を返せば罪になりましょうし、お言葉を返さなければ主君にお仕えしていることになりません。敢えてお答えせずにおれましょうか。嬰はこのように聞いております、『臣下がその主君を独り占めにすることを不忠といい、子がその父を独り占めにすることを不孝といい、妻がその夫を独り占めにすることを嫉妬という』と。（臣下としての）主君にお仕えする道は、父兄には親しみ、群臣には礼儀があり、人々には恩恵を与え、諸侯には信義があるように導くこと、これを忠と申します。子としての（親に仕える）道は、自分の兄弟を寵愛し、諸父に（あれこれと）施し、（腹違いの兄弟である）庶子らにも慈恵の心を持ち、朋友には誠信の心を持つこと、これを孝と申します。妻としての（夫に仕える）道は、多くの愛妾らが皆喜びの気持ちを夫に持てるようにしてやること、これを嫉妬しないと申します。今、国内の民は、皆主君の臣下です。それなのにただ據だけが精いっぱい主君を愛したというのでは、いかにも主君を愛する者が少ないではありませんか。国内の財貨は、皆主君のものです。それなのにただ據だけが私財を差し出して忠義立てをしたというのでは、いかにも忠実な者が少ないではありませんか。據は臣下（の忠勤を）を妨害し、主君を（彼らから）おおい隠してしまうことが、むしろ甚だしかったのです」と言った。公は、「よろしい。そなたがいなければ、寡人は據がこのような人物だったとは知らなかったであろう」と言った。かくして塚を作る労役を中止させ、厚葬の令を撤回し、有司に命じて法に基づいて（臣下を）正し、群臣には（公の）過ちを述べて諫めさせた。こうして役所に用いられない法はなく、臣下には忠義を私する者はいなくなり、そして人々も大いに喜んだ。

余説　子の親への忠と臣の君への孝が説かれるが、これと一体にして妻の夫への不嫉妬が説かれていることが注意される。というのも、この君臣・父子・夫婦は、後にいわゆる「三綱」と称されて、五倫すなわち君臣・父子・夫婦・兄弟・朋友の五つの人間関係の中でもとりわけ重要視されることとなったからである。本章のこの箇所が、こうした三綱観念が形成された後に作られたものかどうか即断はできないが、一人の寵臣を厚葬しようとする景公を諫めた内容としてはいささか議論の内容が広がりすぎているので、後世の潤色が相当に加えられているのかも知れない。ただ、本章ではこれらの徳目がまだ「三綱」として十分に整理された形をとっていないことは確かなようである。

景公欲下以二人禮一葬中走狗上晏子諫　第二十三

景公走狗死。公令下外共二之棺一、内給中之祭上。晏子聞レ之、諫。公曰、「亦細物也。特以與二左右一爲レ笑耳。」晏子曰、「君過矣。夫厚二藉斂一不二以反レ民、棄二貨財一而笑二左右一、傲二細民之憂一、而崇二左右之笑一、則國亦無レ望已。且夫孤老凍餒、而死狗有レ祭、鰥寡不レ恤、死狗有レ棺。行辟若レ此、百姓聞レ之、必怨二吾君一、諸侯聞レ之、必輕二吾國一。怨聚二于百姓一、而權輕二于諸侯一。而乃以爲二細物一。君其圖レ之。」公曰、「善。」趣レ庖治レ狗、以會二朝屬一。

景公《けいこう》人《ひと》の禮《れい》を以《もつ》て走狗《そうく》を葬《はうむ》らんと欲《ほつ》し晏子《あんし》諫《いさ》む　第二十三

景公《けいこう》の走狗《そうく》死《し》す。公外《こうそと》は之《これ》に棺《くわん》を共《きよう》し、内《うち》は之《これ》に祭《まつり》を給《きふ》せしむ。晏子《あんし》之《これ》を聞《き》き、諫《いさ》む。公曰《こういは》く、「亦細物《またさいぶつ》なり。特《た》だに以《もつ》て左右《さいう》と笑《わらひ》を爲《な》すのみ」と。晏子曰《あんしいは》く、「君過《きみあやま》てり。夫《そ》れ藉斂《せきれん》を厚《あつ》くして以《もつ》て民《たみ》に反《かへ》さず、貨財《くわざい》を棄《す》てて左右《さいう》を笑《わら》はしめ、細民《さいみん》の憂《うれひ》に傲《おご》りて、左右《さいう》の笑《わらひ》を崇《たつと》べば、則《すなは》ち國《くに》も亦望《またのぞ》むこと無《な》きのみ。且《か》つ夫《そ》れ孤老《こらう》は凍餒《とうたい》して、死狗《しく》は祭有《まつりあ》り、鰥寡《くわんくわ》は恤《うれ》へずして、死狗《しく》は棺有《くわんあ》り。行辟此《かうへきか》くのごとくして、百姓之《ひやくせいこれ》を聞《き》けば、必《かなら》ず吾君《わがきみ》を怨《うら》み、諸侯之《しよこうこれ》を聞《き》けば、必《かなら》ず吾國《わがくに》を輕《かろ》んぜん。怨《うら》みは百姓《ひやくせい》に聚《あつ》まりて、權《けん》は諸侯《しよこう》に輕《かろ》からん。而《しか》るに乃《すなは》ち以《もつ》て細物《さいぶつ》と爲《な》す。君其《きみそ》れ之《これ》を圖《はか》れ」と。公曰《こういは》く、「善《よ》し」と。庖《はう》を趣《うな》がして狗《く》を治《をさ》め、以《もつ》て朝屬《てうぞく》を會《くわい》す。

語釈　○外…、内…　「外」は公の領域に属する業務を行う官、外官。「内」は私の領域に属する業務を行う官、内官。　○給之祭　「給」はそなえる。ここでは猟犬の祭を準備するの意。　○反民　陶鴻慶は、本篇第十九章に「又厚藉斂于百姓、而不以分餒民」とあ

るのによれば、「反」は「分」の誤りであろうという。原文のままでも意味が通るので改めずにおく。○傲細民之憂、而崇左右之笑　王念孫は、「傲」は軽んじる、「崇」は重んじるの意であるという。○夫孤老凍餒、而死狗有祭、鰥寡不恤、死狗有棺　「鰥」は老いて妻のない男、「寡」は老いて夫のない女。「孤老凍餒、而死狗有祭」と「鰥寡不恤、而死狗有棺」とは互文になっており、補いあって「身寄りのない孤・老・鰥・寡の人々は飢え凍えて恵みも施されないでいるのに、死んだ犬には祭も棺もある」との意味になる。『校注』は、「夫孤老凍餒而死、狗有祭、鰥寡不恤而死、狗有棺」（夫れ孤老は凍餒して死し、狗は祭有り。鰥寡恤へずして死し、狗棺有り」のように句読を切って読んでいるが、このように読むと民間の貧窮ぶりがよりいっそう深刻なものとなる。○行辟　よこしまな行いをすること。　○百姓聞之、必怨吾君、諸侯聞之、必軽吾国　内篇諫上第二十五章にも見える。当時の決まり文句だったのか。○趣庖治狗　「趣」は促す、「庖」は料理人、「治」は調理するの意。死んだ猟犬を調理するよう料理人に催促したのである。○会朝属　「朝属」は朝廷に仕える臣下たち、「会」は集めるの意。臣下たちを集めて調理した猟犬の肉を食べさせたというのである。

口語訳　第二十三章　景公が人の葬礼によって猟犬を葬ろうとしたので晏子が諫めたこと

景公の猟犬が死んだ。公は（この犬のために）外官に命じて棺を準備させ、内官に命じて祭を準備させることとした。晏子がこのことを聞いて、諫めた。公は、「些細なことではないか。ただ側近らと戯れてみただけのこと」と言った。晏子は、「ご主君は間違っておられます。そもそも民からの取り立てを多くするばかりでその見返りをせず、財貨をむだづかいして側近を笑わせ、貧しい民の悩みを侮って、側近の笑いを大事にしていたのでは、この国ももはや望みがございません。それに孤児や老人は飢え凍えているというのに、死んだ犬には祭りがあり、老いてつれあいのない男女は恵みも施されないでいるというのに、死んだ犬には棺が与えられる。このような過ちを犯していたのでは、人々が聞きつければ、必ずや主君を怨み、諸侯がこれを聞きつければ、必ずやわが国を侮ることでしょう。怨みは人々の間にわだかまり、（君の）権力は諸侯の間で軽く見られることでしょう。それなのになおもこれは些細なことだとおっしゃる。ご主君よくよくお考え下さい」と言った。公は、「よろしい」と言って、料理人を催促して犬を調理させ、臣下らを集めて食べさせた。

余説　犬を人を葬るのと同じ礼法で葬ろうとした景公が、晏子の諫めを受けるや、今度は一転して料理して臣下らに食わせてしまったという話を通じて、かくものんきに暮らす景公に対して、絶えず民を思いやっている晏子の心情がいっそう際立ってくる。特に本章では「君過矣。」「…則国亦無望已。」「君其図之。」といった強い調子の言葉から、晏子の毅然とした態度で景公を諫める様子が見事に描き出さ

れている。

景公養二勇士三人一無二君臣之義一晏子諫　第二十四

公孫接・田開彊・古冶子、事二景公一。以二勇力搏一レ虎聞。晏子過而趨。三子者不レ起。晏子入見レ公曰、「臣聞、明君之蓄二勇力之士一也、上有二君臣之義一、下有二長率之倫一、内可二以禁一レ暴、外可二以威一レ敵。上利二其功一、下服二其勇一、故尊二其位一、重二其祿一。今君之蓄二勇力之士一也、上無二君臣之義一、下無二長率之倫一、*内不レ可二以禁一レ暴、外不レ可二以威一レ敵。此危レ國之器也。不レ若レ去レ之。」公曰、「三子者、搏レ之恐不レ得、刺レ之恐不レ中也。」晏子曰、「此皆力攻勍敵之人也、無二長幼之禮一。」

因請レ公、使三人少餽二之二桃一曰、「三子何不レ計レ功而食レ桃。」公孫接仰レ天而歎曰、「晏子、智人也。夫使三公之計二吾功一者、不レ受レ桃、是無レ勇也。士衆而桃寡。何不レ計レ功而食レ桃矣。接一搏レ猏而再搏二乳虎一。若二接之功一、可二以食レ桃而無二與レ人同一矣。」援レ桃而

景公《けいこう》勇士《ゆうし》三人《さんにん》を養《やしな》ひて君臣《くんしん》の義《ぎ》無《な》く晏子《あんし》諫《いさ》む　第二十四

公孫接《こうそんせふ》・田開彊《でんかいきやう》・古冶子《こやし》、景公《けいこう》に事《つか》ふ。勇力虎《ゆうりよくとら》を搏《う》つを以《もつ》て聞《き》こゆ。晏子《あんし》過《す》ぎて趨《はし》る。三子《さんし》の者起《ものた》たず。晏子《あんし》入《い》りて公《こう》に見《まみ》えて曰《いは》く、「臣聞《しんき》く、明君《めいくん》の勇力《ゆうりよく》の士《し》を蓄《やしな》ふや、上《かみ》は君臣《くんしん》の義《ぎ》有《あ》り、下《しも》は長率《ちやうそつ》の倫有《りんあ》り、内《うち》は以《もつ》て暴《ばう》を禁《きん》ずべく、外《そと》は以《もつ》て敵《てき》を威《おど》すべし、と。上其《かみそ》の功《こう》を利《り》し、下其《しもそ》の勇《ゆう》に服《ふく》す、故《ゆゑ》に其《そ》の位《くらゐ》を尊《たつと》くして、其《そ》の祿《ろく》を重《おも》くす。今君《いまきみ》の勇力《ゆうりよく》の士《し》を蓄《やしな》ふや、上《かみ》は君臣《くんしん》の義無《ぎな》く、下《しも》は長率《ちやうそつ》の倫無《りんな》く、内《うち》は以《もつ》て暴《ばう》を禁《きん》ずべからず、外《そと》は以《もつ》て敵《てき》を威《おど》すべからず。此《こ》れ國《くに》を危《あや》ふくするの器《き》なり。之《これ》を去《さ》るに若《し》かず」と。公曰《こういは》く、「三子《さんし》の者《もの》は、之《これ》を搏《う》つとも恐《おそ》らくは得《え》ざらん、之《これ》を刺《さ》すとも恐《おそ》らくは中《あた》らざらん」と。晏《あん》子曰《しいは》く、「此《こ》れ皆力攻《みなりよくこう》すれば勍敵《けいてき》の人《ひと》なるも、長幼《ちやうえう》の禮無《れいな》し」と。

因《よ》りて公《こう》に請《こ》ひ、人《ひと》をして少《すこ》しく之《これ》に二桃《にたう》を餽《おく》らしめて曰《いは》く、「三子《さんし》何《なん》ぞ功《こう》を計《はか》らずして桃《もも》を食《くら》はん」と。公孫接天《こうそんせふてん》を仰《あふ》ぎて歎《たん》じて曰《いは》く、「晏子《あんし》は、智人《ちじん》なり。夫《そ》れ公《こう》をして之《こ》れ吾《わ》が功《こう》を計《はか》らしむる者《もの》なるに、桃《もも》を受《う》けざれば、是《こ》れ勇無《ゆうな》きなり。士衆《しおほ》くして桃寡《ももすく》なし。何《なん》ぞ功《こう》を計《はか》らずして桃《もも》を食《くら》はん。接一《せふひと》たび猏《けん》

起。田開疆曰、「吾仗レ兵而卻二三軍一者再。若開疆之功、亦可三以食二桃、而無二與レ人同一矣。」援レ桃而起。古冶子曰、「吾嘗從レ君濟二于河一。黿銜二左驂一、以入二砥柱之流一。當二是時一也、冶少不レ能レ游、潛行逆レ流百步、順レ流九里、得レ黿而殺レ之、左操二驂尾一、右挈二黿頭一、鶴躍而出。津人皆曰二河伯一也。*視レ之、則大黿之首。若二冶之功一、亦可三以食二桃而無二與レ人同一矣。二子何不レ反レ桃。」抽レ劍而起。公孫接・田開疆曰、「吾勇不レ子若一、功不レ子逮一、取レ桃不レ讓、是貪也。然而不レ死、無レ勇也。」皆反二其桃一、挈レ領而死。

古冶子曰、「二子死レ之、冶獨生レ之、不仁。恥レ人以レ言、而夸二其聲一、不義。恨二乎所一レ行、不レ死、無レ勇。雖レ然、二子反*レ桃而節。冶專二其桃一而宜。」亦反二其桃一、挈レ領而死。使者復曰、「已死矣。」公殮レ之以レ服、葬レ之以二士禮一焉。

を搏《う》ちて再《ふたた》び乳虎《にうこ》を搏《う》つ。接《せふ》の功《こう》のごときは、以《もつ》て桃《もも》を食《くら》ふべくして、人《ひと》と同《おな》じきこと無《な》し」と。桃《もも》を援《ひ》きて起《た》つ。田開疆《でんかいきやう》曰《いは》く、「吾兵《われへい》に仗《よ》りて三軍《さんぐん》を卻《しりぞ》くること再《ふたた》びなり。開疆《かいきやう》の功《こう》のごときは、亦以《またもつ》て桃《もも》を食《くら》ふべくして、人《ひと》と同《おな》じきこと無《な》し」と。桃《もも》を援《ひ》きて起《た》つ。古冶子《こやし》曰《いは》く、「吾嘗《われかつ》て君《きみ》に從《したが》ひて河《かは》を濟《わた》る。黿《げん》左《さ》驂《さん》を銜《ふく》みて、以《もつ》て砥柱《しちゆう》の流《なが》れに入《い》る。是《こ》の時《とき》に當《あた》りてや、冶《や》少《すこ》しも游《およ》ぐこと能《あた》はず、潛行《せんかう》して流《なが》れに逆《さか》ふこと百步《ひやくほ》、流《なが》れに順《したが》ふこと九里《きうり》、黿《げん》を得《え》て之《これ》を殺《ころ》し、左《ひだり》に驂尾《さんび》を操《と》り、右《みぎ》に黿《げん》頭《とう》を挈《ひつさ》げ、鶴躍《かくやく》して出《い》づ。津人皆河伯《しんじんみなかはく》なりと曰《い》ふ。之《これ》を視《み》れば、則《すなは》ち大黿《だいげん》の首《くび》なり。冶《や》の功《こう》のごときは、亦以《またもつ》て桃《もも》を食《くら》ふべくして、人《ひと》と同《おな》じきこと無《な》し。二子《にし》何《なん》ぞ桃《もも》を反《かへ》さざる」と。劍《けん》を抽《ぬ》きて起《た》つ。公孫接《こうそんせふ》・田開疆曰《でんかいきやういは》く、「吾勇《わがゆう》は子《し》に若《し》かず、功《こう》は子《し》に逮《およ》ばざるに、桃《もも》を取《と》りて讓《ゆづ》らざるは、是《こ》れ貪《たん》なり。然《しか》り而《しかう》して死《し》せざるは、勇無《ゆうな》きなり」と。皆其《みなそ》の桃《もも》を反《かへ》し、領《くび》を挈《た》ちて死《し》す。

古冶子《こやし》曰《いは》く、「二子《にし》之《これ》に死《し》し、冶《や》獨《ひと》り之《これ》に生《い》くるは、不《ふ》仁《じん》なり。人《ひと》を恥《は》づかしむるに言《げん》を以《もつ》てして、其《そ》の聲《こゑ》に夸《ほこ》るは、不《ふ》義《ぎ》なり。行《おこな》ふ所《ところ》に恨《もと》りて、死《し》せざるは、勇無《ゆうな》きなり。然《しか》りと雖《いへど》も、二子《にし》桃《もも》を反《かへ》して節《せつ》あり、冶其《やそ》の桃《もも》を專《もつぱ》らにするは宜《よろ》しからんや」と。亦其《またそ》の桃《もも》を反《かへ》し、領《くび》を挈《た》ちて死《し》す。使《し》者復《しやまを》して曰《いは》く、

「已《すで》に死《し》せり。」と。公之《こうこれ》を殮《れん》するに服《ふく》を以《もつ》てし、之《これ》を葬《はう》むるに士禮《しれい》を以《もつ》てせり。

校訂 ＊内不可以禁暴、外不可以威敵　底本は「内不以禁暴、外不可威敵」。上文に「内可以禁暴、外可以威敵」とあるのに合わせて「可」「不」の二字を補うべきであるとする王念孫の説に従い改めた。『校注』は王説に従い改めている。

＊視之　底本は「若治視之」。俞樾の、「視之」の主語は津人であって、古冶子であるはずはないから「若治」二字を衍字として削除すべきであるとの説に従い改めた。なお、王念孫は「若」字のみを衍字として削除して「治視之」に改めるべきという。『校注』は俞説に従い改めている。

＊反桃而節　底本は「同桃而節」。于鬯は「同」は「反」であるべきであり、下文に「亦反」とあるのはその故であるという。原文のままでは意味が通らないので、于説に従い改めた。なお、呉則虞は「同反桃而節」（同じく桃を反して節あり）ではないかという。

語釈 ○公孫接　孫星衍は、『藝文類聚』八十六の桃の項、及び『後漢書』巻六十上の李賢注所引が「公孫捷」に作ることを指摘し、その「公孫捷」は景公の三代前に当たる頃公の孫の子車のことであろうという。　○田開疆　孫星衍は、姓は田、名は開疆で、陳氏の族であろうという。陳氏とはすなわち田氏のこと。　○古冶子　孫星衍は、姓は古、名は冶であろうという。余説参照。　○搏　素手で殴りつけること。　○蓄　養うこと。　○長率之倫　「長率」は「長帥」に同じ、統率者のこと、「倫」は道理。統率者として備えるべき道理。また、『校注』は長幼の道理の意味に解している。しかし、下文に「長幼之礼」の語もあり、この「長率」をあえて「長少」と読み換えて「長幼」の意に解する理由がない。　○勍敵　手ごわい敵、強敵に同じ。　○餽　贈ること、「饋」に同じ。　○接一搏猏而再搏乳虎　呉則虞は、「猏」は三歳の猪のことで、『爾雅』釈水「潜行為泳」の疏に引かれた本章によって「特麗」（「特」は雄の意）に改めた方がよいというが、その一方で三歳の猪を倒しても勇とは言えないから、「麗」（極めて強力な鹿）の仮借ではないかともいう。「乳虎」は子連れの雌虎のことだから、ちょうど対になると思われるが、原文のままでも意味は通じるので改めない。なお、『校注』は「特」を補い「而」を削除して「接一搏特猏再搏乳虎」に改めている。なぜ「而」を削除したのか不明。　○仗兵而卻三軍　「仗」は依る、「兵」は武器、「三軍」は諸侯が率いる大軍で上・中・下軍からなり、総兵力は三万七千五百人を超える。転じて大軍、全軍をいう。それほどの大軍を単身で武器ひとつをふりまわして後退させたというのである。　○黿　『説文』に「黿とは、大鼈なり」とある。大きなすっぽん。馬に食いついて流れに引きずり込んだのだから、相当に巨大だったのであろう。　○左驂　「驂」とは四頭立て馬車

の外側を走る二頭の馬、その左側の馬をいう。　○砥柱之流　「砥柱」とは、『括地志』に「底柱山、俗名三門山、硤石（こうせき）県（河南省）の東北三十里、黄河の中に在り」とあるという（孫星衍説）。『校注』は、「砥柱之中流」に改めている。　○百歩　一歩は六尺（一三五cm）であるから、百歩は一三五mに当る。　○九里　一里は三百歩、一八〇〇尺（四〇五m）であるから、九里は三六四五mに当る。　○河伯　黄河を治めていると考えられていた神の名。その正体が実は巨大なすっぽんだった。『荘子』秋水篇に登場する河伯がよく知られるが、これもその正体がすっぽんであったかどうかはわからない。　○大黿之首　『校注』は黄以周説に従い『爾雅』釈水の疏に拠って文末に「也」字を補っている。　○挈領　「挈」は「契」に通じ、「絶」の意。「領」は頸（くび）。首を切ることで、刎頸に同じ。　○夸其声　己の名声を誇ること。　○恨　「很」に通じ、もとるの意。　○冶専其桃而宜　呉則虞は、上文を底本の「同桃而節」から「反桃而節」に改めた上で、ここは「二人がともに桃を要らないとして節を示したのだから、（今さら）自分だけがその桃を独り占めしていいだろうか、いいはずはあるまい。」という反語表現として解釈すべきであるという。孫星衍もこの「宜」は「不宜」の意であると解している。今、呉説に従い訳した。　○殮　死体を棺の中に納めること。

口語訳　第二十四章　景公は勇士三人を養っていたが君臣の義が無かったので晏子が諫めたこと

公孫接・田開疆・古冶子が景公に仕えていた。（彼らは）勇気と力があり虎を素手で殴り倒したことで有名だった。晏子が（宮中で彼らの前を）小走りに走り過ぎたが、三人の者達は起立し（て敬意を表さ）なかった。晏子が朝見の間に入り公にお目見えして、「私は、明君が勇力の士を召し抱えるとき、上に対しては君臣の道義があり、下に対しては統率者としての道理があり、国内においては乱暴狼藉を取り締まることができ、国外に向かっては敵を威嚇することができるのだと、聞いております。（こうして）上の者は彼らの手柄に依って利を得、下の者は彼らの勇気に服従するがゆえに、彼らの地位を高くし、彼らの俸録を重くするのであります。（ところが）今、ご主君が勇力の士を召し抱えても、上に対しては君臣の道義がなく、下に対しては統率者としての道理がなく、国内にあっては乱暴狼藉を取り締まることもできず、国外に向かっては敵を威嚇することもできません。これは国を危うくさせる者どもです、彼らを除くに越したことはありません」と言った。公は、「三人の者達は、殴り殺そうにも恐らくはかなうまいし、刺し殺そうにも恐らくは殺せまい」と言った。晏子は、「彼らは皆力ずくで討ち取ろうとすれば手ごわい連中ですが、長幼の序という考えがございません（そこを利用しましょう）」と言った。

このようなわけで景公に人をやって彼ら三人に（わざと）少ない二個の桃を贈らせるように求めて、「あなた方三人のことですから、きっと（互いの）手柄を比べ（て優劣を決め）てからでなければ桃を食べられますまい」と言うと、公孫接は天を仰ぎながら嘆息して、「晏子は、智恵者だ。（彼が）そもそも公にわしの手柄を比べさせようというのだから、（このわしが）桃を受け取らなければ、勇気がないということになる。人は多く、桃は少ない。どうして手柄を比べないで桃を食べられようか。この接、かつて一度は三歳の大猪を打ち倒し、二度も子持ちの虎を打ち倒したことがあった。こうしたわしの手柄からすれば、（当然）桃を食ってよいし、（わしは）人と同じではないのだ」と言った。桃を手に取りながら立ち上がった。田開彊が言う、「わしは武器だけを頼りに三軍を退けたことが二度もあった。この開彊の手柄こそは、まさに桃を食ってよいし、（わしは）人と同じではないのだ」と。桃を手に取りながら立ち上がった。古冶子が言った、「わしはかつて主君に付き従って黄河を渡った。巨大なすっぽんが左の添え馬に食らいついて、砥柱の激流の中に引きずり込んだことがあった。その時、この冶は泳ぎが少しもできなかったので、川底に潜って流れに逆らいながら（川上に）歩くこと百歩、また流れに従って（川下に）九里の距離を追いかけ、（とうとう）すっぽんをつかまえて殺し、左手で添え馬の尾を摑み、右の手にはすっぽんの頭を引っ提げて、水面に鶴のように躍《おど》り出た。すると渡し場の連中が口々に、（それは）河伯だと言うではないか。見れば、何と巨大なすっぽんの頭。この冶の手柄こそはまさに桃を食ってよいし、（わしは）人と同じではないのだ。お二人はどうして桃をわしに返さぬのだ」と、剣を抜きながら立ち上がった。公孫接と田開彊は、「わしらの勇気はとてもあなたには及ばない、手柄もあなたに及ばぬのに、桃を取って譲らないのでは、まさしくさもしいことだ。しかも（あなたに劣るというのに、のうのうと勇者づらして）死にもしないでいるのは、勇気がないことになる」と言うと、二人とも桃を返して、首をはねて自殺した。

古冶子は、「二人が死んだのに、わし一人ばかりが生きているのは、不仁なことだ。人を口先で辱めたうえ、己の名声を誇るのは、不義なことだ。行いを誤っておきながら死なずにいるのは、勇気がないことだ。それなのに、二人は桃を返して節操を守り抜いた。この冶だけが桃を独り占めにしてどうしてよかろう」と言うと、やはり桃を返してから、首をはねて死んだ。使者が報告して、「既に（三人とも）死にました」と言うと、公は彼らに正装させて棺に納め、士の礼法で

葬った。

余説 古治子の伝説については『捜神記』巻十一に次のように見える。なお『水経注』巻四にも同文の引用がある。

斉景公渡於江沅之河、黿銜左驂没之。衆皆驚惕。古治子於是抜剣従之、邪行五里、逆行三里、至于砥柱之下殺之。乃黿也。左手持黿頭、右手挟左驂、燕躍鵠踴而出、仰天大呼、水為逆流三百歩。観者皆以為河伯也。

（斉の景公江沅（こうげん）の河を渡るとき、黿（げん）左驂を銜（ふ）み之を没す。衆皆驚惕（おどろ）く。古治子是に於て剣を抜き之に従ひ、邪行（ななめに行く）すること五里、逆行すること三里、砥柱の下に至りて之を殺す。乃ち黿なり。左手に黿頭を持ち、右手に左驂を挟み、燕躍鵠踴して出で、天を仰ぎて大呼すれば、水は為に逆流すること三百歩なり。観る者皆以て河伯と為すなり。）

勇力並ぶ者のない三人の武人が晏子の計略に落ちて自滅するさまが活き活きと描かれる。晏子のこれまでと異なる類まれな策略家としての一面が窺える説話である。

景公登射思下得二勇力士一與レ之圖上レ國晏子諫　第二十五

景公登射《けいこうとうしや》し勇力《ゆうりよく》の士《し》を得《え》て之《これ》と國《くに》を圖《はか》らんことを思《おも》ひ晏子《あんし》諫《いさ》む　第二十五

景公登射、晏子修レ禮而侍。公曰、「選射之禮、寡人厭レ之矣。吾欲下得二天下勇士一、與レ之圖上レ國。」晏子對曰、「君子無レ禮、是庶人也。庶人無レ禮、是禽獸也。夫勇多則弑二其君一、力多則殺二其長一。然而不レ敢者、維禮之謂也。禮者、所二以御一民也。轡*者、所二以御一馬也。無レ禮而能治二國家一者、嬰未二之聞一也。」景公曰、「善。」迺飭*レ射更レ席、以爲二上客一、終日問レ禮。

景公登射《けいこうとうしや》し、晏子《あんし》禮《れい》を修《をさ》めて侍《じ》す。公曰《こういは》く、「選射《せんしや》の禮《れい》は、寡人之《くわじんこれ》を厭《いと》ふ。吾《われ》は天下《てんか》の勇士《ゆうし》を得《え》て、之《これ》と國《くに》を圖《はか》らんと欲《ほつ》す」と。晏子《あんし》對《こた》へて曰《いは》く、「君子《くんし》禮無《れいな》ければ、是《こ》れ庶人《しよじん》なり。庶人禮無《しよじんれいな》ければ、是《こ》れ禽獸《きんじう》なり。夫《そ》れ勇多《ゆうおほ》ければ則《すなは》ち其《そ》の君《きみ》を弑《しい》し、力多《ちからおほ》ければ則《すなは》ち其《そ》の長《ちやう》を殺《ころ》す。然《しか》り而《しか》うして敢《あへ》てせざるは、維《こ》れ禮《れい》の謂《いひ》なり。禮《れい》なる者《もの》は、民《たみ》を御《ぎよ》する所以《ゆゑん》なり。轡《たづな》なる者《もの》は、馬《うま》を御《ぎよ》する所以《ゆゑん》なり。禮無《れいな》くして能《よ》く國家《こくか》を治《をさ》むる者《もの》は、嬰未《えいいま》だ之《これ》を聞《き》かざるなり」と。景公曰《けいこういは》く、「善《よ》し」と。迺《すなは》ち射《しや》を飭《ととの》へ席《せき》を更《あらた》めて、以《もつ》て上客《じやうかく》と爲《な》し、終日禮《しうじつれい》を問《と》ふ。

校訂　＊嬰未之聞也　底本は「晏未之聞也」。蘇輿・呉則虞の説に従い改めた。呉則虞によれば、元刻本・呉勉学本・子彙本、及び『説苑』修文篇は正しく「嬰」に作っているという。なお『校注』も「嬰」に改めている。
＊飭射　底本は「飾射」。『説苑』が「飭射」に作っているのに従い改めるべきとする孫星衍の説に従い改めた。「飭」と「飾」は字形・意味ともに似ていて誤り易いのである。なお『校注』も「飭射」に改めている。

語釈　○登射　呉則虞は、「登」は斉の方言で発語の助字であるという。「射」は、当時天子や諸侯が祭祀においてしばしば行った大射の礼。このとき、重視されたのが、進退動作が全て礼にかなっていることであり、これによって君臣の義と長幼の序が明らかにされたといわれる（『礼記』射義篇参照）。なお、「射」は礼・楽・御・書・数と並んで六芸と称され、士の学ぶべきものとされていた。　○選射之礼　射は心構えが正しく姿勢が真っ直ぐでなければ的に当たらないことから、この大射の礼を通じて有徳の者を選び出したので、こういったといわれる（前掲書参照）。　○夫勇多則弑其君、力多則殺其長　『校注』は『説苑』に拠って「臣」と「子」とを補い「殺」を「弑」に改めて、「夫臣勇多則弑其君、子力多則弑其長」に作っている。今、原文のままでも意味は通るので改めない。　○飭射　大射の礼を整えること。景公が晏子の諫言を容れて、大射の礼を正しく整えたことをいう。

口語訳　第二十五章　景公が大射の礼を行ったおり勇力の士を得てその者と国政を謀りたいと言い出したので晏子が諫めたこと

景公が大射の礼を行い、晏子は（大射の）礼法の通りに側に侍っていた。公が言った、「選射の礼なぞ、寡人はいやになった。余は天下の勇士を得て、その者と国政を謀りたいものだ」と。晏子はお答えして、「君子に礼がなければ、（君子とはいえず）庶民になり下がってしまいます。庶民に礼がなければ、（庶民とはいえず）禽獣になり下がってしまいます。いったい勇気盛んな者はその君主を弑し、腕力の強い者はその家長を殺してしまいがちです。それでもあえてそうしないのは、これこそ礼のいわれなのです。礼というものは、民を治める手段です。手綱というものは、馬を操る道具（であるのと同様）です。礼を無視してしかも国家を治めることができたなどという話は、嬰《わたくし》は今まで聞いたことがございません」と言った。景公は、「よろしい」と言うと、そこで大射の礼を正しく整え（礼の作法通りに）席次を改めて、（晏子を）上客としたうえで、終日礼を問うた。

余説　晏子が礼に通じていたこと、そして礼に対する極めて敬虔な態度を示したということを伝える逸話である。張純一は、それ故晏子

は儒家の礼を学んでいたことが分かるというが、必ずしも儒家でなければ礼に通じ得なかったということはないであろう。礼はむしろ古代貴族社会における伝統的な規範として古来機能してきたのであり、儒家はそれに通じていたということに過ぎないからである。従ってこのことのみによって晏子が儒家であることの証明にはならないだろうと思われる。また、勇力を重んじることが、礼を軽んじることとなり、ひいて国家秩序を破壊してしまうという論旨は、前章と違わない。

なお、『説苑』修文篇にほぼ同文が見えるので以下に引いておこう。

斉景公登射、晏子修礼而侍。公曰、「選射之礼、寡人厭之矣。吾欲得天下勇士與之図国。」晏子対曰、「君子無礼、是庶人也。庶人無礼、是禽獣也。夫臣勇多則弑其君、子力多則弑其長。然而不敢者、惟礼之謂也。礼者、所以御民也。轡者、所以御馬也。無礼而能治国家者、嬰未之聞也。」景公曰、「善。」乃飭射更席、以為上客、終日問礼。

（斉の景公登射し、晏子礼を修めて侍す。公曰く、「選射の礼は、寡人之を厭ふ。吾は天下の勇士を得て之と国を図らんと欲す」と。晏子対へて曰く、「君子礼無ければ、是れ庶人なり。庶人礼無ければ、是れ禽獣なり。夫れ臣勇多ければ則ち其の君を弑し、子力多ければ則ち其の長を弑す。然り而うして敢てせざるは、惟れ礼の謂なり。礼なる者は、民を御する所以なり。轡なる者は、馬を御する所以なり。礼無くして能く国家を治むる者は、嬰未だ之を聞かざるなり」と。景公曰く、「善し」と。乃ち射を飭へ席を更めて、以て上客と為し、終日礼を問ふ。）

内篇諫下第二　終わり

晏子春秋巻第三

內篇問上第三

莊公問㆘威㆓當世㆒服㆓天下㆒時耶㆖晏子對以㆑行也　第一

莊公問㆓晏子㆒曰、「威㆓當世㆒而服㆓天下㆒、時耶。」晏子對曰、「行也。」公曰、「何行。」對曰、「能愛㆓邦內之民㆒者、能服㆓境外之不善㆒。重㆓士民之死力㆒者、能禁㆓暴國之邪逆㆒。聽㆓賃賢者㆒、能威㆓諸侯㆒。安㆓仁義㆒而樂㆑利㆑世者、能服㆓天下㆒。不㆑能㆑愛㆓邦內之民㆒者、不㆑能㆑服㆓境外之不善㆒。*輕㆓士民之死力㆒者、不㆑能㆑禁㆓暴國之邪逆㆒。愎㆑諫傲㆑賢者、不㆑能㆑威㆓諸侯㆒。

莊公當世《さうこうたうせい》を威《おど》して天下《てんか》を服《ふく》するは時《とき》かと問《と》ひ晏子《あんし》對《こた》ふるに行《おこな》ひを以《もっ》てす　第一

莊公《さうこう》晏子《あんし》に問《と》ひて曰《いは》く、「當世《たうせい》を威《おど》して天下《てんか》を服《ふく》するは、時《とき》か」と。晏子《あんし》對《こた》へて曰《いは》く、「行《おこな》ひなり」と。公《こう》曰《いは》く、「何《なに》を行《おこな》ふ」と。對《こた》へて曰《いは》く、「能《よ》く邦內《はうない》の民《たみ》を愛《あい》する者《もの》は、能《よ》く境外《けいぐわい》の不善《ふぜん》を服《ふく》す。士民《しみん》の死力《しりよく》を重《おも》んずる者《もの》は、能《よ》く暴國《ばうこく》の邪逆《じやぎやく》を禁《きん》ず。賢者《けんじや》に聽賃《ちやうにん》する者《もの》は、能《よ》く諸侯《しよこう》を威《おど》す。仁義《じんぎ》に安《やす》んじて世《よ》を利《り》するを樂《たの》しむ者《もの》は、能《よ》く天下《てんか》を服《ふく》す。邦內《はうない》の民《たみ》を愛《あい》すること能《あた》はざる者《もの》は、境外《けいぐわい》の不善《ふぜん》を服《ふく》すること能《あた》はず。士民《しみん》の死力《しりよく》を輕《かろ》んずる者《もの》は、暴國《ばうこく》の邪逆《じやぎやく》を禁《きん》ずること能《あた》はず。諫《いさ》めに愎《もと》

倍仁義而貪名實者、不能威當世。而服天下者、此其道也已。」

而公不用、晏子退而窮處。公任勇力之士、而輕臣僕之死、用兵無休、國罷民害。期年、百姓大亂、而身及崔氏禍。

君子曰、「盡忠不豫交、不用不懷祿、其晏子可謂廉矣。」

り賢《けん》を傲《あなど》る者《もの》は、諸侯《しょこう》を威《おど》す能《あた》はず。仁義《じんぎ》に倍《そむ》きて名實《めいじつ》を貪《むさぼ》る者《もの》は、當世《たうせい》を威《おど》すこと能《あた》はず。而《しか》して天下《てんか》を服《ふく》する者《もの》は、此《こ》れ其《そ》の道《みち》なるのみ」と。

而《しか》れども公用《こうもち》ひざれば、晏子《あんし》退《しりぞ》きて窮處《きゆうしよ》す。公《こう》は勇力《ゆうりよく》の士《し》に任《にん》じて、臣僕《しんぼく》の死《し》を輕《かろ》んじ、兵《へい》を用《もち》ふること休《やす》み無《な》ければ、國《くに》罷《つか》れ民害《たみそこな》はる。期年《きねん》にして、百姓《ひやくせい》大《おほ》いに亂《みだ》れて、身《み》崔氏《さいし》の禍《わざはひ》に及《およ》ぶ。

君子《くんし》曰《いは》く、「忠《ちゆう》を盡《つく》すも交《まじは》りを豫《あらかじ》めせず、用《もち》ひられざれば祿《ろく》を懷《おも》はず、其《そ》れ晏子《あんし》は廉《れん》と謂《い》ふべし」と。

校訂　＊愎諫傲賢者　底本は「愎諫傲賢者之言」。王念孫は、上文「聴賃賢者」を「中聴任賢者」と改め、さらにここでは底本を「不能禁暴国之邪、逆愎諫傲賢者」のように句読を切ったうえで、「中聴任賢者」と対句をなすように「愎」「之言」の三字を削除して「逆諫傲賢者」（諫めに逆らひ賢者に傲る）に改めるべきことをいう。今、「之言」の二字のみを削除するに止めておく。『校注』も二字を削除するのみ。

語釈　○威当世而服天下、時耶　荘公は、かつての桓公のように覇者になりたいと夢想していた。しかし、どうしてもそうなれないのは、自分が生まれた時の巡り合わせが悪いからなのかと、晏子に尋ねたのであろう。「時」とは、この場合時の運、すなわち時勢の意味である。なお、『校注』は「時耶」を「時邪」に作っている。いずれも疑問の助字で意味は変わらない。　○聴賃賢者　孫星衍は、「賃」は「任」に同じという。「聴賃」は、まかせるの意。賢者の言い分に耳を傾けその言う通りにすること。王念孫は、「聴」は「中正の言を聴く」という意味の「中聴」であるべきこと、「賃賢」は「任賢」の誤りであることを言い、『校注』も王説に従い改めている。今、原文のままでも意味が通るので改めない。　○能服天下　于鬯は「能威当世而服天下」に改めるべきという。今、原文のままとする。　○愎諫　諫めに逆らう意。　○不能威当世。而服天下者　蘇輿は「不能」の後に「服天下」の三字を補い「不能服天下。威当世而服天下者」に改めるべきという。『校注』は蘇説に従い改めている。確かにこの方が上文の「安仁義而楽利世者、能服天下」と対応するうえ、

「威当世而服天下」は冒頭にみるようにひとまとまりの句になっているので文章は整う。これに対し、呉則虞は「威当世而」の四字をむしろ除くべきであるという。今、原文のままとする。　○窮処　貧しい暮らしをすること。　○臣僕　家来のこと。『礼記』礼運篇に「仕於公曰臣、仕於家曰僕」（公に仕ふるを臣と曰ひ、家に仕ふるを僕と曰ふ）とある。「公」は諸侯、「家」は卿大夫の意である。　○身及崔氏禍　「崔氏」とは崔杼のこと。諫上篇第一の余説参照。　○尽忠不豫交　孫星衍は、「国事に当たっては君主に忠を尽くすが、前もって君主の歓心を買って親交を結んでおくことはしない」の意味という。　○其晏子可謂廉矣　王念孫は「其」を衍字とする。文廷式は「其晏子之謂矣」に改めるべきという。今、原文のままとする。

口語訳　第一章　荘公が今の世に対し威厳を持って天下を従えるの（に必要なの）は時勢かと問い晏子は行いによると答えたこと

荘公が晏子に尋ねて、「今の世に対し威厳を持って天下を従えるの（に必要なの）は、時勢か」と言った。晏子はお答えして、「行いでございます」と言った。公は言った、「どんな行いだ」と。お答えして、「自国内の民を愛することができる者は、国外の不善を従えることができます。賢者に耳を傾けて任せる者は、諸侯に対して威厳を持つことができます。仁義の徳に身を任せて世を利することを楽しむ者は、天下を従えることができます。自国内の民を愛することができない者は、国外の不善を従えることができません。士民の懸命な努力を軽んじる者は、無法な国の邪悪な行いを取り締まることができません。諫言に耳を貸さず、賢者を侮る者は、諸侯に対し威厳を持つことができません。仁義の徳に背いて名声と利益をむさぼる者は、今の世に対し威厳を持つことができません。つまり天下を従えるには、この道理（に沿って行うこと）以外にはないのです」と言った。

けれども公は（晏子の意見を）用いなかったので、晏子は官を辞して貧乏暮らしをした。公は勇力の士を重用し、家来の死を軽んじ、軍隊をひっきりなしに動員したので、国力は疲弊し民は傷つき、一年ほどで、人々は大反乱を起こし、その身は崔氏の禍に遭うこととなったのである。

（ある）君子は、「（主君に）忠義を尽くすとも予め主君の歓心を買うことはしない。用いられなくとも俸禄に未練は持

たない。こうした晏子こそは廉直であるといえる」と言っている。

余説　本章では、事が成就するための必須の条件は「時」か「行」かということが問われる。たしかに莊公のいうように「時」（＝時勢）は重要な意味を持つ。客観情勢といわれるものである。客観情勢もさることながら、それ以上に重要なのが莊公本人の主体的努力すなわち「行」だと晏子はいうのである。既に諫上第一章にも見えるように、莊公がいたずらに勇力の士を好んで登用し武力を誇って他国を攻撃したために、かえって国内での支持を失い崔杼の反乱に遭ってしまう。これこそ晏子の説の正しさを証拠立てるものではないのか。つまり、本章では、莊公の誤りが彼自信の迎える結末によって証明されるという後日談までつくのである。そうして諄々と道理を説いて倦まない晏子の偉大さが強調される反面、人の意見を聴かず横暴に振る舞って結局は自滅してしまった莊公の愚かさが際立つ。

ところで「君子」とは誰のことであろうか。他の篇では時に孔子や墨子の一言がある。これもそれと同様な性格を持つのであろうが、具体的に誰を指しているのか特定できないのが残念である。なお、『晏子春秋』において章末に君子の批評が述べられるのは、本章の他に、雑上篇第六章、第十二章、第二十四章、雑下篇第二十一章、及び外下篇第十五章、第十八章の計六例がある。

莊公問レ伐レ晉晏子對以二不可若不レ濟國之福一　第二

莊公將レ伐レ晉、問二于晏子一。晏子對曰、「不可。君得合而欲多、養レ欲而意驕。得合而欲多者危、養レ欲而意驕者困。今君任二勇力之士一、以伐二明主一。若不レ濟、國之福也。不德而有レ功、憂必及レ君。」公作レ色不レ說。晏子辭、不レ爲レ臣、退而窮處。堂下生二蓼藋一、門外生二荊棘一。莊公終任二勇力之士一、西伐レ晉、取二朝歌一、及二太行・孟門・茲

莊公《さうこう》晉《しん》を伐《う》つことを問《と》ひ晏子《あんし》對《こた》ふるに不可《ふか》なり若《も》し濟《な》らざれば國《くに》の福《さいは》ひなるを以《もつ》てす　第二

莊公《さうこう》將《まさ》に晉《しん》を伐《う》たんとして、晏子《あんし》に問《と》ふ。晏子《あんし》對《こた》へて曰《いは》く、「不可《ふか》なり。君《きみ》得合《とくた》りて欲多《よくおほ》く、欲《よく》を養《やしな》ひて意驕《いおご》る。得合《とくた》りて欲多《よくおほ》き者《もの》は危《あや》ふく、欲《よく》を養《やしな》ひて意驕《いおご》る者《もの》は困《くる》しむ。今君勇力《いまきみゆうりよく》の士《し》に任《にん》じて、以《もつ》て明主《めいしゆ》を伐《う》つ。若《も》し濟《な》らざれば、國《くに》の福《さいは》ひなり。不德《ふとく》にして功有《こうあ》れば、憂《うれ》ひ必《かなら》ず君《きみ》に及《およ》ばん」と。公色《こういろ》を作《な》して説《よろこ》ばず。晏子《あんし》辭《じ》して、臣《しん》と爲《な》らず、退《しりぞ》きて窮處《きゆうしよ》す。堂下《だうか》に蓼藋《れいくわく》を生《しやう》じ、門外《もんぐわい》に荊棘《けいきよく》を生《しやう》ず。莊公終《さうこうつひ》に勇力《ゆうりよく》の士《し》に任《にん》じ、西《にし》のかた晉《しん》を伐《う》ち、朝歌《てうか》を取《と》り、太行《たいかう》・孟門《まうもん》・茲于兌《じうだ》に及《およ》ぶ。期《き》にし

于兌一。期而民散、身滅二于崔氏一。崔氏之期、逐二群公子一、及二慶氏亡一。

て民散《たみさん》じ、身《み》崔氏《さいし》に滅《ほろ》ぼさる。崔氏《さいし》の期《き》に、群公子《ぐんこうし》を逐《お》ひ、慶《けい》氏《し》の亡《ぼう》に及《およ》べり。

語釈　○晋　今の山西省・河北省一帯を治めた大国。この頃晋の平公は盟主として天下に号令していた。前四〇三年、烈公の時代に韓・魏・趙の三カ国に分裂する。なお、この時から秦の始皇帝の天下統一（前二二一年）までを戦国時代という。斉の荘公が晋に攻撃を仕掛けたのは晋の平公八年、すなわち斉の荘公四年（前五五〇年）のことであった。　○得合　兪樾は、「合」は「給」と通じ、『説文』によれば「給」は相足るの意であると言う。手に入れたものが既に十分であること。　○養欲　欲望を逞しくすること。于省吾は「養」は「長」の意であると解する。　○蓼藿　「蓼」は、たで。「藿」は、豆の葉のこと。雑草を言う。　○荊棘　「荊」も「棘」も刺のあるいばらのことで、雑草を言う。　○朝歌　晋の邑の名。これと同じ記事を記す『史記』晋世家には「晋之朝歌」とあり、同斉太公世家並びに『国語』魯語下の賈逵注でもいずれもこの「朝歌」を「晋の邑」としている。ただ、『左伝』襄公二十三年伝によると、このとき斉は先ず衛を伐ち、その後晋に進軍したのであるから（余説参照）、かつて殷の紂王が都を置き、後に衛の国都があった朝歌のことと解することも可能であろう。『左伝』注が、「今の汲郡に属す」というのは衛の朝歌と見ていたからである。衛の朝歌は、現在の河南省淇県の南。　○太行　現在の河南省と山西省の境を南北に連なる太公山脈。　○孟門　朝歌から西へ約五十キロの太公山脈の東にある土地の名。現在の河南省輝県の西。　○茲于兌　孫星衍は未詳としている。王念孫は「且于（しょう）之隧」が誤ったのだろうと言う。なお「且于」は莒国にある土地の名。「隧」は狭い道。現在の山東省莒県の北にあった。『左伝』襄公二十三年に、晋を攻めた荘公は、斉に戻るが国都臨淄を通り過ぎてそのまま南進して淄国を且于で攻撃したとあり、王念孫はそのことであろうというのである。今、原文のままとする。　○崔氏之期　「期」は「時」と同じ。崔杼が権勢を振るっていた時の意。荘公は崔杼によって公に迎えられたのであるから、荘公在位の六年間（前五五三～五四八）は少なくともその時期に当たる。孫星衍は『左伝』には「崔氏之乱」と作っているという。『校注』はこの孫説に従い改めている。　○及慶氏亡　「慶氏」とは慶封のこと。慶封は崔杼と組んで荘公を殺し景公を立てるが、即位直後に仲違いを生じ、崔杼を殺してしまう。しかし、その三年後、今度は慶封が斉を追われ呉に出奔した。このことを指して言うのである。『左伝』襄公二十八年（前五四五年）参照。なお、孫星衍は、この下に脱文があろうといい、呉則虞はその説を承けて、雑下篇第十五章がそれで、本来一つの章であったものを編者が二話に分けたのであろうという。

口語訳　第二章　荘公が晋を攻めようとして問い晏子はなりませんもし成功しなければ（その方が）国の幸せだと答えた

こと

荘公が晋を攻めようとして、晏子に尋ねた。晏子はお答えして、「いけません。ご主君は手に入れたものが十分であるのにより多くを望まれ、欲望を逞しくしているうえに心が奢っておられます。手に入れたものが十分であるのにより多くを欲する者は（判断力が鈍って）危うく、欲望を逞しくしたうえに心が奢っている者は（事が自分の思い通りにならずに）苦しみます。今、ご主君は勇力の士を任用して、明主を攻めようとなさいますが、もし成功しなければ（その方がかえって）わが国の幸せございましょう。徳もないのに成功すれば、憂患が必ずご主君の身に及びましょう」と言った。公は顔色を変えて不機嫌になった。晏子は官を辞して、臣下の身分を去り、隠遁して貧乏暮らしをした。（主人を失った旧宅の）堂の下にはたでや豆などの雑草が生え、門外には茨《いばら》などの雑草が生えた。荘公はとうとう勇力の士を任用して、西の晋を攻め、朝歌の邑を占領し、太行・孟門・茲于兌まで攻め寄せた。一年の後、民は離反し、その身は崔氏に滅ぼされることとなった。崔氏が政権を握っていた時、大勢の公子らを追放したが、（やがて自らも慶封に殺され、さらに）慶氏の滅亡に至ったのである。

余説

荘公が晏子の諫言に耳を貸さなかった結末がさらに具体的に記されることになる。明らかに、前章を承けた内容になっている。

荘公が晏子ら近臣の反対を押し切って晋を攻めたことは、『左伝』襄公二十三年（斉荘公四年、前五五〇年）に詳しい。以下に本章と関連する箇所を引いておく。

秋、斉侯伐衛。…自衛将遂伐晋。晏平仲曰、「君恃勇力以伐盟主。若不済、国之福也。不徳而有功、憂必及君。」崔杼諫曰、「不可。臣聞之、小国間大国之敗、而毀焉、必受其咎。君其図之。」弗聴。…斉侯遂伐晋、取朝歌。為二隊、入孟門、登大行、…

（秋、斉侯衛を伐つ。…衛よりして将に遂に晋を伐たんとす。晏平仲曰く、「君勇力を恃みて以て盟主を伐つ。若し済らざれば、国の福なり。不徳にして功有れば、憂ひ必ず君に及ばん」と。崔杼諫めて曰く、「不可なり。臣之を聞く、小国、大国の敗を間（うかが）ひて、焉（これ）を毀たば、必ず其の咎を受けん、と。君其れ之を図れ」と。聴かず。…斉侯遂に晋を伐ち、朝歌を取る。二隊を為り、孟門に入り、大行に登り、…）

なお、「斉の崔杼、其の君光を弑す。」と『春秋』に記されるのはその二年後の事である。光とは荘公の名。

景公問㆑伐㆑魯晏子對以㆑不㆑若㆔修㆑政待㆓其亂㆒　第三

景公擧㆑兵欲㆑伐㆑魯、問㆓于晏子㆒。晏子對曰、「不可。魯*君好㆑義而民戴㆑之。好㆑義者安、見㆑戴者和。伯禽之治存㆑焉。故不㆑可㆑攻。攻㆑義者不祥、危㆑安者必困。且嬰聞㆑之、伐㆑人者德足㆔以安㆓其國㆒、政足㆔以和㆓其民㆒。國安民和、然後可㆓以擧㆒㆑兵而征㆑暴。今君好*㆑酒而養㆑辟、德無㆓以安㆒㆑國、厚㆓藉斂㆒、急*㆓使令㆒、政*無㆓以和㆒㆑民。德無㆓以安㆒㆑之則危、政無㆓以和㆒㆑之則亂。未㆑免㆓乎危亂之理㆒、而欲㆑伐㆓安和之國㆒、不可。不*㆑若㆔修㆑德而待㆓其亂㆒也。其君離、上怨㆓其下㆒、然後伐㆑之、則義厚而利多。義厚則敵寡、利多則民*勸。」公曰、「善。」遂不㆑果㆑伐㆑魯。

景公《けいこう》魯《ろ》を伐《う》つことを問《と》ひ晏子《あんし》對《こた》ふるに政《せい》を修《をさ》めて其《そ》の亂《らん》を待《ま》つに若《し》かざることを以《もつ》てす　第三

景公《けいこう》兵《へい》を擧《あ》げて魯《ろ》を伐《う》たんと欲《ほつ》し、晏子《あんし》に問《と》ふ。晏子《あんし》對《こた》へて曰《いは》く、「不可《ふか》なり。魯君《ろくん》は義《ぎ》を好《この》みて民之《たみこれ》を戴《いただ》く。義《ぎ》を好《この》む者《もの》は安《やす》んじ、戴《いただ》かるる者《もの》は和《わ》す。伯禽《はくきん》の治《ち》焉《ここ》に存《そん》す。故《ゆゑ》に攻《せ》むべからず。義《ぎ》を攻《せ》むる者《もの》は不祥《ふしやう》、安《やす》きを危《あや》ふくする者《もの》は必《かなら》ず困《くるし》む。且《か》つ嬰之《えいこれ》を聞《き》く、人《ひと》を伐《う》つ者《もの》は德《とく》は以《もつ》て其《そ》の國《くに》を安《やす》んずるに足《た》り、政《せい》は以《もつ》て其《そ》の民《たみ》を和《わ》するに足《た》る、と。國安《くにやす》んじ民和《たみわ》して、然《しか》る後《のち》に以《もつ》て兵《へい》を擧《あ》げて暴《ばう》を征《う》つべし。今君酒《いまきみさけ》を好《この》みて辟《へき》を養《やしな》ひて、德《とく》は以《もつ》て國《くに》を安《やす》んずること無《な》く、藉斂《せきれん》を厚《あつ》くし、使令《しれい》を急《きふ》にして、政《せい》は以《もつ》て民《たみ》を和《わ》すること無《な》し。德以《とくもつ》て之《これ》を安《やす》んずること無《な》ければ則《すなは》ち危《あや》ふく、政以《せいもつ》て之《これ》を和《わ》すること無《な》ければ則《すなは》ち亂《みだ》る。未《いま》だ危亂《きらん》の理《り》を免《まぬか》れずして、安和《あんわ》の國《くに》を伐《う》たんと欲《ほつ》するは、不可《ふか》なり。德《とく》を修《をさ》めて其《そ》の亂《らん》を待《ま》つに若《し》かざるなり。其《そ》の君離《きみみだ》れ、上其《かみそ》の下《しも》を怨《うら》み、然《しか》る後之《のちこれ》を伐《う》たば、則《すなは》ち義厚《ぎあつ》くして利多《りおほ》からん。義厚《ぎあつ》ければ則《すなは》ち敵寡《てきすく》なく、利多《りおほ》ければ則《すなは》ち民勸《たみつと》む」と。公曰《こういは》く、「善《よ》し」と。遂《つひ》に魯《ろ》を伐《う》つことを果《は》たさず。

校訂　*魯君好義而民戴之　底本には、「君」字がない。竹簡本によって補った（余説参照）。なお、『校注』は「公」に作る。

*好酒而養辟　底本は「好酒而辟」。張純一は、この句は「厚藉斂而急使令」（但し、原文には「而」字はない）と対句であるはずなのに

字数が揃わないことから脱文があるのではないかと疑う。竹簡本が、張純一の指摘通り「好酒而養辟」に作っているのに従い改めた。

＊急使令　底本は「意使令」。王念孫が、「意」字恐らくは「急」の誤りではないかと言い、竹簡本がその指摘通り「急使令」に作っているのに従い改めた。『校注』も句上に「而」を補うとともに、王説に従い「而急使令」に改めている。

＊政無以和民　底本は「無以和民」。呉則虞・張純一が、下文の「政無以和之」によれば「政」字を補うべきであると言い、竹簡本がその指摘通り「正（＝政）無以和民」に作っているのに従い改めた。

＊不若修徳而待其乱也　底本は「不若修政而待其君之乱也」。「君之」二字はあるべきではなく、伝写者が誤って書き加えたのであり、標題に「待其乱」とのみ作って「君之」二字がないのはそのためであるという蘇輿の説、並びに竹簡本が蘇輿の指摘通り「侍（＝待）其乱也」に作っているのに従い「君之」二字を削除し、また竹簡本が「不若脩（＝修）徳而」に作っているのに従い、「政」を「徳」に改めた。

＊民勧　底本は「民歓」。竹簡本に従い改めた。駢宇騫は形が近いために譌ったのだろうという。

語釈　○晏子対以不若修政待其乱　『校注』は「晏子対以不若修政以待其乱」に作っているが、その根拠は不明。　○問于晏子　『校注』は元刻本に従い「以問晏子」に改めている。　○見戴者和　蘇輿は「民戴者和」の誤りだろうと言うが、竹簡本は底本と同じ。「見」は受け身を表す。　○伯禽　周公旦の子。『史記』魯周公世家によれば、周公旦は武王とともに殷を滅ぼした後、曲阜に封じられ魯公となったが、封地には赴かず、武王を補佐するために周の都にそのまま留まった。さらにその後武王が崩じてからは、幼い成王の摂政となったために、結局代わりに子の伯禽を遣わして魯を治めさせた。伯禽の治世は従来の魯国の風俗を変革したうえその礼法にも改革を加え、厳格に三年の喪に服するようにさせるものであったとある。竹簡本は、ここの「伯禽之治存焉」が「安和之礼存焉」となっていて、底本との違いを見せている。　○其君離、上怨其下　王念孫は「民離其君、上怨其下」に改めるべきと言うが、于省吾は王説を批判して、「離」は「乱離」（みだれる）の意に解すべきであるから、改める必要はないと言う。今、于説に従い訳す。『校注』は王説に従い改めている。竹簡本はこの箇所は「其（□□□）怨上」となっていて不明だが、少なくとも字数から考えて王念孫説とは一致しない。

口語訳　第三章　景公が魯を攻めようかと問い晏子は政治を立派に行って魯の乱れを待つのが一番だと答えたこと

　景公が兵を興して魯を攻めようとして、晏子に尋ねた。晏子はお答えして、「いけません。魯公は正義を好み民がその公を推し戴いております。正義を好む者は（その地位に）安んじ、（民に）おし戴かれている者は（その民と）和《やわ》らぐものです。（魯では今もなお）かの伯禽の治が残っております。ですから攻めてはなりません。正義を攻める者は不祥です

し、安らいでいる者を脅かす者は必ず苦しみます。そのうえ嬰はこのように聞いております、『他国を攻める者は徳義はその国を安らかにするに足り、政治はその民を和らがせるに足りるものである』と。つまり（己の）国が安らぎ民が和らいでいてこそ、ようやく兵を興して無法を征伐することができるのです。ところが今、ご主君は酒を好んでよこしまな連中を養っておられるのですから、徳義が国を安らがせることもなく、盛んに税を取り立て、性急に命令を出しておられるのですから、政治が民を和らがせることもございません。徳義が民を安らがせることがなければ（国は）危うく、政治が民を和らげさせることができなければ（民は）乱れます。いまだに危険と混乱に陥る理《ことわり》から逃れられずにいて、安らかに和らいでいる国を攻めようとなさるのは、いけません。徳義を修めて、かの国（の政治）が乱れるのを待たれるのに越したことはございません。その君（の徳義）が乱れ、上位の者が下位の者を怨むようになって、そのあとでその国を攻めるならば、正義に手厚くしかも利益も大きいものです。正義に手厚ければ敵は少なく、利益が大きければ民も（戦いに）励むものです」と言った。公は、「よろしい」と言った。かくして結局魯を攻めることはしなかった。

余説　本章では、君と民の「安」と「和」が強調されている点に注意したい。とりわけここに言う「和」とは、単に上下の秩序が整っていることのみを言うのではなく、本来異質なものが互いに補い合うことによって全体が安定しつつ均衡のとれた調和状態を完成することを意味するのである。そのため「楽」（音楽）において最も重視されるのが「和」なのである。

本章は幸いにしてほぼ全文が竹簡本にも見えている。今、その箇所を引用しておこう。

景公興兵將伐魯、問晏子。晏子曰、「不可。魯君好義而民戴〔□□〕義者安、見戴者和、安和之禮（理）存焉、未可攻也。攻義者不羊（祥）、危安者必困。且嬰聞之、伐人者德足以安其國、正（政）足以和其民。國安民和、然后可以興兵而正（征）暴。今君好酒而養辟（嬖）、德无以安國、厚耤（藉）斂、急使令、正（政）无以和民。德无以安之則危、正（政）无〔□〕和之則亂。未免乎危亂之禮（理）、而〔□□□□〕之國、不可。不若脩（修）德而侍（待）其亂也。其〔□□□〕怨上、然后伐之、則義厚而〔□□□□〕適（敵）寡、利多則民勸。」公曰、「善。」不果伐魯。

（景公兵を興して将に魯を伐たんとし、晏子に問ふ。晏子曰く、「不可なり。魯君義を好みて民□を戴く。義に□なる者は安く、戴かるる者は和し、安和の理焉（ここ）に存すれば、未だ攻むべからざるなり。義を攻むる者は不祥、安きを危ふくする者は必ず困しむ。且つ嬰之を聞く、人を伐つ者は徳は以て其の國を安んずるに足り、政は以て其の民を和するに足る、と。國安くして民和し、然る后

に以て兵を興して暴を征（う）つべし。今君酒を好みて嬖を養ひ、徳は以て國を安んずること无く、藉斂を厚くし、使令を急にして、政は以て民を和すること无し。徳以て之を安んずること无ければ則ち危ふく、政□之を和すること无ければ則ち亂る。未だ危亂の理を免かれずして、□□の國を□□するは、不可なり。徳を修めて其の亂を待つに若かざるなり。其の□□□上を怨み、然る后に之を伐てば、則ち義厚くして□□□□□敵寡なく、利多ければ則ち民勸む」と。公曰く、「善し」と。魯を伐つことを果たさず。）

この竹簡本の発見により王念孫らの考証が実に正確であることが改めて確認されたといえる。彼らの炯眼に驚くばかりである。ただその一方で、現行本のままでも良い場合があることが確認できるなど、一概に彼らの考証をよしとすることはできない。

これまでの三つの章はいずれも不用意に他国を攻撃することの不利益が説かれる。ただ本章が前二章と異なるのは、景公は荘公とは異なり実に素直に晏子の諫言を聴き入れていることである。二人の個性が描き分けられていると見ることもできようが、それよりも重要なのは、晏子の諫言に耳を貸さなかった荘公は崔杼の反乱に遭い殺されてしまったのに対し、一方晏子の諫言を素直に聞き入れた景公は五〇年以上に及ぶ在位の後寿命を全うし得たことの対比である。ここに明らかに、編纂者が晏子の諫言の持つ重要性を強調しようとする意図を読み取ることができるのである。

景公伐レ釐勝レ之問レ所レ當レ賞晏子對以二謀勝祿一レ臣　第四

景公釐《けいこうらい》を伐《う》ち之《これ》に勝《か》ちて當《まさ》に賞《しやう》すべき所《ところ》を問《と》ひ晏子《あんし》對《こた》ふるに謀《はかりごと》勝《か》てば臣《しん》を祿《ろく》するを以《もつ》てす　第四

景公伐レ釐、勝レ之。問二晏子一曰、「吾欲レ賞*二于破レ釐之臣一、何如。」對曰、「臣聞レ之、以*二臣謀一勝レ國者、益二臣之祿一、以二民力一勝レ國者、益二民之利一。故上有二羨獲一、下有二加利一、君上享二其名一、臣下利二其實一。故用レ智者不レ偸レ業、用レ力者不レ傷レ苦、此古之善伐者也。」公曰、「善。」于レ是破レ釐之臣、東邑之卒、

景公釐《けいこうらい》を伐《う》ち、之《これ》に勝《か》つ。晏子《あんし》に問《と》ひて曰《いは》はく、「吾釐《われらい》を破《やぶ》るの臣《しん》を賞《しやう》せんと欲《ほつ》す、何如《いかん》」と。對《こた》へて曰《いは》く、「臣之《しんこれ》を聞《き》く、臣謀《しんぼう》を以《もつ》て國《くに》に勝《か》つ者《もの》は、臣《しん》の祿《ろく》を益《えき》し、民力《みんりよく》を以《もつ》て國《くに》に勝《か》つ者《もの》は、民《たみ》の利《り》を益《えき》す、と。故《ゆゑ》に上《かみ》に羨獲《せんくわく》有《あ》れば、下《しも》に加利《かり》有《あ》り、君上《くんじやう》其《そ》の名《な》を享《う》くれば、臣下《しんか》其《そ》の實《じつ》を利《り》す。故《ゆゑ》に智《ち》を用《もち》ひる者《もの》は業《げふ》を偸《かりそめ》にせず、力《ちから》を用《もち》ひる者《もの》は苦《く》を傷《うれ》へず。此《こ》れ古《いにしへ》の善《よ》く伐《う》つ者《もの》なり」と。公曰《こういは》く、「善《よ》し」と。是《ここ》に于《おい》て釐《らい》を破《やぶ》るの臣《しん》、

皆有加利。是上獨擅名、利下流也。

東邑《とういふ》の卒《そつ》、皆《みな》加利《かり》有《あ》り。是《こ》れ上《かみ》獨《ひと》り名《な》を擅《ほしいまま》にし、利《り》は下《しも》に流《なが》るるなり。

校訂　＊賞于破斄之臣　底本は「賞于斄」。下文に「破斄之臣」とあることからここはその「破」「之臣」の三字が脱落したものであろうとの呉則虞の説に従い改めた。張純一は、原文のままでは語義不完全として「賞于斄之役」に改めるべきという。

＊以臣謀勝国者　底本は「以謀勝国者」。呉則虞の引く長孫元齢の説に従い改めた。呉則虞は、「臣謀」と「益臣」、「民力」と「益民」はそれぞれ対をなしているはずだからとして長孫説を是としている。『校注』も「臣」字を補っている。

語釈　○斄　萊のこと。萊はいわゆる東夷といわれる斉地方の先住部族からでてきた土着国家であった。太公が斉を建国したとき、その都と定めた営丘の地（後の臨淄付近）をめぐって斉と萊は争った。けれどもその後東遷を余儀なくされ、しばらく対立を続けたが、ついに斉に併合されてしまった。晏子ももと萊の夷維の人（解題参照）。○羨獲　「羨」は余る、あふれるの意。「獲」は萊との戦いによって獲得した利益。○傷苦　「傷」は「慯」と同じ、うれえること。○東邑之卒　「東邑」とはやはり萊のこと。萊を東萊ともいったからであろう。ここでは萊に攻め込んだ兵卒の意に解すべきである。○于是破斄之臣　呉則虞は「于是賞破斄之臣」に改めるべきという。今、原文のままとする。

口語訳　第四章　景公が斄を伐って之に勝利したとき誰に褒賞を与えるべきかと問い晏子は知謀によって勝ったのだから臣下に俸禄を与えよと答えたこと

景公が斄を伐って、これに勝利した。晏子に尋ねて、「余は斄を攻め破った臣下に褒美を与えたいが、いかがしよう」と言った。お答えして、「私はこのように聞いております、『臣の知謀で他国に勝利したときには、臣の俸禄を増やしてやり、民の力で他国に勝利したときには、民の利を増やしてやるものだ』と。ですから上に有り余るほどの戦果があれば、（当然）下には利益が与えられ、君主が名声を博すれば、（当然）臣下はその実利を得るのでございます。こうして（主君のために）智力を働かせる者はその務めをおろそかにせず、腕力をはたらかせる者はその労苦に悩むこともなくなるのです。これこそ昔の軍（いくさ）上手というものでございます」と言った。公は、「よろしい」と言った。こうして斄を打ち破った臣、東の国に攻め込んだ兵卒らには皆褒賞が与えられた。主君は一人（戦勝の）名声を欲しいままにしたけれども、

その実利は下々にいきわたったのである。

余説 本節も、他国との戦争がテーマになっている。斉が建国されたあたりは、黄河下流域で、海に近くそれだけ中原からは遠く離れており、古来東夷の地とされてきた。彼らは中原とは異なる独自の文化を発展させていたといわれる。また、彼らは統一されていたわけではなく、九夷といわれるほどに多くの部族に分かれて割拠していた。その中から起こったのが萊であった。斉はそうした異族の地に楔を打ち込むように周によって封建されたのであるから、萊との戦争は不可避の宿命であった。古来、斉地で兵法思想が発展したのはこのような歴史的背景があったからだとされる。

また孔子が自分の理想が実現されないことを嘆いて、いっそ東夷の地に移り住んでしまおうかと口走ったとき、ある人にその地は「陋」（品性が卑しい）であるがそれでも構わないのかと問われ、君子が住めばなんの卑しいことがあろうと反論したといわれる。（『論語』子罕篇参照）これによっても、当時この地がいわゆる「中国」とは異なる文化を持っていたらしいことがわかるであろう。

景公問二聖王其行若何一晏子對以二衰世一而諷　第五

景公外傲二諸侯一、内輕二百姓一、好二勇力一、崇レ樂、以從二嗜欲一。諸侯不レ説、百姓不レ親。公患レ之、問二于晏子一曰、「古之聖王、其行若何。」晏子對曰、「其行公正而無レ邪。故讒人不レ得レ入。不二阿黨一、不レ私レ色、故群徒之卒不レ得レ容。薄レ身厚レ民、故聚斂之人不レ得レ行。不レ侵二大國之地一、不レ耗二小國之民一、故諸侯皆欲二其尊一。不レ劫二人以二甲兵一、不レ威二人以二衆彊一、故天下皆欲二其彊一。德行教訓

景公《けいこう》聖王《せいわう》は其《そ》の行《おこな》ひ若何《いか》なるかを問《と》ひ晏子《あんし》對《こた》ふるに衰世《すゐせ》を以《もつ》てして諷《ふう》す　第五

景公《けいこう》外《そと》は諸侯《しよこう》に傲《おご》り、内《うち》は百姓《ひやくせい》を輕《かろ》んじ、勇力《ゆうりよく》を好《この》み、樂《らく》を崇《たつと》び、以《もつ》て嗜欲《しよく》を従《ほしいまま》にす。諸侯《しよこう》説《よろこ》ばず、百姓《ひやくせい》親《した》しまず。公之《こうこれ》を患《うれ》ひ、晏子《あんし》に問《と》ひて曰《いは》く、「古《いにしへ》の聖王《せいわう》は、其《そ》の行《おこな》ひ若何《いかん》」と。晏子《あんし》對《こた》へて曰《いは》く、「其《そ》の行《おこな》ひは公正《こうせい》にして邪《よこしま》無し、故《ゆゑ》に讒人《ざんじん》は入《い》ることを得《え》ず。阿黨《あたう》せず、色《いろ》を私《わたくし》せず、故《ゆゑ》に群徒《ぐんと》の卒《そつ》容るることを得《え》ず。身《み》を薄《うす》くし民《たみ》を厚《あつ》くす、故《ゆゑ》に聚斂《しゆうれん》の人行《ひとおこな》ふを得《え》ず。大國《たいこく》の地《ち》を侵《をか》さず、小國《せうこく》の民《たみ》を耗《へ》らさず、故《ゆゑ》に諸侯皆《しよこうみな》其《そ》の尊《たつと》からんことを欲《ほつ》す。人《ひと》を劫《おびや》かすに甲兵《かふへい》を以《もつ》てせず、人《ひと》を威《おど》すに衆《しゆう》彊《きやう》を以《もつ》てせず、故《ゆゑ》に天下《てんか》皆《みな》其《そ》の彊《つよ》からんことを欲《ほつ》す。徳行教訓《とくかうけうくん》

加㆓于諸侯㆒、慈愛利澤加㆓于百姓㆒、故海內歸㆑之若㆓流水㆒。今衰世君㆑人者、辟邪阿黨、故讒諂群徒之卒繁。厚㆓身養㆒、薄㆓視民㆒、故聚斂之人行。侵㆓大國之地㆒、秏㆓小國之民㆒、故諸侯不㆑欲㆓其尊㆒。劫㆑人以㆓兵甲㆒、威㆑人以㆓衆彊㆒、故天下不㆑欲㆓其彊㆒。災害加㆓于諸侯㆒、勞苦施㆓于百姓㆒、故讎敵進伐、天下不㆑救。貴戚離散、*百姓不㆑與。」公曰、「然則何若。」*對曰、「請卑㆑辭重㆑幣、以說㆓于諸侯㆒、輕㆑罪省㆑功、以謝㆓于百姓㆒。其可乎。」公曰、「諾。」于㆑是卑㆑辭重㆑幣、而諸侯附、輕㆑罪省㆑功、而百姓親。故小國入朝、燕魯共貢。

墨子聞㆑之曰、「晏子知㆑道。*道在㆑爲㆑人、而失在㆑爲㆑己。爲㆑人者重、自爲者輕。景公自爲、而小國不㆑與、爲㆑人、而諸侯爲㆑役。則道在㆑爲㆑人、而行在㆑反㆑己矣。故晏子知㆑道矣。」

は諸侯《しよこう》に加《くは》はり、慈愛利澤《じあいりたく》は百姓《ひやくせい》に加《くは》はる、故《ゆゑ》に海內之《かいだいこれ》に歸《き》すること流水《りうすゐ》のごとし。今衰世《いますゐせい》の人《ひと》に君《きみ》たる者《もの》は、辟邪阿黨《へきじやあたう》す、故《ゆゑ》に讒諂群徒《ざんてんぐんと》の卒繁《そつしげ》し。身《み》の養《やしな》ひを厚《あつ》くし、民《たみ》を薄視《はくし》す、故《ゆゑ》に聚斂《しゆうれん》の人行《ひとおこな》はる。大國《たいこく》の地《ち》を侵《をか》し、小國《せうこく》の民《たみ》を秏《へ》らす、故《ゆゑ》に諸侯《しよこう》は其《そ》の尊《たつと》からんことを欲《ほつ》せず。人《ひと》を劫《おびやか》すに兵甲《へいかふ》を以《もつ》てし、人《ひと》を威《おど》すに衆彊《しゆうきやう》を以《もつ》てす、故《ゆゑ》に天下《てんか》其《そ》の彊《つよ》からんことを欲《ほつ》せず。災害諸侯《さいがいしよこう》に加《くは》はり、勞苦《らうく》百姓《ひやくせい》に施《し》く、故《ゆゑ》に讎敵進伐《しうてきしんばつ》するも、天下《てんか》救《すく》はず。貴戚離散《きせきりさん》するも、百姓與《ひやくせいくみ》せず」と。公曰《こういは》く、「然《しか》らば則《すなは》ち何若《いかん》せん」と。對《こた》へて曰《いは》く、「請《こ》ふ辭《じ》を卑《ひく》くし幣《へい》を重《おも》くして、以《もつ》て諸侯《しよこう》に說《と》き、罪《つみ》を輕《かろ》くし功《こう》を省《はぶ》きて、以《もつ》て百姓《ひやくせい》に謝《しや》せん。其《そ》れ可《か》ならんか」と。公曰《こういは》く、「諾《だく》」と。是《ここ》に于《おい》て辭《じ》を卑《ひく》くし幣《へい》を重《おも》くして、諸侯附《しよこうつ》き、罪《つみ》を輕《かろ》くし功《こう》を省《はぶ》きて、百姓《ひやくせい》親《した》しむ。故《ゆゑ》に小國入朝《せうこくにふてう》し、燕魯共貢《えんろきようこう》す。

墨子《ぼくし》之《これ》を聞《き》きて曰《いは》く、「晏子《あんし》は道《みち》を知《し》れり。道《みち》は人《ひと》の爲《ため》にするに在《あ》りて、失《しつ》は己《おのれ》の爲《ため》にするに在《あ》り。人《ひと》の爲《ため》にする者《もの》は重《おも》んぜられ、自《みづか》ら爲《ため》にする者《もの》は輕《かろ》んぜらる。景公自《けいこうみづか》ら爲《ため》にすれば、而《すなは》ち小國《せうこく》も與《くみ》せず、人《ひと》の爲《ため》にすれば、而《すなは》ち諸侯《しよこう》も役《えき》を爲《な》す。則《すなは》ち道《みち》は人《ひと》の爲《ため》にするに在《あ》りて、行《おこな》ひは己《おの》れに反《はん》するに在《あ》り。故《ゆゑ》に晏子《あんし》道《みち》を知《し》れり」と。

校訂　＊百姓不与　底本は「百姓不興」。王念孫の、「興」は「與」の誤りではないかとの説に従い改めた。こう改めた方が、上文の「百

姓不親」と意味が合う。『校注』も王説に従い改めている。
＊対曰　底本は「敓曰」。「敓」は古字で「対」の仮借字であるとの洪頤煊の説に従い改めた。呉則虞は洪説を是として改めるべきという。『校注』は「対」に改めている。なお、蘇輿は、この「敓」は「奪」と同じ意の仮字で、これを上句に続けて「然則何若敓」と読んで、「然らば則ち何若にして（此の患ひを）奪はんか」の意に解すべきことをいう。
＊道在為人、而失在為己　底本は「道在人為、而失為己」。孫星衍説に従い改めた。黄以周は、元刻本は「失」の下に「在」があるという。『校注』も改めている。

語釈　○聖王其行　呉則虞は明活字本にある目録によって「聖王之行」に改めるべきという。　○諷　それとなく諫めること、遠回しに諭すこと。諷諭の意。　○従　「縦」に同じ、ほしいままにすること。　○不私色　「私」は愛する、「色」は美人。女色を貪らないこと。　○群徒之卒不得容　「群徒之卒」とは徒党を組んだ集団の意。「容」は入り込むこと。なお、張純一は「群徒之卒」では意味がはっきりしないから「群小」（君主の寵愛を受けた臣妾の意）に改めるべきという。そうすれば、上文の「讒人不得入」と対句になると。今、原文のままとする。　○聚斂之人　「聚」も「斂」もともに集めること。ここでは君主の意を承けて税を取り立てる役人のことであろう。　○秏　「耗」に同じで、減らすこと、また消耗すること。　○甲兵　「甲」は鎧、「兵」は武器。「甲兵」で軍事力の意ともなる。下文の「兵甲」と同意。また「兵革」ともいう。なお、黄以周は元刻本が「兵甲」に作っているうえ、下文にも「兵甲」とあることから「兵甲」に改めるべきことをいう。『校注』は改めている。今、原文のままとする。　○衆彊　「彊」は「強」に同じ。国の人口が多く強力であること。なお劉師培は、『冊府元亀』巻二四二の所引に従い「彊」を「疆」に改めて、「衆疆」を広い土地の意に解して、上文の兵力の意の「甲兵」と対にすべきであるという。原文のままだと下句の「其彊」と重複してしまうとも。今、原文のままとする。　○加于百姓　劉師培は、下文の対句に従い、「加于諸侯」に対して「施于百姓」とあるべきだとして、「加」を「施」に改めるべきことをいう。今、原文のままとする。　○省功　賦役を減らすこと。「省」ははぶくの意。「功」は「事」に同じで、賦役労役などの国事を指していうのであろう。　○共貢　「供貢」に同じ。貢ぎ物を贈ること。　○小国不与　張純一は、上文は皆「諸侯」と「百姓」が対になって見えていること、また「諸侯」といえば「小国」も含むはずであるからこの二語は対にならないことをもって、伝写の際の誤りであろうとして「百姓不与」に改めている。従うべきかとも思われるが、原文のままとしておく。　○為役　役目を果たすこと。　○行在反己矣　黄以周は、上文の「失在為己」と対句であることからして「得在反己矣」の誤りであろうという。呉則虞は、黄説を非としつつも、原文のままでは語義不明であるから、「行在失己矣」に改めるべきであろうという。今、原文のままとする。

口語訳

第五章　景公が聖王はその行いがどのようであったかと問い晏子は衰世を例に引いて諭したこと

景公は国外では諸侯に驕り、国内では人々を軽んじ、勇力を好み、快楽を極めて、欲望のままに振る舞った。（そのため）諸侯は快く思わず、人々は親しまなかった。公はこのことを悩んで、晏子に尋ねて、「古代の聖王は、その品行はどのようであったのか」と言った。晏子はお答えして、「その品行は公正で邪《よこしま》なところはありませんでしたから、人の悪口を言う者が付け込むことはできませんでした。えこひいきの派閥も作らず、女色を貪らなかったので、徒党を組んで立ち回る連中も付け入る隙がありませんでした。わが身（の利）を少なくし民（の利）を多くしたので、税の取立人も（不正の）行いようがありませんでした。大国の領地を侵略せず、小国の民を消耗させたりしなかったので、諸侯は皆彼を尊かれと願いました。武力で人を脅かしたりせず、多勢の威力で人を脅かしもしなかったので、天下は皆彼を強かれと願いました。徳行や教訓は諸侯に示され、慈愛や恩恵は人々に示されたので、天下が彼に懐くさまはあたかも水が流れ込むようでした。ところが今、衰世の君主は、邪な心でえこひいきの派閥を作るので、おもねり諂う連中が大勢のさばっております。自分を養うことばかりを手厚くして、民のことを軽視するから、税の取立人（の不正）が横行しています。大国の領地を侵略し、小国の民を消耗させるので、諸侯は彼を尊かれとは願いません。武力で人を劫《おびや》かし、多勢の威力で人を脅すから、天下は彼を強かれとは願いません。災難を諸侯に与え、労苦を人々に強いるので、仇敵が攻め込んできても、天下は救援致しません。公室が離散しても、人々は知らぬふりでございます」と。公が、「それならばどうしたらよかろう」と言った。お答えして、「どうか（国外に対しては）言葉遣いを謙虚に礼物を手厚くして、諸侯との対話にお努め下さいますよう、（国内に対しては）刑罰を軽くし賦役を減らして、人々に謝られますよう。それでよろしいでしょう」と言った。公は、「承知した」と言った。こうして言葉遣いを謙虚にし礼物を手厚くしたので、諸侯は親しみ、刑罰を軽くして国事を減らしたので、人々は懐いた。そこで小国は入朝し、燕や魯（などの近隣の有力諸侯）も貢ぎ物をしてきた。

墨子はこのことを聞いて言う、「晏子は（人を治める）道をわきまえている、（人を治める）道は人のために尽くすところにこそ在るもので、自分のためにすれば失われてしまう。人のために尽くす者は重んじられ、自分のためにする者は軽んじられるものだ。景公が自分のためにしている時は、小国も相手にしなかったが、人のためにするようになると、諸侯

も（斉のために）働くようになった。つまり（人を治める）道は人のために尽くすことにこそあり、（その）実践は自己（の利）に反してすることにある。それ故晏子はその道をわきまえている（と言える）のだ」と。

余説　ここでは墨子の評価が記される。伝説の通り、孔子と墨子と晏子がほぼ同時代に生きたことを前提にしているのだろう。儒家の祖たる孔子と墨家の祖たる墨子は思想的には相容れないはずであった。とすれば、晏子はこうした思想史上の対極点に立つ歴史的人物からともに肯定的な評価を得ていたことを強調しようとしていると解せる。このことから『晏子春秋』が先秦諸子の内の特定の学派に属する者の手によって述作されたのではないことがわかる。また本章での墨子の晏子に対する評価が、まさしく「人のために尽くす」という墨家思想の核心と合致している点は見逃せない。だが、このことをもって本書が墨家によって述作されたとまでは言えないのではないか。

なお、本章には「衰世」の認識があることが注意される。なぜならこの「衰世」という観念は、儒家では、『論語』にはなく『孟子』あたりから強調され始めるものであり、法家の『韓非子』において甚だ強調される概念だからである。とすれば本章の成立が少なくとも戦国中期を下ることを窺わせるであろう。

景公問レ欲下善二齊國之政一以干中霸王上晏子對以二官未レ具　第六

景公問二晏子一曰、「吾欲下善治二齊國之政一、以干中霸王之諸侯上。」晏子作レ色對曰、「官未レ具也。臣數以聞、而君不二肯聽一也。故臣聞、仲尼居處惰倦、廉隅不レ正、則季次・原憲侍、氣鬱而疾、志意不レ通、則仲由・卜商侍、德不レ盛、行不レ厚、則顏回・騫雍侍。今君之朝臣萬人、兵車千乘、不善政之所レ失二于下一、霣二墜下民一者衆矣。未レ有二

景公《けいこう》齊國《せいこく》の政《せい》を善《よ》くして以《もつ》て霸王《はわう》を干《もと》めんと欲《ほつ》するを問《と》ひ晏子《あんし》對《こた》ふるに官未《くわんいま》だ具《そな》はらざるを以《もつ》てす　第六

景公晏子《けいこうあんし》に問《と》ひて曰《いは》く、「吾《わ》れ善《よ》く齊國《せいこく》の政《せい》を治《をさ》めて、以《もつ》て霸王《はわう》の諸侯《しよこう》たるを干《もと》めんと欲《ほつ》す」と。晏子《あんし》色《いろ》を作《な》して對《こた》へて曰《いは》く、「官未《くわんいま》だ具《そな》はらざるなり。臣數〻《しんしばしば》以聞《いぶん》すれど、君肯《きみあへ》て聽《き》かざるなり。故《ゆゑ》に臣聞《しんき》く、仲尼居處惰《ちゆうぢきよしよだ》倦《けん》にして、廉隅正《れんぐうただ》しからざるときは、則《すなは》ち季次《きじ》・原憲《げんけんじ》侍し、氣鬱《きうつ》して疾《や》み、志意通《しいつう》ぜざるときは、則《すなは》ち仲由《ちゆうゆう》・卜商侍《ぼくしやうじ》し、德盛《とくさか》んならず、行《おこな》ひ厚《あつ》からざるときは、則《すなは》ち顏回《がんくわい》・騫雍侍《けんようじ》す、と。今君《いまきみ》の朝臣萬人《てうしんまんにん》、兵車千《へいしやせん》乘《じよう》なるも、不善《ふぜん》の政《せい》の下《しも》に失《うしな》ふ所《ところ》、下民《かみん》に霣墜《ゐんつゐ》する者衆《ものおほ》し。未《いま》

能士敢以聞者。臣故曰、官未具也。」

公曰、「寡人今欲從夫子而善齊國之政、可乎。」對曰、「嬰聞、國有具官、然後其政可善。」公作色不說曰、「齊國雖小、則何謂官不具。」對曰、「此非臣之所復也。昔吾先君桓公、身體惰懈、辭令不給、則隰朋暱侍。左右多過、獄讞不中、則弦甯暱侍。田野不修、民氓不安、則甯戚暱侍。軍吏怠、戎士偷、則王子成甫暱侍。居處佚怠、左右懾畏、繁乎樂、省乎治、則東郭牙暱侍。德義不中、信行衰微、則管子暱侍。先君能以人之長續其短、以人之厚補其薄。是以辭令窮遠而不逆。兵加於有罪而不頓。是以諸侯朝其德、而天子致其胙。今君之過失多矣、未有一士以聞也。故曰、官不具。」

公曰、「善。」

だ能士《のうし》の敢《あへ》て以聞《いぶん》する者有《ものあ》らず。臣故《しんゆゑ》に曰《いは》く、官未《くわんいま》だ具《そな》はらざるなり、と」と。

公曰《こういは》く、「寡人今夫子《くわじんいまふうし》に從《したが》ひて齊國《せいこく》の政《せい》を善《よ》くせんと欲《ほつ》す、可《か》ならんか」と。對《こた》へて曰《いは》く、「嬰聞《えいき》く、國《くに》に官《くわん》を具《そな》ふること有《あ》りて、然《しか》る後《のち》に其《そ》の政善《せいぜん》なるべし、と」と。公色《こういろ》を作《な》し説《よろこ》ばずして曰《いは》く、「齊國《せいこく》は小《せう》なりと雖《いへど》も、則《すなは》ち何《なん》ぞ官具《くわんそな》はらざると謂《い》ふや」と。對《こた》へて曰《いは》く、「此《こ》れ臣《しん》の復《まを》す所《ところ》に非《あら》ざるなり。昔《むかし》吾先君桓公《わがせんくんくわんこう》、身體惰《しんたいだ》懈《かい》し、辭令給《じれいきふ》せざるときは、則《すなは》ち隰朋暱侍《しふほうぢつじ》す。左《さ》右過《いうあやま》ち多《おほ》く、獄讞中《ごくげつあた》らざるときは、則《すなは》ち弦甯暱侍《げんねいぢつじ》す。田《でん》野《や》修《をさ》まらず、民氓安《みんばうやす》からざるときは、則《すなは》ち甯戚暱侍《ねいせきぢつじ》す。軍吏《ぐんり》怠《おこた》り、戎士《じうし》偸《とう》するときは、則《すなは》ち王子《わうじ》成甫《せいほ》暱侍《ぢつじ》す。居處佚怠《きよしよいつたい》し、左《さ》右懾畏《いうせふゐ》し、樂《たのし》みに繁《しげ》くして、治《ち》に省《はぶ》くときは、則《すなは》ち東郭牙《とうくわくが》暱侍《ぢつじ》す。德義《とくぎ》中《あた》らず、信行衰微《しんかうすゐび》するときは、則《すなは》ち管子暱侍《くわんしぢつじ》す。先君《せんくん》は能《よ》く人《ひと》の長《ちやう》を以《もつ》て其《そ》の短《たん》に續《つ》ぎ、人《ひと》の厚《あつ》きを以《もつ》て其《そ》の薄《うす》きを補《おぎな》ふ。是《ここ》を以《もつ》て辭令《じれい》は窮遠《きゆうゑん》にして逆《さか》らはず。兵《へい》は有罪《いうざい》に加《くは》へて頓《やぶ》れず。是《ここ》を以《もつ》て諸侯《しよこう》其《そ》の德《とく》に朝《てう》して、天子《てんし》其《そ》の胙《そ》を致《いた》す。今君《いまきみ》の過失多《くわしつおほ》きに、未《いま》だ一士《いつし》の以聞《いぶん》すること有《あ》らざるなり。故《ゆゑ》に曰《いは》く、官具《くわんそな》はらず、と」と。公曰《こういは》く、「善《よ》し」と。

語釈　○以干覇王之諸侯　「干」は求めるの意。天下諸侯の覇者になりたいと願うこと。なお孫星衍は、この句には誤脱があろうという。確かに原文のままでは意味を取りにくい。むしろ標題のように「之諸侯」の三字がない方が分かりやすい。『意林』が、「吾欲覇諸侯若

何」（吾諸侯に覇たらんと欲す、若何）と作っているのは、分かりやすいように句作りを改めたからであろう。　○晏子作色対曰　王念孫は、「作色」の二字は、下文の「公作色」とあるのに引きずられて誤ったものであろうという。呉則虞は王説を是とする。『校注』も、王説に従い「晏子対曰」に改めている。晏子が主君に対して「色を作す」とは穏当ではないからだろう。今、原文のままとする。　○以聞　既出。諫下第二十一章語釈参照。　○故臣聞　『校注』は「故」には意味がないとして「臣聞」に改めている。今、原文のままとする。　○廉隅不正　「廉」はかど、「隅」はすみ、転じて品行方正なこと。　○季次　「季次」は公晳哀の字、斉人。孔子の弟子で、己の節を屈してまで人臣となろうとはしなかった。次の原憲とともに『史記』游俠列伝に清貧の人として見える。以下、七人の孔子の弟子はいずれも『史記』仲尼弟子列伝参照。　○原憲　字は子思。但し、孔子の孫の子思とは別人。学問を好み清貧に生きた。孔子に「恥」とは何かと問うたことが、『論語』憲問篇冒頭に見える。　○仲由　字は子路、孔子の僅か九歳年少で、直情径行、勇力をもって知られた。衛に仕えたが、内乱に遭い戦死した。　○卜商　字は子夏、衛人。孔子より四十四歳年少。孔門十哲の一人、文学に長じた。礼による外的教化を重視し、後世の荀子の思想に連なる。　○顔回　字は子淵、魯人。孔子より三十歳年少。四一歳で早死。孔門十哲の一人、徳行に優れた。仲尼弟子列伝の筆頭に挙げられる。　○騫雍　「閔子騫」と「冉雍」のこと。閔子騫、名は損。孔子より十五歳年少。孔門十哲の一人、徳行に優れた。冉雍、字は仲弓。やはり徳行に優れ、孔子は南面させる（君主の位に即く）ことができるほどだと評した。　○不善政之所失于下、霣墜下民者衆矣　「霣」も「墜」もともに、落ちるの意。「霣墜」とは天から下に向かって墜落すること。文意が取りにくいが、景公の良くない政治によって様々な災いが人々に降りかかっていることをいうのである。張純一は、この文は滑らかさがなく、意味がくどくなっているから、『孔叢子』詰墨篇が「不善之政、加於下民者衆矣。」（不善の政、下民に加ふる者衆し）作っているのに基づいて刪訂すべきという。なお、『校注』は、王念孫説に従い「下民」を「于民」に改めている。今、原文のまま訳しておく。　○辞令不給　「辞令」とは、桓公が口頭で発するさまざまな政令。「給」は足（たりる）の意。政令が十分に行き届かないこと。　○隰朋　管仲とともに桓公を補佐した名臣。『管子』小匡篇によれば、宮中での立ち居振る舞いが礼にかない、言葉遣いが巧みであったために、大行（外務大臣）に登用するようにと管仲が桓公に推薦した人物。『韓非子』外儲説左下篇にもほぼ同様に見える。　○暱侍　「暱」は近づくの意。「暱侍」は近侍に同じ。　○獄讞　「獄」も「讞」もともに罪状を裁き明らかにすること。裁判の意。　○弦甯　『管子』小匡篇に、裁判が公平中立で、無実の者を罪に陥れることをしなかったために、大理（司法大臣）に登用するようにと管仲が推薦した人物を賓胥無（ひんしよむ）といったが、彼のことであろうか。『新序』雑事四にはほぼ同文があって弦寧とある。「甯」は「寧」の別体。『韓非子』は弦章に作る。弦甯か弦章かという問題については諫上篇第四章余説参照。　○民氓　民、庶民。
○甯戚　『管子』によれば、土地を開墾し農業生産に務め人口の増加を計ることに有能であるから、大田（農業大臣）に登用するように

と管仲が推薦した人物。『韓非子』は「甯武」に作る。　○戎士僨　「戎」は戦いの意であることから、「戎士」は兵士のこと。「僨」はまじめでないこと、いい加減なこと。　○王子成甫　『管子』によれば、軍隊を率いて勇敢に戦うことにかけて有能であるために、大司馬（軍事大臣）に登用するようにと管仲が推薦した人物を王子城父といったが、彼のことであろう。「成甫」と「城父」は音が通じる。『韓非子』は「公子成父」に作る。　○慴畏　「慴」も「畏」もともに恐れること。　○東郭牙　『管子』・『韓非子』によれば、私心を捨てて君主を真心から諫め、富貴の誘惑に屈しなかったために、大諫（諫言大臣）に登用するようにと管仲が推薦した人物。　○管子　『管子』・『韓非子』では、管仲はこのとき国を治めるのはこの五人がいれば十分で、それぞれの能力について自分は及ばないけれども、桓公が天下の覇王になろうとするのならば自分が欠かせないことを桓公に進言したことをいう。本章では管仲をはじめとする有能な人物が桓公の周囲には揃っていたことを言うために引いているもので、管仲の取り上げ方が異なる。　○頓　「敗」の意がある。

○是以諸侯　『校注』は「是故諸侯」に作る。　○胙　祭祀に用いる肉。『校注』は「祚」に作るが、この場合意味は変わらない。張純一は、このことは『左伝』僖公九年に「王使宰孔賜斉侯胙」（周襄王の使者宰孔が斉桓公に祭用の肉を賜ったの意）とあるのはまさにこのことを指しているのであろうという。　○未有一士以聞也　『校注』は王念孫説に従い「未有一士以聞者也」に改めている。今、原文のままとする。

口語訳　第六章　景公が斉国の政を善くして覇王になりたいと問うたのに晏子は官制がまだ整っていないと答えたこと

景公が晏子に尋ねて、「余は立派に斉国の政治を行って、天下諸侯の覇者になりたく思う」と言った。晏子は顔色を変えてお答えして、「官制がまだ整っておりません。私がこのことを何度申し上げても、ご主君は聞き入れようとなさいません。あの仲尼〔孔子〕でさえ振る舞いが怠惰であったり、品行が正しくないときには、季次と原憲とが側に侍って（諫め）、気分が欝屈してすぐれず、ことが思い通りにゆかないときには、仲由と卜商とが侍って（励まし）、徳行がはかばかしくなく、言行が周到でないときには、顔回と閔子騫・冉雍とが側に侍っ（て忠告し）た、と私は聞いております。今、ご主君の朝廷に居並ぶ臣下は万人を数え、戦車は千乗を数え（るばかりの大国であ）るのに、ご主君の不善な政治によって様々な災いが、下々の民（の暮らし）に降りかかっているのです。（にもかかわらず）敢えて申し上げようという有能な士も居りません。ですから私は、官制がまだ整っていない、と言うのです」と言った。

公が、「寡人はたった今から先生（の意見）に従って斉国の政治をよくしようと思うが、できるだろうか」と言った。

（晏子は）お答えして、「国家とは官制が整っていて始めて、その政治がよくなる、と嬰は聞いております」と言った。公は顔色を変えて不機嫌に、「斉国は小国とはいえ、どうして官制が整っていないなどと言えるのか」と言った。（晏子は）お答えして、「これは（本来は）私が申すべきことではないのでしょう。昔、わが先君桓公は、身が怠惰になり辞令が十分でないときには、隰朋がお側に仕え（て補佐し）ました。側近に過ちが多く、裁判が適切でないときには、弦甯がお側に仕え（て補佐し）ました。軍吏が怠け、兵士が勤勉でないときは、王子成甫がお側に仕え（て補佐し）ました。農地の改修が行われず、民が安心して暮らせないときには、甯戚がお側に仕え（て補佐し）ました。（主君が）日常生活でだらしなく怠けているのに、側近が怖じ気づいて（何も言えず）、（主君が）快楽に耽って、政治の手を抜くときは、東郭牙がお側に仕え（て補佐し）ました。徳行や道義が中正さを欠き、信義ある行動がおろそかになるときは、管子がお側に仕え（て補佐し）ました。（このように）先君は人の長所で己の短所を補い、人の豊かな天分で己の足りない所を補ったので、辞令はどんな遠くまでも行き渡って背かれることがありませんでした。軍事では罪のある者と戦って敗れることがなかったので、諸侯は彼の徳義に感じて朝廷に参上し、天子も祭祀用の肉を賜りました。今、ご主君の過失は多いのに、一人として（お諫め）申し上げる士がおりません。ですから、官制がまだ整っていないと言うのです」と言った。公は、「よろしい」と言った。

余説　王念孫は、この章は『説苑』君道篇では後半のみあって前半がなく、『孔叢子』詰墨篇では前半のみあって後半がないことから、本来二つの章に分かれていたのが、内容がほぼ同じであるためにここにまとめられたのだろう考えた。覇者となった斉の桓公と儒学の祖となった魯の孔子という全く性格の異なる人物が同じ文脈のなかで見えていることの不自然さも合わせ考えれば、そのように考えてもよいであろう。だが、これをまとまった一章として読むこともさほど不自然ではない。少なくとも、官制を完備させるべきであるという晏子の提案は、一方で孔子を引き合いに出し、また一方で先君桓公を引き合いに出すことでその説得力は格段に増している。

しかし張純一は、本章前半部について、晏子と孔子の年齢差を考えるならばこのようなことを晏子が言うことはありえないという。その最大の論拠は、晏子の卒年は紀元前五〇六年頃、孔子四五歳の時であり、弟子の卜商は孔子より四四歳年少であるから、晏子の卒年時にはまだ一歳でしかないという点にある。さらに顔回は孔子より三〇歳年少であるからこれもこの時まだ十五歳そこそこということになり、この説話を晏子の卒年時まで下げたとしても、こうした言葉を発することは全く有り得ない。従って後世の創作であることは間違い

ない。

本章の主意は、孔子や桓公ほどの人物でさえ、自分に足りないところを別人によって補っていたにもかかわらず、景公にはそうした人物が一人としていないことを言おうとするところにある。ところが『管子』小匡篇及び『韓非子』外儲説左下篇では、桓公ではなく管仲が及ばない所を五人の者が補ったことになっている。

なお、『孔叢子』詰墨篇に本章の前半部とほぼ同文が次のように見える。

…昔斉景公問晏子曰、「吾欲善治、可以覇諸侯乎。」対曰、「官未具也。臣亟以聞、而君未肯然也。臣聞、孔子聖人、然猶居処勌惰、廉隅不脩、則原憲・季羔侍。血気不休、志意不通、則仲由・卜商侍。徳不盛、行不勤、則顔・閔・冉雍侍。今君之朝臣万人、立車千乗、不善之政加於下民者衆矣。未能以聞者。臣故曰、官未備也。」…

（…昔斉景公晏子に問ひて曰く、「吾善く治めんと欲すれば、以て諸侯に覇たるべきか」と。対へて曰く、「官未だ具はらざるなり。臣亟々（しばしば）以聞するも、君未だ肯然たらざるなり。臣聞く、孔子は聖人なり、然れども猶ほ居処勌惰（けんだ）にして、廉隅脩まらざるときは、則ち原憲・季羔（きこう）侍る。血気休まず、志意通ぜざるときは、則ち仲由・卜商侍る。徳盛んならず、行ひ勤めざるときは、則ち顔・閔・冉雍侍る。今君の朝臣万人、立車千乗なるも、不善の政の下民に加ふる者衆し。未だ以聞する者（こと）能はず。臣故に曰く、官未だ備はらざるなり、と」と。…）

また、『説苑』君道篇には、本章の後半部とほぼ同文が次のように見える。

斉景公問於晏子曰、「寡人欲従夫子而善斉国之政。」対曰、「嬰聞之、国具官而後政可善。」景公作色曰、「斉国雖小、則何為不具官乎。」対曰、「此非臣之所復也。昔先君桓公、身体堕懈、辞令不給、則隰朋侍。左右多過、刑罰不中、則弦章侍。居処肆縦、左右懾畏、則東郭牙侍。田野不修、人民不安、則寧戚侍。軍吏怠、戎士偸、則王子成父侍。徳義不中、信行衰微、則管子侍。先君能以人之長続其短、以人之厚補其薄。是以辞令窮遠而不逆。兵加於有罪而不頓。是故諸侯朝其徳、而天子致其胙。今君之失多矣、未有一士以聞者也。故曰未具。」景公曰、「善。」

（斉景公晏子に問ひて曰く、「寡人夫子に従ひて斉国の政を善くせんと欲す」と。対へて曰く、「嬰之を聞く、国官を具へて而る後に政善くすべし、と」と。景公色を作して曰く、「斉国小なりと雖も、則ち何為れぞ官を具へざらんや」と。対へて曰く、「此れ臣の復す所に非ざるなり。昔先君桓公、身体堕懈し、辞令給せざれば、則ち隰朋侍る。左右過ち多く、刑罰中らざれば、則ち弦章侍る。居処肆縦にして、左右懾畏すれば、則ち東郭牙侍る。田野修まらず、人民安からざれば、則ち寧戚侍る。軍吏怠り、戎士偸すれば、則ち王子成父侍る。徳義中らず、信行衰微すれば、則ち管子侍る。先君は能く人の長を以て其の短に続（つ）ぎ、人の厚きを以て其の薄

きを補ふ。是を以て辞令は窮遠にして逆らはず。兵は有罪に加へて頓（やぶ）れず。是の故に諸侯其の徳に朝して、天子其の胙を致す。今君の失多きに、未だ一士の以聞する者有らざるなり。故に曰く、未だ具はらず、と」と。景公曰く、「善し」と。）

景公問欲レ如下桓公用二管仲一以成中覇業上晏子對以レ不レ能　第七

景公問二晏子一曰、「昔吾先君桓公、有二管仲夷吾一保二乂齊國一、能遂二武功一而立二文德一、糾二合兄弟一、*撫二存冀州一。呉越受レ令、荊楚惛憂、莫レ不二賓服一、勤二于周室一、天子加レ德。先君昭功、管子之力也。今寡人亦欲レ存二齊國之政于夫子一。夫子以佐二佑寡人一、彰二先君之功烈一、而繼二管子之業一。」晏子對曰、「昔吾先君桓公、能任二用賢一、國有二什伍一、治偏二細民一、貴不レ凌レ賤、富不レ傲レ貧、*功不レ譴レ罷、*佞不レ咄レ愚、擧レ事不レ私、聽レ獄不レ阿、內妾無レ羨レ食、外臣無レ羨レ祿、鰥寡無二飢色一、不下以二飮食之辟一害中民之財上、不下以二宮室之侈一勞中人之力上、節二取于民一而普施レ之、府無レ藏、倉無レ粟、上無二驕行一、下無二諂德一。是以管子能以二齊國一免二于難一、而以二吾先君一參二乎天

景公《けいこう》問《と》ひて桓公《くわんこう》の管仲《くわんちゆう》を用《もち》ひて以《もつ》て覇業《はげふ》を成《な》せしが如《ごと》きを欲《ほつ》し晏子《あんし》對《こた》ふるに能《あた》はざるを以《もつ》てす　第七

景公晏子《けいこうあんし》に問《と》ひて曰《いは》く、「昔吾《むかしわ》が先君桓公《せんくんくわんこう》、管仲夷吾《くわんちゆうゐご》有《あ》り、齊國《せいこく》を保乂《はうがい》し、能《よ》く武功《ぶこう》を遂《と》げて文德《ぶんとく》を立《た》て、兄弟《けいてい》を糾合《きうがふ》し、冀州《きしう》を撫存《ぶそん》す。呉越令《ごゑつれい》を受《う》け、荊楚惛憂《けいそこんいう》して、賓服《ひんぷく》せざるもの莫《な》く、周室《しうしつ》に勤《つと》め、天子《てんし》は德《とく》を加《よみ》す。先君《せんくん》の昭功《せうこう》は、管子《くわんし》の力《ちから》なり。今寡人《いまくわじん》も亦齊國《またせいこく》の政《せい》を夫子《ふうし》に存《そん》せんと欲《ほつ》す。夫子《ふうし》以《もつ》て寡《くわ》人《じん》を佐佑《さいう》し、先君《せんくん》の功烈《こうれつ》を彰《あき》らかにして、管子《くわんし》の業《げふ》を繼《つ》げ」と。晏子對《あんしこた》へて曰《いは》く、「昔吾《むかしわ》が先君桓公《せんくんくわんこう》は、能《よ》く賢《けん》を任用《にんよう》し、國《くに》に什伍《じふご》有《あ》り、治《ち》は細民《さいみん》に偏《あまね》く、貴《き》は賤《せん》を凌《しの》がず、富《ふう》は貧《ひん》に傲《おご》らず、功《こう》は罷《ひ》を譴《せ》めず、佞《ねい》は愚《ぐ》を咄《しりぞ》けず、事《こと》を擧《あ》げて私《わたくし》せず、獄《ごく》を聽《き》きて阿《あ》せず、內《うち》に妾《せふ》は食《しよく》を羨《あま》すこと無《な》く、外《そと》に臣《しん》は祿《ろく》を羨《あま》すこと無《な》く、鰥寡《くわんくわ》は飢色《きしよく》無《な》く、飮食《いんしよく》の辟《へき》を以《もつ》て民《たみ》の財《ざい》を害《がい》せず、宮《きゆう》室《しつ》の侈《し》を以《もつ》て人《ひと》の力《ちから》を勞《らう》せず、民《たみ》に節取《せつしゆ》して普《あまね》く之《これ》を施《ほどこ》し、府《ふ》に藏《ざう》無《な》く、倉《くら》に粟《ぞく》無《な》く、上《かみ》に驕行《けうかう》無《な》く、下《しも》に諂德《てんとく》無《な》し。是《ここ》を以《もつ》て管子《くわんし》は能《よ》く齊國《せいこく》を以《もつ》て難《なん》を免《まぬ》かれしめ、而《しか》して吾《わ》が先君《せんくん》を以《もつ》て天子《てんし》に參《さん》ぜしむ。今君先君《いまきみせんくん》の功烈《こうれつ》を彰《あき》らかにして管子《くわんし》の業《げふ》を

子。今君欲彰先君之功烈而繼管子之業、則無以多辟傷百姓、無以嗜欲玩好怨諸侯。臣孰敢不承善盡力以順君意。今君疎遠賢人、而任讒諛、使民若不勝、藉斂若不得、厚取于民、而薄其施、多求于諸侯、而輕其禮、府藏朽蠹、而禮悖于諸侯、菽粟藏深、而怨積于百姓、君臣交惡、而政刑無常。臣恐國之危失、而公不得享也。又惡能彰先君之功烈而繼管子之業乎。」

繼《つ》がんと欲《ほっ》せば、則《すなは》ち多《た》辟《へき》を以《もっ》て百姓《ひやくせい》を傷《きず》つくること無《な》かれ、嗜欲玩好《しよくぐわんこう》を以《もっ》て諸侯《しよこう》を怨《うら》むこと無《な》かれ。臣孰《しんたれ》か敢《あ》へて善《ぜん》を承《う》け力《ちから》を盡《つ》くして以《もっ》て君《きみ》の意《い》に順《したが》はざらん。今君賢人《いまきみけんじん》を疎遠《そゑん》にして、讒諛《ざんゆ》に任《にん》じ、民《たみ》を使《つか》ふこと勝《た》へざるがごとくし、藉斂《せきれん》すること得《え》ざるがごとくし、厚《あつ》く民《たみ》に取《と》りて、其《そ》の施《ほどこ》しを薄《うす》くし、多《おほ》く諸侯《しよこう》に求《もと》めて、其《そ》の禮《れい》を輕《かろ》くし、府藏《ふざう》は朽蠹《きうと》して、禮《れい》は諸《しよ》侯《こう》に悖《もと》り、菽粟《しゆくぞく》は藏《ざう》すること深《ふか》くして、怨《うら》みは百姓《ひやくせい》に積《つ》み、君《くん》臣《しん》は交ゝ《こもごも》惡《にく》みて、政刑《せいけい》は常《つね》無《な》し。臣恐《しんおそ》らくは國《くに》の危失《きしつ》して、公《こう》の享《う》くることを得《え》ざらん。又惡《またいづく》んぞ能《よ》く先君《せんくん》の功烈《こうれつ》を彰《あき》らかにして管子《くわんし》の業《げふ》を繼《つ》がんや」と。

校訂 ＊撫存冀州　底本は「撫存翌州」。孫星衍・王念孫説に従い改めた。孫星衍は「翌」と「冀」は読みが似ているから誤ったのであろうといい、王念孫はこの孫説を否定して、「翌州」では意味をなさず、「中国」を「冀」と称したことがあることを『孔子家語』正論篇の王粛注から見つけだし、同時に『公羊伝』僖公四年に「桓公救中国而攘夷狄、卒怗荊」（桓公中国を救ひて夷狄を攘（はら）ひ、卒に荊を怗（した）がはす）とあることを傍証として改めるべきことを言う。『校注』も王説に従い改めている。

＊功不譴罷　底本は「功不遺罷」。于鬯の、「遺」は「遣」の誤りで、かつ「遣」は「譴」の仮字であるとする説に従い改めた。『校注』は「遺」でよいとして改めていない。

＊佞不咄愚　底本は「佞不吐愚」。兪樾説に従い改めた。『校注』は「吐」は「棄」の意味であるとして改めていない。

語釈 〇夷吾　管仲の字。　〇保乂　「保」は保ち、安んじること、「乂」は治めること。　〇兄弟　兄弟のような関係にある国々の意。「中国」を指す。　〇惛憂　王念孫は「惛」を「悶」と同意に解して、悩みに思うことだという。于省吾は、これを批判して「惛」は「聞」の古字「睧」に作るべきとして、「聞憂」の意、すなわち聞いて恐懼することだという。今、王説に従い訳しておく。　〇勤力を尽くす、また助けるの意。　〇佐佑　「左右」と同じで助けるの意味があるという孫星衍の説に従い訳す。　〇天子加徳　「加」

は「嘉」に通じ、よみする、誉め称えるの意。周の天子が桓公の覇者としての徳望を誉め称えたのである。○什伍　「什」は十家、「伍」は五家。十家もしくは五家を最少単位として、民を游・里・州・郷・国という具合にピラミッド型に組織した。そしてこの国家の行政組織がそのまま軍隊組織としても機能するようにしたのである。『管子』立政篇に「分國以爲五郷、郷爲之師。分郷以爲五州、州爲之長。分州以爲十里、里爲之尉。分里以爲十游、游爲之宗。十家爲什、五家爲伍、什伍皆有長焉」（國を分けて以て五郷と爲（な）し、郷ごとに之が師を爲（つく）る。郷を分けて以て五州と爲し、州ごとに之が長を爲る。州を分けて以て十里と爲し、里ごとに之が尉を爲る。里を分けて以て十游と爲し、游ごとに之が宗を爲る。十家を什と爲し、五家を伍と爲し、什・伍には皆長有り）とあるのを参照。○功不譴罷　「功」は手柄を立てた者のこと。「罷」は功績の無い者のことで「功」と対をなす。「譴」は責め立てること、厳しくとがめること。○佞不咄愚　「佞」は才知に長けた者の意で「愚」と対をなす。「咄」は叱ること。○阿　私すること、曲げること。私情を加えて判決をねじ曲げること。○飲食之辟　劉師培は「辟」は「癖」の誤りであるから改めるべきという。「癖」は偏った嗜好のこと。飲食における極端な嗜好の偏りを意味する。下文の「多辟」の「辟」も同様、「癖」の意。○府・倉　文書や財貨を収蔵する倉庫を「府」と言い、文書や兵器を収める倉庫を「庫」と言い、穀物を入れる倉庫を「倉」と言って区別していた。○諂徳　「徳」は「得」に通じ、「諂徳」とは諂いによって得られる利益のこと。○嗜欲玩好　張純一は「玩好」の二字は後人の付加したものであろうから削除すべきとして、『校注』で「嗜欲」に改めている。○臣孰敢　「臣」は晏子のことだけを指すのではなく、景公に仕える臣下は誰でもという意味である。『校注』は「孰敢」に作る。○藉斂　「藉」は借りる、「斂」は集める。賦税を取り立てること。

口語訳　第七章　景公が桓公が管仲を登用して覇業を成し遂げたように自分もしたいと問うたのに対し晏子は不可能であると答えたこと

景公が晏子に尋ねて、「昔、余が先君桓公は、管仲夷吾がいたおかげで、斉国を安んじ治め、武功を上げ文徳を立て、兄弟（の国々）をひとつにまとめあげ、中国を平和に保った。（南の夷狄の）呉と越は命に従い、（同じく南の）楚国も（斉の威勢に）悩まされて、来朝して服従しない国はなく、周室を助けたので、天子はその徳望を誉め称えた。先君の（こうした）輝かしい功績は、管子のはたらきによるものである。今、寡人もまた斉国の政治を先生に委ねようと思う。先生は寡人をよく補佐して、先君の功業を顕彰して、管子の業績を引き継いでいただきたい」と言った。晏子はお答えして、「昔、わが先君桓公は、賢者を巧みに任用し、国内に什伍の軍隊組織を編成し、政治は貧しい民にもあまねく及び、

尊貴な身分の者が卑しい身分の者をおしのけることもなく、金持ちが貧乏人を侮ることもなく、功績をあげた者が功績のない者を責めたてることもなく、才知に長けた者が愚者をおしのけることもなく、事業をなしても私腹を肥やさず、裁判に臨んでも一方に偏らず、（宮殿の）内にあっては愛妾らの食事を無駄にしないようにさせ、（宮殿の）外にあっては臣下らの俸禄を無駄にしないようにさせ、一人暮らしの寡婦や男やもめらも飢えることなく、飲食の偏った嗜好で民の富を損なわず、宮室の贅沢のために人々に労苦を強いず、民からは少なく取り立ててあまねく施し、宝物蔵にはしまいこんでおく物はなく、穀物倉には（余分な）穀物はなく、上位の者が威張り散らすこともなく、下位の者がおべっかを使って得することもなかったのです。こうして管子は斉国を（数々の）困難から救い、そしてわが先君を天子のもとに参上させることができたのです。今、ご主君が（私に）先君の功業を顕彰して管子の業績を継承させようとお思いならば、多くの偏った嗜好のために人々を傷つけてはなりませぬし、気ままな欲望や道楽などのために諸侯に怨みを抱いてはなりません。臣下の誰が（先君と管子の）善政を受け継ぎ全力を尽くして主君のご意向に従わないことがありましょう。ところが今、ご主君は賢者を疎遠にして、誹《そし》り諂《へつら》う者を重用し、民が耐えきれないほど酷使して、きりがないばかりに賦税を取り立て、民からは大いに取り上げておきながら、その見返りは少なく、諸侯には多くのことを要求しておきながら、その礼儀は簡単で、宝物蔵の品物は腐って虫が喰うほどあるのに、諸侯へのもてなしは礼儀に反し（て不十分で）、豆や穀物は（食べることもせずむざむざと）穀物倉にしまいこんで（民に与えず）、怨念を人々にため込ませ、君臣は互いに憎しみあっていて、政治や刑罰には一定の規範がありません。私が恐れるのは、斉の国を危うくし果てはこれを失ってしまわれ、やがて公が（国君としてのめでたき地位さえ）享受できなくなるのではないかということでございます。（このようなことでは）一体どうして先君の業績を顕彰して管子の事業を継承することなどできましょうか」と言った。

余説 景公が、しきりに覇者として天下に君臨したがっていたことがうかがわれる。自らを桓公になぞらえると同時に、晏子を管子のようであれと命じているのである。景公が自ら語る覇者の条件とは異なり、晏子の口から語られるのは、至って仁君の要素が強い。本章でも注意すべきは、晏子の景公に対する警告が今のままでは天下の覇者はおろか斉一国の君主の地位すら失いかねないであろうことに言い及んで姜斉の滅亡を暗示しているかと思われることである。

景公問㆓莒魯孰先亡㆒晏子對以㆓魯後莒先㆒　第八

景公問㆓晏子㆒、「莒與㆑魯孰先亡。」對曰、「以㆑臣觀㆑之也、莒之細人、變而不㆑化、貪而好㆑假、高㆑勇而賤㆑仁、士武以疾忿、急以速竭。是以上不㆑能㆑養㆓其下㆒、下不㆑能㆑事㆓其上㆒。上下不㆑能㆓相收㆒、則政之大體失矣。故以㆑臣觀㆑之也、莒其先亡。」公曰、「魯何如。」對曰、「魯之君臣、猶好㆑爲㆑義、下之妥妥也、奄然寡㆑聞。是以上能養㆓其下㆒、下能事㆓其上㆒。上下相收、政之大體存矣。故魯猶可㆓長守㆒。然其亦有㆑一焉。彼鄒・滕雉犇而出㆓其地㆒、猶*稱㆓公侯㆒。小*之事㆑大、弱之事㆑彊、久矣。彼殷者、周之樹國也。魯近㆑齊而親㆑殷。以㆓變小國㆒、而不㆑服㆓于隣㆒、*以遠望㆑晉、滅㆑國之道也。齊其有㆓魯與㆑莒乎。」公曰、「魯與㆑莒之事、寡人既得而聞㆑之矣。寡人之德亦薄。然後世孰踐㆓有齊國㆒者。」對曰、「田無宇之後爲㆑幾。」公曰、

景公莒魯《けいこうきよろ》孰《いづ》れか先《ま》づ亡《ほろ》びんと問《と》ひ晏子《あんし》對《こた》ふるに魯後莒先《ろごきよせん》を以《もつ》てす　第八

景公晏子《けいこうあんし》に問《と》ふ、「莒《きよ》と魯《ろ》と孰《いづ》れか先《ま》づ亡《ほろ》びん」と。對《こた》へて曰《いは》く、「臣《しん》を以《もつ》て之《これ》を觀《み》るに、莒《きよ》の細人《さいじん》は、變《へん》じて化《くわ》せず、貪《たん》にして假《か》を好《この》み、勇《ゆう》を高《たつと》びて仁《じん》を賤《いや》しみ、士《し》は武《ぶ》にして以《もつ》て疾《しつ》忿《ふん》、急《きふ》にして以《もつ》て速竭《そくけつ》なり。是《ここ》を以《もつ》て上其《かみそ》の下《しも》を養《やしな》ふこと能《あた》はず、下其《しもそ》の上《かみ》に事《つか》ふること能《あた》はず。上下相收《じやうかあひをさ》むること能《あた》はざれば、則《すなは》ち政《せい》の大體失《だいたいしつ》す。故《ゆゑ》に臣《しん》を以《もつ》て之《これ》を觀《み》るに、莒其《きよそ》れ先《ま》づ亡《ほろ》びん」と。公曰《こういは》く、「魯《ろ》は何如《いかん》」と。對《こた》へて曰《いは》く、「魯《ろ》の君臣《くんしん》は、猶《な》ほ義《ぎ》を爲《な》すことを好《この》み、下《しも》の妥妥《すゐすゐ》たる、奄然《えんぜん》として聞《き》くこと寡《すく》なし。是《ここ》を以《もつ》て上《かみ》能《よ》く其《そ》の下《しも》を養《やしな》ひ、下《しも》能《よ》く其《そ》の上《かみ》に事《つか》ふ。上下相收《じやうかあひをさ》めて、政《せい》の大體存《だいたいそん》す。故《ゆゑ》に魯《ろ》は猶《な》ほ長守《ちやうしゆ》すべし。然《しか》れども其《そ》れ亦一有《またいつあ》り。彼《か》の鄒《すう》・滕《とう》は雉犇《ちはし》れば而《すなは》ち其《そ》の地《ち》を出《い》づるも、猶《な》ほ公侯《こうこう》と稱《しやう》す。小《せう》の大《だい》に事《つか》へ、弱《じやく》の彊《きやう》に事《つか》ふること、久《ひさ》し。彼《か》の殷《いん》は、周《しう》の樹《た》つる國《くに》なり。魯《ろ》は齊《せい》に近《ちか》くして殷《いん》に親《した》しむ。變小《へんせう》の國《くに》を以《もつ》て、隣《となり》に服《ふく》せずして、以《もつ》て遠《とほ》く晉《しん》を望《のぞ》むは、國《くに》を滅《ほろ》ぼすの道《みち》なり。齊《せい》は其《そ》れ魯《ろ》と莒《きよ》とを有《たも》たんか」と。公曰《こういは》く、「魯《ろ》と莒《きよ》との事《こと》は、寡人既《くわじんすで》に得《え》て之《これ》を聞《き》けり。寡人《くわじん》の德《とく》も亦薄《またうす》し。然《しか》らば後世孰《こうせいたれ》か齊國《せいこく》を踐有《せんいう》せん者《もの》ぞ」と。對《こた》へて曰《いは》く、

「何故也。」對曰、「公量小、私量大、以施二于民一、其與レ士交也、用レ財無二筐篋之藏一、國人負三攜其子二而歸レ之、若二水之流一レ下也。夫先與二人利一、而後辭二其難一、不二亦寡一乎。若苟勿レ辭也、從而撫レ之、不二亦幾一乎。」

「田無宇《でんむう》の後《のち》を幾《ちか》しと爲《な》す」と。公曰《こういは》く、「何《なん》の故《ゆゑ》ぞや」と。對《こた》へて曰《いは》く、「公量小《こうりやうせう》に、私量大《しりやうだい》に、以《もつ》て民《たみ》に施《ほどこ》し、其《そ》の士《し》と交《まじ》はるや、財《ざい》を用《もち》ふること筐篋《きやうけふ》の藏《ざう》無《な》く、國人《こくじん》の其《そ》の子《こ》を負攜《ふけい》して之《これ》に歸《き》すること、水《みづ》の下《しも》に流《なが》るるがごとし。夫《そ》れ先《ま》づ人《ひと》に利《り》を與《あた》へて、而《しか》る後《のち》に其《そ》の難《なん》を辭《じ》するは、亦寡《またすく》なからずや。若《も》し苟《いやし》くも辭《じ》すること勿《な》きに、從《よ》りて之《これ》を撫《ぶ》せば、亦幾《またちか》からずや」と。

校訂　＊小之事大　底本は「大之事小」。王念孫・兪樾・陶鴻慶らの、原文のままでは意味をなさないとする説に従い改めた。『校注』も改めている。

＊彼殷者、周之樹国也　底本は「彼周者、殷之樹国也」。「殷」は「宋」のことであるとする兪樾説を踏まえて、「殷」と「周」を入れ替えるべきだとする蘇時学らの説に従い改めた。呉則虞はこれを是とする。「宋」は周が殷を滅ぼした後に殷の遺民に祖先の祭祀を続けさせるために封建した小国。なお張純一は、孫星衍のこの「殷」は下文の「殷」とともに、当時魯が親交を持っていた「晋」の誤りであろうとする説を是として、『校注』を「彼晋者、周之樹国也」に改めている。

＊以遠望晋　底本は「以遠望魯」。兪樾説に従い改めた。兪樾言う、「魯」と「晋」の字形が似ているために誤ったのだと。また言う、魯は斉と隣をなしているのに、斉に事えることを知らず、親しむ国は宋で、望む国は晋だが、宋は既に弱小で、助けとするに足りず、晋は遠く離れていて、危急の時に恃むに足りない、この故に滅国の道といっているのだ、と。

語釈　○莒　春秋時代に山東省東南部にあった小国。前四三一年、楚に滅ぼされた後、斉の領地に組み込まれた。　○細人　つまらぬ人、小人と同じ。　○仮　いつわりの意。『説文』に「仮とは、真に非ざるなり。」とある。　○士武以疾忿、急以速竭　「疾」はすばやいこと。次の句の「速」と同じ。「忿」は怒ること。「急」は激しいこと。「竭」は尽きること。莒の士人たちが武ばっていて怒りっぽく、激しやすいがすぐに冷めてしまう性質をもっていることをいう。なお、呉則虞は「疾」と「竭」は韻がそろっているから「士武以疾、忿急以速竭」のように句読を切って読むべきという。そう読んでも意味は変わらない。　○大体　根本、大原則という意味。

○妥妥　孫星衍は、「妥妥」は「綏綏」に改めるべきで、「綏」は「安」の意であるという。于省吾は、金文では「綏」を「妥」に書いているからむしろ古字の僅かに残ったものと見るべきだという。安泰の意。　○奄然　「奄」は憩うこと。安らかに憩うさま。孫星衍は「闇然」（暗く被われているさま）の意だという。　○然其亦有一焉　誤脱があるからか、意味がはっきりしない。そこで陶鴻慶は「亦」は「失」の誤りであろうという。陶説に従って読めば「然れども其の失に一有り」となる。ただ原文のまま読んでも、魯にはただ一つだけ弱点があるということを晏子はこの言葉で言おうとしたものと解し得る。　○鄒　春秋時代の国名は邾（ちゅ）。戦国時代に鄒と改称した。魯の南に位置した小国。現在の山東省南部鄒県。かの孟子は鄒人であった。儒学の伝統の厚いことをもって鄒魯と併称されることがある。　○滕　鄒の更に南に位置した小国。現在の山東省滕州市で鄒県に隣接する。後に斉の領土となる。孟子が滕の文公に遊説したことはよく知られる。（『孟子』滕文公篇参照）。　○雉犇而出其地　「犇」は「奔」と同じ、走るの意。雉が走っただけですぐに領地の外にでてしまうほどに狭い国土であることを言う。　○称公侯　孫星衍は、鄒の爵位は子（し）、滕は公であるはずだから、ここでなぜ「公侯」と記したのか未詳という。黄以周は、滕のような小国でも自国内では公を称し、対外的には列侯を称していたからであろうとする。鄒・滕が小国でありながら諸侯を自称したことと解しておく。　○魯近斉而親殷　魯が、隣国でしかも大国の斉と親しまずに、小国で恃むに足りない殷（＝宋）と親しんでいることの危うさを指摘したのである。張純一は孫星衍の「親殷」は「親晋」の誤りであろうとする説を是として『校注』を「魯近斉而親晋」に改めている。魯が隣国の斉と親しむべきであるのに親しまず、遠国の晋と親しんでいることをいうものと解したのである。　○変小　「徧小」と同じ。「徧」は土地などが狭いこと。狭くて小さいの意。　○既得而聞之　『校注』は「既得聞之」（既に之を聞くを得）に作る。　○践有　「践」は位につくこと。即位して国を保つ。　○田無宇　田文子の子、田桓子無宇のこと。腕力があり、荘公に仕えて甚だ寵愛された。景公の時は、その子田釐子乞（でんきしこつ）が大夫として仕えた。ここに見える田氏の愛民政策はこの田釐子乞が実施したのであるが、景公は禁じなかった。そこで晏子がしばしば景公を諫めたが聞き入れられなかったために、彼は晋の叔向に「斉国の政はそれ卒に田氏に帰さん」とひそかに語ったと言う。（『史記』田敬仲完世家参照）
○筐篋之蔵　「筐」は四角い籠で、食糧、書物、衣類などをいれた。「篋」は竹製の四角い箱。「筐篋」で竹の箱のこと。　○負攜　「負」は背負うこと、「攜」は「携」と同じ、手を引くこと。　○辞其難　困難な事態に直面したときにそれを引き受けないで断ること。
○従而撫之　そのことを理由にして撫で慈しむこと。

口語訳　第八章　景公が莒と魯のどちらが先に亡ぶかと問い晏子は魯が後で莒が先であろうと答えたこと

景公が晏子に尋ねた、「莒と魯とどちらが先に滅びるであろうか」と。お答えして、「私が見るところでは、莒の小人ど

もは、（うわべは）変わったようでも（心の中までは）教化されません、欲張りで偽りを好み、勇敢さを尊んで仁愛をいやしみ、士人は武ばっていてすぐに怒り、かっとなり易いのですがすぐに冷めてしまいます。このために上の者は下の者を養うことができず、下の者は上の者に仕えることができないのです。上下が受け入れあうことができなければ、政治の根本は失われます。このゆえに私が見るところでは、莒が先に滅びることでしょう」と言った。公が言う、「魯はどうか」と。お答えして、「魯の君臣は、今なお義を為すことを好んでおり、下の者は落ち着いていて、安らかで（余計な）見聞は少ないものですから、（かえって）このために上の者は下の者を養うことができ、下の者は上の者に仕えることができております。上下が受け入れあって、政治の根本が保たれているのです。このゆえに魯はなお長く存続することができましょう。けれどもやはり一つ問題がございます。かの鄒と滕の国は雉が走ればすぐに領地の外に出てしまうような（狭い）国ながら、なお公侯を称しています。（しかし現実には）小国が大国に仕え、弱国が強国に仕えて、久しいのです。かの殷〔＝宋〕は、周が建てた国です。魯は斉に近接していながら（弱小な）殷〔＝宋〕と親交を保ち、ちっぽけな国なのに隣（の大国斉）に服従せずに、遠く晋（の支援を）を望むのは、国を滅ぼす道です。斉はやがて魯と莒とをともに手中にすることでしょう」と言った。公は、「魯と莒とのことは、寡人は聞くことができた。寡人の徳もまた少ない、そこで後世、だれが斉国を治めることになるのであろうか」と言った。お答えして、「田無宇の子孫がいちばん近いのではないでしょうか」と言った。公は、「なぜだ」と言った。お答えして、「（あの田無宇の子、釐子乞は）公《おおやけ》の升目を小さくして（取り立て）、私《わたくし》の升目を大きくして（貸し出して）、民に（その差を）施し与え、士人との交際には、私財をはたいて（手元の）箱には全く何も残らないほどですから、国中の者が子供を背負い手を引いて彼のもとに慕い寄ってくるのですが、そのさまは、あたかも水が低きに向かって流れ込むようでございます。そもそも先に人に利益を与えておけば、後になっていざというときに、（恩義を受けた者が）これに知らん顔をするというのは、また何と少ないことです（きっと恩返しをしようとするでしょう）。もしそのときに（彼らが）そっぽを向かなければ、（田氏は）そのために彼らを（いっそう）撫で慈しむでしょうから、（そうすれば）また何と（国君への道に）近づくことでございましょう」と言った。

余説 後半部では、莒と魯のどちらが先に滅びるであろうかという主題から離れ、斉は将来誰のものでなるであろうかと景公が晏子に問う。もし景公が時代の趨勢をここまで冷静かつ客観的に観察して姜斉の没落を予感していたとすれば見事という他はないし、この問いに対する晏子の、斉はやがて田氏の手に落ちてしまうであろうという予言も、まさに後の歴史が物語っている通りであり、これまた見事な洞察という他はない。しかし、実際は景公も晏子もこれほど的確に斉の将来を見通していたわけではなく、この説話自体が田斉氏の世になって後に創作されたと見る方が妥当であろう。

加えてこの説話によって、後世姜氏の斉を簒奪したとしてしばしば批判にさらされることのあった田氏にとり、その簒奪（田氏にとっては、むしろ禅譲というべきであろう）の正当性と田斉の正統性とが晏子によって保証されていたことになるという点も注目すべきである。こうした内容の話は、例えば諫下篇第十九章、問下篇第十七章、外上篇第十章及び十五章などにも見えており、本篇にとどまらない。

以上の諸点は、本書の性格を考える上で大きなヒントになるはずである。つまり、田氏の善政が具さに描かれている点で、この書は田氏にとって実に有利なのである。また斉における姜氏から田氏への権力の移行が必然であることがこの書を通して承認されたことにもなろう。これらのことが本書が田氏の時代に編纂されたとする推測に有力な拠り所を与えていると見ることができる。

景公問二治レ國何患一晏子對以二社鼠猛狗一 第九

景公問二于晏子一曰、「治レ國何患。」晏子對曰、「患二夫社鼠一。」公曰、「何謂也。」對曰、「夫社、束レ木而塗レ之、鼠因往託レ焉。熏レ之則恐レ燒二其木一、灌レ之則恐レ敗二其塗一。此鼠所三以不レ可レ得レ殺者、以レ社故也。夫國亦有レ焉、人主左右是也。内則蔽二善惡于君上一、外則賣二權重于百姓一。不*レ誅レ之則爲レ亂、誅レ之

景公《けいこう》國《くに》を治《をさ》むるに何《なに》をか患《うれ》ふると問《と》ひ晏子《あんし》對《こた》ふるに社鼠《しやそ》猛《まう》狗《く》を以《もつ》てす 第九

景公晏子《けいこうあんし》に問《と》ひて曰《いは》く、「國《くに》を治《をさ》むるには何《なに》をか患《うれ》ふる」と。晏子《あんし》對《こた》へて曰《いは》く、「夫《か》の社鼠《しやそ》を患《うれ》ふ」と。公曰《こういは》く、「何《なん》の謂《いひ》ぞや」と。對《こた》へて曰《いは》く、「夫《か》の社《しや》は、木《き》を束《つか》ねて之《これ》を塗《ぬ》り、鼠《ねずみ》は因《よ》りて往《ゆ》きて焉《これ》に託《よ》る。之《これ》を熏《くん》ぜんとすれば則《すなは》ち其《そ》の木《き》を燒《や》かんことを恐《おそ》れ、之《これ》に灌《そそ》がんとすれば則《すなは》ち其《そ》の塗《と》を敗《やぶ》らんことを恐《おそ》る。此《こ》れ鼠《ねずみ》の殺《ころ》すことを得《う》べからざる所以《ゆゑん》の者《もの》は、社《しや》を以《もつ》ての故《ゆゑ》なり。夫《そ》れ國《くに》にも亦焉有《またこれあ》り、人主《じんしゆ》の左《さ》右是《いうこれ》なり。内《うち》は則《すなは》ち

則爲人主所案據、腹而有之。此亦國之社鼠也。人有酤酒者、爲器甚潔清、置表甚長。而酒酸不售。問之里人其故。里人云、公狗之猛、人挈器而入、且酤公酒、狗迎而噬之、此酒所以酸而不售也。夫國亦有猛狗、用事者是也。有道術之士、欲干萬乘之主、而用事者迎而齕之。此亦國之猛狗也。左右爲社鼠、用事者爲猛狗、主安得無壅、國安得無患乎。」

善惡《ぜんあく》を君上《くんじやう》に蔽《おほ》ひ、外《そと》は則《すなは》ち權重《けんちゆう》を百姓《ひやくせい》に賣《う》る。之《これ》を誅《ちゆう》せざれば則《すなは》ち亂《らん》を爲《な》し、之《これ》を誅《ちゆう》せんとすれば則《すなは》ち人主《じんしゆ》の案據《あんきよ》する所《ところ》と爲《な》りて、腹《ふく》して之《これ》を有《ゆる》す。此《こ》れも亦國《またくに》の社鼠《しやそ》なり。人《ひと》に酒《さけ》を酤《う》る者有《ものあ》り、器《うつは》を爲《つく》ること甚《はなは》だ潔清《けつせい》に、表《へう》を置《お》くこと甚《はなは》だ長《なが》し。而《しか》れども酒酸《さけさん》して售《う》れず。之《こ》の里人《りじん》に其《そ》の故《ゆゑ》を問《と》ふ。里人云《りじんい》ふ、公《こう》の狗《いぬ》の猛《たけ》きこと、人器《ひとうつは》を挈《ひつさ》げて入《い》り、且《まさ》に公《こう》の酒《さけ》を酤《か》はんとすれば、狗迎《いぬむか》へて之《これ》を噬《か》む、此《こ》れ酒《さけ》の酸《さん》して售《う》れざる所以《ゆゑん》なり、と。夫《そ》れ國《くに》にも亦猛狗有《またまうくあ》り、用事者是《ようじしやこれ》なり。道術有《だうじゆつあ》るの士《し》、萬乘《ばんじやう》の主《しゆ》に干《もと》めんと欲《ほつ》するも、用事者迎《ようじしやむか》へて之《これ》を齕《か》む。此《こ》れも亦《また》國《くに》の猛狗《まうく》なり。左右社鼠《さいうしやそ》爲《た》り、用事者猛狗《ようじしやまうく》爲《た》らば、主安《しゆいづく》んぞ壅《よう》無《な》きことを得《え》んや、國安《くにいづく》んぞ患無《うれひな》きことを得《え》んや」と。

校訂　＊不誅之則為乱　底本は「不誅之則乱」。元刻本に従い「為」字を補うべきとする黄以周、呉則虞説に従い改めた。

語釈　○社　土地神を奉る神殿。　○夫国亦有焉　『校注』は『説苑』政理篇によって「夫国亦有社鼠」に改めている。こうすると下文の「夫国亦有猛狗」とあるのと対をなす。今、原文のままとする。　○売権重于百姓　「売」とは代価を得て物を与えること、「権重」は権勢と同じ。つまり権勢と引き換えに人々から利益をせしめること。　○案拠　王念孫は、「拠」を『方言』に基づいて定まるの意味に、また「案」を『左伝』僖公五年注に基づいて安んじるの意味にそれぞれ解すべきであるとしたうえ、『史記』白起伝の「案拠」の用例を示した上で、「案拠」とは安定することであるという。今、王説に従い訳す。　○腹而有之　王念孫は、「腹」は「厚」の意、「有」は相親しく有することの意であるから、「恩厚くして親しく之を有（もた）つ」（主君の恩愛が手厚く、親愛の情をもって保護する）と解することができるとして、結局「案拠」の意であるという。これに対し劉師培は、「腹」は「覆」に作るべきであり、「覆」は「反」の意味であること、また「有」は「宥」（ゆるす）の仮借であるとして、この一句は「覆而宥之」、つまり「平反而赦之」（平反して之を赦す）の意味であるという。なお「平反」とは罪を軽くすることであるから、罪を軽くして許してしまうことの意に解すべきこととなる。いず

れにせよ難解であるが、本来誅すべき人物でありながら、君主自らがこれを保護してしまっていることと解される。今、劉説に従い訳しておく。　○人有酤酒者　「酤」は売ると買う両方の意味があるが、ここでは売るの意。後文の里人の言の中では、買うの意で用いられている。『校注』は『韓非子』外儲説右上篇によって「宋人有酤酒者」に改めている。『韓非子』は「宋の荘氏」としており、それに従えば、ここに見える「人」は「宋人」となるが、今は原文のままとする。　○潔清　清潔に同じ。　○表　酒を売っていることを示す旗印。　○而酒酸不售　陶鴻慶は下文に「此酒所以酸而不售也」とあることを証拠として「而」字を「酒酸」の後に置くべきという。呉則虞も『韓詩外伝』巻七の同一箇所に「然至酒酸而不售」とあるのを傍証として陶説を是としている。『説苑』は「而酒酸不售」に作っているので、今は原文のままとする。　○售　売ること。　○問之里人其故　呉則虞は、『韓詩外伝』に「之」字がないことを指摘する。確かに「之」字を削除した方が意味は読み取り易い。今、原文のままとする。　○里人云　『校注』は「里人曰」に作る。○公狗之猛　呉則虞は、『説苑』『韓詩外伝』によって「公之狗猛」に改めるべきといい、『校注』はそのように改めている。今、原文のままとする。　○噬　嚙みつくこと。　○用事者　「事」は政事、「用」は治めること。すなわち、実際の政治に携わって実権を握る者の意。　○道術之士　「道術」の語は多くの思想を背景にしているためにその意味を具体的には限定しにくいが、ここでは国家をうまく治めるための道（＝道理）や術（＝方法）を心得た士人の意に解しておく。　○齕　嚙む、かじるの意。　○壅　塞ぐこと、またさえぎること。

口語訳　第九章　景公が国を治める場合何を悩みとするかを問い晏子は社鼠と猛犬だと答えたこと

景公が晏子に尋ねて、「国を治める場合、何を悩みとするか」と言った。晏子はお答えして、「かの社鼠〔神殿に巣くう鼠〕を悩みとします」と言った。公が言う、「どういう意味か」と。お答えして、「そもそも神殿は、木を束ねた上に壁土を塗り込め（て造り）ますが、鼠はそれを頼みとして住みつくのです。これを燻《いぶ》し出そうとすれば（神殿の）木を焼いてしまう恐れがありますし、これに（溺れさせようと）水を注げば（神殿の）壁土を崩してしまう恐れがあります。この鼠を殺すことが出来ない理由は、神殿なるが故であります。いったい国にもまた同じことが言えまして、人主の（左右に仕える）側近がそれでございます。宮中にあっては、ことの善悪を君主から被い隠してしまい、外にあっては権勢をかさに人々から私利をせしめます。これを誅殺しなければ国は乱れ、といって誅殺しようとすれば人主から頼りにされていますから、罪を軽くして許してしまうのです。これもやはり国にとっての社鼠でございます。（さて）酒を売っている者がお

りました。酒器はとても清潔で、（店の目印の）旗はとても立派だったのですが、酒が酸っぱくなってしまって売れなかったのです。その村の者に（売れない）理由を尋ねると、村の者は、『貴公の犬が獰猛で、人が容器を下げて店先に入って貴公の酒を買おうとすると、そいつが待ち構えていてかみついてくる。こんなわけで酒が酸っぱくなって売れなくなってしまったのだよ』と言いました。いったい国にも獰猛《どうもう》な犬がおりまして、実権を握った者がそれでございます。道術を修めた士が万乗の君主に仕えようと望んでも、実権を握った者が待ち構えていてかみつくのです。これもやはり国にとっての猛犬です。側近が社鼠であり、実権を握った者が猛犬であるとすれば、君主はどうして邪魔されずにすみましょうか、国はどうして災い無しにすみましょうか」と言った。

余説　これと同様の説話が、『説苑』政理篇、『韓詩外伝』巻七、及び『韓非子』外儲説右上篇などに次のように見える。

斉桓公問於管仲曰、「国何患。」管仲対曰、「患夫社鼠。」桓公曰、「何謂也。」管仲対曰、「夫社、束木而塗之、鼠因往託焉。燻之則恐焼其木、灌之則恐敗其塗。此鼠所以不可得殺者、以社故也。夫国亦有社鼠、人主左右是也。内則蔽善悪於君上、外則売権重於百姓。不誅之則為乱、誅之則為人主所案拠、腹而有之。此亦国之社鼠也。人有酤酒者、為器甚潔清、置表甚長。而酒酸不售。問之里人其故。里人云、公之狗猛。人挈器而入、且酤公酒、狗迎而噬之、此酒所以酸不售之故也。夫国亦有猛狗、用事者是也。有道術之士、欲明万乗之主、而用事者迎而齕之。此亦国之猛狗也。左右為社鼠、用事者為猛狗、則道術之士不得用矣。此治国之所患也。」（『説苑』政理篇）

（斉の桓公管仲に問ひて曰く、「国は何をか患ふる」と。管仲対へて曰く、「夫の社鼠を患ふ」と。桓公曰く、「何の謂ぞや」と。管仲対へて曰く、「夫れ社は、木を束ねて之を塗り、鼠因りて往きて焉に託す。之を燻ぜんとすれば則ち其の木を焼かんことを恐れ、之に灌がんとすれば則ち其の塗を敗らんことを恐る。此れ鼠の殺すことを得べからざる所以の者は、社を以ての故なり。夫れ国にも亦社鼠有り、人主の左右是れなり。内は則ち善悪を君上に蔽ひ、外は則ち権重を百姓に売る。之を誅せざれば則ち乱を為し、之を誅せんとすれば則ち人主の案拠する所と為り、腹して之を有（ゆる）す。此れも亦国の社鼠なり。人に酒を酤る者有り、器を為りて甚だ潔清に、表を置くこと甚だ長し。而れども酒酸して售れず。之の里人に其の故を問ふ。里人云ふ、公の狗猛なり。人器を挈げて入り、且に公の酒を酤はんとすれば、狗迎へて之を噬む、此れ酒の酸して售れざる所以の故なり、と。夫れ国にも亦猛狗有り、用事者是れなり。道術有るの士、万乗の主を明にせんと欲すれども、用事者迎へて之を齕む。此れも亦国の猛狗なり。左右社鼠為（た）り、用

事者猛狗為（た）らば、則ち道術の士用ひるを得ず。此れ治国の患ふる所なり」と。）

伝曰。斉景公問晏子、「為人何患。」晏子対曰、「患夫社鼠。」景公曰、「何謂社鼠。」晏子曰、「社鼠出窃於外、入託於社、灌之恐壊墻、燻之恐焼木、此鼠之患。今君之左右、出則売君以要利、入則託君、不罪乎乱法。君又并覆而育之。此社鼠之患也。」景公曰、「嗚呼。豈其然。」「人有市酒而甚美者、置表甚長。然至酒酸而不售。問里人其故。里人曰、公之狗甚猛。而人有持器而欲往者、狗輒迎而齧之。是以酒酸不售也。士欲白万乗之主、用事者迎而齧之、亦国之悪狗也。左右者為社鼠、用事者為悪狗、此国之大患也。」詩曰、瞻彼中林、侯薪侯蒸。言朝廷皆小人也。（『韓詩外伝』巻七）

（伝に曰く。斉の景公晏子に問ふ、「人と為りて何をか患ふる」と。晏子対へて曰く、「夫の社鼠を患ふ」と。景公曰く、「何をか社鼠と謂ふ」と。晏子曰く、「社鼠出でては外に窃（ぬす）み、入りては社に託（よ）り、之に灌がんとすれば墻（かき）を壊（こぼ）たんことを恐れ、之を燻（くん）ぜんとすれば木を焼かんことを恐る、此れ鼠の患なり。今君の左右、出でては則ち君を売りて以て利を要（もと）め、入りては則ち君に託り、法を乱すに罪せられず。君又并覆（へいふく＝かばう）して之を育す。此れ社鼠の患なり」と。景公曰く、「嗚呼。豈に其れ然らんや」と。「人に酒を市（う）りて甚だ美（うま）き者有り、表を置きて甚だ長し。然れども酒酸なるに至るも售れず。里人に其の故を問ふ。里人曰く、公の狗甚だ猛なり。而して人器を持ちて往かんと欲する者有れば、狗輒（すなは）ち迎へて之を齧（か）む。是を以て酒酸して售れざるなり、と。士万乗の主に白（まを）さんと欲するも、用事者迎へて之を齧むは、亦国の悪狗なり。左右なる者社鼠為（た）り、用事者悪狗為るは、此れ国の大患なり」と。詩に曰く、彼の中林を瞻れば、侯（こ）れ薪侯れ蒸（小雅・正月）、と。朝廷皆小人なるを言ふなり。）

宋人有酤酒者、升概甚平、遇客甚謹、為酒甚美、県幟甚高著。然不售。酒酸。怪其故、問其所知閭長者楊倩。倩曰、「汝狗猛耶。」曰、「狗猛則酒何故而不售。」曰、「人畏焉。或令孺子懐銭挈壷罋而往酤、而狗迓而齕之。此酒所以酸而不售也。」夫国亦有狗。有道之士懐其術而欲以明万乗之主、大臣為猛狗、迎而齕之。此人主之所以蔽脅、而有道之士所以不用也。

故桓公問管仲、「治国最奚患。」対曰、「最患社鼠矣。」公曰、「何患社鼠哉。」対曰、「君亦見夫為社者乎。樹木而塗之、鼠穿其間、掘穴託其中。燻之則恐焚木、灌之則恐塗阤。此社鼠之所以不得也。今人君之左右、出則為勢重而収利於民、入則比周而蔽悪於君、内間主之情以告外、外内為重諸臣百吏、以為富。吏不誅則乱法、誅之則君不安、拠而有之。此亦国之社鼠也。」故人臣執柄而擅禁禦、明為己者必利、而不為己者必害。此亦猛狗也。夫大臣為猛狗而齕有道之士矣、左右又為社鼠而間主之情、人主不覚。如此、主焉得無壅、国焉得無亡乎。

一曰。宋之酤酒者有荘氏者、其酒常美。或使僕往酤荘氏之酒。其狗齕人、使者不敢往、乃酤佗家之酒。問曰、「何為不酤荘氏之酒。」

対曰、「今日荘氏之酒酸。」故曰、不殺其狗則酒酸。

桓公問管仲曰、「治国何患。」対曰、「最苦社鼠。夫社木而塗之、鼠因自託也。燻之則木焚、灌之則塗陁。此所以苦於社鼠也。今人君左右、出則為勢重以収利於民、入則比周謾侮、蔽悪以欺於君。不誅則乱法、誅之則人主危、拠而有之、此亦社鼠也。」故人臣執柄擅禁、明為己者必利、不為己者必害、亦猛狗也。故左右為社鼠、用事者為猛狗、則術不行矣。（『韓非子』外儲説右上篇）

（宋人に酒を酤る者有り、升概甚だ平かに、客を遇すること甚だ謹、酒を為（つく）ること甚だ美（うま）く、幟（しょく）を県（か）けて甚だ高く著（あら）はる。然れども售れず。酒酸す。其の故を怪しみ、其の知る所の閭（原文は「問」）の長者楊倩に問ふ。倩曰く、「汝の狗猛ならんか」と。曰く、「狗猛なれば則ち酒何の故にして售れざる」と。曰く、「人焉を畏るればなり。或るひと孺子（じゅし＝こども）をして銭を懐（ふところ）にし壺甕（こよう＝とっくり）を挈（ひっさ）げて往きて酤（か）はしむれば、而（すなは）ち狗（いぬ）迓（むか）へて之を齕む。此れ酒の酸して售れざる所以なり」と。夫れ国にも亦狗有り、有道の士其の術を懐（いだ）きて以て万乗の主を明にせんと欲すれども、大臣猛狗と為り、迎へて之を齕む。此れ人主の蔽脅（へいけふ＝ごまかしおどかす）せらるる所以にして、有道の士の用ひられざる所以なり。

故に桓公管仲に問ふ、「国を治むるに最も奚（なに）をか患ふる」と。対へて曰く、「最も社鼠を患ふ」と。公曰く、「何ぞ社鼠を患ふるや」と。対へて曰く、「君も亦夫の社を為（つく）る者を見たるか。木を樹（た）てて之に塗れば、鼠其の間を穿ち、穴を掘り其の中に託（よ）る。之を燻ぜんとすれば則ち木を焚かんことを恐れ、之に灌がんとすれば則ち塗の陁（くづ）れんことを恐る。此れ社鼠の得られざる所以なり。今人君の左右、出でては則ち勢の重きを為して利を民に収め、入りては則ち比周（＝わるだくみ）して悪を君に蔽ひ、内に主の情を間（うかが）ひて以て外に告げ、外内重きを諸臣百吏に為し、以て富を為す。吏誅せざれば則ち法を乱し、之を誅すれば則ち君安からずして、拠りて之を有（ゆる＝宥）す。此れ亦た国の社鼠なり」と。故に人臣柄を執りて禁禦を擅（ほしいまま）にし、明らかに己の為にする者は必ず利し、而して己の為にせざる者は必ず害す。此れ亦猛狗なり。夫れ大臣猛狗と為りて有道の士を齕（か）み、左右又社鼠と為りて主の情を間ふも、人主覚（さと）らず。此くの如くなれば、主焉（いづく）んぞ壅（ふさ）がるる無きを得、国焉んぞ亡ぶる無きを得んや。

一に曰く。宋の酒を酤る者に荘氏なる者有り、其の酒常に美し。或（ある）ひと僕（しもべ）をして往きて荘氏の酒を酤はしむ。其の狗人を齕めば、使者敢て往かず、乃ち佗家（たけ）の酒を酤ふ。問ひて曰く、「何為れぞ荘氏の酒を酤はざる」と。対へて曰く、「今日荘氏の酒酸なり」と。故に曰く、其の狗を殺さざれば則ち酒酸す、と。

桓公管仲に問ひて曰く、「国を治むるに何をか患ふる」と。対へて曰く、「最も社鼠に苦しむ。夫れ社は木にして之に塗り、鼠因りて

自ら託る。之を熯ぜんとすれば則ち木焚け、之に灌がんとすれば則ち塗陁(づく)る。此れ社鼠に苦しむ所以なり。今人君の左右、出でては則ち勢の重きを為して以て利を民に収め、入りては則ち比周謾侮し、悪を蔽ひて以て君を欺く。誅せざれば則ち法を乱し、之を誅すれば則ち人主危ふくして、拠りて之を有つは、此れ亦社鼠なり」と。故に人臣柄を執りて禁を擅(ほしいまま)にし、明らかに己の為にする者は必ず利し、己の為にせざる者は必ず害するも、亦猛狗なり。故に左右社鼠為(た)り、用事者猛狗為(た)れば、則ち術行はれざるなり。）

以上にみるように、『説苑』政理篇の説話が文章表現においても本章と最も近いのであるが、桓公と管仲の対話という設定になっている点で根本的に異なる。また景公と晏子の対話という設定では、次に引いた『韓詩外伝』巻七が同一なのであるが、こちらは文章表現が相当違ってきてしまう。そして最後に引いた『韓非子』外儲説右上篇は、異伝も紹介するなど、社鼠と猛狗を主題とした説話としては内容的に最も詳細を極めているのであるが、景公と晏子の対話という設定にはなっていない。こうしたことから、少なくとも、本章が実際に景公と晏子との間で交わされた対話を伝えるものであるかどうかという点は保留されなければなるまい。もともと社鼠と猛狗についての説話が別にあって、これが晏子と景公なり、桓公と管仲なりの対話として仮託されたことも考えられるからである。

景公問欲㆑令㆓祝史求㆒㆑福晏子對以㆑當㆓辭㆑罪而無㆒㆑求　第十

景公問㆓于晏子㆒曰、「寡人意氣衰、身病甚。今吾欲㆜具㆓*珪璧犧牲㆒、令㆛祝宗薦㆚之乎上帝宗廟㆙。意者禮可㆓以干㆒㆑福乎。」晏子對曰、「嬰聞㆑之、古者先君之干㆑福也、政必合㆓乎民㆒、行必順㆓乎神㆒。節㆓宮室㆒、不㆔敢大㆓斬伐㆒、以無㆑偪㆓山林㆒、節㆓飲食㆒、無㆑多㆓畋漁㆒、以無㆑偪㆓川澤㆒。祝宗用㆑事、辭㆑罪而不㆓敢有㆑

景公《けいこう》問《と》ひて祝史《しゆくし》をして福《さひは》ひを求《もと》めしめんと欲《ほつ》し晏子《あんし》對《こた》ふるに當《まさ》に罪《つみ》を辭《じ》して求《もと》むること無《な》かるべきを以《もつ》てす　第十

景公晏子《けいこうあんし》に問《と》ひて曰《いは》く、「寡人意氣衰《くわじんいきおとろ》へ、身病《みや》むこと甚《はなはだ》し。今吾《いまわ》れ珪璧犧牲《けいへききせい》を具《そな》へて、祝宗《しゆくそう》をして之《これ》を上帝宗廟《じやうていそうべう》に薦《すす》めしめんと欲《ほつ》す。意《おも》ふに禮《れい》すれば以《もつ》て福《さひは》ひを干《もと》むべきか」と。晏子對《あんしこた》へて曰《いは》く、「嬰之《えいこれ》を聞《き》く、古《いにしへ》は先君《せんくん》の福《さひは》ひを干《もと》むるや、政《せい》は必《かなら》ず民《たみ》に合《あ》ひ、行《おこな》ひは必《かなら》ず神《かみ》に順《したが》ふ、と。宮室《きゆうしつ》を節《せつ》し、敢《あ》へて斬《ざん》伐《ばつ》を大《おほ》いにせざれば、以《もつ》て山林《さんりん》に偪《せま》ること無《な》く、飲食《いんしよく》を節《せつ》して、畋漁《でんぎよ》を多《おほ》くすること無《な》ければ、以《もつ》て川澤《せんたく》に偪《せま》ること無《な》し。祝宗《しゆくそう》

所レ求也。是以*神民倶順、而山川納レ祿。今君政反二乎民一、而行悖二乎神一。大二宮室一、多二斬伐一、以偪二山林一、羨二飲食一、多二畋漁一、以偪二川澤一。是以神民倶怨、而山川收レ祿。司過薦レ罪、而祝宗祈レ福、意者逆乎。」公曰、「寡人非二夫子一無レ所レ聞レ此。請革レ心易レ行。」于レ是廢二公阜之遊一、止二海食之獻一。斬伐者以レ時、畋漁者有レ數。居處飲食、節レ之勿レ羨、祝宗用レ事、辭レ罪而不三敢有二所レ求也。故隣國忌レ之、百姓親レ之。晏子沒而後衰。

の事《こと》を用《もち》ふるや、罪《つみ》を辭《じ》して敢《あ》へて求《もと》むる所有《ところあ》らざるなり。是《ここ》を以《もつ》て神民倶《しんみんとも》に順《じゆん》にして、山川祿《さんせんろく》を納《い》る。今君政《いまきみせい》は民《たみ》に反《そむ》きて、行《おこな》ひは神《かみ》に悖《もと》る。宮室《きゆうしつ》を大《だい》にし、斬伐《ざんばつ》を多《おほ》くして、以《もつ》て山林《さんりん》に偪《せま》り、飲食《いんしよく》を羨《あま》し、畋漁《でんぎよ》を多《おほ》くして、以《もつ》て川澤《せんたく》に偪《せま》る。是《ここ》を以《もつ》て神民倶《しんみんとも》に怨《うら》みて、山川祿《さんせんろく》を收《をさ》む。司過罪《しくわつみ》を薦《すす》めて、祝宗福《しゆくそうさいは》ひを祈《いの》るは、意《おも》ふに逆《ぎやく》なるか」と。公曰《こういは》く、「寡人夫子《くわじんふうし》に非《あら》ざれば此《これ》を聞《き》く所無《ところな》し。請《こ》ふ心《こころ》を革《あらた》め行《おこな》ひを易《か》へん」と。是《ここ》に于《おい》て公阜《こうふ》の遊《いう》を廢《はい》し、海食《かいしよく》の獻《けん》を止《とど》む。斬伐《ざんばつ》には時《とき》を以《もつ》てし、畋漁《でんぎよ》には數有《すうあ》り。居處飲食《きよしよいんしよく》は、之《これ》を節《せつ》して羨《あま》すこと勿《な》く、祝宗《しゆくそう》の事《こと》を用《もち》ふるや、罪《つみ》を辭《じ》して敢《あ》へて求《もと》むる所有《ところあ》らざるなり。故《ゆゑ》に隣《りん》國之《こくこれ》を忌《い》み、百姓之《ひやくせいこれ》に親《した》しむ。晏子《あんし》沒《ぼつ》して後衰《のちおとろ》ふ。

校訂　＊珪璧　底本は「珪璋」。祈禱には珪璧は使ったが珪璋は使わなかったこと、また諫上篇第十二章に「犠牲珪璧」の語が使われていることなどにより改めるべきという王念孫の説、及び竹簡本（余説参照）が「圭璧」に作っている事実に従い改めた。『校注』も王説に従い改めている。「珪璧」と「圭璧」とは同じく、祭祀の際に用いる玉のこと。

＊神民　底本は「民神」。上文に「神民倶順」とあること、及び竹簡本が「神民」に作っていることにより改めた。

語釈　○問于晏子　『校注』は、元刻及び『群書治要』に従って「于」字がない。なお、竹簡本も同じ。　○意気衰　竹簡本は「志気甚痿」（志気甚だ痿（な）ゆ）とある。気力が衰え弱気になったというのである。　○身病甚　竹簡本は「身体甚病」とある。また、蘇輿は『群書治要』が「身甚病」に作ることを指摘している。どちらにしても意味は変わらない。

○薦　進める、献上する、供える。　○上帝宗廟　諫上篇第十二章では「山川宗廟」の句が見える。竹簡本は「上下」に作るのみ。「上帝」は最高神、「宗廟」は祖先神を祭る神殿の意。　○祝宗　祭祀祈禱を司る神官。　○禮可以干福乎　蘇輿は「禮」を「祀」の譌りであろうといい、『校注』はこの蘇説に従い「祀可以干福乎」に改めている。竹簡本は「禮」を「體」に作る。駢宇騫は、「禮」と「體」は古音は相同じで、通仮でき

るという。「禮」とは祭祀を行うこと。今、原文のままとする。　○偪　侵し迫ること。　○畋漁　「畋」は獣を狩ること。「漁」は魚を捕らえること。　○辞罪　罪を詫びること。「辞」は詫びること。　王更正は「辞」は告げるの意であるという。自分の罪を告白するの意にも解し得る。　○納禄　「納」は致す、「禄」は福の意。山川がその恵みをもたらすこと。　○羨飲食　飲物、食べ物を余らせる、豊富にするの意。　○収禄　「収」は「納」の反対、取るの意。山川がその恵みを取り上げること。　○司過　官名。過失をただすことを司る。　○薦罪　張純一は、「薦」は挙げるの意であるという。民の罪を数え上げること。竹簡本と『群書治要』はともに「薦至」に作る。　○公阜　地名。諫上篇第十八章参照。　○海食之献　「海食」は海から採れた食物、魚介の類。「献」は献上品、贈り物。斉は東の山東半島の周囲に黄海と渤海をひかえていたから中原諸国に比べれば新鮮な魚介類は入手し易かったであろうが、それでも鮮度を保たねばならないから貴重であることには変わりがなかった。　○忌　恐れること。竹簡本は「患」（悩む）に作る。

口語訳　第十章　景公が神官に福を招かせたいと問い晏子は己の罪を詫びこそすれ何も求めるべきではないと答えたこと

景公が晏子に尋ねて、「寡人は気力が衰えてしまったし、病気も重い。今、余は珪璧と犠牲とを支度して、神官に上帝と宗廟とに供えさせたい。思うに、（このような）祭礼を行えば福を得られるものだろうか」と言った。晏子はお答えして、「嬰《わたくし》はこのように聞いております。昔、先君が福を求めるときには、政治は必ず民意にかない、行いは必ず神意に従った、と。宮室をほどほどのものにして、大規模な樹木の伐採は行おうとしなかったので、山林を侵すことがなく、飲食をつつましくして、狩りや漁をやたらに行おうとしなかったので、川や沼を侵すことはございませんでした。神官が祭祀を執り行うときには、（先君自らの）罪を告白しこそすれ自分から（福を）求めることはしませんでした。このようであったからこそ神も民もともに（願いのままに）従い、山川が恵みをもたらしたのです。ところが今、主君の政治は民意に背き、行いは神意にかなっておりません。宮室を大きくしようと、伐採を頻繁に行っては、山林を侵し、飲食を贅沢にしようと、狩りや漁を頻繁に行っては、川や沼を侵しています。このために民も神もともに怨みを抱き、山川はその恵みを取り上げてしまいました。司法官が（民の）罪を摘発して（民を弾圧する一方で）、神官が（ご主君の）幸福を祈るというのでは、あべこべではないかと思うのです」と言った。公は、「寡人は先生からでなければこのような話は聞くことがなかったであろう。願わくば心を入れ替え行いを改めたいものだ」と言った。こうして公阜の遊びをやめ、魚介類の献上

をやめさせ、樹木の伐採には時機を選び、狩りや漁には数の制限を設け、身だしなみや飲食は、つつましくして無駄をださず、神官が祭祀を行うときには、（公自らの）罪を詫びこそすれ自分から（幸福を）求めようとはしなかった。そのために隣国は（斉を）恐れ、人々は（景公に）親しんだ。（しかし）晏子が没してから後は、（こうしたことも）衰退していったのである。

余説 銀雀山漢墓竹簡に、以下のように本章に相当する部分がほぼ全文残っている。

景公問晏子曰、「寡人志氣甚痿（痿）、身體甚病。今吾欲具圭璧犧生（牲）、令祝宗薦之上下。意者體可奸（干）福乎。」晏子□曰、「嬰聞之、古者先君之□福也、正（政）必合乎民、行必順乎神。故節宮室、毋敢大斬伐、毋以服（偪）山林、節飲食、毋敢多田（畋）魚（漁）、以毋伓（偪）川睪（澤）。祝宗用事、辭罪而（□□□□）也。是以神民俱順、而山川入瑑（祿）。今君之正（政）反乎民、行孛（悖）乎神。大宮室而多斬伐、……□是以神民俱怨而山川收瑑（祿）。司過薦至而祝宗蘄（祈）福、意逆乎。」公曰、「寡人非夫子无（□）聞此。請革心易行。」於是□（□□□□）止海食之獻。斬伐者（□□□□）者有數。居處飲食、節□勿羨、祝宗用事、辭罪而不敢有蘄（祈）求也。故隣國患之、百生（姓）親之。晏子沒而後衰。

景公晏子に問ひて曰く、「寡人志氣甚だ痿（な）へ、身體甚だ病みたり。今吾圭璧犧牲を具へて、祝宗をして之を上下に薦めしめんと欲す。意ふに禮すれば福を干（もと）むべきか」と。晏子□して曰く、「嬰之を聞く、古は先君の福を□するや、政は必ず民に合ひ、行ひは必ず神に順ふ、と。故に宮室を節して、敢へて斬伐を大いにすること毋く、以て山林に偪（せま）ること毋く、飲食を節して、敢へて畋漁を多くすること毋ければ、以て川澤に偪（せま）ること毋し。祝宗の事を用ひるや、罪を辭して（□□□□）なり。是を以て神民倶に順にして、山川祿を入る。今君の政は民に反（そむ）きて、行ひは神に悖（もと）る。宮室を大にし斬伐を多くし、……□是を以て神民倶に怨みて、山川祿を収む。司過至を薦めて、祝宗福を祈るは、意ふに逆なるか」と。公曰く、「寡人夫子に非ざれば此を聞くこと无（□）し。請ふ心を革め行ひを易へん」と。是に於て□（□□□□）、海食の獻を止む。斬伐には（□□□□）には數有り。居處飲食は、□を節して羨（あま）すこと勿く、祝宗の事を用ひるや、罪を辭して敢へて祈求すること有らざるなり。故に隣國之を患へ、百姓之に親しむ。晏子沒して後衰ふ。

このように、いくつかの部分で語句の違いはあるものの、大きな違いはないとみてよい。このことから、竹簡本の『晏子春秋』がほぼそのままの原型を保って現行本にまで引き継がれているらしいことが推測されるのである。つまり、劉向が本書を編纂する際に、この竹簡本系統のテキストも使われたと考えられる。

また内容的には、本章は晏子の愛民の思想と合理思想が横溢しているすぐれた一章であると同時に、一方で禍福が決して神頼みであってはならず、結局景公自らの日常的な行動の結果としてもたらされるものであることを自覚せねばならないとしながら、従来の伝統的宗教祭祀も必ずしも全否定することもせず、そこに合理的な解釈を与えていたことが注目される。

景公問古之盛君其行如何晏子對以問道者更心　第十一

景公問晏子曰、「古之盛君、其行何如。」晏子對曰、「薄于身而厚于民、約于身而廣于世。其處上也、足以明政行教、不以威天下。其取財也、權有無、均貧富、不以養嗜欲。誅不避貴、賞不遺賤、不淫于樂、不遁于哀。盡智導民、而不伐焉、勞*力事民、而不責焉。政*尚相利、故民不以相害爲行。教尚相愛、故民不以相惡爲名。刑罰中于法、廢罪順于民。是以賢者處上而不華、不肖者處下而不怨。四海之內、社稷之中、粒食之民、一意同欲、若夫私家之政。生*有厚利、死有遺教、此盛君之行也。」公不圖。晏子曰、「臣聞、問道者更*心、

景公《けいこう》古《いにしへ》の盛君《せいくん》其《そ》の行《おこな》ひ如何《いか》なるかを問《と》ひ晏子《あんし》對《こた》ふるに道《みち》を問《と》ふ者《もの》は心《こころ》を更《あらた》むるを以《もつ》てす　第十一

景公《けいこう》晏子《あんし》に問《と》ひて曰《いは》く、「古《いにしへ》の盛君《せいくん》は、其《そ》の行《おこな》ひ何如《いかん》」と。晏子《あんし》對《こた》へて曰《いは》く、「身《みづか》らに薄《うす》くして民《たみ》に厚《あつ》くし、身《みづか》らに約《やく》にして世《よ》に廣《ひろ》くす。其《そ》の上《かみ》に處《を》るや、以《もつ》て政《せい》を明《あき》らかにし教《けう》を行《おこな》ふに足《た》り、以《もつ》て天下《てんか》を威《おど》さず。其《そ》の財《ざい》を取《と》るや、有無《いうむ》を權《はか》り、貧《ひん》富《ぷ》を均《ひと》しくし、以《もつ》て嗜欲《しよく》を養《やしな》はず。誅《ちゆう》は貴《たつと》きを避《さ》けず、賞《しやう》は賤《いや》しきを遺《のこ》さず、樂《たの》しみに淫《いん》せず、哀《かな》しみに遁《したが》はず。智《ち》を盡《つく》し民《たみ》を導《みち》びきて、而《しか》も焉《これ》を伐《ほこ》らず、力《ちから》を勞《らう》し民《たみ》を事《こと》として、而《しか》も焉《これ》を責《せ》めず。政《せい》は相利《あひり》することを尙《たつと》ぶ、故《ゆゑ》に下《しも》は相害《あひそこ》なふを以《もつ》て行《おこな》ひと爲《な》さず。教《けう》は相愛《あひあい》することを尙《たつと》ぶ、故《ゆゑ》に民《たみ》は相惡《あひにく》むを以《もつ》て名《な》と爲《な》さず。刑罰《けいばつ》は法《はふ》に中《あた》り、廢罪《はいざい》は民《たみ》に順《したが》ふ。是《ここ》を以《もつ》て賢《けん》者上《じやかみ》に處《を》りて華《かまびす》しからず、不肖者下《ふせうしやしも》に處《を》りて怨《うら》みず。四海《しかい》の內《うち》、社稷《しやしよく》の中、粒食《りふしよく》の民《たみ》、意《い》を一《いつ》にし欲《よく》を同《おな》じくすること、夫《か》の私《し》家《か》の政《せい》のごとし。生《い》きて厚利《こうり》有《あ》り、死《し》して遺教《ゐけう》有《あ》るは、此《こ》れ盛《せい》君《くん》の行《おこな》ひなり」と。

聞ㇾ道者更ㇾ容。今君税斂重、故民心離。市買悖、故商旅絶。玩好充、故家貨殫。積ㇾ邪在二于上一、蓄ㇾ怨藏二于民一、嗜欲備二于側一、毀非滿二于國一、而公不ㇾ圖。」公曰、「善。」于ㇾ是令玩好不ㇾ御、公市不ㇾ豫、宮室不ㇾ飾、業土不ㇾ成、止ㇾ役輕ㇾ税。上下行ㇾ之、而百姓相親。

公圖《こうはか》らず。晏子《あんし》曰《いは》く、「臣聞《しんき》く、道《みち》を問《と》ふ者《もの》は心《こころ》を更《あらた》め、道《みち》を聞《き》く者《もの》は容《かたち》を更《あらた》む、と。今君《いまきみ》の税斂重《ぜいれんおも》し、故《ゆゑ》に民心《みんしん》は離《はな》る。市買悖《しばいもと》る、故《ゆゑ》に商旅《しやうりよ》は絶《た》ゆ。玩好充《ぐわんかうみ》つ、故《ゆゑ》に家貨《かくわ》は殫《つ》く。邪《じや》を積《つ》むこと上《かみ》に在《あ》り、怨《うら》みを蓄《たくは》ふること民《たみ》に藏《ざう》し、嗜欲《しよく》側《かたはら》に備《そな》はり、毀非《きひ》國《くに》に滿《み》つ、而《しか》るに公圖《こうはか》らず」と。公曰《こういは》く、「善《よ》し」と。是《ここ》に于《おい》て令《れい》して玩好御《ぐわんかうぎよ》せず、公市豫《こうしよ》せず、宮室飾《きゆうしつかざ》らず、業《げふ》土成《どな》さず、役《えき》を止《や》め税《ぜい》を輕《かろ》くせしむ。上下之《しやうかこれ》を行《おこな》ひて、百姓相《ひやくせいあひ》親《した》しむ。

校訂　＊労力事民　底本は「労力歳事」。王念孫は、「歳事」はもと「事民」（「事」は「治」の意味だという）に作っていたはずであるが、後人が「事民」の意味がわからずに「歳事」に改めてしまったのであろうとし、『群書治要』は正しく「事民」に作っているという。たしかにこうすると「尽智導民」との対が明確になるので王説に従い改めた。『校注』もこの王説に従い改めている。なお于省吾は、王説を強く批判した上で、「歳」は「会」に通じるとしたうえで、「会」はまた「趣」、つまり赴くの意であることを考証して、「歳事」はそのままで「事にかけつける」の意味になるから何ら改める必要はないという。

＊政尚相利、故下不以相害為行。教尚相愛、故民不以相悪為名　底本は「為政尚相利、故下不以相害、行教尚相愛、故民不以相悪為名」。「政尚」の前の「為」字を「相害」の後に移動させて、句読を改めた方が全体に対句の関係がはっきりし意味も明確になるという王念孫の説に従い改めた。『校注』も王説に従い改めている。

＊生有厚利、死有遺教　底本は「生有遺教」。王念孫の、原文のままでは意味をなさないから『群書治要』によって「厚利」「死有」の四字を補うべきであろうとの説に従い改めた。『校注』もこの王説に従い改めている。もっとも底本の通りに、「生きて遺教有り」と読み、生きているうちから後世への教えとなるような行いをした、の意に解することができなくもないが、それだと文意において不自然であろう。

＊更心　底本は「更正」。「問道者更心」に改めた方が、下句の「聞道者更容」の対句の関係がはっきりするとの張純一の説に従い改めた。

また同様に標題の「更正」も「更心」に改めた。

語釈　○何如　『校注』は元刻に従い「如何」に作っている。標題は「如何」であるから、ここもそう改めるべきかも知れないが、今、原文のままとする。　○不遁于哀　張純一は「遁」は「循」（したがう）の意味であるという。哀しみの感情を持ち続けないこと、哀しみに流されないこと。　○廃罪順于民　「廃」は免職すること、「罪」は罰を与えること。役人を免職したり処罰したりすることが民意にかなっていることとの意味。兪樾は、この句は「直きを挙げて諸（これ）を枉（まが）れるに錯（お）けば、則ち民服す」（『論語』為政篇）と同じ意味であり、「廃罪」は「廃置」（免職したり登用したりすること）の誤りであるというが、これだけの理由で、なぜ特に改めなければならないかよくわからない。『校注』はこの兪説に従い改めているが、原文のままとする。　○華　陶鴻慶は「譁」の意味だという。さわがしいこと。　○粒食之民　穀物を食べる民。庶民のこと。　○公不図。晏子曰　『校注』は、この六字を衍文として削り、晏子の言葉をひと続きのものとして読むべきであるとの王念孫の説に従い、削除している。　○市買悖、故商旅絶　市場での物価が乱れて、そのために行商人がいなくなってしまうこと。陶鴻慶は、「買」を「賈」の誤りとして、「市賈」すなわち売値が「欺誑」（ぎきょう）（偽り騙す）すること、これを「豫」（よ）といい、また「悖」（はい）ともいうという。この陶説に従えば、売値が公正さを欠き商人の恣意に委ねられてしまうので、旅商人が姿を消してしまうのだという意味になる。張純一も、陶氏同様に「買」を「賈」（こ）の譌りとしたうえ、「賈」は「価」と同義、「悖」は乱れることであるから、市場に課される税が重く、そのために物価が乱れ、行商人が利益を確保できずそれで姿を消してしまうのであると解する。呉則虞の、原文のままでもそのように解し得るという説に従い改めずにおく。　○殫　尽くすこと。　○毀非　「毀」も「非」も、ともに謗ること。悪口の意。　○御　用いること。　○豫　偽り騙すこと。　○業　土　呉則虞が引く長孫玄齢の「已に築きて、未だ成らざるもの」とする説に従えば、着工しているが未完成の土木建築工事の意。「業」にはやりかけの意味がある。

口語訳　第十一章　景公が古の盛君の行いがどのようであったのかを問うたので晏子は道を問う者は先ず心を改めることが肝心であると答えたこと

景公が晏子に尋ねて、「昔の盛名を馳せた名君は、その行いはどのようであったのだろうか」と言った。晏子はお答えして、「己に少なくして民には手厚く、己に控えめにして世間には広く施しました。人の上に立つときには、十分に政治を公明にし教化を実行して、（武力で）天下を威嚇しませんでした。財貨を徴収するときには、持てる者と持たざる者との釣り合いをとり、貧しい者と富める者との差がなくなるようにして、己の欲望を満たそうとはしませんでした。罪を責

めるときには尊貴な者も遠慮せず（責め）、褒賞を与えるときには卑賤な者も漏らさず（与え）、楽しみに耽らず、悲しみに流されることもありませんでした。知力を尽くして民を導き、しかもそのことを自慢しませんでしたし、苦労して民に尽くし、しかも民を責めたてませんでした。政治（を行うに当たって）は人に利益を与えることを尊びましたから、下の者は人を損なうような振る舞いはしませんでした。教化（を行うに当たって）は人を愛することを尊びましたから、民は人を憎むことで名声を得ようとしませんでした。刑罰は法にかない、免職処罰は民意に従っておりました。このために賢者は上位にいて騒がしくなく、不肖者は下位にいて（上の者を）怨みに思うこともなかったのです。こうして天下の内、国家の中、平凡な庶民、だれもが皆心を一つにし同じ願いを抱いて、それは（天下の政治が）かの一私人の家政のごときでありました。生きている間は十分な恵みをもたらし、死して後は教えを遺す、これこそが盛名を馳せる名君の行いであります」と言った。

しかし景公は実行しようとしなかった。（そこで、さらに）晏子が言った、「私はこう聞いております。『道を問う者は心を改め、道を聞く者は態度を改めるものだ』と。今、主君の税の取立が重いために民心は離れています。また市場の価格が乱れているために旅の商人は姿を消してしまいました。珍しい品物が満ち溢れたせいで（必需品である）家庭での日用品が無くなってしまいました。邪心が主君に蓄積され、民衆に怨念が鬱積し、欲望（を駆り立てる品々）が（公の）側近にゆきわたり、非難の声は国中に満ち満ちているのに、（それでも）公はお考えにならない」と。公は、「よろしい」と言った。こうして命令を出して珍しい品物は扱わず、公の市場では偽りを排し、宮殿は飾り立てず、建築中の工事は完成させずに中止し、労役を中止し税を軽くさせた。（以来）上下皆こぞってこれを実行し、人々は互いに親しむようになった。

余説　張純一は、「薄于身而厚于民、約于身而広于世。」の一節に墨家の兼愛交利の思想が表れているという。そうして更に、「四海之内、社稷之中、粒食之民、一意同欲、若夫私家之政。」は、墨子尚同下篇の「治天下之国、若治一家。使天下之人、若使一夫（天下の国を治むるは、一家を治むるがごとし。天下の人を使ふは、一夫を使ふがごとし）。」の意味と同じであるという。確かに、張氏の指摘は興味深く、示唆に富んでいる。なぜなら、本文中に「威天下」とか「四海之内」といった言葉がでてくるが、晏子は景公と斉一国を治めること

について対話しているはずであるにもかかわらず、その説くところは天下を視野に入れたいかにも戦国諸子風の議論となっており、その点でも天下の諸侯を相手に遊説を繰り広げた墨家の思想と通底していると見られるからである。

なお、晏子の徹底した愛民の思想がここにも強調されている。

景公問二謀必得事必成何術一晏子對以二度レ義因一レ民第十二

景公問二晏子一曰、「謀必得、事必成、有レ術乎。」晏子對曰、「有。」公曰、「其術如何。」晏子曰、「謀度二于義一者必得、事因二于民一者必成。」公曰、「奚謂也。」對曰、「其謀也、左右無レ所レ繋、上下無レ所レ靡、其聲不レ悖、其實不レ逆、謀二于上一、不レ違レ天、謀二于下一、不レ違レ民。以レ此謀者必得矣。事大則利厚、事小則利薄。稱二事之大小一、權二利之輕重一、國有二義勞一、*民有二加利一。以レ此擧レ事者必成矣。*夫逃レ義而謀、雖レ成不レ安、傲レ民擧レ事、雖レ成不レ榮。故臣聞、*義謀之法也、民事之本也。故及レ義而謀、信レ民而動、未レ聞二不レ存者一也。昔三代之興也、謀*必度二于義一、事必因二于民一。及二其衰一也、建レ謀不レ及レ義、

景公《けいこう》謀《はかりごと》必《かなら》ず得《え》事《こと》必《かなら》ず成《な》るは何《なん》の術《じゆつ》かを問《と》ひ晏子《あんし》對《こた》ふるに義《ぎ》に度《はか》り民《たみ》に因《よ》るを以《もつ》てす　第十二

景公《けいこう》晏子《あんし》に問《と》ひて曰《いは》く、「謀《はかりごと》必《かなら》ず得《え》、事《こと》必《かなら》ず成《な》るに、術《じゆつ》有《あ》るか」と。晏子《あんし》對《こた》へて曰《いは》く、「有《あ》り」と。公《こう》曰《いは》く、「其《そ》の術《じゆつ》如何《いかん》」と。晏子《あんし》曰《いは》く、「謀《はかりごと》義《ぎ》に度《はか》る者《もの》は必《かなら》ず得《え》、事《こと》民《たみ》に因《よ》る者《もの》は必《かなら》ず成《な》る」と。公《こう》曰《いは》く、「奚《なに》の謂《いひ》ぞや」と。對《こた》へて曰《いは》く、「其《そ》の謀《はか》るや、左右《さいう》繋《つな》ぐ所《ところ》無《な》く、上下《しやうか》靡《つな》ぐ所《ところ》無《な》く、其《そ》の聲《こゑ》は悖《もと》らず、其《そ》の實《じつ》は逆《さから》はず、上《かみ》に謀《はか》りて、天《てん》に違《たが》はず、下《しも》に謀《はか》りて、民《たみ》に違《たが》はず。此《これ》を以《もつ》て謀《はか》る者《もの》は必《かなら》ず得《う》。事大《ことだい》なれば則《すなは》ち利厚《りあつ》く、事小《ことせう》なれば則《すなは》ち利薄《りうす》し。事《こと》の大小《だいせう》を稱《はか》り、利《り》の輕重《けいちゆう》を權《はか》り、國《くに》に義勞《ぎらう》有《あ》り、民《たみ》に加利《かり》有《あ》り。此《これ》を以《もつ》て事《こと》を擧《あ》ぐる者《もの》は必《かなら》ず成《な》る。夫《そ》れ義《ぎ》を逃《さ》りて謀《はか》れば、成《な》ると雖《いへど》も安《やす》からず、民《たみ》に傲《おご》りて事《こと》を擧《あ》ぐれば、成《な》ると雖《いへど》も榮《さか》えず。故《ゆゑ》に臣聞《しんき》く、義《ぎ》は謀《はかりごと》の法《はふ》なり、民《たみ》は事《こと》の本《もと》なり、と。故《ゆゑ》に義《ぎ》に及《およ》びて謀《はか》り、民《たみ》を信《しん》じて動《うご》きて、未《いま》だ存《そん》せざる者《もの》を聞《き》かざるなり。昔三代《むかしさんだい》の興《おこ》るや、謀《はかりごと》は必《かなら》ず義《ぎ》に度《はか》り、事《こと》は必《かなら》ず民《たみ》に因《よ》る。其《そ》の衰《おとろ》ふるに及《およ》びてや、謀《はかりごと》を

興レ事傷レ民。故度レ義因レ民、謀事之術也。」
公曰、「寡人不敏、聞レ善不レ行、其危如何。」
對曰、「上君全レ善、其次出入焉、其次結レ
邪而羞レ問。全レ善之君能制。出入之君時
問、*雖レ曰レ危、尚可二以沒一レ身。羞レ問之君、
不レ能レ保二其身一。今君雖レ危、尚可レ沒レ身也。」

建《た》てて義《ぎ》に及《およ》ばず、事《こと》を興《おこ》して民《たみ》を傷《やぶ》る。故《ゆゑ》に義《ぎ》に度《はか》り民《たみ》に因《よ》るは、謀事《ぼうじ》の術《じゆつ》なり」と。公曰《こういは》く、「寡人《くわじん》は不敏《ふびん》にして、善《ぜん》を聞《き》きて行《おこな》はざれば、其《そ》の危《あや》ふきこと如何《いかん》」と。對《こた》へて曰《いは》く、「上君《じやうくん》は善《ぜん》を全《まつた》うし、其《そ》の次《つぎ》は出入《しゆつにふ》し、其《そ》の次《つぎ》は邪《じや》に結《むす》びて問《と》ふことを羞《は》づ。善《ぜん》を全《まつた》うするの君《きみ》は能《よ》く制《せい》す。出入《しゆつにふ》の君《きみ》は時《とき》に問《と》へば、危《あや》ふしと曰《い》ふと雖《いへど》も、尚《な》ほ以《もつ》て身《み》を没《お》ふるべし。問《と》ふことを羞《は》づるの君《きみ》は、其《そ》の身《み》を保《たも》つこと能《あた》はず。今君《いまきみ》危《あや》ふしと雖《いへど》も、尚《な》ほ身《み》を没《お》ふるべきなり」と。

校訂　*民有加利　底本は「民有如利」。本篇第四章の「上有羨獲、下有加利」「東邑之卒、皆有加利」などから「加利」という熟語が存在したことが窺われるから、ここも「加利」に改めるべきであろうという王念孫の説に従い改めた。なお、孫星衍も「如」は誤りであろうと指摘している。『校注』も、この王説に従い改めている。

*夫逃義而謀　底本は「夫逃人而謨」。王念孫の、「人」は「義」に改めた方が上下の文と合うという説に従い改めた。確かに本章では、「謀」と「義」、「事」と「民」がそれぞれ対になって使われている。「謨」には「謀」の意味があるが、本章ではここの他は皆「謀」に作っているので改めた。『校注』もこの王説に従い改めている

*義謀之法也、民事之本也　底本は「義謀之法以民事之本也」。この句は「民事之本也」と対句をなすという顧千里及び王念孫の説に従い改めた。『校注』はこの顧・王両説に従い改めている。なお、底本のままだと、「義謀の法は民事の本を以てするなり」と読んで、「正義にかなった謀をする方法は民の事の根本に基づいている」となる。これでは、「謀」と「事」、「義」と「民」の対比が活きてこない。

*謀必度于義、事必因于民　底本は「謀必度其義、事必因于民」。王念孫の、上文に「謀度于義者必得、事因于民者必成」とあるのによれば、ここも「謀必度于義、事必因于民」に作るべきであろうとの説に従い改めた。『校注』もこの王説に従い改めている。なお。「度」はタクと読み、計るの意であるが、王念孫は「度」は「宅」（たく）すなわち「居る」の意に解すべきとしている。

*雖曰危　底本は「雖日危」。于鬯の、「日」は「曰」に作るべきとする説に従い改めた。なお張純一は、元刻本が下文の「時問」を「時

問之君」と作っているのを是として、この前後を「全善之君能制出入之君、時問之君雖日危、尚可以没身、…」のように改めて読んでいるが、従い難い。

語釈　○謀　政事を謀ること。　○度　多少を計ること。音はタク。　○左右無所繫、上下無所縻　「左右」は君主の左右に仕える側近、「上下」は君主と民衆。「繫」「縻」はともに「つなぐ」と読む。謀が、左右や上下の関係によって束縛を受けずに、客観的でしかも公平に立てられることを言う。　○其声不悖、其実不逆　「声」は謀をする者、すなわち君主が口にする言葉。「実」は同じく行動の跡。「悖」「逆」はともに、道理にもとること。謀をする者は、発言においても行動においても道理にもとることはしないの意。　○大小　『校注』は「小大」に作る。　○国有義労、民有加利　この二句は難解である。国には正義にかなった労苦があり、民にはより多い利益があるようにすることと解しておく。国君は正義に則って謀をするので、国君が民に求める労苦は正当なものであり、民も国君から求められる労苦によってより多くの利益が得られることを言うのであろう。なお、劉師培は「義」は「羨」に改めるべきであり、「労」は「賜」の意味であるという。この劉説に従えば、「国に有り余るほどの恩恵があり、…」となり、また陶鴻慶の原文のままでは意味が通じ難いので、「義労」を「羨栄」に改めて、「国有余栄」の意に解すべきであるとの説に従えば、「国にあり余るほどの栄誉があり、…」となる。今、原文のまま訳しておく。　○逃義而謀　義の立場を離れて謀をすること。「逃」は「去」と同じ、去るの意。　○雖成不安　于鬯は下句の「雖成不栄」と対比して、ここの「成」は「得」に作るべきであるという。「謀」と「得」、「事」と「成」がそれぞれ一対になっているからである。　○及義而謀、信民而動、未聞不存者也　王念孫は、「及」は「反」の、「信」は「倍」（＝そむく）のそれぞれ誤りであり、また「不」字は文意を合わせるためにさらに後人が加えたものであるとして、「反義而謀、倍民而動、未聞存者也」に改めるべきと言う。『校注』はこの王説に従い改めているが、今、原文のままとする。　○建謀不及義　顧千里は、この句は「興事傷民」と対句であるはずだから、「建謀反義」に改めるべきと言う。『校注』はこの顧説に従い改めている。なお、『群書治要』が「謀者反義」に作っていることから、王念孫は本句を「建謀者反義」と改めた上で、下句の「興事傷民」も「興事者傷民」に改めるべきという。今、原文のままとする。　○不敏　聡明でないこと、ぐずぐずして鈍いこと。不才。　○出入　善の状態を出入りすること。善を行ったり行わなかったりというように一定しないこと。　○結邪　「結」は交わるの意。邪（よこしま）な者と交際すること。　○尚可没身也　『校注』は「尚可没其身也」に作る。

口語訳　第十二章　景公が謀が必ず成果を得事業が必ず成功するのはどんな手だてかと問い晏子は正義に計って民心に基づくことだと答えたこと

景公が晏子に尋ねて、「謀《はかりごと》が必ず成果を得、事業が必ず成功するには、（よい）手だてがあるのだろうか」と言った。晏子はお答えして、「ございます」と言った。公は、「その手だてとはどのようなものか」と言った。晏子は、「謀が正義に計って行われれば必ず成果が得られますし、事業が民心に基づいていれば必ず成功いたします」と言った。公は、「どういう意味か」と言った。お答えして、「その謀をする場合、左右の者にしばられず、上下の者にとらわれないことであり、その発言は（道理に）悖《もと》らずその行動も（道理に）悖《もと》らないようにし、上に向かって謀っては天意に逆らわず、下に向かって謀っては、民心に違わないことです。このようにして謀をすれば必ず成果が得られます。事業が大規模のものであればその利は大きく、事業が小規模であればその利は少ないものであります。（ですから）事業の大小を計り、利益の軽重を比べ、国には正義にかなった労苦があり、民にはより多くの利益があるようにするのです。このようにして事業を起こせば必ず成功いたします。いったい正義を離れて謀をすれば、成功したとしても長続きせず、民衆を侮って事業を起こせば、完成したとしても栄えることはありません。それゆえ私は、『正義は謀の（依るべき）法理であり、民衆は事業の（拠るべき）根本である』と聞いております。ですから正義にかなうようにして謀をし、民心を信じて行動して、なおその地位を保てなかった者がいるとは聞いたことがありません。昔、（夏・殷・周の）三代が興ったとき、謀は必ずその正義に計り、事業は必ず民心に依っていました。（ところがやがて）衰微してくると、謀をこらしては正義にかなわず、事業を興しては民衆を損なうようになりました。それゆえ正義に計り民心に依ることこそ、謀をし、事を行う（最善の）方法なのです」と言った。公は、「寡人は不才ゆえ、善い事を聞いても（すぐに）実行しなかったならば、その危うさはいかほどのものであろうか」と言った。お答えして、「最上の君主はいつも善行を行い、その次（の君主）は善を行ったり行わなかったりで、さらにその次（の君主）は邪《よこしま》な者と交わって下問することを恥じるのです。いつも善行を行う君主はうまく国を治めることができますし、善行を中途半端に行う君主は時に下問しますので、危ういと言えば言えますが、それでも（なんとか）生涯を終えることができましょう。（しかし）下問を恥じる君主ばかりは、身を（安全に）保つことができません。今、ご主君は危ういとはいえ、まだ（なんとか）生涯を終えることはおできになりましょう」と言った。

余説　「謀」と「事」とを主題とする章である。そして「謀」を行うには正義にかけて計ることが、「事」を興すには民衆の意志を慮ることが最重要な条件とされる。君主の専制に歯止めをかけて、国家を繁栄に導くのは、正義と因民（民衆の意志を慮り、かつ民衆の利益を図ることをこう称することにする）の思想だというのである。それゆえその正義と因民に立脚してこそ、君主として一国に君臨することができる合法性と正統性が認められるという。

ところでこの因民の思想を現代の民主主義と似たようなものと錯覚してはならない。これは、民が主人公となって政治を行うという意味での「民主政治」ではなく、民に利益をもたらすことを主にして君主が行う政治という意味での、「利民政治」とも言うべきもので、両者は本質的に性格が違う。なおこうした因民の思想は、本書と同じ同じ斉文化の所産である『管子』にも随所に見えている。またこの思想は、孟子の「民を貴きとなし、社稷これに次ぎ、君は軽しと為す」（尽心下篇）という当時としてはまことに過激な言葉で知られるいわゆる民本思想とも近似した政治思想である。こうした民を政治の中心に据えることで彼らの支持を得ることの意義にいち早く気付きこれをひたすら実践し、ついには斉国の簒奪に成功したのが、これまでもたびたび取り上げて論じてきた、かの田氏ということになる。

景公問下善爲二國家一者何如上晏子對以二擧レ賢官一レ能　第十三

景公《けいこう》善《よ》く國家《こくか》を爲《をさ》むる者《もの》は何如《いかん》と問《と》ひ晏子《あんし》對《こた》ふるに賢《けん》を擧《あ》げ能《のう》を官《くわん》にするを以《もつ》てす　第十三

景公問二晏子一曰、「莅レ國治レ民、善爲二國家一者何如。」晏子對曰、「擧レ賢以臨レ國、*官レ能以敕レ民、則其道也。擧レ賢官レ能、則民與レ君矣。」公曰、「雖レ有二賢能一、吾庸知乎。」晏子對曰、「賢而隱、庸爲レ賢乎。吾君亦不レ務二乎是一。故不レ知也。」公曰、「請二問求一レ賢。」對曰、「觀レ之以二其游一、說レ之以二其行一。君無下以二靡曼辯辭一定中其行上、無下以二毀譽非議一定中其

景公《けいこう》晏子《あんし》に問《と》ひて曰《いは》く、「國《くに》に莅《のぞ》み民《たみ》を治《をさ》め、善《よ》く國家《こくか》を爲《をさ》むるは何如《いかん》」と。晏子《あんし》對《こた》へて曰《いは》く、「賢《けん》を擧《あ》げて以《もつ》て國《くに》に臨《のぞ》み、能《のう》を官《くわん》にして以《もつ》て民《たみ》を敕《いまし》むるは、則《すなは》ち其《そ》の道《みち》なり。賢《けん》を擧《あ》げ能《のう》を官《くわん》にすれば、則《すなは》ち民君《たみきみ》に與《くみ》す」と。公曰《こういは》く、「賢能有《けんのうあ》りと雖《いへど》も、吾庸《われなん》ぞ知《し》らんや」と。晏子《あんし》對《こた》へて曰《いは》く、「賢《けん》にして隱《かく》るるは、庸《なん》ぞ賢《けん》と爲《な》さんや。吾《わ》が君《きみ》も亦是《またこれ》を務《つと》めず。故《ゆゑ》に知《し》らざるなり」と。公曰《こういは》く、「賢《けん》を求《もと》むることを請《こ》ひ問《と》ふ」と。對《こた》へて曰《いは》く、「之《これ》を觀《み》るに其《そ》の游《いう》を以《もつ》てし、之《これ》を說《と》くに其《そ》の行《おこな》ひを以《もつ》

身上。如レ此、則不二爲レ行以揚一聲、不二掩レ欲以榮一君。故通則視二其所一擧、窮則視二其所一不レ爲、富則視二其所一不レ取。夫上士、難レ進而易レ退也、其次、易レ進易レ退也、其下、易レ進難レ退也。以二此數物者一取レ人、其可乎。」

てす。君靡《きみび》曼辯辭《まんべんじ》を以《もつ》て其《そ》の行《おこな》ひを定《さだ》むること無《な》かれ、毀譽《きよ》非《ひ》議《ぎ》を以《もつ》て其《そ》の身《み》を定《さだ》むること無《な》かれ。此《か》くのごとくなれば、則《すなは》ち行《おこな》ひを爲《いつは》りて以《もつ》て聲《こゑ》を揚《あ》げず、欲《よく》を掩《おほ》ひて以《もつ》て君《きみ》を榮《まど》はさず。故《ゆゑ》に通《つう》ずれば則《すなは》ち其《そ》の擧《あ》ぐる所《ところ》を視《み》、窮《きゆう》すれば則《すなは》ち其《そ》の爲《な》さざる所《ところ》を視《み》、富《と》めば則《すなは》ち其《そ》の取《と》らざる所《ところ》を視《み》る。夫《そ》れ上士《じやうし》は、進《すす》め難《がた》くして而《しか》も退《しりぞ》け易《やす》きなり。其《そ》の次《つぎ》は、進《すす》め易《やす》く退《しりぞ》け易《やす》きなり。其《そ》の下《しも》は、進《すす》め易《やす》く退《しりぞ》け難《がた》きなり。此《こ》の數物者《すうぶつしや》を以《もつ》て人《ひと》を取《と》れば、其《そ》れ可《か》ならんか」と。

校訂　＊民与君矣　底本は「民与若矣」。呉則虞の引く『拾補』（盧文弨校）により改めた。『校注』も盧校に拠って改めている。なお、于鬯は「民興若矣」に改めるべきとし、呉則虞は「民興善矣」に改めるべきという。いずれの説も字体が似ているために誤ったのだろうというのである。

語釈　○莅国治民　王更生は「莅国」が下句の「為国」と意味上重複するため、衍字とし、この四字を標題に拠って削除している。○敕　君主の命に従うよう戒め諭すこと。○游　交遊のこと。○説　論じること。ここでは人物の賢愚をあげつらうことをいう。○君無以　蘇輿はここは一般的な人材登用の法を言うのであるから「君」は衍字であろうという。『校注』はこの蘇説に従い削除している。今、原文のままとする。○靡曼弁辞　「靡」も「曼」もともに美しいこと。見事な弁論のこと。○毀譽非議　「毀」は批判すること、「譽」は誉めること、「非議」は「毀」に同じく、批判的に論じること。他人の立てた評判のこと。○為　兪樾は、かつて「為」と「偽」は通用したとしたうえで、ここでは「偽」すなわち「いつわる」の意に解すべきであるという。この兪説に従い訳す。○栄　王引之は、かつて「栄」と「営」は通用したとしたうえで、ここでは「営」すなわち惑わすの意に解すべきであるという説に従い訳す。なお、銭熙祚は「熒」（ケイ、惑わすの意）の仮字であるという。これでも通じる。○富則視其所不取　王念孫は、「通…」と「窮…」と、「富…」と「貧…」は対句になっているはずであるのに、「分」字と「貧則視其所」の五字が脱落したために文義が通じなくなっているとして、「富則視其所不分、貧則視其所取」に改めるべきであるという。『校注』は王説に従い改めている。これに対し黄以周

は、『史記』魏世家に「李克曰、達視其所挙、窮視其所不為」とあるのと同様なことを説いているとしたうえで、原文の「富」を「貧」に改めればよいという。今、原文のままとする。　○上士　蘇輿の『治要』には「士」字がないとの指摘に依って、呉則虞は「士」を削除すべきというが、今、原文のままとする。　○易進易退…易進難退　蘇輿の、『礼記』表記篇に「孔子曰、事君難進而易退、則位有序、易進而難退、則乱也」とあること、また『群書治要』の所引の同文に「而」字があるとの指摘により、呉則虞は「而」を補って「易進而易退…易進而難退」に改めるべきであると言う。『校注』も『群書治要』に拠って改めている。今、原文のままとする。　○物　蘇輿は「事」の意であるという。上記の人材登用についてのいくつかの留意点を指して「物」と称していることは間違いない。

口語訳

第十三章　景公がうまく国家を治めるにはどうすればよいかと問い晏子は賢者を登用し能者を官につけることであると答えたこと

景公が晏子に尋ねて、「国政に臨み民を治め、うまく国家を治めるにはどうしたらよいか」と言った。晏子はお答えして、「賢者を登用して国政に臨み、能者を官につけて民を戒め諭すことが、その道でございます。賢者を登用し能者を官につければ、民はご主君に親しむものでございます」と言った。公は、「賢者、能者がいたとしても、余はどうして見分けることができようか」と言った。晏子はお答えして、「賢者でありながら世に隠れていたのでは、どうして賢者といえましょう。（一方また）わが君も人材登用のことに努力なさらない。それでおわかりにならないのです」と言った。公は、「賢者を求める方法をどうか聞きたいものだ」と言った。お答えして、「人を観るにはその交遊関係により、人を論じるにはその実際の行動によることです。ご主君は見事な弁論をもとに実際の行動も（さぞかしすぐれているだろうと）決めこんではなりません。（他人による）善し悪しの評判をもとに、本人を（有能とか無能とかと）決めつけてはなりません。このようにすれば、行動を偽って名声をあげることもなく、貪欲さをひた隠して君主を惑わすこともなくなります。このゆえに（人が）順境にいるときにはどんなことをするかを観察し、逆境にいるときにはどんなことをしないかを観察し、裕福であればものを手に入れようとせずにいる様子を観察します。そもそも最上の士は、仕えさせ難い一方で辞めさせ易いのです。その次は、仕えさせ易く辞めさせ易いのです。最低は、仕えさせ易く辞めさせ難いのです。これらのいくつかのことを拠り所に人材を登用すれば、よろしいでしょう」と言った。

余説　人材登用の具体的方法を述べる。ここに見られるような賢者を得る秘訣を説くことは、本書では本篇第二十七章にも見える。なお、文廷式は、斉が伝統的に賢者を尊重する反面、隠士を容認してこなかったとして、『荀子』中の「太公が華仕を誅したこと」（宥坐篇）、『韓非子』中の「太公が斉に封建されたとき、東海に狂矞と華仕という君主を持たない昆弟が二人いたが、彼らは天子の臣下とならず、諸侯と交際することもしなかったので、太公は彼らを捕らえて殺した」（外儲説右上篇）などの伝承があることをもとに、晏子が隠者を賢人とはみなさないことをいうのは、太公以来の斉のしきたりであったとして、問下篇第二十五章も同じ意味であろうと言う。

景公問二君臣身尊而榮難乎一晏子對以レ易　第十四

景公問レ晏子曰、「爲レ君、身*尊民安、爲レ臣、事治身榮、難乎、易乎。」晏子對曰、「易。」公曰、「何若。」對曰、「爲レ君節養、其餘以顧レ民、則身尊而民安。爲レ臣忠信、而無レ踰二職業一、則事治而身榮。」公又問、「爲レ君何行則危、爲レ臣何行則廢。」晏子對曰、「爲レ君、厚二藉斂一而託二之爲一レ民、進二讒諛一而託二之用一レ賢、遠二公正一而托二之不一レ順。君行二此三者一則危。爲レ臣、比周以求レ進、踰二職業一防レ下、隱レ利而求レ多、從レ君、不レ陳二過而求一レ親。人臣行二此三者一則廢。故明君不レ以二邪*觀一レ民、守二民財一而不レ虧、立二法儀一而不レ犯、苟有レ所レ求二于民一、而不下以二身害一上レ之。是故刑

景公《けいこう》君臣《くんしん》身《み》尊《たつと》くして榮《さか》ゆるは難《かた》きかと問《と》ひ晏子《あんし》對《こた》ふるに易《やす》きを以《もつ》てす　第十四

景公晏子《けいこうあんし》に問《と》ひて曰《いは》く、「君《きみ》と爲《な》りて、身《み》尊《たつと》く民安《たみやす》く、臣《しん》と爲《な》りて、事治《ことをさ》まり身《み》榮《さか》ゆるは、難《かた》きか、易《やす》きか」と。晏子《あんし》對《こた》へて曰《いは》く、「易《やす》し」と。公曰《こういは》く、「何若《いかん》」と。對《こた》へて曰《いは》く、「君《きみ》と爲《な》りて節養《せつよう》して、其《そ》の餘《よ》は以《もつ》て民《たみ》を顧《かへり》みれば、則《すなは》ち身《み》尊《たつと》くして民安《たみやす》し。臣《しん》と爲《な》りて忠信《ちゆうしん》にして、職業《しよくげふ》を踰《こ》ゆること無《な》ければ、則《すなは》ち事治《ことをさ》まりて身《み》榮《さか》ゆ」と。公又問《こうまたと》ふ、「君《きみ》と爲《な》りて何《なに》を行《おこな》へば則《すなは》ち危《あや》ふく、臣《しん》と爲《な》りて何《なに》を行《おこな》へば則《すなは》ち廢《はい》せらる」と。晏子《あんし》對《こた》へて曰《いは》く、「君《きみ》と爲《な》りて、藉斂《せきれん》を厚《あつ》くして之《これ》を民《たみ》の爲《ため》にするに託《たく》し、讒諛《ざんゆ》を進《すす》めて之《これ》を賢《けん》を用《もち》ふるに託《たく》し、公正《こうせい》を遠《とほ》ざけて之《これ》を順《したが》はざるに托《たく》す。君此《きみこ》の三《み》つの者《もの》を行《おこな》へば則《すなは》ち危《あや》ふし。臣《しん》と爲《な》りて、比周《ひしう》して以《もつ》て進《すす》むを求《もと》め、職業《しよくげふ》を踰《こ》えて下《しも》を防《ふせ》ぎ、利《り》を隱《かく》して多《おほ》きを求《もと》め、君《きみ》に從《したが》ひて、過《あやま》ちを陳《の》べずして親《した》しまるるを求《もと》む。人臣《じんしんこ》此の三《み》つの者《もの》を行《おこな》はば則《すなは》ち廢《はい》せらる。故《ゆゑ》に明《めい》

政安二于下一、民心固二于上一。故察士不二比周而進一、不二爲レ苟而求一、言無二陰陽一、行無二内外一、順則進、否則退、不二與レ上行一レ邪。是以進不レ失レ廉、退不レ失レ行也。」

君《くん》は邪《じや》を以《もつ》て民《たみ》に觀《しめ》さず、民《たみ》の財《ざい》を守《まも》りて虧《か》かず、法儀《はふぎ》を立《た》てて犯《をか》さず、苟《いやし》くも民《たみ》に求《もと》むる所有《ところあ》れば、而《すなは》ち身《み》を以《もつ》て之《これ》を害《がい》せず。是《こ》の故《ゆゑ》に刑政下《けいせいしも》に安《やす》く、民心上《みんしんかみ》に固《かた》し。故《ゆゑ》に察士《さつし》は比周《ひしう》して進《すす》まず、苟《かりそ》めを爲《な》して求《もと》めず、言《げん》に陰陽無《いんやうな》く、行《おこな》ひに内外無《ないぐわいな》く、順《じゆん》なれば則《すなは》ち進《すす》み、否《しからざ》れば則《すなは》ち退《しりぞ》き、上《かみ》と邪《じや》を行《おこな》はず。是《ここ》を以《もつ》て進《すす》みて廉《れん》を失《うしな》はず、退《しりぞ》きて行《かう》を失《うしな》はざるなり」と。

校訂　＊身尊而民安　底本は「君尊而民安」。上文の「身尊民安」によって改めるべきであるという王念孫説に従った。『校注』も改めている。

＊守民財而不虧　底本は「守則而不虧」。本篇第十八章に「守于民財、無虧之以利、立于儀法、不犯之以邪」（民財を守りて、之を虧くに利を以てすること無く、儀法を立てて、之を犯すに邪を以てせず）とあるのとほぼ同様なことを説くものであるから、これによれば「則」は「財」の誤りであり、かつ「而」字が脱落したと見るべきであるとの劉師培の説に従い改めた。『校注』は劉説と同様の疑いを述べつつも原文のままにして改めない。

語釈　○節養　「節」は節約すること、「養」は君主の生活を養うこと。君主の生活にかかる費用を節約することをいう。　○其余　節約して余った富を指す。　○比周　本来、「比」は君子の公正な交わり、「周」は小人の偏った交わりの意であるが、「比周」といった場合は、狎れ合って徒党を組むことの意。　○踰職業防下、隠利而求多　「踰職業」は、臣下として与えられた職分を逸脱して行うこと、越権行為を指す。「防下」は、下の者の台頭を抑え込むこと。「隠利而求多」は、自分の既に得た利益は隠してより多くの利益を求めること。呉則虞はここの「防下、隠利」の四字は衍字ではないかと疑う。確かに「踰職業而求多」とした方が、上句の「比周以求進」、下句の「不陳過而求親」との対応がよい。今、原文のままとする。　○観　「示」と同じ意。　○法儀　「法義」と同じ、法規範をいう。孫星衍は、『墨子』に法儀篇があり、そこには「天下に従事する者は以て法儀無かるべからず」とあると指摘する。『晏子』が墨家思想を反映していることを示唆するための指摘である。　○而不以身害之　王念孫は本篇第十八章に「苟所求于民、不以身害之」（苟くも民に求むる所は、身を以て之を害さず）とあるのに依って「而」字を衍字として削除すべきという。『校注』は王説に従い削除している。今、原文のままとする。　○為苟　利益を得たいばかりに、道義に反したふるまいをすること。　○陰陽　かげとひなた。裏と

表。　○失行　取るべき行動を見失うこと。

口語訳　第十四章　景公が君主と臣下が（それぞれ）尊貴となり繁栄することは難しいことかと問い晏子は容易だと答えたこと

景公が晏子に尋ねて、「君主となって、自身は尊ばれ民も安寧、臣下となって、その仕事はうまくいき自身も栄えるというのは、難しいことであろうか、それとも易しいことであろうか」と言った。晏子はお答えして、「易しいことです」と言った。公が、「どういうことか」と言った。お答えして、「君主となっても生活を節約して暮らし、その余りを民（の暮らし）に振り向ければ、自身は尊くしかも民は安寧です。臣下となって忠実かつ信義をもって仕え、職分を踏み越えることがなければ、その仕事はうまくいき自身も栄えます」と言った。公がさらに、「君主となってもどういうことをすれば危うく、臣下となってもどういうことをすれば辞めさせられるのであろうか」と尋ねた。晏子はお答えして、「君主となって、賦税の取り立てを多くしてこれを民のためだとかこつけ、へつらい者を仕えさせてこれを賢者だとかこつけ、公正な者を遠ざけてこれを（君意に）従わぬ輩だとかこつける。ご主君が、これら三つのことをすれば危うくなります。臣下となって、徒党を組んで仕えさせよと要求し、職分を踏み越えて下の者（の台頭）を押さえつけ、（自分が既に得た）利益は隠して（さらに）多くを要求し、君主の言いなりになっては、その過ちを指摘せずに親しまれることだけを求める。人臣がこれら三つのことを行えば辞めさせられます。このゆえに明君は不正を民に示さず、民の財産を保護して奪わず、法規範を立ててそれを侵さず、かりにも民に求めることがあれば、わが身のために民を損なうことはしません。このために刑罰や法律は民に安心して受け入れられ、民心は君主と堅く結びつくのです。ですから明察の士は徒党を組んで仕えることはせず、道義に背いてまで求めることはせず、発言にかげひなたなく、行動にうちそとなく、道理に合っていれば仕え、そうでなければ辞め、上の者と（結託して）悪事を行ったりしません。こうして仕えるときには廉潔さを失わず、辞めるときには取るべき（正しい）行動を見失わないことです」と言った。

余説　景公の問いであるから、君主たるの心得を問い、それに晏子が答えるだけで十分なはずである。然るに臣下たるの心得もこれと対になって説かれているのは、この説話の作者が、あるべき君臣関係を論じようという目的があり、それを景公と晏子の対話に仮託したか

らではないかと推測させる。

特に、この問上篇ではこうした仮託とも思える内容が目立つ。

景公問三天下之所二以存亡一晏子對以二六說一　第十五

景公問二晏子一曰、「寡人持二不仁一、其無レ義耳也。不レ然下北面與二夫子一而義上。」晏子對曰、「嬰、人臣也。」公曰、「請終問三天下之所二以存亡一。」晏子曰、「縵密不レ能、*蔍苴不レ學者、詘。身無二以用一レ人、而又不レ爲二人用一者、卑。善人不レ能レ戚、惡人不レ能レ疏者、危。*交二游朋友一、無三以說二于人一、又不レ能レ說レ人者、窮。事レ君要レ利、大者不レ得、小者不レ爲者、餧。修レ道立レ義、大不レ能レ專、小不レ能レ附者、滅。此足三以觀二存亡一矣。」

景公天下《けいこうてんか》の存亡《そんばう》する所以《ゆゑん》を問《と》ひ晏子對《あんしこた》ふるに六說《りくせつ》を以《もつ》てす

第十五

景公晏子《けいこうあんし》に問《と》ひて曰《いは》く、「寡人《くわじん》の不仁《ふじん》を持《ぢ》するは、其《そ》れ義《ぎ》すること無《な》きのみ。北面《ほくめん》して夫子《ふうし》と與《とも》にして義《ぎ》するに然《し》かず」と。晏子對《あんしこた》へて曰《いは》く、「嬰《えい》は、人臣《じんしん》なり。」公曷爲《こうなんす》れぞ若《か》くのごとき言《げん》を出《いだ》す」と。公曰《こういは》く、「請《こ》ふ終《つひ》に天下《てんか》の存亡《そんばう》する所以《ゆゑん》を問《と》はん」と。晏子曰《あんしいは》く、「縵密《まんみつ》なること能《あた》はず、蔍苴《そしょ》なること學《まな》ばざる者《もの》は、詘《くつ》す。身《みづか》ら以《もつ》て人《ひと》を用《もち》ひること無《な》く、而《しか》して又人《またひと》の用《よう》と爲《な》らざる者《もの》は、卑《いや》し。善人戚《ぜんにんした》しむこと能《あた》はず、惡人疏《あくにんうと》んずること能《あた》はざる者《もの》は、危《あや》ふし。朋友《ほういう》に交游《こういう》して、以《もつ》て人《ひと》に說《よろこ》ばるること無《な》く、又人《またひと》を說《よろこ》ばすこと能《あた》はざる者《もの》は、窮《きゆう》す。君《きみ》に事《つか》へて利《り》を要《もと》め、大《だい》なる者得《ものえ》ず、小《せう》なる者爲《ものな》さざる者《もの》は、餧《う》う。道《みち》を修《をさ》め義《ぎ》を立《た》て、大《だい》は專《もつぱ》らにすること能《あた》はず、小《せう》は附《ふ》すること能《あた》はざる者《もの》は、滅《ほろ》ぶ。此《こ》れ以《もつ》て存亡《そんばう》を觀《み》るに足《た》る」と。

校訂　＊蔍苴不学者　底本は「蔍苴学者」。王念孫の、原文のままでは上句の「縵密不能」と対をなさないこと、また外篇上第十七章に「微事不通、粗事不能者、必労。…」とあるのと同意であることによって、「不」字を補うべきとする説に従い改めた。『校注』も王説に従い改めている。

＊交游朋友　底本は「交游朋友従」。王念孫の、「従」は衍字であろうとする説に従い削除した。『校注』も王説に従い改めている。なお、于鬯は「友」を衍字として削り「交游朋従」に改めるべきという。

語釈　○持不仁　「持」は保つの意がある。景公は長年、仁徳が身に備わらずにずっときてしまったということ。ここで景公は深く反省しているのである。　○無義…、…而義　このふたつの「義」は「議」の意味に解すべきとする蘇輿の説に従い訳す。　○不然　「然」と「如」はかつて通用していたから、「不如」の意味に解すべきとする于鬯の説に従い訳す。なお于鬯は、「寡人持不仁、其無義耳也。不然北面与夫子而義」の一節を「寡人持不佞、其不宜耳耶。不如北面与夫子為宜」（寡人不佞を持すること、其れ宜しからざるのみか。北面して夫子に与ふるを宜しと為すに如かず）と読み変えて、「已以此不佞之身、其殆不宜於人君之位、不如已就臣位、北面而以此人君之位与晏子為宜」（自分はこのように不佞の身であるから、人君の位にいるべきではなく、臣下の位について、北面したうえ、この人君の位を先生に与える方がよいのだ）の意味に解すべきという。景公が晏子に君位を譲ってしまおうとしたと解する点に変わりはないが、ただ「義」を「宜」の意味に取るより「議」の意味に取る方が分かりやすい。　○北面　上位の者が南を向くのに対し、下位の者が北を向いて応対する。君主・師に対し、臣下・弟子の礼を取ること。　○終　終わりまで、転じて、どうしても の意。　○縵密不能　注意深さに欠けるために綿密なことができないこと。「縵密」は「綿密」と同じ。　○麄苴不学　熱意に欠けるため粗大なことさえ学ぼうとしないこと。「麄」は「麤」と同じで、粗末なこと。「苴」は枯れ草、また粗に通じる。「麄苴」とは粗末粗大の意。　○詘　「屈」に同じ。屈服すること。　○不為人用　受け身の表現「不為人所用」（人の用ひる所と為らず）と同じ意味。　○戚　親しむこと。　○説于人、又不能説人　このふたつの「説」は「悦」（よろこぶ）の意。「説于人」は受け身の表現として「人に説《よろこ》ばるる」と読む。　○餒　飢えること。　○大不能専、小不能附　「大」「小」は道義という観点からみた場合の国政における大事と小事、「専」は自分が司ること、「附」は他人に託すこと。難解であるが、大事は自分がこれを司るだけの能力がなく、小事はこれを他人に託するほどの度量もないの意に解しておく。

口語訳　第十五章　景公が天下が存亡するわけを問い晏子は六つの説で答えたこと

景公が晏子に尋ねて、「寡人が不仁であり続けているというのは、（いまさら）言うまでもないことだ。（君主の資格を欠く寡人は）いっそ北面して（先生の臣下となって）先生と語り合う方がよかろう」と言った。晏子はお答えして、「嬰《わたくし》は臣下でございます。公はどうしてそのようなことをおっしゃるのですか」と言った。公は、「では天下が存亡するその理由をどうしてもお尋ねしておきたい」と言った。晏子は、「綿密な事ができず、大まかなことさえ学ばない者は、（人

に）屈服させられます。自分で人を用いず、また人に用いられることもない者は、卑しめられます。善人と親しくすることができず、悪人を遠ざけることのできない者は、危うくなります。友人と交際しても、友人から喜ばれることがなく、また友人を喜ばせることもできない者は、苦しみます。君主に仕えて利益を求めても、大きな利益は得られず、小さな利益を（軽んじて）求めない者は、飢えます。道を修めて正義をかざしても、大事を自身で取りしきることができず、小事を（他人に）託すことができない者は、滅びます。これらによって存亡（の行方）を見て取ることができます」と言った。

余説　ここに挙げられる六箇条の内容は、本来、天下の存亡する所以をめぐる問答ではあるまい。まして、君主の存亡について論じるものでもない。むしろ、個人の存亡を主題としていると見るべきで、それは校訂にも指摘しておいたように、本章の内容が、晏子の臣下としての心構えを記した外篇上第十七章に酷似していることからも言えよう。晏子のいう六箇条は、景公の問に対する答としては必ずしも当を得たものではないように思われる。前章同様、後世の者が晏子と景公との問答に仮託したのであろう。

景公問二君子常行曷若一晏子對以二三者一　第十六

景公問二晏子一曰、「君子常行曷若。」晏子對曰、「衣冠不レ中、不二敢以入一レ朝。所レ言不レ義、不二敢以要一レ君。*身行不レ順、治事不レ公、不二敢以莅一レ衆。衣冠無レ不レ中、故朝無二奇僻之服一。所レ言無レ不レ義、故下無二僞上之報一。身行順、治事公、故國無二阿黨之義一。三者、君子之常行者也。」

景公《けいこう》君子《くんし》の常行《じやうかう》は曷若《いかん》と問《と》ひ晏子《あんし》對《こた》ふるに三《み》つの者《もの》を以《もつ》てす　第十六

景公晏子《けいこうあんし》に問《と》ひて曰《いは》く、「君子《くんし》の常行《じやうかう》は曷若《いかん》」と。晏子對《あんしこた》へて曰《いは》く、「衣冠中《いくわんあた》らざれば、敢《あ》へて以《もつ》て朝《てう》に入《い》らず。言《い》ふ所義《ところぎ》ならざれば、敢《あ》へて以《もつ》て君《きみ》に要《もと》めず。身行順《しんかうじゆん》ならず、治事公《ちじこう》ならざれば、敢《あ》へて以《もつ》て衆《しゆう》に莅《のぞ》まず。衣冠中《いくわんあた》らざること無《な》ければ、故《もと》より朝《てう》に奇僻《きへき》の服無《ふくな》し。言《い》ふ所義《ところぎ》ならざること無《な》ければ、故《もと》より下《しも》に上《かみ》を僞《いつ》はるの報無《ほうな》し。身行順《しんかうじゆん》にして、治事公《ちじこう》なれば、故《もと》より國《くに》に阿黨《あたう》の義無《ぎな》し。三《み》つの者《もの》は、君子《くんし》の常行《じやうかう》なる者《もの》なり」と。

校訂　＊身行不順　底本は「行己不順」。下文に「身行順、治事公」とあり、この箇所と対応しているのにもかかわらず、全文を見渡さずそれに気付かないままに「身行」を「行己」に書き換えてしまったのであり、また『群書治要』は正しく「身行不順」に作っているという王念孫の説に従い改めた。『校注』もこの王説に従い改めている。

語釈　○曷若　「何如」と同じ。　○莅　臨むこと。　○中　「正」に同じ。礼にかなって正しいこと。　○奇僻之服　「奇」は常のものとは異なっていること、「僻」は「辟」と同じで、かたよりやよこしまの意で、礼に外れた奇異な服装のことをいう。　○阿党之義　君主のえこひいきを受けようとする連中の身勝手な議論。「阿党」はおもねりくみすること、君主のえこひいきを受けようとするグループ。本篇第五章に見える。そうした連中に「義」の語は適当でないから、ここの「義」はもと「議」であったはずだという呉則虞説に従い訳した。　○君子之常行者也　『校注』は王説の「者」は衍字であろうとの説に従い、『群書治要』によって「君子之常行也」に改めている。

口語訳　第十六章　景公が君子の常に変わらぬ行いはどのようであるかと問い晏子は三条目をあげて答えたこと

景公が晏子に尋ねて、「君子としての常に変わらぬ行いとはいかなるものか」と言った。晏子はお答えして、「（己の）衣冠が儀礼にかなっていなければ、敢えて朝廷に入りません。（己の）発言が正義にかなっていなければ、敢えて君主に要求しません。己の行動が道理に従っておらず、政務が公平でなければ、敢えて民衆の上に立ちません。衣冠が必ず儀礼にかなっていれば、もとより朝廷に奇異な服装をする者はおりません。発言が必ず正義にかなっていれば、もとより下の者は上の者を偽る報告をいたしません。自らの行動が道理に従っており、政務が公平ならば、もとより国内に君主におもねる連中の議論はありません。この三つが、君子の常に変わらぬ行いなのです」と言った。

余説　本章も、晏子が景公に問われるままに君主としての心得を説いたものではなく、一般論として君子の振る舞いはいかにあるべきかが主題になっている。その点で、本章は前二章と同様に仮託された問答と思われる。景公の問は、君主は君子であるべきであるという考えから発せられたものと見ることができるが、晏子の答は、「言ふ所義ならざれば、敢へて以て君に要（とも）めず」とあることからも解るように、君主たる君子に関するものではなく、臣下たる君子に関するものである。ここは、むしろ君主はすぐれた君子を臣下に得てこそ国を治めることができるのだということを前提にして説いていると見るべきであろう。

景公問二賢君治一レ國若何一晏子對以二任レ賢愛一レ民　第十七

景公問二晏子一曰、「賢君之治國若何。」晏子對曰、「其政任レ賢、其行愛レ民、其取レ下節、其自養儉、在レ上不レ犯レ下、在レ治不レ傲レ窮、從レ邪害レ民者有レ罪、進レ善擧レ過者有レ賞。其政、刻レ上而饒レ下、赦レ過而救レ窮、不二因レ喜以加一レ賞、不二因レ怒以加一レ罰、不二從レ欲以勞一レ民、不二修レ怒而危一レ國。上無二驕行一、下無二諂德一、上無二私義一、下無二竊權一、上無二朽蠹之藏一、下無二凍餒之民一。不レ事二驕行一而尚*レ同、其民安樂而尚レ親。賢君之治國若レ此。」

景公賢君《けいこうけんくん》の國《くに》を治《をさ》むるは若何《いかん》と問《と》ひ晏子《あんし》對《こた》ふるに賢《けん》に任《にん》じ民《たみ》を愛《あい》するを以《もつ》てす　第十七

景公晏子《けいこうあんし》に問《と》ひて曰《いは》く、「賢君《けんくん》の治國《ちこく》は若何《いかん》」と。晏子《あんし》對《こた》へて曰《いは》く、「其《そ》の政《せい》は賢《けん》に任《にん》じ、其《そ》の行《おこな》ひは民《たみ》を愛《あい》し、其《そ》の下《しも》に取《と》ること節《せつ》に、其《そ》の自《みづか》ら養《やしな》ふこと儉《けん》に、上《かみ》に在《あ》りて下《しも》を犯《をか》さず、治《ち》に在《あ》りて窮《きゆう》に傲《おご》らず、邪《じや》に從《したが》ひて民《たみ》を害《がい》する者《もの》は罪有《つみあ》り、善《ぜん》を進《すす》めて過《あやま》ちを擧《あ》ぐる者《もの》は賞有《しやうあ》り。其《そ》の政《せい》は、上《かみ》に刻《きび》しく下《しも》に饒《ゆる》し、過《あやま》ちを赦《ゆる》して窮《きゆう》を救《すく》ひ、喜《よろこ》びに因《よ》りて以《もつ》て賞《しやう》を加《くは》へず、怒《いか》りに因《よ》りて以《もつ》て罰《ばつ》を加《くは》へず、欲《よく》を從《ほしいまま》にして以《もつ》て民《たみ》を勞《らう》せず、怒《いか》りを修《をさ》めて國《くに》を危《あや》ふくせず。上《かみ》に驕行無《けうかうな》く、下《しも》に諂德無《てんとくな》く、上《かみ》に私義無《しぎな》く、下《しも》に竊權無《せつけんな》く、上《かみ》に朽蠹《きうと》の藏無《ざうな》く、下《しも》に凍餒《とうたい》の民無《たみな》し。驕行《けうかう》を事《こと》とせずして同《どう》を尚《たつと》び、其《そ》の民安樂《たみあんらく》にして親《しん》を尚《たつと》ぶ。賢君《けんくん》の治國《ちこく》は此《か》くのごとし」と。

校訂　＊尚同　底本は「尚司」。盧文弨は、『墨子』に尚同篇があることから、「尚同」に作るべきであろうとする。本書に墨家思想が存在することを前提にし、それのみを根拠として校訂することは危険であるが、竹簡本にも「尚同」とあることから改めた（余説参照）。『校注』も盧説に従い改めている。于省吾は、盧説を非として「尚司」のままでよく、その意味は「尚治」であるという。また呉則虞は「不事驕行而尚同」の句は本来「不修怒而危国」の後に続くのではないかという。

語釈　○饒　寛容の意。　○不修怒而危国　「修」はおこなうの意。「修怒」は怒りを行動で表すこと。蘇輿は『左伝』に「修怨于諸侯」の句があることを根拠に「修怨」（怨みに報いる）に改めるべきというが、竹簡本も「…怒以危国」に作っており、原文のままでよいと思われる。　○諂徳　既出。本篇第七章の語釈参照。諂いによって得られる利益。　○上無私義、下無窃権　「私義」は「私義」

と同じで、政治上の問題を私的に論じて自己の利益に結び付けようとすること、「窃権」とは、君主の権力を奪い取って実権を握ってしまおうとすること。竹簡本は「上無私衆、下無私義」に作っている。竹簡本によると、上の者は国内の民を私物化せず、下の者は私的な政治論議をしない、と言う意味になる。田氏が、長年の間、斉の民に対して恩恵を与え続けていたことによって斉の世論をすっかり味方につけ、ついには君権の簒奪に成功したことが、本書成立時の背景にあったことを考えると、竹簡本の表現の方が当時の実情に即していたように思われる。　○朽蠹之蔵　「朽」は腐ること、「蠹」は虫が食うこと。食糧や衣料などが蔵にしまわれたままになること。本篇第七章に「府蔵朽蠹」の語が見える。

口語訳　第十七章　景公が賢君による治国とはいかなるものかと問い晏子は賢者に委ね民を愛することだと答えたこと

景公が晏子に尋ねて、「賢君による治国とはいかなるものか」と言った。晏子はお答えして、「その政治は賢者に委ね、その行動は民を愛し、下から取り立てるときは節度があり、自分の生活は倹約し、上にいても下の者を害さず、（国を）治める場合には困窮した者を侮らず、邪《よこしま》な考えに従って民を損なう者は処罰し、善い考えを進言して過ちを諫言する者には褒賞を与えます。その政治は、上には厳しく下には寛容で、過ちをした者を許し苦しんでいる者を助け、喜びに任せて褒賞を与えず、怒りに任せて罰を加えず、欲望をほしいままにして民に苦労させず、怒りに任せて国を危うく致しません。上に驕った行動がなく、下に諂いの振る舞いがなく、上に私利を計る議論がなく、下に実権を盗み取ろうとすることがなく、上には（収めた物が）腐って虫がわくような蔵はなく、下には飢え凍える民がおりません。（君主は）わがまま勝手な振る舞いをせず（上下皆）同じであることを大切にし、民は安楽に暮らして（上下皆）親しみあうことを大切にします。賢君の治国とはこのようなものでございます」と言った。

余説　銀雀山漢墓竹簡には次のように見えている。

景公問晏子曰、「賢君之治國若何。」〔□□□□□〕□賢君之治國也、其正（政）任賢、其行愛民、其取下〔□〕、其自養歛（儉）、在上不犯下、任治不驁（傲）窮、從邪害民者〔□□□□〕舉過者有賞。其正（政）刻上而譊下、正衡（徹）而朹（救）窮。不因喜以加賞、不因怒以加罰。……怒以危國。上无喬（驕）行、下无甴（諂）德。上毋（無）私衆、下无私義、毋（無）殀（朽）稾（蠹）之臧（藏）、毋（無）涷（凍）餧之民。是以其士民藩（蓄）玆（滋）而尚同、民安樂而尚親。賢君之治國若此。」

（景公晏子に問ひて曰く、「賢君の治国は若何」と。〔□□□□□〕□賢君の治国や、其の政は賢に任じ、其の行ひは民を愛し、其の下

に取ること〔□〕、其の自ら養ふこと儉に、上に在りて下を犯さず、治に任じて窮に傲らず、邪に從ひて民を害する者は〔□□□□〕過ちを擧ぐる者は賞有り。其の政は、上に刻しくして下に譊（ゆる）し、徹を正して窮を救ふ。喜びに因らずして以て賞を加へ、怒りに因らずして以て罰を加ふ。…怒りて以て國を危ふくす。上に驕行无く、下に諂徳无し。上に私衆無く、下に私義无く、朽蠹の蔵無く、凍餒の民無し。是を以て其の士民は蓄滋して同を尚び、民は安樂にして親を尚ぶ。賢君の治國は此くの若し」と。）

現行本と大差ないことには驚くばかりである。竹簡本の欠けた部分を現行本によってそのまま補うことすらできそうである。ただ校訂や語釈で既に指摘したように一部の句に限って相当に異なっており、直接の祖本ではないらしい。

さて晏子がここで主張する賢者の登用と愛民政策とは、しばしば『管子』にも語られるところである。かかる政治理念はまた田氏も支持するところでもあったから、これを斉における伝統的政治理念が語られたものと見ることができよう。すると問題になるのは、ここに見える「尚同」の語をいかに評価するべきかであろう。これを果たして墨子の尚同思想の反映と見ることが可能であろうか。判断する材料に乏しく断定的なことは言えないが、これまでも『晏子春秋』中には墨子の思想との関連がしばしば示唆されてきており、あながちに否定できないのである。

景公問㆓明王之教㆑民何若㆒晏子對以㆓先行㆒㆑義　第十八

景公《けいこう》明王《めいわう》の民《たみ》を教《をし》ふること何若《いかん》と問《と》ひ晏子《あんし》對《こた》ふるに先《ま》づ義《ぎ》を行《おこな》ふを以《もつ》てす　第十八

景公問㆓晏子㆒曰、「明王之教㆑民何若。」晏子對曰、「明㆓其教令㆒、而先*㆑之以㆑行、養㆑民不㆑苛、而防㆑之以㆑刑。所㆑求㆓于下㆒者、不㆑務㆓于上㆒、所㆑禁㆓于民㆒者、不㆑行㆓于身㆒。守㆓于民財㆒、無㆓虧㆑之以㆒㆑利、立㆓于儀法㆒、不㆓犯㆑之以㆒㆑邪。苟所㆑求㆓于民㆒、不㆓以㆑身害㆒㆑之、故下之勸㆓從其教㆒也。稱㆑事以任㆑民、中㆑聽以禁㆑邪、

景公《けいこう》晏子《あんし》に問《と》ひて曰《いは》く、「明王《めいわう》の民《たみ》を教《をし》ふること何若《いかん》」と。晏子《あんし》對《こた》へて曰《いは》く、「其《そ》の教令《けうれい》を明《あき》らかにして、之《これ》に先《さき》んずるに行《おこな》ひを以《もつ》てし、民《たみ》を養《やしな》ふに苛《むご》からずして、之《これ》を防《ふせ》ぐに刑《けい》を以《もつ》てす。下《しも》に求《もと》むる所《ところ》の者《もの》は、上《かみ》より務《し》ひず、民《たみ》に禁《きん》ずる所《ところ》の者《もの》は、身《み》に行《おこな》はず。民《たみ》の財《ざい》を守《まも》りて、之《これ》を虧《か》くに利《り》を以《もつ》てすること無《な》く、儀法《ぎはふ》を立《た》てて、之《これ》を犯《をか》すに邪《じや》を以《もつ》てせず。苟《いやしく》も民《たみ》に求《もと》むる所《ところ》は、身《み》を以《もつ》て之《これ》を害《がい》せず、故《ゆゑ》に下《しも》の其《そ》の教《をしへ》に勸從《くわんじゆう》するなり。

不窮之以勞、不害之以實。苟所禁于民、不以事逆之、故下不敢犯其上也。古者百里而異習、千里而殊俗、故明王修道、一民同俗。上愛民爲法、下相親爲義、是以天下不相遺。*此明王之敎民也。」

事《こと》を稱《はか》りて以《もつ》て民《たみ》に任《にん》じ、聽《ちやう》に中《ちゆう》にして以《もつ》て邪《じや》を禁《きん》じ、之《これ》を窮《きゆう》するに勞《らう》を以《もつ》てせず、之《これ》を害《がい》するに實《じつ》を以《もつ》てせず。苟《いやしく》も民《たみ》に禁《きん》ずる所《ところ》は、事《こと》を以《もつ》て之《これ》に逆《さか》らはず、故《ゆゑ》に下《しも》敢《あ》へて其《そ》の上《かみ》を犯《をか》さざるなり。古《いにしへ》は百里《ひやくり》にして習《ならひ》を異《こと》にし、千里《せんり》にして俗《ぞく》を殊《こと》にす、故《ゆゑ》に明王《めいわう》道《みち》を修《をさ》めて、民《たみ》を一《いつ》にし俗《ぞく》を同《おな》じくす。上《かみ》は民《たみ》を愛《あい》するを法《はふ》と爲《な》し、下《しも》は相親《あひした》しむを義《ぎ》と爲《な》し、是《ここ》を以《もつ》て天下《てんか》相遺《あひす》てず。此《こ》れ明王《めいわう》の民《たみ》を教《をし》ふるなり」と。

校訂　＊先之以行、…防之以刑　底本は「先之以行義、…防之以刑辟」。『群書治要』には「義」と「辟」がないことを根拠に、この二字が後人によって妄りに加えられたのであろうこと、また「行」と「刑」は古音では韻が揃っていることを理由に、「義」「辟」の二字を削除するべきであるとの呉則虞の説に従い改めた。竹簡本には「先之以行、…□之以刑」とあって、この呉説を裏付けている。　＊此明王之教民也　底本は「此明王教民之理也」。王念孫は、前章が「賢君之治国何如」の問で始まり、「賢君之治国若此」で結ばれているのと同様に、ここも景公の問「明王之教民何若」に対応していなければならないはずであること、また『群書治要』が「此明王之教民也」と作っていることの二つを理由に改めるべきであるという。『校注』は王説に従い『群書治要』に拠って改めている。竹簡本も「此明王之教民也」に作っており、この王説を裏付けているので改めた。

語釈　○教令　民の教化とそのための命令。　○不務于上　王引之は原文のままでは意味が通じず、続く二句から推して、「自分が持っていて然る後に人にもそれを持つように要求する」という意味であるはずであるから、「必務于上」に改めるべきことは明らかであるという。確かにそのように解して改めることは当を得ているように思われる。『校注』もこの王説に従い改めている。ところが、竹簡本は「弗務於上」に作る。「弗」は「不」に同じであるから、竹簡本に従えば原文のままで意味が通るように解さねばならない。そこで駢宇騫は王説を非とした上で、「務」には「勉」の意があり、かつ「勉」には「強」の意があるから、この句は「君主が上にあって下に対して強要しない」の意味になるという。今、駢説に従い原文のまま訳す。　○虧　欠く、減らす。　○立于儀法　法規範を定めること。本篇第十四章に「立法儀而不犯」とある「法儀」と同じ。竹簡本は「立法義」とある。「儀法」「法儀」「法義」いずれも同じ意味に解し

てさしつかえなかろう。　〇下之勧従其教也　「勧」はすすむの意、「勧従」は積極的にすすんで従うこと。なお、王念孫は「之」を衍字として削除すべきとする。『校注』は、さらに「勧」字も削除して「下従其教也」に改めている。なお『群書治要』には「下従其教也」とある。が、『新書』春秋篇にも「…扶興天子、莫不勧従…」（…天子を扶興して、勧従せざること莫し…）との用例が見えており、削除する特別な理由はないので、原文のままとする。　〇中聴　「中」は「正」また「適」「当」と同じ、正しく適切であること、「聴」は訴えを聴いて裁くこと。裁判が正しく適切であることをいう。　〇不害之以実　王念孫は、原文のままでは意味が通じないから「不害之以罰」（刑罰で民を害さない）に改めるべきであるという。『群書治要』も「不害之以罰」に作っている。この方が、上文の「中聴」との対応もよい。『校注』は王説に従い『群書治要』に拠って改めている。ところが、竹簡本は「不害之以実」に作っていることから、駢宇騫は王説を信ずるに足らずとして、原文のままで、「実情によってかえって民が害を受けることがないようにすること」との解釈を示す。この場合の実情とは国内の政治状況を指すのであろう。今、駢説に従い原文のまま訳す。　〇上愛民為法、下相親為義　王念孫は『群書治要』に基づいて「以」字を補って「上以愛民為法、下以相親為義」に改めるべきとする。『校注』は王説に従い『群書治要』に拠って改めている。　〇遺　遺棄すること。『群書治要』が「違」に作っていること、また上文の「一民同俗」を踏まえた内容であるはずであることから、王念孫は「違」に改めるべきとする。呉則虞は、上下が相愛し相親しむことを義と為していること、これが「相遺《す》てず」の意味だとして、誤りではないという。『校注』は王説に従い『群書治要』に拠って改めている。ところが、竹簡本は「遺」に作っている。今、呉説に従い原文のまま訳す。

口語訳　第十八章　景公が明王による民の教化とはいかなるものかと問い晏子は先ず正義を行うことだと答えたこと

景公が晏子に尋ねて、「明王による民の教化とはいかなるものか」と言った。晏子はお答えして、「その教化と命令を明らかに示して、自ら率先して実行してみせ、民を養って苛酷なことはせず、（ただ悪事を）防ぐために刑罰を用います。下に要求することは、上が無理強いするのではなく、民に禁じることは、自らが行わないのです。民の財産を守り、（彼らの財産を）減らして（自分の）利益とするようなことはせず、法規範を立てて、これを邪悪な考えによって犯すことをしません。仮にも民に（何か）要求するときは、自分から民を損なうようなことはしませんから、下は進んで（上の）教化に従うのです。事柄（の大小や軽重）を計った上で民に委ね（て過剰な干渉はせず）、裁判は中正適切に行って邪悪な行為を禁じ、民に労苦を強いて困らせることはせず、民が実情によって害されることがないようにします。仮にも民に

（何か）禁じるようなときには、ことさらなことをして（民意に）逆らいませんから、下が敢えて上を犯そうとすることはないのです。昔は、百里離れていれば習慣が異なり、千里離れれば風俗が異なりましたから、明王は道を修めて、民をひとつにまとめ、風俗を共通にしました。上は民を愛することを法度とし、下は互いに親しむことを本義としましたから、このために天下は互いに（愛し親しみ合って）見捨てることはなかったのです。これこそが明王による民の教化なのです」と言った。

余説　銀雀山漢墓竹簡には次のように見えている。

景公問於晏子曰、「明王之教民何若。」晏子合（答）曰、「明……令、先之以行。養民不苛而□之以刑。所求於下者弗務於上、所禁於民者弗行於身。守（□□□□）以利、立法義不犯之以邪、笱（苟）所求於民、不以……事以任民、中聽以禁邪、不窮之以勞、不害之以實。笱（苟）所求於民、不以事逆、故下不敢犯禁也。古者百里異名、千里異習、故明王脩（修）道、……不相遺也、此明王之教民也。」

（景公晏子に問ひて曰く、「明王の民を教ふること何若」と。晏子答へて曰く、「明……令、之に先んずるに行ひを以てす。民を養ふに苛からずして之を□するに刑を以てす。下に求むる所の者は上より務（し）ひず、民に禁ずる所の者は身に行はず。守（□□□□）以利、法義を立てて之を犯すに邪を以てせず、苟も民に求むる所は、不以……事以て民に任じ、聴に中にして以て邪を禁じ、之を窮するに勞を以てせず、之を害するに實を以てせず。苟も民に求むる所は、事を以て逆らはず、故に下敢へて禁を犯さざるなり。古者は百里名（な）を異にし、千里習（ならひ）を異にし、故に明王は道を修めて、……相遺（す）てざるは、此れ明王の民を教ふるなり」と。）

前章同様、現行本と大きな違いはないが、この竹簡本の発見によって、王念孫ら後世の考証が必ずしもすべて正鵠を射ているわけではないことが明らかになったようである。また、「立法義」が「立于儀法」に、「苟所求於民」が「苟所禁于民」に、「下不敢犯禁也」が「下不敢犯其上也」に、「百里異名、千里異習」が「百里而異習、千里而殊俗」にというように、竹簡本から現行本に至るまでに、意味はさして変わらないものの別の語に置き換えられている場合のあることが見えて興味深い。もっとも漢代に存在したテキストはこの銀雀山漢墓から出土した竹簡本だけではなかったろうから、現行本により近いテキストが存在し、それが現行本の祖となった可能性も当然のことながら排除できない。

ここでは一国を治めるにとどまらず、天下を視野にいれているのが、前章との大きな違いであろう。前章は賢君が、本章では明王が主題である。しかも、呉則虞は、「一民同俗」は墨子の尚同思想の、また「上愛民為法、下相親為義、是以天下不相遺。」は同じく兼愛思想

の反映であるという。そしてこれらはともに明王による民衆への教化によって実現されるというのである。興味深い指摘である。

景公問㆓忠臣之事㆑君何若㆒晏子對以㆑不㆔與㆑君陷㆓于難㆒　第十九

景公忠臣《けいこうちゆうしん》の君《きみ》に事《つか》ふること何若《いかん》と問《と》ひ晏子《あんし》對《こた》ふるに君《きみ》と難《なん》に陥《おちい》らざるを以《もつ》てす　第十九

景公問㆓于晏子㆒曰、「忠臣之事㆑君也、何若。」晏子對曰、「有㆑難不㆑死、出亡不㆑送。」公不㆑説曰、「君裂㆑地而封㆑之、疏㆑爵而貴㆑之、君有㆑難不㆑死、出亡不㆑送、可㆑謂㆑忠乎。」對曰、「言而見㆑用、終身無㆑難。臣奚死焉。謀而見㆑從、終身不㆑出。臣奚送焉。*若言不㆑見㆑用、有㆑難而死㆑之、是妄死也。謀而不㆑見㆑從、出亡而送㆑之、是詐僞也。故忠臣也者、能納㆓善于君㆒、不㆑能㆔與㆑君陷㆓于難㆒。」

景公晏子《けいこうあんし》に問《と》ひて曰《いは》く、「忠臣《ちゆうしん》の君《きみ》に事《つか》ふるや、何若《いかん》」と。晏子《あんし》對《こた》へて曰《いは》く、「難有《なんあ》りて死《し》せず、出亡《しゆつぼう》して送《おく》らず」と。公《こう》説《よろこ》ばずして曰《いは》く、「君地《きみち》を裂《さ》きて之《これ》を封《ほう》じ、爵《しやく》を疏《わ》かちて之《これ》を貴《たつと》くするに、君《きみ》に難有《なんあ》りて死《し》せず、出亡《しゆつぼう》して送《おく》らざるとは、忠《ちゆう》と謂《い》ふべけんや」と。對《こた》へて曰《いは》く、「言《い》ひて用《もち》ひらるれば、終《しゆう》身難無《しんなんな》し。臣奚《しんなん》ぞ死《し》せん。謀《はか》りて從《したが》はるれば、終身《しゆうしん》出《い》でず。臣《しん》奚《なん》ぞ送《おく》らん。若《も》し言《い》ひて用《もち》ひられず、難有《なんあ》りて之《これ》に死《し》するは、是《こ》れ妄死《まうし》なり。謀《はか》りて從《したが》はれず、出亡《しゆつぼう》して之《これ》を送《おく》るは、是《こ》れ詐《さ》僞《ぎ》なり。故《ゆゑ》に忠臣《ちゆうしん》なる者《もの》は、能《よ》く善《ぜん》を君《きみ》に納《い》れ、君《きみ》と難《なん》に陥《おちい》ること能《あた》はず」と。

校訂　*若言不見用、…謀而不見従　底本は「若言不用、…謀而不従」。盧文弨説に従い、『説苑』臣術篇及び『論衡』定賢篇に拠って、「見」字を補った。『校注』も同様に改めている。

語釈　○忠臣之事君也　『校注』は盧文弨及び蘇輿説に従い、『群書治要』・『御覧』巻六二一に拠って、「也」字を削除している。『新序』雑事篇・『論衡』定賢篇の同文はともに「也」字がある。今、原文のままとする。　○疏　分かつこと。　○可謂忠乎　王念孫は、「不死」「不送」の説を説明することを要求した言葉であるから、本来「其説何也」であったものを、後人が『論衡』定賢篇・『説苑』臣術篇によって改めてしまったのであろうという。『校注』は王説に従い改めている。けれども本章が、「忠臣」はいかにあるべきかを論じていることを考慮すれば、原文のままの方がよい。むしろ、「忠と謂ふべけんや」の後に、「其の説何ぞや」の一句がさらに続いていたと

見るべきかも知れない。今、原文のままとする。　○謀而見従…謀而不見従　盧文弨は、『論衡』が「謀」を「諫」に作っていることを根拠に「諫」に改めるべきことを示唆する。呉則虞も『御覧』が同じく「諫」に作っていることを指摘する。『説苑』・『新序』いずれも「諫」に作っている。今、原文のままとする。　○終身不出　『校注』は、盧文弨説に従い『論衡』・『説苑』に拠って、「出」を「亡」に改めている。が、「出」にも逃亡するの意味がある。今、原文のままとする。　○妄死　「妄」は虚しいこと。虚しい死、無駄死に。　○詐偽　劉師培は「偽亡」の譌りではないかという。その方が上文の「妄死」との対がはっきりするからであると。今、原文のままとする。

口語訳　第十九章　景公が忠臣はどのように君主に仕えるのかと問い晏子は君主とともに難局に陥らないことだと答えたこと

景公が晏子に尋ねて、「忠臣はどのように君主に仕えるのか」と言った。晏子はお答えして、「（君主が）難局に直面しても殉死せず、（君主が）国外に亡命しても見送りません」と言った。公は不愉快になって、「君主が領地を割いてこれに与え、爵位を分け与えて高い地位につけているのに、君主が難局にあっても殉死せず、亡命しても見送らないのでは、忠といえるだろうか」と言った。お答えして、「進言して採用されるならば、終生難局はありません。臣下がどうして殉死することがありましょう。謀をして聞き入れられるならば、終生亡命することはありません。臣下がどうして見送ることがありましょう。もし、進言しても採用されず、（そのために君主が）難局にあって（それに従って）殉死するのでは、これは無駄死にです。謀をしても聞き入れてもらえず、（そのために君主が）亡命することになって見送るのでは、これは（君主を）偽ったことになります。ですから忠臣とは君主に最善を尽くすことができ、君主とともに難局に陥ることがない（者のことを言う）のです」と言った。

余説　これと同じ説話が、以下に引くように『新序』・『説苑』・『論衡』にも相次いで見えている。（書き下し文は省略する）

斉侯問於晏子曰、「忠臣之事君也、何若。」対曰、「有難不死、出亡不送。」君曰、「列地而与之、疏爵而貴之、君有難不死、出亡不送、可謂忠乎。」対曰、「言而見用、終身無難。臣奚死焉。諫而見従、終身不亡。臣奚送焉。若言不見用、有難而死、是妄死也。諫不見従、出亡而送、是詐為也。故忠臣也者、能尽善与君、而不能与君陥於難。」（『新序』第五雑事）

斉侯問於晏子曰、「忠臣之事其君、何若。」対曰、「有難不死、出亡不送。」君曰、「裂地而封之、疏爵而貴之、君（底本は「吾」）有難

不死、出亡不送、可謂忠乎。」対曰、「言而見用、終身無難。臣何死焉、諫而見従、終身不亡。臣何送焉。若言不見用、有難而死之、是妄死也。諫而不見従、出亡而送之、是詐為也。故忠臣者、能納善於君、而不能與君陥難者也。」（『説苑』臣術篇）

斉詹問於晏子曰、「忠臣之事其君也、何若。」対曰、「有難不死、出亡不送。」詹曰、「列地而予之、疎爵而貴之、君有難不死、出亡不送、可謂忠乎。」対曰、「言而見用、臣奚死焉、諫而見従、終身不亡。臣奚送焉。若言不見用、有難而死、是妄死也。諫而不見従、出亡而送、是詐偽也。故忠臣者、能尽善於君、不能與陥於難。」…（『論衡』定賢篇）

相手の意表を突きながら、結局納得させるに足ることを言う、いかにも逆説めいた手法の構成は興味を引き易く、かつ説得力にも富んだことであろう。そんなことから上記三種の書物の中にも取り入れられたのであろう。

張純一は、『呂氏春秋』務大篇に、

鄭君問於被瞻曰、「聞先生之義、不死君、不亡君、信有之乎。」被瞻対曰、「有之。夫言不聴、道不行、則固不事君也。若言聴道行、又何死亡哉。」故被瞻之不死亡也、賢乎其死亡者也。

（鄭君、被瞻に問ひて曰く、「先生の義は、君に死せず、君に亡（に）げずと聞く。信（まこと）に之れ有るか」と。被瞻対へて曰く、「之れ有り。夫れ言（げん）の聴かれざる、道の行はれざれば、則ち固より君に事へざるなり。若し言聴かれ道行はるれば、又何んぞ死亡せんや」と。故に被瞻の死亡せざるや、其の死亡する者より賢（まさ）れり。）

とあるのも、本章と同趣旨の説話であると指摘する。

景公問㆓忠臣之行何如㆒晏子對以㆑不㆓與㆑君行㆒邪　第二十

景公《けいこう》忠臣《ちゆうしん》の行《おこな》ひは何如《いかん》と問《と》ひ晏子《あんし》對《こた》ふるに君《きみ》と邪《じや》を行《おこな》はざるを以《もつ》てす　第二十

景公問㆓晏子㆒曰、「忠臣之行何如。」對曰、「不㆑掩㆓君過㆒、諫㆓乎前㆒、不㆑華㆓乎外㆒。選㆑賢進㆑能、不㆑私㆓乎內㆒、稱㆑身就㆑位、計*能受㆑祿。睹㆑賢不㆑居㆓其上㆒、受㆑祿不㆑過㆓其量㆒、不㆑權㆑居以爲㆑行、不㆑稱㆑位以爲㆑忠、不㆑揜㆑賢以隱㆑長、

景公晏子《けいこうあんし》に問《と》ひて曰《いは》く、「忠臣《ちゆうしん》の行《おこな》ひは何如《いかん》」と。對《こた》へて曰《いは》く、「君《きみ》の過《あやま》ちを掩《おほ》はず、前《まへ》に諫《いさ》め、外《そと》に華《くわ》せず。賢《けん》を選《えら》び能《のう》を進《すす》めて、內《うち》に私《わたくし》せず、身《み》を稱《はか》りて位《くらゐ》に就《つ》き、能《のう》を計《はか》りて祿《ろく》を受《う》く。賢《けん》を睹《み》れば其《そ》の上《かみ》に居《を》らず、祿《ろく》を受《う》けて其《そ》の量《りやう》を過《す》ぎず、居《きよ》を權《はか》りて以《もつ》て行《かう》を爲《な》さず、位《くらゐ》を稱《はか》りて以《もつ》て忠《ちゆう》を爲《な》さず、賢《けん》を

不㆓刻㆑下以諛㆒㆑上。君在不㆑事㆓太子㆒、國危不㆑交㆓諸侯㆒。順則進、否則退、不㆓與㆑君行㆒㆑邪也。」

揜《おほ》ひて以《もつ》て長《ちやう》を隠《かく》さず、下《しも》に刻《きび》しくして以《もつ》て上《かみ》に諛《へつら》はず。君在《きみあ》れば太子《たいし》に事《つか》へず、國危《くにあや》ふければ諸侯《しよこう》に交《まじ》はらず。順《じゆん》なれば則《すなは》ち進《すす》み、否《しからざ》れば則《すなは》ち退《しりぞ》き、君《きみ》と邪《じや》を行《おこな》はざるなり」と。

校訂　＊計能受禄　底本は「計能定禄」。禄は君が定めるもので臣が定めるものではないこと、また下文に「受禄不過其量」とあることから「定禄」はもと「受禄」だったはずとする王念孫の説に従い改めた。『群書治要』は「計能受禄」に作る。『校注』も、王説に従い『群書治要』に拠って改めている。

語釈　○掩　おおい隠す、またかばうこと。　○諫乎前　君主の前に進み出て諫めること。　○不華乎外　外に向かってあれこれ喧伝しないこと。孫星衍は「華」を喧嘩（やかましく言い騒ぐ）の意に、また劉師培は「侈飾の誼を為すこと」（驕り飾った交誼をする）の意に解している。今、孫説に従い訳す。　○不権居以為行、不称位以為忠　自分の置かれた立場や地位に応じて振る舞ったり、忠義立てをしたりするのではなく、あくまでも道理に基づいて全力を尽くすことを言う。なお王念孫は、「権居」では意味が通らないから、「居」は「君」の誤りで「権君」（君主の軽重を量りにかける）に改めるべきであろうという。兪樾はこの王説を非として「権居」は「称位」と対を為し、「権」は「称」（はかる）と、「居」は「位」（地位）とそれぞれ同じ意味であることを指摘した上で、「権君」と改めれば君臣の道義に悖ることを言っていることになるという。また呉則虞はふたつの「不」を衍字ではないかと疑い、「権居以為行」は『中庸』の「素其位而行」（己の地位に従ってそのなすべきことを行う）の意に、また「称位以為忠」は『論語』季氏篇の「陳力就列」（力いっぱい職務に当たること）の意に相当するという。「不」字を除いた方がむしろ忠臣の行いとして解釈できるというのである。今、原文のままとし、兪説に従い訳す。　○不揜賢以隠長　「揜」はさえぎって隠すこと、「賢」は賢者、「長」はその善い所。賢者の活躍を妨害してその善い所が発揮されないように隠してしまうこと。　○順則進、否則退、不与君行邪也　既出。本篇第十四章参照。

口語訳　第二十章　景公が忠臣の行いはどのようであるかと問い晏子は君主と一緒になって不正を行わないことだと答えたこと

景公が晏子に尋ねて、「忠臣の行動とはどのようなものか」と言った。お答えして、「君主の過ちをかばわず、君主を面前で諫め、外に向かっては（あれこれと）喧伝せず、賢者を選り抜き能者を推薦し、宮中にあっては私利を図らず、自分

にふさわしい地位に就いて、能力にふさわしい俸禄を受けます。賢者と見ればその上位に就かず（地位を譲り）、俸禄を受けるときにはふさわしい量を越えず、自分の立場を秤にかけた振る舞いはせず、自分の地位を秤にかけた忠義をなさず、賢者（の登用を）を邪魔してその善い所を隠したりせず、下に厳しくして上に諂《へつら》うことはいたしません。君主が（位に）在れば（世継ぎの）太子に仕え（て内紛のもとにな）ることはせず、国家が危機にあるときには（他国の）諸侯と交際いたしません。（君主との関係が）順調なときには出仕しますが、そうでなければ辞職して、君主と一緒になって不正を行うことはいたしません」と言った。

余説　忠臣を主題としていることでは前章と同じ。

銀雀山漢墓竹簡に該当個所が有るが、ここで終わらず、更に「佞人の君に事へること何如」と、次の二十一章へと続いている。今、本章相当部分のみを以下に引いておく（続きは次章余説参照）。

景公問晏子曰、「忠臣之行何如。」合（答）曰、「忠臣不合（弇）……□乎前、弗華（譁）於外、纂（選）……位以爲忠、不刻……事大（太）子、國危不交諸矦（侯）、順則進、不（否）則退、不與君行邪。此忠臣之行也。」

（景公晏子に問ひて曰く、「忠臣の行ひは何如」と。答へて曰く、「忠臣は…弇はず、前に□…、外に譁せず、纂（選）…位に…以て忠を爲し、…刻しくせず…太子に事へ…、國危ふければ諸侯に交はらず、順なれば則ち進み、否（かし）らざれば則ち退き、君と邪を行はず。此れ忠臣の行ひなり。…」）

景公問二佞人之事レ君何如一晏子對以二愚君所一レ信也　第二十一

景公《けいこう》佞人《ねいじん》の君《きみ》に事《つか》ふること何如《いかん》と問《と》ひ晏子《あんし》對《こた》ふるに愚君《ぐくん》の信《しん》ずる所《ところ》を以《もっ》てするなり　第二十一

景公問、「佞人之事レ君如何。」晏子對曰、「意レ難、難不レ至也。明二言行一レ之以飾レ身、僞二言無一レ欲以說レ人、嚴二其交一以見二其愛一。觀二上之所一レ欲、而微爲レ之偶、求二君逼邇一、而陰

景公問《けいこうと》ふ、「佞人《ねいじん》の君《きみ》に事《つか》ふること如何《いかん》」と。晏子對《あんしこた》へて曰《いは》く、「難《なん》を意《おも》へば、難至《なんいた》らざるなり。之《これ》を行《おこな》はんと明言《めいげん》して以《もっ》て身《み》を飾《かざ》り、欲無《よくな》しと僞言《ぎげん》して以《もっ》て人《ひと》を說《よろこ》ばせ、其《そ》の交《まじ》はりを嚴《げん》にして以《もっ》て其《そ》の愛《あい》を見《しめ》す。上《かみ》の欲《ほっ》する所《ところ》を觀《み》て、微《ひそ》かに之《これ》が

爲二之與一。内重二爵祿一、而外輕レ之以誣行、下二事左右一、而面示二公*正一以僞レ廉。求二上采聽一、而幸以求レ進、傲レ祿以求レ多、辭レ任以求レ重。工二乎取一、鄙二乎予一、歡二乎新一、慢二乎故一、恡二乎財一、薄二乎施一。覩二貧窮一若レ不レ識、*趨二富利一若レ不レ及。外交以自揚、背レ親以自厚。*積二豐羡之養一、而聲二矜卹之義一、*非譽不レ徵二乎情一、而言不レ行レ身、涉二時所一レ議、而好論二賢不肖一。有二之己一、不レ難レ非二之人一、無二之己一、不レ難レ求二之人一。其言彊梁而信、其進敏遜而順。此佞人之行也。明君之所レ誅、愚君之所レ信也。」

爲《ため》に偶《あは》せ、君《きみ》の逼邇《ひよくじ》を求《もと》めて、陰《ひそ》かに之《これ》が與《なかま》と爲《な》る。內《うち》は爵祿《しやくろく》を重《おも》んじて、而《しか》も外《そと》は之《これ》を輕《かろ》んじて以《もつ》て誣行《ふかう》し、左右《さいう》に下事《かじ》して、而《しか》も面《おもて》は公正《こうせい》を示《しめ》して以《もつ》て廉《れん》を僞《いつ》はる。上《かみ》の采聽《さいちやう》を求《もと》めて、幸《さひは》ひせられて以《もつ》て進《すす》むことを求《もと》め、祿《ろく》を傲《がう》して以《もつ》て多《おほ》きを求《もと》め、任《にん》を辭《じ》して以《もつ》て重《おも》きを求《もと》む。取《と》るに工《たく》みにして、予《あた》ふるに鄙《いや》しく、新《あたら》しきを歡《よろこ》び、故《ふる》きを慢《あなど》り、財《ざい》を恡《をし》み、施《ほどこ》すに薄《うす》くす。貧窮《ひんきゆう》を覩《み》ること識《し》らざるがごとくし、富利《ふり》に趨《はし》ること及《およ》ばざるがごとくす。外《そと》に交《まじ》はりて以《もつ》て自《みづか》ら揚《あ》げ、親《しん》に背《そむ》きて以《もつ》て自《みづか》ら厚《あつ》くす。豐羡《ほうし》の養《やう》を積《つ》みて、矜卹《きようじゆつ》の義《ぎ》を聲《の》べ、非譽《ひよ》は情《じやう》に徵《ちよう》せずして、言《げん》は身《み》に行《おこな》はず、時《とき》の議《ぎ》する所《ところ》に渉《わた》りて、好《この》みて賢不肖《けんふせう》を論《ろん》ず。之《これ》を己《おのれ》に有《いう》すれば、之《これ》を人《ひと》に非《そし》るを難《はばか》らず、之《これ》を己《おのれ》に無《な》ければ、之《これ》を人《ひと》に求《もと》むるを難《はばか》らず。其《そ》の言《い》ふことは彊梁《きやうりやう》にして信《の》ばし、其《そ》の進《すす》むときは敏遜《びんそん》にして順《したが》ふなり。此《こ》れ佞人《ねいじん》の行《おこな》ひなり。明君《めいくん》の誅《ちゆう》する所《ところ》にして、愚君《ぐくん》の信《しん》ずる所《ところ》なり」と。

校訂　*公正　底本は「正公」。呉則虞の、互倒ではないかとの説に従い、竹簡本に拠って改めた（余説参照）。

*趨富利若不及　底本は「趨利若不及」。呉則虞の、「利」の上に一字を脱しているのではないかとの説に従い、竹簡本が「趨富利若不及」に作っているのに拠って改めた。

*積豊羨之養　底本は「積豊義之養」。兪樾に従い「義」を「羨」に改めた。『校注』も「積豊羨之養」に改めている。于省吾は兪樾説を非として、「積禮儀之養」に改めるべきという。

*非譽不徵乎情　底本は「非譽乎情」。原文のままでは解し難く、竹簡本に従い改めた。「非」は謗ること、「譽」は誉めること、「徵」は

検証すること、「情」は実情の意。つまり、非難や賞賛が実情によって検証されずになされること。張純一は、もとは「非誉は情に徇（したが）ふ」（非難と賞賛が私情よって左右され、道理に基づかないこと）とあったのかも知れぬという。

語釈 ○佞人 「佞」は才能、とりわけ口才をいう。「佞人」とは口才をもって君主にへつらい仕える者。 ○意難、難不至也 難解であるが、「難局を心にかけていれば、難局はやってこない」と解しておく。于鬯は「意」を感嘆詞「噫（ああ）」に解する。張純一は「正義を前にしても、それが困難であると思うと、萎縮して何もできなくなってしまうこと」と解するが、なぜそう解せるのか明確でない。呉則虞はこの句には譌脱があり、無理に解釈するべきではないとしたが、竹簡本は「意難之不至也」に作っていることを参照すれば、譌脱というべきものがあるとも思えない。そこで駢宇騫は「意」は「知」の意味だとして「知難之不至也」と解する。思うに、この言葉は、佞人によって引き起こされるかも知れない難局を未然に防ごうとして尋ねた景公の意図を晏子が察してこれを評価したものと解することができよう。 ○厳其交以見其愛 張純一は、「厳」は尊ぶこと、君主と相接することを尊んで、君主を愛していることを示すこと、と解する。今、この解釈に従い訳す。 ○微為之偶 張純一は、「微」は間（すき）を伺うこと、「偶」は合わせることと解する。つまり、上の望んでいることをこっそり先取りしてそれに迎合すること。 ○求君逼邇 「逼」も「邇」も近づくの意。「君逼邇」とは君主の近くで仕える人物、側近の意。 ○陰為之与 目立たぬようにこっそり仲間になっておくこと。 ○誣行 「誣」は無いことを有るように偽ること。見せかけだけの実の無い振る舞い。 ○下事 「下」はへり下る、「事」は仕えるの意。卑屈な態度で仕えること。 ○采聴 「采」は「採」と同じ。「聴」は聞き入れること。採用し聞き入れること。君主が臣下の上申を採用すること。 ○幸以求進 「幸」は気に入ること。君主に気に入られて昇進するのを望むこと。 ○傲禄以求多 「傲」は軽んじること。俸禄を軽んじてみせるが、実はそれによってより多くを望むこと。 ○辞任以求重 自分は其の任ではないと辞退してみせるが、実は重職を求めていること。 ○鄙乎予 「鄙」は吝嗇、けちの意。与えるのを渋ること。張純一は「財を惜しむこと命のごとし」と解する。 ○悋 「悋」「吝」と同じ。惜しむこと。 ○積豊羨之養 「羨」は余りの意、「養」は利の意。有り余るほど豊かな利を貯め込むこと。 ○声矜卹之義 「声」は言揚げすること。「矜卹」は「矜恤」と同じ、哀れみ恵むこと。張純一は「もともと同情の心などないのに同情の名を貪ること」と解している。 ○言不行身 口先ばかりで実行が伴わないこと。竹簡本に「言不合乎行」とあるのと同じ意味である。 ○渉時所議、而好論賢不肖 張純一は、たまたまその時の議論に関係して気ままに人の長短を論評して自ら恥じることがないの意に解する。この張説に従い訳す。 ○有之己、不難非之人、無之己、不難求之人 「難」ははばかるの意。自分は持っているからと、それを持たぬ他人を平気でそしり、自分が持たないからと、それを他人に平気で要求する、との意味であろう。張純一は、『墨子』小取篇に「有諸己、不非諸人、無諸己、不求諸人」（これを自分が所有しているからといって、これを持たぬ他人を非難せず、これを自分が持たぬからとい

って、これを他人に要求しない）というが、佞人はこれに反するのである、という。　○其言彊梁而信　「彊梁」は頑固で気力が盛んなこと。「信」は「伸」と同じ。頑固に自説を主張して曲げないこと。張純一は、間違ったことを口にしても、ついに意気に任せて屈しないことと解する。この、張説に従い訳す。　○其進敏遜而順　「進」は君主の前に進み出て仕えること、「敏遜」はすばやくへりくだること、「順」は逆らわずに従うこと。君主の前にすばやく進み出てへりくだって従順に振る舞うこと。

口語訳　第二十一章　景公が佞人はどのように君主に仕えるのかと問い晏子は愚かな君主が信任してしまいがちなわけを答えたこと

景公が、「佞人はどのように君主に仕えるのか」と尋ねた。晏子はお答えして、「難局を気に掛けていれば、難局はやってこないものです。（佞人は）実行すると明言して自分を飾りたて、無欲であると偽りを言って人を喜ばせ、君主との交際を尊重して君主への親愛ぶりをこれ見よがしにします。上が望んでいることを見て取って、秘かに自分もそれに合わせ、君主の側近に近づいて、こっそり彼らと仲間になります。内心では爵位や俸禄を重大事としているくせに、見た目はそれを軽んじているふりをしたり、側近に卑屈な態度で仕えているくせに、表向きは公正に振る舞っていかにも廉直そうに見せかけます。（実際は）上に自分の具申を採用されたいと思い、気に入られて昇進したいと思っても、俸禄を軽視するふりをしてもっと多くを求め、官職を辞退してみせてもっと重んじられようと求めたりします。（人から）取り上げるときは巧妙なのに、与えるときはけちくさく、目新しいものを喜んで、古いものを馬鹿にし、財産を使い惜しんで、（人に）施すときには少なくし、貧乏人を見ると知らんふりをするくせに、富や利益を求めるときは後れじとばかりに突進します。外国と交際して自分の名声を揚げようとする一方で、近親者に背を向けてまで自分の利益を多くしようと考えています。有り余るほどの豊かな利を貯め込んで、口先では哀れみ恵むべきだなどと立派な徳義を言いたて、誉めたり貶したりは実情に基づかず、しかも発言はしてもその通りには実行せず、その時々の議論に口を挟んで、人の賢不肖を好んで論じたてるのです。自分が持っていれば、（持っていない者を）遠慮もなしに非難し、自分が持っていなければ、（持っている者に）遠慮もなしに要求します。一旦発言したことは頑固に主張して自説を曲げませんが、君主の前に出るとすばやくへりくだって従順に振る舞ってみせます。これが佞人の行動なのです。明君なら（見抜いて）誅殺するのですが、暗愚な君主

は信用してしまうのです」と言った。

余説 前章に引いた所からの続きで、本章に相当する部分を銀雀山漢墓竹簡から以下に引いておこう。現行本と竹簡本とがいくつかの部分で一致していない。竹簡本が、現行本の祖本となったテキストとは異なるからであろう。だが前漢初から前漢末頃までの間の伝承の過程で書き加えられた可能性も排除できない。

公有（又）問曰、「佞人之事君如何。」合（答）曰、「意難之不至也、明言行□飭（飾）其□□□无欲也、兑（説）□其交、觀上〔□□〕欲而徵（微）爲之、竊求君之比璽（邇）、……爵而外輕之以誣行、□〔□□□〕而面公正以僞廉、誣行僞廉以夜上、工於取、蜚乎□、觀（歡）乎新、曼（慢）乎故、隣（吝）於財、薄乎施。堵（賭）貧窮若弗式（識）、騶（趨）富利若弗及、非譽不徵乎請（情）、而言不合乎行、身殹存所義（議）而好論賢不宵（肖）、有之己、不難非之人、无之己、不難求之人、此佞人之行也。」

（公又問ひて曰く、「佞人の君に事ふること如何」と。答へて曰く、「難の至らざるを意ひ、□を行はんと明言し其の□を飾り欲无しと□□するなり、其の交はりを説□して、上□欲する□を觀て微かに之を爲し、竊かに君の比邇ならんと求め、……爵して外に之を輕んじて以て誣行し、□〔□□□〕して面は公正にして以て廉を僞はり、誣行僞廉して以て上を夜（いや＝掖）し、取るに工みにして、□に蜚（えき＝鄙）しみ、新しきを歡び、故きを慢り、財を吝み、施すに薄くす。貧窮を睹ること式（し＝識）らざるがごとくし、富利に趨ること及ばざるがごとくし、非譽は情に徵せずして、而して言は行ひに合はず、身は議する所に殹存して好みて賢不肖を論じ、之を己に有すれば、之を人に非るを難からず、之を己に无ければ、之を人に求むるを難からず、此れ佞人の行ひなり」と。

なお、本章においても張純一は『墨子』小取篇との関連を指摘している。小取篇は大取篇とともに墨家の論理学を内容としている特殊な篇である。

また佞人が君側にあって治国の患となることは、外上篇第十四章にも見える。

景公問㆓聖人之不㆑得㆑意何如㆒晏子對以㆑不㆔與㆑世陷㆓乎邪㆒ 第二十二

景公《けいこう》聖人《せいじん》の意《い》を得《え》ざるは何如《いかん》と問《と》ひ晏子《あんし》對《こた》ふるに世《よ》と邪《じや》に陷《おちい》らざるを以《もつ》てす 第二十二

景公問㆓晏子㆒曰、「聖人之不㆑得㆑意何如。」

晏子對曰、「上作㆑事反㆓天時㆒、從㆑政逆㆓鬼神㆒、

景公《けいこう》晏子《あんし》に問《と》ひて曰《いは》く、「聖人《せいじん》の意《い》を得《え》ざるは何如《いかん》」と。晏《あん》子《し》對《こた》へて曰《いは》く、「上事《かみこと》を作《な》して天時《てんじ》に反《そむ》き、政《せい》に從《したが》ひて鬼神《きしん》に

藉斂殫二百姓一、四時易レ序、神祇竝怨、道レ忠者不レ聽、薦レ善者不レ行、諛レ過者有レ賚、救レ失者有レ罪。故聖人伏匿隱處、不レ干二長上一、潔レ身守レ道、不三與レ世陷二乎邪一。是以卑而不レ失レ義、瘁而不レ失レ廉。此聖人之不レ得レ意也。」*公曰、「聖人之得レ意何如。」對曰、「世治政平、擧レ事調二乎天一、*藉斂和二乎民一、百姓樂二其政一、遠者懷二其德一、四時不レ失レ序、風雨不レ降レ虐、*天明レ象而致レ贊、地長育而具レ物、神降レ福而不レ靡、民服レ敎而不レ僞、治無二怨業一、居無二廢民一。此聖人之得レ意也。」

逆《さか》らひ、藉斂百姓《せきれんひやくせい》を殫《つ》くし、四時《しいじ》序《じよ》を易《か》へ、神祇《しんぎ》竝《なら》び怨《うら》み、忠《ちゆう》を道《い》ふ者《もの》は聽《き》かれず、善《ぜん》を薦《すす》むる者《もの》は行《おこな》はれず、過《あやま》ちに諛《へつら》ふ者《もの》は賚《たまもの》有《あ》り、失《しつ》を救《すく》ふ者《もの》は罪《つみ》有《あ》り。故《ゆゑ》に聖人《せいじん》は伏匿隱處《ふくとくいんしよ》し、長《ちやう》上《じやう》に干《もと》めず、身《み》を潔《きよ》くして道《みち》を守《まも》り、世《よ》と邪《じや》に陷《おちい》らず。是《ここ》を以《もつ》て卑《いや》しくとも義《ぎ》を失《うしな》はず、瘁《つか》るるとも廉《れん》を失《うしな》はず。此《こ》れ聖人《せいじん》の意《い》を得《え》ざるなり」と。公《こう》曰《いは》く、「聖人《せいじん》の意《い》を得《う》るは何如《いかん》」と。對《こた》へて曰《いは》く、「世《よ》治《をさ》まり政《せい》平《たひら》かにして、事《こと》を擧《あ》ぐること天《てん》に調《かな》ひ、藉斂《せきれん》は民《たみ》に和《かな》ひ、百姓《ひやくせい》は其《そ》の政《せい》を樂《たの》しみ、遠《とほ》き者《もの》も其《そ》の德《とく》に懷《なつ》き、四時《しいじ》は序《じよ》を失《うしな》はず、風雨《ふうう》は虐《ぎやく》を降《くだ》さず、天《てん》は象《しやう》を明《あき》らかにして贊《さん》を致《いた》し、地《ち》は長育《ちやういく》して物《もの》を具《そな》へ、神《かみ》は福《さいは》ひを降《くだ》して靡《つ》くさず、民《たみ》は敎《をしへ》に服《ふく》して僞《いつは》らず、治《ち》に怨業《ゑんげふ》無《な》く、居《きよ》に廢民《はいみん》無《な》し。此《こ》れ聖人《せいじん》の意《い》を得《う》るなり」と。

校訂　*公曰　底本にはこの二字なし。王念孫説に従い『群書治要』に拠って補った。『校注』も改めている。

*藉斂和乎民、百姓楽其政　底本は「藉斂和乎百姓、楽及其政」。王念孫説に従い『群書治要』に拠って改めた。『校注』も改めている。

*天明象而致賛　底本は「天明象而賛」。王念孫説に従い『群書治要』に拠って「致」を補った。『校注』も改めている。

語釈　○天時　人力ではどうにもならぬ時勢、必然の時勢、時機のこと。　○鬼神　祖先の霊魂、祖先神のこと。　○神祇　天神地祇ともいう。天の神、地の神のこと。　○賚　賜（たまもの）。　○救失　「救」は防ぐ、「失」は上の句の「過」と同じく、過ちの意。過ちを食い止めること。　○伏匿隠処　「伏匿」は世間を避けること、「隠処」は世間から身を隠すこと。　○天明象而致賛　天が秩序ある日月星辰の運行を明らかにして聖人の治を助けること。「象」は日月星辰の運行、「賛」は「佐」と同じ、助けるの意。　○地長育而具物　地が万物を生み育てて人々のために全てを足らすこと。「長育」は育てること、「具」は足らすこと。　○靡　尽きること。

口語訳　第二十二章　景公が聖人が思いを遂げられないとはどういうことかと問い晏子は世間の不正に身を委ねないことだと答えたこと

景公が晏子に尋ねて、「聖人が思いを遂げられないとはどういうことか」と言った。晏子はお答えして、「上が事をなして天の時に背き、政治を行って鬼神に逆らい、賦税を取り立てて人々から奪い尽くすと、（そのために）四季は順序を乱し、天の神地の神は皆怨み、忠言を呈する者は聞き入れられず、善政を薦める者は実行されず、過ちをおべっかで取り繕う者には褒美が与えられ、過ちを食い止めようとする者には罪が着せられることとなります。このために聖人は世を捨てて身を隠し、お上に仕えようとはせず、身を潔癖に保って道理を守り、世間の不正に身を委ねません。こうして身を卑賤にしても道義は失わず、身は病み疲れても廉直を失わないのです。これが聖人が思いを遂げられないということでございます」と言った。公が、「（それでは）聖人が思いを遂げるとはどういうことか」と言った。お答えして、「世の中が治まり政治は公平で、事をなせば天と調和し、賦税の取り立ては民力にかない、人々はその政治を楽しみ、遠方の者もその徳義を慕い、四季は順序を乱さず、風雨は災害をもたらさず、天は日月星辰の運行を明らかにして（聖人の政治を）助け、地は万物を生み育てて全てを足らし、神は幸いをもたらして尽きることなく、民は教化に従って偽りをせず、政治に怨みをかうような事業はなく、家々に捨てて顧みられない民はおりません。これが聖人が思いを遂げるということでございます」と言った。

余説　ここには晏子の聖人観が明らかにされている。但し、ここに言う聖人とは、天下に君臨する資質を持った、例えば堯舜のような人物、を指して言うのではなく、一君主に仕えて有能無比な力量を発揮し得る人物を指して言うものである。そして、その聖人の大きな特徴は、道があるときは仕え、道なきときは世を避けるというもので、これは晏子に特有の思想というよりは、中国の政治思想における伝統的な観念というべきものである。

ところで、ここで晏子は景公に、聖人を得たければ、君主自らが身を正して政治に臨まなければならないことを言っており、間接的に景公の政治に対する心構えを説いたともいえる。しかし、景公は既に晏子という名宰相を得ていたことを考えれば、この晏子と景公の問答もやはり後世の仮託ではないかと思われる。

景公問古者君民用國不危弱晏子對以文王　第二十三

景公問晏子曰、「古者君民而不危、用國而不弱。*惡乎法之。」晏子對曰、「嬰聞之、以邪莅國、以暴和民者危、修道以要利、得求而返邪者弱。古者文王修德而不以要利、滅暴不以順紂、干崇侯之暴而禮梅伯之醢。是以諸侯明乎其行、百姓通乎其德。故君民而不危、用國而不弱也。」

景公《けいこう》古《いにしへ》は民《たみ》に君《きみ》となり國《くに》を用《もち》ひて危弱《きじやく》ならざることを問《と》ひ晏子《あんし》對《こた》ふるに文王《ぶんわう》を以《もつ》てす　第二十三

景公晏子《けいこうあんし》に問《と》ひて曰《いは》く、「古《いにしへ》は民《たみ》に君《きみ》となりて危《あや》ふからず、國《くに》を用《もち》ひて弱《よわ》からず。惡《いづ》くにか之《これ》に法《のつと》らん」と。晏子《あんし》對《こた》へて曰《いは》く、「嬰之《えいこれ》を聞《き》く、邪《じや》を以《もつ》て國《くに》に莅《のぞ》み、暴《ばう》を以《もつ》て民《たみ》を和《わ》する者《もの》は危《あや》ふく、道《みち》を修《をさ》めて以《もつ》て利《り》を要《もと》め、求《もと》めを得《え》て邪《じや》に返《かへ》る者《もの》は弱《よわ》し、と。古《いにしへ》は文王徳《ぶんわうとく》を修《おさ》めて以《もつ》て利《り》を要《もと》めず、暴《ばう》を滅《ほろ》ぼして以《もつ》て紂《ちう》に順《したが》はず、崇侯《すうこう》の暴《ばう》を干《をか》して梅伯《ばいはく》の醢《かい》を禮《れい》す。是《ここ》を以《もつ》て諸侯其《しよこうそ》の行《おこな》ひに明《あき》らかに、百姓其《ひやくせいそ》の徳《とく》に通《つう》ず。故《ゆゑ》に民《たみ》に君《きみ》となりて危《あや》ふからず、國《くに》を用《もち》ひて弱《よわ》からざるなり」と。

校訂　＊悪乎法之　底本は「悪乎失之」。王念孫は、下文の晏子の応答内容からして、「君民而危、用国而弱、悪乎失之」（民に君となりて危ふく、国を用ひて弱きは、悪くに之を失ひしか）に改めるべきという。黄以周は王説を非とし、標題が文王に法るべきことをいっていることから推して、「失」を「法」に改めるべきという。張純一は両説を折衷して、もとは「古者君民而危、用国而弱、悪乎失之。君民而不危、用国而不弱、悪乎法之」であったのではないかと疑う。陶鴻慶は、「失」は「先」の誤りであろうという。陶説によれば「…、何から先にすればよいか」となる。呉則虞はこれを是とする。今、黄説に従い改めた。

語釈　○以暴和民　「和」は順うの意。暴力で民を従順にさせること。陶鴻景は「和」は「加」の誤りであろうという。　○修道…修徳　ともに道徳を修めること。『史記』に、文王が「徳を修め善を行ない」（殷本紀）、また「善を積み徳を累（かさ）ねた」（周本紀）ことが見える。このことを指すのであろう。　○干　犯すこと。　○崇侯之暴　『史記』殷本紀並びに周本紀によれば、紂王はかつて三公のひとり九侯を殺して塩辛にしたうえ、さらに三公のひとりであった鄂公にこのことを諫められると、彼も殺して干し肉にしてしまったので、これを聞き知った文王はひそかに嘆いた。すると崇侯は諸侯が文王の徳になびきつつあり、文王の存在はやがて不利になるであ

ろうと紂王に讒言したために、文王は囚われの身となってしまったという。このことを指すのであろう。後、崇侯は文王に討伐された。

○礼梅伯之醢　塩辛にされた梅伯に対し礼を尽くしたことをいう。梅伯のことは『史記』には見えない。『楚辞』天問篇に「梅伯受醢、箕子佯狂」とあり、その注に「梅伯は紂の諸侯なり。…忠直にしてしばしば紂を諫む。紂怒りて乃ち之を殺し其の身を葅醢（しょかい）＝塩漬けにすること）し、箕子之を見て則ち被髪（髪を振り乱す）佯狂（狂ったふりをする）す」とあり、又『逸周書』明堂篇に「商紂暴虐にして鬼侯を脯にして以て諸侯を享す」とあり、『呂氏春秋』恃君覧の行論篇にも「紂…梅伯を殺して之を醢にし、鬼侯を殺して之を脯にし、以て諸侯を廟に礼す」とあることからすると、紂王は大臣を殺してその肉で諸侯をもてなしたらしいことがわかる。　○明　明らかにさとること。　○通　あまねく知ること

口語訳　第二十三章　景公が昔は民の上に君となり国を率いて危うく弱くなかったことを問い晏子は文王を例にして答えたこと

景公が晏子に尋ねて、「昔、（明王は）民の上に君臨して危うくなく、一国を率いて弱いことがなかった。どういうことを見習ったらよいであろう」と言った。晏子はお答えして、「嬰《わたくし》はこのように聞いております。『邪悪な心で国に君臨し、暴虐で民を従順にさせる者は危うく、道徳を修めていても利益を求め、欲しいものを手にいれた後に再び邪悪な心に立ち戻る者は弱い』と。昔、文王は道徳を修めて利益は求めず、暴虐を滅ぼして紂王に従わず、崇侯の暴虐に抗い、塩辛になった梅伯に礼をもって接しました。このために諸侯は文王の（正義の）行動を明らかにさとり、人々は彼の人徳をあまねく知ったのです。ですから、（文王は）民の上に君臨して危うくなく、一国を率いて弱くなかったのです」と言った。

余説　本章に見られるような、紂王の無道ぶりを鑑戒とし文王の有徳ぶりを模範とする議論は極めてありふれたものであったろう。だが聞く者にとって既に十分耳慣れた議論であればこそ、それなりの説得力があったことであろう。

景公問二古之莅レ國者任レ人如何一晏子對以二人不レ同レ能　第二十四

景公《けいこう》古《いにしへ》の國《くに》に莅《のぞ》む者《もの》は人《ひと》に任《にん》ずること如何《いかん》と問《と》ひ晏子《あんし》對《こた》ふるに人《ひと》は能《のう》を同《おな》じくせざるを以《もつ》てす　第二十四

景公問二晏子一曰、「古之莅レ國治レ民者、其

景公《けいこう》晏子《あんし》に問《と》ひて曰《いは》く、「古《いにしへ》の國《くに》に莅《のぞ》み民《たみ》を治《をさ》むる者《もの》、其《そ》の

任レ人何如。」晏子對曰、「地不レ同レ生、而任レ之以二一種一。責二其倶一レ生不レ可レ得。人不レ同レ能、而任レ之以二一事一。不レ可レ責二偏成一。責焉無レ已、智者有レ不レ能レ給、求焉無レ饜、天地有レ不レ能レ贍也。故明王之任レ人、諂諛不レ邇二乎左右一、阿黨不レ治二乎本朝一。任二人之長一、不レ彊二其短一、任二人之工一、不レ彊二其拙一。此任レ人之大略也。」

人《ひと》に任《にん》ずること何如《いかん》」と。晏子《あんし》對《こた》へて曰《いは》く、「地《ち》は生《せい》を同《おな》じくせざれば、而《すなは》ち之《これ》に任《にん》ずるに一種《いつしゆ》を以《もつ》てす。其《そ》の生《せい》を倶《とも》にすることを責《せ》むるも得《う》べからざればなり。人能《ひとのう》を同《おな》じくせざれば、而《すなは》ち之《これ》に任《にん》ずるに一事《いつじ》を以《もつ》てす。偏《あまね》く成《な》ることを責《せ》むべからざればなり。責《せ》めて已《や》むこと無《な》ければ、智者《ちしや》も給《た》らす能《あた》はざる有《あ》り、求《もと》めて饜《あ》くこと無《な》ければ、天地《てんち》も贍《た》らす能《あた》はざる有《あ》り。故《ゆゑ》に明王《めいわう》の人《ひと》に任《にん》ずるや、諂諛《てんゆ》は左右《さいう》に邇《ちか》づかず、阿黨《あたう》は本朝《ほんてう》に治《をさ》めず。人《ひと》の長《ちやう》に任《にん》じて、其《そ》の短《たん》を彊《し》ひず、人の工《たく》みに任《にん》じて、其《そ》の拙《つたな》きを彊《し》ひず。此《こ》れ人《ひと》に任《にん》ずるの大略《たいりやく》なり」と。

語釈 ○任人　人を用いて仕事を任せること。　○地不同生　土地によってその性質が同じではないこと。王念孫は原文のままでは文義が不明であるから、『群書治要』によって「生」を「宜」に改めるべきという。兪樾は王説を非として「生」は「性」の仮字であるという。陶鴻慶・張純一・呉則虞らは皆、兪説を是とする。今、兪説に従い訳す。　○任之以一種　その土地に最も適した一種類の作物を植えること。　○責其倶生不可得　「責」は求めること。「生」は上文の「生」と同じく「性」の仮字で性質の意。陶鴻慶は下文の「不可責偏成」と対句であるから、「不可責倶生」（生を倶にすることを責むべからず）に改めるべきという。張純一は、「不可責其倶生」に改めるとともに、下文の「不可責偏成」も「其」字を加えて「不可責其偏成」に改めるべきという。どのように改めたとしても意味は変わらない。今、原文のまま訳す。　○給　「足」と同じ。足らすこと。　○饜　「飽」と同じ。飽きること。　○贍　「給」「足」と同じ。足らすこと。

口語訳 第二十四章　景公が昔の国政に臨んだ者は人に仕事を任せるときどのようにしたかと問い晏子は人は各々能力が同じではないと答えたこと

景公が晏子に尋ねて、「昔の国政に臨み民を治めた者が、人に仕事を任せるときはどのようであったか」と言った。晏

子はお答えして、「土地はそれぞれその性質が違いますから、そこに植えるときは一種類の作物だけにします。（一つの土壌が）いくつもの性質を備えることなど求めても無理だからです。人も能力は各々同じではありませんから、任用するときは一つの仕事だけを任せます、何もかも成し遂げることを求めても無理だからです。もし求めて止むことがなければ、知者でさえも（その要求を）満たせはしません。求めて飽くことがなければ、天地でさえも（その要求を）満たせはしません。ですから明王が人に仕事を任せると、こびへつらう者は側に近づきませんし、取り入って派閥を作ろうとする者たちが朝廷を取りしきることもありません。人の長所に任せて、短所を無理強いせず、人の得意に任せて、不得手なことを無理強いしないことです。これこそが人に仕事を任せるときの大原則です」と言った。

余説 人材を登用するに当たっては、長所に応じた仕事を任せるべきで、一人にあれもこれも任せようとするべきではないことを言う。このように人材を活用することで、極く少数の有能な者のみに集中的に仕事を任せるよりも、多くの者にそれぞれの長所を生かしつつ仕事を任せた方が利があることを説くもので、いわゆる適材適所の効用である。その意味で、ひたすら賢者の登用を説くだけの尚賢論とは一味違った内容になっている。

景公問㆘古者離㆓散其民㆒如何㆖晏子對以㆘今聞㆓公令㆒如㆗寇讎㆖　第二十五

景公問㆓晏子㆒曰、「古者離㆓散其民㆒、而隕㆓失其國㆒者、其常行何如。」晏子對曰、「國貧而好㆑大、智薄而好㆑專、貴賤無㆑親焉、大臣無㆑禮焉、尚㆓讒諛㆒而賤㆓賢人㆒、樂㆓簡慢㆒而玩㆓百姓㆒、國無㆓常法㆒、民無㆓經紀㆒、好㆑辯以爲㆑忠、流湎而忘㆑國、好㆑兵而忘㆑民、肅㆓

景公《けいこう》古《いにしへ》は其《そ》の民《たみ》を離散《りさん》すること如何《いかん》と問《と》ひ晏子《あんし》對《こた》ふるに今公《いまこう》の令《れい》を聞《き》くこと寇讎《こうしう》のごときを以《もつ》てす　第二十五

景公晏子《けいこうあんし》に問《と》ひて曰《いは》く、「古《いにしへ》其《そ》の民《たみ》を離散《りさん》して、其《そ》の國《くに》を隕失《ゐんしつ》する者《もの》は、其《そ》の常行何如《じやうかういかん》」と。晏子《あんし》對《こた》へて曰《いは》く、「國貧《くにまづ》しくして大《だい》なるを好《この》み、智薄《ちうす》くして專《もつぱ》らにするを好《この》み、貴賤《きせん》は親《した》しむ無《な》く、大臣《だいじん》は禮《れい》する無《な》く、讒諛《ざんゆ》を尚《たつと》びて賢人《けんじん》を賤《いや》しみ、簡《かん》慢《まん》を樂《たの》しみて百姓《ひやくせい》を玩《もてあそ》び、國《くに》に常法《じやうはふ》無《な》く、民《たみ》に經紀《けいき》無《な》く、辯《べん》を好《この》むを以《もつ》て忠《ちゆう》と爲《な》し、流湎《りうめん》して國《くに》を忘《わす》れ、兵《へい》を好《この》みて民《たみ》を忘《わす》

于罪誅一、而慢二于慶賞一、樂二人之哀一、利二人之難一、德不レ足二以懷一レ人、政不レ足二以惠一レ民、賞不レ足二以勸一レ善、刑不レ足二以防一レ非、亡國之行也。今民聞二公令一如二寇讎一。此古離二散其民一、隕二失其國一所二常行一者也。」

れ、罪誅《ざいちゆう》に肅《きび》しくして、慶賞《けいしやう》に慢《みだ》りにし、人《ひと》の哀《かな》しみを樂《たの》しみ、人《ひと》の難《なん》を利《り》とし、德《とく》は以《もつ》て人《ひと》を懷《なつ》くるに足《た》らず、政《せい》は以《もつ》て民《たみ》を惠《めぐ》むに足《た》らず、賞《しやう》は以《もつ》て善《ぜん》を勸《すす》むるに足《た》らず、刑《けい》は以《もつ》て非《ひ》を防《ふせ》ぐに足《た》らざるは、亡國《ばうこく》の行《おこな》ひなり。今民公《いまたみこう》の令《れい》を聞《き》くこと寇讎《こうしう》のごとし。此《こ》れ古《いにしへ》の其《そ》の民《たみ》を離散《りさん》し、其《そ》の國《くに》を隕失《ゐんしつ》するの常《つね》に行《おこな》ふ所《ところ》の者《もの》なり」と。

語釈　○貴賤　陶鴻慶は本篇第五章の「貴戚離散」の例を挙げて「貴戚」に改めるべきことをいう。今、原文のままとする。陶説に従えば、血縁のつながる公室一族と親しまないこととなる。　○讒諛　「讒」は人の悪口をいうこと、「諛」はへつらいおもねること。　○簡慢　おこたりあなどること。「簡」は怠るの意、「慢」は侮り、気ままにするの意。　○経紀　よるべき道理、「経」も「紀」もともに道、条理の意。　○好弁以為忠　王念孫は、原文のままでは意味をなさないから、『群書治要』によって「智」「刻民」「以為」の五字を補って、「好弁以為智、刻民以為忠」（弁を好むを以て智と為し、民に刻するを以て忠と為す）に改めるべきとする。この方が確かに対句構成が整うけれども、原文のままでも意味は通じるので、改めない。『校注』は、王説に従い『群書治要』に拠って改めている。　○流湎　酒に耽り溺れること。「流」にはほしいままの意があり、「湎」は酒に溺れる意がある。　○民聞公令如寇讎　盧文弨は、問下篇第十七章に「民聞公命如逃寇讎」とあるのによって、「逃」字を補うべきとしている。これに対し、王念孫は原文のままでも意味が明らかなこと、また諫上篇第十六章には「今君臨民若寇讎」とあるのみで「逃」字がないこと、などにより改める必要はないという。今、原文のままとする。　○此古離散其民、隕失其国所常行者也　王念孫は、上文の景公の問いかけの言葉に対応させるために「此古之離散其民、隕失其国者之常行也」（此れ古の其の民を離散し、其の国を隕失する者の常行なり）に改めるべきという。この方が表現は整うが、原文のままでも意味は通るので改めない。『校注』は王説に従い改めている。

口語訳　第二十五章　景公が昔の為政者は民をどのようにして離散させてしまったのかと問い晏子は今の民は公の命令をあたかも仇なす敵の言葉のように聞いていると答えたこと

景公が晏子に尋ねて、「昔、民を離散させて、国を失った者の常々の行動はどのようなものであったか」と言った。晏子はお答えして、「国が貧しいにもかかわらず大事業を好み、智恵が足りないにもかかわらず一人で取りしきることを好み、尊貴な者も卑賤な者も親愛せず、大臣には無礼をはたらき、諂い者おべっか使いを尊重して賢者をばかにし、怠惰で思い上がった振る舞いを楽しんで人々をもてあそび、国には常の法度もなく、民には一定の（よるべき）道理もなく、（口先だけの）弁論を好む者を忠実な者と思い、酒に耽り溺れて国のことを忘れ、軍事を好んで民のことを忘れ、人を処罰するときには厳しくして、恩賞を与えるときは気ままにし、人が悲しんでいるのを楽しげにし、人が難儀しているのを得たりと思い、徳は人を懐かせるに足りず、政治は民に恵みを与えるに足りず、恩賞は善行を励ますに足りず、刑罰は非行を防ぐに足りないのは、国を亡ぼす者の行いでございます。今、民は公の命令を仇なす敵（の言葉）のように聞いておりますが、これこそ昔、民を離散させて、国を失った者が常々行ったところであります」と言った。

余説　君主がいかにあるべきかを説く内容であるが、こうした記述から、多少の誇張はあるにしても、当時の君主のありのままの様子が窺えるのは興味深い。ここに具さに描かれていることは、専制君主の最も陥り易い振る舞いであったのだろう。なぜならば、これらのことは一人君主だけでなく、道徳的修練を欠いた者ならばだれしもが陥り易いことだからである。ただ、それが君主であればそれによって生じる弊害が取り返しのつかないものになってしまうという点で、より重大であったということであろう。晏子の説く理想的君主像は、本章だけでなく前章前々章にも明らかにされていたが、当時の現実は晏子の描く理想とは余程遠かったのであろうか。

景公問レ欲二和レ臣親一レ下晏子對以二信順儉節一　第二十六

景公《けいこう》臣《しん》を和《わ》し下《しも》に親《した》しまんと欲《ほっ》することを問《と》ひ晏子《あんし》對《こた》ふるに信順儉節《しんじゆんけんせつ》を以《もっ》てす　第二十六

景公問二晏子一曰、「吾欲二和*レ臣親一レ下、奈何。」晏子對曰、「君得レ臣而*任二使之一、與言信、必順二其令一、赦二其過一。任二大臣一無二多責一焉、

景公晏子《けいこうあんし》に問《と》ひて曰《いは》く、「吾臣《われしん》を和《わ》し下《しも》に親《した》しまんと欲《ほっ》す、奈何《いかん》」と。晏子《あんし》對《こた》へて曰《いは》く、「君臣《きみしん》を得《え》て之《これ》を任使《にんし》するに、與《とも》に言《い》ひて信《しん》あり、必《かなら》ず其《そ》の令《れい》に順《したが》ひ、其《そ》の過《あやま》ちを赦《ゆる》す。大臣《だいじん》に

使邇臣無求嬖焉、無以嗜欲貧其家、無親讒人傷其心、家不外求而足、事君不因人而進、則臣和矣。儉于藉斂、節于貨財、作工不歴時、使民不盡力、百官節適、關市省征、山林陂澤、不專其利、領民治民、勿使煩亂、知其貧富、勿使凍餒、則民親矣。」公曰、「善。寡人聞命矣。」故令諸子無外親謁、辟梁丘據無使受報、百官節適、關市省征、陂澤不禁、冤報者過、留獄者請焉。

任《にん》じて多《おほ》く責《せ》むること無《な》く、邇臣《じしん》を使《つか》ひて嬖《へい》を求《もと》むること無《な》く、嗜欲《しよく》を以《もつ》て其《そ》の家《いへ》を貧《まづ》しくすること無《な》く、讒人《ざんじん》に親《した》しみて其《そ》の心《こころ》を傷《きず》つくること無《な》く、家《いへ》は外《そと》に求《もと》めずして足《た》り、君《きみ》に事《つか》ふるには人《ひと》に因《よ》らずして進《すす》めば、則《すなは》ち臣和《しんわ》す。藉斂《せきれん》を儉《けん》にして、貨財《くわざい》を節《せつ》し、工《こう》を作《な》すに時《とき》を歴《へ》ず、民《たみ》を使《つか》ふに力《ちから》を盡《つ》くさず、百官《ひやくくわん》は適《てき》を節《せつ》し、關市《くわんし》は征《せい》を省《はぶ》き、山林陂澤《さんりんはたく》は、其《そ》の利《り》を專《もつぱ》らにせず、民《たみ》を領《りやう》し民《たみ》を治《をさ》めて、煩亂《はんらん》せしむること勿《な》く、其《そ》の貧富《ひんぷ》を知《し》りて、凍餒《とうだい》せしむること勿《な》ければ、則《すなは》ち民親《たみした》しむ」と。公《こう》曰《いは》く、「善《よ》し。寡人命《くわじんめい》を聞《き》かん。」と。故《ゆゑ》に諸子《しよし》をして外《そと》に親謁《しんえつ》すること無《な》からしめ、梁丘據《りやうきうきよ》を辟《さ》りて報《ほう》を受《う》けしむること無《な》く、百官《ひやくくわん》は適《てき》を節《せつ》し、關市《くわんし》は征《せい》を省《はぶ》き、陂澤《はたく》は禁《きん》ぜず、冤報《ゑんぼう》する者《もの》は過《せ》め、獄《ごく》を留《とど》むる者《もの》は焉《これ》を請《こ》ふ。

校訂　＊和臣親下　底本は「和民親下」。後文の内容から「民」ではなくむしろ「臣」の方が適切であるとわかる。特に「臣和す」の句があることから改めた。兪樾は標題を根拠として同様に改めるべきことを言っている。『校注』も元刻が「臣」字であることにより改めている。

＊任大臣無多責焉　底本は「任大無多責焉」。下句の「邇臣」（近臣）と対になるように「臣」字を補うべきであるとする孫星衍の説に従い改めた。『校注』も孫説に従い改めている。

語釈　〇与言信、必順其令、赦其過　難解である。呉則虞は無理に解釈せぬ方がよいと言う。今、次のように解しておく。「与言信」は、君主と臣下がともに語り合って信頼があること、「必順其令」は、臣下が君主の君主の善き命令に必ず従うこと、「赦其過」は、君主が臣下の過失に寛容であること。　〇親讒人　『校注』は元刻本によって「信讒人」に改めている。　〇不歴時　「歴」は、過ぎるの意。「時」は、一年の四季、春夏秋冬の季節の意。季節を過ぎても工事が終わらなければ、季節に応じてなされる農作業に支障が生じるので

このように言うのである。　○百官節適　「節」はほどあい、適度の意。「適」はかなうの意。全ての役人が程よく整ってそれぞれの務めを過不足なく実行していること。　○関市省征　「関」は関所、「市」は市場、「征」は税金。関所の通行税と市場の営業税を少なくすること。　○陂沢　「陂」は池、「沢」は湿地。池や沼をいう。　○領　統べ治めること。　○令諸子無外親謁　「諸子」は諸公子、「外」は外国の意に解して、「諸公子に命じて国外の者が彼らと懇ろに面会しないようにさせる」と訳しておく。孫星衍は、「外人に親近して謁を干（もと）めさせないこと」と注している。諸公子らの仲介がなくとも直接君主に謁見できるようにさせたことをいう。　○辟梁丘據無使受報　「辟」は、孫星衍が、去ることと解している。退ける意。「梁丘據」は、景公に仕えた佞臣。「報」は、判決を下すこと、また判決そのもののこと。梁丘據を判決内容に恣意的に関与し得る立場から遠ざけて、判決が彼のもとに届かないようにさせたことをいう。　○陂沢不禁　『校注』は、上文に合わせて「山林陂沢不禁」に改めている。　○冤報者過　「冤報者」は裁判で無実の罪を着せてしまった者、「過」は責めるの意。呉則虞は下句との対句構成からみて、句末の「焉」が脱落したのではないかと疑う。　○留獄者請焉　「留獄者」は監獄に留置された者。張純一は、「請」は釈放することを請うの意であるという。恩赦の令を出したと解し得る。

口語訳　第二十六章　景公が臣下を和ませ民と親しみたいと問い晏子はそれには信順倹節が必要であると答えたこと

　景公が晏子に尋ねて、「余は臣下を和ませ、民と親しもうと思うが、どうすればよいか」と言った。晏子はお答えして、「ご主君は臣下を得て任用するとき、（ご主君と臣下とは）共に語り合って信頼があり、（臣下はご主君の善き）ご命令に従い、（ご主君は臣下の）過失を大目に見るようにすること（が大切）です。大臣に（仕事を）任せるにしても多く（の成果）を求めず、近臣を使うにしてもお気に入りの者を求めず、（身勝手な）欲望で彼らの家を貧しくすることがないようにし、悪口を言う者を近づけて彼らの心情を損なうことがないようにし、家（の俸禄）は外に求めなくても足りるようにし、主君に仕えるには人の仲介無しでも進み出られるようにすれば、臣下は和むものです。賦税の取り立ては少なくし、貨財は節約し、土木建築をするときは季節をまたがらず、民を使役するときは力を出し尽くさせず、すべての役人に程よく（仕事を）こなさせ、関所と市場では税金を少なくし、山林沼沢の利は独り占めせず、民を統べ治めて、（彼らを）煩い乱れないようにさせ、その貧富の状態を把握して、飢え凍えないようにさせれば、民は親しむものです」と言った。公は、「よろしい。寡人はおおせの通りにしよう」と言った。かくして諸公子に命じて国外の者が彼らと懇ろに面会しない（でも直接自分と謁見できる）ようにさせ、（寵愛する）梁丘據は退けて（彼が）判決を受理（してあれこれ干渉）するこ

とがないようにさせ、全ての役人に程よく（仕事を）こなさせ、関所と市場の税金は少なくし、（山林）沼沢の利用は禁止せず、無実の罪を着せた者は譴責し、獄に留置された者は釈放することとした。

余説　君主の過剰な干渉や要求が君臣関係、あるいは君民関係を損なっているとして、君主が臣民との和親を実現するには、君主は公平な政治を心掛けて信頼を得、横暴な権力者にならぬよう自らを戒めて臣下の服従を得、民に対しては苛酷な搾取を行わず、むしろさまざまな規制や制限を緩めてやり、彼ら自身が豊かになれるようにしむけなければならぬというのである。

景公問㆓得㆑賢之道㆒晏子對以㆓擧㆑之以㆑語考㆑之以㆒㆑事　第二十七

景公問㆓晏子㆒曰、「取㆑人得㆑賢之道、何如。」晏子對曰、「擧㆑之以㆑語、考㆑之以㆑事。能諭則尚而親㆑之、近而勿㆑辱。＊以㆑此取㆑人、則得㆑賢之道也。是以明君居㆑上、寡㆓其官㆒而多㆓其行㆒、拙㆓于文㆒而工㆓于事㆒、言不㆑中不㆑言、行不㆑法不㆑爲也。」

景公賢《けいこうけん》を得《う》るの道《みち》を問《と》ひ晏子《あんし》對《こた》ふるに之《これ》を擧《あ》ぐるに語《ご》を以《もつ》てし之《これ》を考《かんが》ふるに事《こと》を以《もつ》てするを以《もつ》てす　第二十七

景公晏子《けいこうあんし》に問《と》ひて曰《いは》く、「人《ひと》を取《と》り賢《けん》を得《う》るの道《みち》は、何如《いかん》」と。晏子《あんし》對《こた》へて曰《いは》く、「之《これ》を擧《あ》ぐるに語《ご》を以《もつ》てし、之《これ》を考《かんが》ふるに事《こと》を以《もつ》てす。能《よ》く諭《さと》れば則《すなは》ち尚《たつと》びて之《これ》に親《した》しみ、近《ちか》づけて辱《はづ》かしむること勿《な》かれ。此《これ》を以《もつ》て人《ひと》を取《と》るは、則《すなは》ち賢《けん》を得《う》るの道《みち》なり。是《ここ》を以《もつ》て明君《めいくん》の上《かみ》に居《を》るや、其《そ》の官《くわん》を寡《すくな》くして其《そ》の行《おこな》ひを多《おほ》くし、文《ぶん》に拙《せつ》にして事《こと》に工《たく》みに、言中《げんあた》らざれば言《い》はず、行《かう》法《はふ》ならざれば爲《な》さざるなり」と。

校訂　＊以此取人　底本は「以取人」。本篇第十三章の「以此数物者取人」と同趣旨の語句であることから「以」の下に「此」を加えるべきとする張純一の説に従い改めた。なお、呉則虞は「以」字の上に一字を脱しているのではないかという。

語釈　○考　調べること。　○能諭　「諭」は、通暁すること、明らかであること。誰が、何に明らかであるのか明確でないが、その者が賢者として政治の道に十分通暁していることと解しておく。　○寡其官而多其行　国全体の役人の数を減らしても、そのこなす仕事量は増えること。効率がよくなることを言う。　○言不中不言　「中」は、正しいこと。言葉は道理にかなって正しくなければ言い出さないの意。張純一は、『論語』先進篇の「夫の人は言はず、言へば必ず中ること有り」とあるのと同じだという。

口語訳　第二十七章　景公が賢者を得る道を問い晏子は用いるには発言により調べるには仕事ぶりによることだと答えたこと

景公が晏子に尋ねて、「人を取り立て賢者を得る道とは、どのようなものか」と言った。晏子はお答えして、「用いるにはその発言により、調べるにはその仕事ぶりによります。（その者が政治の道に）十分通暁していたら、その者を尊んで親しみ、近くにおいて辱めることをしてはなりません。このようにして人を取り立てることが、賢者を得る道です。こうして明君が上に居ると、役人（の数）を少なくしてもそのこなす仕事量は増やせ、見かけのよさを飾りたてることは下手でも実際の仕事はうまくこなせ、言葉は道にかなっていなければ発言せず、行動は法にかなっていなければ行わないようになるのです」と言った。

余説　張純一は、「挙之以語、考之以事、能論則尚而親之」の一節は、『墨子』尚賢中篇の「聖人は其の言を聴き、其の行を迹（たづ）ね、其の能くする所を察して、慎みて官を予ふ。此を能を事ふと謂ふ」（聖人はその言うところを聴き、その行いをよく見、得意とするところを察して、慎重に官職を与える。これを能力ある者を使うという）とあるのと同義であり、また「寡其官而多其行」の一節は『荀子』富国篇の「墨子は大は天下を有（たも）ち、小は一国を有たば、将（かなら）ず人徒を少なくし、官職を省き、功を上（たふと）びて労苦し、百姓と事業を均しくし、功労を斉しくせん」（墨子は大にしては天下を治め、小にしては一国を治めるときには、必ず人手を少なくし、官職を減らし、功績を重視して苦労を厭わず、人々と同じ仕事をして、功労を平等にしようとするであろう）とあるのと同義であるという。前者は墨子のいわゆる「尊賢使能」の思想に、後者はいわゆる「強本節用」の思想に連なる部分であろう。確かに、『晏子春秋』にもこうした思想が濃厚に見られることから、墨家思想との関連が示唆されるのもあながちに牽強な議論であるとは言えない。

景公問二臣之報レ君何以一晏子*對以二報以レ徳　第二十八

景公臣《けいこうしん》の君《きみ》に報《ほう》ずるは何《なに》を以《もっ》てすと問《と》ひ晏子對《あんしこた》ふるに報《ほう》ずるに徳《とく》を以《もっ》てするを以《もっ》てす　第二十八

景公問二晏子一曰、「臣之報レ君何以。」晏子對曰、「臣雖二不知一、必務報レ君以レ徳。士逢二

景公晏子《けいこうあんし》に問《と》ひて曰《いは》く、「臣《しん》の君《きみ》に報《ほう》ずるは何《なに》を以《もっ》てする」と。晏子對《あんしこた》へて曰《いは》く、「臣不知《しんふち》と雖《いへど》も、必《かなら》ず務《つと》めて君《きみ》に報《ほう》ずる

有道之君一、則順二其令一、逢二無道之君一、則爭二其不義一。故君者擇レ臣而使レ之、臣雖レ賤、亦得二擇レ君而事一レ之。」

に徳《とく》を以《もつ》てす。士《し》有道《いうだう》の君《きみ》に逢《あ》へば、則《すなは》ち其《そ》の令《れい》に順《したが》ひ、無道《むだう》の君《きみ》に逢《あ》へば、則《すなは》ち其《そ》の不義《ふぎ》を争《あらそ》ふ。故《ゆゑ》に君《きみ》なる者《もの》は臣《しん》を擇《えら》びて之《これ》を使《つか》ひ、臣《しん》は賤《いや》しと雖《いへど》も、亦《また》君《きみ》を擇《えら》びて之《これ》に事《つか》ふることを得《う》」と。

校訂 ＊晏子対以報以徳　底本は「晏子対報以徳」。前章までの標題の句法により改めた。『校注』も「晏子対以報以徳」に作る。

語釈 ○臣之報君　『校注』は「臣之報其君」に作る。　○不知　「知」は「智」と同じ。智恵がないこと。

口語訳 第二十八章　景公が臣下が君主に報いるは何によるかと問い晏子は徳をもって報いると答えたこと

景公が晏子に尋ねて、「臣下が君主（の恩徳）に報いるにはどのようにするのか」と言った。晏子はお答えして、「臣下はたとえ智恵がなくても、必ず自らの徳操で君主に報いようと努めます。士が有道の君に出会えば、その命令に従順に従い、無道の君に出会えば、その正義に悖ることを諫めます。ですから君主は臣下を選んで用い、臣下も卑しい身分とはいえ、君主を選んでお仕えすることができるのです」と言った。

余説 有道の君に会えば従い、無道の君に会えば諫めるという。もし諫めても聞き入れられなければどうするのであろう。ここには書かれていないが、本篇第二十二章によれば君主のもとを去るわけである。すなわちこれが、臣下としての徳操のありようだと晏子は言うのである。ただ、普通には「徳」を備えるべきはまず君主なのであって、本章のように臣下が君主に対して「徳」をもって報いるという考え方にはやや奇異な印象を受けるが、末尾の一文が説くように君主と臣下の関係が双務的な契約関係に近いのであれば必然の帰結なのであろう。

景公問二臨レ國莅レ民所レ患何也一晏子對以二患者三一　第二十九

景公《けいこう》國《くに》に臨《のぞ》み民《たみ》に莅《のぞ》みて患《うれ》ふる所《ところ》は何《なん》ぞやと問《と》ひ晏子《あんし》對《こた》ふるに患《うれ》ふる者三《ものさん》を以《もつ》てす　第二十九

景公問二晏子一曰、「臨レ國莅レ民、所レ患何也。」

景公晏子《けいこうあんし》に問《と》ひて曰《いは》く、「國《くに》に臨《のぞ》み民《たみ》に莅《のぞ》みて、患《うれ》ふる所《ところ》は

晏子對曰、「所患者三、忠臣不信、一患也、信臣不忠、二患也、君臣異心、三患也。是以明君居上、無忠而不信、無信而不忠者。是故君臣同欲、而百姓無怨也。」

何《なん》ぞや」と。晏子《あんし》對《こた》へて曰《いは》く、「患《うれ》ふる所《ところ》の者《もの》三《さん》あり、忠臣《ちゆうしん》信《しん》ぜられざるは、一《いつ》の患《うれ》ひなり、信臣《しんしん》忠《ちゆう》ならざるは、二《に》の患《うれ》ひなり、君臣《くんしん》心《こころ》を異《こと》にするは、三《さん》の患《うれ》ひなり。是《ここ》を以《もつ》て明君《めいくん》上《かみ》に居《を》れば、忠《ちゆう》にして信《しん》ぜられざる無《な》く、信《しん》にして忠《ちゆう》ならざる者《こと》無《な》し。是《こ》の故《ゆゑ》に君臣《くんしん》欲《よく》を同《おな》じくして、百姓《ひやくせい》怨《うら》み無《な》きなり」と。

語釈 ○忠臣不信…信臣不忠　張純一は、『墨子』七患篇に治国の憂患七箇条を挙げてその第六番目に「信ずる所の者忠ならず、忠なる所の者信ならず」とあるのと同趣旨だという。

口語訳 第二十九章　景公が国政に臨み民に君臨して悩むことは何かと問い晏子は悩みは三つあると答えたこと

景公が晏子に尋ねて、「国政に臨み民に君臨して、悩むことは何であろうか」と言った。晏子はお答えして、「悩みごとは三つあります。忠臣が信任されないことが、第一の悩みです。信任された臣に忠義のないことが、第二の悩みです。君臣が心を別々にしていることが、第三の悩みです。このようなわけですから明君が上にいれば、（臣下らは）忠実であるのに信任されないということはなく、信任されているのに忠実ではないということもなくなります。こうして君臣ともに願いを共有して、しかも人々には怨みがなくなります」と言った。

余説 君の側からの臣に対する「信」と臣の側からの君に対する「忠」とを嚙み合わせた論である。前章同様、君臣関係の理想を説く。なお、ここでも語釈に示したように張純一は『墨子』との関連を示唆していて、『晏子春秋』と墨家思想との関係を考察する上で興味深い。

景公問爲政何患晏子對以善惡不分　第三十

景公問于晏子曰、「爲政何患。」晏子對曰、「患善惡之不分。」公曰、「何以察之。」對曰、「審擇左右。左右善、則百僚各得其所宜、而善惡分。」

孔子聞之曰、「此言也信矣。善進、則不善無由入矣、不善進、則善無由入矣。」

景公《けいこう》政《せい》を爲《な》すに何《なに》をか患《うれ》ふると問《と》ひ晏子《あんし》對《こた》ふるに善惡分《ぜんあくわ》かたれざるを以《もつ》てす　第三十

景公晏子《けいこうあんし》に問《と》ひて曰《いは》く、「政《せい》を爲《な》すに何《なに》をか患《うれ》ふる」と。晏子《あんし》對《こた》へて曰《いは》く、「善惡《ぜんあく》の分《わ》かたれざるを患《うれ》ふ」と。公曰《こういは》く、「何《なに》を以《もつ》て之《これ》を察《さつ》せん」と。對《こた》へて曰《いは》く、「審《つまび》らかに左右《さいう》を擇《えら》ばん。左右善《さいうぜん》ならば、則《すなは》ち百僚各《ひやくれうおのおの》其《そ》の宜《よろ》しき所《ところ》を得《え》て、善惡分《ぜんあくわ》かたる」と。

孔子《こうし》之《これ》を聞《き》きて曰《いは》く、「此《こ》の言《げん》や信《まこと》なり。善進《ぜんすす》めば、則《すなは》ち不《ふ》善由《ぜんよ》りて入《い》る無《な》く、不善進《ふぜんすす》めば、則《すなは》ち善由《ぜんよ》りて入《い》る無《な》し」と。

口語訳　第三十章　景公が政治を行うときには何を悩むかと問い晏子は善悪の区別がつかないことだと答えたこと

景公が晏子に尋ねて、「政治を行う時には何を悩むか」と言った。晏子はお答えして、「善悪の区別がつかないことを悩みとします」と言った。公は、「どのようにしてそれを見分けるのか」と言った。お答えして、「よく考えて左右の側近を選ぶことです。側近が正しければ、全ての官僚もそれぞれみなふさわしい所を得て、善悪の区別がつきます」と言った。

孔子がこれを聞いて、「この言葉は真実である。善人が仕えれば、不善な者はつけいる手だてがなくなり、不善な者が仕えれば、善人は入り込む手だてがなくなってしまうものだ」と言った。

余説　『説苑』政理篇にほぼ同一の文が見えるので、以下に引いておく。

斉公問於晏子曰、「為政何患。」対曰、「患善悪之不分。」公曰、「何以察之。」対曰、「審択左右。左右善、則百僚各得其所宜、而善悪分。」孔子聞之曰、「此言也信矣。善言進、則不善無由入矣、不善進言、則善無由入矣。」（書き下し文は省略する）

張純一は、ここの孔子の言葉は、外上篇第一章の「君若し礼無くんば、則ち礼を好む者去り、礼無き者至らん。君若し礼を好めば、則

ち礼有る者至り、礼無き者去らん」とあるのと同趣旨だという。確かに本章の「善」が「礼」に置き換えられただけで文章の構造は全く同一であることに気付く。

さて本篇は、ここで終わる。後になるに従い、章の分量が次第に減っていき、ここ数章では主題についての対話が示されるのみで、二人を取り巻く状況が全く明示されない。ところが、本篇の標題だけを見ると、内容の長短とは裏腹にそのパターンは全く共通していることに気付く。すなわち初めの二章が荘公である他は、全て景公が問い、これに晏子が、「答えるに～を以てす」という具合に、一問一答の体裁をとって構成されているのである。このあたりにも、現行本『晏子春秋』の編纂が明確な意図のもとになされたことが窺える。これは竹簡本も同様である。

また、伝承経路が異なるためであるからかどうかははっきりしないが、編纂時点で伝承されていた説話が既に、長いのあり、短いのあり、詳しいのあり、簡略なのありと、実にさまざまであったことが窺える。

そして本篇最終章に孔子の言葉の言葉を含む章を配置したことにも、編纂者の意図を感じないではいられない。なぜなら、孔子の権威を借りることによって晏子の偉大さをより際立たせようとしたのではないかと考えられるからである。

内篇問上第三　終わり

晏子春秋卷第四

內篇問下第四

景公問二何修則夫先王之遊一晏子對以レ省二耕實一　第一

景公何《けいこうなに》を修《をさ》むれば則《すなは》ち夫《か》の先王《せんわう》の遊《いう》ならんと問《と》ひ晏子《あんし》對《こた》ふるに耕實《かうじつ》を省《み》るを以《もつ》てす　第一

景公出遊、問二于晏子一曰、「吾欲下觀二于轉附・朝舞一、遵レ海而南、至中于琅琊上。寡人何修則夫先王之遊。」晏子再拜曰、「善哉、君之問也。聞天子之諸侯爲二巡狩一、諸侯之二天子一爲二述職一。故春省レ耕而補二不レ足者一、謂二之遊一、秋省レ實而助二不レ給者一、謂二之豫一。夏諺曰、吾君不レ遊、我曷以休、吾君不レ豫、我曷以助。一遊一豫、爲二諸侯度一。

景公出遊《けいこうしゆついう》し、晏子《あんし》に問《と》ひて曰《いは》く、「吾轉附《われてんぷ》・朝舞《てうぶ》に觀《あそ》び、海《うみ》に遵《したが》ひて南《みなみ》し、琅琊《らうや》に至《いた》らんと欲《ほつ》す。寡人何《くわじんなに》を修《をさ》むれば則《すなは》ち夫《か》の先王《せんわう》の遊《いう》ならん」と。晏子再拜《あんしさいはい》して曰《いは》く、「善《よ》いかな、君《きみ》の問《と》へるや。聞《き》く、天子《てんし》、諸侯《しよこう》に之《ゆ》くを巡狩《じゆんしゆ》と爲《な》し、諸侯《しよこう》、天子《てんし》に之《ゆ》くを述職《じゆつしよく》と爲《な》す、と。故《ゆゑ》に春《はる》は耕《たがや》すを省《み》て足《た》らざる者《もの》を補《おぎな》ふ、之《これ》を遊《あそぶ》と謂《い》ひ、秋《あき》は實《みの》るを省《み》て給《た》らざる者《もの》を助《たす》く、之《これ》を豫《たのしむ》と謂《い》ふ。夏《か》の諺《ことわざ》に曰《いは》く、吾《わ》が君遊《きみあそ》ばざれば、我曷《われなに》を以《もつ》て休《やす》まん、吾《わ》が君豫《きみたの》しまざれば、我曷《われなに》を以《もつ》て助《たす》からん、と。一遊一《いちいういち》

今君之遊不レ然。師行而糧食、*貧者不レ補、勞者不レ息。夫*從レ高歴レ時而不レ反、謂二之流一、從レ下而不レ反、謂二之連一、從レ獸而不レ歸、謂二之荒一、從レ樂而不レ歸、謂二之亡一。古者聖王無二流連之遊、荒亡之行一。公曰、「善。」命レ吏計二*公稟之粟一、藉二長幼貧氓之數一。*發レ廩出レ粟、以予二貧民一者三千鍾、公所二身見一癃老者七十人、振二贍之一、然後歸也。

豫《よ》、諸侯《しよこう》の度《ど》と爲《な》る。今君《いまきみ》の遊《いう》は然《しか》らず。師《し》行《ゆ》きて糧食《りやうしよく》し、貧《ひん》者《じや》は補《おぎな》はず、勞者《らうしや》は息《いこ》はず。夫《そ》れ高《たか》きに從《したが》ひて時《とき》を歴《へ》て反《かへ》らざる、之《これ》を流《りう》と謂《い》ひ、下《ひく》きに從《したが》ひて反《かへ》らざる、之《これ》を連《れん》と謂《い》ひ、獸《かり》に從《したが》ひて歸《かへ》らざる、之《これ》を荒《くわう》と謂《い》ひ、樂《たのし》みに從《したが》ひて歸《かへ》らざる、之《これ》を亡《ばう》と謂《い》ふ。古《いにしへ》は聖王流連《せいわうりうれん》の遊《あそ》び、荒亡《くわうばう》の行《おこな》ひ無《な》し」と。公曰《こういは》く、「善《よ》し」と。吏《り》に命《めい》じて公稟《こうりん》の粟《ぞく》を計《はか》り、長幼貧氓《ちやうえうひんばう》の數《すう》を藉《しる》さしむ。廩《くら》を發《ひら》き粟《ぞく》を出《いだ》して、以《もつ》て貧民《ひんみん》に予《あた》ふる者三千鍾《ものさんぜんしよう》、公身《こうみづか》ら見《み》る所《ところ》の癃老《りうらう》の者七十人《ものしちじふにん》、之《これ》を振贍《しんせん》して、然《しか》る後《のち》に歸《かへ》る。

校訂　＊貧者不補　底本は「貧苦不補」。『孟子』梁恵王下篇に本章と同じ説話が見えており（余説参照）、そこには「饑者弗食」とあるのによって、「苦」は「者」であるべきとする孫星衍の説に従い改めた。この方が下の「労者不息」との対句も整う。『校注』も改めている。

＊従高歴時　底本は「従南歴時」。王念孫説に従い改めた。王念孫は、「南」では字義が通じないから「高」の誤りである、「高」ならば下文の「下」とちょうど対になる、ところが、『孟子』同篇では「従流下而忘反、謂之流、従流上而忘反、謂之連」と作っていて、「流連」と「上下」（高下）の関係がこの文とちょうど反対になってしまうことになるが、本文と『孟子』とのいずれが是であるかまでは判らないという。『校注』は、『孟子』に従って、ここを「従下歴時」に、「従下而不反」を「従高歴時而不反」に、それぞれ改めている。

＊公稟之粟　底本は「公掌之粟」。「掌」では字義が通じないから、隷書体が「掌」に似る「稟」字の誤りであろう、「稟」は「廩」（こめぐら）の古字であり、下文に「発廩出粟」とあるのはその証拠であるとする王引之の説に従い改めた。『校注』も改めている。

＊発廩出粟　底本は「吏所委発廩出粟」。張純一の、「吏所委」の三字は上下いずれの文にもつながらないから削除すべきだろうとする説に従い改めた。

語釈　〇転附・朝舞　『孟子』梁恵王下篇では「転附・朝儛」とある。同書趙岐注はともに山の名とする。「転附」は現在の山東省煙台市之罘（ふし）島の之罘山、「朝舞」は山東半島東端の成山に同定され、いずれも海に面している。　〇至于琅琊　『孟子』には「放于琅邪」

（琅邪に放（いた）る）とある。山東省青島市の南西約五〇キロメートルの所、篁南市域にあり、海に面している。現在も琅琊の地名が残る。　○寡人何修則夫先王之遊　『孟子』には「吾何脩而可以比於先王観也」（吾何を脩めてか以て先王の観（あそ）びに比すべき）とある。劉師培は「修」は「循」に作るべきとし、「循則」とは「效法」（ならいのっとる）の義と同じであるから、「寡人何循則夫先王之遊」（寡人何か夫の先王の遊に循則せん）と読むべきという。つまり「則」を接続詞の「すなわち」と読むのではなく、動詞として「のっとる」の意味に読むべきであると言うのである。しかし、そのような読み方はいささか無理がある。そこで原文のままとしたうえで、「〜すれば、則ち」の構文で読んでおくことにする。それでも意味はさして変わらない。　○聞　『校注』は蘇輿説に従い『群書治要』に拠って「嬰聞之」に改めている。　○天子之諸侯為巡狩　『孟子』には「天子適諸侯曰巡狩」（天子、諸侯に適くを巡狩と曰ふ）とある。「之」は「適」と同じ、行くこと。『孟子』ではこの後「巡狩者巡所守也」（巡狩とは守る所を巡るなり）の語句が続く。「巡狩」は、天子が諸侯の国を巡視すること。『礼記』王制篇によれば、天子は五年に一度巡狩に出かけることになっていたという。「巡守」とも書く。　○諸侯之天子為述職　『孟子』では「諸侯朝於天子曰述職」（諸侯、天子に朝するを述職と曰ふ）とある。『孟子』ではこの後「述職者述所職」（述職とは職（つかさど）る所を述ぶる）の語句が続く。諸侯が天子のもとに赴いて自分の職務について報告すること。　○春省耕而補不足者、謂之遊　『孟子』には「春省耕而補不足」（春、耕すを省て足らざるを補ふ）とあるのみ。『管子』には「春出、原農事之不本者、謂之遊」（春出でて、農事の本づかざる者を原（たづ）ぬる、之を遊と謂ふ）とある。「省」は視察の意。「不足」は貧困のために植え付けなどの農作業が十分にできない農民を指す。　○秋省実而助不給者、謂之予　『孟子』には「秋省斂而助不給」（秋、斂（をさ）むるを省て給らざるを助く）とあるのみ。『管子』には「秋出、補人之不足者、謂之夕。」（秋出でて、人の足らざる者を補ふ、之を夕（せき）と謂ふ）とある。「実」は穀物が実ること。「給」は「足」と同じ、足りること。「予」は楽しむこと。　○夏諺曰、吾君不遊、我曷以休、吾君不予、我曷以助　『孟子』は「君」を「王」に作る。　○度　法度、きまりの意。　○師行而糧食　『管子』には「師行而糧食其民者」（師行きて其の民に糧食する者）とある。「師」は「衆」と同じで、ここでは君主に随行する多くの者たちの意。軍隊に解することも可能であるが、ここでそう解しては唐突の感が否めない。「糧食」とは、『管子』の例を参照すれば、君主ら一行が行く先々で民から食糧を徴発することをいう。　○貧者不補、労者不息　『孟子』には「飢者弗食、労者弗息」とある。劉師培は「補」を「餔」（養う、食らわす）の仮字という。「労」と「息」が意味の上で対応していることからして、本文の「貧」より、『孟子』の「飢」の方がふさわしいように思われるが、今、原文のまま「貧しい者は食にありつけず、くたびれた者も休めない」の意に訳しておく。　○夫従高歴時而不反、謂之流、従下而不反、謂之連　高いところすなわち河の上流から下流に向けて遊楽して季節を経てもなお戻らないこと、これを「流」といい、下流から上流に向けて遊楽して（季節を経てもなお）戻らないこと、これを「連」という、の意。「従下而不反」の箇所は「歴時」

の二字を脱落している疑いもある。『孟子』には「従流下而忘反、謂之流、従流上而忘反、謂之連」（流れに従ひ下りて反るを忘る、之を流と謂ひ、流れに従ひ上りて反るを忘る、之を連と謂ふ）とある。こちらの方が意味はよく通る。『校注』は『孟子』を拠り所として、「夫従下歴時而不反、謂之流、従高歴時而不反、謂之連」に改めているが、王念孫もいうようにそもそも本書と『孟子』のどちらが正しいかを判定する材料に欠ける。　〇従獣而不帰、謂之荒　「獣」は、「狩」と同じ。狩りに夢中になって（朝廷に）戻らないことを「荒」という。「荒」は「妄」に通じ、すさむ、乱れるの意。『孟子』には「従獣無厭、謂之荒」（獣に従ひて厭く無き、之を荒と謂ふ）とある。　〇従楽而不帰、謂之亡　飲酒遊楽に夢中になって（朝廷に）戻らないことを「亡」という。「亡」は滅びるの意。『孟子』には「楽酒無厭、謂之亡」（酒を楽しみて厭く無き、之を亡と謂ふ）とある。『管子』には「夫師行而糧食其民者、謂之亡、従楽而不反者、謂之荒」（夫れ師行きて其の民に糧食する者、之を亡（＝亡国）と謂ひ、楽しみに従ひて反らざる者、之を荒と謂ふ）とあり、「亡」と「荒」の内容が本書と異なる。　〇古者聖王無流連之遊、荒亡之行　『孟子』には「先王無流連之楽、荒亡之行」（先王は流連の楽しみ、荒亡の行ひ無し）とある。『管子』には「先王有游夕之業於人、無荒亡之行於身」（先王は人に游夕の業有りて、身に荒亡の行無し）とある。　〇藉　「籍」に通じ、帳簿に書き記すこと。張純一は、「藉」を因るの意に解する。　〇氓　民、とりわけ他国から移住してきた民のこと。　〇貧民　王念孫は、後文の「癃老者」と対をなしていることからして、『群書治要』により「民」字を削除すべきという。張純一は『群書治要』は依拠するに足りないとしてむしろ「民」を「苦」に改めるべきではないかという。しかし、原文のままでも意味は十分通るので改めない。　〇鍾　穀物の量を計る単位で、約五〇リットルに相当する。　〇癃老　「癃」は、疲れ弱るの意。「癃老」で体力の衰えた病人や老人のこと。　〇振贍　「振」はいたわり救うこと、「贍」は恵み助けること。救助の意。

口語訳　第一章　景公がどうすればあの先王の遊びのようになるかと問い晏子は耕作と収穫の様子を見ることだと答えたこと

景公が出遊した際に、晏子に尋ねて、「余は転附・朝舞の山に遊んで、海に沿って南に向かい、琅琊まで行こうと思う。寡人はいかにして、かの先王の遊びのようにしようか」と言った。晏子は再拝して、「よいことですね、ご主君のお尋ねは。『天子が諸侯（の国）に（視察に）行くのを巡狩といい、諸侯が天子に（報告に）行くのを述職という』と聞いております。ですから春に耕作の様子を見て（農作業の）行き届かない者に補ってやることを「遊」［あそぶ］といい、秋に実り具合を見て（収穫の）十分でない者を助けてやるのを「予」［たのしむ］といいます。夏の諺に、『わが君が遊びにき

てくれなければ、わしはどうして休めよう、わが君が楽しみに来てくれなければ、わしはどうして助けてもらえよう』とあります。遊んだり楽しんだりすることが、諸侯のきまりとなったのです。ところが今、ご主君の遊びはそうではありません、大勢の供まわりがついて行き（その先々で民から）食料を徴発するものですから、貧しい者は食にありつけず、疲れきった者も休めません。そもそも河の上流から（下流に）向かったまま季節が移っても戻ってこないのを「流」［ながされる］といい、下流から（上流に）向かったまま戻ってこないのを「連」［つれていかれる］といい、狩りに出かけたまま戻ってこないのを「荒」［すさむ］といい、快楽に耽ったまま（日常に）戻らないのを「亡」［ほろぶ］といいます。昔の聖王には流連の遊楽や荒亡の行為はございませんでした」と言った。公は、「よろしい」と言った。役人に命じて国の倉にある穀物を計り、幼い者から年長者までの貧しい民の数を帳簿に登録させた。（そして）穀物倉を開けて穀物を放出し、貧民に与えること三千鍾、公みずからも病人や老人七十人を見舞い、いたわり助けてから、帰って行ったのである。

余説　『孟子』梁恵王下篇に孟子が斉の宣王と会見した記事があり、その際の言葉の中に本章とほぼ同文が見える。これは孟子がこの説話を既に知っていて引用したのであろうと一応推察される。また『管子』戒篇に、管仲と桓公の問答として類似する語句が見えるのは、彼らも同様な問答をしていたと解すべきなのだろうか。景公はことあるごとに先君桓公を意識して彼にあやかりたいという願望のあったことが知られるから、景公が、桓公と管仲との間に交わされた問答を知っていて、改めて晏子に同じことを問いかけたところ、晏子がことさら管仲と同様な返答をしたというように推測することも不可能ではない。彼らの活躍年代の先後からいえばその方が自然でさえある。しかし『孟子』に景公と晏子の対話として同様な説話が紹介されていることを考慮すれば、むしろ『管子』の戒篇の作者が、もとは晏子と景公との間に交わされたこの問答を管仲と桓公との問答として仮託したと考える方がふさわしい。そうすると、『管子』戒篇の成立は『晏子春秋』や『孟子』の成立よりも後れるとしなければならなくなるが、豬飼彦博が『管子補正』中で、戒篇を戦国時代の雑説であると判定したこととも合う。

以下に、『孟子』梁恵王下篇並びに『管子』戒篇の該当個所を引用しておく。

斉宣王見孟子於雪宮。王曰、賢者亦有此楽乎。孟子対曰、有。人不得則非其上矣。不得而非其上者、非也。為民上而不与民同楽者、亦非也。楽民之楽者、民亦楽其楽、憂民之憂者、民亦憂其憂。楽以天下、憂以天下。然而不王者、未之有也。昔者斉景公問於晏子曰、吾欲観於転附朝儛、遵海而南、放于琅邪。吾何脩而可以比於先王観也。晏子対曰、善哉問也。天子適諸侯曰巡狩。巡狩者巡所守也。

諸侯朝於天子曰述職。述職者述所職也。無非事者。春省耕而補不足、秋省斂而助不給。夏諺曰、吾王不遊、吾何以休、吾王不予、吾何以助。一遊一予、為諸侯度。今也不然。師行而糧食、飢者弗食、労者弗息、睊睊胥讒、民乃作慝。方命虐民、飲食若流、流連荒亡、為諸侯憂。従流下而忘反、謂之流、従流上而忘反、謂之連、従獣無厭、謂之荒、楽酒無厭、謂之亡。先王無流連之楽、荒亡之行。惟君所行也。景公説、大戒於国、出舎於郊。於是始興発補不足、召大師曰、為我作君臣相説之楽。蓋徴招角招是也。其詩曰、畜君何尤、畜君者好君也。

（斉の宣王孟子を雪宮に見る。王曰く、賢者も亦此の楽しみ有るか、と。孟子対へて曰く、有り。人得ざれば則ち其の上を非《そし》る。得ずして其の上を非る者は、非なり。民の上と為りて民と楽しみを同じくせざる者も、亦非なり。民の楽しみを楽しむ者は、民も亦其の楽しみを楽しみ、民の憂ひを憂ふる者は、民も亦其の憂ひを憂ふ。楽しむに天下と以《とも》にし、憂ふるに天下と以《とも》にす。然り而うして王たらざる者は、未だ之れ有らざるなり。昔者斉の景公晏子に問ひて曰く、吾転附・朝儛に観び、海に遵ひて南し、琅邪に放《いた》らんと欲す。吾何を脩めて以て先王の観びに比すべきや、と。晏子対へて曰く、善きかな問ひや。天子諸侯に適くを巡狩と曰ふ。巡狩とは守る所を巡るなり。諸侯天子に朝するを述職と曰ふ。述職とは職《つかさど》る所を述ぶるなり。事に非ざる者無し。春は耕すを省て足らざるを補ひ、秋は斂むるを省て給《た》らざるを助く。夏《か》の諺《ことわざ》に曰く、吾が王遊ばざれば、吾何を以て休まん、吾が王予《たの》しまざれば、吾何を以て助からん、と。一たび遊び一たび予しむは、諸侯の度と為る。今は然らず。師行きて糧食し、飢うる者は食らはず、労《つか》るる者は息《やす》まず、睊睊《けんけん》として胥《あひ》讒《そし》りて、民乃ち慝《うら》みを作《な》す。命に方《さから》ひ民を虐げ、飲食は流るるごとく、流連荒亡して、諸侯の憂ひと為る。流れに従ひ下りて反るを忘る、之を流と謂ひ、流れに従ひ上りて反るを忘る、之を連と謂ひ、獣に従ひて厭くこと無き、之を荒と謂ひ、酒を楽しみて厭くこと無き、之を亡と謂ふ。先王は流連の楽、荒亡の行無し。惟だ君の行ふ所のみ、と。景公説び、大いに国に戒《つ》げ、出でて郊に舎《やど》る。是に於て始めて興《くら》発《ひら》きて足らざるを補ひ、大師を召して曰く、我が為に君臣相説ぶの楽《がく》を作れ、と。蓋し徴招《ちせう》・角招《かくせう》是れなり。其の詩に曰く、君を畜《よろこ》ぶ何ぞ尤《とが》めん、と。君を畜ぶとは君を好《よみ》するなり、と。）

このように、『孟子』とはほぼ一致した内容になっているが、『管子』の方は以下に見るように行文が相当に異なっているうえ、簡潔になっている。

桓公将東游、問於管仲曰、我游猶軸・轉斛、南至琅邪。司馬曰、亦先王之游已。何謂也。管仲対曰、先王之游也、春出原農事之不本者、謂之游、秋出補人之不足者、謂之夕、夫師行而糧食其民者、謂之亡、従楽而不反者、謂之荒。先王有游夕之業於人、無荒亡之行於身。桓公退再拝命曰、宝法也。

（桓公将に東游せんとし、管仲に問ひて曰く、我猶軸・轉斛に游び、南のかた琅邪に至らん、と。司馬曰く、亦た先王の游のみ、と。何の謂ぞや、と。管仲対へて曰く、先王の游や、春出でて農事の本づかざるを原（たづ）ぬるは、之を游と謂ひ、秋出でて人の足らざるを補ふは、之を夕（せき）と謂ひ、夫れ師行きて其の民に糧食するは、之を亡と謂ひ、楽しみに従ひて反らざるは、之を荒と謂ふ。先王人に游夕の業有りて、身に荒亡の行無し、と。桓公退きて再拝して命（なづ）けて曰はく、宝法なり、と。）

景公問二桓公何以致一レ霸晏子對以下レ賢以一レ身　第二

景公問二于晏子一曰、「昔吾先君桓公、善飲レ酒窮レ樂、食味方丈、好レ色無レ別。辟若レ此、何以能率二諸侯一以朝二天子一乎。」晏子對曰、「昔吾先君桓公、變レ俗以レ政、下レ賢以レ身。管仲、君之賊者也、知三其能足二以安レ國濟一レ功。故迎二之于魯郊一、自御、禮二之于廟一。異日、君過二于康莊一、聞二甯戚歌一、止レ車而聽レ之、則賢人之風也。擧以爲二大田一。先君見レ賢不レ留、使レ能不レ怠。是以內政則民懷レ之、征伐則諸侯畏レ之。今君聞二先君之過一、而不レ能レ明二其大節一。桓公之霸也、君奚疑焉。」

景公《けいこう》桓公《くわんこう》は何《なに》を以《もつ》て霸《は》を致《いた》すと問《と》ひ晏子《あんし》對《こた》ふるに賢《けん》に下《くだ》るに身《み》を以《もつ》てするを以《もつ》てす　第二

景公晏子《けいこうあんし》に問《と》ひて曰《いは》く、「昔吾《むかしわ》が先君桓公《せんくんくわんこう》は、善《よ》く酒《さけ》を飲《の》み樂《たの》しみを窮《きは》め、食味方丈《しよくみはうぢやう》、色《いろ》を好《この》みて別無《べつな》し。辟《へき》なること此《か》くのごとくして、何《なに》を以《もつ》て能《よ》く諸侯《しよこう》を率《ひき》ゐて以《もつ》て天子《てんし》に朝《てう》せしか」と。晏子對《あんしこた》へて曰《いは》く、「昔吾《むかしわ》が先君桓公《せんくんくわんこう》は、俗《ぞく》を變《か》ふるに政《せい》を以《もつ》てし、賢《けん》に下《くだ》るに身《み》を以《もつ》てせり。管仲《くわんちゆう》は、君《きみ》の賊《ぞく》なる者《もの》なるも、其《そ》の能《のう》は以《もつ》て國《くに》を安《やす》んじ功《こう》を濟《な》すに足《た》るを知《し》る。故《ゆゑ》に之《これ》を魯郊《ろこう》に迎《むか》へ、自《みづか》ら御《ぎよ》し、之《これ》を廟《べう》に禮《れい》す。異日《いじつ》、君康莊《きみかうさう》を過《す》ぎしとき、甯戚《ねいせき》の歌《うた》ふを聞《き》き、車《くるま》を止《と》めて之《これ》を聽《き》けば、則《すなは》ち賢《けん》人《じん》の風《ふう》なり。擧《あ》げて以《もつ》て大田《たいでん》と爲《な》す。先君賢《せんくんけん》を見《み》ること留《とど》まらず、能《のう》を使《つか》ふこと怠《おこた》らず。是《ここ》を以《もつ》て內政《ないせい》は則《すなは》ち民之《たみこれ》に懷《なつ》き、征《せい》伐《ばつ》は則《すなは》ち諸侯之《しよこうこれ》を畏《おそ》る。今君先君《いまきみせんくん》の過《あやま》ちを聞《き》きて、其《そ》の大節《たいせつ》を明《あき》らかにすること能《あた》はず。桓公《くわんこう》の霸《は》たるや、君奚《きみなん》ぞ疑《うたが》はん」と。

語釈　○善　呉則虞は恐らく衍字であろうという。　○食味方丈　美味珍味が一丈四方に並べられるほどに贅沢を極めること。一丈は

二・二五メートル。『孟子』尽心下篇に「食前方丈」の語が見え、この趙岐注に「五味の饌を極め、食は前方一丈に列なる」とあり、これとほぼ同じ意。　○好色無別、辟若此　「辟」は「僻」に通じ、邪（よこしま）なこと。「無別」とは親疎の別無く淫したこと。そのために桓公には嫁がなかった姑姉妹（父方のおば）が七人いたという（『公羊伝』荘公二十年・何休解詁）。『校注』は「…好色、無別辟、若此、…」のように句読を切って読んだうえ、「無別辟」の三字は無駄な言葉ではないかとして削除すべきというが、従い難い。　○君之賊者也　管仲が君の賊と言われるのは、桓公が公子小白であった頃、管仲は敵対する公子糾の側につき、公子小白を狙って弓を射たことによる。矢は帯の止め金具に命中し、小白は辛くも命拾いをした（『史記』斉太公世家など参照）。王念孫は「賊」と言えばそれで十分であるから「者」は衍字として削除すべきという。『校注』は王説に従い改めている。今、原文のままとする。　○済　成すこと。　○迎之于魯郊　公子小白の射殺に失敗した管仲は魯に捕えられた。小白は即位して桓公となり管仲の処刑を望んだが、鮑叔牙の強い推挙で斉に迎え入れることを決意し、管仲を殺すことを口実に魯を偽って自ら斉魯の国境まで出向き管仲の身柄を引き受けた（『史記』斉太公世家、『呂氏春秋』賛能篇等参照）。　○康荘　多くの街道が交差する繁華な街。『爾雅』釈宮に「五達謂之康、六達謂之荘」（五達は之を康と謂ひ、六達は之を荘と謂ふ）とあり、五差路や六差路のこと。　○甯戚　衛の人。かねてから桓公に仕えたいと願っていた。しかしそのきっかけが得られないまま、ついに旅商人に身をやつして斉の国にやってきた。ある晩、桓公の一行が彼の野宿していたところを通り過ぎた。彼は、牛の角を叩きながら商声の曲を歌った。その尋常ならぬ歌声を聞いた桓公は、彼をさっそく呼び寄せ会ってみると賢者であることが判り、甯戚はそのまま登用されることになったといわれる。『呂氏春秋』挙難篇、『淮南子』道応訓、『新序』雑事第五篇などに詳しい。また本書では内篇問上第六章に見える。　○大田　農事を司る官。　○不留　ぐずぐずしないこと。遅滞しないこと。
○内政　呉則虞は、本篇第八章に「百姓内安其政」とあるのと意味は同じだとして、もと「内安其政」とあったのではないかという。「内政…」と「征伐…」とは対句で字数も揃っているので、むしろ原文のままがよいであろう。　○大節　君主として最も大切な節操。ここでは、私生活では放縦で横暴な桓公ではあったが、君主としては常に賢者を尊重し、これに身をもってへり下っていたことを指す。

口語訳　第二章　景公が桓公はどのようにして覇者になったのかと問い晏子は賢者に自らへり下ったことによると答えたこと

景公が晏子に尋ねて、「昔、余の先君桓公は、大いに酒を飲み快楽を尽くし、美味珍味の膳が一丈四方に並び、親疎の別もない好色ぶりであった。これほどによこしまでありながら、どうして諸侯を引き連れて天子に見《まみ》えることができたのであろうか」と言った。晏子はお答えして、「昔、わが先君桓公は、政治で世の風俗を改め、自らは賢者にへり下りまし

た。管仲は、（かつて）君主に弓を引いた賊臣でしたが、（桓公は）その能力が国家を安定させ大功を成し遂げるに十分なことを知っておりました。そこで彼を魯の郊外に出迎え、みずから（馬車を）御し、廟堂で礼を尽くしてもてなしたのです。また他日、先君が繁華街を通りかかったとき、甯戚の歌うのが聞こえてきたので、車を止めてその歌声に耳を傾けると、賢者の風格を備えていましたから、彼を引き立てて大田としたのです。（このように）先君は賢者に会うことにかけては躊躇なく、能者を用いることにかけては怠りありませんでした。こうして内政では民が慕い懐き、征伐では諸侯が畏れおののいたのです。今、主君は先君の過ちを耳にしておられても、その大節についてはおわかりにならない。桓公が覇者となられたわけを、ご主君はどうしてお疑いになるのでしょうか」と言った。

余説　桓公の覇業が、ここでは彼がいかに賢者の登用に大胆であったかを中心に語られる。景公は景公で桓公にあやかりたいというのが積年の願い。しかし、凡庸な彼には桓公のあらが目につくばかりで、彼がなぜ覇者となることができたのかが不審でならない。そうであればこそ、あの欠点だらけの桓公でさえ覇者になれたのだから、この自分とてなれぬわけはあるまいと思うのであろうが、いつも晏子に諫められてしまう。一方の晏子には、管仲にあやかろうという野心はなかったようである。凡そ百年を距てて同じ斉国の宰相となった晏子であったが、節倹に徹したところなどはむしろ自らを管仲の対極に位置づけていたように思われる。

景公問レ欲レ逮二桓公之後一晏子對以三任非二其人一　第三

景公問二晏子一曰、「昔吾先君桓公、從車三百乘、九二合諸侯一、一二匡天下一。今吾從車千乘、可三以逮二先君桓公之後一乎。」晏子對曰、「桓公從車三百乘、九二合諸侯一、一二匡天下一者、左有二鮑叔一、右有二仲父一。今君

景公《けいこう》桓公《くわんこう》の後《のち》に逮《およ》ばんと欲《ほつ》するを問《と》ひ晏子《あんし》對《こた》ふるに任其《にんそ》の人《ひと》に非《あら》ざるを以《もつ》てす　第三

景公晏子《けいこうあんし》に問《と》ひて曰《いは》く、「昔吾《むかしわ》が先君桓公《せんくんくわんこう》は、從車三百乘《じゆうしやさんびやくじよう》、諸侯《しよこう》を九合《きうがふ》し、天下《てんか》を一匡《いつきやう》せり。今吾從車千乘《いまわれじゆうしやせんじよう》、以《もつ》て先君桓公《せんくんくわんこう》の後《のち》に逮《およ》ぶべきか」と。晏子《あんし》對《こた》へて曰《いは》く、「桓公從車三百《くわんこうじゆうしやさんびやく》乘《じよう》、諸侯《しよこう》を九合《きうがふ》し、天下《てんか》を一匡《いつきやう》せしは、左《ひだり》に鮑叔《はうしゆく》有《あ》り、右《みぎ》に仲父《ちゆうほ》有《あ》ればなり。今君《いまきみ》左《ひだり》は倡《しやう》たり、右《みぎ》は優《いう》たり、讒人《ざんじん》前《まへ》に在《あ》り、

左爲レ倡、右爲レ優、讒人在レ前、諛人在レ後、
又焉可レ逮二*桓公之後一乎。」

諛人《ゆじん》後《うしろ》に在《あ》り、又《また》焉《いづく》んぞ桓公《くわんこう》の後《のち》に逮《およ》ぶべけんや」と。

校訂　＊桓公之後乎　底本は「桓公之後者乎」。王念孫の「者」字は衍字であろうとする説に従い改めた。『校注』も、王説に従い『群書治要』に拠って改めている。

語釈　○逮　及ぶこと。　○任非其人　臣下の任用が適切でないこと。　○従車三百乗、九合諸侯、一匡天下　『管子』小匡篇、封禅篇など参照。「従車」は文字通り解せば、供の車のことだが、「兵車の会六たびにして、乗車の会三たび」（小匡篇）といわれるように、それが戦車である場合と、そうでなく単に家臣を乗せた車であった場合とがあった。但し、『論語』憲問篇に「桓公九合諸侯、不以兵車、管仲之力也」（桓公諸侯を九合するに、兵車を以てせざるは、管仲の力なり）とあるのによれば、「従車」は戦車のことではないことになる。「九」は度々の意で、文字通り九回の意に解すべきではないといわれ、「糾合」と書かれることもある。「匡」は正すこと。天下の諸侯を集めて会合させ、天下をひとつにまとめること。桓公が覇者となった際の功績としてよく知られる。　○鮑叔　鮑叔牙のこと。「管鮑の交わり」で知られる。彼が管仲の才の非凡なことを見抜いて桓公に推挙した。『史記』管晏列伝参照。『管子』中に頻出する人物。○仲父　管仲のこと。桓公から敬意をこめてこう呼ばれていた。『管子』中に頻出する語。　○倡…優　「倡」は伎女あるいは役者、「優」は俳優。ともに歌や踊りで人を楽しませる者。　○讒人…諛人　ともに、へつらいおもねる者。

口語訳　第三章　景公が桓公の後を継いで覇者になりたいと問い晏子は任用が適切でないと答えたこと

景公が晏子に尋ねて、「昔、余の先君桓公は、供の車三百乗を従え、諸侯を幾度も会合させ、天下をひとつにまとめ正した。今、余は供の車千乗を従えているのだから、これで先君桓公の後を継ぐことができようか」と言った。晏子はお答えして、「桓公が供の車三百乗を従えて、諸侯を幾度も会合させ、天下をひとつにまとめ正したのは、左に鮑叔がおり、右に仲父がいたからでございます。（ところが）今、ご主君ときたら左には伎女、右には俳優、へつらい者が前に控え、後にはおもねり者がいるようなありさまで、またどうして桓公の後を継ぐことなどできましょうか」と言った。

余説　ここでは管子が仲父の名で登場している。管仲の死後も仲父の名がそのまま残ったのであろう。景公は前節に続いて桓公にあやかろうとしているのだが、晏子には管子にあやかろうという様子が全く見られない。そして思慮の足りない景公を厳しく諫め続ける。晏子

からみれば、景公は天下の覇者となることはおろか、田氏の台頭（諫上篇第十一章余説参照）がやがて公室の存続を危らくさせ兼ねないことにさえ気付かないほど呑気な楽天家として描かれる。

景公問二廉政而長久一晏子對以二其行水一也　第四

景公問二晏子一曰、「廉政而長久、其行何也」。晏子對曰、「其行水也。美哉水乎、清清。其濁無レ不二雩途一、其清無レ不二灑除一。是以長久也。」公曰、「廉政而遬亡、其行何也。」對曰、「其行石也。堅哉石乎、落落。視レ之則堅、循レ之則堅。內外皆堅、無二以爲一レ久。是以遬亡也。」

景公《けいこう》廉政《れんせい》にして長久《ちやうきう》ならんことを問《と》ひ晏子《あんし》對《こた》ふるに其《そ》の行《おこな》ひは水《みづ》なるを以《もつ》てす　第四

景公晏子《けいこうあんし》に問《と》ひて曰《いは》く、「廉政《れんせい》にして長久《ちやうきう》なる、其《そ》の行《おこな》ひ何《なん》ぞや」と。晏子《あんし》對《こた》へて曰《いは》く、「其《そ》の行《おこな》ひは水《みづ》なり。美《び》なるかな水《みづ》や、清清《せいせい》たり。其《そ》の濁《にご》りては雩途《おと》せざること無《な》く、其《そ》の清《す》みては灑除《さいぢよ》せざること無《な》し。是《ここ》を以《もつ》て長久《ちやうきう》なり」と。公曰《こういは》く、「廉政《れんせい》にして遬《すみや》かに亡《ほろ》ぶる、其《そ》の行《おこな》ひ何《なん》ぞや」と。對《こた》へて曰《いは》く、「其《そ》の行《おこな》ひは石《いし》なり。堅《かた》きかな石《いし》や、落落《らくらく》たり。之《これ》を視《み》れば則《すなは》ち堅《かた》く、之《これ》に循《したが》へば則《すなは》ち堅《かた》し。內外皆堅《ないがいみなかた》く、以《もつ》て久《ひさ》しきこと無《な》し。是《ここ》を以《もつ》て遬《すみや》かに亡《ほろ》ぶるなり」と。

語釈　○廉政　清廉な政治。王念孫の「政」は「正」と同じであるという説に従えば、清廉で正直という意味になる。また兪樾は、原文のままでは意味が通じないから、「廉」はもと「秉」が誤って「兼」となり、さらに誤って「廉」となったのであろうとして、「秉政」に改め、「執政」の意に解すべきだという。蘇輿は、王説を是としたうえで、後文で水の柔弱さや石の剛強さといった性質になぞらえて為政者の在り方を論じていることからみて、君主の廉正な性質が論じられていることは間違いないとして、兪説を失当とする。　○雩途　「雩」は雨ごいの意味であるからこのままでは解釈できない。そこで「汚」の仮字として解しておく。「途」は「塗」と同じで、泥の意。「汚塗」とは、泥水で汚れること。　○灑除　水を注いで洗い清めること。「灑」は水を注いで洗うこと、「除」は取り除くこと。　○遬　「速」と同じ、すみやかなこと。　○落落　石のごろごろとして堅いさま。張純一は、『老子』第三十九章の一節「不欲琭琭如玉珞珞如石」（琭琭として玉のごとく珞珞として石のごとくなるを欲せず）とあるのを参照せよという。『老子』河上公本が「珞珞」を「落

落」に作っていることからも知られるように、石を形容する際にしばしば用いられた。なおこの語の解釈には、他に、数が多いことの喩え、人に賤しまれること、人と相容れないことの意、など諸説あるが、ここでは石の堅いさまを形容していうものと解しておく。○循　手で撫でるの意。

口語訳　第四章　景公が清廉な政治を行いそれを長く保ちたいと問い晏子はその行いは水の流れのようであれと答えたこと

景公が晏子に尋ねて、「清廉な政治を行いそれを長く保つには、そのやり方はどのようなものか」と言った。晏子はお答えして、「そのやり方は（譬えて言えば）水なのです。美しきかな水よ、清らかに澄んでいる。が、ひとたび濁れば汚さぬものとてなく、ひとたび澄めば清《きよ》めぬものとてありません。（周囲の状況の変化に応じて融通無碍に方法を使い分けながら強い感化力を発揮し続けるのです。）このために長く保てるのです」と言った。公は、「清廉な政治を行ってもすぐに滅んでしまうのは、そのやり方がどのようだからなのか」と。お答えして、「そのやり方は（譬えて言えば）石なのです。堅きかな石よ、ごろごろしている。（目で）見ても堅く、（手で）触れても堅く、表面も内側もどこも堅いので、（周囲の変化に対応できず頑固一徹に振る舞って）長くは持たないのです。このために速やかに滅んでしまうのです」と言った。

余説　水を柔、石を剛の象徴として示し、水のように柔弱なあり方が、かえって長久をなすことができるというこの説は、あたかも『老子』の水の賛美に似る。今『老子』の中から本章と関連がありそうな部分を抜き出してみる。

先ず、水についての評価。

「上善若水」（上善は水のごとし）（第八章）

「天下莫柔弱於水、而攻堅強者莫之能勝」（天下水より柔弱なるは莫くして、　堅強を攻むる者之に能く勝ること莫し）（第七十八章）

このように水の柔弱な性質に範をとって述べている点では共通する。

次に「堅」についての評価。

「天下之至柔、馳騁天下之至堅」（天下の至柔は、天下の至堅を馳騁す）（第四十三章）

「堅強者死之徒、柔弱者生之徒」（堅強なる者は死の徒、柔弱なる者は生の徒）（第七十六章）

堅強な物が具体的に何であるかは『老子』には説かれていないが、水に代表される柔弱さは、石に代表される堅強さにまさると述べている点で共通する。

次に「長久」という語について。

「天地長久。天地所以能長且久者、以其不自生。故能長生」（天地は長久なり。天地の能く長且つ久なる所以の者は、其の自ら生ぜざるを以てなり。故に能く長生す。）（第七章）

「知足不辱、知止不殆、可以長久」（足ることを知れば辱められず、止まることを知れば殆うからず、以て長久なるべし）（第四十四章）

「有国之母、可以長久。是謂深根固柢、長生久視之道」（国の母を有てば、以て長久なるべし。是れを根を深くし柢を固くし、長生久視の道なりと謂ふ）（第五十九章）

『老子』に「長久」が「水」やそれによって表徴される柔弱さによって得られるということを直接述べた個所はなく、「長久」という語が本書と同様見えているにとどまるものの、『老子』において独特の位置が与えられている語であることは右の引用文からも見て取れよう。

以上をざっと対比してみても、『老子』とこの章に何らかの関係があったのではないかと思われてくる。とはいえ、『晏子春秋』と『老子』の間に直接の影響関係があることを証明するのは容易ではない。加えて、水の賛美については『管子』水地篇にもことはやや異なる観点からではあるが見えており、これとの関係も考慮されなければならない。

景公問㆓爲㆑臣之道㆒晏子對以㆓九節㆒　第五

景公問㆓晏子㆒曰、「請㆓問爲㆑臣之道㆒。」晏子對曰、「見㆑善必通、不㆑私㆓其利㆒。*薦㆑善而用、不㆑有㆓其名㆒。稱㆑身居㆑位、不㆑爲㆓苟進㆒。稱㆑事授㆑祿、不㆑爲㆓苟得㆒。體㆑貴側㆑賤、不㆑逆㆓其倫㆒。居㆓賢不肖㆒、不㆑亂㆓其序㆒。肥利之地、不㆑爲㆓

景公《けいこう》臣《しん》たるの道《みち》を問《と》ひ晏子《あんし》對《こた》ふるに九節《きうせつ》を以《もつ》てす　第五

景公《けいこう》晏子《あんし》に問《と》ひて曰《いは》く、「臣《しん》たるの道《みち》を請《こ》ひ問《と》ふ」と。晏子《あんし》對《こた》へて曰《いは》く、「善《ぜん》を見《み》れば必《かなら》ず通《つう》じ、其《そ》の利《り》を私《わたくし》せず。善《ぜん》を薦《すす》めて而《よ》く用《もち》ひしめ、其《そ》の名《な》を有《いう》せず。身《み》を稱《はか》りて位《くらゐ》に居《を》り、苟《かりそ》めに進《すす》むことを爲《な》さず。事《こと》を稱《はか》りて祿《ろく》を授《う》け、苟《かりそ》めに得《う》ることを爲《な》さず。貴《き》に體《たい》し賤《せん》に側《そく》して、其《そ》の倫《りん》に逆《さから》はず。賢不肖《けんふせう》を居《お》

私邑一。賢質之士、不レ爲二私臣一。君用二其所一レ言、民得二其所一レ利、而不レ伐二其功一。此臣之道也。」

きて、其《そ》の序《じょ》を亂《みだ》さず。肥利《ひり》の地《ち》は、私邑《しいう》と爲《な》さず。賢質《けんしつ》の士《し》は、私臣《ししん》と爲《な》さず。君其《きみそ》の言《い》ふ所《ところ》を用《もち》ひ、民其《たみそ》の利《り》とする所《ところ》を得《え》て、而《しか》うして其《そ》の功《こう》に伐《ほこ》らず。此《こ》れ臣《しん》の道《みち》なり」と。

校訂 ＊薦善而用、不有其名　底本は「慶善而不有其名」。「慶」では意味がとれないからこれは「薦」と形が似ていたために誤ったのであろうという王念孫の説に従い改めた。また、前後の文が皆四字句になっているのにここだけが七字句であること、さらにこの句が「見善必通、不私其利」と対句であることから、恐らくは誤脱があるはずで、「而」（＝能）の下には「用」字があったのであろうという張純一の説に従い「用」字を補った。すぐれた者がいれば推薦してうまく登用させて、その名声を得ようとはしないの意。

語釈 ○見善必通　「通」は推し広めること。善であると気付けばそれを推し進めていくの意。　○称身居位、不為苟進　張純一は、「称身居位」の句が問上篇第二十章の「身を称（かは）りて位（くらゐ）に就き」と同じ意味であること、また、『管子』重令篇の「身の能を察して官を受け、上に誣（し）ひず」を参照すべきことをいう。　○称事授禄、不為苟得　張純一は、問上篇第二十章の「能を計りて禄を受け、…禄を受けて其の量を過ぎず」と同じ意味であるという。「授」には受けるの意がある。蘇輿は、禄は君が授けて、臣が受けるものであるから「受禄」の誤りであろうと言うが、「受」と通用することもあるので原文のままとする。　○体貴側賤、不逆其倫　「体」は親しむこと。「側」は側におくこと。身分の高い者には親しんで自ら仕え、身分の低い者は自分の傍らにおいて仕えさせることの意であろう。なお呉則虞は、「体貴側賤」とは尊卑を分序することと解する。張純一は、貴に居て賤を凌がず、賤に居て貴を凌がざることと解し、また『管子』重令篇の「位に服（つ）くに其の能を侈にせず」を参照すべきことをいう。　○居賢不肖、不乱其序　「居」は置くこと。「序」は賢不肖を明らかにした後にできあがる上下の秩序。劉師培は、「居賢不肖」とは賢者不肖者をそれぞれ位置づけることであるという。張純一は『荀子』儒效篇に「賢不肖をして各々其の位を得しむ」とあるのと同じ意味であるという。　○賢質之士　張純一は、才徳があって朴実な人物のことであるという。

口語訳 第五章　景公が臣のあるべき道を問い晏子は九箇条の節義で答えたこと

景公が晏子に尋ねて、「臣下としての道をうかがいたい」と言った。晏子はお答えして、「善い事を見れば必ず推し広めて、その利益を独占しないこと。すぐれた者を推薦してうまく重用させて、その名声を得ようとしないこと。自分にふさ

わしい地位にいて、かりそめの栄進はしないこと。自分の仕事にふさわしい俸禄を受けて、かりそめの所得は求めないこと。貴い身分の者に親しみ賤しい身分の者を側に置いて、その身分秩序に背反しないこと。賢者や不肖者を（然るべき位置に）配置して、その秩序を乱さないこと。肥沃な土地は、私領の地としないこと。聡明堅実な士は、私家の臣としないこと。君主がその提言を採用し、民はそのもたらす利益を得るようにして、しかもその功績を自慢しないこと。これが臣下としての道でございます」と言った。

余説　九ヶ条にわたって臣下としての心得を極めて簡潔に述べている。ただ簡潔なぶん難解である。臣下には利得・名声・土地・賢者などどれも私物化させず、これら全てが君主の利益につながるよう計らうべきことを説くところに特色がある。君臣間に既に抜き差しならない権力の綱引きが始まっていたのであろう。言い換えれば、君主権力が大夫らに奪われて実質を失い形骸化していく過程がここに如実に示される。

ここには未だ「公」の観念が見えていないが、国を公とし、家を私として、公を私の上位に置く発想はやがて法家によって完成される。ここに至って、公私の別を明らかにすることによって君主権力を臣下による簒奪から防ごうとする論が、『韓非子』などにしきりに説かれるようになる。

景公問㆓賢不肖可㆑學乎㆒晏子對以㆓勉彊爲㆒㆑上　第六

景公問㆓晏子㆒曰、「人性有㆓賢不肖㆒、可㆑學乎。」晏子對曰、「詩云、高山仰止、景行行止。之者其人也。故諸侯竝立、善而不㆑怠者爲㆑長、列士竝學、終㆑善者爲㆑師。」

景公《けいこう》賢不肖《けんふせう》學《まな》ぶべきかを問《と》ひ晏子《あんし》對《こた》ふるに勉彊《べんきやう》するを上《じやう》と爲《な》すを以《も》てす　第六

景公《けいこう》晏子《あんし》に問《と》ひて曰《いは》く、「人性《じんせい》に賢不肖《けんふせう》有《あ》り、學《まな》ぶべきか」と。晏子《あんし》對《こた》へて曰《いは》く、「詩《し》に云《い》ふ、高山《かうざん》は仰《あふ》ぎ、景行《けいかう》は行《ゆ》く、と。之《ゆ》く者《もの》は其《そ》の人《ひと》なり。故《ゆゑ》に諸侯《しよこう》竝《なら》び立《た》ち、善《ぜん》にして怠《おこた》らざる者《もの》は長《ちやう》と爲《な》り、列士《れつし》竝《なら》び學《まな》び、善《ぜん》を終《をは》る者《もの》は師《し》と爲《な》る」と。

語釈　〇可学乎　張純一は、原文のままでは意味が通じないとして「賢可学乎」に改めるべきという。今、原文のまま訳す。〇詩云、高山仰止、景行行止　『詩経』小雅・車舝（しやかつ）篇の詩句。「止」は「之」に通じ句末に添える助字。「景」は「京」に通じ、大の意。

「行」は道の意。「高山」も「景行」もともに賢者の比喩。　〇之者其人也　賢者を志して行くかどうかは結局その人次第であるということで、性の賢不肖とは関係のないことをいおうとするもの。王念孫は、『淮南子』説山訓の「故高山仰止、景行行止。郷者其人也。」（故に高山は仰ぎ、景行は行ふ。郷ふ者は其の人なり）の一節はここにもとづくものであろうとして、「之」はもと「郷」に作っていたであろうという。「郷」は向かうの意。張純一は、「之」を古の「志」字であるという。今、原文のまま訳す。『校注』は「止」を「之」に改めている。　〇故諸侯竝立、善而不怠者為長、列士竝学、終善者為師　呉則虞は、この一節が、内篇諫上の第十六章に「諸侯竝び立ち、能く善を終る者は長と為り、列士並び学び、能く善を終る者は師と為る」とあるのとほぼ同じであることから、これは古い成語であろうという。

口語訳　第六章　景公が賢不肖は学ぶことができるかと問い晏子は努力することがいちばんだと答えたこと

景公が晏子に尋ねて、「人の性質には賢と不肖とがあるが、（これらは後天的に）学ぶことができるものか」と言った。晏子はお答えして、「『詩』に『高い山は仰ぎ見るもの、大道は践み行くもの』といいます。（賢者を目指して）行くかどうかはその人自身です。ですから諸侯が（天下に）並び立つなかで、善事を行って怠らない者が（彼らの）長となり、居並ぶ士がみな学ぶなかで、善事をなし終えた者が（彼らの）師となるのです」と言った。

余説　不断の向上心と努力が不可欠であることを言う。これまでで一番短い章。人の本性について大きな関心を集めあれこれ議論されるのは戦国時代中期以降である。告子の性無善悪説と孟子の性善説をめぐる論争はその典型的なものである（『孟子』告子篇参照）。従って春秋時代後期に、景公と晏子が人性について、もし本当に早くもこのような問答をしていたとすれば、まことに画期的なことであると言わなくてはならないが、恐らくそれはあり得まい。

ところで、戦国時代末期の思想家荀子の思想を記す『荀子』の性悪篇に、「凡そ性なる者は、天の就（な）せるなり。学ぶべからず、事とすべからず。…学ぶべからず、事とすべからずして人に在る者、これを性と謂う。学んで能くすべく、事として成るべくして人に在る者、これを偽（ゐ）と謂ふ」とあるのによれば、賢不肖がもともと「性」によるものだとしたら、それは学ぶことができないことになる。ところが一方勧学篇においては、学問修養を積んでいない人は加工を経ていない素材のようなものであるから、不断に学問修養を積むことによってその能力や徳性を伸ばすように努めるべきであると言っているのであるから、荀子は賢不肖を性とは見ていなかったと判断できる。

しかし「人性に賢不肖有り」という景公の言葉にあるように、賢不肖が本人の努力とは無関係に生まれつきのものと考えられていたこ

とも間違いない。そうであるとすれば、学んで賢者になることは不可能であることになってしまう。まさにこの点こそが景公の疑問としたところだったのであろう。これに対する晏子の返答は、そもそも賢不肖が性であるかどうかについては何も言わず、ひたすら学ぶべきことを強調する。そうすれば誰でも賢者になれるというのであろう。

どうやら、賢不肖は生まれつきであるという考え方と、学問によって人は限りなく向上できるという考え方とは、一見矛盾するようでありながら、両立する観念として広く受け入れられてきていたのであろう。それはおそらく今日も同様であろうと思われる。

景公問二富レ民安一レ衆晏子對以二節レ欲中聽一　第七

景公《けいこう》民《たみ》を富《と》まし衆《しゅう》を安《やす》んぜんことを問《と》ひ晏子《あんし》對《こた》ふるに欲《よく》を節《せつ》し中聽《ちゅうちゃう》するを以《もっ》てす　第七

景公問二晏子一曰、「富レ民安レ衆、難乎。」晏子對曰、「易。節レ欲則民富、中聽則民安。行二此兩者一而已矣。」

景公晏子《けいこうあんし》に問《と》ひて曰《いは》く、「民《たみ》を富《と》まし衆《しゅう》を安《やす》んずるは、難《かた》きか」と。晏子《あんし》對《こた》へて曰《いは》く、「易《やす》し。欲《よく》を節《せつ》すれば則《すなは》ち民富《たみと》み、中聽《ちゅうちゃう》すれば則《すなは》ち民安《たみやす》し。此《こ》の兩者《りゃうしゃ》を行《おこな》ふのみ」と。

語釈　〇中聽　裁判が中立公平であること。「聽」は裁判の意。兪樾は、刑罰が中立でなければ、民は不安で手足を措くところがない、故に裁判が中立公平であれば民は安心するのであると解説する。

口語訳　第七章　景公が民衆を豊かにし安らかにさせることを問い晏子は欲望にけじめをつけ中正な裁判をすることだと答えたこと

景公が晏子に尋ねて、「民衆を豊かにし安らかにするのは難しいことか」と言った。晏子はお答えして、「易しいことです。欲望にけじめをつけさせれば民は豊かになり、裁判を中立な立場で行えば民は安らぎます、この二つを行うだけなのです」と言った。

余説　文は前章よりさらに簡潔となって、あたかも『論語』のような文体になっている。ところがその内容については、張純一が『老子』第五十七章の「我無事而民自富、我無欲而民自樸」（我無事にして民自ら富み、我無欲にして民自ら樸なり）を参照せよという黄初の説を引いている。本篇第四章での指摘と併せて考慮するならば、示唆に富む指摘といえよう。

景公問二國如何則謂一レ安晏子對以二內安一レ政外歸一レ義　第八

景公問二晏子一曰、「國如何則可レ謂レ安矣。」晏子對曰、「下無二諱言一、官無二怨治一、通人不レ華、窮民不レ怨、喜樂無レ羨レ賞、忿怒無レ羨レ刑。上有二禮于士一、下有二恩于民一。地博不レ兼レ小、兵彊不レ劫レ弱。百姓內安二其政一、*諸侯外歸二其義一、可レ謂レ安矣。」

景公國《けいこうくに》は如何《いか》なれば則《すなは》ち安《やす》しと謂《い》ふかと問《と》ひ晏子對《あんしこた》ふるに内《うち》に政《せい》を安《やす》んじ外《そと》に義《ぎ》に歸《き》するを以《もつ》てす　第八

景公晏子《けいこうあんし》に問《と》ひて曰《いは》く、「國如何《くにいか》なれば則《すなは》ち安《やす》しと謂《い》ふべきか」と。晏子對《あんしこた》へて曰《いは》く、「下《しも》に諱言《きげん》無《な》く、官《くわん》に怨治《ゑんち》無《な》く、通人《つうじん》は華《くわ》せず、窮民《きゆうみん》は怨《うら》みず、喜樂《きらく》するも賞《しやう》を羨《あま》す無《な》く、忿怒《ふんど》するも刑《けい》を羨《あま》す無《な》し。上《かみ》は士《し》に禮有《れいあ》り、下《しも》は民《たみ》に恩有《おんあ》り。地博《ちひろ》きも小《せう》を兼《か》ねず、兵彊《へいつよ》きも弱《じやく》を劫《おびや》かさず。百姓內《ひやくせいうち》に其《そ》の政《せい》に安《やす》んじ、諸侯外《しよこうそと》に其《そ》の義《ぎ》に歸《き》すれば、安《やす》しと謂《い》ふべし」と。

校訂　＊諸侯外帰其義　底本は「外帰其義」。本書中に諸侯と百姓を対にする例が多いことなどを理由に「諸侯」の二字を加えるべきとする陶鴻慶の説に従い改めた。

語釈　○諱言　悪口のこと。「諱」は憎み嫌うこと。　○怨治　怨みを受けるような政治。内篇諫上第三章に既出。劉師培は「怨」は「蘊」と同じで、鬱積して通じない意に解すべきというが、原義のままで意味は通じるから、ことさらそのように解する必要もない。　○通人　栄達した人。　○華　華やかに振る舞うこと。　○羨　度を過ごすこと。

口語訳　第八章　景公が国はどのようであれば安泰であるといえるかと問い晏子は内政を安んじ外交は道義に基づくことだと答えたこと

景公が晏子に尋ねて、「国はどのようであれば安泰であるといえるか」と言った。晏子はお答えして、「下に悪口を言う者がおらず、官に怨みをかう政治がなく、栄達した者は華やかに振る舞わず、貧窮した民は怨みを抱かず、（君主は）喜び楽しむことがあっても褒賞を過度に与えず、怒りに駆られることがあっても刑罰を過度に加えないことです。上は士に対して礼儀正しく、下は民に対して恩愛を施すことです。国土が広くても小国を兼併せず、軍隊が強くても弱国を脅かさ

ないことです。（このようにして）人々が国内にあってその政治に安心し、諸侯が国外にあってその道義に帰順してくれば、安泰ということができます」と言った。

余説　一国が安泰であるために、内政と外交の双方について留意すべきことをいう。
張純一は、「官無怨治」は問上第二十二章の「治無怨業」と、また「喜楽無羨賞、忿怒無羨刑」は同じく第十七章の「不因喜以加賞、不因怒以加罰」とそれぞれ同義であるとして、既に本章と同工異曲の説話が見えていることを指摘する。

景公問㆓諸侯孰危㆒晏子對以㆓莒其先亡㆒　第九

景公諸侯《けいこうしよこう》は孰《たれ》か危《あや》ふしと問《と》ひ晏子《あんし》對《こた》ふるに莒其《きよそ》れ先《ま》づ亡《ほろ》びんことを以《もつ》てす　第九

景公問㆓晏子㆒曰、「當㆓今之時㆒、諸侯孰危。」晏子對曰、「莒其先亡乎。」公曰、「何故。」對曰、「地侵㆓于齊㆒、貨竭㆓于晉㆒。是以亡也。」

景公晏子《けいこうあんし》に問《と》ひて曰《いは》く、「今《いま》の時《とき》に當《あた》りて、諸侯孰《しよこうたれ》か危《あや》ふき」と。晏子《あんし》對《こた》へて曰《いは》く、「莒其《きよそ》れ先《ま》づ亡《ほろ》びんか」と。公曰《こういは》く、「何《なん》の故《ゆゑ》ぞ」と。對《こた》へて曰《いは》く、「地《ち》は齊《せい》に侵《をか》され、貨《くわ》は晉《しん》に竭《つ》く。是《ここ》を以《もつ》て亡《ほろ》びん」と。

語釈　○莒　山東省東南部のちょうど山東半島の付け根あたりにあった。中原から遠く離れていたためであろうか、小国ながら景公の死後なお約六〇年間存続し、紀元前四三一年に楚によって滅ぼされた。　○貨竭于晋　莒は北の隣国斉を牽制するためもあって、更に遠く隔たった西の大国晋を頼っていたために、財貨は尽く晋への貢ぎ物となってしまったのである。「竭」は尽きるの意。

口語訳　第九章　景公が諸侯のうちで誰が危ういかを問い晏子は莒が先ず亡びるであろうと答えたこと
景公が晏子に尋ねて、「今この時に当たって、諸侯のうち誰が危ういであろうか」と言った。晏子はお答えして、「莒が真っ先に滅びることでしょう」と言った。公は、「なぜだ」と言った。お答えして、「国土は斉に侵され、財貨は晋によって底をついてしまいましょう。このために滅びるのです」と言った。

余説　問上篇第八章に、莒と魯のどちらが先に滅ぶかを問うた説話があった。そちらの方がはるかに詳しい内容になっているのであるが、

本章は短いとはいえ、ひとまとまりの独立した説話とみなし得ると考えられていたようである。『説苑』権謀篇に次のようにほぼ同文が見えるからである。

斉侯問於晏子曰、「当今之時、諸侯孰危。」対曰、「莒其亡乎。」公曰、「奚故。」対曰、「地侵於斉、貨謁於晋。是以亡也。」

（斉侯晏子に問ひて曰く、「今の時に当りて、諸侯孰れか危ふき」と。対へて曰く、「莒其れ亡びんか」と。公曰く、「奚の故ぞ」と。対へて曰く、「地は斉に侵され、貨は晋に謁く。是を以て亡びん」と。）

第六章から本章まで極端に短い章が続き、次の第十章からは景公が登場しなくなる。これらの章に断片的性格が強かったために、編者によって本篇のこの位置にまとめて配置されたのであろう。第六章と第八章に前篇と重複している部分がみられるのも、またそのことを暗示している。

晏子使ㇾ呉呉王問㆓可ㇾ處可㆒ㇾ去晏子對以ㇾ視㆓國治亂㆒　第十

晏子聘㆓于呉㆒。呉王曰、「子大夫以㆓君命㆒辱在㆓敝邑之地㆒、施㆓貺寡人㆒。寡人受ㇾ貺矣。願有㆓私問㆒焉。」晏子逡*遁而對曰、「嬰、北方之賤臣也。得㆘奉㆓君命㆒、以趨㆓于末朝㆖、恐㆓辭令不㆒ㇾ審、譏㆓于下吏㆒。懼ㇾ不ㇾ知㆘所㆓以對㆒者㆖。」呉王曰、「寡人聞㆓夫子㆒久矣。今乃得ㇾ見。願終㆓其問㆒。」晏子避ㇾ席對曰、「敬受ㇾ命矣。」

呉王曰、「國如何則可ㇾ處、如何則可ㇾ去也。」晏子對曰、「嬰聞ㇾ之、親疏得ㇾ處㆓其倫㆒、

晏子《あんし》呉《ご》に使《つか》ひするに呉王《ごわう》處《を》るべきか去《さ》るべきかを問《と》ひ晏子《あんし》對《こた》ふるに國《くに》の治亂《ちらん》を視《み》るを以《もつ》てす　第十

晏子《あんし》呉《ご》に聘《へい》す。呉王《ごわう》曰《いは》く、「子大夫《したいふ》君命《くんめい》を以《もつ》て辱《かたじけな》くも敝邑《へいいふ》の地《ち》に在《あ》りて、寡人《くわじん》に施貺《しきやう》す。寡人《くわじん》貺《きやう》を受《う》けたり。願《ねが》はくは私《し》問《もん》有《あ》らん」と。晏子《あんし》逡遁《しゆんじゆん》して對《こた》へて曰《いは》く、「嬰《えい》は北方《ほくはう》の賤臣《せんしん》なり。君命《くんめい》を奉《ほう》じて、以《もつ》て末朝《まつてう》より趨《おもむ》くを得《え》て、辭令《じれい》審《つまびら》かならずして、下吏《かり》に譏《そし》られんことを恐《おそ》る。對《こた》ふる所以《ゆゑん》の者《もの》を知《し》らざるを懼《おそ》る」と。呉王《ごわう》曰《いは》く、「寡人《くわじん》夫子《ふうし》を聞《き》くこと久《ひさ》し。今乃《いますなは》ち見《み》ることを得《え》たり。願《ねが》はくは其《そ》の問《と》ひを終《を》へん」と。晏子《あんし》席《せき》を避《さ》け對《こた》へて曰《いは》く、「敬《つつし》みて命《めい》を受《う》けん」と。

呉王《ごわう》曰《いは》く、「國《くに》は如何《いか》なれば則《すなは》ち處《を》るべく、如何《いか》なれば則《すなは》ち去《さ》るべきか」と。晏子《あんし》對《こた》へて曰《いは》く、「嬰之《えいこれ》を聞《き》く、親疏《しんそ》其《そ》の倫《りん》

大臣得レ盡二其忠一、民無二怨治一、國無二虐刑一、則可レ處矣。是以君子懷二不逆之君一、居二治國之位一。親疎不レ得レ居二其倫一、大臣不レ得レ盡二其忠一、民多二怨治一、國有二虐刑一、則可レ去矣。是以君子不レ懷二暴君之祿一、不レ處二亂國之位一」。

に處《を》ることを得《え》、大臣《だいじん》其《そ》の忠《ちゆう》を盡《つ》くすことを得《う》、と。民《たみ》に怨治《あんち》無《な》く、國《くに》に虐刑《ぎやくけい》無《な》ければ、則《すなは》ち處《を》るべし。是《ここ》を以《もつ》て君子《くんし》は不逆《ふぎやく》の君《きみ》を懐《おも》ひ、治國《ちこく》の位《くらゐ》に居《を》るなり。親疎《しんそ》其《そ》の倫《りん》に居《を》ることを得《え》ず、大臣《だいじん》其《そ》の忠《ちゆう》を盡《つ》くすことを得《え》ず、民《たみ》に怨治《あんち》多《おほ》く、國《くに》に虐刑《ぎやくけい》有《あ》れば、則《すなは》ち去《さ》るべし。是《ここ》を以《もつ》て君子《くんし》は暴君《ばうくん》の祿《ろく》を懐《おも》はず、亂《らん》國《こく》の位《くらゐ》に處《を》らず」と。

校訂　＊逡遁　底本は「廵遁」。孫星衍及び盧文弨の説に従い改めた。「廵」は「巡」の譌字。「逡巡」と同じ。ためらい、しりごみすること。原文のままだと、巡視して回ることの意味になってしまいそぐわない。『校注』も改めている。

語釈　○呉　現在の江蘇省一帯を版図とした国。呉王夫差の二十三年（紀元前四七三年）越王句践により滅ぼされた。晏子が成人してから呉では少なくとも諸樊・余祭・余昧・僚・闔盧の五代の王が在位した。本章にいう呉王がそのうちの誰であるかは特定できない。○聘　訪問すること。『説文』に「聘とは訪なり」とあり、また『礼記』曲礼下篇に「諸侯、大夫をして諸侯を問はしむるを聘と曰ふ」とある。　○辱　～して頂く、して下さる。へり下った言い方。　○敝邑之地　原義は、衰えた町。呉王が謙遜して自国をこう呼んだ。元刻本は「弊邑」につくる。劉師培は、『左伝』等諸書中の用例及び本篇第十四章の用例などからみて、「之地」の二字は衍文として削除すべきであるというが、今、原文のままとする。　○施貺　贈り物をすること、その敬称。「貺」は賜のこと。　○北方之賤臣　斉は呉に対して北方にあたるので謙遜して言ったもの。なお、当時、斉魯など黄河中下流域の諸国は「北方」と言われ、これに対し呉や楚・越などの長江中下流域の諸国は「南方」と言われ、言葉・風俗・思想など多くの点で相違していた。『孟子』滕文公上篇等参照。○末朝　「末朝より趨く」と読んで、自国斉国の謙譲語であると解する黄以周の説に従い訳す。下文の「下吏」に対応する。盧文弨は「本朝」の誤りであろうとし、また張純一は、晏子が呉の朝廷に趨いたことを「呉の朝廷の末席に居る」と謙遜して言ったものと解して「朝末」に改めるべきことをいう。　○辞令不審　「辞令」は言葉遣い、発言の意。「審」は明らかで正しいこと。　○願終其問　「終」は「しまいまで」、また「どうしても」の意。是非ともお聞きしたいと呉王は晏子に返答を求めたのである。　○避席　敬意を表すために座を離れて立ち上がること。　○倫　人の守るべき秩序。親疎の秩序。　○懐不逆之君　「懐」はなつくこと、帰服すること。「不逆」は道理に逆らわないこと。　○居治国之位　張純一は、『論語』泰伯篇の「天下道有れば見（あら）はる」と同趣旨であると

いう。　〇不処乱国之位　張純一は『論語』憲問篇の「邦に道なきに穀する（＝俸禄を受けること）は、恥なり」と同趣旨だと言う。

口語訳　第十章　晏子が呉に使者として行き呉王が君子の出処進退について問うたので晏子は国の治乱をよく見ることだと答えたこと

晏子が呉を訪問した。呉王が、「先生は君命によって辱《かたじけな》くもわが国におこし下され、寡人に贈り物を下さった。寡人はその贈り物を頂戴いたした。（この機会に）願わくは個人的にお尋ねしたい」と言った。晏子はためらいしりごみながらお答えして、「嬰《わたくし》は、北方の国に仕える小臣にございます。君命を奉って末朝より参上仕りまして、申し上げることが正しくないために下吏にそしられるのではないかと気が気ではございませんし、何とお答えしてよいかわからないのではないかとびくびくしております」と言った。呉王は、「寡人は久しいこと先生の（名声を）耳にしておりました。今ようやくお目にかかることができました。どうか是非とも私の尋ねることにお答えいただきたい」と言った。晏子は席を立って（恭しく）お答えして、「慎んでご下命をお受けいたしましょう」と言った。呉王は、「（君子たる者、）国がどのようであれば（そこに）止どまるべきで、どのようであれば去るべきなのであろうか」と言った。晏子はお答えして、「嬰《わたくし》はこのように聞いております、『近親者も疎遠な者もそれぞれ然るべき地位に居ることができ、大臣は己の忠義を尽くすことができる』と。民に怨みをかう政治がなく、国内に残虐な刑罰がないならば、止どまるべきでありましょう。このようであれば君子は道理に背くことのない君主に帰服し、よく治まった国の地位に身を置くのでございます。（ところが）近親者も疎遠な者も然るべき地位に居ることができず、大臣は己の忠義を尽くすことができず、民に怨みをかう政治が多く、国内に残虐な刑罰があるならば、去るべきでございましょう。このようであれば君子は暴君の俸禄を願わず、乱国での地位に就かないのでございます」と言った。

余説　ここまで、晏子の対話の相手は荘公が三話のみでその他は全て景公であったが、本章で初めて相手が変わる。ただ、呉王が誰を指すかは語釈でも述べたように不明である。

本章では、晏子、呉王双方に謙遜の表現が目立つ。それだけに臨場感のある生き生きとした描写になっている。おそらく、実際の会見の場に同席した者の記録が本になっているのであろう。

なお、外篇上第十六章の「晏子聘于呉。呉王問、君子之行何如。晏子対曰、君順懐之、政治帰之。不懐暴君之禄、不居乱国之位。君子見兆則退、不與乱国倶滅、不與暴君偕亡。」（晏子呉に聘す。呉王問ふ、君子の行ひは何如、と。晏子対へて曰く、君順ならば之に懐き、政治まれば之に帰す。暴君の禄を懐はず、乱国の位に居らず。君子兆を見れば則ち退き、乱国と倶に滅びず、暴君と偕に亡びず、と。）は、本章の断片が別の一章として立てられたものと思われる。

吳王問下保二威彊一不レ失之道上晏子對以二先レ民後一レ身　第十一

晏子聘二于吳一。吳王曰、「敢問、長保二威彊一勿レ失之道若何。」晏子對曰、「先レ民而後レ身、先レ施而後レ誅、彊不レ暴レ弱、貴不レ凌レ賤、富不レ傲レ貧、百姓竝進、有司不レ侵、民和政平、不下以二威彊一*迫中人之君上、不下以二衆彊一兼中人之地上。其用レ法、爲レ時禁レ暴、故世不レ逆二其志一。其用レ兵、爲レ衆屛レ患、故民不レ疾二其勞一。此長保二威彊一勿レ失之道也。失レ此者危矣。」吳王忿然作レ色、不レ說。晏子曰、「寡君之事畢矣。嬰無二斧鑕之罪一、請辭而行。」遂不二復見一。

呉王《ごわう》威彊《ゐきやう》を保《たも》ちて失《うしな》はざるの道《みち》を問《と》ひ晏子《あんし》對《こた》ふるに民《たみ》を先《さき》にし身《み》を後《あと》にするを以《もつ》てす　第十一

晏子《あんし》呉《ご》に聘《へい》す。呉王《ごわう》曰《いは》く、「敢《あ》へて問《と》ふ、長《なが》く威彊《ゐきやう》を保《たも》ちて失《うしな》ふこと勿《な》きの道《みち》は若何《いかん》」と。晏子《あんし》對《こた》へて曰《いは》く、「民《たみ》を先《さき》にして身《み》を後《あと》にし、施《ほどこ》しを先《さき》にして誅《ちゆう》を後《あと》にし、彊《きやう》は弱《じやく》を暴《ばう》せず、貴《き》は賤《せん》を凌《しの》がず、富《ふ》は貧《ひん》に傲《おご》らず、百姓《ひやくせい》竝《なら》び進《すす》み、有司《いうし》は侵《をか》さず、民《たみ》は和《わ》し政《せい》は平《たひら》かに、威彊《ゐきやう》を以《もつ》て人《ひと》の君《きみ》に迫《せま》らず、衆彊《しゆうきやう》を以《もつ》て人《ひと》の地《ち》を兼《か》ねず。其《そ》の法《はふ》を用《もち》ふるに、時《とき》の爲《ため》に暴《ばう》を禁《きん》ず、故《ゆゑ》に世《よ》其《そ》の志《し》に逆《さか》らはず。其《そ》の兵《へい》を用《もち》ふるに、衆《しゆう》の爲《ため》に患《うれ》ひを屛《のぞ》く、故《ゆゑ》に民《たみ》其《そ》の勞《らう》を疾《にく》まず。此《こ》れ長《なが》く威彊《ゐきやう》を保《たも》ちて失《うしな》ふこと勿《な》きの道《みち》なり。此《こ》れを失《うしな》ふ者《もの》は危《あや》ふし」と。呉王《ごわう》忿然《ふんぜん》として色《いろ》を作《な》し、說《よろこ》ばず。晏子《あんし》曰《いは》く、「寡君《くわくん》の事《ことを》畢《を》はれり、嬰《えい》斧鑕《ふしつ》の罪《つみ》無《な》くんば、請《こ》ふ辭《じ》して行《ゆ》かん」と。遂《つひ》に復《ま》た見《まみ》えず。

校訂　*迫人之君　底本は「退人之君」。兪樾は、「退」では意味が通じないので、「迫」の誤りではないかと言う。孫詒讓は「退」は「迓」の誤りであり、「退」に形が似ているために誤ったのだと言う。なお、「迓」は「禦」と同じく、ふせぎとどめる意。また于省吾は、兪説を非としたうえで、「退」は「敦」の借字で、「迫」に通じると言う。劉師培は原文のままでよく、「不以威彊退人之君」は、威力で

もって人の君を抑えつけないという意味だと言い、呉則虞はこれを是とする。このように諸説あるが、兪説に従い改めた。

語釈 ○先民而後身　張純一は、『墨子』兼愛下篇に「吾聞、為明君於天下者、必先万民之身、後為其身…」（吾れ聞く、天下に明君たる者は、必ず万民の身を先にし、其の身の為にするを後にす…）とあるのと同趣旨だという。なお、『老子』第七章にも「聖人は其に身を後にして身先んじ、其の身を外にして身存す…」とあり、これにも似るが、『墨子』との類似性の方がはるかに強いと思われる。○彊不暴弱、貴不凌賤、富不傲貧　張純一は、『墨子』天志中篇に「強不劫弱、衆不暴寡、詐不謀愚、貴不傲賤…」（強は弱を劫やかさず、衆は寡を暴せず、詐は愚を謀らず、貴は賤に傲らず…）とあるのと、文が出入してはいるが意味は同じだという。内篇問上第七章にも「貴不凌賤、富不傲貧」と見える。○百姓並進　人々がともに仕えること。張純一は、『墨子』尚賢上篇に「古者聖王之為政、列徳而尚賢。雖在農与工肆之人、有能則挙之。…故官無常貴、而民無終賤」（古は聖王の政を為すや、徳を列ねて賢を尚ぶ。農と工肆とに在るの人と雖も、能有れば則ち之を挙ぐ。…故に官に常貴無く、而して民に終賤無し）とあるのをいっているのだという。○衆彊　劉師培は、「衆彊」の誤りで、「威彊」と対をなし、「広土」の意味で、「不以衆彊兼人之地」は、国土の広いことを恃んで他人の国を併せないという意味だという。内篇問上第五章でも劉氏は同様な説を展開している。今、原文のままとする。○屏　除くの意。○斧鑕　人を刑する道具。「斧」は人を斬る道具、「鑕」は「質」と同じで受刑者を載せる台。

口語訳　第十一章　呉王が強大な威勢を長く保って失うことがないようにする道を問い晏子は民を優先して己のことは後回しにすることだと答えたこと

晏子が呉を訪問した。呉王が、「あえてうかがうが、強大な威勢を長く保って失うことがないようにする道とはいかなるものであろうか」と言った。晏子はお答えして、「民を優先して己のことは後に回し、（恩恵を）施すことを先にして（罪を犯した者の）誅殺はその後にし、強者は弱者を虐げず、尊貴な者は卑賤な者をおしのけず、金持ちは貧乏人に驕り高ぶらず、人々は（能力に応じて）揃って仕え、役人は（民の利を）侵さず、民は和らぎ政治は公平に、強大な威勢を背景に他国の君主を圧迫せず、人口の多さとその強大さで他国の領土を兼併しないことです。法律を適用するときには、時世のために乱暴を禁じますから、世人はその志に逆らうことがありません。軍隊を動かすときには、衆人のために患難を取り除きますから、民はその労苦を厭いません。これこそが強大な威勢を長く保って失うことがないようにする道です。この道を見失った者は（その地位が）危うくなりましょう」と言った。呉王は忿然として顔色を変えて、不機嫌になった。

晏子は、「わが主君（から賜った私の）務めは終わりました。嬰《わたくし》に刑をいただくだけの罪がなければ、どうか辞去させていただきたい」と言った。かくて二度と（呉王には）会わなかった。

余説　呉王に対する晏子の風刺が、呉王をひどく怒らせ、以来二度と会うことはなかったというが、前章とは裏腹に、晏子の外交に当たって臆することのない堂々たる態度が描き出されている。

張純一は、この呉王を闔廬のことではないかという。闔廬はかの夫差の父で、野心家であった。彼は早くから楚の亡命者伍子胥を重用し、孫武を将軍として、たびたび他国と交戦し数々の勝利を収め、一大勢力を誇ったが、越王句践との戦いでの負傷がもとで死亡した。『史記』呉太伯世家参照。また張氏が、本章と墨子の思想との関連をしばしば指摘していることも興味深い。

晏子使㆑魯魯君問㆔何事㆓回曲之君㆒晏子對以㆑庇㆑族　第十二

晏子《あんし》魯《ろ》に使《つか》ひするに魯君《ろくん》何《なん》ぞ回曲《くわいきよく》の君《きみ》に事《つか》ふるかを問《と》ひ晏子《あんし》對《こた》ふるに族《ぞく》を庇《かば》ふことを以《もつ》てす　第十二

晏子使㆑魯、見㆓昭公㆒。昭公說曰、「天下以㆔子大夫㆓語㆓寡人㆒者衆矣。今得㆑見而羨㆓乎所㆒㆑聞。請私、而無㆑爲㆑罪。寡人聞、大國之君蓋回曲之君也。曷爲以㆓子大夫之行㆒、事㆓回曲之君㆒乎。」晏子逡循對曰、「嬰不肖、嬰之族又不㆑若㆑嬰。待㆑嬰而祀㆑先者五百家。故嬰不㆓敢擇㆒㆑君。」晏子出。昭公語㆑人曰、「晏子、仁人也。反㆓亡君㆒、安㆓危國㆒、而不㆓私利㆒焉。僇㆓崔杼之尸㆒、滅㆓賊亂之徒㆒、不㆑獲㆑名焉。使㆘齊外無㆓諸侯之憂㆒、內無㆗國家

晏子《あんし》魯《ろ》に使《つか》ひして、昭公《せうこう》に見《まみ》ゆ。昭公説《せうこうよろこ》びて曰《いは》く、「天下《てんか》に子大夫《したいふ》を以《もつ》て寡人《くわじん》に語《かた》る者衆《ものおほ》し。今見《いまみ》ることを得《え》て聞《き》く所《ところ》に羨《あま》る。請《こ》ふ私《わたくし》せん、罪《つみ》と爲《な》すこと無《な》かれ。寡人聞《くわじんき》く、大國《たいこく》の君《きみ》は蓋《けだ》し回曲《くわいきよく》の君《きみ》なり、と。曷爲《なんす》れぞ子大夫《したいふ》の行《おこな》ひを以《もつ》て、回曲《くわいきよく》の君《きみ》に事《つか》ふるか」と。晏子《あんし》逡循《しゆんじゆん》して對《こた》へて曰《いは》く、「嬰不肖《えいふせう》、嬰《えい》の族又嬰《ぞくまたえい》に若《し》かず。嬰《えい》を待《ま》ちて先《せん》を祀《まつ》る者五百家《ものごひやくか》なり。故《ゆゑ》に嬰《えい》は敢《あ》へて君《きみ》を擇《えら》ばず」と。晏子出《あんしい》づ。昭公人《せうこうひと》に語《かた》りて曰《いは》く、「晏子《あんし》は、仁人《じんじん》なり。亡君《ばうくん》を反《かへ》し、危國《きこく》を安《やす》んじて、私利《しり》せず。崔杼《さいちよ》の尸《しかばね》を僇《りく》し、賊亂《ぞくらん》の徒《と》を滅《めつ》して、名《な》を獲《え》ず。齊《せい》をして外《そと》は諸侯《しよこう》の憂《うれ》ひ無《な》く、內《うち》は國家《こくか》の患《うれ》ひ無《な》からしめて、功《こう》を伐《ほこ》らず。

之患㆖、不㆑伐㆑功焉。鍖然不㆑満、退託㆓于族㆒。
晏子可㆑謂㆓仁人㆒矣。」

鍖然《かんぜん》として満《まん》ならざるに、退《しりぞ》きて族《ぞく》に託《たく》す。晏子《あんし》は仁人《じんじん》と謂《い》ふべし」と。

語釈　○昭公　魯の君主、紀元前五四一～五一〇年在位。魯の昭公二〇年すなわち斉の景公二六年（前五二二年）の時に、晏子は景公とともに狩りのついでに魯に入り礼を問うたとされる。またこのとき景公は孔子とも会話をしている。恐らくこの時に交わされた会話であろう（『史記』斉太公世家、魯周公世家及び孔子世家参照）。　○請私　本篇第十章の「願有私問焉」の省略された形で、昭公が個人的に晏子に尋ねたのである。　○羨　溢れるの意。聞きしにまさること。　○回曲之君　「回」も「曲」も「邪」と同じで、よこしまなこと。よこしまでねじけた君主。　○逡循　しりごみしためらうこと。本篇第十章に既出。　○反亡君　張純一は晏子には「亡君を反（＝返）した」という史実はないから、「反」は「哭」の譌りではないかとして、その証拠に、崔杼が荘公を殺した後、晏子が荘公の亡骸を股（もも）に抱えて哭したことは雑上篇第二章に詳しいという。これに対し、王更生は、荘公が殺されたとき、晏子は死にもせず亡（に）げもしなかった。（このことは『左伝』襄公二十五年に詳しい。崔杼が荘公を弑したとき、晏子は崔杼の屋敷までやってきた。その折、従者から、荘公に殉じて死ぬつもりかと聞かれ、そんなつもりはないと答えると、それでは亡命するつもりかと重ねて聞かれ、そのつもりもないと答えたのである。）昭公の立場からすれば晏子のこうした振る舞いは君主に反することになるが、しかしそれは私利からでたものではなかったことを言おうとするものであろうとして、「反」のままでよく、これを「違う」の意に解する。いま、歴史上の晏子の振る舞いが実際はどうであったかとは別に、国を失った君主を元通り国に復帰させること、と文字通りに解しておく。その方が、「安危国」との対応もよい。なお、強いて歴史上の事実に対応させるとすれば、崔氏の乱を収拾した後、晏子は景公とともに改めて荘公を葬ったことを「亡君を反す」といったものかも知れない。だとすれば、「亡君」とは具体的に荘公を指すことになろう。　○安危国　危機に瀕した国を安定させること。これもそれに該当する史実が見当たらないが、これも強いて解すれば、崔氏の乱で混乱を極めた斉を立て直したことを指すのであろうか。だとすれば「危国」とは具体的に斉を指すことになろう。　○僇崔杼之尸　崔氏の乱の平定の後、晏子と景公は崔杼の亡骸を探し出して市場に晒しものにしたことを指す。『左伝』襄公二十八年・『史記』斉太公世家参照。　○賊乱之徒　崔杼の乱に関係した者とその後に引き続いて起きた慶封をめぐる内紛の関係者。慶封は、崔杼と初め手を結んで荘公を弑したが、やがて崔杼と対立して彼を自殺に追い込み、斉でひとり権勢を振るったが、結局反乱にあい追放され呉に逃げたのである。この後、景公の安定した治世が続くようになる。『左伝』襄公二十八年・『史記』斉太公世家参照。　○鍖然　不満なさま。「鍖」の音は本来「ちん」

であるが、孫星衍は「欿然」（かんぜん）の仮字であるという。兪樾は、「鍖」は「歁」（かん）に改めるべきであるとして、『説文』の「歁とは、食満たざること」との本義が引申されて、「不満」なことは皆「歁」というようになったのであるという。孫説・兪説いずれを採っても語の意味は変わらない。　〇退託于族　「退」はへりくだること、謙遜の意。「託」はことよせること。一族五百家の生活のためであることとよせて謙遜してみせたのである。

口語訳　第十二章　晏子が魯に使者として行き魯君がどうして回曲の君に仕えるのかと問うたので晏子は一族を保護するためだと答えたこと

晏子が魯に使者として行き、昭公にお目見えした。昭公は喜んで、「天下には先生のことを寡人に話して聞かせる者が多い。今お会いすることができ、聞きしに優るお方であることを知りました。個人的にお尋ねしたいが、どうか悪く思わないでいただきたい。寡人は、大国の君主というものは概して回《よこしま》で曲《ねじ》けている、と聞いている。どうして先生ほどの行いをなさる方が回曲の君主にお仕えになられるのか」と言った。晏子はしりごみしためらいながらお答えして、「嬰《わたくし》は不肖者でございますし、嬰の一族はさらに嬰に及びません。（そのために）この嬰を当てにして先祖の祭祀を行う者が五百家もありますので、嬰は敢えて主君を選ばないのでございます」と言った。晏子が退出すると、昭公は人に語って、「晏子は、仁人である。国を失った君主をもとに戻し、危殆に瀕した国を安定させて、しかも私利を図らない。崔杼の屍をさらしものにして、国を乱した賊どもを滅ぼしたのに、名声を得ようとしない。斉から諸侯間の外患をなくし、政治上の内憂をなくしたのに、功績を誇ることもしない。（内心では）不満なこともあるだろうに、謙遜して一族のためだとことよせる。晏子こそは仁人というべきである。」と言った。

余説　魯の昭公と晏子との会話を通じて、仁人としての晏子が描き出される。昭公には孔子も仕えていた。昭公と晏子との間には、この時魯国と斉国の間の利害にからむ外交上の会話もなされたのであろうが、それが何であるかは明らかではない。ここに記録されているのは、晏子が外交使節としての任務を一通り終えた後、双方打ち解けた際に話題となったことがらであろう。その時の会話が図らずも晏子の仁人としての偉大さを際立たせることになったというのである。もちろん、架空の対話の可能性も否定できないが。

ところで「仁人」という言葉であるが、本章での用例をはじめとして、この後問下第二十九章、雑下第十六及び二十一章、外篇第七第

一章及び二十一章、外篇第八第十五章の計七つの章に見える。いずれも晏子を指す。既に晏子は「仁人」としての評価が定着していたことを窺わせるものとして興味深い。

なお、本書では「仁」を含む語としては「不仁」の用例が最も多く十例を数え、「仁人」の七例がこれに次ぎ、「仁義」の語は四例、「仁者」の語はわずか一例のみである。いずれにしても「仁」の概念が晏子をめぐって相当重要な地位を占めていたことは注目に値する。この晏子に対する「仁人」という評価が、晏子の時代に言われていたのか、後世晏子の伝記を述作した者の潤色なのかという点に問題は残るけれども。

さて「仁」の観念で代表されるのは孔子であることは言うまでもなかろう。例えば『論語』では、「仁」の語は百例以上見えており、そのうち「仁者」の語は二十二例を数える。ところが、「仁人」の用例となると、僅か二例を数えるに過ぎない。極端に少ないと言ってよい。その一方で『墨子』では、「仁」の用例がやはり百例を超えるなかで、「仁人」の用例は十一例を数え、「仁者」の用例十二例と比べ大差ない数である。

「仁」の語は、儒家のみならず墨家においても重要な概念であったわけであるが、「仁人」という言い方が『墨子』の中に比較的多く見えていることと、本書において晏子が「仁者」ではなく「仁人」と言われていたこととに何らかの関連があるのではないかと思われる。こうした点も、本書が墨家思想と関連ありとする根拠と見るべきなのであろうか。

魯昭公問㆓魯一國迷何也㆒晏子對以㆔化爲㆓一心㆒　第十三

晏子聘㆓于魯㆒。*魯昭公問焉曰、「吾聞㆑之、莫㆓三人而迷㆒。*今吾以㆓一國㆒慮㆑之、魯不㆑免㆓于亂㆒、何也。」晏子對曰、「君之所㆓尊擧而富貴㆒、入所㆔以與圖㆑身、*出所㆔以與圖㆑國。及㆓左右偪邇㆒、皆同㆓于君之心㆒者也。*擕㆓魯國㆒化而爲㆓一心㆒。曾無㆑與㆑二、其何暇有㆑三。

魯《ろ》の昭公《せうこう》魯《ろ》一國《いつこく》の迷《まよ》へるは何《なん》ぞやと問《と》ひ晏子《あんし》對《こた》ふるに化《くわ》して一心《いつしん》と爲《な》ることを以《もつ》てす　第十三

晏子《あんし》魯《ろ》に聘《へい》す。魯《ろ》の昭公《せうこう》問《と》ひて曰《いは》く、「吾之《われこれ》を聞《き》く、三人《さんにん》にして迷《まよ》ふこと莫《な》し、と。今吾《いまわれ》一國《いつこく》と以《とも》に之《これ》を慮《おもんばか》るに、魯《ろ》、亂《らん》を免《まぬ》かれざるは、何《なん》ぞや」と。晏子《あんし》對《こた》へて曰《いは》く、「君《きみ》の尊擧《そんきよ》して富貴《ふうき》にする所《ところ》は、入《い》りては與《とも》に身《み》を圖《はか》る所以《ゆゑん》、出《い》でては與《とも》に國《くに》を圖《はか》る所以《ゆゑん》なり。左右《さいう》の偪邇《ひよくじ》に及《およ》びては、皆君《みなきみ》の心《こころ》に同《おな》じき者《もの》なり。魯國《ろこく》を擕《あ》げ化《くわ》して一心《いつしん》と爲《な》れり。曾《かつ》て二《に》を與《ゆる》すこと無《な》

夫偪邇于君之側者、距本朝之勢、國*之所以殆也。左右讒諛、相與塞善、行之所以衰也。士者持祿、遊者養交、身之所以危也。詩曰、芃芃棫樸、薪之槱之、濟濟辟王、左右趨之。此言古者聖王明君之使以善也。故外知事之情、而內得心之誠。是以不迷也。」

し、其《そ》れ何《なん》の暇《いとま》ありて三有《さんあ》らん。夫《そ》れ君《きみ》の側《かたはら》に偪邇《ひよくじ》する者《もの》、本《ほん》朝《てう》の勢《せい》を距《こば》むは、國《くに》の殆《あや》ふき所以《ゆゑん》なり。左右讒諛《さいうざんゆ》し、相與《あひとも》に善《ぜん》を塞《ふさ》ぐは、行《おこな》ひの衰《おとろ》ふる所以《ゆえん》なり。士《つか》ふる者《もの》祿《ろく》を持《ぢ》し、遊《あそ》ぶ者《もの》交《まじ》はりを養《やしな》ふは、身《み》の危《あや》ふき所以《ゆゑん》なり。詩《し》に曰《いは》く、芃芃《ほうほう》たる棫《よく》樸《ぼく》、之《これ》を薪《たきぎ》にし之《これ》を槱《つ》む、濟濟《せいせい》たる辟王《へきわう》、左右《さいう》之《これ》に趨《おもむ》く、と。此《こ》れ古《いにしへ》は聖王明君《せいわうめいくん》の使《つか》ふに善《ぜん》を以《もつ》てするを言《い》ふなり。故《ゆゑ》に外《そと》は事《こと》の情《じやう》を知《し》りて、内《うち》は心《こころ》の誠《まこと》を得《う》。是《ここ》を以《もつ》て迷《まよ》はざるなり」と。

校訂

＊魯昭公問焉曰　底本には「曰」字なし。蘇輿は、「焉」字の下に「曰」があったか、あるいは「焉」字は「曰」の譌りではないかと疑う。今、「焉」の下に「曰」を補っておく。『校注』も同様に改めている。

＊今吾以一国慮之、魯不免于乱　底本は「今吾以魯一国迷慮之、不免于乱」。『韓非子』内儲説上篇が「今寡人与一国慮之、魯不免於乱」と作っていることにより「迷」を衍字として削除するべきとする盧文弨の説に従い改めるとともに、王念孫の、『韓非子』同篇の記載をもとに、「魯」字は「不免于乱」の上にあるべきとする説に従い改めた。なお、王念孫は「以」は「与」と同じで共にの意であるという。従うべきであろう。『校注』も同様に改めている。

＊出所以与図国　底本は「出所与図国」。上句「入所以与図身」に従い「以」字を補う。語釈参照。

＊撟魯国　底本は「犒魯国」。「犒」は、飲食を与えて兵士をねぎらう意。兪樾は、「犒」は「撟」の誤りであって、その意味は「挙」であること、そしてその根拠に『説文』に「撟は、挙手なり」とあり、これを引申して「挙」の義が生まれたことをいい、さらに傍証として『韓非子』内儲説上篇に「挙魯国」とあることを挙げる。盧文弨は「犒」を「矯」に改めるべきとしているが、意味を「挙」と同じであるとしている点では同じである。ところが呉則虞は、盧説を一部是としながら、その意味は「挙」ではなく「揉（も）みて之を矯（た）むる」ことで、「元々一つでない心を一つにさせること」の意であるという。今、兪説に従い改めた。『校注』も同様に改めている。

＊国之所以殆也　底本は「国之所以治也」。兪樾の、この一節は近臣の専権をいうものであって、原文のままでは意味が通じず、この句と「行之所以衰也」及び「身之所以危也」の三句が一律であることからしても、「治」は「殆」の誤りであろうという説に従い改めた。

王念孫は同様な観点から「不治」の誤りであろうという。『校注』は兪説に従い改めている。

語釈　○君之所尊挙而富貴、入所以与図身、出所以与図国　君主によって取り立てられ富貴を与えられた者が、朝廷の中にあっては君主と共にその身の安全・繁栄を謀る所以（＝手段）となり、朝廷の外にあっては君主と共に国の安泰・発展を謀る所以となること。いずれにしても主君の意に沿うように考え行動することをいう。呉則虞の「惟以て上意に迎合し」、「上意を秉（と）りて之を行ふ」の意味であるとの解釈が参照される。劉師培は、「以」が「与」と同じ意味であることを知らない浅人が、もと「入所以図身、出所以図国」（入りて以（もと）に身を図る所、出でて以に国を図る所）とあったのを妄りに「与」字を加えたのは誤りであるという。今、原文のままの方が意味が明らかなので改めない。　○偪邇　側近、また側に近づくこと。前篇第二十一章に既出。　○曽無与二　いままでに異なる意見の存在を認めたことがないことをいう。「与」は許すの意。　○距本朝之勢　「距」は防ぎ拒むこと。「拒」と同じ。「勢」とは威勢のこと。「本朝之勢」とは朝廷における重臣らの威勢を指す。側近がその立場を利用して重臣を君主のもとから遠ざけること。　○士者持禄、遊者養交　「士」は仕えること。「遊」は官に仕えないこと。「持」も「養」も、保ちまた守ること。「持養」という熟語としての用例もある。仕官している者は自分の禄ばかりを大事にし、仕官していない者は自分の交際ばかりを大事にして、国や君主のことなどは念頭にないことをいう。　○詩曰、芃芃棫樸、薪之槱之、済済辟王、左右趣之　『詩経』大雅・棫樸の詩。「芃芃」とは、草木が美しく生い茂っているさま。「棫樸」とは、くぬぎと、こならの木。優れた人材が多いことの比喩としていわれる。「済済」とは多く盛んなさま、また威儀が盛んなさま。「辟王」とは、君王のこと。『爾雅』釈詁に「辟とは君なり」とある。威儀の立派な君王は、有為な人材が左右に集まり、補佐することをいう。

口語訳　第十三章　魯の昭公が魯の国政が混迷しているのはなぜかと問い晏子は国論が一つに偏っているからだと答えたこと

晏子が魯を訪問した。魯の昭公が彼に尋ねて、「余はこのように聞いている、『三人いれば（よい智恵が出て）迷うことがない』と。ところが今、余は国中（の者）と（国政について）よく考えているのに、わが魯国が混乱を免かれられないのは、なぜであろうか」と言った。晏子はお答えして、「君主が（臣下を）尊い地位に取り立てて富貴にさせておくのは、（彼らこそが）朝廷の中にあっては（君主の）身（の安全）を守るための拠り所、朝廷の外にあっては国（の安泰）を図るための拠り所だからです。（それなのに実情は）左右の側近たちといえば皆、公の心に同調してしまっているのです。

（こんな次第ですから）魯は国を挙げてひとつの心になっております。かつて二通りの意見さえ認めたことがないのに、いったいどうして三通りの意見があり得ましょう。そもそも君主の側らにぴたりと仕える者が、朝廷の重臣らを遠ざけてしまうのは、国に危険が迫り来る原因です。左右の者が諂いおもねって、互いに結託して善い意見を抑え込んでしまうのは、（臣下らの）品行が衰退していく原因です。仕官している者が己の俸禄ばかりを大事にし、仕官せぬ者は己の交際ばかりを大事にするのは、（君主の）身が危うくなる原因です。『詩』に、『美しく生い茂っているくぬぎやこならは、薪にして積み上げておこう。威厳を備えた立派な君王のもとには、左右に賢人が慕い来る』とございます。これこそは、昔、聖王・明君が（臣下を）登用するに当たりすぐれた人物を求めたことを言うのであります。このゆえに外には事態の本質をよく理解し、内には（臣下らの）心からの忠誠を得ることができるのです。このようであればこそ、混迷に陥ることはなくなるのです」と言った。

余説　『韓非子』内儲説上篇の該当箇所は次の通り。

魯哀公問於孔子曰、鄙諺曰、莫衆而迷。今寡人挙事与群臣慮之、而国愈乱。其故何也。孔子対曰、明王之問臣、一人知之、一人不知也。如是者明主在上、群臣直議於下。今群臣無不一辞同軌乎季孫者。挙魯国尽化為一。君雖問境内之人、猶不免於乱也。

一曰、晏嬰子聘魯。哀公問曰、語曰、莫三人而迷。今寡人与一国慮之、魯不免於乱、何也。晏子曰、古之所謂莫三人而迷者、一人失之、二人得之、三人足以為衆矣。故曰、莫三人而迷。今魯国之群臣以千百数、一言於季氏之私。人数非不衆、所言者一人也。安得三哉。

（魯の哀公孔子に問ひて曰く、鄙諺（ひげん）に曰く、衆にして迷ふこと莫し、と。今寡人事を挙げて群臣と与（とも）に之を慮りて、而も国愈〻乱る。其の故何ぞや、と。孔子対へて曰く、明王の臣に問ふは、一人之を知り、一人知らざるなり。是くのごとければ明主上に在り、群臣下に直議す。今群臣、季孫に一辞同軌せざる者無し。魯国を挙げて尽（ことごと）く化して一と為る。君境内の人に問ふと雖も、猶ほ乱を免れざるなり、と。

一に曰く、晏嬰子魯に聘す。哀公問ひて曰く、語に曰く、三人にして迷ふこと莫し、と。今寡人一国と与に之を慮るに、魯乱を免れざるは、何ぞや、と。晏子曰く、古の所謂三人にして迷ふこと莫しとは、一人之を失ふとも、二人之を得れば、三人以て衆と為すに足るなり。故に曰く、三人にして迷ふこと莫し、と。今魯国の群臣は千百を以て数ふるも、季氏の私に一言す。人数衆からざるに

は非ざれども、言ふ所の者は一人なり。安んぞ三を得んや、と。）

哀公と孔子、哀公と晏子それぞれの間に交わされた問答の一部が、こちらでは一つにまとめられている。（なお、哀公の即位は晏子の死後であるから、『韓非子』中の晏子と哀公との問答は晏子と昭公とのそれに改めるべきであろう。）ただ、『韓非子』の方が魯の国情を具体的に描写しているのに対し、『晏子春秋』のは問答の内容が極めて抽象化され、問題が一般化されており、また『詩経』の引用がなされているところからみて、恐らく『韓非子』の方が説話の原形を良く保存しているのに対し、『晏子春秋』の方は相当に加工を受けているのではないかと思われる。

また呉則虞は、本章における『詩経』の解釈が斉詩のものではなく毛詩のものであることを詳細に論じている。すなわち、『春秋繁露』郊祭篇には、「文王天命を受けて天下に王となり、先づ郊にて乃ち敢へて事を行ひ、而して師を興して崇を伐つ。其の詩に曰く、芃芃たる棫樸、之を薪にし之を槱む、済済たる辟王、左右之に趨く、……と。此れ郊辞なり」とあり、また『説郛』所収の緯書『詩推度災』には、「王者命を受くるや、必ず先づ天を祭り、乃ち王事を行ふ」といっているが、これらはともにこの詩を引いて文王受命の際の郊辞（天地を祭るときの言葉）として解釈しているものである。これに対し、『毛伝』では「棫樸は、文王の能く人を官するなり」といい、『新書』連語篇では「又練絲に似て之を藍に染めれば則ち青く、之を緇に染むれば則ち黒く、善佐を得れば存し、善佐を得ざれば則ち亡ぶ、此れ其の憂へざるべからざる者のみ。詩に云ふ、芃芃たる棫樸、之を薪にし之を槱む、済済たる辟王、左右之に趨く、と。此れ左右日に以て善く趨くを言ふなり。故に臣竊かに以て左右を錬ること急なりと為すなり」とあるのなどは、いずれも毛詩の説である。そして本章でも「此れ古者は聖王明君の使ふに善を以てするを言ふなり」と言っているのは、まさに『新書』の「善く趨く」とあるのと同じ意味であり、斉詩の説とは隔たりがあるゆえに、これが斉詩の解釈ではなく毛詩のそれであることの一証をここに得ることができるという。

さらに、ここでは国論が一つに収斂してしまうことの危うさを問題にしていることに注意したい。なぜならこれまでにもたびたび張純一によって墨子思想との関連が指摘されていたが、墨家の思想を特徴づけているものの一つに尚同思想があるからである。つまり、天子から庶人に至るまで同じ価値観をもつべきことを主張する一種の全体主義的思想である。ところがここではそれが批判されて、むしろ複数の価値観が存在してその時どきに論議を闘わせて最適の結論を得ることの重要性を説いているのである。とすれば、本章の趣旨は墨家の尚同思想と相容れないことになるのではあるまいか。

魯昭公問二安レ國衆一レ民晏子對以二事レ大養レ小謹レ聽節一レ斂　第十四

晏子聘二于魯一。魯昭公問曰、「子*大夫儼然辱二臨敝邑一、竊甚嘉レ之。寡人受レ貺。請問、安レ國衆レ民如何。」晏子對曰、「嬰聞、傲レ大賤レ小則國危、慢レ聽厚レ斂則民散。事レ大養レ小、安レ國之器也、謹レ聽節*レ斂、衆レ民之術也。」

魯《ろ》の昭公《せうこう》國《くに》を安《やす》んじ民《たみ》を衆《おほ》くするを問《と》ひ晏子《あんし》對《こた》ふるに大《だい》に事《つか》へ小《せう》を養《やしな》ひ聽《ちやう》を謹《つつし》み斂《れん》を節《せつ》することを以《もつ》てす　第十四

晏子《あんし》魯《ろ》に聘《へい》す。魯《ろ》の昭公《せうこう》問《と》ひて曰《いは》く、「子《し》大夫《たいふ》儼然《げんぜん》として敝《へい》邑《いふ》に辱臨《じよくりん》し、竊《ひそ》かに甚《はなは》だ之《これ》を嘉《よみ》す。寡人《くわじん》貺《きやう》を受《う》く。請《こ》ひ問《と》はん、國《くに》を安《やす》んじ民《たみ》を衆《おほ》くすること如何《いかん》」と。晏子《あんし》對《こた》へて曰《いは》く、「嬰《えい》聞《き》く、大《だい》に傲《おご》り小《せう》を賤《いや》しめば則《すなは》ち國《くに》危《あやふ》く、聽《ちやう》を慢《おこた》り斂《れん》を厚《あつ》くすれば則《すなは》ち民散《たみさん》ず、と。大《だい》に事《つか》へ小《せう》を養《やしな》ふは、國《くに》を安《やす》んずるの器《き》なり、聽《ちやう》を謹《つつし》み斂《れん》を節《せつ》するは、民《たみ》を衆《おほ》くするの術《じゆつ》なり」と。

校訂　*子大夫　底本は「夫」。張純一の、本篇第十章、第十二章及び十五章においても「子大夫」とあることから、本章も「子大夫」とあるべきであるとする説に従い改めた。王念孫は「大夫」とするのがよいといい、于鬯は「夫」は「大夫」の省略された言い方であるからこのままでよいという。

*節斂　底本は「節倹」。兪樾の、「謹聴節斂」は「慢聴厚斂」と対句をなしているのだから、「倹」を「斂」に改めるべきとする説に従い改めた。なお標題の「節倹」も「節斂」に改めた。

語釈　○儼然　厳かなさま。また荘重なさま。　○辱臨敝邑　「辱」は有り難いことにの意。「臨」は出向くこと。「敝邑」は魯の国のこと。いずれも昭公の晏子に対する敬意をこめた謙譲表現。本篇第十章の「子大夫以君命辱在敝邑之地」と全く同様な表現。　○嬰聞　『校注』は「嬰問」に作るが、誤りであろう。　○慢聴厚斂　「慢聴」は裁判をおろそかにすること。「厚斂」は賦税の取立を多くすること。　○事大養小　「大」は大国、「小」は小国の意。張純一は、『孟子』梁恵王下篇に「以大事小者、楽天者也。以小事大者、畏天者也。楽天者保天下、畏天者保其国」（大を以て小に事ふる者は、天を楽しむ者なり。小を以て大に事ふる者は、天を畏るる者なり。天を楽しむ者は天下を保ち、天を畏るる者は其の国を保つ）とあるのと、また『墨子』非攻下篇に「今若有能信効、先利天下諸侯者。…以此効大国、則大国之君説。以此効小国、則小国之君説」（今若し能く信に効（まじ）はり、先づ天下諸侯を利する者有り、…此を以て大国に効はれば、則ち大国の君説ぶ。此を以て小国に効はれば、則ち小国の君説ぶ）とあるのと同趣旨であるという。　○器　本来は道具の

意であるが、ここでは機略の意に解すべきである。『老子』三十六章の「国之利器、不可以示人」（国の利器は、以て人に示すべからず）の河上公注に「利器とは権道なり」とある。まさしくこの意味での「器」であろう。○謹聴節斂　裁判を慎重にし賦税を少なくするの意、「慢聴厚斂」の反対。どちらも愛民の思想から発している。

口語訳　第十四章　魯の昭公が国を安定させ民を増やすことを問い晏子は大国に仕え小国の面倒を見裁判を公平にし賦税を少なくすることだと答えたこと

晏子が魯を訪問した。魯の昭公が尋ねて、「先生がわが国に厳かにまた有り難くも足をお運び下さいまして、内心とても嬉しく思っております。寡人は贈り物を頂きましたが、ここでどうか国を安定させ、国民を増やすにはどうしたらよいかをお聞きしたい」と言った。晏子はお答えして、「嬰《わたくし》は、『大国を侮り小国を蔑《さげす》めば国は危うくなり、（公平な）裁判をおろそかにし賦税を多くすれば民は逃げてしまう』と聞いております。（ですから）大国に仕え小国の面倒を見るのが、国を安定させるための機略ですし、裁判を慎重にし賦税を少なくするのが、民を増やすための方法なのです」と言った。

余説　ここまでの三つの章は、魯の昭公との問答。魯の昭公はこの後、雑上篇第二十章に登場する。

晏子使㆑晉晉平公問㆓先君得㆑衆若何㆒晏子對以㆑如㆓美淵澤㆒　第十五

晏子使㆑晉。晉平公饗㆓之文室㆒。既*靜矣、以宴。平公問焉曰、「昔吾*子之先君、得㆑衆若何。」晏子對曰、「君*貺㆓寡君㆒、施及㆓使臣㆒。御在㆓君側㆒、恐懼不㆑知㆑所㆓以對㆒。」平公曰、「聞㆓子大夫㆒數矣、今迺得㆑見。願終聞㆑之。」晏子對曰、「臣聞、君*子如㆑雨、淵澤

晏子《あんし》晉《しん》に使《つか》ひし晉《しん》の平公先君衆《へいこうせんくんしゆう》を得《う》ること若何《いかん》と問《と》ひ晏子《あんし》對《こた》ふるに美《び》なる淵澤《えんたく》のごときを以《もつ》てす　第十五

晏子《あんし》晉《しん》に使《つか》ひす。晉《しん》の平公之《へいこうこれ》を文室《ぶんしつ》に饗《きやう》す。既《すで》に靜《をは》り、以《もつ》て宴《えん》す。平公問《へいこうと》ひて曰《いは》く、「昔吾《むかしご》子《し》の先君《せんくん》、衆《しゆう》を得《う》ること若何《いかん》」と。晏子《あんし》對《こた》へて曰《いは》く、「君《きみ》、寡君《くわくん》に貺《きやう》して、施《ひ》きて使臣《ししん》に及《およ》ぶ。御《ぎよ》して君《きみ》の側《かたは》らに在《あ》り、恐懼《きようく》して對《こた》ふる所以《ゆゑん》を知《し》らず」と。平《へい》公曰《こういは》く、「子大夫《したいふ》を聞《き》くこと數〻《しばしば》なり、今迺《いますなは》ち見《み》ることを得《う》。願《ねが》はくは終《つひ》に之《これ》を聞《き》かん」と。晏子《あんし》對《こた》へて曰《いは》く、「臣聞《しんき》く、君《くん》

容レ之、衆人歸レ之、如二魚有一レ依、極二其游泳之樂一。若淵澤決竭、其魚動流。夫往者維雨乎、不レ可レ復已。」公又問曰、「請問、莊公與二*今君一孰賢。」晏子曰、「兩君之行不レ同、*臣不二敢知一也。」公曰、「*王室之不レ正也、諸侯之專制也。是以欲レ聞二子大夫之言一也。」對曰、「先君莊公不レ安二靜處一、樂レ節二飲食一、不レ好二鐘鼓一、好レ兵作レ武、*與レ士同二飢渴寒暑一。君之彊過二人之量一、有二一過一不レ能レ已焉。是以不レ免二于難一。今君大二宮室一、美二臺榭一、以辟二飢渴寒暑一、畏レ禍敬二鬼神一。君之善、足二以沒一レ身、不レ足三以及二子孫一矣。」

子《し》は雨《あめ》のごとし、淵澤之《えんたくこれ》を容《い》れ、衆人《しゆうじん》の之《これ》に歸《き》すること、魚《うを》の依《よ》る有《あ》るがごとく、其《そ》の游泳《いうえい》の樂《たの》しみを極《きは》む、と。若《も》し淵澤決《えんたくけつ》竭《けつ》すれば、其《そ》の魚動流《うをどうりう》せん。夫《そ》れ往《ゆ》く者《もの》は維《こ》れ雨《あめ》か、復《ふたた》びすべからざるのみ」と。公又問《こうまたと》ひて曰《いは》く、「請《こ》ひ問《と》ふ、莊公《さうこう》と今《いま》の君《きみ》と孰《いづ》れか賢《まさ》れる」と。晏子《あんし》曰《いは》く、「兩君《りやうくん》の行《おこな》ひ同《おな》じからざれば、臣敢《しんあ》へて知《し》らざるなり」と。公曰《こういは》く、「王室《わうしつ》の正《ただ》しからざるや、諸侯《しよこう》の專制《せんせい》すればなり。是《ここ》を以《もつ》て子大夫《したいふ》の言《げん》を聞《き》かんと欲《ほつ》するなり」と。對《こた》へて曰《いは》く、「先君莊公《せんくんさうかう》は靜處《せいしよ》に安《やす》んぜず、飲食《いんしよく》を節《せつ》するを樂《たの》しみ、鐘鼓《しようこ》を好《この》まず、兵《へい》を好《この》み武《ぶ》を作《おこ》し、士《し》と與《とも》に飢渴寒暑《きかつかんしよ》を同《おな》じくす。君《きみ》の彊《つよ》きこと人《ひと》の量《りやう》を過《す》ぎ、一過《いつくわ》有《あ》れば已《や》むこと能《あた》はず。是《ここ》を以《もつ》て難《なん》を免《まぬか》れず。今《いま》の君《きみ》は宮室《きゆうしつ》を大《おほ》きくし、臺榭《たいしや》を美《び》にし、以《もつ》て飢渴寒暑《きかつかんしよ》を辟《さ》け、禍《わざは》ひを畏《おそ》れ鬼《き》神《しん》を敬《うやま》ふ。君《きみ》の善《ぜん》は、以《もつ》て身《み》を沒《を》ふるに足《た》るも、以《もつ》て子孫《しそん》に及《およ》ぼすに足《た》らざらん」と。

校訂　＊既静矣、以宴　底本は「既静矣、晏以」。黄以周の、「静」と「竫」とは古く通用し、「停」の意味で、ここは饗事が畢（お）わったことの意であり、また本篇第十七章の「叔向従之宴、相与語」とあることからもわかるように、当時の礼では主君が賓客を饗した後、更に宴を催したことから、「晏以」は「以宴」に作るべきであるという説に従い改めた。なお、盧文弨は「晏以」の二字を衍字だといい、顧広圻は「既事請以燕（事を既（を）へ請ひて以て燕す。「燕」は「宴」に通じ、さかもりの意）」に作るべきといい、兪樾は「静」は音が近いことから「請」を誤ったもので、「晏」は形が似ていることから「宴」を誤ったもので、「矣」は衍字、「以」は「宴」の上にあるべきであるとして、結局、「既、請以宴」（既（を）はり、請ひて以て宴す）に改めるべきという。黄以周の説がもっとも妥当であろう。

『校注』も黄説に従い同様に改めている。

＊吾子之先君　底本は「吾先君」。第十六章に同じく平公が晏子への問いかけに「吾子之君」といっていることから、「吾」の下に「子之」の二字を補うべきとする蘇時学の説に従い改めた。「吾子」とは親しみを込めていうときの二人称である。黄以周は「子」を補うだけでよいという。蘇輿は、「吾」を「君」に改めるべきという。いずれも、斉の桓公を指すとみる。劉師培は、原文のままで晋の文公を指すと解するが、従い難い。『校注』は「子」のみを補って「吾子先君」に改めている。「先君」が景公の前の荘公を指す可能性もある。

＊君貺寡君　底本は「君饗寡君」。この席に斉公が同席していないことは確かである、とすれば「饗」の語を用いるはずがない、おそらく「貺」と「饗」は音が近いので誤ったのだろうとする劉師培の説に従い改めた。

＊君子如雨　底本は「君子如美」。原文のままでは下の句と意味がつながらない、恐らくは「雨」の誤りではないか、「君子は雨のごとし」と改めれば「雨」（＝君子）を「淵沢」（＝衆人）が受け入れるというように両者の関係が明らかになり、かつ下文の「夫往者維雨乎」との対応も明確になるはずだという、于鬯の説に従い改めた。

＊今君執賢　底本は「今執賢」。王念孫の、下文にも「今君」の用例が見えることから「君」字を補うべきとする説に従い改めた。『校注』も同様に改めている。

＊臣不敢知也　底本は「臣不敢不知也」。盧文弨・蘇時学・顧広圻らの説に従い改めた。顧広圻は「不」字を「王室之正也」の「正」字の上に移すべきであるという。『校注』も同様に改めている。

＊王室之不正也　底本は「王室之正也」。陶鴻慶の、「王室之不正」に改めることで、本句が「諸侯之専制」と対句となるという説に従い改めた。『校注』も同様に改めている。

＊与士同飢渇寒暑　底本は「士与同飢渇寒暑」。原文のままでは意味が明らかでないので顧広圻により改めた。『校注』も同様に改めている。

語釈　〇平公　紀元前五五七～五三二年在位。晏子が斉の使いとして晋に赴いたのは、『史記』晋世家によれば、平公十九年（紀元前五三九年）のことである。時に景公九年であった。この時のことは『左伝』昭公三年に詳しい。　〇饗…宴　「饗」は、酒食を供して人をねぎらうこと、ここでは饗礼の意であろう。饗礼とは、主君が賓客を廟中において大牢（牛・羊・豚）を亨（に）て荘重にもてなすこと。「宴」はさかもりの意で、「饗」に対して飲酒を中心とする。　〇文室　不詳。装飾の施された部屋のことか。王更生は周祖文王を祀った廟のことかも知れぬという。　〇御　侍ること。　〇願終聞之　既出。本篇第十章語釈参照。　〇決竭　「決」は堤防を切り開いて水を流すこと。「竭」は「渇」に通じ水が涸れること。淵沢の水が流されて涸れてしまうこと。桓公が死んで今はいないことの

比喩。　○夫往者維雨乎、不可復已　難解である。諸説あって一定しない。孫星衍は、「一度大地に降り注いだ雨は再び天に戻ることはできない」という意味に解している。于鬯はこれを誤りとして、「去っていく者は押し止めることはできない」の意に解すべきであるという。いずれにしても、主君がひとたび人心を失ってしまえばもはや取り返しがつかないことをいうものと解し得る。張純一は「桓公は既に過去の人であるから再び会うことはできない」ことを比喩しているという。より具体的に、桓公の復活が今では望むべくもないと解するのである。今、張説を是として、「夫往者維雨乎」を雨のように慈愛深い君子（桓公を指すのであろう）がこの世を去ってしまったことを詠嘆的に述べているものと解し、「不可復已」を再び彼を甦らせることはできないの意に解しておく。　○公曰、王室之不正也、諸侯之専制也。是以欲聞子大夫之言也。対曰　于鬯は次のように言う。この文は殊に意味がない。上文の「公又問曰、…荘公与今君孰賢」は、既に「両君之行不同」で答えており、且つ「不敢不知」（于鬯は原文のままでよいとの判断である）と言って、下文の「先君荘公」云々につなげて、その同じでないことの説明をしているとみるべきで、その間にどうして平公の言葉が「雑入」することがあろう。そのうえ「王室之不正、諸侯之専制」の句は荘公と景公についての問に何の脈絡もなく、実に不可解である。そこで思うに、「公曰」と「対曰」の四字は衍文で、「王室之不正也、諸侯之専制也。是以欲聞子大夫之言也」の句は、上文の「平公曰」と「聞子大夫数矣」の間にあるべきではないか。上文で「昔吾子之先君得衆」と桓公のことについて尋ねたが、晏子は「不知所以対」と答えている。そこで平公は更に「公曰、王室之不正也、諸侯之専制也。是以欲聞子大夫之言也。聞子大夫数矣、今迺得見。願終聞之」と問いかけたのである。こうして「晏子対曰、云々」と荘公と景公の比較評価に続いていくわけである。思うに、「王室之不正」、「諸侯之専制」は今日のことである。昔、桓公が衆を得たときは王室も正しく、諸侯は専制していなかった、そこで現在の衆を得る方法について晏子に聞きたかったので「是以欲聞子大夫之言也」と言ったのである。これはこの後の「聞子大夫数矣」の句ともつながる。以上の如く極めて詳密な考証をするのであるが、それでも最後に「学者の詳審を俟つ」と言っている。傾聴すべき点も少なくないが、今、原文のまま訳す。なお「王室之不正也、諸侯之専制也」は具体的には、「王室」は斉や晋などの諸侯の公室を、「諸侯」はその権臣を指していると考えられる。ただ、諸侯が自ら王を名乗るようになったのは戦国時代になってからである。　○過人之量　「量」とは力量の意。腕力が一般人を上回っていたこと。荘公が勇力を恃んだことは内篇諫上第一章、同問上第一章などに見える。　○有一過不能已焉　「一過」とは一度の過ち、「已」は止めること。ひとたび過失を犯すと誰もこれを制止することができなかったのである。崔杼の家臣東郭偃の姉であり棠公の未亡人であった棠姜と私通していた荘公は、そのためにしばしば崔杼の邸に通い彼の怨みを買っていた。側近が再三止めるようにと忠告したがきかなかったので、ついに崔杼によって弑されることとなった。『左伝』襄公二十五年・『史記』斉太公世家参照。崔杼が荘公を弑したことについては、内篇雑上第二章及び三章に詳しい。　○難　前五四八年、荘公が崔杼の邸で弑されたことを指す。　○今君大宮室、美台榭…

景公がこうしたことを好んだことは、内篇諫下第十四、二十章及び外篇第七の第二、八章などに見える。　○畏禍敬鬼神　景公のこうした性行は内篇諫下第二十一章及び外篇第七の第七章などに見える。

口語訳　第十五章　晏子が晋に使者として赴いたとき晋の平公が先君は人々の支持をどのように集めたかを問い晏子は美しい淵や沢のようであったと答えたこと

晏子が晋に使者として赴いた。晋の平公は彼を文室にて饗応した。それが終わると、さらに宴席を設けた。平公が尋ねて、「昔、あなたの先君桓公はどのようにして多くの人々の支持を得たのか」と言った。晏子はお答えして、「公はわが主君に贈り物を下さり、ひいて使者たる私にも賜りました。公のお側に侍り、恐れ多いことゆえ何とお答えすればよいかわかりません」と言った。平公は、「先生の評判はしばしば聞き及んでおりましたが、今ようやくお会いすることができたのですから、この機会になんとしてもお聞かせ願いたい」と言った。晏子はお答えして、「私は、『君子とは雨のようなもので、（深い）淵や（広い）沼地がこの雨を受け入れ、衆人がこの君子になつくさまは、魚が拠り所を得たようなもので、のびのびと泳ぎまわって楽しみを極める』と聞いております。もしも淵や沢が決壊して枯渇したりすれば、そこの魚たちは（住みかを求めて別の所へ）どっと移動してしまうでしょう。そもそも雨（のごときかの慈愛深い先君桓公）が去ってしまった今、再び（先君を）甦らせることなどできません」と言った。公はさらに尋ねて、「（斉では）荘公と今の君（景公）のどちらがまさっているかどうかお尋ねしたい」と言った。晏子は言う、「（彼ら）両君のやり方は同じではありませんので、とても私にはわかりません」と。公は、「王室が正しくないのは、諸侯が専制しているからであろう。この点についての先生の御意見をお聞きしたい」と言った。お答えして、「先君荘公は静かな環境には（かえって）心落ち着かず、（贅沢を嫌い）飲食を節約することを楽しみとし、鐘鼓の音楽を好まず、軍事を好み武術を興して、士とともに飢えや渇き、寒さ暑さを共になされました。先君の腕力の強さは並みの人を越えていましたから、もしひとたび過ちを犯すと、もはや誰もそれをとめることができませんでした。このために難を免れられなかったのです。今の主君は宮殿を大きくしたり、楼台を美しくしたりして、飢えや渇き、寒さや暑さを避けようとし、禍いを恐れ鬼神を敬っておいでです。（このような）今の君の善美な性格は、（つつがなく）一生を終えることはできましょうが、子孫に推し及ぼすまでには至らない

でしょう」と言った。

余説　晏子は、晋の平公との問答の中でも姜斉の世が長くは続かないことを暗示している。

このとき晏子は叔向とも会談しており、叔向が、「晋は季世なり。公は賦を厚くし台池を為り、政を恤れまず、政は私門に在り、其れ久しかるべけんや。」と言うと、晏子は之を然りとした、と『史記』晋世家に見える。明らかに、斉の国情と晋の国情とに共通するところがあったに違いない。こう見れば、晏子の本章における言葉はそのまま平公に対する間接的な忠告となり得ていたはずである。

なお、本篇では、本章から第二十七章まで晋の平公並びに叔向との問答が続く。

晉平公問二齊君德行高下一晏子對以二小善一　第十六

晏子使二于晉一。晉平公問曰、「吾子之君、德行高下如何。」晏子對以二小善一。公曰、「否、吾非レ問二小善一、問二子之君德行高下一也。」晏子蹴然曰、「諸侯之交、紹而相見、辭之有レ所レ隱也。君之命質、臣無レ所レ隱。嬰之君無レ稱焉。」平公蹴然而辭送、再拜而反曰、「殆哉吾過。誰曰二齊君不肖一。直稱之士、正在二本朝一也。」

晉平公《しんへいこう》齊君《せいくん》の德行《とくかう》の高下《かうげ》を問《と》ひ晏子《あんし》對《こた》ふるに小善《せうぜん》を以《もっ》てす　第十六

晏子《あんし》晉《しん》に使《つか》ひす。晉《しん》の平公《へいこう》問《と》ひて曰《いは》く、「吾子《ごし》の君《きみ》、德行《とくかう》の高下《かうげ》如何《いかん》」と。晏子《あんし》對《こた》ふるに小善《せうぜん》を以《もっ》てす。公曰《こういは》く、「否《いな》、吾《われ》小善《せうぜん》を問《と》ふに非《あら》ず、子《し》の君《きみ》の德行《とくかう》の高下《かうげ》を問《と》ひしなり」と。晏《あん》子《し》蹴然《しゅくぜん》として曰《いは》く、「諸侯《しょこう》の交《まじ》はりは、紹《せう》して相見《あひまみ》ゆ、辭《じ》の隱《かく》す所有《ところあ》るなり。君《きみ》の命質《めいしつ》なれば、臣《しん》は隱《かく》す所無《ところな》からん。嬰《えい》の君《きみ》は稱《ほ》むること無《な》し」と。平公《へいこう》蹴然《しゅくぜん》として辭《じ》して送《おく》り、再拜《さいはい》して反《かへ》りて曰《いは》く、「殆《あや》ふきかな吾《わ》が過《あやま》つこと。誰《たれ》か齊君《せいくん》不肖《ふせう》なりと曰《い》ふ。直稱《ちょくしょう》の士《し》、正《まさ》に本朝《ほんてう》に在《あ》り」と。

語釈　○蹴然　恐れ謹むさま、また不安なさま。　○紹而相見　「紹」は紹介と同じ、間を取り持って引き合わせること。　○辞之有所隠也　「隠」とは尊貴なもののために諱むことで、発言するときにも主君の不名誉なことは言わずに隠しておくべきことがあること。　○君之命質、臣無所隠　「君之命」とは平公の晏子に対する質問を指す。「質」は「実」に通じ、誠信であること、また飾り気がないこと。平公の質問に隠すところがなく率直なので、晏子も隠さずに答えようという意。　○無称　誉めるべきことはない。　○反　反省す

ること。　○殆哉吾過　平公は根拠のない風聞だけで斉君を過小に評価してしまうことによって生じる危険を察知したのである。孫星衍は、（平公）自身の臣下も、他国の諸侯に同じように問われれば、やはり晏子と同じように主君の過ちを隠すことはできないであろうと悟って、危ういと感じたのであると解するが、従い難い。　○直称之士　「直称」は「直言」と同じで、はばからずに言うこと。晏子を指す。

口語訳　第十六章　晋の平公が斉君の徳行は高いか低いかと問い晏子はまずまずの善行ぶりであると答えたこと

晏子が晋に使者として赴いた。晋の平公が尋ねて、「あなたのご主君の徳行の高さはどれ程でしょうか」と言った。晏子はまずまずの善行ぶりあると答えた。公が言う、「いや、余はまずまず立派であるなどという答えが欲しくて尋ねたのではない、あなたのご主君の徳行は高いか低いかを尋ねたのだ」と。晏子は恐れ謹んで言う、「諸侯の交際は、間に立って紹介する者があって相まみえるもの、（間に立つ者が発言するときは今後のことを慮って）あからさまに言わずに隠しておくべきこともございます。（けれども）公のご質問は（隠すところがなく）率直なので、私も隠すことなく（率直に）お答えいたしましょう。（実を申しますと）私の主君は誉め称えるほどのことはございません」と。平公は恐れ入った面もちで言葉遣いも丁寧に見送り、再拝して戻ってくると、「危なく余は過ちを犯すところだった。誰が斉の君は不肖であるなどと言ったのだ。直言の士が、まさしくわが朝廷に来ているではないか」と言った。

余説　晋の平公には当時天下の覇者としての威信があった。晋の国力は斉をはるかに上回っていたのである。そのため平公は実に横暴なまでに、斉の正式な使者である晏子に対して、斉君の徳行について論評せよと迫っている。その迫り方には有無を言わせぬものがある。これは、外交場裏において自らの威信を背景に斉君を露骨に侮辱し、ひいては斉に圧力を加えようとする行為に他ならない。ところが、晏子はこれを鮮やかに切り返してみせたばかりか、平公に深く反省させた、ひいてはこのような外交術に長けた「直言の士」を抱える斉君の力量はどうして侮り難いと悟らせたのである。

しかしまたその一方で、迫られて止むを得ずという状況下であったとはいえ、晏子が極めて率直に自分の主君のことを批判していることも注意される。

晉叔向問二齊國若何一晏子對以三齊德衰民歸二田氏一 第十七

晉《しん》の叔向《しゆくきやう》齊國《せいこく》は若何《いかん》と問《と》ひ晏子《あんし》對《こた》ふるに齊《せい》の德衰《とくおとろ》へ民田氏《たみでんし》に歸《き》するを以《もつ》てす 第十七

晏子聘二于晉一。叔向從レ之宴、相與語。叔向曰、「齊其何如。」晏子對曰、「此季世也。吾弗レ知、齊其爲二田氏一乎。」叔向曰、「何謂也。」晏子曰、「公棄二其民一、而歸二于田氏一。齊舊四量、豆・區・釜・鍾。*四升爲レ豆、各自二其四一、以登二于釜一、釜十則鍾。田氏三量、皆登レ一焉、鍾乃巨矣。以二家量一貸、以二公量一收レ之。山木如レ市、弗レ加二于山一、魚鹽蜃蛤、弗レ加二于海一。民參二其力一、二入二于公一、而衣二食其一一。公積朽蠹、而老少凍餒、國都之市、屨賤而踊貴、民人痛疾、或燠二休之一。昔者殷人誅殺不レ當、僇レ民無レ時、文王慈二惠殷衆一、收二卹無主一。是故天下歸レ之。無二私與一、維德之授。今公室驕暴、而田氏慈惠。其愛レ之如二父母一、而歸レ之如二流水一。欲レ無レ獲レ民、將焉避レ之。箕伯・直柄・虞遂・伯戲、其相二胡公・大姬一、已在レ齊

晏子《あんし》晉《しん》に聘《へい》す。叔向《しゆくきやう》之《これ》に從《したが》ひて宴《えん》し、相與《あひとも》に語《かた》る。叔向《しやくきやう》曰《いは》く、「齊《せい》は其《そ》れ何如《いかん》」と。晏子《あんし》對《こた》へて曰《いは》く、「此《こ》れ季世《きせい》なり。吾《われ》は知《し》らず、齊《せい》は其《そ》れ田氏《でんし》と爲《な》らんか」と。叔向《しゆくきやう》曰《いは》く、「何《なん》の謂《いひ》ぞや」と。晏子《あんし》曰《いは》く、「公其《こうそ》の民《たみ》を棄《す》てて、田氏《でんし》に歸《き》すればなり。齊《せい》は舊四量《もとしりやう》あり、豆《とう》・區《おう》・釜《ふ》・鍾《しよう》なり。四升《ししやう》を豆《とう》と爲《な》し、各〻其《おのおのそ》の四《し》を自《もち》ひて、以《もつ》て釜《ふ》に登《のぼ》り、釜十《ふじふ》なれば則《すなは》ち鍾《しよう》なり。田氏《でんし》の三量《さんりやう》は、皆一《みないつ》を登《くは》へ、鍾乃《しやうすなは》ち巨《きよ》なり。家量《かりやう》を以《もつ》て貸《か》し、公量《こうりやう》を以《もつ》て之《これ》を收《をさ》む。山木《さんぼく》は市《いち》に如《ゆ》きて、山《やま》より加《くは》はらず、魚鹽蜃蛤《ぎよえんしんかふ》は、海《うみ》より加《くは》はらず。民《たみ》は其《そ》の力《ちから》を參《さん》にして、二《に》は公《こう》に入《い》れ、而《しか》して其《そ》の一《いつ》を衣食《いしよく》す。公《こう》の積《し》は朽蠹《きうと》して、老少《らうせう》は凍《とう》餒《だい》し、國都《こくと》の市《いち》は、屨賤《くつやす》くして踊貴《ようたか》く、民人痛疾《みんじんつうしつ》して、之《これ》を燠《いく》休《きう》すること或《あ》り。昔者殷人《むかしいんひと》誅殺當《ちゆうさつあた》らず、民《たみ》を僇《りく》すること時無《ときな》ければ、文王殷《ぶんわういん》の衆《しゆう》を慈惠《じけい》し、無主《むしゆ》を收卹《しうじゆつ》す。是《こ》の故《ゆゑ》に天下《てんか》之《これ》に歸《き》す。私與《しよ》すること無《な》く、維《た》だ德《とく》を之《こ》れ授《さづ》く。今公室驕暴《いまこうしつけうばう》にして、田氏《でんし》は慈惠《じけい》あり。其《そ》の之《これ》を愛《あい》すること父母《ふぼ》のごとくして、之《これ》に歸《き》すること流水《りうすゐ》のごとし。民《たみ》を獲《う》ること無《な》からんと欲《ほつ》するも、將《は》た焉《いづく》んぞ之《これ》を避《さ》けん。箕伯《きはく》・直柄《ちよくへい》・虞遂《ぐすゐ》・伯戲《はくぎ》は、其《そ》れ

矣。」

叔向曰、「雖吾公室、亦季世也。戎馬不駕、卿無軍行、公乘無人、卒列無長、庶民罷褩、宮室滋侈、道殣相望、而女富溢尤。民聞公命、如逃寇讎。欒・*郤・胥・原・*狐・續・慶・伯、降在皁隸、政在家門。民無所依、而君日不悛、以樂慆憂。公室之卑、其何日之有。讒鼎之銘曰、昧旦丕顯、後世猶怠。況日不悛、*其能久乎。」晏子曰、「然則子將若何。」叔向曰、「人事畢矣、待天而已矣。晉之公族盡矣。肸聞之、公室將卑、其宗族枝葉先落、則公從之。肸之宗十一族、維羊舌氏在而已。肸又無子、公室無度、幸而得死、豈其獲祀焉。」

胡《こ》公《こう》・大姫《だいき》を相《たす》けて、已《すで》に齊《せい》に在《あ》り」と。

叔向《しゆくきやう》曰《いは》く、「吾《わ》が公室《こうしつ》と雖《いへど》も、亦《また》季世《きせい》なり。戎馬《じゆうば》駕《が》せず、卿《けい》に軍行《ぐんかう》無《な》く、公乘《こうじやう》に人《ひと》無《な》く、卒列《そつれつ》に長《ちやう》無《な》く、庶民《しよみん》は罷褩《ひへい》し、宮室《きゆうしつ》は滋〻《いよいよ》侈《おご》り、道《みち》に殣《うえじに》したるものは相望《あひのぞ》みて、女富《ぢよふう》は溢〻《ますます》尤《はなはだ》し。民《たみ》公命《こうめい》を聞《き》けば、寇讎《こうしう》より逃《のが》るるがごとし。欒《らん》・郤《げき》・胥《しよ》・原《げん》・狐《こ》・續《ぞく》・慶《けい》・伯《はく》、降《くだ》りて皁隸《さうれい》に在《あ》り、政《せい》は家門《かもん》に在《あ》り。民《たみ》依《よ》る所《ところ》無《な》く、而《しか》うして君《きみ》日《ひ》に悛《あらた》めずして、樂《らく》を以《もつ》て憂《いう》を慆《かく》す。公室《こうしつ》の卑《いや》しきこと、其《そ》れ何《いつ》れの日《ひ》か之《これ》有《あ》らん。讒鼎《ざんてい》の銘《めい》に曰《いは》く、昧旦《まいたん》丕《おほ》ひに顯《あき》らかにすれども、後世《こうせい》猶《な》ほ怠《おこた》る、と。況《いは》んや日《ひ》に悛《あらた》めざれば、其《そ》れ能《よ》く久《ひさ》しからんや」と。晏子《あんし》曰《いは》く、「然《しか》らば則《すなは》ち子《し》將《まさ》に若何《いかん》せんとする」と。叔向《しゆくきやう》曰《いは》く、「人事《じんじ》畢《をは》れり、天《てん》を待《ま》つのみ。晉《しん》の公族《こうぞく》盡《つ》きん。肸之《きつこれ》を聞《き》く、公室《こうしつ》將《まさ》に卑《いや》しからんとするや、其《そ》の宗族《そうぞく》枝葉《しえふ》のごとく先《ま》づ落《お》つれば、則《すなは》ち公之《こうこれ》に從《したが》ふ、と。肸《きつ》の宗十一族《そうじふいちぞく》なるも、維《こ》れ羊舌氏《やうぜつし》在《あ》るのみ。肸又《きつまた》子《こ》無《な》く、公室《こうしつ》度《ど》無《な》ければ、幸《さいは》ひにして死《し》するを得《え》ても、豈《あ》に其《そ》れ祀《まつ》らるるを獲《え》んや」と。

校訂　*鍾　底本は「鐘」。容量を表す単位は「鍾」。「鐘」は字が似て誤ったもの。『校注』は「鍾」に作る。

*欲無獲民、將焉避之　底本は「無獲民、将焉避」。原文のままでは文義不明であるから、『左伝』によって「無」の上に「欲」字を加えるべきとする蘇輿の説と、『左伝』によって「避」の下に「之」字を補うべきとする呉則虞の説とに従い改めた。

*郤　底本は「卻」。この場合は「郤」が正しい。なお「郤」は「卻」（きやく）と似てはいるが別字で通用しない。

＊狐　底本は「孤」。「孤」は『左伝』のように「狐」に作るのが、『潜夫論』に「狐氏は晋の姫姓なり」とあるのによっても、正しいという孫星衍の説、及び「孤」を元刻本は「狐」に作っているという黄以周の指摘とによって改めた。『校注』も改めている。

＊其能久乎　底本は、「其竜久乎」。「竜」は「龍」の俗字で、「龍」は「能」に似ていたために写し誤ったのであろうという呉則虞説に従い改めた。『左伝』は「其能久乎」に作っている。

語釈　○叔向　晋の大夫、羊舌肸の字。平公の太傅であった。鄭人が鼎に刑法を鋳こんで成文法を制定すると、子産に書を送ってその弊を諫めたことで知られる（『左伝』昭公六年参照）。　○晏子聘于晋　張純一は、明本・孫本は「聘」に作っているけれども、元刻本は「使」に作っていること、また『左伝』昭公三年に「斉侯使晏嬰請継室於晋」とあることによって、『校注』は本文を「晏子使于晋」に改めている。また呉則虞は、元刻本・明本で「使」に作っている版本はなく、張説は誤りだという。今、原文のままとする。　○豆・区・釜・鍾　いずれも容量を表す単位。一豆は四升。一豆は、〇・七七六リットル。「区」（おう）は、「豆」の上の単位。一区は四豆、すなわち十六升。「釜」は区の上の単位、「鬴」（ふ）に同じ。一釜は四区、すなわち六十四升。「鍾」は釜の上の単位、十釜、すなわち六百四十升で一鍾。　○各自其四、以登于釜　四豆で一区、四区で一釜と数えていくこと。　○田氏三量、皆登一焉　「登」は加えること。四量のはじめの三段階について、五升で一豆、五豆で一区、五区で一釜というように一単位ずつ余分に加えていくのである。　○鍾乃巨矣　一鍾が公室の升目では六百四十升であるはずが、田氏の升目に従うと、一千二百五十升と、二倍近くになる。そこでこれを「巨」といったのである。　○凍餒　飢え凍えること。　○国都之市　斉の各地の市場。必ずしも首都臨淄だけを指すのではあるまい。「都」は『管子』乗馬篇・戒篇などでは斉国の行政区画の一つとして見えているからである。王念孫は、『晏子春秋』はもと「国之都市」に作っており、「都」は「諸」の仮字であったが、何人かが都邑の都と誤解して「国都之市」に改めてしまったものであるという。また、これに関連して、孫星衍の「『左伝』が「国之諸市」に作るのは非である」との説を取り上げて、これを『左伝』批判と受けとめ、『左伝』を抑して『晏子春秋』を尊ぼうとする意図から出たものに他ならず、彼が尊重するテキストはもともと原本でなく俗本に過ぎないとこきおろしている。『校注』は、王説に従い「国之都市」に改めている。今、原文のままとする。　○屨賤　「屨」はくつ。「賤」は値が安いこと。刖刑（足切りの刑）を受けた者が多いために、くつの需要がなく供給過剰となり、値が安くなっていること。　○踊貴「踊」は刖刑を受けた者が履くくつ。義足のようなものか。踊の需要が多くて供給が間に合わず、値が上がっていること。　○燠休苦痛を慰めるために出す声の意。一説に、痛むところに温かい息をかけてやる意。ここでは、田氏が民の苦痛を救っていることを指す。○収卹　「収」は救うこと。「卹」は「恤」の別体。憐れむ意。「救恤」と同じ、救済すること。　○無主　鰥（妻を失った男）・寡（夫を失った女）・孤（両親を失った子）・独（配偶者のいない独身者）など、身寄りのない者を指す。　○無私与、維徳之授　文王は私情

でえこひいきすることなく、徳政を民に施したことをいう。『校注』は王念孫の「民」字を「無私与」の上に加えるべきとの説に従い改めているが、今、原文のままとする。　〇其愛之如父母、而帰之如流水　『管子』小匡篇に「天下之於桓公也、遠国之民、望如父母、近国之民、従如流水」（天下の桓公に於けるや、遠国の民は、望むこと父母のごとく、近国の民は従ふこと流水のごとし）とあり、同書戒篇に「如此而近有徳而遠有色、則四封之内、視君其猶父母邪、四方之外、帰君其猶流水乎」（此くのごとくして有徳を近づけて有色を遠ざくれば、則ち四封の内、君を視ること其れ猶ほ父母のごときか、四方の外、君に帰すること其れ猶ほ流水のごときか）とあるように、当時、愛民の君主は民に父母の如くに慕われ、また民の慕い行くさまは水が流れる如く極めて自然なこととされ、これがひとつの理想の政治のありようであった。　〇箕伯・直柄・虞遂・伯戯　『左伝』の杜預の注によれば、この四人は皆舜の後裔で、田氏の祖先であるという。　〇胡公・大姫　これも杜預の『左伝』注によれば、「胡公」は上記四人のさらに後裔である。『史記』陳世家に見える、周の武王により舜の後裔として陳に封建された胡公のことであろう。その太史公賛に、「舜の徳は至れりと謂ふべし。位を夏に禅（ゆず）りて、後世血食する者三代を歴（へ）て、楚の陳を滅（ほろぼ）すに及びて、田常政を斉に得、卒に為に建国し、百世絶へず、苗裔茲茲として、有土者乏しからず」と、舜から、陳の胡公を経て、斉の田氏に至るまで、脈々とその血統が続いたことをいう。「大姫」は同じく杜預の注によれば、胡公の妃。文王の娘。　〇已在斉矣　舜の後裔の四人の賢者の霊魂が陳の建国の祖胡公とその妃をたすけた後は、斉に移って田氏を守護するために在り続けたという意味。祖先の霊魂は常に子孫を見守っているという観念に基づく。　〇戎馬不駕　「戎馬」は軍用の馬。「駕」は馬に乗ること。戦争の準備がなされていないことを言う。　〇卿無軍行　卿大夫らに戦争の経験がないこと。〇公乗無人　公室の戦車に乗るにふさわしい武人がいないこと。　〇卒列無長　軍隊に指揮をとる者がいないこと。「卒列」とは軍隊のことで、左伝の杜預の注に「百人を卒と為す」とある。　〇罷弊　「疲弊」と同じ。　〇殣　行き倒れること。『左伝』の杜預注には「餓死するを殣と為す」とある。　〇女富溢尤　杜預は「女富」を君主の寵愛を受けた女の実家が富むことと解する。「溢」は「益」と同じ、ますますの意。「尤」は甚だしいこと。于省吾は、「女」は「如」と同じで、人々が路傍で餓死しているのとは裏腹に、公室ばかりが一見したところますます富み栄えていると解すべきであるという。今、杜説に従い訳す。　〇民聞公命、如逃寇讐　内篇問上第二十五章に「今民聞公令如寇讐」（今民公の令を聞くこと寇讐のごとし）と見える。上文の「愛之如父母」「帰之如流水」と反対の語である。当時の常套句であったようだ。　〇欒・郤・胥・原・狐・続・慶・伯　『左伝』の杜預注には「この八姓は晋の旧臣の族なり」とある。当時の晋は公室が弱体化し、かわって韓・趙・魏・范・中行・智氏の六卿によって晋は事実上乗っ取られてしまっていたのである。
〇皁隷　身分の卑しい役人。　〇悛　悔い改めること。　〇以楽慆憂　「慆」は「韜」に通じ、かくすこと。目先の快楽を追うことで、晋の公室が既に実権を奪われているという悩みを隠して見ぬふりをすること。孫星衍は、『説文』に「慆とは説（よろこ）ぶなり」とあ

るのによって、快楽を求めることで、憂さを紛らわすの意に解する。　○讒鼎　鼎の名前。「讒」は地名であるという説と、讒言を憎むことを記した鼎という説と、貪食を戒める鼎という説との三通りがある。『韓非子』説林下篇にも見える。陳奇猷（『韓非子集釈』）は、本章でこの箇所に続いて戒めを述べていることを根拠にして、第二の意味に解している。兪樾と呉則虞は第三の貪食を戒める鼎の意に解している。　○昧旦丕顕　「昧旦」とは早朝、黎明のこと。「丕」とは、大いにの意。早朝から起きて励み、大いに名声を明らかにすること。　○肸　叔向の名。　○羊舌氏　叔向の姓。　○無度　「度」は法度の意。決まりがないこと。　○幸而得死　『左伝』の杜預注に「寿を以て終わることを得るを幸いと為す」とある。幸いに寿命が尽きて死ぬこと。　○祀　死後に子孫によって祀られること。

口語訳　第十七章　晋の叔向が斉の国情はどうかと問い晏子は斉公の徳は衰えて民心は田氏に懐いていると答えたこと

晏子が晋を訪問した。叔向が（正式の会見の）後に宴を催して、互いに語り合った。叔向が、「斉の国情はいかがでしょうか」と言った。晏子は答えて、「末世でしょう。私はよくわかりませんが、斉は（やがて）田氏のものになるでしょう」と言った。叔向は、「どういう意味ですか」と言った。晏子は、「公が斉の民を見捨ててしまったので、（民が）田氏に懐いているからでございます。斉は古来四段階の容量（を計る升目）がありまして、豆・区・釜・鍾がそれです。四升で一豆とし、各々の升目は四倍すると次の升目になって、釜まで上がっていき、十釜で一鍾となります。田氏の（用いる豆・区・釜の）三段階は、皆升目一つ分を増やして計りますので、鍾となるととても多くなります。自家の升目で（民に）貸し与え、公室の升目で回収する（から民はその差益が得られる）のです。山の木は（田氏の管理する）市場に運んで売っていても、山里での値より高くならず、魚や塩、大蛤や蛤も海辺での値より高くなりません。（ところが国全体でみると）民の資力を三とすれば、そのうちの二は公室に差し出して、残りの一を衣食に当てているのです。公室の蓄えは腐って虫がわくほどなのに、年寄り子供は飢え凍え、（刑が厳しく足切りを受ける者が多いので）国中の市場では、普通のくつは安く、足切りの刑を受けた者が履くくつは高くなっており、民は（このようにいつも虐げられて）痛み悲しんでいるものですから、（かの田氏が）それに同情して慰めてやっているのです。昔、殷人は刑罰を不当に加えて、民をしょっちゅう殺戮しておりましたので、周の文王は殷の民衆に慈愛と恩恵とを施し、身寄りのない者を救済しました。このた

めに天下の人々は彼のもとに帰順したのです。（文王は）私情から与えることなく、ただ徳を民に（隔てなく）施したのです。ところが今、わが公室は傲慢にして横暴、（一方の）田氏は慈愛と恩恵とに満ちています。（田氏が民を）愛するさまは父母のよう（に親密）であり、（民が田氏に懐くさまは）水が流れるよう（に自然）なのです。これではたとえ民心を得まいと望んでも、どうして避けられましょうか。（田氏の祖）箕伯・直柄・虞遂・伯戯のみ霊《たま》は、（陳の）胡公とその妃を助けたあと、（今度は、子孫の田氏を助けるために）既に斉にましますのでしょう」と言った。

叔向が言う、「わが公室とても、やはり末の世です。（平和に慣れきったために）軍馬は使いものにならず、卿は戦争経験がなく、公室の戦車には乗り手がなく、兵卒の隊伍には指揮官がおらず、庶民は（長年の過酷な賦役で）疲れきっているのに、宮廷はますます贅沢に耽り、道端で野垂れ死にした者はあちこちに目につくというのに、（寵愛を受けた）女たちの実家の富はますます増える一方です。民は公の命令を聞かされると、まるで仇から逃れようとするかのようにふるまいます。欒・郤・胥・原・狐・続・慶・伯らの譜代の家臣の一族は、低い身分に落ちぶれてしまい、政権は勢家の手に落ちてしまいました。民は頼れるところがないというのに、主君は一日として心を改めることがなく、快楽に耽って憂さを紛らわしているのです。公室が没落する日は、いつかきっとやってきます。かの讒鼎の銘文に、『薄暗い夜明けに起きて励み、大いに名声を挙げたのに、後世の者が怠けている』といっております。まして、一日として心を改めることがないならば、どうして長続きできるでしょう」と。晏子が、「それならばあなたはこれからどのようになさるおつもりか」と言うと、叔向は、「やれることは全てやりました。あとは天命を待つだけです。晋の公室は滅びます。私はこのように聞いています、『公室が今にも没落しようというときは、その宗族が枝葉のようにまず落ちぶれ、（幹である）公室がそのあとを追う』と。私の宗族はすべてで十一族でしたが、今は（私の）羊舌氏が残るだけとなってしまいました。私にはそのうえ子供が無く、公室にはきまりがありませんから、運よく寿命を全うして死ぬことができても、どうして祀ってもらえましょうか（いずれはわが一族も滅んでしまうことでしょう）」と言った。

余説　斉が姜氏から田氏に権力が移行していく過程を克明に叙述するが、ここには田氏の簒奪といった批判的ニュアンスはない。むしろ、殷周の王朝交替を引き合いに出しつつ姜氏の無反省な腐敗堕落ぶりが人々の支持を失っていたことと、対する田氏の愛民策が日々に信頼

と名声を得ていったこととを対比させて、歴史の必然的な展開であったことをいおうとする。また同時に、叔向が晋の公室の堕落ぶりを嘆いてみせており、そこには天意すら存在したといった言葉さえ見られるほどである。いずれも春秋末の下克上の状況を描いている。斉が姜氏から田氏の手に、晋が韓・魏・趙のいわゆる三晋に分裂したことは、周知の通りである。

　本章の述作が、あまりにも正確な予言に満ちているので、ことが実際に生起した後の述作された説話であると考えるべきであろう。とすれば『史記』田敬仲世家に、「晏子…使於晋、与叔向私語曰、斉国之政其卒帰於田氏矣」（晏子…晋に使し、叔向と私（ひそ）かに語りて曰く、斉国の政は其れ卒に田氏に帰せん、と）とあるのも、同様に解すべきものであろうか。

なおまた語釈でもしばしば指摘したように、『左伝』昭公三年に本章とほとんど同一の説話が見えるので、以下に引用しておく。

　斉侯使晏嬰請継室於晋曰、「寡君使嬰曰、寡人願事君朝夕不倦。将奉質幣以無失時、則国家多難。是以不獲。不腆先君之適、以備内官焜燿寡人之望、則又無禄早世隕命、寡人失望。君若不忘先君之好、恵顧斉国、辱収寡人、徼福於大公・丁公、昭臨敝邑、鎮撫其社稷、則猶有先君之適、及遺姑姉妹、若而人。君若不棄敝邑、而辱使董振択之、以備嬪嬙、寡人之望也。」

韓宣子使叔向対曰、「寡君之願也。寡君不能独任其社稷之事、未有伉儷、在縗絰之中、是以未敢請、君有辱命。恵莫大焉。若恵顧敝邑、撫有晋国、賜之内主、豈唯寡君、挙群臣実受其貺。其自唐叔以下、実寵嘉之。」

既成昏、晏子受礼。叔向従之宴、相与語。叔向曰、「斉其何如。」晏子曰、「此季世也。吾弗知、斉其為陳氏矣。公棄其民、而帰之陳氏。斉旧四量。豆・区・釜・鍾。四升為豆、各自其四、以登於釜、釜十則鍾。陳氏三量、皆登一焉、鍾乃大矣。以家量貸、而以公量牧之。山木如市、弗加於山、魚鹽蜃蛤、弗加於海。民参其力、二入於公、而衣食其一。公聚朽蠹、而三老凍餒。国之諸市、屨賤踊貴、民人痛疾、而或燠休之。其愛之如父母、而帰之如流水。欲無獲民、将焉避之。箕伯・直柄・虞遂・伯戯、其相胡公・大姫、已在斉矣。」

叔向曰、「然。雖吾公室、今亦季世也。戎馬不駕、卿無軍行、公乗無人、卒列無長、庶民罷敝、而宮室滋侈、道殣相望、而女富溢尤。民聞公命、如逃寇讎。欒・郤・胥・原・狐・続・慶・伯、降在皁隷、政在家門。民無所依、君日不悛、以楽慆憂。公室之卑、其何日之有。讒鼎之銘曰、昧旦丕顕、後世猶怠。況日不悛、其能久乎。」晏子曰、「子將若何。」叔向曰、「晋之公族尽矣。肸聞之、公室將卑、其宗族枝葉先落、則公室従之。肸之宗十一族、唯羊舌氏在而已。肸又無子、公室無度、幸而得死、豈其獲祀。」

（斉侯晏嬰をして室を継がんことを晋に請はしめて曰く、「寡君嬰を使はして曰く、寡人は君に事へんことを願ひて朝夕倦まず。将に質幣を奉じて以て時を失ふこと無からんとすれど、則ち国家多難なり。是を以て獲られず。不腆（ふてん＝善くない）なる先君の適、以て内官に備へて寡人の望みを焜燿（こんえう＝かがやかす）せしむれども、則ち又無禄にして早世隕命（さうせいゐんめい）し、寡人望みを失ふ。君若

し先君の好（よし）みを忘れず、斉国を恵顧し、寡人を辱収（じょくしう＝かたじけなくもあわれむ）し、福を大公・丁公に徼（もと）め、敝邑（へいいふ）を昭臨（せうりん）し、其の社稷を鎮撫すれば、則ち猶ほ先君の適、及び遺（のこ）しし姑姉妹、若（か）くのごとき人有り。君若し敝邑を棄てずして、辱くも董（ただ）して之を振択し、以て嬪嬙（ひんしやう＝宮中の女官）に備へしめば、寡人の望みなり、と」。韓宣子叔向をして対へしめて曰く、「寡君の願ひなり。寡君独り其の社稷の事に任（た）ふること能はず、未だ伉儷（かうれい＝つれあい）有らざれども、縗経（さいてつ＝喪服）の中に在れば、是を以て未だ敢へて請はざるに、君命を辱（かたじけな）くする有り。恵焉より大なるは莫し。若し敝邑を恵顧し、晋国を撫有して、之に内主を賜はば、豈に唯だ寡君のみならんや、群臣を挙げて実に其の貺を受けん。其れ唐叔より以下、実に之を寵嘉せん」と。

既に昏を成し、晏子礼を受く。叔向之に従ひて宴し、相与に語る。叔向曰く、「斉は其れ何如」と。晏子曰く、「此れ季世なり。吾知らず、斉は其れ陳氏と為らん。公は其の民を棄て、而して之を陳氏に帰せしむ。斉は旧四量あり。豆・区・釜・鍾なり。四升を豆と為し、各ゝ其の四を自（もち）ひて、以て釜に登り、釜十なれば則ち鍾なり。陳氏の三量は、皆一を登（くは）へ、鍾乃ち大なり。家量を以て貸し、而して公量を以て之を牧（をさ）む。山木は市に如きて、山より加はらず、魚鹽蜃蛤は、海より加はらず。民は其の力を参にして、二は公に入れ、而して其の一を衣食す。公の聚は朽蠹して、三老は凍餒し、国の諸市は、屨賤（やす）くして踊貴（たか）く、民人痛疾して、之を燠休すること或（あ）り。其の之を愛すること父母のごとくして、之に帰すること流水のごとし。民を獲ること無からんと欲するも、将に焉んぞ之を避けん。箕伯・直柄・虞遂・伯戯は、其れ胡公・大姫を相（たす）けて、已に斉に在り」と。叔向曰く、「然り。吾が公室と雖も、今亦た季世なり。戎馬駕せず、卿に軍行無く、公乗人無く、卒列に長無く、庶民は罷敝して、宮室滋ゝ侈り、道に殣たるものは相望みて、女富溢ゝ（ますます）尤（はなはだ）し。民公命を聞けば、寇讎を逃るるがごとし。欒・郤・胥・原・狐・続・慶・伯は、降りて皁隷に在り、政は家門に在り。民依る所無く、君日に悛めず、楽を以て憂を慆（かく）す。公室の卑しきこと、其れ何れの日か之れ有らん。讒鼎の銘に曰く、昧旦丕ひに顕らかにすれども、後世猶ほ怠る、と。況んや日に悛めざれば、其れ能く久しからんや」と。晏子曰く、「子将に若何せんとす」と。叔向曰く、「晋の公族尽きん。肸之を聞く、公室将に卑しからんとするや、其の宗族枝葉先づ落つれば、則ち公室之に従ふ。肸の宗十一族なるも、唯だ羊舌氏在るのみ。肸又子無く、公室度無ければ、幸にして死するを得ても、豈に其れ祀らるるを獲んや」と。

叔向問二齊德衰子若何一晏子對以二進不レ失レ忠退不レ失レ行　第十八

叔向問二晏子一曰、「齊國之德衰矣。今子何若。」晏子對曰、「嬰聞、事二明君一者、竭二心力一以沒二其身一、行不レ逮則退、不二以レ誣持レ祿、事二惰君一者、優二游其身一以沒二其世一、力不レ能則去、不二以レ諛持レ危。且嬰聞、君子之事レ君也、進不レ失レ忠、退不レ失レ行。不二苟合以隱レ忠、可レ謂レ不レ失レ忠、不二持レ利以傷レ廉、可レ謂レ不レ失レ行。」叔向曰、「善哉。詩有レ之曰、進退維谷。其此之謂歟。」

叔向《しゆくきやう》齊《せい》の德衰《とくおとろ》へて子《し》若何《いかん》せんとすと問《と》ひ晏子《あんし》對《こた》ふるに進《すす》みて忠《ちゆう》を失《うしな》はず退《しりぞ》きて行《おこな》ひを失《うしな》はざるを以《もつ》てす　第十八

叔向晏子《しゆくきやうあんし》に問《と》ひて曰《いは》く、「齊國《せいこく》の德衰《とくおとろ》へたり。今子何若《いましいかん》せんとす」と。晏子《あんし》對《こた》へて曰《いは》く、「嬰聞《えいき》く、明君《めいくん》に事《つか》ふるには、心力《しんりよく》を竭《つ》くして以《もつ》て其《そ》の身《み》を沒《を》へ、行《おこな》ひ逮《およ》ばざれば則《すなは》ち退《しりぞ》き、誣《ふ》を以《もつ》て祿《ろく》を持《ぢ》せず、惰君《だくん》に事《つか》ふるには、其《そ》の身《み》を優游《いういう》して以《もつ》て其《そ》の世《よ》を沒《を》へ、力能《ちからあた》はざれば則《すなは》ち去《さ》り、諛《ゆ》を以《もつ》て危《あや》ふきを持《ぢ》せず、と。且《か》つ嬰聞《えいき》く、君子《くんし》の君《きみ》に事《つか》ふるや、進《すす》みて忠《ちゆう》を失《うしな》はず、退《しりぞ》きて行《おこな》ひを失《うしな》はず、と。苟合《こうがふ》して以《もつ》て忠《ちゆう》に隱《たが》はざれば、忠《ちゆう》を失《うしな》はずと謂《い》ふべく、利《り》を持《ぢ》して以《もつ》て廉《れん》を傷《やぶ》らざれば、行《おこな》ひを失《うしな》はずと謂《い》ふべし」と。叔向《しゆくきやう》曰《いは》く、「善《よ》いかな。詩《し》に之有《これあ》りて曰《いは》く、進退維《しんたいこ》れ谷《よ》し、と。其《そ》れ此《これ》の謂《いひ》か」と。

語釈　○誣　欺くこと。　○優游　ぐずぐずして優柔不断なことの意もあるが、ここでは万事ほどほどに要領よく仕えることの意に解しておく。なお張純一は、「悪に逢わず、悪を助けず、精いっぱい職分を守って、怠らぬようにするだけのこと」と解しているが、その通りである。　○持危　危うい立場に居続けること。　○苟合　迎合すること。　○隠忠　「隠」は「違」に同じ。忠義に背くこと。本篇第三十章の語釈「隠道危行」の項参照。　○詩有之曰、進退維谷　『詩経』大雅・桑柔の詩。孫星衍は『毛伝』に従い「谷」を「窮まる」と読む。蘇輿は、孫説を非として、『漢詩外伝』第六の「石他曰、…。聞之者曰、君子哉、安之命矣。詩曰、人亦有言、進退惟谷。石先生之謂也」（石他曰く、…。之を聞く者曰く、君子なるかな、之が命に安んぜり。詩に曰く、人亦た言有り、進退惟れ谷し、と。石先生の謂ひなり、と）所引の『詩』と同一義であって、いずれも誉め言葉であるから、「窮まる」と読んだのでは理に合わない。けだし「谷」は「穀」の仮字で、「善し」と読むべきである、云々、という。張純一も蘇説を是とする。ところが呉則虞は、『晏子春秋』

所引の『詩』の解釈は皆『毛伝』によっているとの説を立てているために、ここでも孫説の方を是とする。今、蘇説に従い「よし」と読んで訳しておく。

口語訳　第十八章　叔向が斉の徳が衰えてしまってあなたはどうするつもりかと問い晏子が進んでは忠義を失わぬよう退いては品行を失わぬようにすると答えたこと

叔向が晏子に尋ねて、「斉国の徳望は衰えてしまいました。今、あなたはいかがなさるおつもりか」と言った。晏子は答えて、「嬰《わたくし》はこのように聞いております、『明君に仕える場合は、心を尽くし全力をあげて一生を終えるべく、行いが及ばなければ辞職し、欺いてまで俸禄を得続けようとせぬもの、惰君に仕える場合は、適当に要領よく仕えて一生を終えるべく、能力がなければ辞去し、諂ってまで危うい立場に居続けぬもの』と。それに嬰はこのようにも聞いております、『君子が君主に仕えるときは、出仕しては忠義を失わず、辞職しては品行を失わないものだ』と。迎合しているようであっても忠義に背かなければ、やはり忠義を失わないということができ、利益にこだわっていても廉直さを損なわなければ、やはり品行を失わないということができるのです」と言った。叔向は、「よいことだ。『詩』にこのように言っている、『進むも退くもこれ善し』と。これこそそのことを言っているのであろう」と言った。

余説　呉則虞は、ここでの詩の解釈も『毛伝』のそれに違いないといっているが、疑問である。確かに、まさに末世の様相を呈している斉に今後も仕え続けることは、晏子にとって極めて不本意であるし、同時に困難でもあるに違いない。つまり斉を去ればこれまで仕えてきた斉を見限ったことになるし、このまま仕え続けても晏子一人の力では如何ともできないのだとすれば、呉則虞のいうように、晏子はここで進退ともに窮まっているということになる。ところが、晏子が一般論に託して君子の仕え方を述べたことに対して、叔向が感想を述べたものだと解釈すれば、晏子がこのまま仕え続けるにせよ、去るにせよ、その臣下としての心構えは見事なものだと賛嘆したものということになる。

呉則虞は、本書の述作が『毛伝』成立以降であるとの説を立てているために、このような解釈を取るに至ったのである。従って、この点からも、呉説は従い難いことになろう。

叔向問㆓正士邪人之行如何㆒晏子對以㆑使㆓下順逆㆒　第十九

叔向問㆓晏子㆒曰、「正士之義、邪人之行、何如。」晏子對曰、「正士處㆑勢臨㆑衆不㆓阿私㆒、行㆓于國㆒足㆑養而不㆑忘㆑故。通則事㆑上、使㆑卹㆓其下㆒、窮則教㆑下、使㆑順㆓其上㆒。事㆑君盡㆑禮行㆑忠、*不㆑匃㆓爵祿㆒、不㆑用則去而不㆑議。其交㆑友也、論㆑身義㆑行、不㆑爲㆓苟戚㆒、不㆑同則疏而*不㆑誹。不㆔毀進㆓于君㆒、不㆔以㆑刻㆑民尊㆓于國㆒。故用㆓于上㆒則民安、行㆓于下㆒則君尊。故得㆑衆上不㆑疑㆓其身㆒、用㆓于君㆒不㆑悖㆓于行㆒。是以*進不㆑喪㆑己、退不㆑危㆑身。此正士之行也。

邪人則不㆑然。用㆓于上㆒則虐㆑民、行㆓于下㆒則逆㆑上、事㆑君苟進不㆑道㆑忠、交㆑友苟合不㆑道㆑行、持㆓諛巧㆒以匃㆑祿、比㆓姦邪㆒以厚㆑養、矜㆓爵祿㆒以臨㆑人、夸㆓禮貌㆒以華㆑世、不㆑任㆓于上㆒則輕議、不㆑篤㆓于友㆒則好誹。故用㆓于上㆒則民憂、行㆓于下㆒則君危。是以其事㆑君近㆓

叔向《しゆくきやう》正士《せいし》邪人《じやじん》の行《おこな》ひ如何《いかん》と問《と》ひ晏子《あんし》對《こた》ふるに下《しも》をして順逆《じゆんぎやく》せしむるを以《もつ》てす　第十九

叔向《しゆくきやう》晏子《あんし》に問《と》ひて曰《いは》く、「正士《せいし》の義《ぎ》、邪人《じやじん》の行《おこな》ひは、何如《いかん》」と。晏子《あんし》對《こた》へて曰《いは》く、「正士《せいし》は勢《いきほひ》に處《を》り衆《しゆう》に臨《のぞ》みて阿私《あし》せず、國《くに》を行《めぐ》り養《やう》を足《た》して故《ふる》きを忘《わす》れず。通《つう》ずれば則《すなは》ち上《かみ》に事《つか》へて、其《そ》の下《しも》を卹《あはれ》ましめ、窮《きゆう》すれば則《すなは》ち下《しも》を教《をし》へて、其《そ》の上《かみ》に順《したが》はしむ。君《きみ》に事《つか》ふるに禮《れい》を盡《つ》くし忠《ちゆう》を行《おこな》ひて、爵祿《しやくろく》を匃《もと》めず、用《もち》ひられざれば則《すなは》ち去《さ》りて議《ぎ》せず。其《そ》の友《とも》と交《まじ》はるや、身《み》を論《ろん》じ行《おこな》ひを義《ぎ》し、苟《かりそ》めに戚《した》しむことを爲《な》さず、同《おな》じからざれば則《すなは》ち疏《うと》みて誹《そし》らず。毀《こぼ》ちて君《きみ》に進《すす》まず、民《たみ》を刻《こく》するを以《もつ》て國《くに》に尊《たつと》ばれず。故《ゆゑ》に上《かみ》に用《もち》ひらるれば則《すなは》ち民安《たみやす》んじ、下《しも》に行《おこな》へば則《すなは》ち君《きみ》尊《たつと》し。故《ゆゑ》に衆《しゆう》を得《え》て上其《かみそ》の身《み》を疑《うたが》はず、君《きみ》に用《もち》ひられて行《おこな》ひに悖《もと》らず。是《ここ》を以《もつ》て進《すす》みて己《おのれ》を喪《うしな》はず、退《しりぞ》きて身《み》を危《あや》ふくせず。此《こ》れ正士《せいし》の行《おこな》ひなり。

邪人《じやじん》は則《すなは》ち然《しか》らず。上《かみ》に用《もち》ひらるれば則《すなは》ち民《たみ》を虐《しひた》げ、下《しも》に行《おこな》へば則《すなは》ち上《かみ》に逆《さか》らひ、君《きみ》に事《つか》ふれば苟《かりそ》めに進《すす》みて忠《ちゆう》に道《よ》らず、友《とも》に交《まじ》はれば苟《かりそ》めに合《がつ》して行《おこな》ひに道《よ》らず、諛巧《ゆかう》を持《ぢ》して以《もつ》て祿《ろく》を匃《もと》め、姦邪《かんじや》に比《なかま》して以《もつ》て養《やしな》ひを厚《あつ》くし、爵祿《しやくろく》を矜《ほこ》りて以《もつ》て人《ひと》に臨《のぞ》み、禮貌《れいばう》を夸《ほこ》りて以《もつ》て世《よ》に華《かざ》り、上《かみ》に任《にん》ぜられざれば則《すなは》ち

于罪㆒、其交㆑友近㆓于患㆒。其得㆑上辟㆓于辱㆒、其爲㆑生僨㆓于刑㆒。故用㆓于上㆒則誅、行㆓于下㆒則弑。是故交通則辱、生㆑患則危。此邪人之行也。」

輕〻《かるがる》しく議《ぎ》し、友《とも》に篤《あつ》からざれば則《すなは》ち好《この》みて誹《そし》る。故《ゆゑ》に上《かみ》に用《もち》ひらるれば則《すなは》ち民憂《たみうれ》へ、下《しも》に行《おこな》へば則《すなは》ち君危《きみあや》ふし。是《ここ》を以《もつ》て其《そ》の君《きみ》に事《つか》ふるは罪《つみ》に近《ちか》く、其《そ》の友《とも》に交《まじ》はるは患《うれ》ひに近《ちか》し。其《そ》の上《かみ》を得《え》ても辱《じよく》に辟《つみ》せられ、其《そ》の生《せい》たるも刑《けい》に僨《たふ》る。故《ゆゑ》に上《かみ》に用《もち》ひらるれば則《すなは》ち誅《ちゆう》し、下《しも》に行《おこな》へば則《すなは》ち弑《しひ》す。是《こ》の故《ゆゑ》に交《まじ》はり通《つう》ずれば則《すなは》ち辱《はづかし》められ、患《うれ》ひを生《しやう》ずれば則《すなは》ち危《あや》ふし。此《こ》れ邪人《じやじん》の行《おこな》ひなり」と。

校訂　＊不匄爵禄…以匄禄　底本は「不正爵禄…以正禄」。王念孫は、原文のままでは意味を為さないので、「正」を求める意の「匄」に改めるべきとして、その根拠に「匄」字は俗書では「丐」と書くため、「正」に似て誤りやすいことをいい、『左伝』や『管子』にもその例があることを示す。顧広圻は、「事君尽礼行忠、不正爵録」を「其事君也、尽礼道忠、不為苟禄」に改めるべきという。確かにこう改めると、下文の「其交友也、論身義行、不為苟戚」と完全な対句になるが、原文が大きく変えられてしまう。呉則虞は、「不正爵録」を、『穀梁伝』の例を引いて「不必爵禄」の意味に読むことができるから何ら改める必要のないことをいう。今、王説に従い改めた。『校注』は、顧説に従い「不正爵禄」を「不為苟禄」に改め、王説に従い「以正禄」を「以匄禄」に改めている。
＊不誹　底本は「不悱」。下文の「好誹」に拠って改めるべきという黄以周の説に従い改めた。共に友人との交際に関しての言葉である。『校注』も改めている。ただ、「悱」（苛立つ、憤る）のままでも、意味の上では矛盾しない。
＊進不喪己　底本は「進不喪亡」。王念孫の、原文のままでは意味を為さない、「亡」を「己」の誤りとして改めれば、「喪己」と「危身」とが対となって、下文の「交通則辱、生患則危」（辱＝亡己、危＝危身）との対応も明らかになるとの説に従い改めた。なお、この「己」を「亡」に誤る例は『管子』にも二例見えるという。『校注』も改めている。

語釈　○処勢臨衆不阿私、行于国足養而不忘故　「阿」は曲げて従うこと、「私」は偏っていること。「阿私」で不公平な行いをすること。「行」は巡ること。「養」は民を養うこと。「故」は旧来の慣習、ならわしの意。黄以周は「而」字を補い、「于」字を削除して、「処勢臨衆而不阿私、行国足養而不忘故」に改めるべきという。確かにこう改めた方が文体は整うが、蘇輿はこれを非として、「于」を為すの意

に解して「処勢臨衆不阿私行、于国足養而不忘故」（勢に処り衆に臨みて私行に阿らず、国を于（をさ）めて養を足して故きを忘れず）と読むべきとしている。『校注』は黄説に従い改めているが、原文のままでも意味は通るので改めない。　○事君尽礼行忠　『校注』は、「其事君也、尽礼道忠」に改めるべきという顧広圻の説を是としつつも、「行」を「道」に改める必要はないとして、「其」字と「也」字を補うのみ。確かにこう改めた方が、下文の「其交友也、論身義行、不為苟戚」との対句関係が明確になるが、原文のままでも意味は通るので改めない。　○論身義行　「義」は「議」に同じ。顧広圻は「論身義行」に改めるべきという。劉師培は、さらに「身」は「信」の仮字であるから「信」に改めるべきことと、「義行」は「行義」の倒文であろうとして、「論信行義」（信を論し義を行ふ）に改めるべきという。『校注』は「論身行義」に改めるが、原文のままでも意味は通るので改めない。　○不毀進于君　「毀」とは、他人を批判することをいう。張純一は下句の「不以刻民尊于国」と対句であることから「不以毀行進于君」に改めるべきというが、それなら「不以毀言進于君」に改めてもよかろうと思われる。原文のままでも辛うじて意味が取れるので改めない。　○諛巧　へつらいとたくらみ。
○夸礼貌以華世　「夸」は「誇」と同じ、誇ること。「華」は飾りたてること。『校注』は元刻本によって「礼」を「体」に改めている。
○其得上辟于辱　「得上」とは君上に登用されること。「辟」は罪すること。「辱」は逆らうの意。『管子』侈靡篇の注に「辱とは、逆らふなり」とある。君主に登用されても結局君主への反逆によって処罰されてしまうことをいう。王更正は「辟」を邪偏の意に解して、卑屈な態度に偏って自ら辱めを受けることと解する。　○其為生債于刑　「為生」は生きていること。「債」は倒れること。生きていてもやがて処刑されて死んでしまうことをいう。　○交通　友人として交際すること。

口語訳　第十九章　叔向が正士と邪人の品行はどのようであるかと問い晏子は下々の者を順わせるか逆らわせるかだと答えたこと

叔向が晏子に尋ねて、「正士の道義、邪人の品行とはどのようでありましょうか」と言った。晏子は答えて、「正士は権勢の地位にいて人々を治めても、不公平なことをせず、国中を視察して民の衣食の養いを十分にして古いしきたりを忘れません。立身がかなえば上に仕えて、下の者を慈しむようにしむけ、不遇になれば下の者に教育をして、上に従うようにさせます。君主に仕えるときは礼を尽くし忠実にふるまって、いたずらに爵位や俸禄を求めず、登用されなければ君主のもとを立ち去ってあれこれと批評したりはしません。友と交際するときには、己のことやその行動について議論して、かりそめの友情を結ばず、考えが同じでないときには遠ざけ（るだけで）悪口は言いません。他人を批判することで主君に

取り入ろうとせず、民にむごく当たることで国に尊重されようとはしません。この故に、上に登用されれば民は安心し、下に置かれれば君主の名声は尊くなるのです。ですから人々から支持を集めても上は彼を（謀反を起こす気ではないかと）疑ったりしませんし、君主に登用されても（思い上がって）品行が乱れることはありません。こうして仕官しても身を滅ぼすことがなく、辞職しても身を危険に晒すことがないのです。これこそが正士の品行です。

邪人はそうではありません。上に登用されれば民をいじめ、下に置かれれば上に逆らい、君主に仕えるときは軽々しく仕官して忠義を行わず、友と交際すれば軽々しく話を合わせて行いに道義がなく、諂いやたくらみで俸禄を求め、腹黒い連中と仲間になって衣食の養いをむさぼり、爵位や俸禄を鼻に掛けて人をあしらい、礼儀作法をことさらにしてみせて世間に派手に振る舞い、上に任用されなければ気ままに批判し、友に親しくされなければ好んで悪口を言います。この故に上に登用されれば民は悲しみ、下に置かれれば君主の身が危うくなります。このために邪人が君主に仕えることは罪を犯すようなもの、邪人が友と交際することは災難を抱えるようなものなのです。邪人が上に仕えれば反逆のかどで処罰されるでしょうし、生きていたとしても結局は処刑されて死んでしまうのです。ですから上に登用されれば（その権力を傘に、下の者を）誅殺し、下に置かれれば（不満を蓄えて、やがて君主を）弑するまでになりましょう。このために邪人と交際すれば（それがもとで）屈辱を受け、面倒が起きれば（それがもとで）危険に晒されることになります。これこそが邪人の品行というものです」と言った。

余説 正士の説明にしても、邪人の説明にしても、同様なことの繰り返しが多い。くどいほどである。それなのに一つ一つの表現は意味を取りにくく、訳出にかなり苦労した。繰り返しが多いということは、晏子がこの二つのタイプの人間を詳しく説明しようとしていることのあらわれなのか。それとも意味が取りにくいことからみて、本文の伝承に何らかの混乱が生じたことの結果なのか。とにかく本章は諸家による校訂個所が目立つ。

ところでこの正士と邪人の見分け方が、君臣関係と朋友関係の中で論じられていることに注意したい。君主が臣下を登用する場合の人材鑑定法といったものは他の文献、例えば『逸周書』官人篇、『大戴礼記』文王官人篇などにも見ることができるが、本章でみるような、もしも正士なり邪人なりを登用するとどういう結果になるかという観点からの論説は、管見では他に例を見ない。さらに、友人として交

際すればどうなるかということになればなおさらである。ただ、いわゆる五倫のひとつに君臣と並んで朋友が数えられていることから知られるように、古来、友人との交際は人倫を規定する大きなテーマのひとつであったわけだから、本章のような議論がなされること自体は至極当然のことと言わねばなるまい。

叔向問二事君徒處之義奚如一晏子對以二大賢無一レ擇　第二十

叔向問二晏子一曰、「事レ君之倫、徒處之義、奚如。」晏子對曰、「事レ君之倫、知慮足二以安一レ國、譽厚足二以導一レ民、和柔足二以懷一レ衆、不二廉一レ上以爲一レ名、不二倍一レ民以爲一レ行、上也。潔二于治一レ己、不二飾一レ過以求一レ先、不二讒諛以求一レ進、*不レ阿レ所レ私、不レ誣レ所レ能、次也。盡レ力守レ職不レ怠、奉レ官從レ上不二敢隋一、畏レ上故不レ苟、忌レ罪故不レ辟、下也。三者、事レ君之倫也。及二夫大賢一、則徒處與レ有レ事無レ擇也、隨レ時宜者也。有二所謂君子者一。能不レ足二以補一レ上、退處不レ順レ上、治二唐園一、考二菲履一、共二恤上令一、弟二長郷里一、不二夸言一、不二愧行一、君子也。不二以レ上爲一レ本、不二以レ民爲一レ憂、內不レ恤二其家一、*外不レ顧二其游一、夸言愧行、自

叔向事《しゆくきやうじ》君《くん》徒處《としよ》の義《ぎ》は奚如《いかん》と問《と》ひ晏子《あんし》對《こた》ふるに大賢《だいけん》は擇《えら》ぶこと無《な》きを以《もつ》てす　第二十

叔向《しゆくきやう》晏子《あんし》に問《と》ひて曰《いは》く、「君《きみ》に事《つか》ふるの倫《りん》、徒處《としよ》するの義《ぎ》は、奚如《いかん》」と。晏子《あんし》對《こた》へて曰《いは》く、「君《きみ》に事《つか》ふるの倫《りん》は、知慮《ちりよ》は以《もつ》て國《くに》を安《やす》んずるに足《た》り、譽厚《よこう》は以《もつ》て民《たみ》を導《みちび》くに足《た》り、和柔《わじう》は以《もつ》て衆《しゆう》を懷《なつ》くるに足《た》り、上《かみ》に廉《れん》にして以《もつ》て名《な》を爲《な》さず、民《たみ》に倍《そむ》きて以《もつ》て行《おこな》ひを爲《な》さざるは、上《じやう》なり。己《おのれ》を治《をさ》むるに潔《いさぎよ》く、過《あやま》ちを飾《かざ》りて以《もつ》て先《せん》を求《もと》めず、讒諛《ざんゆ》して以《もつ》て進《すす》むを求《もと》めず、私《わたくし》する所《ところ》に阿《おもね》らず、能《よ》くする所《ところ》を誣《し》ひざるは、次《つぎ》なり。力《ちから》を盡《つ》くし職《しよく》を守《まも》りて怠《おこた》らず、官《くわん》を奉《ほう》じ上《かみ》に從《したが》ひて敢《あ》へて隋《おこた》らず、上《かみ》を畏《おそ》るる故《ゆゑ》に苟《かりそ》めにせず、罪《つみ》を忌《い》む故《ゆゑ》に辟《へき》せざるは、下《げ》なり。三者《さんしや》は、君《きみ》に事《つか》ふるの倫《りん》なり。夫《か》の大賢《たいけん》に及《およ》びては、則《すなは》ち徒處《としよ》すると事《つか》ふる有《あ》るとを擇《えら》ぶこと無《な》く、時《とき》に隨《したが》ひて宜《よろ》しき者《もの》なり。所謂君《いはゆるくん》子《し》なる者《もの》有《あ》り。能《のう》は以《もつ》て上《かみ》を補《おぎな》ふに足《た》らざれば、退處《たいしよ》して上《かみ》に順《したが》はず、唐園《たうゑん》を治《をさ》め、菲履《ひり》を考《たた》き、上令《じやうれい》に共恤《きようじゆつ》し、郷里《きやうり》に弟《てい》長《ちやう》し、夸言《くわげん》せず、愧行《きかう》せざるは、君子《くんし》なり。上《かみ》を以《もつ》て本《もと》と爲《な》さ

勤二于飢寒一、不レ及二醜儕一。命レ之曰二狂僻之民一。明上之所レ禁也。進也不*レ能レ臣レ上、退也不レ能二徒處一、作二窮于富利之門一、畢二志于畎畝之業一、*行無二常處之慮一、佚二于心一、利通不レ能、業*窮不レ成。命レ之曰二處封之民一。明上之所レ誅也。有レ智不レ足二以補一レ君、有レ能不レ足二以勞一レ民、兪身徒處、謂二之傲上一。苟進不レ擇レ所レ道、苟得不レ知レ所レ惡、謂二之亂賊一。身無二以與一レ君、能無二以勞一レ民、飾二徒處之義一、揚二輕上之名一、謂二之亂國一。明君在レ上、三者不レ免レ罪。」叔向曰、「賢不肖、性夫。吾每有レ問、而未二嘗自得一也。」

ず、民《たみ》を以《もつ》て憂《うれ》ひと爲《な》さず、内《うち》は其《そ》の家《いへ》を恤《うれ》へず、外《そと》は其《そ》の游《いう》を顧《かへり》みず、夸言愧行《くわげんきかう》し、自《みづか》ら飢寒《きかん》を勤《うれ》へて、醜儕《しうさい》に及《およ》ばず。之《これ》を命《めい》じて狂僻《きやうへき》の民《たみ》と曰《い》ふ。明上《めいじやう》の禁《きん》ずる所《ところ》なり。進《すす》みては上《かみ》に臣《しん》となること能《あた》はず、退《しりぞ》きては徒處《としよ》すること能《あた》はず、窮《きゆう》を富利《ふり》の門《もん》に作《な》し、志《こころざし》を畎畝《けんぽ》の業《げふ》に畢《を》へ、行《おこな》ひに常處《じやうしよ》の慮《おもんぱか》り無《な》く、心《こころ》に佚《いつ》し、利《り》は通《つう》じて能《あた》はず、業《げふ》は窮《きは》まりて成《な》らず。之《これ》を命《なづ》けて處封《しよほう》の民《たみ》と曰《い》ふ。明上《めいじやう》の誅《ちゆう》する所《ところ》なり。智《ち》有《あ》るも以《もつ》て君《きみ》を補《おぎな》ふに足《た》らず、能《のう》有《あ》るも以《もつ》て民《たみ》を勞《いたは》るに足《た》らず、兪身徒處《ゆしんとしよ》する、之《これ》を傲上《がうじやう》と謂《い》ふ。苟《かりそ》めに進《すす》みて道《よ》る所《ところ》を擇《えら》ばず、苟《かりそ》めに得《え》て惡《にく》む所《ところ》を知《し》らざる、之《これ》を亂賊《らんぞく》と謂《い》ふ。身《み》は以《もつ》て君《きみ》に與《くみ》すること無《な》く、能《のう》は以《もつ》て民《たみ》を勞《いたは》ること無《な》く、徒處《としよ》の義《ぎ》を飾《かざ》りて、輕上《けいじやう》の名《な》を揚《あ》ぐる、之《これ》を亂國《らんこく》と謂《い》ふ。明君《めいくん》上《かみ》に在《あ》れば、三者《さんしや》罪《つみ》を免《まぬか》れず」と。叔向《しゆくきやう》曰《いは》く、「賢不肖《けんふせう》は、性《せい》か。吾《われ》每《つね》に問《と》ふこと有《あ》るも、未《いま》だ嘗《かつ》て自得《じとく》せざるなり」と。

校訂　*不阿所私　底本は「不阿以私」。下句の「不誣所能」と同じ句法であるはずだから「以」を「所」に改めるべきであるという王念孫の説に従い改めた。なお、呉則虞は「不阿久私」に作る版本のあることを指摘して、その方がよいというが、従い難い。

*外不顧其游　底本は「外不顧其身游」。これと対句関係にある「内不恤其家」では「家」は「内」ということができるが、この句において「身」を「外」ということはできないこと、「身游」の二字も熟語としての意味をなさないこと、また『荀子』非十二子篇の楊倞（ようりょう）注の引く『晏子春秋』でも「外不顧其游」に作っていることなどに拠って、「身」字は後人が付加したものであろうから削除すべきであるとの王念孫の説に従い改めた。『校注』も改めている。

＊不能臣上　底本は「不能及上」。原文のままでは意味が不明確なこと、「及」は隷書で書くと「臣」の字と似ていること、また上文の「不及」に引かれて誤ったのであろうから、「及」は「臣」に改めるべきであるとの劉師培の説に従い改めた。なお、張純一は原文のままで「君に事（つか）えることはできない」の意に解しているが、無理があろう。

＊行無常処之慮　底本は「窮通行無常処之慮」。劉師培の、「窮通」を衍字として削除すべきであるとの説に従い改めた。なお、張純一は「行」「処之」の三字を衍字として削除して「窮通無常、慮…」に改めるべきというが、従い難い。

＊業窮不成　底本は「窮業不成」。文廷式により改めた。「利通不能」の対句としてはその方がよい。

語釈　○倫　「道」と同じ。　○徒処　官途に就かず、無為のまま野に在ること。外上篇第十八章に「徒居無為」と見えるのと同じ意。○奚如　「何如」と同じ。　○誉厚　名声が高いこと。呉則虞は、この前後の句が、「知慮」「和柔」のように類義の二字が並列になっているので、ここももとは「挙厝」（立ち居振る舞いの意）であったのが、形が近いために誤ったのではないかという。またその方が意味も通り易いという。なお「厝」は「措」に通じる。今、原文のままとする。　○倍民　「倍」は「反」と同じ、背くの意。民意に背くこと。　○求先　他人より前に出ようとすること。　○尽力守職不怠　劉師培は、「尽力守職不敢怠」に改めた方が、下句との対応が整うという。　○隋　おこたること。「惰」と同じ。『校注』は、元刻本に従い「惰」に改めている。　○忌罪　「忌」は畏れはばかることの意。処罰されることを畏れること。　○辟　悪事を行うこと。　○治唐園　菜園や果樹園を管理すること。「唐」は「塘」と同じ、塘（つつみ）を築いて、水が入らないよう囲いとし、中に野菜や果物を植える。　○考菲履　わらを叩いてくつを作ること。兪樾は「考」は「撃」の意だという。叩くこと。「菲履」は「草履」と同じ、わらぐつのこと。　○共恤　「共」は「恭」と同じ、恭しいこと。「恤」は安んじること。　○夸言　「夸」は「誇」と同じ。おおげさなことを言うこと。　○愧行　「愧」は恥じること。恥じるべき行いの意。蘇輿は、「愧」は「傀」と同じで、「怪」に通じ、怪行のことだとして、『荀子』非十二子篇の楊倞注に引く『晏子春秋』では「傀行」に作っていることを例に挙げる。　○游　交遊の意。　○勤　憂えるの意。　○醜儕　交遊関係にある人たち。上文の「其游」を受けていう言葉。「醜」には類の意味がある（斉地の方言）。「儕」はなかまの意。　○狂僻之民　でたらめでよこしまな民の意。『荀子』非十二子篇の楊倞注に引く『晏子春秋』では「狂辟之民」に作っている。　○作窮于富利之門　「富利之門」とは富や利の入り口。つまり富や利益を求めて行動するが、その入り口でつまずいて結局失敗してしまうこと。下文の「利通不能」はこのことを指す。　○畢志于畎畝之業　「畢」は「終」と同じ、おえること。「畎畝之業」は、農作業のこと。張純一は、志が衣食の外に出ないことの意であるという。呉則虞は、「畢志」は「棄怠」の誤りではないかという。今、張説に従い訳す。下文の「業窮不成」はこのことを指す。野心はあっても、結局農業以外のことはできずに終わってしまうこと。　○行無常処之慮、佚于心　行動に一定の思慮がなく

無節操で、安逸な心情でいること。　○利通不能、業窮不成　利益は得られそうになるが結局得ることができず、事業は途中で行き詰まってしまい結局完成できないこと。「通」と「窮」は反対語。張純一は、「通利不能、窮業不成」に改めるべきという。　○処封之民「封」は厚くするの意。「封に処るの民」で、自己の利を厚くすることのみを図る民のこと。張純一は、「処封」とは辺境に追放してしまうことだと解する。　○労　いたわる、助けるの意。　○兪身　于鬯は、「兪」には「空」の意があるといい、「兪身」とは智恵も能力も役に立たない空しい自分自身の意に解する。蘇輿は、『荘子』天道篇「无為則兪兪」の郭象注に、「兪兪とは従容自得の意なり」とあるのを引いて、無為にいることの意に解する。劉師培は、「兪」は「偸」と同じで、かりそめの意に解して、于説に近い。今、于説に従い訳す。　○与　助けること。

口語訳　第二十章　叔向が君主に仕えることと野に在ることの道義はいかなるものかと問い晏子は偉大な賢者は選ぶことはしないと答えたこと

叔向が晏子に尋ねて、「君主に仕えることの道、野に在ることの義とは、いかなるものでしょうか」と言った。晏子は答えて、「君主に仕える道は、知慮は国家を安定させるに十分、名声の高さは民を領導するに十分、柔和なことは人々を懐かせるに十分、上には廉直さを口実に名声を求めず、民に背を向けた行動は取らないこと、これが最上の道です。己を潔癖に保ち、過ちをとりつくろってまで人の先に立とうとせず、陰口を言いへつらってまで昇進を求めず、私的な関係におもねらず、自分の能力を偽らないのは、その次です。精いっぱい職務を果たして怠らず、官職を謹んで受け上意にかなって手を抜こうとはせず、お上を恐れるがゆえに軽率なことをせず、罪を避けたいがために邪悪なことはしない（というような消極的な）仕え方は、最低です。この三者が君主に仕えることの道です。かの偉大な賢者ともなれば、野に在ろうが仕官していようがかかわりなく、状況に応じてよろしきを得るものなのです。いわゆる君子という者がおります。能力が上を補佐するのに十分でなければ、身を退いて上に仕えず、農園を管理して、藁ぐつを作り、謹み深く上の命令を素直に受け入れ、村里にあって長幼の序をよく守り、大げさなことは言わず、恥じるべきことはしないのが、君子です。上（の存在）を（世の）根本とせず、民（の生活）を憂慮せず、内にあっては自分の家族を慈しまず、外にあっては友との交遊を反省せず、大げさなことを言い、恥じるべきことをしてみせて、自分の飢えと寒さだけを心配して、友人達のこと

までは（配慮が）及ばない。これを名づけてでたらめでよこしまな民といいます。明王の決して許さない者です。仕官しても上に臣下として勤めることができず、職を退いても野に（おとなしくして）いることができず、富や利益を求めては出だしで躓《つまず》いて、野心は畑仕事の中に（むなしく）尽き果ててしまい、行動は行き当たりばったりで一定の思慮が無く、安逸をむさぼって、利益は得られそうになっても（結局）得ることができず、事業は行き詰まって（結局）成就しない。これを名づけて利己の民といいます。明王が罰する者です。智恵があっても君主を補佐するほどではなく、能力があっても民を助けるほどではなく、何もせずぶらぶらして野に在る、これを上を侮るといいます。なおざりな心で仕官して、従うべき道理にも無頓着で、一時的な利を得てそれを反省することもわきまえない、これを（秩序を）乱す賊といいます。自分自身では君主を助けることもせず、自分の能力では民を助けることもできず、野に在ることの正当性を巧みに言いつくろって、上をも恐れぬ者という名声をあげる、これを国を乱す者といいます。明君が上にいれば、この三者は罪を免れることはできません」と言った。叔向は、「賢不肖とは、生まれつきなのだ。私は何度となくこのことについて自問してきたが、いまだかつて得心がいかなかった（今、あなたの話を聞いてようやく納得できました）」と言った。

余説　本章では、在野にいて利己的に振る舞い、君主に仕えず、民の生活を顧みない士人を、上にまつろわぬ不届きな者として容認しない。こうした視点は、当然に隠逸の存在を国家を害する者とみる思想に通じる。こうした反隠者的思想は既に問上篇第十三章で見られる（同章余説参照）。

ただ、ここでは叔向が君主に仕えるための正しい道と在野にあることの道義性を問い、晏子はそれに詳細に答えてきたのに、最後で晏子のこの応答から、叔向が賢不肖は人の本性であるという結論を引き出すことができたと言うのはなぜか、よくわからない。もともと本章とは関係ない一文をつなぎ合わせたからであろうか。なお本篇第六章で、賢不肖が人の本性であることを取り上げて景公が晏子に質問していることが、参照される。

ちなみに『荀子』非十二子篇の楊倞注が引く『晏子春秋』の全文は、「不以上為本、不以民為憂、内不恤其家、外不顧其游、夸言傀行、自勤于飢寒。命之曰、狂辟之民、明上之所禁也。」である

叔向問下處二亂世一其行正曲上晏子對以二民爲一レ本　第二十一

叔向問二晏子一曰、「世亂不レ遵レ道、上辟不レ用レ義。正行則民遺、曲行則道廢。正行而遺レ民乎、與持レ民而遺レ道乎。此二者之于レ行何如。」晏子對曰、「嬰聞レ之、卑而不レ失レ尊、曲而不レ失レ正者、以レ民爲レ本也。苟遺レ民矣、安有レ遺レ道。苟持レ民矣、安有二正行一焉。」

叔向《しゆくきやう》亂世《らんせ》に處《しよ》するに其《そ》の行《おこな》ひの正曲《せいきよく》を問《と》ひ晏子《あんし》對《こた》ふるに民《たみ》を本《もと》と爲《な》すを以《もつ》てす　第二十一

叔向《しゆくきやう》晏子《あんし》に問《と》ひて曰《いは》く、「世《よ》亂《みだ》れて道《みち》に遵《したが》はず、上《かみ》辟《へき》にして義《ぎ》を用《もち》ひず。正行《せいかう》すれば則《すなは》ち民《たみ》遺《す》てられん、曲行《きよくかう》すれば則《すなは》ち道《みち》廢《はい》せられん。正行《せいかう》して民《たみ》を遺《す》てんか、與《あるひ》は民《たみ》を持《ぢ》して道《みち》を遺《す》てんか。此《こ》の二者《にしや》の行《おこな》ひに于《お》けるは何如《いかん》」と。晏子《あんし》對《こた》へて曰《いは》く、「嬰《えい》之《これ》を聞《き》く、卑《いや》しくして尊《たつと》きを失《うしな》はず、曲《きよく》にして正《ただ》しきを失《うしな》はざる者《もの》は、民《たみ》を以《もつ》て本《もと》と爲《な》せばなり、と。苟《いやし》くも民《たみ》を遺《す》つれば、安《いづ》くんぞ道《みち》を遺《す》つること有《あ》らん。苟《いやし》くも民《たみ》を持《ぢ》せば、安《いづ》くんぞ正《せい》行《かう》有《あ》らん」と。

語釈　○辟　「僻」と同じ、よこしまなこと。　○遺　「棄」と同じ、すてること。　○曲　「邪」と同じ、よこしまなこと。　○与　蘇輿は「抑」と同じだと言う。「そもそも」、「あるいは」と訓読する。

口語訳　第二十一章　叔向が乱世における正しい身の処し方について問い晏子は民を根本とすることであると答えたこと

叔向が晏子に尋ねて、「世の中は乱れてしまって道義を守らず、上は不正なことをして正義を行いません。（このようなときに）行いを正しくすれば民は（上に）見捨てられ、行いを曲げれば道義が廃れてしまいます。（いっそのこと）正しい行いをして民を見捨ててしまいましょうか、それとも民の方を大切にして道を捨ててしまいましょうか。この二通りの身の処し方についていかが思われますか」と言った。晏子は答えて、「嬰はこのように聞いております、『（見かけは）卑しくても（本当の）尊さを失わず、（一時的には）曲がったことをしても（本当の）正しさを失わずにいられるのは、民を根本としているからである』と。かりにも民を大切にするならば、どうして道を捨てることがあるでしょう。かりにも

民を見捨てるならば、どうして正しい行いがありえましょうか」と言った。

余説　君主に忠義を尽くすことと、民を大切にすることとが両立しないジレンマに悩む叔向に、民本こそが正しい道であると言い切る晏子は実に見事であり、明快である。こうした思想は、「因民」（民に因る）とか「愛民」（民を愛する）、「順民」（民に従う）といった語でしばしば『管子』にも見られるいわば斉の伝統的民衆観である。また、「以民為本」と言う明快な言葉は、いわゆる民本思想で知られる『孟子』にもそのものを見ることはできず、『管子』の覇言篇に見えるのである。すなわち「夫覇王之所始也、以人為本。本理則国固、本乱則国危。故上明則下敬、政平則人安。」（夫れ覇王の始むる所は、人を以て本と為す。本理（さを）まれば則ち国固く、本乱れれば則ち国危ふし。故に上明なれば則ち下敬ひ、政平らかなれば則ち人安んず）と。

文中の「人」が民の意味であることは言うまでもない。晏子が「聞之」として紹介している「以民為本」の思想が、『管子』のこの部分に基づくとは到底断言できないが、晏子以前からこうした思想伝統が存在したことは間違いないであろう。また、『管子』には覇形篇にも「管子対曰、斉国百姓、公之本也。」（管子（桓公に）対へて曰く、斉国の百姓は、公の本なり）とあって、ここでも斉国においては百姓が「本」であることを管子が桓公に語っている。

なお、『孟子』においてその民本思想を代表する言葉が、尽心下篇の「民為貴」であることはよく知られる。

叔向問㆓*徳孰爲㆑高行孰爲㆒厚晏子對以㆓愛㆑民樂㆒民

第二十二

叔向問㆓晏子㆒曰、「徳孰爲㆑高、行孰爲㆑厚。」對曰、「徳莫㆑高㆓于愛㆒民、行莫㆑厚㆓于樂㆒民。」又問曰、「徳孰爲㆑下、行孰爲㆑賤。」對曰、「徳莫㆑下㆓于刻㆒民、行莫㆑賤㆓于*害㆒民也。」

叔向《しゆくきやう》徳《とく》は孰《いづ》れを高《たか》しと爲《な》し行《おこな》ひは孰《いづ》れを厚《あつ》しと爲《な》すかを問《と》ひ晏子《あんし》對《こた》ふるに民《たみ》を愛《あい》し民《たみ》を樂《たの》しましむるを以《もつ》てす

第二十二

叔向《しゆくきやう》晏子《あんし》に問《と》ひて曰《いは》く、「徳《とく》は孰《いづ》れを高《たか》しと爲《な》し、行《おこな》ひは孰《いづ》れを厚《あつ》しと爲《な》す」と。對《こた》へて曰《いは》く、「徳《とく》は民《たみ》を愛《あい》するより高《たか》きは莫《な》く、行《おこな》ひは民《たみ》を樂《たの》しましむるより厚《あつ》きは莫《な》し」と。又問《またと》ひて曰《いは》く、「徳《とく》は孰《いづ》れを下《ひく》きと爲《な》し、行《おこな》ひは孰《いづ》れを賤《いや》しと爲《な》す」と。對《こた》へて曰《いは》く、「徳《とく》は民《たみ》を刻《こく》するより下《ひく》きは莫《な》く、行《おこな》ひは民《たみ》を害《がい》するより賤《いや》しきは莫《な》きなり」と。

校訂 ＊徳孰…第二十二　徳孰…。徳莫…。徳孰…。徳莫…　底本は「意孰…第二十二　意孰…、意莫…、意孰…、意莫…」。「徳」の正字「悳」と形が似たために訛《あやま》ってみな「意」となってしまったのであろうとの劉師培の説に従い、底本の「意」をすべて「徳」に改めた。このように改めることで、「行」が「徳」と対を為すという。なお、呉則虞は長孫元齢も「意」を「徳」の訛であると指摘しているという。

＊害民　底本は「害身」。呉則虞に従い改めた。竹簡本も「害民」に作る。

語釈 ○愛民　この語は、内篇諫下第十四章、同問上第十六、第十八の各章に見える。　○楽民　民を楽しませること。張純一は、民と楽しみを共にすることと解する。　○刻民　「刻」は厳しいこと、また酷いこと。この語は本篇第十九章に見えている。　○害民　内篇諫下第十九章、同問上第十七章にこの語が見える。

口語訳 第二十二章　叔向が徳はどのようであれば高尚とみなし行いはどのようであれば立派だと見なすのかと問い晏子は民を愛し民を楽しませることであると答えたこと

叔向が晏子に尋ねて、「徳はどのようであれば高尚とみなし、行いはどのようであれば立派だとみなすのでしょうか」と言った。答えて、「徳は民を愛するよりも高尚なものはなく、行いは民を楽しませるよりも立派なものはありません」と言った。さらにまた尋ねて、「徳はどのようであれば下等とみなし、行いはどのようであれば卑劣とみなすのでしょうか」と言った。答えて、「徳は民を過酷に扱うより下等なものはなく、行いは民を損なうより卑劣なものはありません」と言った。

余説 本章は、前章の「以民為本」を承けて、その具体的内容についての議論であろうと思われる。が、それにしても君主の徳行の高下を測る物差しが民に対する扱い方であるという晏子の言葉は、叔向にとって意外であったに違いない。

張純一は言う、「孔墨の愛民、意これより高きは莫し。孔は堯舜を祖とし、墨は大禹を祖とす。皆其の愛民の意を高くす」と、これが儒墨の愛民につながることを強調する。が、前章の余説にも記したように「愛民」の語は、『管子』においても重要な意義をもつ概念であり（法法篇に六例、小匡篇に四例、正篇に一例見える。）、晏子はそうした斉の伝統を踏まえていたのであって、儒墨の影響がなければ本章は書かれ得ないとは言い難い。晏子が管子を常に念頭に置いて思索し行動しようとしていたことは、これまでの景公との問答から窺われるところである。

なお銀雀山漢墓竹簡に本章に該当する箇所があるが、「…楽民。有問…民、行莫賤於害民。」の僅か十一文字に過ぎない。ただしこれだけからでも、現行本を校訂する材料を得ることができたわけであるから、その資料的価値の大きさを改めて実感することができる。また、例えば駢宇騫のように、竹簡本では本章部分と次の二十三章部分とが一連なりの文章になっていることから、元々一つの章であったのを後人が分章して現行本のようにしたのであろうと推定することができるのもその成果といえよう。

叔向問㆓嗇・吝・愛之于㆑行何如㆒晏子對以㆓嗇者君子之道㆒　第二十三

叔向問㆓晏子㆒曰、「嗇・吝・愛之于㆑行何如。」晏子對曰、「嗇者、君子之道、吝・愛者、小人之行也。」叔向曰、「何謂也。」晏子曰、「稱㆓財多寡㆒而節㆓用之㆒、富無㆓金藏㆒、貧不㆓假貸㆒、謂㆓之嗇㆒。積多不㆑能㆑分㆑人、而厚自養、謂㆓之吝㆒。不㆑能㆑分㆑人、又不㆑能㆓自養㆒、謂㆓之愛㆒。故夫嗇者、君子之道、吝・愛者、小人之行也」。

叔向《しゆくきやう》嗇《しよく》・吝《りん》・愛《あい》の行《おこな》ひに于《お》けるや何如《いかん》と問《と》ひ晏子《あんし》對《こた》ふるに嗇《しよく》なる者《もの》は君子《くんし》の道《みち》なるを以《もつ》てす　第二十三

叔向《しゆくきやう》晏子《あんし》に問《と》ひて曰《いは》く、「嗇《しよく》・吝《りん》・愛《あい》の行《おこな》ひに于《お》けるや何如《いかん》」と。晏子《あんし》對《こた》へて曰《いは》く、「嗇《しよく》なる者《もの》は、君子《くんし》の道《みち》にして、吝《りん》・愛《あい》なる者《もの》は、小人《せうじん》の行《おこな》ひなり」と。叔向《しゆくきやう》曰《いは》く、「何《なん》の謂《いひ》ぞや」と。晏子《あんし》曰《いは》く、「財《ざい》の多寡《たくわ》を稱《はか》りて之《これ》を節用《せつよう》し、富《と》みて金藏《きんざう》無《な》く、貧《まづ》しくして假貸《かたい》せざる、之《これ》を嗇《しよく》と謂《い》ふ。積《つ》むこと多《おほ》くして人《ひと》に分《わ》かつこと能《あた》はず、而《しか》して厚《あつ》く自《みづか》ら養《やしな》ふ、之《これ》を吝《りん》と謂《い》ふ。人《ひと》に分《わ》かつこと能《あた》はず、又自《またみづか》ら養《やしな》ふこと能《あた》はざる、之《これ》を愛《あい》と謂《い》ふ。故《ゆゑ》に夫《か》の嗇《しよく》なる者《もの》は、君子《くんし》の道《みち》にして、吝《りん》・愛《あい》なる者《もの》は、小人《せうじん》の行《おこな》ひなり」と。

語釈　○嗇　無駄使いせず、節約すること。「倹」に同じ。　○吝　物惜しみする、けちの意。　○愛　大切にして手放し難く思うこと、惜しむこと。　○称　量るの意。　○仮貸　「仮」は「借」と同じ。「仮」も「貸」もともに、かす・かりるの両義がある。「仮貸」は、借りたり貸したりすることの意。「仮貸せず」とは貧しいことに甘んじて苦にせず、人と貸し借りしないこと。　○積多不能分人、而厚自養、謂之吝。不能分人、又不能自養、謂之愛　竹簡本は、「積財不能分人、独自養之謂吝。不能自養、又不能分人、之謂愛」に作っていて、表現はかなり異なるが、大意は変わらない。今、原文のままとする。

第二十三章　叔向が嗇・吝・愛は行為としてどのように振る舞うことかと問い晏子は嗇こそ君子の取る道であると答えたこと

口語訳　叔向が晏子に尋ねて、「嗇・吝・愛は行為としてどのように振る舞うことでしょうか」と言った。晏子は答えて、「嗇こそは、君子の取る道であり、吝と愛とは、小人の取る行いです」と言った。叔向は、「どういう意味でしょうか」と言った。晏子は、「財産の多少の程を計算した上で節約して使い、豊かであっても金庫に貯め込むことはせず、貧しくても人と貸し借りはしないのを「嗇」といいます。蓄えがいくら多くても人に分け与えることができず、自分ばかりを大切に養うのを「吝」といいます。人に（自分の富を）分け与えることができず、また（けちが過ぎて）自分を養うことすらできないのを「愛」といいます。その故にかの「嗇」というのは、君子の取る道であり、「吝」・「愛」というのは、小人の取る行いなのです」と言った。

余説　嗇・吝・愛は文字それ自体の一般的な意味からすれば、大きな違いはないが、ここでは三者の間に価値的な相違をことさらに際立たせるようにして論じている。特に、「嗇」を節倹に通じる観念として積極的に評価している点が興味深い。

『老子』五十九章に「治人事天莫若嗇。夫唯嗇、是謂早服」（人を治め天に事ふるは嗇に若くは莫し。夫れ唯だ嗇、是れを早く服すと謂ふ）とあり、ここでも「嗇」の意義が説かれていることが参照されると同時に、『老子』中では「倹」を政治の「宝」として高く評価していることにも注目しておきたい（第六十七章参照）。

さて、銀雀山漢墓竹簡では、前章相当部分とともに、次のように見える。

……樂民。有（又）問……民、行莫賤於害民。有（又）問曰、「鄰（吝）嗇之於行何如。」合（答）曰、「嗇者、君子之道也、𠖍（吝）愛者、小人之行也。」叔鄉（向）曰、「何謂也。」合（答）曰、「□□□□而節用之、富无……貸之謂嗇。積財不能分人、獨自養之謂𠖍（吝）、不能自養、有（又）不能分人、之謂愛。故嗇者君子〔□□□□〕𠖍（吝）愛者、小人之行也。」

（……民を樂しましむ。又問ふ……民、行ひ民を害するより賤しきは莫し。又問ひて曰く、「吝・嗇の行ひに於けるは何如」と。答へて曰く、「嗇なる者は、君子の道にして、吝愛なる者は、小人の行ひなり」と。叔向曰く、「何の謂ぞや」と。答へて曰く、「□□□□而して之を節用し、富无……貸之を嗇と謂ふ。財を積みて人に分かつこと能はず、独り自ら養ふ之を吝と謂ひ、自ら養ふこと能はず、又人に分かつこと能はざる、之を愛と謂ふ。故に嗇なる者は君子〔□□□□〕吝愛なる者は、小人の行ひなり」と。）

本章の原形をほぼ留めているといってよかろう。

叔向問㆓君子之大義何若㆒晏子對以㆘尊㆑賢不㆖㆑退㆓不肖㆒　第二十四

叔向問㆓晏子㆒曰、「君子之大義何若。」晏子對曰、「君子之大義、和調而不㆑縁、溪盎而不㆑苛、莊敬而不㆑狡、和柔而不㆑銓、刻廉而不㆑劌、行精而不㆓以明㆑汚、齊尚而不㆓以遺㆑罷、富貴不㆑傲㆑物、貧窮不㆑易㆑行、尊㆑賢而不㆑退㆓不肖㆒。此君子之大義也。」

叔向《しゆくきやう》君子《くんし》の大義《たいぎ》は何若《いかん》と問《と》ひ晏子《あんし》對《こた》ふるに賢《けん》を尊《たつと》び不肖《ふせう》を退《しりぞ》けざるを以《もつ》てす　第二十四

叔向《しゆくきやう》晏子《あんし》に問《と》ひて曰《いは》く、「君子《くんし》の大義《たいぎ》は何若《いかん》」と。晏子《あんし》對《こた》へて曰《いは》く、「君子《くんし》の大義《たいぎ》は、和調《わてう》にして而《しか》も縁《えん》せず、溪盎《けいあう》にして而《しか》も苛《かりそ》めならず、莊敬《さうけい》にして而《しか》も狡《かう》ならず、和柔《わじう》にして而《しか》も銓《せん》ならず、刻廉《こくれん》にして而《しか》も劌《けい》せず、行《おこな》ひ精《せい》にして而《しか》も以《もつ》て汚《を》を明《あき》らかにせず、齊《とも》に尙《たふと》びて而《しか》も以《もつ》て罷《ひ》を遺《す》てず、富貴《ふうき》にして物《もの》に傲《おご》らず、貧窮《ひんきゆう》にして行《おこな》ひを易《か》へず、賢《けん》を尊《たつと》びて而《しか》も不肖《ふせう》を退《しりぞ》けず。此《こ》れ君子《くんし》の大義《たいぎ》なり」と。

校訂　＊尊賢不退不肖　底本の標題は、「尊賢退不肖」。張純一に従い改めた。本文中に「尊賢而不退不肖」とあり、その方が論旨にかなっている。

語釈　○和調而不縁　世間の人々と協調するけれども言いなりにはならないこと。王念孫は、『広雅』に「縁とは循ふなり」とあるのによって、「俗と和調すると雖も、俗に循ひて以て行はず」の意だという。今、王説に従い訳す。　○溪盎而不苛　孫星衍は、「溪」を「谿」に改めたうえ、「谿刻」（きびしい）の意であるとし、「盎」を「訣」の仮字として、『説文』の「訣とは早知なり」とあるのによって、「明察を矜（こほ）らない」の意に解する。蘇輿は、孫説を是としている。王念孫は「溪盎」は未詳といい、劉師培は、「溪」を刻覈（きびしい）の意であるとし、「盎」を「央」（つきる）と同じ意であると解する。劉説によれば、本句は「厳しさは極め付きであるけれども酷くない」という意味になろうか。呉則虞は、孫説・劉説を共に非として、孫蜀丞の「傒醯」の残（壊字）であろうとの説を是とし、『方言』に「傒醯とは危なり。東斉に物を掎（いただ）きて危ふきこと、之を傒醯と謂ふ」とあることにより、また「苛」は「苟」の譌りではないかと疑って、「危難に直面しても物事を苟（かりそ）めにしない」の意に解する。特に、呉説では「傒醯」を東斉の方言であろうとし

たところが注意される。以上のように難解な語句であるために、諸説紛々としているが、ひとまず呉説に従い訳しておく。○荘敬而不狡　「荘敬」とは厳かで恭しいこと。孫星衍は「狡」を狡猾の意に解して、荘敬を偽らないことだという。王念孫は、「狡」を「急」の意であるとし、「従容として礼に中りて急切ならず」（ゆったりとして礼にかなった振る舞いをしてこせこせとやかましくない）の意に解する。今、王説に従い訳す。　○和柔而不銓　「和柔」は「柔和」と同じ。王念孫は、「銓」は「跧」の仮字としたうえ、『説文』の「跧とは、卑しきなり」とあるのに基づき、「和柔なれども卑屈ならず」の意に解する。　○刻廉而不劌　「刻」も「廉」もともに厳しいこと。「劌」はそこなうこと。厳しいけれども他人を傷つけることまではしないの意。　○行精而不以明汚　「精」は清い、潔いの意。自分の行動が潔癖でも他人の悪をあばき立てるようなことはしないの意。　○斉尚而不以遺罷　「斉」は等しいの意。「尚」は尊ぶの意。「罷」は、弱い者、愚かな者の意。全ての人を等しく尊重して、能無しだといって見捨てはしないこと。于鬯は、「斉」は「同」と同じだから、「斉尚」は「同尚」のこと、すなわち「尚同」の意であるとしたうえで、これが墨家の尚同の思想に通じるという。

口語訳　第二十四章　叔向が君子の大義とはいかなるものかと問い晏子は賢者を尊重し不肖者を退けないことであると答えたこと

叔向が晏子に尋ねて、「君子の大義とはどのようなものでしょうか」と言った。晏子は答えて、「君子の大義とは世間と協調しながらも世間の言いなりにならず、危機に直面してもかりそめな態度はとらず、厳かで恭しいけれどもこせこせとやかましくなく、なごやかで優しげであるけれども卑屈にはならず、厳しいけれども他人を傷つけるようなことはせず、（自分の行いは）潔癖であるからといって他人の悪を暴き立てず、すべての人を等しく尊重して無能者を見捨てるようなことはせず、富貴であってもものごとを侮らず、貧困であっても行動を変えたりせず、賢者を尊重しても不肖者を遠ざけたりしない。これこそが君子の大義です」と言った。

余説　「和調而不緣、渓盎而不苛、荘敬而不狡、和柔而不銓、刻廉而不劌」の五つの句は、皆「相似してはいるが同じではない」ことをいうものであるという（王念孫説）。こうした言い回しは、例えば、『論語』子路篇の「君子は和して同ぜず、小人は同じて和せず」などにも典型的に見られる。『老子』三十七章の「無為にして為さざる無し」に代表される逆説的な言い回しと並んで、すぐれた表現技法の一つとなっている。

本章における晏子の説の主眼は、標題にも表れているように、「斉尚而不以遺罷」「尊賢而不退不肖」にあると見てよい。すなわち、愚

者を退けて賢者を尊重すべしという単純な尊賢思想ではなく、有能な者も無能な者も、それぞれにふさわしい地位と役割が与えられるべきであるというところにその特色がある。

そこで于鬯は、前者は尚賢を言ったものであり、後者は兼愛をいったものであり、先の「尚同」の観念を加えると明らかに墨家思想がここに揃っているということになる。それゆえ、はやくも唐の柳宗元が『晏子春秋』を墨家に入れるべきであるといったこと、その後、宋の晁公武の『郡斎読書志』、及び馬端臨の『文献通考』がこれに従ったことを高く評価する一方で、孫星衍が、柳宗元を無学な文人と批判し晁公武・馬端臨を見識を欠く者と見なすことには同意しない。

張純一も、『論語』子張篇に「君子尊賢而容衆、嘉善而矜不能」（君子は賢を尊びて而も衆を容れ、善を嘉（よ）みして而も不能を矜（あはれ）む）とあること、また唐の馬総撰『意林』所引の『随巣子』に、「大聖之行、兼愛万民、疎而不絶。賢者欣之、不肖者憐之。賢而不欣、是賤徳也。不肖不憐、是忍人也」（大聖の行ひは、兼（あま）ねく万民を愛し、疎んじて絶たず。賢者は之を欣（よろこ）び、不肖者は之を憐れむ。賢にして而も欣ばざれば、是れ徳を賤しむなり。不肖にして憐れまざれば、是れ人に忍ぶなり（むごいことをする））とあることと関連があるとしている。なお、『随巣子』は現在は亡佚しているが、『漢書』藝文志の諸子略・墨家者流に「随巣子六篇　墨翟弟子」とあって、これが墨家思想を伝えるものであるとされていることからすれば、断言は避けているものの、張氏が墨家思想との関連を示唆しようしていることは間違いない。

叔向問二傲レ世樂レ業能行一レ道乎晏子對以二狂惑一也　第二十五

叔向《しゆくきやうよ》世に傲《おご》り業《げふ》を樂《たの》しみて能《よ》く道《みち》を行《おこな》ふかを問《と》ひ晏子《あんし》對《こた》ふるに狂惑《きやうわく》を以《もつ》てす　第二十五

叔向問二晏子一曰、「進不レ能レ事レ上、退不レ能*顧レ家、傲レ世樂レ業、枯槁爲レ名、不レ疑二其所一レ守者、可レ謂三能行二其道一乎。」晏子對曰、「嬰聞、古之能行レ道者、世可二以正一則正、不レ可二以正一則曲、其正也、不レ失二上下之倫一、其曲也、不レ失二仁義之理一。道用、與レ世樂レ

叔向《しゆくきやうあんし》晏子に問《と》ひて曰《いは》く、「進《すす》みて上《かみ》に事《つか》ふること能《あた》はず、退《しりぞ》きて家《いへ》を顧《かへり》みること能《あた》はず、世《よ》に傲《おご》り業《げふ》を樂《たの》しみ、枯槁《こかうな》名を爲《な》して、其《そ》の守《まも》る所《ところ》を疑《うたが》はざる者《もの》は、能《よ》く其《そ》の道《みち》を行《おこな》ふと謂《い》ふべきか」と。晏子《あんし》對《こた》へて曰《いは》く、「嬰聞《えいき》く、古《いにしへ》の能《よ》く道《みち》を行《おこな》ふ者《もの》は、世《よ》以《もつ》て正《ただ》すべきときは則《すなは》ち正《ただ》し、以《もつ》て正《ただ》すべからざるときは則《すなは》ち曲《ま》げ、其《そ》の正《ただ》すや、上下《しやうか》の倫《りん》を失《うしな》はず、其《そ》の曲《ま》ぐるや、

業、不用、有所依歸、不以傲上華世、不以枯槁爲名。故道者、世之所以治、而身之所以安也。今以不事上爲道、以不顧家爲行、以枯槁爲名、世行之則亂、身行之則危。且天之與地、而上下有衰矣。明王始立、而居國爲制矣。政教錯、而民行有倫矣。今以不事上爲道、反天地之衰矣。以不顧家爲行、倍先聖之道矣。以枯槁爲名、則世塞政教之途矣。有明上、*不可以爲下、遭亂世、不可以治亂。説若道、謂之惑。行若道、謂之狂。惑者狂者、木石之樸也、而道義未戴焉。」

仁義《じんぎ》の理《り》を失《うしな》はず、と。道《みち》用《もち》ひらるれば、世《よ》と業《げふ》を樂《たの》しみ、用《もち》ひられざれば、依歸《いき》する所《ところ》有《あ》り、上《かみ》に傲《おご》るを以《もつ》て世《よ》に華《くわ》せず、枯槁《こかう》を以《もつ》て名《な》と爲《な》さず。故《ゆゑ》に道《みち》なる者《もの》は、世《よ》の治《をさ》まる所以《ゆゑん》にして、身《み》の安《やす》んずる所以《ゆゑん》なり。今上《いまかみ》に事《つか》へざるを以《もつ》て道《みち》と爲《な》し、家《いへ》を顧《かへり》みざるを以《もつ》て行《かう》と爲《な》し、枯槁《こかう》を以《もつ》て名《な》を爲《な》すこと、世《よ》之《これ》を行《おこな》はば則《すなは》ち亂《みだ》れ、身《み》之《これ》を行《おこな》はば則《すなは》ち危《あや》ふからん。且《か》つ天《てん》の地《ち》に與《お》ける、上下《しやうかし》衰《し》有《あ》り。明王《めいわう》始《はじ》めて立《た》ちて、國《くに》に居《を》り制《せい》を爲《な》す。政教《せいきやう》錯《お》きて、民《たみ》の行《おこな》ひに倫《みち》有《あ》り。今上《いまかみ》に事《つか》へざるを以《もつ》て道《みち》と爲《な》さば、天地《てんち》の衰《し》に反《そむ》かん。家《いへ》を顧《かへり》みざるを以《もつ》て行《かう》と爲《な》さば、先聖《せんせい》の道《みち》に倍《そむ》かん。枯槁《こかう》を以《もつ》て名《な》を爲《な》さば、則《すなは》ち世《よ》に政教《せいきやう》の途《みち》を塞《ふさ》がん。明上《めいじやう》有《あ》りても、以《もつ》て下《しも》と爲《な》るべからず、亂世《らんせ》に遭《あ》ひても、以《もつ》て亂《らん》を治《をさ》むべからず。若《か》くのごとき道《みち》を説《と》く、之《これ》を惑《わく》と謂《い》ふ。若《か》くのごとき道《みち》を行《おこな》ふ、之《これ》を狂《きやう》と謂《い》ふ。惑者狂者《わくしやきやうしや》は、木石《ぼくせき》の樸《ぼく》にして、道義《だうぎ》未《いま》だ戴《いただ》かず」と。

校訂　*顧家　底本は「為家」。下文の例に従い「為」は「顧」に作るべきとする劉師培の説に従い改めた。
*不可以為下　底本は「可以為下」。原文のままでは意味が通じないから「不」字を加えるべきとする王念孫の説に従い改めた。『校注』も改めている。

語釈　○枯槁　世間の名利を一切捨て去って、枯れ木のように痩せてひからびるさま。　○曲　節操を曲げて世の中に妥協して生きること。　○倫　守るべき秩序、道理。　○所依帰　よりすがるべき対象。学問や修養を指すのであろう。　○華世　世に飾りたてること。本篇第十九章に既出。　○衰　音は「シ」または「サイ」。「差」に通じ、差等、等級の違いの意。　○政教錯　「錯」は

「措」に通じ、おく、ほどこすの意。張純一は、「錯」は互いにの意で、本句が「明王始立」と対句であることを考慮すれば「政教錯施」に改めて、字数をそろえるべきであるという。今、原文のまま訳す。○木石之樸　加工されていない素材のままの木や石。道理による教化が必要な者の意。○戴　おしいただいて尊重すること。

口語訳　第二十五章　叔向が世を侮りながら自分の仕事を楽しんで道を行うことができるかと問い晏子はそれは狂惑しているだけだと答えたこと

叔向が晏子に尋ねて、「職を得ても上に仕えることができず、職を退いても家を顧みることができず、世を侮りながら（己の）仕事を楽しみ、（世を離れて）枯れ木のように生きることで名声をなし、そうした自らが貫く生き方を疑わない者は、道を行うことができると言えましょうか」と言った。晏子は答えて、「嬰《わたくし》は、『昔の、道を踏み行うことができた者は、世の中を正すことができるときは正し、正すことができなければ（やむを得ず）節操を曲げて生き、そして（世の中を）正すときにも、（世間の）上下の秩序を失うことはなかったし、節操を曲げるときでも、（己の志の）仁義の道理を失うことはなかった』と聞いております。道が用いられれば、世とともに仕事を楽しみ、用いられなければ、（仕官の他に）頼りとするものがありました。上を侮ってみせて世の中に派手に振る舞うことはせず、枯れた生き方をしてみせて名声をなすことはしません。この故に道というものは、世がよく治まるための拠り所であり、わが身を安らかにするための拠り所なのです。ところが今、上に仕えないことが（正しい）道であると思い、家を顧みないことが（立派な）行いであると思い、枯れた生き方をすることで名声をなそうとする、このようなことを世の人がするようになったら世は乱れましょうし、自分がすれば自分の身が危うくなりましょう。それに天と地の関係は、上と下の違いがある（ように万物にも上下の関係がある）ものです。明王が始めて現れ、国を治めて制度を作りました。政治教化が行われて、民の行いに（踏み行うべき）道があらわれました。今（下の者が）上に仕えないことを（正しい）道とみなせば、天地の等級に背くことになりましょう。家を顧みないことを（立派な）行いとみなせば、先聖の道に背くことになりましょう。賢明な君主が上に居ても、その下に仕えることで名声をなせば、世の中の政治教化の道すじを塞ぐことになりましょう。枯れた生き方をすることができず、乱世に出会っても、その乱を静めることができません。このような道を説くこと、これを「惑」と申します。

このような道を行うこと、これを「狂」と申します。惑者・狂者は、原木や原石のようなつまらぬ連中で、道理も正義も尊重したことがないのです。」と言った。

余説 本章でもいわゆる隠者批判が見られる。「枯槁」という語がそれを示している。晏子は、これまでにも、能力がありながら世を捨てて隠逸している人物に対しては常に批判的であった（問上篇第十三章・問下篇第二十章参照）。一方、叔向にはこのような隠逸を肯定し喜ぶ傾向のあったことが、その口ぶりから窺われ、恐らくそれは叔向一人にとどまらず当時の風潮をなしていたと思われる。例えば、『荘子』刻意篇の次の一節などが参照される。

刻意尚行、離世異俗、高論怨誹、為亢而已矣。此山谷之士、非世之人、枯槁赴淵者之所好也。

（意を刻し行いを尚（かた）くし、世を離れ俗に異なり、高論怨誹するは、亢（かう）を為すのみ。此れ山谷の士、世を非（そし）るの人、枯槁して淵に赴く者の好む所なり）

さらにこうした隠者のことを、惑者といい狂者といい、さらには道理も正義もわきまえないつまらぬ者というように酷評しているところに、晏子の隠者観が極めて厳しいものであったことを改めて知る。この点は、孔子の隠者観と大きく異なるところである。晏子が斉の宰相として常に政権の中枢にいたのに対して、野に在って理想と現実の間の深いギャップに呻吟することが多かった孔子は、自ら隠者の立場を取ることはしなかったものの、隠者に対する心情的共感は常に持ち続けていたと思えるからである。

叔向問二人何若則榮一晏子對以下事二君親一忠孝上　第二十六

叔向《しゆくきやう》人《ひと》は何若《いか》にせば則《すなは》ち榮《えい》なるかと問《と》ひ晏子《あんし》對《こた》ふるに君親《くんしん》に事《つか》ふるに忠孝《ちゆうかう》なるを以《もつ》てす　第二十六

叔向問レ晏子一曰、「何若則可レ謂レ榮矣。」晏子對曰、「事レ親孝、無レ悔二往行一、事レ君忠、無レ悔二往辭一、和二于兄弟一、信二于朋友一、不レ諂レ過、不レ責レ得、言不二相坐一、行不二相反一、在レ上治レ民、足二以尊一レ君、在レ下莅レ修、足二以變一レ

叔向《しゆくきやう》晏子《あんし》に問《と》ひて曰《いは》く、「何若《いか》にせば則《すなは》ち榮《えい》と謂《い》ふべきか」と。晏子《あんし》對《こた》へて曰《いは》く、「親《おや》に事《つか》へて孝《かう》に、往行《わうかう》を悔《く》ゆること無《な》く、君《きみ》に事《つか》へて忠《ちゆう》に、往辭《わうじ》を悔《く》ゆること無《な》く、兄弟《けいてい》に和《わ》に、朋《ほう》友《いう》に信《しん》に、過《あやま》ちを諂《かく》さず、得《う》るを責《せ》めず、言《げん》は相坐《あひうつた》へず、行《おこな》ひは相反《あひそむ》かず、上《かみ》に在《あ》りては民《たみ》を治《をさ》めて、以《もつ》て君《きみ》を尊《たつと》くするに足《た》

人、身無レ所レ咎、行無レ所レ創、可レ謂レ榮矣。」

り、下《しも》に在《あ》りては修《しゅう》に莅《のぞ》みて、以《もっ》て人《ひと》を變《か》ふるに足《た》り、身《み》咎《とが》むる所無《ところな》く、行《おこな》ひ創《きず》つくる所無《ところな》きは、榮《えい》と謂《い》ふべし」と。

語釈　○諂　「慆」の譌字。「韜」（とう）に通じ、かくすの意。なお、「諂」（てん）とは別字。　○責　「求」と同じ、もとめるの意。　○言不相坐　劉師培は、「坐」は篆文の「差」が訛ったもので、「言は相参差せず」（発言に食い違いがない）の意であるという。呉則虞は、劉説を未だ審らかならずとして、「坐」は曲直を訟（うった）えることであるとし、互いに争訟しないことの意に解する。今、呉説に従い訳す。　○反　「畔」と同じ、そむくの意。　○莅修　「莅」は、臨むこと。「修」は、身を修めること。己自身の修養に努めること。　○創　「傷」と同じ、きずつけること。

口語訳　第二十六章　叔向が人はどのようにすれば栄光を得られるかと問い晏子は君や親に忠・孝をもって仕えることだと答えたこと

叔向が晏子に尋ねて、「どのようにすれば栄光があると言えるのでしょうか」と言った。晏子が答えて、「親に仕えるときは孝行して、これまでしてきたことを悔いることなく、君主に仕えるときは忠実にして、これまでの進言を悔いることなく、兄弟と仲良くし、友人に信義を尽くし、過失を隠し立てせず、（他人の物まで）無理矢理手に入れようとせず、言葉は（人と）言い争わず、行動は（道理に）背かず、上の地位にあるときは民を治めて、君主を尊ばせるだけのことができ、下の地位にあるときはわが身の修養に努めて、人々を変えるだけのことができ、わが身が咎められることなく、わが行いも損なわれることがなければ、栄光があるといえましょう」と言った。

余説　父子、君臣、兄弟、朋友の在り方が明らかにされる。これに夫婦が加われば儒教にいうところの五倫五常と少しも変わらない。人間のあるべき倫理的側面を説けば、おのずからこうした内容になるのであろう。なお注意すべきは、こうした高度の倫理的態度が直ちに現実の栄光と結び付けて説かれている点である。言い換えれば、決して理想を説くわけではないのである。ここに功利的処世観に裏打ちされた現実主義的倫理観を見ることができる。

叔向問二人何以則可一レ保レ身晏子對以レ不レ要レ幸　第二十七

叔向《しやくきやう》人《ひと》は何《なに》を以《もつ》てすれば則《すなは》ち身《み》を保《たも》つべきかと問《と》ひ晏《あん》子《し》對《こた》ふるに幸《さいは》ひを要《もと》めざるを以《もつ》てす　第二十七

叔向問二晏子一曰、「人何以則可レ謂レ保二其身一。」晏子對曰、「詩曰、既明且哲、以保二其身一、夙夜匪レ懈、以事二一人一。不二庶幾一、不レ要レ幸、*先二其難一而後得レ之。*得レ之時其所也、失レ之非二其罪一也。可レ謂レ保二其身一矣。」

叔向《しやくきやう》 晏子《あんし》に問《と》ひて曰《いは》く、「人《ひと》は何《なに》を以《もつ》てすれば則《すなは》ち其《そ》の身《み》を保《たも》つと謂《い》ふべきか」と。晏子《あんし》對《こた》へて曰《いは》く、「詩《し》に曰《いは》く、既《すで》に明《めい》にして且《か》つ哲《てつ》、以《もつ》て其《そ》の身《み》を保《たも》つ、夙夜《しゆくや》懈《おこた》るに匪《あら》ず、以《もつ》て一人《いちにん》に事《つか》ふ、と。庶幾《こひねが》はず、幸《さいは》ひを要《もと》めず、其《そ》の難《かた》きを先《さき》にして而《しか》る後《のち》に之《これ》を得《う》。之《これ》を得《う》るは時《こ》れ其《そ》の所《ところ》、之《これ》を失《うしな》ふは其《そ》の罪《つみ》に非《あら》ず。其《そ》の身《み》を保《たも》つと謂《い》ふべし」と。

校訂　＊先其難而後得之　底本は「先其難乎而後幸得之」。「乎」と「幸」は衍字であろうという文廷式の説に従い削除した。なお蘇時学は、「先其難乎」を「先乎其難」に改めるべきであろうという。

＊得之時其所也　底本は「時其所也」。張純一及び呉則虞の説に従い「得之」を補った。その方が文意がはっきりするとともに、下句との対が整う。

語釈　○詩曰、既明且哲、以保其身、夙夜匪懈、以事一人　『詩経』大雅・烝民の詩。「明」は聡明、「哲」は智恵があること、「夙」は早朝、「匪」は「非」と同じ、「懈」は怠ること。「一人」は天子を指す。　○庶幾　希望すること。「庶」も「幾」もともに、こいねがうの意がある。　○要幸　僥倖を求めること。「要」は求めること。「幸」は僥倖の意。　○先其難而後得之　困難なことを先に行ってこそ身の安全が得られるとの意。張純一は、『論語』雍也篇の「仁者先難而後獲」（仁者は難きを先にして獲るを後にす）と同じ意味であるという。　○得之時其所也、失之非其罪也　身の安全が得られたのはちょうどその宜しきを得たからであり、得られなかったとしてもよくないことをしたからではない、の意。張純一は、「得之」は「失之」と対応し、「時」は「是」に同じで、下句の「非」に対応し、「所」は「宜」と同じで、「罪」に対応するという。聡明叡知をもって困難に立ち向かうことこそが肝要で、得失はその結果に過ぎないことをいうのである。

口語訳　第二十七章　叔向が人はどのようにすればわが身を安全に保つことができるかと問い晏子は僥倖を求めないことだと答えたこと

叔向が晏子に尋ねて、「人はどのようにすればわが身を安全に保っているといえるでしょうか」と言った。晏子が答えて言う、「『詩』に、『聡明さと智恵によって、わが身を安全に保とう。朝から夜まで片時も怠らずに、一人のお方にお仕えしよう』と言っております。（いたずらにあれもこれもと）欲しがらず、僥倖を求めず、困難なことを先回しにしてこそ、後にそれが得られるのです。それが得られたとしてもちょうどその宜しきを得たからであり、手に入れ損ねたとしてもよくないことをしたからではありません。（このようであれば）わが身を安全に保つということができます」と。

余説　以上、本篇十七章から本章までが、晋の宰相叔向との問答の記録である。

曾子問下不レ諫レ上不レ顧レ民以成二行義一者上晏子對以二何以成也一　第二十八

曾子問二晏子一曰、「古者嘗有下上不レ諫レ上、下不レ顧レ民、退處二山谷一、以成二行義一者上也。」晏子對曰、「察二其身無能一也、而託二乎不レ欲レ諫レ上、謂二之誕意一也。上惛亂、德義不レ行、而邪辟朋黨、賢人不レ用、士亦不レ易二其行一、而從レ邪以求レ進。故有レ隱有レ不レ隱。其行レ法、士也。迺夫議レ上、則不レ取也。夫上不レ諫レ上、下不レ顧レ民、退處二山谷一、嬰不レ識下其何以爲中成二行義一者上也。」

曾子《そうし》上《かみ》を諫《いさ》めず民《たみ》を顧《かへり》みずして以《もつ》て行義《かうぎ》を成《な》す者《もの》を問《と》ひ晏《あん》子《し》對《こた》ふるに何《なに》を以《もつ》て成《な》すやを以《もつ》てす　第二十八

曾子《そうし》晏子《あんし》に問《と》ひて曰《いは》く、「古者《いにしへ》嘗《かつ》て上《かみ》は上《かみ》を諫《いさ》めず、下《しも》は民《たみ》を顧《かへり》みず、退《しりぞ》きて山谷《さんこく》に處《を》り、以《もつ》て行義《かうぎ》を成《な》す者《もの》有《あ》りしや」と。晏子《あんし》對《こた》へて曰《いは》く、「其《そ》の身《み》の無能《むのう》なるを察《さつ》して、上《かみ》を諫《いさ》むるを欲《ほつ》せざるに託《かこつ》くるは、之《これ》を誕意《たんい》と謂《い》ふなり。上《かみ》惛亂《こんらん》して、徳義《とくぎ》行《おこな》はれず、而《しか》して邪辟朋黨《じやへきほうたう》し、賢人《けんじん》用《もち》ひられず、士《し》も亦《また》其《そ》の行《おこな》ひを易《あらた》めずして、邪《じや》に従《したが》ひて以《もつ》て進《すす》まんことを求《もと》む。故《ゆゑ》に隠《かく》るる有《あ》り隠《かく》れざる有《あ》り。其《そ》の法《はふ》を行《おこ》なふは、士《し》なり。迺《すなは》ち夫《そ》れ上《かみ》を議《ぎ》すれば、則《すなは》ち取《と》らざるなり。夫《そ》れ上《かみ》は上《かみ》を諫《いさ》めず、下《しも》は民《たみ》を顧《かへり》みず、退《しりぞ》きて山谷《さんこく》に處《を》るを、嬰《えい》其《そ》の何《なに》を以《もつ》て行義《かうぎ》を成《な》す者《もの》

と為《な》すやを識《し》らざるなり」と。

語釈　○曽子　曽子といえば一般的に考えられるのは孔子の晩年の弟子、曽参（そうしん）であろう。彼の生卒年は、前五〇五～四三六年とされる。すると晏子は前五〇六年頃には没したとされているわけであるから、この二人が出会うことは有り得ない。従って、本章は架空の対話であることが考えられる。呉則虞は、「曽氏」に作る版本もあることをいう。果たしてかの曽参とは別人と見るべきなのであろうか。○託　かこつけるの意。口実にすること。　○誕意　君主を欺こうとする意図のこと。「誕」はいつわる、あざむくの意。　○惛乱　道理に暗く秩序が乱れること。「惛」はくらいの意。　○易　「改」と同じ、あらためるの意。　○故有隠有不隠、其行法、士也。迺夫議上、則不取也　甚だ意味が取りにくいが、在野に隠棲するか、隠棲せず朝廷に仕えるかという二通りの身の処し方があるが、そのどちらがより良いかを決めて実行するのは士であり、ただいずれにせよ君主を諫めることもせずまた民を顧みることもせず、野にいて君主をあれこれと批評するだけというのは、よしとしない、という意味に取っておく。「隠」とは、山谷に隠棲すること。「法」とは朝廷に仕えるか、在野に身を置くか、いずれかの然るべき手だてのこと。「議」は批評すること。「取」は採用すること。なお、張純一は、「有隠有不隠」を「求めて得ざれば則ち隠るるは、身を潔くするに非ざるなり、求めて得れば則ち隠れざるは、民の為にするに非ざるなり」と解し、「其行法、士也」を「其の行ひ豈に士の法と為すに足らんや」と解し、「迺夫議上、則不取也」を「能く上を諫むること無くして、上を議する、奚ぞ取らん」とそれぞれ解している。これに対し呉則虞は、「脱譌甚だ多く、校を取るべき無し、故に宜しく強いて之が解を為すべからず」といってこの一節について校訂も注解も施していない。

口語訳　第二十八章　曽子が上を諫めず民を顧みずにいて義を行うことを完成させた者について問い晏子はどうして完成できようかと答えたこと

曽子が晏子に尋ねて、「昔、上は君主を諫めず、下は民を顧みず、山中に退いて暮らして、義を行うことを完成させた者はおりましたでしょうか」と言った。晏子が答えて、「わが身の無能なことを悟っていて、それを隠す口実に上を諫めることを望まないなどと言う者は、人を欺こうとしているというのです。上が道理に暗く乱れていて、徳義が行われず、よこしまな連中が仲間を組み、賢人は登用されないようなとき、士人もまた同じように自分の行いを改めず、よこしまな連中のあとについて出世しようとするでしょう。このようなときに（朝廷から）身を退くべきかそれとも身を退か

ずに（あくまでも諫め続けるべき）かという問題が起きるのです。そのどちらをとるかは本人次第です。ただ（身を隠しておいて）君主をあれこれ批評するというのなら、（私は）そんなやり方は取りません。そもそも上は君主を諫めず、下は民を顧みず、山中に退いて（自分の保身だけを考えて）暮らすような者を、どうして義を行うことを完成させた者と言えるのかこの私にはわかりません」と言った。

余説　本篇第二十五章に続き、本章でも隠者をめぐる問題がやはり否定的に議論される。

梁丘據問㆘子事㆓三君㆒不㆖同㆑心晏子對以㆕一心可㆔以事㆓百君㆒　第二十九

梁丘據《りやうきうきよ》子《し》三君《さんくん》に事《つか》ふるに心《こころ》を同《おな》じくせざるかを問《と》ひ晏子《あんし》對《こた》ふるに一心《いっしん》にして以《もっ》て百君《ひやくくん》に事《つか》ふべきを以《もっ》てす　第二十九

梁丘據問㆓晏子㆒曰、「子事㆓三君㆒、君不㆑同㆑心、而子倶順焉。仁人固多㆑心乎。」晏子對曰、「嬰聞㆑之、順愛不㆑懈、可㆔以使㆓百姓㆒、彊暴不忠、不㆑可㆔以使㆓一人㆒。一心可㆔以事㆓百君㆒、三心不㆑可㆔以事㆓一君㆒。」

仲尼聞㆑之曰、「小子識㆑之。晏子以㆓一心㆒事㆓百君㆒者也。」

梁丘據《りやうきうきよ》晏子《あんし》に問《と》ひて曰《いは》く、「子《し》は三君《さんくん》に事《つか》ふ、君《きみ》は心《こころ》を同《おな》じくせざるに、子《し》は倶《とも》に順《じゆん》なり。仁人《じんじん》固《もと》より心《こころ》多《おほ》きか」と。晏子《あんし》對《こた》へて曰《いは》く、「嬰之《えいこれ》を聞《き》く、順愛《じゆんあい》して懈《おこた》らざれば、以《もっ》て百姓《ひやくせい》を使《つか》ふべくも、彊暴不忠《きやうばうふちゆう》なれば、以《もっ》て一人《いちにん》をも使《つか》ふべからず、と。一心《いっしん》にして以《もっ》て百君《ひやくくん》に事《つか》ふべくも、三心《さんしん》にして以《もっ》て一君《いっくん》に事《つか》ふべからず」と。

仲尼之《ちゆうぢこれ》を聞《き》きて曰《いは》く、「小子《せうし》之《これ》を識《しる》せ。晏子《あんし》は一心《いっしん》を以《もっ》て百《ひやく》君《くん》に事《つか》ふる者《もの》なり」と。

語釈　○梁丘據　景公の寵臣。　○三君　斉の霊公（前五八一～五五四年在位）・荘公（前五五三～五四八年在位）・景公（前五四七～四九〇年在位）を指す。　○仁人　晏子を指す。晏子が仁人として名高かったことについては本篇第十二章余説参照。　○順愛　「順」は道理に従って和やかなこと、「愛」は親愛すること。下句の「彊暴」と対をなす。

口語訳　第二十九章　梁丘據があなたは三人の君主にそれぞれ違う心で仕えたのかと問い晏子は一つの心で百人の君主に

仕えることもできると答えたこと

梁丘據が晏子に尋ねて、「あなたは三人の主君に仕えてこられたが、主君の心は同じではないはず、それなのにあなたはどの主君にも素直に従われた。仁人というのはもともと心を幾通りもお持ちなのでしょうか」と言った。晏子が答えて言う、「嬰はこのように聞いています、『常に和やかに親愛して怠らなければ、人々を使うことができるが、横暴で真心がなければ一人の者を使うことすらできない』と。一つの心で百人の主君に仕えることはできますが、三つの心では一人の主君に仕えることすらできません」と。

仲尼はこのことを耳にして、「弟子たちよ、よく覚えておきなさい。晏子は一つの心で百人の君主に仕える（こともできる）者である」と言った。

余説 これと同様の説話が、外上篇第十九章、外下篇第三、第四章に見える。なお、外上篇第十九章との同文が竹簡本中にも見える。晏子が一心で三君に仕えたことは至って稀なこととして当時の人々に感動を与え、有名な説話として広く知られていたのであろう。

また、『孔叢子』詰墨篇に次のように見えるのも、本章に基づくのであろうと思われる。

梁丘據問晏子曰、「事三君而不同心、而俱順焉。仁人固多心乎。」晏子曰、「一心可以事百君、百心不可以事一君。故三君之心非一也、而嬰之心非三也。」孔子聞之曰、「小子記之。晏子以一心事三君、君子也。」如此則孔子誉晏子、非所謂毀而不見也。

（梁丘據晏子に問ひて曰く、「三君に事へて心を同じくせず、而も俱に順なり。仁人固より心多きか」と。晏子曰く、「一心にして以て百君に事ふべくも、百心にして以て一君に事ふべからず。故に三君の心は一に非ずして、嬰の心三に非ざるなり」と。孔子之を聞きて曰く、「小子之を記せ。晏子は一心を以て三君に事ふ、君子なり」と。此くのごときは則ち孔子晏子を誉むるにして、所謂毀（そし）りて見ざるに非ざるなり。）

また、『風俗通』過誉篇にも「伝曰、一心可以事百君、百心不可以事一君」とあるが、この「伝」というのは『晏子春秋』を指しているのであろう。

柏常騫問二道無レ滅身無レ廢晏子對以二養世君子一　第三十

柏常騫去レ周之レ齊、見二晏子一曰、「騫、周室之賤史也、不レ量二其不肖一、願レ事二君子一。敢問、正道直行則不レ容二于世一、隱道危行則不レ忍、道亦無レ滅、身亦無レ廢者、何若。」

晏子對曰、「善哉、問レ事レ君乎。嬰聞レ之、*執レ一浩倨、則不レ取也、輕進苟合、則不レ信也、直易無レ諱、則速傷也、新始好レ利、則*先敝也。且嬰聞、養世之君子、*從レ輕不レ爲レ進、從レ重不レ爲レ退、省レ行而不レ伐、讓レ利而不レ夸、陳レ物而勿レ專、見レ象而勿レ彊、道不レ滅、身不レ廢矣。」

柏常騫《はくじやうけん》道《みち》滅《ほろ》ぶること無《な》く身《み》廢《はい》すること無《な》からんことを問《と》ひ晏子《あんし》對《こた》ふるに養世《やうせい》の君子《くんし》を以《もつ》てす　第三十

柏常騫《はくじやうけん》周《しう》を去《さ》りて齊《せい》に之《ゆ》き、晏子《あんし》に見《まみ》えて曰《いは》く、「騫《けん》は、周《しう》室《しつ》の賤史《せんし》なり、其《そ》の不肖《ふせう》を量《はか》らず、君子《くんし》に事《つか》へんことを願《ねが》ふ。敢《あ》へて問《と》ふ、正道直行《せいだうちよくかう》すれば則《すなは》ち世《よ》に容《い》れられず、隱道危行《いんだうきかう》すれば則《すなは》ち忍《しの》びざるに、道《みち》も亦滅《まためつ》することなく、身《み》も亦廢《またはい》すること無《な》き者《もの》は、何若《いかん》」と。晏子《あんし》對《こた》へて曰《いは》く、「善《よ》いかな、君《きみ》に事《つか》ふるを問《と》へるや。嬰之《えいこれ》を聞《き》く、一《いつ》を執《と》りて浩倨《かうきよ》すれば、則《すなは》ち取《と》られざるなり、輕《かるがる》しく進《すす》みて苟合《こうがふ》すれば、則《すなは》ち信《しん》ぜられざるなり、直易《ちよくい》にして諱《い》むこと無《な》ければ、則《すなは》ち速《すみや》かに傷《きず》つくなり、新《あたら》しく始《はじ》めて利《り》を好《この》めば、則《すなは》ち先《ま》づ敝《やぶ》るなり、と。且《か》つ嬰聞《えいき》く、養世《やうせい》の君子《くんし》は、輕《かる》きに從《したが》ひて進《すす》むことを爲《な》さず、重《おも》きに從《したが》ひて退《しりぞ》くことを爲《な》さず、行《おこな》ひを省《かへり》みて伐《ほこ》らず、利《り》を讓《ゆづ》りて夸《ほこ》らず、物《もの》を陳《なら》べて專《もつぱ》らにすること勿《な》く、象《しやう》を見《しめ》して彊《し》ふること勿《な》ければ、道滅《みちめつ》せず、身《み》廢《はい》せず」と。

校訂　＊執一浩倨　底本は「執二法裾」。李従先本に従って「二」を「一」に改めるべきとの盧文弨の説、並びに「法裾」は『孔子家語』三恕篇に拠って「浩裾」に作るべきであり、「裾」は「倨」に通じるから、「執一浩倨」とは、「剛愎自用」（強情で自分のやり方を押し通すこと）の謂である、という黄以周の説に従い改めた。『校注』も同様に改めている。

＊先敝也　底本は「無敝也」。「無敝」は疑うらくは本「先敝」に作ったのであろう、「先」の字が誤って「旡」となり、遂に誤って「無」

になったのである、また「先敝」は上文の「速傷」の義と相似する、という陶鴻慶の説に従い改めた。『校注』は、孫星衍の『孔子家語』を参照して「不」字がないから意味が通らないとする説に従い、「無不敝也」に改めている。

＊従軽不為進、従重不為退　底本は「従重不為進、従軽不為退」。「軽」とは「易」のこと、「重」とは「難」のことで、「易きを見て進まず、難きを見て退かず」という意味に解し得るはずであるのに、今本は「軽」と「重」が入れ替わっているために意味が通じなくなっている、という王念孫の説に従い改めた。『校注』も、王説に従い改めている。ところが于鬯は、君子の進退を決める基準は難易ではなく道にあることを言おうとするのであるから、原文のままで解釈すべきであるとして王説を誤りであると批判する。

語釈　○柏常騫　雑下篇第四章にも見える。余説参照。　○史　書を司る役人。史官。　○願事君子　「君子」は晏子を指し、晏子を君子と見込んで師事したいと願い出たものと解しておく。　○隠道危行　本来の道に背いてことさらに行いを偽ってみせること。王念孫は、「危」は「詭」の借字、「危行」とは「詭行」（行いを偽る）のことで、上文の「直行」と対をなすという。また劉師培は、「隠道」は「正道」と対をなす語であり、「隠」は「違」のことで、「違道」と同義であるとし、これに関連して本篇第十八章に見える「隠忠」も「違忠」の意に解すべきであるという。今、王説・劉説に従い訳す。　○直易無諱　「直」はまっすぐで一途なこと、「易」には侮るの意があり、「諱」ははばかること、つまり行動は直情径行で発言は無遠慮なことをいうのであろう。　○新始好利　孫星衍は、この一文未詳といい、「新始」について劉師培は「変古易常」の意味であろうといい、陶鴻慶は未詳という。張純一は、問上篇第二十一章の「新しきを歓び、故きを慢（あなど）り…利に趨（はし）ること及（およ）ばざるがごとくす」とあるのと全く同じ意味で、伝統を侮って新奇なことばかりを喜べば、利益を得ようとしても必ず失敗することをいうのであるという。今、張説に従い訳す。　○養世　「養」には「治」の意味があり、正しく治めること。「治世」と同じ。　○陳物而勿専　張純一は「物」とは「事」のこと、「専」とは「擅」（ほしいままにする）の意であるという。物事を並べて示して、その中の特定の物だけを独断的に取り上げない、の意か。　○見象而勿彊　「見」は明らかに示すこと。「象」は法度の意。従うべき法度を示すが、それを無理強いしないこと。

口語訳　第三十章　柏常騫が道が滅びることなく身も落ちぶれることがないようにすることについて問い晏子は世を正しく治める君子こそがそれだと答えたこと

柏常騫が周を去って斉に行き、晏子に会って、「騫は、周室の身分の卑しい史官でございますが、わが身の不肖も顧みず、君子であるあなたに師事したいと願っております。敢えてお尋ねいたしますが、正しい道を真っ直ぐ行えば世に受け入れてもらえず、（さればといって）道に背いてことさらに行いを偽るのも忍びないのですが、道が滅びることもなく、

わが身もまた落ちぶれることのないようにするには、どうしたらよろしいでしょうか」と言った。晏子は答えて、「よいことですね、君主にどう仕えればよいかという（あなたの）ご質問は。嬰《わたくし》はこのように聞いております、『強情に自分を押し通そうとすれば採用されず、軽挙して迎合すれば信頼されず、直情径行で発言が無遠慮ならば直ちに傷つき、新奇を追って利を得ようとすれば真っ先に失敗する』と。さらに嬰はこのようにも聞いています、『世を正しく治める君子は、容易なことだからといって前進せず、困難なことだからといって後退せず、自分の行動を反省して自慢せず、利益を人に譲って驕らず、物事を並べ示して一つに偏らず、法度をはっきり示すだけで無理強いはしないので、道は滅びることなく、その身も落ちぶれることはない』と」と言った。

余説　柏常騫は、いわば理想と現実のギャップに悩む当時の知識人の苦悩と良心を代表しているといえようか。「正道直行」の語は『史記』屈原伝に屈原の人となりを表す語としても見えている。思えば、かの屈原も、汚濁にまみれた現実に絶望し、自らが高く掲げた理想に殉じたのであった。しかし、本章はかかる屈原のような生き方をよしとするものではない。晏子は、あくまでも理想と現実の中で妥協と調和を求めて生き抜くことを要求する。それこそが、理想の「道」と現実の「わが身」とを両立させる秘訣であるという。

なお、『孔子家語』三恕篇に、孔子と伯常騫との対話として同様な説話が見える。すなわち、

伯常騫問於孔子曰、「騫、固周国之賤吏也、不自以不肖、将北面以事君子。敢問、正道宜行、不容於世、隠道宜行、然亦不忍。今欲身亦不窮、道亦不隠。為之有道乎。」孔子曰、「善哉、子之問也。自丘之聞、未有若吾子所問、弁且説也。丘嘗聞君子之言道矣。聴者無察、則道不入。奇偉不稽、則道不信。又嘗聞君子之言事矣。制無度量、則事不成、其政暁察、則民不保、又嘗聞君子之言志矣。剛折者不終、径易者則数傷、浩倨者則不親、就利者則無不弊。又嘗聞養世之君子矣。従軽勿為先、従重勿為後、見像而勿強、陳道而勿怫。此四者丘之所聞也。」

（伯常騫孔子に問ひて曰く、「騫、固より周国の賤吏なり、自ら以て不肖とせず、将に北面して以て君子に事へんとす。敢へて問ふ、正道宜しく行ふべきも、世に容れられず、隠道宜しく行ふべきも、然れども亦忍びず。今身も亦窮せず、道も亦隠れざらんことを欲す。之を為すに道有るか」と。孔子曰く、「善きかな、子の問へるや。丘の聞きしより、未だ吾子の問ふ所のごとく、弁にして且つ説なるもの有らざるなり。丘嘗て君子の道を言ふを聞けり。聴く者察すること無ければ、則ち道入らず。奇偉なること稽（かんが）へざれば、則ち道信ぜられず、と。又嘗て君子の事を言ふを聞けり。制に度量無ければ、則ち事成らず、其の政暁察なれば、則ち民保ん

ぜず、と。又嘗て君子の志を言ふを聞けり。剛折なる者は終へず、径易なる者は則ち数々（しばしば）傷（やぶ）れ、浩倨なる者は則ち親しまれず、利に就く者は則ち弊（つか）れざること無し、と。又嘗て養世の君子を聞けり。軽きに従ひて先を為す勿かれ、重きに従ひて後を為す勿かれ、像を見（しめ）して強ふる勿かれ、道を陳（の）べて怫（もと）る勿かれ、と。此の四者は丘の聞く所なり」と。）

行文に相当の違いがみられるものの、概ね本章と同一の内容である。本章の説話がもとになって、『家語』の作者がそっくり孔子に仮託したのであろうと思われる。そうして、仮託しながらも、文中の孔子の言葉が元来、孔子自身の言葉ではなく、ほとんど「君子」から聴いたものとして紹介されていることも、その推測を助ける。果たして孔子が言う「君子」とは、晏子のことだったのであろうか。

孔子と晏子は、晏子が孔子よりやや早く、しかしほとんど同時代に、国境を接して、一方は斉の、一方は魯の君子として名を馳せた人物である。晏子は生涯斉にとどまって三代の君主に仕え続けたが、孔子は魯において失脚して各国を放浪して生きた。恵まれた地位にあって驕らなかった晏子と、不遇な境遇にあって希望を失わなかった孔子という全く異なる人生を過ごした人物であったが、二人の思想には奇妙なほど似ているところがある。例えば「仁」の語は、孔子だけでなく、晏子にとっても重要な観念であったように。

ここでも晏子にまつわる説話がほとんどそのまま孔子に置き換えられてもなんら違和感がないのである。

内篇問下第四　終わり

谷中信一（やなか・しんいち）

1948年東京都に生まれる。早稲田大学法学部・第一文学部卒業。同大学院博士課程後期（東洋哲学専攻）満期退学。博士（文学）。早稲田大学高等学院教諭・早稲田大学文学部講師を経て現在、日本女子大学文学部教授。専門は中国思想史。

編著書に「日本中国『管子』関係論文文献総目索引」（1989　早稲田大学出版部）『楚地出土資料と中國古代文化』（汲古書院　2002）『齊地の思想文化の展開と古代中国の形成』（汲古書院　2008）『出土資料と漢字文化圏』（汲古書院　2011）『『老子』経典化過程の研究』（汲古書院　2015）『先秦秦漢思想史研究』（上海古籍出版社　2015）『東洋思想と日本』（汲古書院　2017）『中国出土資料の多角的研究』（汲古書院　2018）などがある。

新編漢文選9《しんぺんかんぶんせんきゅう》　思想《しそう》・歴史《れきし》シリーズ

晏子春秋《あんししゅんじゅう》　上《じょう》

平成十二年四月　九　日　初版発行
平成三十年十月二十日　第二版発行

著　者　谷《や》中《なか》信《しん》一《いち》

発行者　明治書院　代表　三樹　蘭

印刷者　大日本法令印刷　代表　山上哲生

製本者　星共社　代表　白井宏二

発行所　株式会社　明治書院
郵便番号　一六九－〇〇七二
東京都新宿区大久保一－一－七
電　話　〇三(五二九二)〇一一七(代)
振　替　〇〇一三〇－七－四九九一

ISBN 978-4-625-66305-5

装丁　内田　欽